Des choses cachées depuis
la fondation du monde

C'est avec *Des choses cachées depuis la fondation du monde* que René Girard s'est imposé auprès du public comme l'un des penseurs les plus originaux de ce temps. À la croisée des grands courants de la recherche contemporaine, depuis plus de vingt ans il poursuit opiniâtrement, et en solitaire, une formidable entreprise de réaménagement des sciences humaines. Clef de voûte de son projet : la mise en place d'une « anthropologie fondamentale » rénovée, dont *Des choses cachées* dessine les traits essentiels.

Au départ pourtant, rien ne semblait devoir porter René Girard vers un projet d'une telle ampleur. Littéraire de formation, il fait ses études supérieures à l'École des Chartes, puis, en 1947, s'expatrie aux États-Unis. Il y achève son cursus universitaire, soutenant une thèse sur « L'opinion américaine et la France, 1940-1943 », et ensuite se lance dans une brillante carrière d'enseignant, qui le conduira, en 1976, à professer la littérature comparée au département « romance languages » de la prestigieuse université John Hopkins de Baltimore. C'est donc dans le sillon littéraire que sa réflexion paraissait devoir se déployer. En fait, c'est seulement là qu'elle va s'enraciner.

Tout commence avec *Mensonge romantique et vérité romanesque*, son premier ouvrage, paru en 1961. En apparence une lecture critique de monuments littéraires : Cervantès, Stendhal, Proust, et l'ébauche d'une réflexion approfondie sur le travail de l'écrivain. En réalité, René Girard jette les bases de ce qui sera la pièce maîtresse de son anthropologie : la théorie du « désir mimétique ». Le schéma est simple. L'homme, dit-il en substance, est désir. Mais un désir d'une nature particulière, qui a besoin pour se formuler comme tel, d'éprouver la menace d'un autre. Par exemple, mon désir d'un objet ne sera désir qu'à partir de l'instant où pèsera sur ce même objet le désir d'un autre. Et réciproquement. L'autre ne désirera que ce que je désire. D'où la concurrence et la rivalité entre les hommes, qui veulent s'approprier le même objet. D'où aussi le mimétisme, qui consiste dans la volonté d'imiter, de se fondre dans l'autre pour s'emparer de ce qu'il veut. Le désir est un drame existentiel originaire qui se joue à trois. Il est la source de la violence entre les êtres.

René Girard tient maintenant les grandes lignes de son modèle. Mais il lui faut encore l'affiner, le compléter, et surtout, le confronter à l'épreuve des faits. Ce sera *La Violence et le Sacré*, publié en 1972. Élargissant sa sphère d'investigation et appuyant ses analyses sur un matériau ethnologique, il montre alors que les sociétés, incapables de supprimer la violence réciproque, qui pourtant menace leur cohésion, en arrivent à la ritualiser pour la contrôler. Instruments privilégiés du processus : les religions. Qui instaurent des procédures sacrificielles, notamment le meurtre d'une « victime émissaire », grâce auxquelles on obtient une régulation des désirs individuels, en leur accordant une satisfaction partielle et, en même temps, un resserrement des liens communautaires.

Mais c'est véritablement dans *Des choses cachées* que Girard achève sa réflexion, poussé par les questions de J.-M. Oughourlian et Guy Lefort, tous deux psychiatres acquis à ses thèses. D'une part il revient sur le détail du mécanisme victimaire, dont il révèle la présence dans toutes les sociétés. Mais en contrepoint, il développe l'idée qu'une religion enraie cette machinerie meurtrière : le judéo-christianisme. Pour lui, l'enseignement du Christ serait totalement centré sur une dénonciation de la violence primordiale de l'homme, et chercherait à établir de nouvelles valeurs, de nouvelles règles de vie, excluant la fatalité sanglante du désir. Parole dévoyée au cours des siècles, qu'il serait l'heure de rétablir dans sa vérité profonde. Enfin, il conclut son exposé par l'esquisse d'une psychologie et d'une psychopathologie nouvelles, qui intègrent les données globales de son travail. Désormais son anthropologie possède une solide architecture. Le système Girard a trouvé dans *Des choses cachées* sa meilleure formulation.

RENÉ GIRARD

Des choses cachées depuis la fondation du monde

κεκρυμμένα ἀπὸ καταβολῆς
(Matthieu 13,35)

RECHERCHES AVEC JEAN MICHEL OUGHOURLIAN
ET GUY LEFORT

BERNARD GRASSET

Paru dans Le Livre de Poche :

AVANT-PROPOS

Les textes présentés dans cet ouvrage sont le résultat de recherches poursuivies à Cheektowaga en 1975 et 1976 et à John Hopkins en 1977.

Ces textes ont été ensuite retravaillés et complétés par certains écrits antérieurs de René Girard qui ont été intercalés ici ou là, principalement des extraits d'une discussion reproduite dans la revue *Esprit* en 1973, d'un essai intitulé « Malédictions contre les pharisiens », paru dans le *Bulletin du Centre protestant d'études* de Genève et de « Violence and Representation in the Mythical Text », publié dans *M.L.N.* en décembre 1977.

Nous avons volontairement supprimé toutes les précautions oratoires que la prudence et l'usage recommandent dans la présentation d'une thèse aussi ambitieuse. Nous l'avons fait pour alléger les textes et leur conserver le caractère de la discussion. Nous prions le lecteur de bien vouloir en tenir compte.

Nous adressons nos plus vifs remerciements à l'université de New York à Buffalo, à l'université John Hopkins, à l'université Cornell et à tous ceux qui, à des titres divers, nous ont facilité la tâche : Cesareo Bandera, Jean-Marie Domenach, Marc Faessler, John Freccero, Eric Gans, Sandor Goodhart, Josué Harari, Joseph Oughourlian, Georges-Hubert de Radkowski, Oswald Rouquet, Raymund Schwager, Michel Serres.

Nous avons une reconnaissance particulière pour la collaboration de Martine Bell et pour la patience de nos épouses.

R. G., J.-M. O., G. L.

LIVRE PREMIER

ANTHROPOLOGIE FONDAMENTALE

« L'homme diffère des autres animaux en ce qu'il est le plus apte à l'imitation. »

ARISTOTE, *Poétique*, 4.

CHAPITRE PREMIER

LE MÉCANISME VICTIMAIRE :
FONDEMENT DU RELIGIEUX

J.-M. O. : En tant que psychiatres, notre première interrogation portait sur la problématique du désir. Vous l'avez récusée comme prématurée. Vous affirmez qu'il faut commencer par l'anthropologie et que le secret de l'homme, seul le religieux peut le livrer.

Alors qu'aujourd'hui tout le monde pense qu'une véritable science de l'homme reste inaccessible, vous parlez d'une science du religieux. Comment justifiez-vous cette attitude ?

R. G. : Ceci nous demandera pas mal de temps...

L'esprit moderne dans ce qu'il a d'efficace, c'est la science. Chaque fois que la science triomphe de façon incontestable, le même processus se répète. On prend un très vieux mystère, redoutable, obscur, et on le transforme en énigme.

Il n'y a pas d'énigme, si compliquée soit-elle, qui ne soit finalement résolue. Depuis des siècles, le religieux se retire du monde occidental d'abord puis de l'humanité entière. À mesure qu'il s'éloigne et qu'on prend sur lui du recul, la métamorphose que je viens de signaler s'effectue d'elle-même. Le mystère insondable de jadis, celui que les tabous les plus formidables protégeaient, apparaît de plus en plus comme un problème à résoudre. Pourquoi la croyance au sacré ? Pourquoi partout des rites et des interdits, pourquoi n'y a-t-il jamais eu d'ordre social, avant le nôtre, qui ne passe pour dominé par une entité surnaturelle ?

En favorisant les rapprochements et les comparaisons, la recherche ethnologique, l'accumulation formidable des témoignages sur d'innombrables religions toutes mourantes ou déjà mortes, a accéléré la transformation du religieux en une question scientifique, toujours offerte à la sagacité des ethnologues.

Et c'est dans l'espoir de répondre à cette question que la spéculation ethnologique, pendant longtemps, a puisé son énergie. À une certaine époque, de 1860 à 1920 environ, le but paraissait si proche que les chercheurs faisaient preuve de fébrilité. On les devine tous soucieux d'être les premiers à écrire l'équivalent ethnologique de *l'Origine des espèces*, cette « Origine des religions » qui jouerait dans les sciences de l'homme et de la société le même rôle décisif que le grand livre de Darwin dans les sciences de la vie.

Les années passèrent et aucun livre ne s'imposa. L'une après l'autre, les « théories du religieux » firent long feu, et peu à peu l'idée s'est répandue que la conception problématique du religieux doit être fausse.

Certains disent qu'il n'est pas scientifique de s'attaquer aux questions trop vastes, celles qui couvrent le champ entier de la recherche. Où en serait de nos jours une biologie qui aurait prêté l'oreille à de pareils arguments ?

G. L. : D'autres, comme Georges Dumézil, soutiennent que la seule méthode qui produise des résultats, à notre époque, étant « structurale », ne peut opérer que sur des formes déjà symbolisées, des structures de langage, et non sur des principes trop généraux comme le sacré, etc.

R. G. : Mais ces principes très généraux, c'est sous la forme de mots comme *mana*, *sacer*, qu'ils se présentent à nous dans chaque culture particulière. Pourquoi exclure de la recherche ces mots-là et pas les autres ?

L'exclusion du religieux, au sens où il faisait problème il y a cinquante ans, est le phénomène le plus caractéristique de l'ethnologie actuelle. Dans cette exclusion, quelque chose de très important doit se jouer, à en juger par la passion que mettent certains à la rendre définitive. Selon E. E. Evans-Pritchard, par exemple, il n'y a jamais eu et il n'y aura jamais rien de bon dans les théories du religieux. L'éminent ethnologue les traite toutes avec tant de mépris qu'on se demande pourquoi il leur a consacré un ouvrage intitulé *Theories of Primitive Religion*[1]*. L'auteur n'hésite pas à inclure dans son excommunication majeure même les théories futures. Il condamne sans appel des pensées qui n'ont pas encore vu le jour. Pour qu'un savant en arrive à faire fi d'une prudence élémentaire en matière de science, il faut qu'il se soit laissé gagner par la passion.

J.-M. O. : Combien d'exemples pourrait-on donner de prophéties aussi catégoriques vite démenties par l'expérience ! En fait, ce genre de prédictions négatives se répète si fréquemment dans la recherche qu'on peut se demander s'il n'est pas suscité par la proximité de la découverte dont on proclame solennellement qu'elle n'aura jamais lieu. Il y a, à chaque époque, une organisation du savoir pour laquelle toute découverte importante constitue une menace.

R. G. : Il est naturel, certes, qu'une question longtemps sans réponse devienne suspecte en tant que question. Le progrès scientifique peut prendre la forme de questions qui disparaissent, dont on reconnaît enfin l'inanité. On cherche à se convaincre qu'il en est ainsi dans le cas du religieux mais je pense qu'il n'en est rien. Si on compare entre elles les nombreuses et admirables monographies de cultures individuelles accumulées par les ethnologues depuis Malinowski, chez les Anglais surtout, on s'aperçoit que l'ethnologie ne dispose pas d'une terminologie cohérente en matière religieuse. C'est cela qui explique

* Les notes sont en fin de volume, pp. 581 et suiv.

13

le caractère répétitif des descriptions. Dans les sciences véritables, on peut toujours remplacer les objets déjà décrits et les démonstrations déjà faites par une étiquette, un symbole, une référence bibliographique. En ethnologie, c'est impossible, car personne ne s'entend sur la définition de termes aussi élémentaires que rituel, sacrifice, mythologie, etc.

Avant de nous lancer dans l'entreprise qui nous attend et pour justifier les libertés que nous allons prendre avec les croyances de notre temps, il serait bon, peut-être, de dire quelques mots de la situation actuelle dans les sciences de l'homme.

L'époque qui s'achève a été dominée par le structuralisme. Pour comprendre le structuralisme, je pense, il faut tenir compte du climat que je viens de signaler.

Au milieu du XXᵉ siècle, l'échec des grandes théories ne fait plus de doute pour personne. L'étoile de Durkheim a pâli. Personne n'a jamais pris *Totem et Tabou* au sérieux.

C'est dans ce contexte que naît le structuralisme ethnologique, de la rencontre entre Claude Lévi-Strauss et la linguistique structurale de Roman Jakobson, pendant la guerre, à New York.

Comme les langages, affirme Lévi-Strauss, les données culturelles sont composées de signes qui ne signifieraient rien s'ils étaient isolés les uns des autres. Les signes signifient les uns par les autres ; ils forment des systèmes dotés d'une cohérence interne qui confère à chaque culture, à chaque institution son individualité propre. C'est cela que l'ethnologue doit révéler. Il doit déchiffrer de l'intérieur les formes symboliques et oublier les grandes questions traditionnelles qui ne feraient que refléter les illusions de notre propre culture, et qui n'auraient de sens qu'en fonction du système au sein duquel nous opérons. Il faut se limiter à la lecture des formes symboliques, nous dit Lévi-Strauss ; il faut chercher le sens là où il se trouve et pas ailleurs. Les cultures « ethnologiques » ne s'interrogent pas sur le religieux en tant que tel.

C'est à une vaste retraite stratégique, en somme, que

Lévi-Strauss invite l'ethnologie et toutes les sciences de l'homme. Prisonniers que nous sommes de nos formes symboliques, nous ne pouvons guère que reconstituer les opérations de sens non seulement pour nous mais pour d'autres cultures; nous ne pouvons pas transcender les sens particuliers pour nous interroger sur l'homme en soi, sur sa destinée, etc. Tout ce que nous pouvons faire c'est reconnaître dans l'homme celui qui sécrète les formes symboliques, les systèmes de signes, et qui les confond ensuite avec la «réalité» elle-même, oubliant qu'il interpose entre cette réalité et lui, pour la rendre significative, ces systèmes toujours particuliers.

J.-M. O. : Sur certains points, l'anthropologie structuraliste a obtenu des résultats remarquables. Loin d'être déshumanisée et desséchée comme ses adversaires l'en accusent, la rigueur structuraliste, dans la lecture des formes, suscite une poésie extraordinaire; nous goûtons là la spécificité des formes culturelles comme nous ne l'avons jamais goûtée auparavant.

R. G. : Je crois que le renoncement structuraliste aux «grandes questions», telles qu'elles se posaient avant Lévi-Strauss, dans un cadre d'humanisme impressionniste, constituait la seule voie possible pour l'ethnologie, au moment où Lévi-Strauss l'a en quelque sorte prise en charge et radicalement transformée.

Rien de plus essentiel pour l'ethnologie que d'appréhender le sens là seulement où il se trouve et de montrer l'inanité de certaines réflexions anciennes sur l'homme. Il y a toute une problématique héritée du XIXe siècle que l'anthropologie structurale a définitivement discréditée.

G. L. : C'est pourquoi les post-structuralistes ont proclamé qu'après Dieu, l'homme à son tour était en train de mourir, ou était déjà mort; c'est à peine s'il en est encore question.

R. G. : Et pourtant, ici, je ne suis plus d'accord ; il est toujours question de l'homme et il en sera de plus en plus question dans les années qui viennent.

Les notions d'homme et d'humanité vont rester au centre de tout un ensemble de questions et de réponses pour lesquelles il n'y a pas de raison de renoncer à l'appellation « science de l'homme ». Mais un déplacement est en train de s'effectuer, en partie grâce à des disciplines nouvelles comme l'éthologie, et en partie grâce au structuralisme lui-même qui nous désigne, ne serait-ce que de façon négative, le domaine précis sur lequel la question de l'homme va porter, et en vérité porte déjà, de façon très explicite. Ce domaine est celui de l'origine et de la genèse des systèmes signifiants. Il est déjà reconnu comme problème concret du côté des sciences de la vie où il se présente, bien entendu, de façon assez différente, c'est ce qu'on appelle le processus d'hominisation. On sait parfaitement que ce problème est loin d'être résolu mais personne ne doute que la science, un jour, ne parvienne à le résoudre. Aucune question n'a plus d'avenir, aujourd'hui, que la question de l'homme.

A. MIMÉSIS D'APPROPRIATION ET RIVALITÉ MIMÉTIQUE

J.-M. O. : Pour concevoir le processus d'hominisation de façon concrète il faudrait dépasser l'incompréhension réciproque de l'ethnologie structuraliste d'un côté, et de l'autre des sciences de la vie, comme l'éthologie.

R. G. : J'ose croire que c'est possible mais pour réussir, il faut partir d'un très vieux problème qui n'est pas à la mode et qu'il faut repenser de façon radicale. Au sujet de tout ce qu'on peut nommer mimétisme, imitation, mimésis, il règne aujourd'hui, dans les sciences de l'homme et de la culture, une vue unilatérale. Il n'y a rien ou presque, dans les comportements humains, qui ne soit appris, et tout apprentissage se ramène à l'imitation. Si les hommes, tout à coup, cessaient d'imiter, toutes les formes culturelles s'évanouiraient. Les neuro-

MiM

all culeuse depends ni p

logues nous rappellent fréquemment que le cerveau humain est une énorme machine à imiter. Pour élaborer une science de l'homme, il faut comparer l'imitation humaine avec le mimétisme animal, préciser les modalités proprement humaines des comportements mimétiques, si elles existent.

On montrerait sans peine, je pense, que le silence des écoles actuelles est l'aboutissement d'une tendance qui remonte au début de l'époque moderne et qui s'affirme au XIXe siècle avec le romantisme et l'individualisme et plus encore au XXe avec la crainte qu'ont les chercheurs de passer pour dociles aux impératifs politiques et sociaux de leur communauté.

On croit qu'en insistant sur le rôle de l'imitation on va mettre l'accent sur les aspects grégaires de l'humanité, sur tout ce qui nous transforme en troupeaux. On redoute de minimiser tout ce qui va vers la division, l'aliénation et le conflit. En donnant le beau rôle à l'imitation on se rendrait complice, peut-être, de tout ce qui nous asservit et nous uniformise.

Il est vrai que les psychologies et les sociologies de l'imitation élaborées à la fin du XIXe siècle sont fortement colorées par l'optimisme et le conformisme de la petite bourgeoisie triomphante. C'est vrai, par exemple, de l'œuvre la plus intéressante, celle de Gabriel Tarde qui voit dans l'imitation le fondement unique de l'harmonie sociale et du «progrès»[2].

L'indifférence et la méfiance de nos contemporains à l'égard de l'imitation reposent sur la conception qu'ils se font d'elle, ancrée dans une tradition qui remonte en dernière analyse à Platon. Chez Platon, déjà, la problématique de l'imitation est amputée d'une dimension essentielle. Lorsque Platon parle de l'imitation, il le fait dans un style qui annonce toute la pensée occidentale postérieure. Les exemples qu'il nous propose ne portent jamais que sur certains types de comportement, manières, habitudes individuelles ou collectives, paroles, façons de parler, toujours des *représentations*.

Jamais dans cette problématique platonicienne il n'est question des comportements d'appropriation. Or,

17

Plato

il est évident que les comportements d'appropriation, qui jouent un rôle formidable chez les hommes comme chez tous les êtres vivants, sont susceptibles d'être copiés. Il n'y a aucune raison de les exclure ; jamais pourtant Platon n'en souffle mot ; et cette carence nous échappe car tous ses successeurs, à commencer par Aristote, ont emboîté le pas. C'est Platon qui a déterminé une fois pour toutes la problématique culturelle de l'imitation et c'est une problématique mutilée, amputée d'une dimension essentielle, la dimension acquisitive qui est aussi la dimension conflictuelle. Si le comportement de certains mammifères supérieurs, en particulier des singes, nous paraît annoncer celui de l'homme c'est presque exclusivement, peut-être, à cause du rôle déjà important, mais pas encore aussi important que chez les hommes, joué par le mimétisme d'appropriation. Si un individu voit un de ses congénères tendre la main vers un objet, il est aussitôt tenté d'imiter son geste. Il arrive aussi que l'animal, visiblement, résiste à cette tentation, et si le geste ébauché nous fait sourire parce qu'il nous rappelle l'humanité, le refus de l'achever, c'est-à-dire la répression de ce qui peut presque déjà se définir comme un désir, nous amuse encore plus. Il fait de l'animal une espèce de frère puisqu'il le montre soumis à la même servitude fondamentale que l'humanité, celle de prévenir les conflits que la convergence, vers un seul et même objet, de deux ou plusieurs mains également avides ne peut manquer de provoquer.

Ce n'est pas un hasard, sans doute, si le type de comportement systématiquement exclu par toutes les problématiques de l'imitation, de Platon jusqu'à nos jours, est celui auquel on ne peut pas songer sans découvrir aussitôt l'inexactitude flagrante de la conception qu'on se fait toujours de cette « faculté », le caractère proprement mythique des effets uniformément grégaires et lénifiants qu'on ne cesse de lui attribuer. Si le mimétique chez l'homme joue bien le rôle fondamental que tout désigne pour lui, il doit forcément exister une imitation acquisitive ou, si l'on préfère, une mimésis d'ap-

18

propriation dont il importe d'étudier les effets et de peser les conséquences.

Vous me direz que dans le cas des enfants — comme dans celui des animaux — les chercheurs reconnaissent l'existence de cette imitation acquisitive. C'est un fait. Elle est susceptible de vérification expérimentale. Mettez un certain nombre de jouets, tous identiques, dans une pièce vide, en compagnie du même nombre d'enfants : il y a de fortes chances que la distribution ne se fasse pas sans querelles.

L'équivalent de la scène que nous imaginons ici se voit rarement chez les adultes. Cela ne veut pas dire que la rivalité mimétique n'existe plus chez eux ; peut-être existe-t-elle plus que jamais, mais les adultes, tout comme les singes, ont appris à se méfier d'elle et à en réprimer, sinon toutes les modalités, du moins les plus grossières et les plus manifestes, celles que l'entourage reconnaîtrait immédiatement.

G. L. : Une bonne part de ce que nous appelons la politesse consiste pour chacun à s'effacer devant l'autre pour éviter les occasions de rivalité mimétique. Mais ce qui montre que la rivalité mimétique est un phénomène retors et qui peut resurgir là où on croit avoir triomphé de lui, c'est que le renoncement lui-même peut devenir rivalité ; c'est un procédé comique bien connu...

R. G. : Dans certaines cultures, les phénomènes de ce type peuvent acquérir une importance considérable, c'est le cas du fameux *potlatch* qui invertit la mimésis d'appropriation en mimésis du renoncement et qui peut atteindre, comme son contraire, une intensité désastreuse pour la société qui s'y abandonne[3].

Ces quelques remarques nous suggèrent tout de suite que, pour les sociétés humaines, et déjà pour les sociétés animales, la répression de la mimésis d'appropriation doit constituer un souci majeur, une affaire dont la solution pourrait bien déterminer beaucoup plus de traits culturels que nous ne l'imaginons.

Tout ce que nous disons ici est très simple, très banal,

soc) needs repres ma

peu fait pour retenir l'attention de nos contemporains. La simplicité et la clarté ne sont pas à la mode.

Certains dogmes de la pensée actuelle sont tout de suite menacés par la découverte pourtant bien peu surprenante de la mimésis conflictuelle et de sa répression. La psychanalyse nous affirme que la répression du désir est le phénomène humain par excellence, que c'est le complexe d'Œdipe qui la rend possible. Or, nous venons de voir qu'il existe, chez certains animaux, une répression presque immédiate du désir que l'autre animal à la fois provoque et étouffe dans l'œuf en se portant vers un objet quelconque. Un psychanalyste qui observerait le même comportement chez un homme le rapporterait automatiquement à une «ambivalence œdipienne». Les éthologistes, pourtant, n'attribuent pas ces conduites à un «Œdipe» des singes. Leur témoignage qu'on peut reproduire de façon expérimentale ne nécessite aucune spéculation au sujet d'un «inconscient» problématique.

B. Fonction de l'interdit : prohibition du mimétique

R. G. : Je pense que les conflits provoqués par la mimésis d'appropriation peuvent tout de suite éclairer une question ethnologique fondamentale, celle de l'interdit.

J.-M. O. : Croyez-vous possible de ramener tous les interdits primitifs à un dénominateur commun ? L'ethnologie actuelle y a visiblement renoncé. Personne, que je sache, ne cherche plus de fil d'Ariane dans ce fouillis. Les psychanalystes croient avoir trouvé, bien entendu, mais ils ne convainquent plus grand monde.

R. G. : Ce sont les échecs passés qui déterminent cette attitude. Ces échecs confirment les chercheurs dans leur croyance à l'absurdité et à la gratuité du religieux. En réalité, on ne comprendra pas le religieux tant qu'on n'aura pas pour lui le respect qu'on a désormais pour les formes non directement religieuses de la «pensée

prohib?

sauvage ». La religion étant mêlée à tout, il n'y aura pas de « réhabilitation » véritable de cette pensée, tant que l'existence du religieux, et par conséquent des interdits, ne sera pas justifiée.

Reconnaissons d'abord que la raison d'être de certains interdits est manifeste. Il n'y a pas de culture qui n'interdise la violence à l'intérieur des groupes de cohabitation. Et avec la violence effective, ce sont toutes les occasions de violence qui sont interdites, les rivalités trop ardentes, par exemple, et des formes de concurrence, bien souvent, qui sont tolérées et même encouragées dans notre société.

G. L. : À côté de ces interdits dont la motivation saute aux yeux, il y en a d'autres qui paraissent absurdes.

R. G. : Un bon exemple d'interdit absurde en apparence, c'est l'interdiction dans beaucoup de sociétés des conduites imitatives. Il faut s'abstenir de copier les gestes d'un autre membre de la communauté, de répéter ses paroles. L'interdiction d'utiliser les noms propres répond sans doute au même type de souci ; de même la crainte des miroirs, souvent associés au diable dans les sociétés traditionnelles.

L'imitation redouble l'objet imité ; elle engendre un simulacre qui pourrait faire l'objet d'entreprises magiques. Quand les ethnologues s'intéressent à ce genre de phénomènes, ils les attribuent au désir de se protéger contre la magie dite « imitative ». Et c'est bien là l'explication qu'ils reçoivent quand ils s'enquièrent de la raison d'être des prohibitions.

G. L. : Tout cela suggère que les primitifs repèrent le rapport entre le mimétique et le violent. Ils en savent plus que nous sur le désir et c'est notre ignorance qui nous empêche de comprendre l'unité des interdits.

R. G. : C'est ce que je pense mais il ne faut pas aller trop vite car nous nous heurtons ici à l'incompréhension et des psychologues et des ethnologues qui n'acceptent ni les uns ni les autres de rapporter les conflits au mimétisme d'appropriation.

On peut commencer par une description formelle des interdits. Nous nous imaginons forcément que les interdits qui portent sur les phénomènes imitatifs doivent être nettement distincts des interdits contre la violence ou les rivalités passionnées. Or, il n'en est rien.

Ce qui frappe les esprits, dans toutes ces conduites, c'est le fait que ceux qui s'y adonnent accomplissent toujours à peu près les mêmes gestes et ne cessent de s'imiter l'un l'autre, de se transformer, chacun, en un simulacre de l'autre. Là où nous voyons surtout le résultat, dans le conflit, à savoir la victoire de l'un et la défaite de l'autre, c'est-à-dire la différence qui émerge de la lutte, les sociétés traditionnelles et primitives mettent l'accent sur la réciprocité du processus c'est-à-dire sur l'imitation mutuelle des antagonistes. Ce sont les ressemblances entre les concurrents qui les frappent, l'identité des buts et des manœuvres, la symétrie des gestes, etc.

À regarder de près les termes que nous utilisons nous-mêmes, concurrence, rivalité, émulation, etc., on constate que cette perspective primitive reste inscrite dans le langage. Les concurrents courent ensemble, les rivaux sont les riverains, en positions symétriques sur chaque rive d'un même cours d'eau, etc.

Des deux façons de voir les choses, ici, c'est la moderne qui est exceptionnelle, c'est notre incompréhension peut-être qui est problématique, plus que l'interdit primitif. La violence, dans les sociétés primitives, n'est jamais conçue comme nous la concevons nous-mêmes. Pour nous, la violence possède une autonomie conceptuelle, une spécificité, dont les sociétés primitives n'ont pas l'idée. Nous voyons surtout l'acte individuel auquel les sociétés primitives n'attachent qu'une importance restreinte et qu'elles se refusent à isoler de son contexte pour des raisons essentiellement pragmatiques. Ce contexte est lui-même violent. Ce qui nous permet d'abstraire intellectuellement l'acte de violence, de voir en lui le crime isolé, c'est l'efficacité d'institutions judiciaires transcendantes à tous les antagonistes. Si cette transcen-

we falsely abstract V
Prim. socs see it in rel^n to other
beh^rs

22

dance judiciaire n'est pas encore là, ou si elle perd son efficacité, si elle devient impuissante à se faire respecter, on retrouve aussitôt le caractère imitatif et répétitif de la violence ; c'est même au stade des violences explicites que ce caractère imitatif est le plus manifeste ; il acquiert alors une perfection formelle qu'il n'avait pas auparavant. Au stade de la vengeance du sang, en effet, c'est toujours au même acte qu'on a affaire, le meurtre, exécuté de la même façon et pour les mêmes raisons, en imitation vengeresse d'un meurtre précédent. Et cette imitation se propage de proche en proche ; elle s'impose comme un devoir à des parents éloignés, étrangers à l'acte originel si tant est qu'on puisse identifier un tel acte : elle franchit les barrières de l'espace et du temps, répandant partout la destruction sur son passage ; elle se poursuit de génération en génération. La vengeance en chaîne apparaît comme le paroxysme et la perfection de la mimésis. Elle réduit les hommes à la répétition monotone du même geste meurtrier[4]. Elle fait d'eux des *doubles*.

J.-M. O. : À votre avis, donc, les interdits témoignent d'un savoir qui nous fait défaut. Si nous ne percevons pas leur dénominateur commun, c'est parce que nous ne percevons pas que les conflits humains s'enracinent au premier chef dans le mimétique. La violence réciproque, c'est l'escalade de la rivalité mimétique. Plus il divise, plus le mimétisme produit du *même*.

R. G. : Bien entendu. L'interprétation de l'interdit devient possible à partir de ce que nous disions tout à l'heure de l'imitation acquisitive.

Il y a quelque chose de paradoxal, bien sûr, à affirmer que l'interdit en sait plus long que nos sciences sociales sur la nature de nos conflits. D'autant plus paradoxal que certains interdits sont vraiment absurdes, l'interdit contre les jumeaux par exemple, ou la phobie des miroirs, dans de nombreuses sociétés.

Les inconséquences mêmes de l'interdit, loin d'infirmer la présente thèse, la confirment car à la lumière des interférences mimétiques, on comprend très bien pourquoi ces interdits absurdes peuvent exister, autrement dit pourquoi les sociétés primitives peuvent juger les miroirs et les jumeaux presque aussi redoutables que la vengeance. Dans ce cas comme dans l'autre, on a affaire, semble-t-il, à deux objets qui se reproduisent mimétiquement analogues à deux individus qui se mimiquent l'un l'autre, et toute reproduction mimétique évoque aussitôt la violence, apparaît comme une cause prochaine de violence. La preuve que le religieux pense ainsi, c'est le genre de précautions auquel on recourt pour empêcher les jumeaux de se propager mimétiquement. On se débarrasse d'eux mais par des moyens aussi peu violents que possible, pour ne pas répondre à la séduction mimétique qui émane de ces doubles. Contre les parents et parfois les voisins des jumeaux, on prend aussi des mesures qui révèlent bien la crainte d'une contamination violente[5].

G. L. : Que faites-vous alors des catastrophes naturelles, inondations, sécheresses, etc., qui constituent un souci évident des systèmes religieux primitifs ? On ne peut pas ramener cela au désir mimétique.

R. G. : Les interdits visent à écarter tout ce qui menace la communauté. Et les menaces les plus extérieures, les plus accidentelles, comme les sécheresses, les inondations, les épidémies, sont confondues, souvent par le biais des ressemblances entre les modes de propagation, avec la dégradation interne des rapports humains au sein de la communauté, le glissement vers la violence réciproque. La montée des eaux, par exemple, ou l'extension graduelle des effets de la sécheresse, et surtout la contagion pathologique ressemblent à la propagation mimétique.

Ce qu'il faut comprendre, c'est que jusqu'ici on a toujours situé le centre de gravité des systèmes religieux dans les menaces extérieures, les catastrophes naturelles, ou l'explication des phénomènes cosmiques. À mon avis, c'est la violence mimétique qui est au cœur du système. Il faut essayer de voir quels résultats on obtient si on fait

reaction to V models reaction to other threats

de cette violence l'opérateur du système. On n'a jamais essayé et les résultats sont éblouissants.

Je crois que cette voie peut résoudre toutes les énigmes une à une. Je n'affirme donc pas que la crainte des catastrophes naturelles ne joue aucun rôle dans le religieux. Le fait que le déluge et la peste servent de métaphores à la violence mimétique ne signifie nullement que les inondations véritables et les épidémies réelles ne fassent pas l'objet d'une interprétation religieuse, mais elles sont perçues au premier chef comme transgression d'interdits portant sur le mimétique, soit par les hommes, soit par la divinité elle-même, qui transgresse elle aussi, et souvent pour punir les hommes de transgresser les premiers.

Ce que je dis c'est qu'il faut mettre le mimétique et la violence à l'origine de tout pour comprendre les interdits dans leur ensemble, y compris la façon dont sont traitées les menaces qui n'ont rien à voir avec les rapports entre les membres de la communauté.

J.-M. O. : Vous venez de souligner l'unité formelle des interdits ; la structure de reproduction symétrique et identique, l'absence de différence, toujours perçue comme terrifiante. Les jumeaux, c'est la traduction mythique du rapport de doubles, en somme[6]. Mais pourquoi les doubles apparaissent-ils justement en qualité de jumeaux, pourquoi n'apparaissent-ils jamais en tant que doubles réels si, à l'origine de l'interdit, comme vous venez de l'affirmer, il y a le savoir du désir mimétique qui nous fait défaut ?

R. G. : Le savoir de l'interdit est supérieur au nôtre mais il n'en est pas moins très incomplet ; il est incapable de se formuler théoriquement et surtout il est transfiguré par les représentations sacrées ; le conflit mimétique est bien là, il est le vrai dénominateur commun des interdits, mais il n'apparaît guère en tant que tel ; il est toujours interprété en tant qu'épiphanie maléfique du sacré, fureur vengeresse de la divinité. Nous verrons bientôt pourquoi.

25

Ce caractère religieux du mimétique, la vieille anthropologie le percevait à sa façon quand elle parlait de *magie imitative*. Certaines choses étaient très bien observées ; il est vrai que de nombreux primitifs prennent des précautions pour que leurs rognures d'ongle, ou leurs cheveux ne tombent pas aux mains d'adversaires potentiels. Toute partie du corps, si minuscule soit-elle, qui se détache de lui, c'est un double en puissance, c'est donc une menace de violence. L'essentiel ici, c'est la présence du *double* lui-même plutôt que les mauvais traitements dont il peut faire l'objet aux mains de l'ennemi qui s'en empare — la statuette qui représente l'adversaire et qu'on larde de coups d'épingles. Il s'agit là sans doute d'additions inessentielles et peut-être tardives, à une époque où le caractère maléfique du double en tant que double s'est affaibli, où le magicien en est presque arrivé, dans son rapport au religieux, à la même ignorance que l'ethnologie actuelle. La magie n'est jamais qu'un mauvais usage des propriétés maléfiques de la mimésis.

Si on étend le champ des observations, comme nous venons de le faire et comme nous pourrions le faire encore, nous voyons bien que la magie dite imitative est une interprétation beaucoup trop étroite pour les interdits qui portent sur les phénomènes mimétiques. Il faudrait étudier de très près, ici, les religions qui interdisent *toutes les images*, et beaucoup d'autres phénomènes qu'on ne songe pas à rapporter aux interdits primitifs mais qui en restent visiblement très proches, la crainte fascinée qu'inspirent le théâtre et les acteurs dans beaucoup de sociétés traditionnelles, par exemple.

J.-M. O. : Quand vous évoquez tous ces phénomènes ensemble, il est impossible de ne pas songer à l'œuvre philosophique dans laquelle ils se trouvent tous groupés, l'œuvre de Platon, bien entendu.

R. G. : L'hostilité de Platon à l'égard de la mimésis est un aspect essentiel de son œuvre, qu'il faut se garder de rattacher, comme on le fait toujours, à sa critique de l'activité artistique. Si Platon redoute l'activité artistique c'est parce qu'elle est une forme de mimésis et non pas l'inverse. Il partage avec les peuples primitifs une terreur de la mimésis qui attend encore son explication véritable.

Si Platon est unique dans la philosophie par la phobie que lui inspire la mimésis, il est plus proche de l'essentiel à ce titre que n'importe qui, aussi proche que le religieux primitif lui-même, mais il est aussi très mystifié car il ne parvient pas à rendre compte de cette phobie, il ne nous révèle jamais sa raison d'être empirique. Il ne ramène jamais les effets conflictuels à la mimésis d'appropriation, c'est-à-dire à l'objet que les deux rivaux mimétiques essaient de s'arracher l'un à l'autre parce qu'ils se le désignent l'un à l'autre comme désirable.

Dans *la République*, au moment où Platon décrit les effets indifférentiateurs et violents de la mimésis, on voit surgir le thème des jumeaux et aussi le thème du miroir. Il faut avouer qu'il y a là quelque chose de bien remarquable mais personne n'a encore essayé de lire Platon à la lumière de l'ethnologie. Et pourtant c'est cela qu'il faut faire pour « déconstruire » vraiment toute « métaphysique ». En deçà des présocratiques vers lesquels remontent Heidegger et le heideggérianisme contemporain, il n'y a que le religieux, et c'est le religieux qu'il faut comprendre pour comprendre la philosophie. Puisqu'on n'a pas réussi à comprendre le religieux à partir de la philosophie, il faut inverser la méthode et lire le philosophique à la lumière du religieux.

G. L. : Dans un essai où il fait état de *la Violence et le sacré*, Philippe Lacoue-Labarthe vous reproche de fabriquer un Platon qui ne comprendrait pas ce que vous comprenez vous-même alors qu'en réalité, selon ce critique, Platon comprend très bien tout cela, et les écrivains auxquels vous attribuez un savoir supérieur, tels que Cervantès ou Shakespeare, sont inscrits dans une « clôture platonicienne »[7].

R. G. : Cet article assimile indûment la théorie mimétique du désir à la conception hégélienne. Il ne faut pas s'étonner si Lacoue-Labarthe ne voit pas ce qui fait défaut à Platon sur le plan des rivalités mimétiques. Ce qui fait défaut à Platon, en effet, lui fait défaut à lui-même et c'est l'essentiel, c'est l'origine de la rivalité mimétique dans la mimésis d'appropriation, c'est ce point de départ dans l'objet sur lequel nous n'insisterons jamais assez, c'est cela que personne, semble-t-il, ne comprend et c'est cela qu'il faut comprendre pour voir que ce n'est pas de la philosophie ici que nous faisons.

Il suffit de lire, dans *Don Quichotte*, l'épisode du plat à barbe transfiguré en casque de Mambrin, à cause de la rivalité mimétique dont il fait l'objet, pour comprendre qu'il y a chez Cervantès une intuition parfaitement étrangère à Platon ou à Hegel, l'intuition même qui fait dédaigner la littérature parce qu'elle fait ressortir, de façon comique, la vanité de nos conflits. De même la critique rationaliste de l'époque classique, en Angleterre, celle de Rymer, influencée par les Français, reprochait à Shakespeare de construire ses conflits tragiques autour de babioles insignifiantes, ou même, littéralement, de rien[8]. Cette critique voyait une infériorité dans ce qui fait la supériorité prodigieuse de Shakespeare sur la plupart des auteurs dramatiques et sur tous les philosophes.

Je n'irais pas jusqu'à affirmer que Cervantès et Shakespeare révèlent le conflit mimétique jusqu'au bout et qu'ils ne nous laissent rien à déchiffrer. Je me limite à dire qu'ils en savent plus que Platon parce qu'ils mettent l'un et l'autre la mimésis d'appropriation au premier plan. Ils n'éprouvent donc pas à l'égard du mimétique (sans pourtant le minimiser) cette terreur «irrationnelle» qu'éprouve Platon, directement héritée du sacré. Et dans le sacré non plus, bien entendu, nous n'avons pas de réflexion sur la mimésis d'appropriation et ses conséquences infinies.

Nous comprenons sans peine pourtant que la mimésis d'appropriation est à l'origine de tout car les principaux interdits, ceux dont nous n'avons pas encore parlé, les interdits d'objets, les interdits sexuels par exemple, et aussi les interdits alimentaires, portent toujours sur les objets les plus proches, les plus accessibles, ceux qui appartiennent au groupe de cohabitation, les femmes produites par ce groupe, ou les nourritures récoltées par ce groupe. Ces objets sont interdits parce qu'ils sont à chaque instant à la disposition de tous les membres du groupe ; ils sont donc les plus susceptibles de devenir enjeu dans des rivalités destructrices pour l'harmonie du groupe, et même pour sa survie.

Il n'y a pas d'interdit qui ne se ramène au conflit mimétique dont nous avons défini le principe dès le début de nos recherches.

G. L. : Recourir comme vous le faites au terme de mimésis suscite peut-être certains malentendus.

R. G. : Indubitablement. Il vaudrait mieux, peut-être, parler tout simplement d'imitation. Mais les théoriciens modernes de l'imitation en limitent la portée aux conduites qui relèvent du « paraître », comme dirait Jean-Michel, les gestes, les façons de se comporter et de parler, les modèles agréés par les conventions sociales. Le moderne, en somme, a restreint l'emploi du terme aux modalités d'imitation qui ne risquent pas de susciter le conflit, représentatives seulement et de l'ordre du simulacre.

Ce n'est pas là une simple « erreur » ou un « oubli » ; c'est une espèce de répression, répression du conflit mimétique lui-même. Il y a dans cette répression quelque chose de fondamental pour toutes les cultures humaines, même la nôtre. Les sociétés primitives répriment le conflit mimétique en interdisant tout ce qui peut le susciter, bien entendu, mais aussi en le dissimulant derrière les grands symboles du sacré, comme la contamination, la souillure, etc. Cette répression se perpétue parmi nous mais sous des formes paradoxales.

Au lieu de voir dans l'imitation une menace pour la cohésion sociale, un danger pour la communauté, nous y voyons une cause de conformisme et d'esprit grégaire. Au lieu de la redouter, nous la méprisons. Nous sommes toujours « contre » l'imitation mais d'une façon très différente de Platon ; nous l'avons chassée d'un peu partout,

we also repress ...

29

même de notre esthétique. Notre psychologie, notre psychanalyse et même notre sociologie, ne lui font place qu'à regret. Notre art et notre littérature s'acharnent à ne ressembler à rien ni à personne, mimétiquement.

Nous ne voyons absolument pas les possibilités conflictuelles que recèle l'imitation. Et ni les interdits, ni même Platon ne nous offrent aucune explication immédiate de leur phobie.

Personne ne s'interroge jamais vraiment sur la terreur platonicienne. On ne se demande jamais ce qu'il en est de la rivalité mimétique, *si ça existe vraiment et dans quels lieux*. La mimésis est réellement ce que le moderne voit en elle, la force de cohésion par excellence, mais elle n'est pas que cela. Platon a raison d'y voir à la fois une force de cohésion et une force de dissolution. Si Platon a raison, pourquoi a-t-il raison et pourquoi n'arrive-t-il pas à expliquer ces effets secondaires d'une seule et même force ? Si cette question est réelle comment faut-il y répondre ?

J.-M. O. : Ce sont là des questions fondamentales. Il n'y a pas d'intelligence humaine, il n'y a pas d'apprentissage culturel sans mimésis. La mimésis est la puissance essentielle d'intégration culturelle. Est-elle aussi cette puissance de destruction et de dissolution que suggèrent les interdits ?

R. G. : À ces questions proprement scientifiques la pensée actuelle, malheureusement, ne s'intéresse pas. La pensée critique et théorique française suit les paradoxes du jeu mimétique au ras des textes, avec une finesse extraordinaire, une virtuosité éblouissante. Mais c'est là justement qu'elle rencontre ses limites. Elle s'éblouit elle-même ; elle se grise d'acrobaties verbales et les questions vraiment intéressantes ne sont jamais posées, elles sont même dédaignées au nom de principes purement métaphysiques. Il y a mieux à faire aujourd'hui qu'à s'amuser sans fin de paradoxes auxquels les grands écrivains ont déjà fait donner tout ce qu'ils pouvaient donner sur le plan littéraire. Les chatoiements mimétiques ne sont pas intéressants en eux-mêmes. La seule chose intéressante est de faire entrer tout cela dans une lumière rationnelle, de le transformer en véritable savoir. C'est là qu'est la vocation véritable de la pensée et cette vocation finit toujours par se réaffirmer au-delà des périodes où elle paraît périmée ; c'est à la surabondance même des matériaux qui sont en train de tomber sous sa juridiction que cette vocation rationnelle doit de passer définitivement pour dépassée et *débordée*. L'usage moderne du terme imitation recouvre une méconnaissance inversée et aggravée par rapport aux formes religieuses antérieures. Au lieu du terme rabougri d'imitation, j'emploie donc le terme grec de *mimesis* sans adopter pour autant quelque théorie platonicienne de la rivalité mimétique qui d'ailleurs n'existe pas. Le seul intérêt du terme grec est qu'il rend la face conflictuelle de l'imitation concevable même s'il ne nous en révèle jamais la cause.

Cette cause, répétons-le encore, c'est la rivalité pour l'objet, c'est la mimésis d'appropriation dont il faut toujours partir. Nous allons voir maintenant qu'on peut ramener à ce mécanisme non seulement les interdits mais les rites, et l'organisation religieuse dans son ensemble. C'est une théorie complète de la culture humaine qui va se dessiner à partir de ce seul et unique principe.

J.-M. O. : En somme, les sociétés primitives se trompent quand elles pensent que la présence des jumeaux ou l'énonciation d'un nom propre introduit dans la communauté les doubles de la violence mais leur erreur est intelligible. Elle se rattache à quelque chose de parfaitement réel, à un mécanisme d'une simplicité extrême mais dont l'existence est indubitable et dont les complications, pour surprenantes qu'elles soient, sont faciles à repérer, aussi bien logiquement que sur le terrain interdividuel et ethnologique. On voit bien que les interdits réels correspondent à ce qu'on peut attendre de communautés qui auraient observé la continuité des effets mimétiques, des plus bénins aux plus terribles et qui chercheraient à s'en garder comme... de la peste.

R. G. : C'est parfaitement exact.

J.-M. O. : Mais n'y a-t-il pas, entre les diverses cultures, des variations trop grandes pour que votre théorie unitaire soit vraisemblable ? Est-ce qu'il n'y a pas des sociétés qui exigent ce que d'autres défendent ? N'arrive-t-il pas également que, dans une seule et même société, une conduite défendue en temps normal soit autorisée et même requise dans des circonstances exceptionnelles ?

R. G. : C'est vrai et ce que nous avons dit jusqu'ici paraît contredit par d'autres faits. Mais si nous faisons preuve de patience, nous allons voir que la contradiction va très bien s'expliquer. Pour l'instant, nous en sommes à un principe fondamental qui est la teneur antimimétique de tous les interdits.

Si on groupe les interdits antimimétiques des plus anodins aux plus terribles (la vengeance du sang) en un seul ensemble, on voit qu'ils dessinent en creux les étapes d'une *escalade* qui risque d'impliquer toujours plus de membres de la communauté, par contagion mimétique, et qui va vers des formes de rivalité toujours aggravées à propos des objets que cette même communauté est incapable de se partager pacifiquement, les femmes, la nourriture, les armes, les meilleurs emplacements, etc.

Ici aussi, il y a un processus continu et les ethnologues voient des interdits distincts, des prohibitions indépendantes les unes des autres, parce qu'ils ne voient pas l'unité de la crise mimétique qu'il s'agit d'éviter. Ce qu'on interdit, en somme, ce sont d'abord tous les objets qui peuvent servir de prétexte à la rivalité mimétique, ce sont tous les comportements caractéristiques des phases qu'elle comporte, de plus en plus violentes, ce sont tous les individus qui paraissent présenter des « symptômes », forcément contagieux, comme les jumeaux ou les adolescents au moment de l'initiation, ou les femmes en période de menstruation, ou encore les malades et les morts qui sont exclus pour toujours ou temporairement de la communauté.

G. L. : Mais est-ce que la possibilité d'une telle crise n'est pas attestée de façon beaucoup plus directe par les rituels ?

C. FONCTION DU RITE : EXIGENCE DU MIMÉTIQUE

R. G. : C'est bien des rituels qu'il faut parler maintenant. Si on passe des interdits à ce second grand pilier du religieux, on constate que notre modèle de crise mimétique doit bien être présent à l'esprit des sociétés religieuses puisque c'est lui qu'elles s'efforcent, non plus d'empêcher cette fois, mais au contraire de reproduire. Si les interdits dessinent cette crise en creux, les rituels la dessinent en relief. Il n'y a pas de doute qu'elle obsède la pensée religieuse tout entière. Il n'y a guère de mythes, en effet, nous le verrons plus tard, qui, à défaut d'une description plus complète, n'y fassent au moins quelque allusion.

Le regard exercé n'a pas de peine à s'y reconnaître car le processus de crise mimétique, c'est littéralement la différence culturelle qui s'inverse puis s'effiloche et s'efface. Elle fait place à la violence réciproque.

G. L. : Ici encore, donc, il faut tout ramener à la mimésis d'appropriation.

R. G. : Sans hésiter. Quand les ethnologues nous parlent d'inversions de rôles, accompagnées de parodies réciproques et de moqueries insultantes qui dégénèrent parfois en bataille rangée, c'est la crise mimétique qu'ils décrivent sans s'en douter.

G. L. : Les ethnologues parlent de rites qui consistent à « violer les interdits ».

R. G. : Bien entendu. Si les interdits sont antimimétiques, toute mise en scène de la crise mimétique va nécessairement consister à violer les interdits. C'est à un véritable effondrement conflictuel de l'organisation culturelle qu'on a affaire. Au paroxysme de cette crise, les hommes se disputent violemment tous les objets normalement interdits ; c'est pourquoi il y a souvent inceste rituel, c'est-à-dire fornication avec les femmes qu'on n'a pas le droit de toucher le reste du temps.

G. L. : À votre lecture du rituel comme reproduction d'une crise mimétique, on peut pourtant opposer l'existence de rites non violents, de caractère très harmonieux et qui paraissent obéir à une volonté esthétique.

R. G. : C'est vrai, mais si vous comparez entre elles les descriptions ethnologiques, vous constaterez qu'il n'y a pas de solution de continuité entre la brutalité extrême et le désordre indescriptible à un extrême du panorama rituel, et l'art le plus serein à l'autre extrême. On trouvera sans peine toutes les formes intermédiaires dont on a besoin pour passer sans solution de continuité d'un extrême à l'autre et le devenir de moins en moins violent des rites doit constituer une évolution normale, due au fait que les rites consistent à transformer en acte de collaboration sociale, paradoxalement, la désagrégation conflictuelle de la communauté.

Les expressions auxquelles recourent les ethnologues révèlent cette continuité. À un bout de la chaîne, ils parlent de «mêlées» et de clameurs désordonnées, de charges frénétiques. Viennent ensuite les «simulacres de combat» et les piétinements rythmiques accompagnés de «cris de guerre» qui se transforment insensiblement en «chants guerriers», puis ce sont des «danses belliqueuses» qui débouchent enfin sur les chants et les danses purs et simples. Les figures chorégraphiques les plus délicates, les positions qui s'échangent sans que les partenaires renoncent à se faire face, les effets de miroir, tout peut se lire comme traces schématisées et purifiées d'affrontements passés.

À reproduire toujours le modèle mimétique dans un esprit d'harmonie sociale, l'action doit peu à peu se vider de toute violence réelle pour ne laisser subsister qu'une forme «pure». Il suffit de regarder cette forme pour constater qu'il s'agit toujours de *doubles*, c'est-à-dire des partenaires qui s'imitent réciproquement : le modèle des danses rituelles les plus abstraites, c'est toujours l'affrontement des *doubles* mais parfaitement «esthétisé».

C'est dire que même les formes les moins violentes du rituel ne compromettent pas l'idée d'un modèle conflictuel unique. Pour bien comprendre le rite, il faut partir non des formes les plus apaisées, mais des formes les plus manifestement conflictuelles, ces interrègnes africains, par exemple, au cours desquels la société entière se décompose dans l'anarchie conflictuelle, si bien que les ethnologues hésitent dans la définition du phénomène, ne sachant jamais s'il faut voir en lui une répétition rituelle, une espèce de dérèglement réglé, ou un véritable événement historique aux conséquences imprévisibles.

J.-M. O. : Vous nous dites, en somme, que les interdits et les rites peuvent tous se ramener au conflit mimétique. Le dénominateur commun est le même mais c'est là quelque chose de très paradoxal puisqu'il s'agit d'interdire dans un cas ce qu'on s'oblige à faire dans l'autre. Si la crise mimétique est aussi redoutable que notre lecture des interdits nous le donne à penser, on ne comprend pas que les rituels s'acharnent à reproduire, de façon parfois terriblement réaliste, ce que les sociétés redoutent le plus en temps normal et ce qu'elles semblent bien redouter à juste titre.

Il n'y a pas de mimésis innocente, de mimésis sans danger et on ne peut pas singer la crise des doubles comme le font les rites sans courir le risque de la violence véritable.

R. G. : Vous définissez parfaitement le paradoxe extra-ordinaire que constitue dans toutes les sociétés religieuses la juxtaposition des interdits et des rituels. Si l'ethnologie, jusqu'ici, a échoué devant l'énigme du religieux, c'est parce qu'elle n'a jamais dégagé ce paradoxe jusqu'au bout, et si elle ne l'a pas dégagé c'est parce qu'elle peut toujours trouver de quoi l'éluder ou l'émousser dans le religieux lui-même. Cela ne veut pas dire que ce paradoxe n'existe pas, cela veut dire que la conscience religieuse elle-même peut arriver au stade où, de même que nous, elle trouve ce paradoxe intolérable et impensable; elle s'efforce alors d'*arranger les choses*, d'émousser les angles de la contradiction, soit en assouplissant les interdits, soit en assagissant la crise rituelle, soit en faisant ces deux choses à la fois. Au lieu de minimiser l'opposition entre prohibition et rituel, ou de l'affadir comme on le fait toujours, à la suite du religieux lui-même, quand on voit dans la fête une simple vacance temporaire et joyeuse des interdits, par exemple, il faut la faire ressortir, il faut souligner le mystère, il faut bien comprendre que nous ne comprenons absolument pas pourquoi les choses se passent ainsi.

Dans leurs rituels, les sociétés primitives s'abandonnent volontairement à ce qu'elles redoutent plus que tout, le reste du temps, la dissolution mimétique de la communauté.

J.-M. O. : Si la mimésis est la puissance à la fois irrésistible et insidieuse que suggèrent aussi bien la psychopathologie individuelle que les précautions religieuses à l'égard de la pollution, le rite apparaît comme une invitation au désastre. Ou bien il faut renoncer à la théorie mimétique ou bien il faut découvrir que les systèmes religieux ont des raisons supérieures de passer outre. Quelles peuvent être ces raisons?

R. G. : Le paradoxe que nous venons de signaler devient plus extraordinaire encore dans le cas des rites qui n'ont pas de date fixe mais qu'on décide d'accomplir pour écarter une menace de crise très immédiate.

Tel Gribouille qui va chercher dans la rivière un abri contre la pluie, les communautés se jettent délibérément, semble-t-il, dans le mal qu'elles redoutent, croyant ainsi l'éviter. Les institutions religieuses qui se montrent si timorées le reste du temps font preuve dans les rites d'une témérité proprement incroyable. Non seulement elles abandonnent leurs précautions habituelles mais elles miment consciencieusement leur propre décomposition dans le mimétisme hystérique ; tout se passe comme si on pensait que la désintégration simulée pouvait écarter la désintégration réelle. Mais cette définition ne va pas sans difficulté : c'est en effet toute distinction entre l'original et la copie qui est compromise par la conception religieuse de la mimésis.

G. L. : Il y a des théories qui affirment la fonctionnalité du rituel. Les techniques qui consistent à mimer, tous ensemble, les effets de la discorde, pourraient bien contribuer à en écarter le péril en ôtant aux participants le désir de se jeter réellement dans les conduites redoutées.

R. G. : Je crois moi-même à une certaine fonctionnalité du rituel, mais cette fonctionnalité n'est pas toujours assurée ; il y a des rites qui tournent à la discorde véritable. Il faut surtout comprendre que l'efficacité d'une institution ne suffit pas à rendre compte de son existence. Il ne faut pas retomber dans les naïvetés du fonctionnalisme.

On ne voit pas pourquoi des sociétés qui, le plus souvent, réagissent à un certain type de danger en s'efforçant de l'éviter, feraient brusquement volte-face, en particulier quand le danger paraît pressant, pour recourir alors au remède inverse, celui qui devrait le plus les terrifier. On ne peut tout de même pas imaginer, autour du berceau de ces cultures, telle la bonne fée de la légende, une brochette d'ethno-psychiatres très savants qui dans leur prescience infinie doteraient ces cultures des institutions rituelles.

Aucune science, aucune pensée, n'est capable d'inventer les rites de toutes pièces, d'aboutir spontanément à des systèmes aussi constants derrière leurs différences apparentes, que le sont les systèmes religieux de l'humanité.

Pour résoudre le problème, il faut, de toute évidence,

ne rien éliminer des institutions que nous cherchons à comprendre. Et en limitant notre étude des rituels à la crise mimétique, nous avons éliminé quelque chose qui normalement figure dans les rites, et c'est leur conclusion. Cette conclusion consiste en règle générale en l'immolation d'une victime animale ou humaine.

D. Sacrifice et mécanisme victimaire

G. L. : N'y a-t-il pas des rites sans conclusion sacrificielle ?

R. G. : Il y en a. La conclusion du rite peut se limiter à des mutilations rituelles, ou à des exorcismes qui sont toujours l'équivalent du sacrifice. Mais il y a aussi des formes rituelles, ou post-rituelles qui ne comportent aucune conclusion sacrificielle, pas même symbolique. Je crois qu'il faut réserver cette question pour plus tard sans quoi nous allons nous égarer dans des digressions infinies et perdre le fil de notre démonstration. Celle-ci n'est contraignante que si on la suit jusqu'au bout et je ne vais pas répondre à toutes les objections qui peuvent vous venir à l'esprit au fur et à mesure qu'elles se présentent. Celle que vous venez de soulever est capitale car elle rejoint l'immense problème de la disparition du sacrifice dans des institutions culturelles qui sortent de lui et qui n'existent que par lui. Nous en traiterons dans une prochaine journée.

J.-M. O. : Revenons donc à nos moutons… sacrificiels.

R. G. : Si le sacrifice conclut les rites, il faut qu'il paraisse aux sociétés religieuses comme la conclusion de la crise mimétique mise en scène par ces rites. Dans de nombreux rites, l'assistance entière est tenue de prendre part à l'immolation qui ressemble à s'y méprendre à une espèce de lynchage. Là même où l'immolation est réservée à un sacrificateur unique, c'est en règle générale au nom de tous les participants que celui-ci agit. C'est l'unité d'une communauté qui s'affirme dans l'acte sacrificiel et cette unité surgit au paroxysme de la division, au moment où la communauté se prétend déchirée par la discorde mimétique, vouée à la circularité interminable des représailles vengeresses. À l'opposition de chacun contre chacun succède brusquement l'opposition de tous contre un. À la multiplicité chaotique des conflits particuliers succède d'un seul coup la simplicité d'un antagonisme unique : toute la communauté d'un côté et de l'autre la victime. On comprend sans peine en quoi consiste cette résolution sacrificielle ; la communauté se retrouve tout entière solidaire, aux dépens d'une victime non seulement incapable de se défendre, mais totalement impuissante à susciter la vengeance ; sa mise à mal ne saurait provoquer de nouveaux troubles et faire rebondir la crise puisqu'elle unit tout le monde contre elle. Le sacrifice n'est qu'une violence de plus, une violence qui s'ajoute à d'autres violences, mais c'est la dernière violence, c'est le dernier mot de la violence.

À regarder l'hostilité dont la victime fait l'objet dans certains sacrifices, on est amené à spéculer qu'elle passe pour responsable, à elle seule, de la crise mimétique tout entière. Avant d'être tuée, elle peut faire l'objet d'insultes et de mauvais traitements. La vraie question est celle-ci : comment une telle union contre la victime est-elle possible dans tant de rites aussi divers, quelle est la force qui rassemble la collectivité contre cette victime ?

G. L. : Le Freud de *Totem et Tabou* répond que cette victime, c'est le père de la horde primitive. Tous les rites, selon lui, auraient gardé le souvenir d'un meurtre unique qui a fondé l'humanité.

R. G. : Tout ce que dit Freud à ce sujet mérite d'être examiné très attentivement puisqu'il est le seul, à partir d'observations ethnologiques moins démodées qu'on ne le dit, à comprendre la nécessité d'un meurtre collectif réel comme modèle du sacrifice. Mais sa réponse n'est pas valable. À partir de son meurtre unique, qui se produit une fois pour toutes, on ne peut pas comprendre les répétitions rituelles.

Ce meurtre, d'ailleurs, il le situe mal quand il le place au début de la séquence rituelle. Les rites qui lui donnent raison sont rares et ce sont des rites où l'ordre normal est inversé. L'ordre normal est celui que nous sommes en train de décrire. La crise mimétique vient en premier lieu et le meurtre collectif en constitue à la fois le paroxysme et la conclusion.

L'idée que les hommes se rassembleraient et immoleraient toutes sortes de victimes pour commémorer la «culpabilité» qu'ils éprouvent encore au sujet d'un meurtre préhistorique est parfaitement mythique. Ce qui ne l'est pas, par contre, c'est l'idée que les hommes immolent ces victimes parce qu'un premier meurtre, spontané, a réellement rassemblé la communauté et mis fin à une crise mimétique réelle. On comprendrait alors que les hommes recourent aux rites pour écarter une menace réelle de crise ; la crise serait reproduite non pour elle-même mais pour sa résolution ; il s'agirait d'arriver à cette résolution perçue comme seule résolution satisfaisante de toute crise passée, présente et à venir. Le paradoxe qui nous confronte serait résolu. Il n'y aurait pas de contradiction d'intention entre les interdits et les rituels ; les interdits cherchaient à écarter la crise en prohibant les conduites qui la suscitent, et si la crise recommence quand même, ou s'il semble qu'elle va recommencer, les rites s'efforcent de la canaliser dans la bonne direction et de l'amener à résolution, c'est-à-dire à la réconciliation de la communauté aux dépens d'une victime qu'il faut supposer arbitraire. Aucune victime individuelle, en effet, ne peut être responsable de la crise mimétique.

Seule une victime arbitraire peut résoudre la crise parce que tous les phénomènes de violence, étant mimétiques, sont partout identiques et identiquement répartis au sein de la communauté. Personne ne peut assigner à la crise une origine, distribuer des responsabilités. Et cette *victime émissaire* finira nécessairement par apparaître et par réconcilier la communauté car l'exaspération même de la crise, liée à un mimétisme toujours accru, doit nécessairement la susciter.

J.-M. O. : Voilà qui me paraît difficile à suivre. Vous affirmez que la crise mimétique, l'anarchie conflictuelle au sein de la communauté non seulement peut mais doit aboutir à une résolution arbitraire de ce genre. Il y aurait donc là quelque chose comme un mécanisme naturel de résolution. Je crois que c'est un point très difficile dans votre théorie, et il faut le préciser.

R. G. : Il s'agit de suivre jusqu'au bout la logique du conflit mimétique et de la violence qui en résulte. Plus les rivalités s'exaspèrent, plus les rivaux tendent à oublier les objets qui en principe la causent, plus ils sont fascinés les uns par les autres. La rivalité se purifie de tous ses enjeux extérieurs, en somme, elle se fait rivalité pure ou de prestige. Chaque rival devient pour l'autre le modèle-obstacle adorable et haïssable, celui qu'il faut à la fois abattre et absorber.

La mimésis est plus forte que jamais mais elle ne peut plus s'exercer, désormais, au niveau de l'objet, puisqu'il n'y a plus d'objet. Il n'y a plus que des antagonistes que nous désignons comme des doubles car, sous le rapport de l'antagonisme, plus rien ne les sépare.

S'il n'y a plus d'objet, il n'y a plus de mimésis d'appropriation au sens défini par nous. Il n'y a plus d'autre terrain d'application possible pour la mimésis que les antagonistes eux-mêmes. Ce qui va se produire, alors, au sein de la crise, ce sont des substitutions mimétiques d'antagonistes.

Si la *mimésis d'appropriation* divise en faisant converger deux ou plusieurs individus sur un seul et même objet qu'ils veulent tous s'approprier, la mimésis *de l'antagoniste*, forcément, rassemble en faisant converger deux ou plusieurs individus sur un même adversaire qu'ils veulent tous abattre.

La mimésis d'appropriation est contagieuse et plus les individus polarisés sur un même objet sont nombreux, plus les membres de la communauté non encore impliqués tendent à suivre leur exemple; il en va de même, forcément, de la mimésis de l'antagoniste, car c'est de la même force qu'il s'agit. On peut donc s'attendre à voir cette mimésis faire boule de neige dès qu'elle commence à opérer, à partir du moment où l'objet disparaît et où la folie mimétique atteint un haut degré d'intensité. Étant donné que la puissance d'attraction mimétique se multiplie avec le nombre des polarisés, le moment va forcément arriver où la communauté tout entière se trouvera rassemblée contre un individu unique. La mimésis de l'antagoniste suscite donc une alliance de fait contre un ennemi commun et la conclusion de la crise, la réconciliation de la communauté, n'est rien d'autre.

Nous ne pouvons pas savoir, au moins dans certains cas, quelle raison insignifiante fera converger l'hostilité mimétique sur telle victime plutôt que telle autre; cette victime n'en passera pas moins pour absolument singulière, unique, non seulement en raison de l'idolâtrie haineuse qui se rassemble sur elle, de la crise que désormais elle incarne, mais aussi, et surtout, de l'effet de réconciliation qui résulte de cette polarisation unanime.

La communauté assouvit sa rage contre cette victime arbitraire, dans la conviction absolue qu'elle a trouvé la cause unique de son mal. Elle se trouve ensuite privée d'adversaires, purifiée de toute hostilité à l'égard de ceux contre qui, un instant plus tôt, elle manifestait une rage extrême.

Le retour au calme paraît confirmer la responsabilité de cette victime dans les troubles mimétiques qui ont agité la communauté. La communauté se perçoit comme parfaitement passive face à sa propre victime qui apparaît, au contraire, comme le seul agent responsable de l'affaire. Il suffit de comprendre que l'inversion du rapport réel entre la victime et la communauté se perpétue dans la résolution de la crise pour comprendre pourquoi cette victime passe pour *sacrée*. Elle passe pour responsable du retour au calme aussi bien que des désordres qui le précèdent. Elle passe pour manipulatrice même de sa propre mort.

J.-M. O. : Essayons de résumer votre exposé. Une fois que la mimésis d'appropriation objectale a accompli son œuvre de division et de conflit, elle se transforme en mimésis de l'antagoniste qui tend au contraire à rassembler et à unifier la communauté. La structure des rites dans le monde entier suggère qu'il s'agit ici non d'une évolution fortuite, mais d'une évolution nécessaire, liée à la nature même de la crise et de la mimésis. Est-ce que cette résolution se produit infailliblement ?

R. G. : On ne peut pas savoir, mais on peut penser que non. On peut penser que de nombreuses communautés humaines se désintègrent sous l'effet d'une violence qui n'aboutit jamais au mécanisme que je viens de décrire. Mais l'observation des systèmes religieux nous oblige à penser : 1. que la crise mimétique se produit toujours, 2. que le rassemblement de tous contre une victime unique est la résolution normale sur le plan culturel et la résolution proprement normative car c'est d'elle que jaillissent toutes les règles culturelles.

J.-M. O. : Toutes ?

R. G. : Pour comprendre les règles primitives, interdits et rituels, et la force prodigieuse de ces règles, il faut supposer une crise mimétique assez longue et assez atroce pour que la résolution soudaine, contre la victime unique, fasse l'effet d'une délivrance miraculeuse. Cette expérience d'un être suprêmement maléfique puis bénéfique dont l'apparition et la disparition sont scandées par le meurtre collectif ne peut manquer d'être littéralement *saisissante*. Cette communauté terriblement éprouvée se trouve d'un seul coup vidée de tout antagonisme, complètement délivrée.

On comprend sans peine que cette communauté soit tout entière animée désormais par une volonté de paix, tout entière tendue vers le maintien de cette trêve miraculeuse qui lui paraît octroyée par l'être redoutable et bienfaisant qui l'a en quelque sorte visitée. C'est donc sous le signe de cet être, et comme s'il s'agissait d'instructions laissées par lui, qu'elle va placer toutes ses actions futures.

C'est sur l'expérience toute fraîche de la crise et de sa résolution que la communauté se guide, en somme, se croyant toujours guidée par la victime elle-même, pour consolider le répit fragile dont elle jouit. On voit sans peine que deux impératifs principaux doivent surgir : 1. Ne pas refaire les gestes de la crise, s'abstenir de tout mimétisme, de tout contact avec les antagonistes de naguère, de tout geste d'appropriation à l'égard des objets qui ont servi de cause ou de prétexte à la rivalité. C'est là l'impératif de l'interdit. 2. Refaire au contraire l'événement miraculeux qui a mis fin à la crise, immoler de nouvelles victimes substituées à la victime originelle dans des circonstances aussi semblables que possible à celles de l'expérience originelle. C'est l'impératif du rituel.

Les hommes ne comprennent pas le mécanisme de leur réconciliation ; le secret de son efficacité leur échappe, c'est bien pourquoi ils s'efforcent de tout reproduire avec autant d'exactitude que possible. Ils voient bien que le mécanisme salvateur ne s'est déclenché qu'au paroxysme de la lutte fratricide. La résolution unanime et ce paroxysme forment un ensemble que la pensée religieuse se refuse, le plus souvent, à dissocier, comprenant qu'il est indissociable. C'est là qu'il faut chercher la raison de cette folie conflictuelle, de cette indifférenciation culturelle qui constitue la phase initiale de bien des rites, la préparation au sacrifice.

Loin de viser à l'indifférencié pour l'indifférencié, comme se l'imagine Lévi-Strauss, les rites ne voient dans la crise qu'un moyen d'assurer la différenciation. Il n'y a donc aucune raison de vouer les rites à l'insensé comme le fait Lévi-Strauss. C'est bien du désordre extrême que l'ordre surgit dans la culture humaine, car le désordre extrême c'est la disparition de tout objet dans le conflit et c'est alors que la mimésis d'appropriation, la mimésis conflictuelle, se transforme en mimésis de l'antagoniste et de la réunification sur cet antagoniste. En mettant le rite à la porte de la classe structuraliste, comme il le fait,

Lévi-Strauss se trompe. Le mauvais élève en sait beaucoup plus que le professeur sur l'ordre et le désordre[9].

Dans les rites de passage, par exemple, l'indifférencié ne fait qu'un avec la perte d'une *identity* préalable, d'une spécificité maintenant dissoute, et c'est cette perte que le rite souligne et aggrave d'abord ; il la rend aussi complète que possible, non pas parce qu'il a la « nostalgie de l'immédiat » comme le dirait Lévi-Strauss, mais afin de faciliter au postulant l'acquisition de son identité nouvelle, de sa différenciation définitive. Il est clair par exemple que les rites de baptême sont des bains d'indifférencié d'où on ressort mieux différencié. Les fidèles les plus humbles de toutes les religions du monde ont toujours su cela ; il peut arriver que le postulant se noie mais ce n'est pas pour le noyer qu'on le soumet au rite du baptême.

J.-M. O. : Ne risquez-vous pas de retomber dans une définition mystique du rituel ?

R. G. : Absolument pas car je vois très bien que l'*épreuve* initiatique n'est qu'un éclairage particulier de la crise mimétique à certaines fins particulières. Il s'agit de faire passer le postulant par une crise aussi terrible que possible *pour que se déclenche à son profit l'effet salvateur du sacrifice*. C'est bien pourquoi, tant que les rites initiatiques sont vivants, il arrive qu'on perde un postulant de temps à autre, et même quand les rites ont perdu leur force, on fait semblant dc croire que les postulants pourraient vraiment mourir.

G. L. : Votre définition, indubitablement, résout l'apparence de conflit entre les interdits antimimétiques et l'abandon à la crise mimétique dans les rites. La crise n'est pas là pour elle-même mais pour déclencher la résolution sacrificielle. Et si la théorie mimétique est exacte, les rites ont raison de penser que le paroxysme du désordre est nécessaire à ce déclenchement. C'est donc le même but que visent les rites et les interdits, c'est l'ordre et la paix qui surgissent du mécanisme collectif ; les uns et les autres s'efforcent de consolider cette paix mais ils s'y prennent de deux manières différentes.

R. G. : Les interdits visent le but directement en prohibant tout ce qui touche ou paraît toucher à la crise, les rites visent ce même but par l'intermédiaire du mécanisme collectif qu'ils s'efforcent de déclencher à nouveau. On comprend alors pourquoi les hommes recourent aux rites quand la crise les menace réellement ; le paradoxe de la maladie qui sert à guérir la maladie n'en est plus un. Il s'agit de renforcer les forces du mauvais mimétisme pour les canaliser vers la résolution sacrificielle. Il n'y a donc aucune différence entre les rites dits de passage et les autres. Le modèle qui sert à perpétuer le *statu quo* est aussi le modèle du changement qui, de toute façon, doit ramener le même. Il faut toujours rejouer la crise, en fin de compte, pour accoucher à nouveau de la résolution pacificatrice et ordonnatrice. Le fait que la pensée actuelle ne puisse pas intégrer ces mécanismes ne les empêche pas d'exister depuis que le monde est monde. Sous certains rapports, d'ailleurs, cette inaptitude à intégrer lesdits mécanismes est tout à l'honneur de la pensée actuelle et prépare la révélation rationnelle de ce que le structuralisme est encore incapable d'appréhender. Cette fin de non-recevoir est préférable à tout le syncrétisme vaguement mystique qui ne se soumet que trop aisément aux mécanismes du sacré, au nom d'une « nature humaine » ou d'un vague panthéisme qui sont les héritiers directs des dieux de la violence. Je comprends et je partage l'horreur de Lévi-Strauss pour ce genre d'attitude.

E. Théorie du religieux

J.-M. O. : Il semble qu'on ne puisse pas résoudre un problème dans le domaine du religieux sans se trouver aussitôt confronté par le problème opposé. Dans certains systèmes religieux le caractère antimimétique des

46

interdits est très évident et la crise mimétique, dans les rites, est également évidente. Derrière cette contradiction, vous le montrez, il y a communauté d'intention. Nous voyons cela maintenant, mais nous ne voyons plus pourquoi, si cette contradiction est justifiée, dans certains systèmes religieux elle peut s'atténuer ou même disparaître entièrement.

R. G. : C'est l'objection que vous m'opposiez déjà tout à l'heure, et maintenant nous pouvons y répondre. Tant que le souvenir de l'expérience originelle reste vivant, la contradiction objective entre reproduction et interdiction de la crise mimétique ne fait pas problème pour la pensée religieuse. Peut-être cette contradiction n'est-elle même pas perçue. Elle doit devenir problématique, en revanche, une fois que la raison d'être du rite commence à s'estomper.

L'élaboration religieuse ne cesse jamais et elle doit tendre peu à peu à minimiser ou à supprimer si possible ce qu'elle ressent désormais, comme nous le ressentons nous-mêmes, comme une contradiction logique, parce que nous ne voyons pas dans les rites la volonté de reproduire le mécanisme de la victime émissaire dans son contexte propre. Bien avant l'arrivée des ethnologues, en somme, les conditions d'ignorance au sein desquelles s'exerce leur pensée se trouvent réalisées et influencent l'élaboration religieuse tardive dans un sens qui nous paraît plus intelligible, logique et même « naturel » que ce qui précède.

Au sein même des systèmes religieux, des distorsions vont se produire, visant à *rationaliser* la pratique soit en assouplissant les interdits, soit en assagissant les rites, ou encore en faisant ces deux choses à la fois. Le système tend à s'unifier sous l'égide d'une logique qui ne correspond ni à son origine ni à sa raison d'être. Et cette évolution, se faisant dans un sens apparemment rationnel, va contribuer à tromper les ethnologues, à leur fournir des arguments pour nier l'origine que je propose, pour considérer les rites les plus révélateurs comme aberrations suprêmes au sein de cette vaste aberration que constitue le religieux. Avec un peu de patience et d'observation, toutefois, on peut toujours retrouver le chemin qui ramène à l'origine violente.

J.-M. O. : Avant de continuer, on pourrait peut-être évoquer ici certaines objections qu'on a faites à *la Violence et le Sacré*. On dit, par exemple, que le mécanisme du « bouc émissaire » est trop fugace et insignifiant pour justifier des effets aussi formidables que les formes religieuses[10].

R. G. : Il y a un certain nombre de choses dont cette objection ne tient pas compte. La première, c'est la nature mimétique du conflit, c'est-à-dire son néant ultime d'objet. Rien n'est plus difficile que d'admettre la nullité foncière du conflit humain. Pour les conflits des autres, passe encore, mais pour nos conflits à nous, c'est presque impossible. *Toutes* les idéologies modernes sont d'immenses machines à justifier et à légitimer même et surtout les conflits qui de nos jours pourraient bien mettre fin à l'existence de l'humanité. Toute la folie de l'homme est là. Si on n'admet pas cette folie du conflit humain aujourd'hui, on ne l'admettra jamais. Si le conflit est mimétique, la résolution également mimétique ne laisse aucun résidu ; elle purge entièrement la communauté parce que justement *il n'y a pas d'objet*. (Cela ne nous oblige pas à penser que *tous* les conflits humains sont nécessairement sans objet réel.)

L'effet réconciliateur de la victime émissaire ne peut être que temporaire, dit-on. C'est vrai, mais il ne s'agit nullement de tout attribuer à cet effet. Ce n'est pas de la réconciliation victimaire directement que jaillit la culture, c'est du double impératif de l'interdit et du rituel, c'est-à-dire de la communauté tout entière unie pour ne pas retomber dans la crise en se guidant sur le modèle — et l'antimodèle — que constituent pour elle désormais la crise et sa résolution. Pour comprendre la culture humaine il faut admettre que l'endiguement des forces mimétiques par les interdits, leur canalisation dans les directions rituelles, peut seul étendre et perpétuer l'effet réconciliateur de la victime émissaire. Le religieux n'est rien d'autre que cet immense effort pour maintenir la paix. *Le sacré c'est la violence*, mais si le religieux adore la violence c'est toujours en tant qu'elle passe pour apporter la paix ; le religieux est tout entier orienté vers la paix mais les moyens de cette paix ne sont jamais dénués de violence sacrificielle. C'est méconnaître entièrement ma perspective que d'y voir une espèce de «culte de la violence», une approbation du sacrifice ou, à l'autre extrême, une dénonciation sans nuances des cultures humaines.

Si le religieux fait toujours scandale quand il se décompose c'est parce que la violence qui entre dans sa composition apparaît alors en tant que telle et perd sa puissance réconciliatrice. Les hommes sont aussitôt poussés à faire du religieux lui-même un nouveau bouc émissaire, pour ne pas voir, une fois de plus, que cette violence est la leur et ils s'en débarrassent, même alors et plus que jamais, aux dépens du sacré, aussi bien quand ils le vomissent comme aujourd'hui, que quand ils l'adorent comme ils le faisaient auparavant. Toutes les attitudes qui ne révèlent pas la victime fondatrice ne sont jamais que des erreurs opposées, des doubles qui se renvoient éternellement la même balle sans jamais «taper dans le mille» et faire s'écrouler la structure de la méconnaissance.

G. L. : Il y a encore une autre raison au malentendu que vous signalez. Pour éclaircir le processus de la victime fondatrice, il faut bien que nous cherchions autour de nous des phénomènes qui lui ressemblent et qui nous en donnent une certaine idée…

R. G. : Si ces phénomènes étaient identiques à ceux qui produisent le religieux, c'est du religieux encore qu'ils produiraient et nous ne pourrions pas plus les repérer objectivement que ne les repèrent les hommes qui vivent dans le religieux primitif. La société moderne ne produit plus de religieux au sens des systèmes que nous sommes en train d'étudier. Pour une raison que nous ignorons encore mais dont nous parlerons bientôt, le mécanisme fondateur fonctionne beaucoup moins bien qu'auparavant, même s'il n'a pas complètement cessé de fonctionner. Nous parlons de « bouc émissaire » non seulement au sens rituel du Lévitique[11] et des rites analogues, mais au sens de mécanisme psychologique spontané. Aucune autre société n'a jamais été capable, je pense, d'une telle perception. Il faudrait réfléchir sur cette aptitude étrange. C'est là, à mon sens, la tâche essentielle de l'ethnologie, une tâche qu'elle a toujours éludée. J'emploie l'expression *victime émissaire* pour le seul mécanisme spontané.

J.-M. O. : Nous sommes donc dans un état de compréhension grandissante mais toujours malheureuse et toujours controversée à l'égard des phénomènes que nous sommes en train de discuter. La présente discussion serait impossible en dehors de cette situation spécifiquement moderne.

R. G. : L'aptitude du mécanisme victimaire à produire du sacré est entièrement fondée, on l'a dit, sur la méconnaissance dont ce mécanisme fait l'objet. Dans une société où tout le monde sait au moins vaguement ce qu'il en est du « bouc émissaire » puisque chacun reproche constamment à quelque adversaire national, idéologique ou familial de « chercher un bouc émissaire », le mécanisme en question est toujours là, visiblement, mais il a trop perdu de sa vigueur pour remplir aussi bien que par le passé les tâches que la culture humaine lui assigne ou que ce mécanisme, plutôt, assigne à la culture humaine.

J.-M. O. : Vous voulez dire, en somme, qu'on trouve parmi nous des phénomènes *assez analogues* à ceux qu'il faut postuler derrière les formes religieuses, pour éclairer un peu notre lanterne, mais *pas assez* pour qu'on puisse assimiler les deux choses. Dans notre société, les phénomènes sont toujours mêlés à un savoir d'eux-mêmes qui les empêche de jouer à fond et de recréer de véritables systèmes religieux. C'est donc se méprendre sur la théorie que d'affirmer : « les mécanismes de bouc émissaire ne sont pas propres à fonder la culture humaine ». Il en est des mécanismes de bouc émissaire comme de l'iceberg désormais proverbial de Freud ; la partie émergée est insignifiante par rapport à la partie submergée. Mais ce n'est pas dans un inconscient individuel ou même collectif qu'il faut situer cette partie immergée, c'est dans une histoire proprement immémoriale, c'est dans une dimension diachronique inaccessible aux modes de pensée actuels.

R. G. : On ne peut pas mieux dire. La production du sacré est inversement proportionnelle forcément à la compréhension des mécanismes qui le produisent. Et il faut bien voir que le grain de sable du savoir dans l'engrenage de la victime émissaire ne signifie pas, bien au contraire, qu'il y aura moins de victimes. Nous ne faisons pas de l'optimisme béat. Plus la crise du système sacrificiel est radicale et plus les hommes sont tentés de multiplier les victimes afin d'aboutir, quand même, aux mêmes effets.

Dans *la Violence et le Sacré*, je n'ai pas assez souligné le danger des analogies vagues. L'intérêt de ce que nous disons ici n'est pas dans les applications impressionnistes qu'on peut faire à notre société, pour en dénoncer tel ou tel aspect qui nous déplaît, mais dans la lecture rigoureuse des rites et des interdits désormais possible à la lumière du mécanisme d'unanimité violente pas encore détraqué, fonctionnant à son régime le plus haut qui a dû être le régime normal de l'humanité pendant la majeure partie de son existence. Le paradoxe c'est que ce régime normal n'est pas directement observable.

Et c'est bien parce que ce régime n'est pas directement observable que la présente thèse doit se définir comme une hypothèse. Ce terme ne signifie nullement que « je n'y crois pas moi-même » comme l'a suggéré un gentleman du *Times Literary Supplement* qui n'a jamais dû entendre parler de ce qu'on appelle une hypothèse en théorie scientifique.

Cette hypothèse n'est pas gratuite puisque le fonctionnement du mécanisme se laisse parfaitement maîtriser par le raisonnement. On vérifie sans peine, alors, que toutes les institutions religieuses, toutes les notions que le religieux apporte, le sacré, la divinité, etc., correspondent à ce qu'on est en droit d'attendre d'un tel mécanisme producteur de méconnaissance.

Pour comprendre ici la nécessité de l'hypothèse et pour justifier celle-ci, il faut aussi réfléchir au silence, dans notre société, qui entoure les phénomènes mimétiques aigus. Là où l'intégration à cette société n'est que partielle, ou en régression, il arrive que la transe ou possession surgisse de façon courante et quasi normale à l'intérieur du groupe humain, pour peu que celui-ci s'attende à la voir surgir.

J.-M. O. : Sans nier l'existence de ces phénomènes, nous tendons à les minimiser ou à les réduire à la notion moderne de l'*hypnose* ; nous les inscrivons dans le cadre étroit de la consultation médicale et de la manipulation thérapeutique ou simplement divertissante. Ce cadre est déterminé visiblement par ce que nous appelons notre individualisme et notre rationalisme, c'est-à-dire par notre méconnaissance du mimétique. Nous en reparlerons plus loin.

R. G. : L'étude comparée des transes rituelles ou non rituelles et des autres phénomènes religieux suggère que la réciprocité accélérée des réactions mimétiques à l'intérieur du groupe humain peut altérer non seulement les rapports entre les participants, qui deviennent *interdividuels* dirons-nous, plutôt qu'*interindividuels* — on ne sait plus littéralement ce qu'il en est du moi et de l'autre — mais aussi la perception dans son ensemble, causant des effets de mélange et de brouillage qui déterminent la nature composite des *masques* rituels aussi bien que la monstruosité des créatures mythologiques. Les cultes dits de possession s'efforcent de reproduire la transe mimétique et sa conclusion victimaire car ils voient là, à juste titre semble-t-il, une expérience religieuse fondamentale. Les hallucinations monstrueuses et le brouillage perceptif doivent favoriser le glissement de la mimésis conflictuelle (appropriation) à la mimésis réconciliatrice de l'antagoniste unique (bouc émissaire). La victime polarise et *fixe* tous les phénomènes d'hallucination. C'est pourquoi la divinité primitive est quintessentiellement *monstrueuse*.

G. L. : Il n'y a jamais personne pour rapprocher systématiquement les indices les uns des autres. Ils relèvent, dira-t-on, de trop de disciplines à la fois : ethnologie, psychopathologie, psychologie des foules, etc. Il n'y a pas de discipline particulière pour s'occuper de tous ces phénomènes en même temps. C'est dire que nous ne voulons pas ou ne pouvons pas diriger vraiment notre attention vers eux.

R. G. : Chez beaucoup d'entre nous, indubitablement, ils provoquent une gêne indéfinissable. À eux tous, ils constituent cette «indifférenciation» qui horripile le savant structuraliste dans tous les sens du terme, bien qu'il ne puisse jamais se passer d'elle, bien qu'il fasse toujours d'elle la toile de fond obligée de son déploiement différenciateur.

Je ne crois pourtant pas à quelque vaste complot idéologique pour «réprimer» tout cela, ou à quelque vigilance obscure et sans défaut du fameux «inconscient». Il faut renoncer à tous les croque-mitaines marxistes et freudiens, passablement mités eux aussi, comme la mythologie elle-même, justement parce qu'ils ne constituent guère qu'un recours modernisé à la monstruosité rituelle plutôt que sa lecture rationnelle. Je pense que notre univers se caractérise, pour des raisons encore non dégagées mais qui ne vont pas cesser de nous occuper, par un recul historiquement unique de l'emprise mimétique sur les individus et même les collectivités. Je dis bien recul et non effacement.

Ce recul, d'une importance capitale, reste forcément

ambigu sous tous les rapports, à commencer par celui du savoir qu'il peut acquérir de lui-même. En dépit de son ampleur sans précédent, surtout au cours des trois derniers siècles, il garde un caractère à peu près insaisissable. S'il nous dote en effet d'une aptitude accrue à observer lucidement les phénomènes mimétiques, sans être «contaminés» par eux, et donc à les étudier scientifiquement, il commence d'abord par les faire disparaître, ou par les métamorphoser. Il soustrait par définition l'essentiel à l'observation dont il nous rend capables.

C'est à ce recul que nous assignerons la prédominance actuelle de ce qu'on nomme «troubles psychopathologiques» là où régnait jadis la transe rituelle. (Ce qui ne signifie pas que tous les troubles étaient absents.) C'est à un premier recul du même type sans doute qu'on doit chez les Grecs le passage de la transe sacrificielle et dionysiaque à l'univers de la théâtralité. De nos jours, je le constate, on tend à interpréter la possession rituelle comme un phénomène théâtral. C'est la tendance de Michel Leiris dans son étude sur les Éthiopiens. Infiniment plus rare et plus radicale est l'intuition en sens contraire, celle de Shakespeare, par exemple, qui enracine tout effet de théâtre et toute «crise d'identité» dans la même mêlée mimétique et violente que toute mythologie et que tout meurtre collectif, même le plus historique, celui de Jules César, notamment, fondateur de l'empire romain.

Sur les phénomènes de mimétisme violent et collectif, il n'y a pas d'œuvre aussi décisive sans doute que *le Songe d'une nuit d'été* mais personne encore n'a été vraiment capable d'utiliser l'enseignement extraordinaire que recèle ce texte.

Il faut se garder, je le répète, de concevoir les mécanismes fondateurs du religieux à partir de ce que nous connaissons ou croyons connaître des phénomènes de «bouc émissaire». Il faut adopter la démarche inverse. Il faut reconnaître dans nos phénomènes de violence et de suggestion collective trop faibles pour aboutir au vrai sacré, des survivances d'autant plus redoutables,

54

justement, sur le plan de la violence qu'elles sont plus affaiblies.

Ce qui caractérise essentiellement les phénomènes religieux, c'est le double transfert, le transfert d'agressivité d'abord et le transfert de réconciliation ensuite. C'est le transfert de réconciliation qui sacralise la victime et il est le premier à disparaître car il ne se produit, de toute évidence, que si le mécanisme joue « à fond ». Nous restons capables, en somme, de haïr nos victimes ; nous ne sommes plus capables de les adorer.

Tout ceci va bientôt entrer dans une lumière proprement scientifique. J'insiste sur le terme. Et même si nous n'avons plus de sacralisations véritables autour de nous, nous en observons des survivances ou des ébauches, très décolorées, certes, mais suffisantes pour confirmer la vérité structurelle du processus.

À l'égard des figures qui retiennent l'attention de la communauté, hommes d'État, vedettes, grands criminels, etc., nous constatons sans peine ce que la psychanalyse nomme des éléments d'ambivalence.

La fameuse ambivalence consiste d'abord à épingler sur les figures trop éclairées de l'avant-scène une responsabilité excessive pour des courants d'opinion et des remous qui relèvent de la communauté entière et dont aucun individu, par conséquent, ne saurait être responsable. Les réactions collectives ne peuvent même se révéler à elles-mêmes et se cristalliser qu'en fonction de ces individualités symboliques et au prix d'une certaine inversion des rôles dans le rapport entre le collectif et l'individuel, l'élément actif et le sujet passif.

Comme l'imagination populaire tend à polariser sur l'individu distingué par elle ses propres joies et ses espoirs aussi bien que ses terreurs et ses angoisses, la puissance de l'individu en question semble multipliée à l'infini, pour le bien comme pour le mal. Cet individu représente la collectivité à elle-même non pas de façon abstraite mais dans l'état de fureur, d'inquiétude ou de béatitude qui se trouve être le sien au moment de cette représentation.

Il est clair, toutefois, que les transferts bénéfiques, de

(céleb.)

nos jours, sont de plus en plus faibles, sporadiques et fugaces ; ils sont d'ailleurs ridiculisés par les intellectuels, alors que les transferts maléfiques sont d'une puissance extraordinaire et ne sont jamais dénoncés que sélectivement. Il y a toujours un bon transfert maléfique et il n'est pas question de le critiquer, il serait même immoral de le critiquer : c'est l'adversaire idéologique, c'est l'ennemi de classe, c'est la génération des croulants, ce sont les salopards qui nous gouvernent, les minorités ethniques, les mal-pensants, etc.

De nos jours, visiblement, les différences entre les transferts maléfiques sont en train de s'effacer. Le fait que les oppositions de doubles reparaissent au sein des idéologies hier les plus monolithiques, les Russes et les Chinois, par exemple, prive littéralement des foules immenses des certitudes que leur apportaient la fixité rassurante de l'adversaire, la différence abominable qui garantissait en retour l'intégrité et la spécificité de la bonne différence, de plus en plus tributaire du maléfique et seconde par rapport à lui.

J.-M. O. : Dans le vrai sacré, au contraire, l'élément bénéfique et réconciliateur joue un rôle plus important. Le transfert d'agressivité est presque entièrement recouvert par le transfert de réconciliation mais pas au point, cependant, de disparaître entièrement. C'est bien pourquoi nous ne comprenons pas en quoi consistent réellement les rituels. Et il en va de même selon vous, je pense, dans les mythes.

R. G. : Il en va exactement de même. Dans les mythes, au-dessous de la sacralisation, on repère sans difficulté l'accusation dont la victime fait l'objet. Cette accusation fait de la victime la responsable des désordres et catastrophes qui affligent la communauté, c'est-à-dire de la crise. Il faut rapprocher tout ceci des mauvais traitements dont la victime, dans beaucoup de rites, peut faire l'objet avant d'être immolée. Ces mauvais traitements montrent bien que l'immolation n'est jamais, dans son principe ultime, un geste purement symbolique. C'est une réaction agressive contre une victime qui ne serait pas tuée si elle ne passait pas pour responsable de la crise mimétique.

Aussi bien dans les mythes que dans les rituels, en somme, la victime — le héros — se fait tuer en tant que responsable de crimes qui ne font qu'un avec la désintégration de la communauté. De même que l'action centrale des rituels est le meurtre, souvent collectif, de la victime, la scène centrale des mythes est le meurtre, souvent collectif, du héros divinisé. On se demande comment font les mythologues pour se débarrasser d'indices aussi décisifs et pour affirmer, de nos jours, contre toute la tradition ethnologique, et avant elle toute la tradition religieuse, que les mythes et les rituels n'ont rien à voir les uns avec les autres [12].

G. L. : Mais il y a des mythes qui mettent en scène un meurtre individuel.

R. G. : Sans doute, mais il s'agit alors presque toujours de deux frères ou jumeaux ennemis, comme Caïn et Abel, ou Romulus et Remus, qui masquent et révèlent en même temps le rapport universel des doubles au paroxysme de la crise. L'un des deux frères doit mourir pour que les doubles disparaissent, c'est-à-dire pour que la différence reparaisse et que la cité soit fondée. Le meurtrier est unique mais il représente la communauté tout entière en tant qu'elle échappe au rapport de *double*.

G. L. : Et il y a des mythes où il n'y a pas de meurtre du tout, comme celui de Noé, par exemple.

R. G. : C'est vrai, mais dans ce mythe, il y a un survivant unique dans une collectivité tout entière vouée à la mort. C'est dire qu'on retrouve la structure du *tous contre un* et on peut montrer sans peine qu'il s'agit là d'une inversion de la forme la plus courante, inversion toujours possible puisque la victime incarne toujours aussi le retour à la vie, la fondation d'une nouvelle communauté, et c'est bien cela qu'on a dans le mythe du déluge. Mais laissons là les mythes; nous aurons à y revenir de façon plus complète[13].

G. L. : C'est donc une genèse des interdits, des rituels, des mythes et de la puissance sacrée qui s'élabore à partir de la violence fondatrice. Cette réduction de tout le religieux à un mécanisme unique passe aujourd'hui pour impossible.

R. G. : Les ethnologues se sont longtemps exercés autour du sacré sans jamais obtenir de résultats décisifs. Conclure de façon péremptoire que le religieux ne constitue pas une énigme unique, c'est simplement affirmer que nul ne doit réussir désormais là où toute l'ethnologie, jusqu'ici, a échoué. En réalité on trouve dans le religieux un mélange de traits récurrents et de traits non récurrents, mais toujours apparentés les uns aux autres, qui suggère à l'esprit scientifique des possibilités de réduction.

G. L. : Il y a des gens qui déplorent, justement, ce caractère réducteur de votre thèse.

R. G. : À ceux-là, je n'ai rien à répondre. Sur ce point, je partage entièrement l'opinion de Lévi-Strauss. La recherche scientifique est réductrice ou elle n'est rien.

Ces gens-là, semble-t-il, jugent la diversité des formes sacrificielles aussi précieuse que les trois cents variétés de fromages français. C'est leur affaire. Nous ne participons pas à la même entreprise intellectuelle. C'est un signe de décadence, je pense, pour les sciences de l'homme, que de se laisser envahir par l'esprit d'une certaine critique littéraire. Même en critique littéraire, d'ailleurs, rien ne me paraît plus fade et plus mystificateur, en dernière analyse, que l'insistance obsessive sur la diversité infinie des œuvres, sur leur caractère ineffable et inépuisable, sur l'impossibilité de répéter deux fois la même interprétation, sur la négation de toute parole décisive, en somme. Je ne vois là qu'un vaste syndicalisme de l'échec. Il faut perpétuer à tout prix le discours interminable qui nous fait vivre.

G. L. : Vous êtes dur.

R. G. : Je suis certainement trop dur, mais nous vivons dans un univers intellectuel d'autant plus conformiste qu'il croit détenir une espèce de monopole de l'anti-conformisme. Cela le dispense de toute autocritique réelle. On passe son temps à enfoncer des portes ouvertes littéralement depuis des siècles. C'est la guerre moderne contre les *interdits*, déjà ridicule à l'époque des surréalistes, qui continue à faire rage sur tous les fronts. Comme dans les *Bouphonia* des Grecs, on bourre de paille de vieilles peaux sacrificielles toutes galeuses pour les abattre une millième fois.

J.-M. O. : C'est toujours la dégénérescence du vieux sacré. Pour lui porter le coup de grâce, il faut appréhender en lui le bouc émissaire *caché*.

R. G. : Dans le lynchage fondateur, on l'a vu, la victime passe pour responsable de la crise ; elle polarise les mimétismes entrecroisés qui déchirent la communauté ; elle rompt le cercle vicieux de la violence ; elle devient le pôle unique désormais d'un mimétisme rituel et unificateur.

Sur cette victime, la communauté se débarrasse d'une expérience trop intolérable dans le désordre et trop incompréhensible dans le retour à l'ordre pour faire l'objet d'une appréhension rationnelle. Toutes les leçons que cette communauté tire de cette expérience vont nécessairement passer pour enseignées par la victime elle-même. Puisque cette victime paraît capable de causer d'abord les pires désordres et ensuite de rétablir l'ordre ou d'instaurer un ordre nouveau, c'est à cette victime qu'on croit s'en remettre désormais pour décider de ce qu'il faut faire et ne pas faire, le rite et l'interdit, la résolution et la crise.

C'est ce *savoir* qui se trouve désormais au premier

plan; il est logique de penser que la victime ne s'est manifestée que pour le dispenser à la communauté; il est logique de penser que la face terrifiante de l'épiphanie est destinée à bien imprimer dans les cœurs et les esprits les règles que la divinité désire promulguer. Cette divinité apparaît comme fondatrice soit d'un culte particulier, qui lui est consacré, soit de la société elle-même. Nous comprenons mieux désormais pourquoi, dans tant de mythes, c'est du cadavre même de la victime que jaillissent toutes les règles culturelles.

Si cette victime, présente et vivante dans la communauté, y apportait la mort et si, morte, elle apporte la vie, on sera inévitablement amené à conclure que son aptitude à transcender les limites de l'humanité ordinaire dans le mal comme dans le bien s'étend à la vie et à la mort. S'il y a pour elle une vie qui est mort et une mort qui est vie, c'est que les fatalités de la condition humaine n'ont plus de prise sur le sacré. Ce sont tous les traits de la transcendance religieuse que nous voyons s'ébaucher sous nos yeux.

Notre hypothèse explique non seulement pourquoi il y a partout des rites et des interdits mais pourquoi toutes les cultures font remonter leur fondation à des puissances surnaturelles qui passent aussi pour faire respecter *les règles qu'elles enfreignent* et pour sanctionner leur transgression par les châtiments les plus terribles.

Ces châtiments sont parfaitement réels. Si les hommes enfreignent les règles religieuses, en effet, ils courent vraiment le risque de retomber dans le cercle vicieux des rivalités mimétiques et des vengeances en chaîne. Les systèmes religieux font un tout et l'infraction même des règles objectivement absurdes constitue un défi à la communauté tout entière, un geste d'*hubris* qui peut suffire à provoquer la violence car les autres hommes sont poussés soit à le relever, soit à s'égaler à l'audacieux qui viole les règles impunément. Dans un cas comme dans l'autre, la rivalité mimétique fait sa rentrée dans la communauté. Dans les sociétés qui n'ont pas de système pénal pour étouffer dans l'œuf le cercle vicieux de la violence mimétique, le système religieux est réellement fonctionnel.

J.-M. O. : C'est le retour de la vengeance, en somme, qui constitue le châtiment divin. La dégradation des rapports humains, quand le religieux n'est plus respecté, a sa place dans les représentations religieuses : dire que la divinité est *vengeresse* ne veut rien dire d'autre.

R. G. : Si la crise mimétique et le lynchage fondateur se produisent réellement, s'il est vrai que les communautés humaines peuvent se dissoudre et se dissolvent périodiquement dans la violence mimétique pour se tirer d'affaire, *in extremis*, par la victime émissaire, les systèmes religieux, en dépit des transfigurations qui viennent de l'interprétation sacrée, reposent réellement sur une observation aiguë des conduites qui entraînent les hommes dans la violence ainsi que du processus étrange qui peut y mettre fin. Ce sont ces conduites, *grosso modo*, qu'elles interdisent, et c'est ce processus, *grosso modo*, qu'elles reproduisent dans leurs rites.

Derrière les déguisements surnaturels, la sagesse empirique des interdits se laisserait aisément repérer si la fade démagogie moderne de la transgression ne contraignait pas, même les meilleurs esprits, à isoler de leur contexte les aspects les plus absurdes des interdits pour mettre sur eux l'accent. Les déguisements surnaturels eux-mêmes contribuent à protéger les hommes de leur propre violence. En affirmant que l'infraction débouche sur la vengeance d'une divinité plutôt que sur des rivalités intestines, le religieux travaille doublement à les décourager, et en les enveloppant d'un mystère qui glace les hommes et en libérant la communauté de la méfiance et des soupçons que nourrirait inévitablement une vue moins mythique de la menace.

J.-M. O. : La supériorité de votre lecture c'est qu'elle réussit à suivre le religieux dans ses effets et dans ses prédictions, à montrer l'efficacité des règles qu'il instaure sans aucune trace de compromis avec la métaphysique du sacré. Bien au contraire ; c'est ici pour la première fois que cette métaphysique est complètement *réduite* à des rapports purement humains.

R. G. : Le religieux violent n'aurait pas conservé jusqu'à ces dernières années l'emprise prodigieuse qu'il a exercée sur l'humanité pendant la quasi-totalité de son histoire, s'il n'y avait rien d'autre en lui que les balivernes auxquelles on l'a ramené, des philosophes rationalistes à la psychanalyse. Sa puissance vient de ce qu'il dit réellement aux hommes ce qu'il faut faire et ne pas faire pour que les rapports restent tolérables au sein des communautés humaines, dans un certain contexte culturel.

Le sacré, c'est l'ensemble des postulats auxquels l'esprit humain est amené par les transferts collectifs sur les victimes réconciliatrices, au terme des crises mimétiques. Loin de constituer un abandon à l'irrationnel, le sacré constitue la seule hypothèse possible, pour les hommes, tant que ces transferts subsistent dans leur intégrité.

L'hypothèse du sacré, c'est l'esprit humain qui se reconnaît dépassé et transcendé par une force qui lui paraît extérieure à lui-même puisqu'elle semble faire de la communauté entière, à chaque instant, ce qu'il lui plaît, pour des raisons en fin de compte insondables mais qui paraissent en dernière analyse plus bienveillantes que malveillantes.

Il ne faut donc pas chercher à cerner le sacré comme si c'était un concept aux limites nettes, maîtrisables par le langage. Durkheim, par exemple, a trop absolutisé l'opposition entre le profane et le sacré [14]. Il ne faut pas non plus, en désespoir de cause, interdire aux ethnologues de parler du sacré, comme certains voudraient le faire aujourd'hui ; c'est s'interdire l'étude du religieux.

G. L. : Je voudrais revenir à cette objection qu'on vous oppose, de tout ramener à l'unité. Ou bien il s'agit ici d'un tour de force illusoire, ou bien vous faites entrer les sciences de l'homme dans une ère nouvelle, vous leur faites franchir une étape décisive. À moins d'avoir entièrement perdu le sens de l'entreprise scientifique, les chercheurs devraient se sentir obligés soit de vous réfuter immédiatement, soit d'adopter votre thèse.

R. G. : Il est inquiétant de voir des gens écrire « ça marche trop bien pour être vrai » et penser que la question est entièrement réglée par cet aphorisme. Faut-il en conclure que les pensées dominantes autour de nous marchent trop mal pour être entièrement fausses ? Il n'est plus question que de ruptures, d'incohérence, et de désordre. Comment va-t-on choisir entre les théories rivales ? Faudra-t-il vraiment adopter la moins efficace, la plus fragmentaire, la plus impuissante à intégrer les données ? À partir de quel degré d'incohérence une thèse devient-elle susceptible de réunir les suffrages des experts ?

Je plaisante. Il vaut mieux penser, pour l'instant, que nous restons tous fidèles aux principes qui ont assuré les succès de la science occidentale depuis quelques siècles et montrer que les objections qu'on m'oppose ne sont pas réelles, dans le contexte de ces principes.

Il y a des gens, par exemple, qui ne s'arrêtent pas vraiment aux analyses concrètes parce qu'ils ont décidé à l'avance qu'il est impossible de réduire tous les systèmes religieux à « un seul concept », ou de les faire entrer « de force » dans « un moule unique ». Une décision *a priori* fait penser que la diversité des phénomènes religieux est trop grande, les contradictions entre eux sont trop éclatantes pour qu'un schème unitaire soit possible.

Je parle bien d'un événement toujours à peu près identique à lui-même, mais il n'a rien à voir avec un concept ni avec un moule ou un récipient quelconque. Il s'agit en réalité, pour tous les phénomènes religieux, d'un *modèle* qui exerce certaines contraintes, assurément, et elles correspondent aux constantes observables des phénomènes réels, mais qui ouvre aussi la voie à des variations infinies du fait même qu'il n'est jamais correctement observé, qu'il fait l'objet d'une méconnaissance proprement fondatrice. Cette méconnaissance ouvre la voie non seulement à la Différence en tant que telle, à la différenciation religieuse et culturelle, mais aussi à la diversité infinie entre les formes religieuses concrètes. Toute la théorie repose sur le caractère déjà *interprétatif* des phénomènes religieux par rapport à l'événement fondateur. C'est cet élément d'interprétation et d'interprétation nécessairement fausse mais d'une fausseté désormais repérable que les critiques négligent quand ils m'accusent d'enfermer dans une camisole de force l'extraordinaire diversité des phénomènes religieux.

J.-M. O. : Je crois que les lecteurs de *la Violence et le Sacré* n'ont pas compris, au fond, en quoi consiste votre théorie. Même si vous n'avez pas tort de revendiquer l'étiquette « réductrice » contre l'éclectisme mou dans lequel nous nous enfonçons, vous risquez d'aggraver le malentendu. La thèse de la victime émissaire se présente comme seule lecture vraie d'un événement toujours interprété par tous les textes culturels, même par ceux qui nient son existence, car cette négation n'est qu'une forme particulièrement mystifiée d'interprétation. C'est dire que votre thèse constitue au premier chef une théorie non du religieux mais des rapports humains et du rôle que joue le mécanisme victimaire dans ces rapports. La théorie du religieux n'est qu'un aspect particulièrement repérable de cette théorie fondamentale des rapports mimétiques. Le religieux, c'est une façon de méconnaître les rapports mimétiques mais la psychologie moderne en est une autre, et aussi l'ethnologie, et aussi la philosophie, etc. En lisant les rapports humains comme vous le faites, ce sont tous les textes culturels et toutes les interprétations de la culture qui se trouvent automatiquement interprétés et ramenés à des formes de mimésis qu'ils méconnaissent parce qu'ils en restent prisonniers. Votre rapport aux formes religieuses n'est pas essentiellement différent de votre rapport à l'œuvre de Freud. Tout est mythe sauf la lecture radicale de la mimésis et des conséquences qu'elle entraîne.

R. G. : C'est à peu près ça. La situation de l'interprète qui dispose de la lecture mimétique des rapports humains est celle d'un historien des sciences qui tiendrait la réponse scientifique à un certain problème et qui se retournerait sur les efforts des savants, au cours de l'histoire, pour résoudre ce problème. Il est en mesure de dire exactement à quel point et pour quelles raisons les précurseurs de la solution véritable se sont fourvoyés dans leurs recherches.

Il y a une différence pourtant et nous l'avons déjà signalée. Dans le cas qui nous occupe, toute avance vers la solution véritable modifie les données du problème. C'est particulièrement sérieux dans le cas du mécanisme sacralisant qui opère de moins en moins bien à mesure qu'on devient capable de repérer dans le phénomène du bouc émissaire non pas un rite vide de sens mais une propension fondamentale chez les hommes à se débarrasser de leur violence aux dépens de quelque victime.

La situation du chercheur est donc comparable, sous certains rapports, à celle d'un historien des sciences qui étudierait les théories anciennes de la combustion dans un monde où, pour une raison quelconque, les phénomènes de combustion auraient cessé de se produire. Cela compliquerait étrangement sa tâche.

Avant Priestley et Lavoisier, il y a la fameuse théorie du *phlogistique*. D'après cette théorie, le phlogistique, c'est l'élément combustible dans la combustion, et les corps capables de brûler sont perçus comme un mélange de phlogistique inflammable et de cendre ininflammable.

S'il n'y avait plus de phénomènes de combustion autour de nous, la tentation serait grande chez les historiens des sciences de penser non pas que le phlogistique est une interprétation erronée de phénomènes réels, mais qu'il n'a pas de rapport avec la moindre réalité, qu'il a été conçu par l'imagination fiévreuse d'esprits un peu dérangés, comme les alchimistes.

Les gens qui penseraient ainsi, pourtant, se tromperaient. Pas plus que le sacré, le phlogistique n'existe, et pourtant la théorie du phlogistique permet une description sous certains rapports assez exacte de ce phénomène réel qu'est la combustion. Pour arriver à faire comprendre qu'il en est ainsi dans le cas du sacré, il faut commencer par retrouver le phénomène réel que le sacré transfigure, montrer qu'il existe réellement et en faire une théorie plus exacte que celle du sacré, une théorie qui doit être au religieux lui-même ce qu'est au phlogistique la théorie de la combustion fondée sur la découverte de l'oxygène. Notre oxygène à nous, c'est la mimésis et tout ce qui l'accompagne.

G. L. : Au premier abord, il semblerait que la tâche est impossible; si les phénomènes que le religieux ne réussit pas à interpréter n'existent plus, comment prouver scientifiquement qu'ils existaient auparavant? Pour montrer que ce n'est pas impossible, il faut raffiner encore notre métaphore. Il faut dire que la combustion, dans notre univers, n'a pas complètement disparu : elle continue à exister sous une forme ralentie mais encore reconnaissable comme combustion.

J.-M. O. : Pour que la théorie soit convaincante, dans ce cas, il faut encore montrer pourquoi les formes les plus spectaculaires de la combustion ont cessé de se produire. Et je pense que c'est, dans votre théorie, le rôle réservé au *savoir* biblique du mécanisme victimaire.

R. G. : En effet. Pour répondre à toutes les objections à mesure qu'elles se présentent, on l'a déjà dit, il faudrait traiter de tous les sujets à la fois, c'est-à-dire tout mélanger. Nous perdrions, le fil de nos idées et nous ne pourrions plus ni nous comprendre ni être compris. C'est pourquoi nous avons décidé de réserver le biblique pour une autre journée. Il faut demander aux lecteurs de prendre patience et de réserver leur jugement jusqu'à la fin de l'ouvrage. On ne pourra pas juger l'hypothèse tant qu'on n'aura pas lu le livre d'un bout à l'autre.

C'est peut-être trop demander dans une époque aussi pressée que la nôtre, mais nous n'y pouvons rien. Les problèmes sont vraiment trop complexes. Nous verrons, par exemple, que sans nous obliger à modifier quoi que ce soit aux analyses que nous sommes en train de faire en ce moment, la lumière qu'apporte le judéo-chrétien leur conférera une dimension nouvelle et complètement inattendue. Pour l'instant cette dimension reste entièrement cachée. Nous ne sommes même pas en mesure d'y faire la moindre allusion.

G. L. : Remettons donc le sujet à plus tard et revenons à cet *extraordinaire phlogistique qu'est le sacré*. Si je vous ai bien compris, vous dites que le double transfert sur la victime, de la crise mimétique d'abord et de la réconciliation ensuite, suscite non seulement les interdits et les rituels mais les mythes, et les mythes, c'est la même chose que la genèse des ancêtres fondateurs et des divinités tutélaires qui sortent tous, également, de ce transfert. Instrument fortuit d'une réconciliation soudaine au terme de la crise, la victime, grâce à la suggestion collective qui l'accable et l'exalte tour à tour, puis simultanément, apparaît comme le seul principe actif de tout le processus de crise et de résolution ; c'est pourquoi l'instauration ou la restauration d'un ordre religieux lui est attribuée.

R. G. : C'est exactement cela. Les vrais « boucs émissaires » sont ceux que les hommes sont incapables de repérer en tant que tels, ceux à la culpabilité desquels ils croient dur comme fer.

C'est de façon très schématique, jusqu'ici, par nécessité et à dessein, que nous avons présenté notre hypothèse fondamentale. Peu à peu maintenant, les choses vont se détailler et se concrétiser.

CHAPITRE II

GENÈSE DE LA CULTURE ET DES INSTITUTIONS

A. VARIANTES RITUELLES

J.-M. O. : Vous affirmez qu'il est possible de ramener au mécanisme de la victime émissaire même des pratiques rituelles qui, au premier abord, paraissent diamétralement opposées les unes aux autres. Pouvez-vous donner des exemples ?

R. G. : À côté des rites qui exigent la participation unanime de l'assistance à l'immolation, il en existe d'autres qui interdisent cette participation et même tout contact avec la victime. L'immolation est alors réservée à des spécialistes de la chose, sacrificateurs et prêtres, radicalement distincts sur le plan religieux du reste de la communauté.

Comment deux traitements aussi opposés du sacrifice pourraient-ils remonter à un seul et même mécanisme, se dit-on ; et comment surtout pourraient-ils l'un et l'autre, en dépit de leur contradiction, révéler quelque chose de vrai au sujet de ce mécanisme ?

La mort de la victime métamorphose les rapports au sein de la communauté. Le passage de la discorde à la concorde n'est pas attribué à sa cause véritable, le mimétisme unificateur de la violence collective, mais à la victime elle-même. Le vrai principe du retournement pacifique n'étant jamais perçu, la pensée religieuse est amenée à tout penser en fonction de cette victime qui devient le foyer de toutes les significations. Elle imagine, cette pensée, une quasi-substance maléfique, le sacré, qui se polariserait sur la victime et qui deviendrait bénéfique par l'entremise de l'opération sacrificielle, et par son expulsion hors de la communauté.

La pensée religieuse est donc amenée à faire de la victime le véhicule et le transformateur d'un sacré — la mimésis — qui n'est conflictuel et indifférencié que dans la mesure où il est répandu dans la communauté ; son aimantation sur la victime en fait une force pacificatrice et régulatrice, la bonne mimésis rituelle.

La pensée religieuse peut mettre l'accent tantôt sur l'aspect maléfique de l'opération sacrificielle, l'aimantation du mauvais sacré sur la victime, tantôt sur l'aspect bénéfique, la réconciliation de la communauté. Dans le premier cas, il y a des chances que ce système voie dans le contact avec la victime quelque chose de très dangereux et qu'il l'interdise absolument. C'est alors que l'immolation sacrificielle sera réservée à des prêtres particulièrement bien armés pour résister au danger de pollution. Et ces prêtres eux-mêmes seront sans doute soumis, après avoir rempli leur office, à des rites de « décontamination » très obsessifs.

Dans le cas, au contraire, où l'accent est mis sur la métamorphose bénéfique, la participation unanime est dans la logique de l'interprétation.

Les deux pratiques révèlent l'une et l'autre quelque chose du mécanisme fondateur, mais les ethnologues ne s'en rendent pas compte car ils ne voient ni l'efficacité de la victime émissaire ni l'interprétation *doublement* transférentielle qu'en donne le religieux.

G. L. : Pouvez-vous donner d'autres exemples ?

R. G. : En voici un autre. Certains rites élaborent des procédés aléatoires souvent très ingénieux pour ne pas laisser aux hommes le soin de choisir la victime, c'est-à-dire pour ne pas leur donner l'occasion de se quereller.

Mais il y a d'autres rites qui, au lieu de faire intervenir le hasard dans le choix de la victime, font tout leur possible pour se convaincre de la spécificité extrême de cette même victime. Ici encore, par conséquent, on a une opposition qui semble exclure une origine commune. Pour croire à une origine commune, se dit-on, il faut que Girard ne voie pas les différences ou qu'il les escamote.

Une fois qu'on a compris ce qu'il en est du mécanisme fondateur et de l'interprétation par le sacré qu'en donnent nécessairement ses bénéficiaires, on voit que les deux interprétations sont aussi possibles l'une que l'autre. Au sein de la crise mimétique, la victime n'est qu'un antagoniste parmi les autres, elle est le double de tous les autres, leur jumeau ennemi, mais la polarisation mimétique fait converger sur elle toutes les significations de crise et de réconciliation. Elle devient donc prodigieusement signifiante et spécifique. En elle, donc, s'effectue le passage de l'aléatoire au spécifique, la fin des doubles et le retour au différencié.

Presque jamais la pensée religieuse ne va retenir simultanément les deux moments et leur donner un poids égal. Elle va mettre l'accent tantôt sur l'un et tantôt sur l'autre ; dans un cas, donc, on aboutira aux procédés aléatoires, dans l'autre au contraire, le souci de spécificité dominera. Ici encore, les deux pratiques contraires, loin de contredire l'origine violente, la confirment car elles dégagent l'une et l'autre un aspect essentiel de l'opération fondatrice, telle qu'elle doit apparaître dans la perspective suscitée par les transferts.

Mais nous arrivons ici à quelque chose de nouveau et de très important : c'est la tendance de la pensée religieuse à laisser tomber des pans entiers de la matière signifiante qui s'offre à elle, à ne retenir qu'un des aspects contraires de l'ensemble constitué par les transferts, à ne plus voir qu'une seule facette de l'objet aux miroitements infinis qu'elle trouve d'abord devant elle.

Du fait des deux transferts, la victime constitue une source de significations pratiquement infinie. La réflexion ne parvient pas à embrasser cette polysémie foisonnante ; le religieux ne peut pas la conserver tout entière sous le regard ; des choix vont donc s'effectuer au sein de cet ensemble et ils lancent les systèmes religieux dans des directions différentes. Je vois là la source principale des variations institutionnelles.

La pensée religieuse recherche la stabilité différentielle ; elle va donc s'appesantir sur un moment synchronique de l'opération totale et mettre l'accent sur lui au détriment des autres. Si «synthétique» qu'il nous paraisse par rapport au nôtre, l'esprit religieux n'en est pas moins, dès l'origine, analytique par rapport au mystère qu'il s'efforce de reproduire et de se remémorer; il va opérer, nous allons le voir, par une suite de découpages et de démembrements successifs qui ressemblent étrangement à l'opération sacrificielle elle-même, le démembrement de la victime par les participants, et qui en sont l'équivalent intellectuel, car ce sont toujours des *exclusions*. Le religieux, en somme, est toujours déjà différenciateur et «structuraliste». Il ne comprend pas d'où il vient et il s'éloigne toujours plus de son origine.

En suivant toutes les bifurcations successives, on doit arriver, je crois, à faire la genèse de toutes les institutions religieuses et même non religieuses. On peut montrer, je pense, qu'il n'y a rien dans la culture humaine qui ne puisse se ramener au mécanisme de la victime émissaire.

Je pense que tout ce processus doit être placé sous le signe de l'interdit. L'esprit de l'interdit ne fait qu'un avec l'esprit de différenciation qui domine toute la pensée ethnologique et de nos jours, plus que jamais, le structuralisme. C'est cet esprit qui fait apparaître des contradictions entre la pratique rituelle et les exigences des interdits.

Toute prise de conscience du religieux comme «contradiction insoluble» est forcément liée à une perte de l'origine, et vice versa. C'est bien pourquoi la rationalisation et la différenciation toujours plus grandes de la culture humaine sont aussi une mystification renforcée, un effacement des traces sanglantes, une expulsion de l'expulsion elle-même.

B. LA ROYAUTÉ SACRÉE ET LE POUVOIR CENTRAL

G. L. : Ce que vous dites doit s'appliquer entre autres à ces monarques sacrés, incestueux et sacrifiés, que vous analysez dans *la Violence et le Sacré*[15]. Pour penser le monarchique jusqu'au bout, il faut le penser à partir du sacrifice et de lui seul, si je vous suis bien.

R. G. : Il n'y a d'abord ni royauté ni aucune institution. Il n'y a que cette réconciliation spontanée contre une victime qui constitue un « vrai bouc émissaire », précisément parce que personne ne peut dire qu'elle est cela et rien d'autre. Comme toute institution humaine la royauté n'est d'abord que la volonté de reproduire le mécanisme réconciliateur. On cherche à se procurer une nouvelle victime aussi semblable que possible non à ce que la victime originelle était réellement mais à l'idée qu'on s'en fait, et cette idée est déterminée par l'*efficacité* du mécanisme victimaire. Comment ne croirait-on pas que cette victime a réellement commis les crimes dont on l'accuse puisqu'il a suffi de la tuer pour ramener l'ordre et la paix ? C'est le jeu d'une victime bien criminelle, bien capable de tout désorganiser d'abord pour tout réorganiser ensuite par sa mort que la communauté s'efforce de rejouer ; et quoi de plus simple pour respecter à coup sûr les règles du jeu, quoi de plus efficace que d'exiger du remplaçant, avant son accession au rôle de la victime, qu'il commette tous les crimes que son prototype passe pour avoir commis ?

Nous ne comprenons pas la monarchie sacrée parce que nous ne voyons pas que l'efficacité du mécanisme fondateur implique structurellement un malentendu au sujet de la victime, une conviction inébranlable que cette victime est coupable, conviction qui se traduit par l'exigence rituelle de commettre l'inceste et autres transgressions.

Nous partageons la méconnaissance des primitifs au sujet du mécanisme qu'ils essaient de reproduire, mais eux, au moins, savent que ce mécanisme est réel ; c'est bien pourquoi ils essaient de le reproduire. À la méconnaissance primitive, en somme, nous superposons une méconnaissance moderne.

Les règles de ce que nous appelons l'« intronisation royale » sont celles du sacrifice ; elles visent à faire du roi une victime apte à canaliser l'antagonisme mimétique. Un indice qu'il en est bien ainsi, c'est que, dans de nombreuses sociétés, la fabrication du criminel royal s'accompagne de mouvements de foule dirigés contre lui, de manifestations hostiles, tout aussi requises par le rite que la soumission adoratrice qui lui succède. Ces deux attitudes correspondent aux deux transferts, de crise et de réconciliation, qui constituent le sacré.

Le roi n'est d'abord qu'une victime en sursis d'immolation et on voit bien ici que la métamorphose qui fait passer la communauté de la violence mimétique à l'ordre rituel est mise au compte de la victime. Cette victime est en réalité passive, mais, le transfert collectif, parce qu'il décharge la communauté de toute responsabilité, suscite l'illusion d'une victime suprêmement active et toute-puissante. La royauté met en scène cette illusion proprement métaphysique et religieuse au sujet de la victime émissaire et de son mécanisme.

J.-M. O. : Ce que vous dites est vrai, en principe, de toutes les institutions sacrificielles, de toutes les victimes. Il y a pourtant une différence sociologique essentielle. Dans le cas de la monarchie, la souveraineté de la victime n'est pas seulement théorique. Le roi édicte des règles et il contraint les hommes à suivre les règles qu'il édicte. Il punit sévèrement les transgresseurs. Le pouvoir du roi est parfaitement réel et son sacrifice, le plus souvent, n'est qu'une comédie, ou même une comédie de comédie. Dans le cas des autres victimes, c'est le contraire. C'est le pouvoir, là, qui est théorique et qui se ramène tout au plus à quelques privilèges sans importance sociale, tandis que le sacrifice est bien réel, la victime est réellement tuée.

G. L. : Ce dont votre hypothèse rend compte, c'est des analogies entre toutes les institutions mais l'observateur moderne, qui refuse de se payer de mots, dira que la différence entre le roi et la victime est beaucoup plus importante que leur ressemblance et que vous *négligez la spécificité des institutions*.

Dans un cas on a affaire à un personnage tout-puissant, le roi, qui domine réellement la société, dans l'autre on a des gens qui pèsent si peu qu'on peut les assassiner tout à loisir. Pour le sociologue, assurément, cette différence est essentielle, si essentielle qu'il sera porté à considérer le sacrifice du roi — et le pouvoir de la victime — comme une mise en scène d'intérêt très limité. On vous fera savoir que le pouvoir cherche toujours à se masquer derrière les simagrées religieuses et que vous êtes la victime naïve de ces simagrées.

R. G. : Un roi sacrifié ; n'est-ce pas là une idée du pouvoir lui-même qui cherche à tromper les hommes sur l'arbitraire de la tyrannie qu'on fait peser sur eux ? N'est-ce pas à une comédie du sacrifice ou à un sacrifice de comédie qu'on a affaire dans la monarchie ?

Reprenons notre thèse à son point de départ. Dans toutes les institutions humaines, il s'agit d'abord et toujours de reproduire, par l'intermédiaire de nouvelles victimes, un lynchage réconciliateur. En sa qualité de source apparente de toute discorde et de toute concorde, la victime originelle jouit d'un prestige surhumain et terrifiant. Les victimes qui lui sont substituées héritent de ce prestige. C'est dans ce prestige qu'il faut chercher le principe de toute souveraineté politique aussi bien que religieuse.

Pour que le rituel produise une institution politique, un pouvoir monarchique, plutôt que des formes sacrificielles ordinaires, celles qu'on qualifiera de «proprement dites», que doit-il se passer ? Il faut et il suffit que la victime mette à profit le sursis d'immolation qui lui est imparti pour transformer en pouvoir effectif la vénération terrifiée que lui portent ses fidèles. On peut alors s'attendre à ce que l'intervalle entre la sélection de la victime et le sacrifice tende très vite à s'allonger. Et cet allongement, en retour, permettra à la future victime de s'assurer une emprise toujours plus réelle sur la communauté. Le moment doit arriver où cette emprise est si effective, la soumission de la communauté si servile que le sacrifice réel du monarque devient concrètement impossible sinon encore impensable. Le rapport entre le sacrifice et la monarchie est trop étroit pour se dissoudre d'un seul coup mais il se modifie. Puisque le sacrifice est toujours substitutif, il est toujours possible d'opérer une nouvelle substitution, de ne plus sacrifier qu'un substitut de substitut. Il peut même arriver, semble-t-il, comme dans le cas du Jalno tibétain mentionné par Frazer, que le substitut de substitut acquière trop de puissance réelle pour être sacrifié et qu'il ait besoin lui-même d'un substitut[16]. Le sacrifice, de toute façon, est de plus en plus repoussé sur les marges de l'institution. Finalement, il disparaît. L'évolution vers la monarchie moderne, la monarchie dite «proprement dite», est achevée.

Partout au contraire où la souveraineté de la victime ne réussira pas à se cristalliser en un pouvoir concret, l'évolution contraire se produira, l'évolution vers le sacrifice «proprement dit». Le sursis d'immolation ne va pas s'allonger mais se raccourcir. La puissance religieuse de la victime va peu à peu se réduire à des privilèges insignifiants. Finalement ces privilèges accordés à celui qui doit mourir paraîtront motivés par un simple souci d'humanité, comme la cigarette et le verre de rhum du condamné à mort dans le rituel français de la peine capitale.

J.-M. O. : À aucun moment, donc, dans votre analyse, il n'est nécessaire d'affirmer que se produit réellement quelque part le «vrai» sacrifice d'un «vrai» roi, ou réciproquement qu'une «vraie» victime sacrificielle possède une souveraineté politique réelle. Il n'y a donc pas trace de naïveté politique dans votre analyse, pas trace d'invraisemblance. L'invraisemblance est du côté de ceux qui situent leur échiquier structural en dehors de tout contexte social réel aussi bien que de ceux qui, au nom du contexte social réel, ne tiennent aucun compte des analogies symboliques.

R. G. : La thèse sociologique, notons-le, n'est jamais qu'une variation sur l'idée que le rite est secondaire, surajouté, supplémentaire par rapport à des institutions qui finissent toujours par se passer de lui et qui n'ont jamais eu besoin de lui pour exister.

Ces perspectives sont si naturellement et instinctivement les nôtres qu'elles sont inscrites dans la terminologie que nous utilisons. Nous disons *monarchie sacrée*, comme si la monarchie venait d'abord et le sacré ensuite, comme si le sacré était surajouté à une monarchie préexistante et qui n'aurait nul besoin d'être inventée.

Si on observe le pouvoir royal, ou même le pouvoir dit central dans l'État moderne le plus déritualisé, tel qu'il fonctionne parmi nous, on s'aperçoit que même s'il est le plus fort, il n'est pas seulement cela, il met en jeu tout autre chose que l'oppression pure et simple.

Le pouvoir royal est situé au cœur même de la société. Il fait observer les règles les plus fondamentales ; il surveille les opérations les plus secrètes de l'existence humaine, la vie sexuelle et familiale ; il s'insinue au plus intime de nous-mêmes et pourtant, sous bien des rapports, il échappe lui-même aux règles qu'il incarne. Comme le dieu de saint Augustin, il est à la fois plus intime que notre intimité, et plus extérieur que la plus extrême extériorité.

L'idée est bien trop complexe pour être l'invention pure et simple d'individus avides de pouvoir, ou alors il faut leur attribuer une intelligence et une puissance littéralement insondables, ce qui revient encore à les sacraliser. Le roi n'est pas un chef de bande glorifié, entouré d'un décor pompeux et qui dissimule son origine derrière une propagande habile sur le « droit divin ».

Même si les hommes trouvaient, en regardant en eux-mêmes ou au-dehors parmi les choses, la centralité à la fois immanente et transcendante du pouvoir sacré, même s'ils pouvaient inventer cela de toutes pièces, on ne comprendrait toujours pas comment ils auraient pu l'installer au milieu d'eux, l'imposer à toute une société, transformer la chose en institution concrète et en mécanisme de gouvernement.

G. L. : Vous pensez, en d'autres termes, que ni la tyrannie la plus atroce ni la bonne volonté abstraite du «contrat social» ne peuvent rendre compte de l'institution royale. Seule, de toute évidence, la religion en est capable et c'est le paradoxe rituel que reproduit le paradoxe du pouvoir central.

R. G. : La preuve que ce pouvoir ne va pas de soi c'est que dans de nombreuses sociétés, les sociétés dites duelles, il n'a jamais existé et aucun individu ne l'a jamais inventé de toutes pièces.

Il n'est pas question de nier que le pouvoir puisse se déguiser derrière des simagrées religieuses. Bien au contraire. Il est d'autant plus porté à le faire, une fois qu'il est constitué en vrai pouvoir, que les formes religieuses sont toujours déjà là, à sa disposition. Ce qu'une thèse purement sociologique ne pourra jamais expliquer, c'est que la comédie royale, à supposer qu'il s'agisse toujours d'une comédie, soit toujours une comédie *sacrificielle*. De même cette sociologie ne pourra jamais expliquer pourquoi le meurtre rituel confère toujours à la victime les symboles de la souveraineté.

Comment se fait-il que le prisonnier des Tupinamba, en attendant d'être mangé, fasse parfois l'objet d'une vénération analogue dans sa forme à celle qui entoure le roi sacré ? Qui nous expliquera ce mystère ? Partout il existe un lien symbolique entre la souveraineté et le sacrifice. La royauté n'est qu'une forme parmi d'autres de cette juxtaposition, celle où tout le poids sociologique réel est du côté de la souveraineté. Une explication qui ne vaudrait que pour la seule royauté, comme la théorie du pouvoir politique mystificateur, n'est pas vraisemblable. Pour des traits communs à beaucoup d'institutions il faut adopter si possible une explication commune.

J.-M. O. : Pour vous, en d'autres termes, le sociologisme efface les structures symboliques de même que le structuralisme tend à effacer les réalités sociologiques. Il n'y a plus à choisir entre ces deux mutilations du réel. Votre hypothèse de la victime émissaire permet de les réconcilier.

R. G. : J'en suis certain. Entre la monarchie sacrée et les autres formes religieuses, les homologies sont trop frappantes pour être dues au hasard, ou à des emprunts superficiels.

G. L. : Par rapport à la monarchie, comment faut-il penser la divinité ?

R. G. : La différence fondamentale me paraît évidente. Dans la monarchie, l'interprétation accentue l'intervalle entre l'élection de la victime et son immolation, c'est donc la victime pas encore sacrifiée, la victime encore vivante. Dans la divinité, au contraire, l'interprétation accentue la victime déjà sacrifiée, c'est donc le sacré déjà expulsé hors de la communauté.

Dans le premier cas, la puissance sacrée sera surtout présente, vivante et agissante dans la personne du roi ; dans le second elle sera absente, en la « personne » du dieu.

C'est cette absence du principe sacré qui rend tout de suite les choses plus abstraites dans la divinité, qui oblige à des séparations et à des distinctions plus poussées. Le sacrifice, par exemple, ne peut pas être la reproduction exacte de l'origine puisque la divinité est au-dehors. Comme le sacrifice n'en reste pas moins la même chose que l'opération primordiale, il va généralement évoluer vers l'idée de répétition affaiblie, destinée à produire du sacré mais en plus faible quantité et qui sera lui aussi expulsé, qui ira donc *grossir* et *nourrir* la divinité. C'est de là que vient l'idée du sacrifice comme offrande à la puissance sacrée.

Dans la monarchie, au contraire, l'origine se répète dans chaque règne et dans chaque sacrifice telle, en principe, qu'elle s'est produite la première fois. Il n'y a donc pas de place pour autre chose que cette répétition. À la limite, il n'y a même pas de mythe d'origine, indépendant de l'événement monarchique. La royauté est mythologie en action. Il n'y a rien à se remémorer en dehors des gestes que le roi est en train de répéter, rien à redouter ou à vénérer en dehors de ce roi lui-même. C'est pourquoi la monarchie, tant qu'elle reste liée au sacrifice, est une institution particulièrement révélatrice. Il y a même des ethnologues qui reconnaissent que l'intronisation fait du roi un bouc émissaire. Luc de Heusch, par exemple, dans son livre sur l'inceste sacré, évoque ces rites d'intronisation au Ruanda où le roi et sa mère paraissent attachés l'un à l'autre, comme deux condamnés à mort et où l'officiant prononce les paroles suivantes : « Je t'impose la blessure de la framée, du glaive, du vireton, du fusil, de la matraque, de la serpe. Si quelque homme, si quelque femme a péri de la blessure d'une flèche, d'une lance... je mets ces coups sur toi[17]. »

On voit bien ici que le roi sacré est un « bouc émissaire », et qu'il est « bouc émissaire » de la violence réelle et non de transgressions plus ou moins fabuleuses et freudiennes. De nombreux ethnologues reconnaissent ingénument que le roi est bien un bouc émissaire, mais ils ne s'attardent pas à cette étrange union de la souveraineté la plus exaltée et de l'accablement le plus extrême. Ou bien ils voient là quelque chose de « tout naturel », une fonction supplémentaire du monarque comme celle de grand maître de la Légion d'honneur pour notre président de la République, ou bien ils écartent toute l'affaire comme impensable et invraisemblable, alors qu'on retrouve cette conjonction des extrêmes, plus ou moins soulignée, dans toutes les monarchies sacrées sans exception et finalement dans toutes les institutions sacrificielles. Le refus de penser les données qui contredisent nos propres notions est d'une force proprement stupéfiante.

Si le principe royal et le principe divin s'excluent, à l'origine tout au moins, c'est parce que royauté et divinité constituent deux solutions un peu différentes à la question rituelle fondamentale : comment faut-il reproduire la résolution violente de la crise ? Dans la royauté c'est ce qui vient *avant* le sacrifice qui domine, dans la divinité c'est ce qui vient *après*. Pour comprendre que les deux solutions sont également possibles, il faut tou-

79

jours en revenir à cette polysémie et à cette polyvalence dont nous parlions plus haut. Le sacrifice, c'est la plaque tournante absolue ; il est donc impossible de la reproduire telle quelle et les rituels concrets vont toujours mettre l'accent sur un moment synchronique quelconque au détriment des autres, avec des conséquences qu'on peut aisément prévoir et dont on vérifie sans peine qu'elles correspondent aux institutions réellement existantes.

J.-M. O. : Une fois qu'on arrive à repérer ces correspondances, la thèse de la victime émissaire ne peut plus passer pour une fantaisie ; sa vraisemblance devient manifeste, mais les ethnologues ne s'en aperçoivent pas parce qu'ils ne voient pas à quel point ils restent influencés par des modes de pensée qu'ils croient avoir répudiés. Ils s'imaginent toujours que la divinité est un concept « naturel » ; le roi sacré résulterait d'une espèce de détournement de la divinité au profit d'une puissance politique qui existerait indépendamment des formes rituelles.

R. G. : Tout le monde répète que le roi est une espèce de « dieu vivant », personne ne dit jamais que la divinité, c'est une espèce de roi mort, ou tout au moins « absent », ce qui serait tout aussi vrai. Toujours, en somme, on veut voir dans le sacrifice du roi, dans la sacralité du roi une idée surajoutée, pour ne pas déranger nos petits concepts. Ce qui nous guide, dans nos interprétations, c'est une théologie particulière dominée par l'idée de divinité. Le scepticisme religieux ne modifie en rien cette théologie. Nous sommes obligés de réinterpréter tous les schèmes religieux en termes de divinité parce que nous ne voyons pas la victime émissaire. Si vous regardez de près la psychanalyse et le marxisme vous constaterez que cette théologie leur est indispensable. Elle est indispensable à tous les modes de pensée actuels qui vont tous s'effondrer le jour où ce que nous venons de dire au sujet du roi et du dieu sera compris.

J.-M. O. : Si des institutions très différentes sur le plan sociologique et très analogues sous le rapport structurel remontent à la même origine, il doit exister dans la culture humaine un moment où elles ne sont pas encore distinguées. Et peut-être existe-t-il toujours dans les données ethnologiques des traces de cette indistinction, des phénomènes auxquels l'étiquette royale et l'étiquette sacrificielle s'appliquent indifféremment, des institutions si ambiguës qu'elles restent insaisissables dans le vocabulaire figé et trop différencié de notre platonisme culturel.

R. G. : Je pense que ces institutions existent ou plutôt qu'elles ont existé et que de quelques-unes d'entre elles, au moins, nous possédons des descriptions imparfaites, peut-être, mais révélatrices. Vous vous doutez bien que, dans l'état actuel de la pensée ethnologique, de telles institutions sont très mal vues des ethnologues. Elles ne respectent pas les lois de la pensée différenciatrice. En fait ce sont les livres où elles figurent qui servent de bouc émissaire et qui sont déclarés plus ou moins fantaisistes.

C'est chez des gens comme Frazer qu'on tombe parfois sur des indications qui correspondent assez bien à ce qu'exige notre thèse. Plutôt que d'en citer une en particulier, il vaut mieux présenter un résumé synthétique. Il s'agit, nous dit l'auteur, d'une espèce de royauté assez étrange dont les détenteurs se succèdent en principe par une espèce d'élection ou de tirage au sort. Tous les jeunes hommes du village sont éligibles mais au lieu de rivaliser d'empressement, comme on pourrait s'y attendre, en raison des privilèges sexuels et autres dont jouit le monarque, les candidats malgré eux s'enfuient à toutes jambes dans la brousse. Le nouvel élu n'est jamais, en fin de compte, que celui qui court le moins vite, le premier à se laisser rattraper au terme d'une poursuite épique à laquelle toute la communauté prend part. La toute-puissance ne dure qu'un moment et l'attrait qu'elle exerce ne suffit pas à contrebalancer la certitude de finir massacré par ses propres sujets.

Si l'ethnologie contemporaine rejette ce genre de descriptions c'est parce qu'elle n'y trouve rien sur quoi sa volonté de différenciation et de classification puisse vraiment mordre. Il est possible, certes, de décrire la chose en termes de «royauté» et c'est parce qu'ils la décrivent ainsi que les vieux auteurs la jugent comique. Si on remplace royauté par sacrifice, la chose paraît tout de suite moins risible, mais il n'y a pas de raison d'adopter une terminologie plutôt que l'autre. Pour peu que nous l'examinions de près, l'institution change d'aspect et s'offre sous des aspects toujours nouveaux. Si au lieu du clin d'œil grivois qu'évoquent les privilèges sexuels on traite la chose en transgression, le monarque se transforme aisément en une espèce de condamné à mort qui expie les péchés de la communauté, un «bouc émissaire» au sens reconnu par nous. Et si le roi, à la fin, se fait manger, ce qui arrive aussi, il fait un peu figure de bête à l'engrais. On peut voir encore en lui une espèce de prêtre ou d'initié suprême qui doit se sacrifier volontairement, en principe, pour la communauté mais, dans la pratique, a parfois besoin d'être un peu persuadé.

J.-M. O. : Les formes qui résistent à toute classification sont beaucoup plus nombreuses, sans doute, que les récits ethnologiques ne le laissent supposer. On peut penser, en effet, que les observations les plus intéressantes sous ce rapport sont inconsciemment revues et corrigées par le platonisme culturel dont vous parlez. Par platonisme culturel il faut entendre cette conviction irréfléchie que les institutions humaines sont ce qu'elles sont de toute éternité ; elles ont à peine besoin d'évoluer et pas du tout d'être engendrées. La culture humaine est une idée immuable tout entière et tout de suite à la disposition de l'homme quand il s'éveille à la pensée. Pour la cueillir il n'a alors qu'à regarder soit en lui, où elle réside, innée, soit en dehors de lui, au ciel intelligible où elle est inscrite, comme chez Platon lui-même.

R. G. : C'est ce platonisme qu'il faut désagréger ; il exerce une telle emprise sur la plupart des gens que la genèse proposée ici, à partir d'une matrice rituelle unique, paraît scandaleuse pour l'esprit, inadmissible. Dire que je néglige la spécificité des institutions c'est ne pas voir que je l'engendre, en fonction des mécanismes victimaires ; il faut retrouver le tronc commun et les bifurcations successives qui nous font passer de l'origine à la diversité en apparence irréductible des formes culturelles.

On voit bien comment le platonisme universel s'arrange pour escamoter les phénomènes qui le contredisent. Si on traite notre rite ambigu en termes de royauté, on tend tout de suite à minimiser les aspects qui ne correspondent pas à l'idée que l'on s'en fait, à commencer par le sacrifice ; on traitera cet aspect d'anomalie bizarre, peut-être d'observation erronée dont il n'est pas nécessaire de tenir compte. Si au contraire on définit le rite en termes de sacrifice, ce sont les autres aspects de l'institution qu'on tendra à repousser au second plan et à évacuer, ceux là mêmes qui occupent le premier plan quand c'est la décision contraire qui l'emporte.

Dans tous ces rites indéfinissables, il n'y a encore aucune différence entre le trône et la pierre des sacrifices. Il ne s'agit jamais que de remettre sur cette pierre une victime souveraine en vertu d'une mise à mort réconciliatrice parce qu'unanime. Si l'union, ici éclatante, du pouvoir suprême et de la victime collective nous paraît monstrueuse, si nous n'avons pas de mots pour définir le scandale, c'est parce que nous ne voulons pas encore le penser jusqu'au bout. Nous sommes donc moins éloignés que nous ne le pensons de ceux qui jugent cette victime monstrueuse, eux aussi, puisqu'ils la situent hors des normes de l'humanité, puisqu'ils s'inclinent bien bas devant elle avant de la tuer.

G. L. : Décider, en somme, qu'il n'y a pas à tenir compte de ces formes bizarres, y voir des aberrations sans importance théorique, ou des inventions d'ethnologues particulièrement «refoulés», c'est se conduire un peu comme les sacrificateurs eux-mêmes. C'est expulser l'innommable hors de cette ethnologie bien tempérée et différenciée qu'on croit possible aujourd'hui de nous faire avaler.

R. G. : Comme ce genre de choses n'est pas réellement menaçant encore pour nos modes de pensée, c'est par le rire que s'effectue cette expulsion. On riait jadis aux dépens des acteurs de la farce, les sauvages grossiers de Frazer. Nous rions désormais aux dépens de nos prédécesseurs en ethnologie, jugés naïfs de colporter de telles fables, nous nous croyons libérés de leur «ethnocentrisme» alors que nous y sommes plus que jamais enfoncés puisque nous ne pouvons pas justifier la pensée religieuse, le cœur même de toute pensée dite sauvage. Le rire expulse le rite, et le rite n'est lui-même qu'une forme plus originelle de l'expulsion. C'est toujours le monstre qu'on expulse, en personne d'abord, dans les rites sacrificiels, et plus tard dans une opération purement intellectuelle; c'est perdre son temps, nous dit-on, que de chercher à penser ce qui s'insurge contre les lois de la pensée[18].

J.-M. O. : Plus les rites échappent à nos catégories habituelles, plus ils deviennent indéfinissables et insaisissables, plus ils se rapprochent du projet rituel initial, plus ils appellent une lecture dans les termes proposés ici.

R. G. : Partout où les institutions n'ont pas la spécificité que nous exigeons d'elles, notre regard s'arrange aisément pour les spécifier. La volonté n'a pas à intervenir; il suffit de s'abandonner à des habitudes machinales d'autant moins critiquables en apparence qu'elles se situent dans le prolongement direct de l'inspiration religieuse tardive. Partout, en somme, où le platonisme spontané de l'élaboration institutionnelle n'a pas encore accompli son œuvre, le platonisme renforcé de la pensée ethnologique prend le relais et parachève l'évolution. C'est bien parce que ce platonisme est l'héritier d'une tradition presque irrésistible qu'il est difficile de s'en déprendre. Le regard qui cherche partout des différences toujours plus fines, le regard qui cherche à classer les institutions dans des casiers prédéterminés *croit forcément bien faire*; il complète un processus qui est celui de l'évolution culturelle tout entière. Nous sommes donc les victimes de mécanismes intellectuels tellement enracinés que nous ne les voyons même pas et c'est une véritable conversion du regard ethnologique qui devient nécessaire.

La décision non consciente qui structure l'institution indécidable ressemble un peu à celle qui intervient, là aussi à notre insu, devant les figures dont la psychologie de la forme illustrait naguère ses théories. Si on trace au tableau noir les arêtes d'un cube, la perception peut structurer la figure soit en creux, soit en relief. Prisonnière de la stabilité obtenue d'emblée, notre perception ne change pas aisément d'une structuration à une autre. Il en va de même en ethnologie, une fois que nous avons décidé de lire dans un sens déterminé une institution qui pourrait se lire dans un autre ou plusieurs autres sens.

S'il est déjà difficile de passer d'une structuration à une autre, il est plus difficile encore de rejeter l'une et l'autre solutions pour se rendre simultanément disponible aux deux, c'est-à-dire pour appréhender dans la figure une matrice de structurations toutes relativement satisfaisantes pour l'esprit mais toutes trompeuses en fin de compte puisqu'elles s'excluent réciproquement.

G. L. : Une ethnologie purement classificatrice, une ethnologie qui cherche à ranger chaque institution dans le casier qui devrait être le sien, comme un facteur qui trie son courrier, une ethnologie qui voit le dernier mot de la science dans l'exactitude des différences se refuse, au nom de la saine pensée, à envisager la possibilité d'une matrice structurelle commune. Elle se détourne des institutions qui la déconcertent parce qu'elles sont susceptibles de ruiner ses propres certitudes. Elle s'efforce inconsciemment d'oublier et de discréditer les choses qui tiennent en échec sa volonté de tout classer. Elle ne veut pas voir qu'il y a mieux à faire désormais. Les institutions les plus déconcertantes sous le rapport de la classification sont les plus intéressantes parce qu'elles nous montrent un état antérieur à la spécification achevée.

R. G. : Il ne s'agit pas du tout ici de tout mélanger, de chercher l'extase mystique ou le culte de la violence. Il ne s'agit pas de détruire les spécificités mais de les «déconstruire», comme dirait Derrida. À partir du moment où le mécanisme de la victime émissaire est repéré, on tient les deux bouts de la chaîne et la «déconstruction» parce qu'elle réussit enfin à s'achever, est aussi une «reconstruction» qui s'effectue à partir de la matrice commune. La perspective de la genèse et celle de la structure se rejoignent dans un type d'analyse qui transcende les limitations de toutes les méthodes antérieures.

Au lieu de toujours achever l'évolution vers la spécificité culturelle, il est capital de constater qu'elle peut rester inachevée, qu'elle est même à peine entamée dans des descriptions comme celles que nous venons d'évoquer. Ce n'est pas leur impossibilité intrinsèque qui fait juger ces récits invraisemblables. Ce sont nos tabous intellectuels. Ces descriptions ont toutes les chances d'être assez exactes, puisqu'elles ont triomphé de ces tabous, et nous présentent des tableaux dont on peut montrer, de façon purement théorique et schématique, à partir du mécanisme de la victime émissaire, qu'ils doivent correspondre en beaucoup de lieux à une certaine étape de développement dans la culture humaine.

Presque partout, il existe des traces de polyvalence rituelle que l'observateur doit recueillir précieusement au lieu de collaborer à leur effacement. Au lieu de juger superflus et surajoutés ces éléments en voie de disparition, il faut voir qu'ils se combinent toujours avec les éléments dominants, dans les institutions, de façon à recomposer toujours le même ensemble. Si on rapproche les institutions pas encore complètement déritualisées des rites pas encore complètement institutionnalisés, on découvre partout que la position la plus humiliée se joint à la plus exaltée. Une note de subjection se glisse toujours dans la domination et *vice versa*.

Devant ce genre de phénomènes, il ne faut pas accuser les sauvages de confondre leurs propres catégories, comme le fait un Frazer, ou un Lévy-Bruhl ; il ne faut pas dire avec le dernier Lévi-Strauss que le rite tourne délibérément le dos à la pensée et au langage ; au lieu de se débarrasser du scandale, il faut l'assumer. Mais il ne faut pas l'assumer à la façon dont les pensées religieuses et philosophiques l'ont assumé. Il faut refuser toutes les explications mystiques et leurs succédanés philosophiques, comme la *coincidentia oppositorum*, la puissance magique du négatif, et la vertu du dionysiaque. Il faut refuser Hegel et il faut refuser Nietzsche.

Il ne faut pas se laisser détourner du paradoxe essentiel par les combats d'arrière-garde d'un rationalisme qui est le contraire de la raison. Dans la plupart des institutions rituelles, entre les éléments de la structure qui se «contredisent», les différences de dosage, d'accent et d'importance effective sont déjà telles, le plus souvent, qu'on peut toujours nier, en forçant un peu les choses, qu'il y ait ce paradoxe et cette contradiction. On peut presque toujours soutenir que ce sont les théologiens et les philosophes qui l'ont inventée. On peut toujours achever d'aplatir toutes les structures mais il faut résister à cette tentation qui domine les sciences de l'homme depuis qu'elles existent, à quelques rares exceptions près.

Devant les institutions humaines, le *tout naturel* et le scepticisme goguenard vis-à-vis des survivances rituelles qui s'y attachent encore est l'héritier direct de la théologie. À partir du moment où la croyance disparaît, le refus de penser l'institution jusqu'au bout doit nécessairement prendre cette forme car il n'y a pas d'autre voie. C'est bien pourquoi il faut penser l'interprétation voltairienne qui nous domine encore, et qui fait du religieux un vaste complot de curés pour parasiter des institutions *naturelles*, comme le successeur du religieux lui-même, le fruit d'une seule et même volonté de ne pas repérer l'origine, volonté qui prend forcément des formes sceptiques à l'égard du religieux une fois que les cultes sacrificiels et les mythologies les plus grossières se sont définitivement effondrés.

Durkheim est le premier à réagir vraiment contre cet escamotage sceptique du religieux. C'est bien pourquoi les empiristes les plus étroits l'accusent d'être un mystique. Et ils ne manqueront pas d'affirmer que je suis bien plus mystique encore, en dépit du caractère rigoureusement rationnel des genèses que nous sommes en train d'ébaucher.

J.-M. O. : Pour achever la «déconstruction», il faut arriver au mécanisme de la genèse et nous tenons bien les deux bouts de la chaîne, l'alpha et l'oméga de la culture humaine quand nous lisons la victime émissaire comme résultat du processus mimétique.

R. G. : La découverte de la victime émissaire comme mécanisme de la symbolicité elle-même justifie le discours de la déconstruction en même temps qu'elle l'achève. Et elle explique du même coup les traits caractéristiques de ce discours contemporain. Comme il ne parvient pas encore à s'enraciner dans une anthropologie de la victime émissaire, il reste voué à des acrobaties verbales finalement stériles ; ce ne sont pas les maîtres mots qui lui manquent ; il n'est que trop doué sous le rapport des mots, ce sont les mécanismes derrière les mots qui lui échappent. Si vous examinez les termes qui servent de pivot aux meilleures analyses de Derrida, vous verrez qu'il s'agit toujours, au-delà des concepts philosophiques déconstruits, des paradoxes du sacré qu'il n'est pas question de déconstruire et qui n'en chatoient que mieux au regard du lecteur [19].

Il en va déjà de même chez Heidegger. Tout ce qu'il

dit sur l'être se ramène aussi au sacré, mais les philosophes ne veulent pas l'admettre car ils ne veulent pas remonter de Platon et des présocratiques jusqu'au religieux grec.

Cette déconstruction encore partielle confond la crise de tous les signes culturels avec une impuissance radicale du savoir et du langage. Elle ne croit pas à la philosophie mais elle reste dans la philosophie. Elle ne voit pas qu'au-delà de la crise actuelle, il y a des possibilités de savoir rationnel sur la culture qui ne sont plus philosophiques. Elle se complaît dans le pur miroitement du sacré qui ne fait qu'un, à ce stade, avec le pur effet littéraire ; elle risque de dégénérer en pur verbalisme. Et ce que les disciples critico-littéraires et universitaires ne voient pas, c'est que le frisson littéraire disparaît dès qu'on ne cherche plus que lui. S'il y a vraiment « quelque chose » chez Derrida, c'est parce qu'il y a autre chose : il y a cette déconstruction justement qui touche aux mécanismes du sacré mais qui reste en deçà de la victime émissaire.

J.-M. O. : À partir de la victime émissaire, en somme, c'est le vrai structuralisme qui peut enfin se fonder, un structuralisme qui n'est pas synchronique seulement mais diachronique de part en part parce qu'il compose et décompose les structures.

R. G. : C'est bien parce que le structuralisme actuel ne peut même pas concevoir une telle possibilité qu'il risque de ne voir ici qu'une retombée dans les fausses genèses historiques. Il faut souligner que nous ne parlons jamais d'événements singuliers ni de chronologie ; nous faisons fonctionner des mécanismes de composition et de décomposition qui révèlent à chaque instant leur pertinence puisqu'ils assurent un passage d'une rationalité et d'une facilité sans égales entre les institutions rituelles et les institutions non rituelles.

L'examen des institutions ne permet pas de dire à quel moment telle ou telle bifurcation s'est effectuée mais nous voyons bien que tout s'est effectivement déployé dans le temps comme histoire réelle. Et cette histoire se poursuit autour de nous, dans le texte ethnologique par exemple. La pensée occidentale continue à fonctionner comme effacement des traces. Ce ne sont plus les traces directes de la violence fondatrice qu'on expulse mais les traces d'une première expulsion, d'une seconde, ou même d'une troisième, d'une quatrième. En d'autres termes, c'est à des traces de traces de traces, etc., qu'on a affaire. Il faut noter que Derrida a remplacé l'être de Heidegger par ce qu'il nomme la trace. Plus révélatrice encore est une phrase que Sandy Goodhart m'a signalée dans le *Moïse* de Freud. Elle dit à peu près que le difficile n'est pas de commettre un meurtre mais d'en effacer les traces[20].

Il ne faut pas s'étonner si, après tous ces effacements successifs, après tout cet énorme travail culturel, la plupart des hommes ne peuvent pas entendre ce que nous sommes en train de dire. Tout est sans doute destiné à rester lettre morte pendant quelques années. Et en même temps, par un curieux paradoxe dont nous reparlerons plus tard, tout ce que nous disons est déjà inscrit, métaphoriquement ou même explicitement, dans le discours contemporain. Ce qui fait qu'on peut m'accuser tantôt de tenir des propos aberrants qui n'ont aucun rapport avec ce qui se dit et ce qu'il convient de dire, tantôt au contraire de répéter ce que tout le monde dit, de ne faire que surenchérir faiblement sur des propos qu'on trouve déjà un peu partout. Le curieux paradoxe, c'est que l'effacement des traces ramène le meurtre fondateur. Pilate et Macbeth ont beau se laver les mains, les traces reparaissent toujours ; elles reparaissent même de plus en plus et le meurtre fondateur est sur nous.

G. L. : Nos futurs lecteurs croiront que vous parlez ici en métaphysicien. Vous pouvez montrer, j'en suis sûr, qu'il n'en est rien ; vous pouvez donner des exemples précis d'effacement des traces dans le texte ethnologique.

R. G. : Je l'espère. Essayons de montrer comment les traces de la violence fondatrice commencent à s'effacer d'une royauté sacrée, la royauté des Shilluk. Dans un travail sur le sujet, E.E. Evans-Pritchard relate la procédure d'intronisation qui n'est pas sans originalité, bien qu'elle s'insère parfaitement dans le cadre général des monarchies sacrées.

Tout se déroule d'abord comme une espèce de guerre civile entre les deux moitiés du royaume, transformées en *doubles* l'une de l'autre. Loin d'appartenir au camp des vainqueurs, comme on doit s'y attendre si on pense politiquement et sociologiquement, le roi appartient au camp des vaincus. C'est même à l'instant précis où il tombe aux mains de ses adversaires rassemblés pour lui porter le coup de grâce, c'est au moment, en somme, où il fait figure de victime écrasée et humiliée, que l'*esprit* de la monarchie l'envahit et qu'il devient vraiment le roi de tout son peuple[21].

L'esprit de la royauté, c'est la réconciliation unanime jadis spontanément réalisée contre une victime que le nouveau roi est appelé à remplacer. L'intronisation n'est rien d'autre que la répétition du mécanisme fondateur; c'est en qualité de victime réconciliatrice, comme toujours, que règne le roi. Il suffirait de comprendre la chose une bonne fois pour s'apercevoir qu'elle est partout présente et que le scénario shilluk ne constitue qu'une variante parmi d'autres. Ce scénario est trop conforme à la démarche générale de la monarchie sacrée et trop original dans ses détails pour ne pas frapper comme extrêmement significatif l'observateur qui a saisi le fonctionnement symbolique de l'institution.

Jamais Evans-Pritchard ne rapproche ce fait d'une autre donnée qu'il se refuse à prendre au sérieux, les nombreux rapports selon lesquels certains rois mourraient étranglés, étouffés, ou emmurés vivants. Pour lui, il s'agit là d'une rumeur invérifiable et il n'est pas nécessaire d'en tenir compte. Evans-Pritchard reconnaît bien que le thème du régicide doit avoir une valeur symbolique liée à l'union et à la désunion des divers segments de la communauté, mais il a tellement peur de retomber dans Frazer et son «culte de la végétation» qu'il minimise l'importance de ce symbolisme et qu'il se refuse à en saisir l'unité dans le caractère victimaire de la royauté dite sacrée, pourtant évident si on rapproche les modalités de l'intronisation de la fameuse rumeur du roi étouffé, partout présente et partout rejetée comme «invérifiable». Comme si le symbolisme du roi sacrifié ne présentait pas un intérêt extraordinaire même en tant que pur symbolisme. Les mêmes ethnologues qui attachent une importance considérable au symbolisme partout où il n'implique pas le sacrifice du roi ne s'intéressent plus du tout à lui quand il s'agit de celui-ci. Seule importe, dans ce cas, la réalité ou la non-réalité de la mise à mort toujours alléguée et insuffisamment démontrée.

Le même préjugé intellectuel, déjà, contraignait Frazer à conclure, quand il tombait sur un roi ou sur un dieu qui était aussi un «bouc émissaire», que les indigènes avaient dû finir par confondre deux institutions primitivement distinctes. C'est le même préjugé, répétons-le, qui force Lévi-Strauss à chasser ignominieusement le rituel hors de son ethnologie structuraliste, dans le dernier chapitre de *l'Homme nu*. Le rite, une fois de plus, est accusé de mélanger tout ce qu'il devrait séparer.

G. L. : Tous ces refus d'admettre le paradoxe de la victime souveraine visent toujours selon vous à effacer la même chose que celle-ci, la vérité de la violence fondatrice. Mais il doit bien y avoir quelques ethnologues qui acceptent ce paradoxe.

R. G. : Il y en a, certes. Il y a, par exemple, les ethnologues de l'école allemande, des gens comme Adolf Jensen ou Rudolf Otto. Mais ils acceptent ce paradoxe dans un esprit de soumission quasi religieux, parfois même d'enthousiasme, comme si son caractère irréductible lui conférait une espèce de vertu et d'intelligibilité. Pour rendre acceptable le mystère de la violence et du sacré, de la victime souveraine et du souverain victimisé, Otto met en avant son fameux concept de *numineux*. Contrairement à ce que soutiennent mes critiques, je le répète, je ne sympathise nullement avec ce genre d'attitude. Mais je me refuse à partager l'aveuglement rationaliste d'un Evans-Pritchard ou d'un Lévi-Strauss. Il faudrait arriver à penser jusqu'au bout ces phénomènes du religieux primitif sans se faire leur complice. Je trouve assez odieuses les pages lyriques de Walter Otto sur la promenade du *pharmakos* dans les rues d'Athènes. C'est Nietzsche, dans sa folie, qui a lancé toute cette mode du dionysiaque avec *la Naissance de la tragédie*.

G. L. : Mais comment s'arrange un Evans-Pritchard pour ne pas voir des faits qui devraient lui crever les yeux ?

R. G. : Pour se débarrasser des données gênantes, l'ethnologie rationaliste a recours à la tactique d'Horace contre les trois Curiaces. Il faut d'abord isoler les adversaires les uns des autres et on peut ensuite les éliminer impunément. Si on rencontre un fait qui contredit nos petites idées, on n'a pas de peine à se convaincre qu'il est suspect. On se dit qu'une erreur a dû se glisser dans un ensemble par ailleurs digne de confiance. Si on se retournait au bout du chemin pour comparer entre eux les faits qui ont été successivement éliminés, on s'apercevrait qu'*ils se ressemblent tous*. Si douteux que soit chacun d'eux pris séparément, on verrait qu'ils sont trop nombreux pour ne pas mériter d'être pris au sérieux. L'ethnologue doit se demander si ce qu'il prend pour de l'esprit critique ne consiste pas, le plus souvent, à écarter ce qui menace sa vision du monde et de l'ethnologie.

J.-M. O. : Ce que vous dites me rappelle un passage de Proust que vous citez dans *Mensonge romantique*... La tante de Marcel est bien décidée à ne voir en Swann que le fils d'un modeste agent de change, le voisin que l'on peut recevoir sans façons, et elle s'arrange pour repousser toute une série d'indications qui suggèrent la situation mondaine exceptionnelle dont jouit en fait ce personnage. Les données empiriques ne peuvent pas tromper mais encore faut-il un esprit prêt à les accueillir. Les faits, à eux seuls, suffisent rarement à bouleverser les structures mentales.

R. G. : Il faut pourtant rendre hommage à Evans-Pritchard qui se croit obligé de rapporter tout ce que contiennent ses sources, bien qu'il se refuse à le prendre au sérieux. Même s'il nous encourage à ne pas en faire trop de cas, le texte d'Evans-Pritchard reproduit à son insu le principe fondamental des monarchies africaines. Il nous permet encore de le rétablir. Si la tendance actuelle à minimiser le religieux continue, on peut s'attendre à la disparition prochaine des dernières traces significatives. Ceci est d'autant plus probable que les sociétés elles-mêmes, de leur côté, évoluent dans le même sens que l'ethnologie. Le religieux traditionnel s'efface de plus en plus.

Bientôt, par conséquent, il sera possible de croire que les vieux ethnologues ont rêvé, qu'ils s'en sont laissé conter par des informateurs fantaisistes, désireux de railler leurs préjugés ethnocentriques et colonialistes. C'est ainsi que, sous prétexte d'aiguiser la critique, on tombe dans une naïveté redoublée et le savoir ethnologique, au lieu de s'enrichir, s'appauvrit.

L'évolution de la théorie ethnologique tend à répéter et à parachever celle des formes intellectuelles qui la précèdent, rites, religion «idéalisée», philosophie. Jusqu'à Durkheim et Freud, c'était le religieux qui passionnait et qui orientait les recherches ; de nos jours, il n'en est presque plus question. Après avoir été expulsé de tous les autres domaines, il avait opéré un retour massif et soudain dans cette discipline nouvelle qu'était l'ethnologie mais, là aussi, une fois de plus, il se fait peu à peu neutraliser et expulser.

D. Domestication animale et chasse rituelle

J.-M. O. : À vous en croire, donc, il n'y aurait pas d'institution humaine qui ne remonte au rite, c'est-à-dire à la victime émissaire. Dans *la Violence et le Sacré*, vous essayez de montrer que des institutions comme la fête, les rites de passage, ne sont que des variantes du même schème et que nos idées sur les loisirs ou sur l'éducation doivent toutes venir de ces rites[22]. C'est le programme de Durkheim, en somme, que le mécanisme de la victime émissaire permet de remplir. Pouvez-vous continuer ici et aborder des formes culturelles dont vous n'avez pas encore parlé ?

R. G. : Essayons avec la domestication des animaux. Tout le monde pense que la raison d'être de la domestication, c'est la volonté d'exploitation économique. En réalité, cette thèse est invraisemblable. Même si la domestication est très rapide par rapport aux durées normalement requises par l'évolution, elle prend certainement trop de temps pour que le motif utilitaire ait pu jouer chez ceux qui ont commencé le processus. Ce que nous regardons comme un point de départ ne peut être qu'un aboutissement. Pour domestiquer les animaux, il faut de toute évidence que l'homme les installe auprès de lui et qu'il les traite comme s'ils n'étaient plus des animaux sauvages, comme s'il y avait en eux une prédisposition à vivre dans le voisinage de l'homme, à mener une existence quasi humaine.

Quel peut être le motif pour une telle conduite à l'égard des animaux ? Les conséquences finales de l'opération ne sont pas prévisibles. À aucun moment les hommes n'ont pu se dire : «Traitons les ancêtres de la vache et du cheval comme s'ils étaient déjà domestiqués et nos descendants, dans un avenir indéterminé, jouiront des avantages de cette domestication.» Il fallait un motif immédiat, puissant et permanent pour traiter les animaux de façon à assurer leur domestication future. Seul le sacrifice peut fournir ce motif.

Les traits monstrueux attribués à la victime émissaire expliquent qu'on puisse lui chercher des remplaçants parmi les animaux aussi bien que parmi les hommes. Cette victime va servir de médiateur entre la communauté et le sacré, entre le dedans et le dehors.

L'esprit religieux sait que pour polariser efficacement

95

les aspects maléfiques de la vie sociale, la victime doit différer des membres de la communauté mais aussi leur ressembler. Il faut donc que cette victime séjourne parmi les hommes et qu'elle s'imprègne de leurs coutumes et de leurs façons d'être. C'est bien pourquoi il y a un délai, dans la plupart des pratiques rituelles, entre le moment où la victime est choisie et le moment où elle est sacrifiée. Ce délai, l'exemple du roi nous l'a montré, peut jouer un rôle énorme dans le développement culturel de l'humanité. C'est à lui, sans doute, qu'on doit l'existence des animaux domestiques, tout autant que du pouvoir dit « politique ».

Toutes les espèces animales domestiquées ont servi ou servent encore de victimes sacrificielles. La cohabitation des animaux avec les hommes, s'étendant sur de nombreuses générations, a dû produire des effets de domestication dans tous les cas où les espèces sacrifiées se prêtaient à cette métamorphose.

Les résultats de la pratique sacrificielle se révèlent si précieux qu'ils vont transformer ceux qui les obtiennent sans les avoir prévus. De cette créature sacrificielle qu'était déjà l'homme, ils font une créature économique. La domestication n'est pas concevable à partir de l'économique mais l'économique surgit comme résultat du sacrifice et il repousse peu à peu son origine sur les marges, de même que dans la royauté, mais sans éliminer cette fois l'immolation. Loin de contrecarrer la fonction non rituelle de l'institution, l'immolation, cette fois, est requise ; il faut bien tuer la victime avant de la manger.

Les observateurs modernes pensent que la domestication doit précéder l'utilisation sacrificielle ; seul l'ordre inverse est concevable. Partout les modernes méconnaissent le rôle du religieux.

G. L. : Il n'y a pas d'institution culturelle, en vérité, qui ne soit mêlée de religieux. Si nous renonçons vraiment à la thèse du parasitage universel de l'humanité par les prêtres « fourbes et avides » de Voltaire, la seule thèse vraisemblable est celle de Durkheim : le religieux doit être à l'origine de tout.

96

R. G. : Pour mieux se persuader que la domestication animale s'enracine dans le sacrifice, il faut rapprocher de ce que nous venons de dire les pratiques sacrificielles qui ont traité et continuent à traiter en animaux domestiques des espèces non domesticables.

Considérons, par exemple, la fameuse cérémonie de l'ours chez les Aïnous. Un ourson, enlevé à sa mère, est élevé avec les enfants de la communauté ; il joue avec eux ; une femme lui sert de nourrice. À une date déterminée, l'animal, toujours traité avec des égards extrêmes, est rituellement immolé et consommé par la tribu entière qui le considère comme une divinité[23].

Cette institution nous donne une impression d'étrangeté non parce qu'elle est différente de ce qui se passe dans le cas du bétail sacrifié, mais parce qu'elle est semblable. Dans certaines sociétés de pasteurs, le bétail est presque sur le même plan que l'humanité ; il a son système de parenté, il est traité avec vénération ; il n'est jamais consommé que pour des raisons sacrificielles, dans des cérémonies analogues à la cérémonie de l'ours mais que nous lisons différemment car à nos yeux, même si nous ne nous l'avouons jamais, sacrifice et domestication vont de pair et se justifient réciproquement.

Ce qui nous gêne dans la cérémonie de l'ours, c'est qu'elle tend à révéler, justement, le secret de la domestication, elle nous suggère de transgresser le tabou formidable qui pèse sur le rôle créateur du sacrifice dans la culture humaine.

L'échec de la domestication, dans le cas de l'ours, vient tout simplement de ce que l'espèce n'est pas domesticable. On peut donc penser que la domestication n'est qu'un effet second, un sous-produit d'une pratique rituelle partout à peu près identique. La pratique sacrificielle s'est exercée sur des espèces extrêmement diverses, y compris l'homme, et c'est la chance, le hasard des espèces, les aptitudes naturelles qui ont fait, dans certains cas, le succès de l'opération, et dans d'autres son échec. On voit ici que le sacrifice est un instrument d'exploration du monde. Il en est de lui un peu comme

97

de la recherche scientifique dans le monde moderne. Il y a ceux qui ont de la chance et qui se lancent dans des directions fécondes, alors que les voisins, sans s'en douter, se jettent dans une impasse. Le destin de nombreuses cultures a dû se jouer sur des hasards de cette espèce.

J.-M. O.: Vous évoquiez à l'instant l'impression d'étrangeté que nous cause la cérémonie de l'ours. Cette impression redouble devant les formes rituelles du cannibalisme tupinamba, telles que les rapportent les voyageurs anciens[24]. Là aussi, ce n'est pas la singularité de la structure qui surprend, c'est plutôt le fait de retrouver dans le cannibalisme une structure extrêmement familière, celle-là même dont nous ne cessons de parler.

Les futures victimes — des prisonniers de guerre — sont intégrées à la communauté ; ils y travaillent, ils s'y marient, ils ont des enfants. Ils font l'objet d'un traitement double qui est celui du bouc émissaire purgateur et sacré. On les pousse à commettre certaines transgressions ; on les persécute et on les honore ; on les insulte et on les vénère. Finalement ils sont rituellement exécutés et dévorés, tout comme l'ours chez les Aïnous, ou le bétail chez les peuples de pasteurs.

R. G.: Le cannibalisme tupinamba n'est qu'une variante spectaculaire de formes sacrificielles très répandues. En Amérique centrale, par exemple, les futures victimes de certains rites ont le privilège ou l'obligation de commettre certaines transgressions, sexuelles et autres, dans l'intervalle de temps qui sépare leur sélection de leur immolation.

G. L.: Plus nous pénétrons la puissance créatrice du rituel, sur tous les plans, mieux nous comprenons l'insuffisance de toutes les thèses qui ont cours à son sujet et qui subordonnent le religieux à autre chose que lui-même. Si on écarte ces interprétations trompeuses, on doit finir par s'apercevoir que la structure de tous ces rituels est identique à celle de l'institution baptisée par nous «royauté sacrée».

R. G. : Là encore, c'est le délai sacrificiel qui joue le rôle crucial. Si la victime est un homme, le délai sacrificiel peut engendrer le pouvoir politique, tout comme il peut engendrer la domestication si la victime appartient à une espèce animale domesticable. Il se peut aussi qu'aucune évolution spectaculaire ne se produise et c'est ce que nous constatons dans le cas des Aïnous. Cette immobilisation du rituel n'est pas moins révélatrice que l'évolution : elle nous fournit le « contrôle » dont nous avons besoin pour vérifier notre hypothèse.

J.-M. O. : Le sacrifice nous confronte à des traits structurels si constants et si persistants, à l'arrière-plan des institutions qui dérivent de lui, que leur présence, encore centrale ou réduite à une espèce de trace, mérite toujours d'être relevée. Si les tentatives d'interprétation unitaire n'ont jamais abouti jusqu'ici, ce n'est pas parce qu'elles ne peuvent pas aboutir, c'est parce qu'elles n'ont jamais repéré le mécanisme de l'unité.

Si nous reconnaissons ce caractère dérivé de toutes les institutions différenciées, monarchie, sacrifice humain, sacrifice animal, élevage des animaux, cannibalisme, etc., les traits structurels ressortent et on finira bien par comprendre qu'ils ne peuvent relever que d'une volonté, partout présente, de reproduire une réconciliation sacrificielle, partout productrice, à la longue, des institutions culturelles de l'humanité.

Avec la domestication des animaux, nous remontons vers des institutions très anciennes. Peut-on remonter plus haut encore vers les origines mêmes de l'espèce humaine ?

R. G. : Avant la domestication, à une époque où l'homme n'est peut-être pas encore un homme, il y a déjà la chasse. Dans les sociétés primitives, la chasse a un caractère invariablement rituel. Ici encore, la plupart des interprètes, implicitement ou explicitement, tiennent ce caractère rituel pour une comédie vide de sens, sans s'inquiéter du fait qu'il constitue l'unique invariant de techniques infiniment diverses mais qui n'en entretiennent pas moins avec les aspects rituels un rapport trop étroit, trop intime, pour que l'élément religieux soit dans l'affaire cet intrus, cet usurpateur que nous voyons toujours en lui, même si nous nous défendons de le minimiser.

Les spécialistes nous apprennent que l'appareil digestif de l'homme est toujours resté celui de l'omnivore à dominante végétarienne qui l'a précédé dans l'évolution des espèces. L'homme n'est pas naturellement carnivore et ce n'est pas sur la base de la chasse animale qu'il faut concevoir la chasse humaine.

Pour comprendre l'impulsion qui a pu lancer les hommes à la poursuite des animaux les plus volumineux et les plus redoutables, pour que se crée le type d'organisation que les chasses préhistoriques nécessitaient, il faut et il suffit d'admettre que la chasse, elle aussi, est d'abord une activité sacrificielle. Le gibier est perçu comme un remplaçant de la victime originaire, monstrueuse et sacréc. C'est à la poursuite d'une victime réconciliatrice que les hommes se lancent dans la chasse. Le caractère rituel de la chasse rend aussitôt concevable une activité aux techniques complexes et qui réclament la coordination de nombreux individus[25].

De nos jours encore, la nature religieuse de la chasse, la distribution rituelle des rôles, le caractère sacrificiel de la victime suggèrent cette origine. Et les témoignages préhistoriques que nous possédons la suggèrent aussi, des grandes peintures magdaléniennes aux arrangements géométriques d'ossements, de crânes d'animaux et d'hommes, qu'on trouve en certains endroits. De cette origine rituelle témoignent également les mythes de la chasse, tous les récits où les rôles du gibier et du chasseur peuvent s'échanger, mais où c'est toujours sur un meurtre collectif que tout pivote. Le dénominateur commun n'est pas dans les techniques ou les espèces chassées mais dans le meurtre collectif, attribué aux hommes ou aux animaux, d'où surgissent ces techniques.

J.-M. O. : Le dynamisme de ce processus culturel est quelque chose d'essentiel ; il faudrait essayer de le préciser encore sur d'autres exemples.

R. G. : Les seuls exemples possibles à ce stade sont d'autres coutumes forcément très anciennes, celles qui distinguent essentiellement l'humanité de l'animalité, nous dit-on de toutes parts, les interdits de l'inceste.

Nous savons désormais que ce n'est pas en fonction de la famille nucléaire et des interdits de l'inceste *tels que nous les concevons nous-mêmes* qu'il faut penser les coutumes sexuelles de l'humanité. Mais ce n'est pas non plus à partir des règles positives de l'échange, comme l'affirme Lévi-Strauss dans *les Structures élémentaires de la parenté*[26]. Pour décider un animal à renoncer complètement aux femelles les plus proches et les plus disponibles, il a fallu, de toute évidence, autre chose que le désir de la règle, c'est-à-dire la volonté de jouer au structuralisme. Ce qui est bon pour les ethnologues n'est pas forcément suffisant pour les primates en voie d'hominisation.

C'est Freud, chose étrange, avec son génie habituel de l'observation, qui définit le vrai domaine de l'interdit dans les sociétés primitives. Il constate que ce sont les femmes produites par le groupe qu'il est défendu d'épouser ; ce sont donc les plus accessibles, celles qui sont constamment « sous la main », si l'on peut dire, à la disposition de tous les mâles du groupe[27].

Si Freud suivait les conséquences de cette observation jusqu'au bout, il verrait qu'elle détruit toutes les hypothèses jamais proposées pour expliquer les coutumes sexuelles de l'humanité, y compris l'hypothèse psychanalytique.

Pour interpréter correctement cette observation, il faut la rapprocher de ces interdits alimentaires qu'on trouve dans certaines sociétés dites « totémiques », en Australie par exemple. Les groupes de cohabitation ont un aliment particulier qu'ils s'interdisent de consommer, en dehors de certaines occasions rituelles[28]. Cet aliment totémique est plus ou moins identifié à une «divinité» ou à un principe sacré.

J.-M. O. : Dès que vous citez une coutume primitive, bien sûr, vous aurez aussitôt des gens pour vous citer la coutume contraire. Ils vous diront que l'interdit de consommer l'aliment totémique est une chose douteuse. Dans bien des cas, semble-t-il, il ne s'agit pas d'une abstention complète ; à certaines occasions, on consomme le totem. On cite aussi des exemples où le totem est habituellement consommé mais en petites quantités, avec «modération». Finalement on se trouve devant une masse d'indications si hétérogènes qu'on ne peut pas en tirer la moindre conclusion sans s'exposer aussitôt à la contradiction.

R. G. : Notre thèse s'accommode parfaitement de cette situation. L'interdiction complète se laisse concevoir, puisque le totem est lié au sacré, mais l'interdiction adoucie n'a rien, elle non plus, pour nous étonner. L'idée, en particulier, qu'on peut consommer l'aliment sacré mais qu'il ne faut pas en abuser pourrait bien relever d'une intelligence de l'interdiction plus aiguë que celle des ethnologues. Le souci de modération signifie simplement qu'il faut éviter autour du totem, et à son propos, les conduites trop avides et agressives qui ramèneraient le conflit mimétique. Si vous prenez une à une toutes les attitudes rapportées par les ethnologues vis-à-vis des interdictions alimentaires de type «totémique», y compris les transgressions rituelles, vous constaterez que non seulement elles se laissent toutes interpréter à partir de notre hypothèse — y compris, bien entendu, l'effacement complet — mais qu'elles forment à elles toutes une configuration structurelle dont seule cette hypothèse peut expliquer la nature.

Le paradoxe de l'affaire, c'est que les subdivisions qui s'abstiennent en temps normal de consommer leur aliment totémique ou le consomment plus modérément ont pourtant avec lui des contacts plus intimes et plus constants que toutes les autres subdivisions. Chaque subdivision est en quelque sorte « spécialisée » dans la production et la manipulation de son totem ; elle s'en voit réserver la chasse, ou la cueillette suivant les cas. Mais c'est au bénéfice des autres groupes que s'exercent ces activités, en règle générale. Chaque groupe remet le produit de son travail à la collectivité et reçoit en échange des aliments que les autres groupes s'abstiennent de consommer parce que ce sont eux qui les produisent et qui les manipulent.

Si on compare ces interdits alimentaires aux interdits de l'inceste, on s'aperçoit qu'ils fonctionnent de la même manière exactement. Dans un cas comme dans l'autre, en effet, l'interdit porte non sur les objets rares, lointains, inaccessibles, mais sur les objets les plus proches et les plus abondants, du fait même que le groupe exerce sur leur production une espèce de monopole.

Tout est identique dans ces interdits alimentaires et sexuels. Seul l'objet est différent. Il y a donc lieu de penser que ce n'est pas à partir de l'objet, sexuel ou alimentaire, qu'il faut penser la règle ; toute interprétation qui partira de l'objet, qui définira l'humain à partir de l'objet, sexuel ou économique, la psychanalyse, par exemple, ou le marxisme, ne peut pas être juste ; elle s'enracine forcément dans un mauvais découpage du fait culturel ; elle laisse tomber comme inessentiels des phénomènes parfaitement homologues à ceux qu'elle élit arbitrairement comme essentiels.

Le structuralisme lévi-straussien fait place nette de toutes ces fausses priorités objectales ; il prépare la solution de l'énigme mais il ne peut pas lui-même la résoudre. Il est trop fasciné par sa découverte propre, par les homologies structurelles qu'il repère et il s'imagine qu'elles se suffisent à elles-mêmes, qu'elles sont à elles-mêmes leur propre explication.

Si différent que le structuralisme soit du fonctionalisme, il succombe, en dernière analyse, au même type d'erreur ; il prend l'énoncé du problème pour sa résolution. Pour comprendre que les structures de l'échange ne sont pas auto-explicatives, il faut les situer dans le contexte le plus radical, qui est le nôtre désormais, et c'est le contexte de l'animalité.

Les animaux ne renoncent jamais à satisfaire leurs besoins sexuels ou alimentaires *à l'intérieur* de leur groupe ; les animaux dominés doivent se contenter des femelles que leur abandonnent les animaux dominants, ou même s'abstenir d'activité sexuelle. Il peut arriver que les mâles frustrés essaient de s'imposer dans un autre groupe mais jamais aucun système exogamique ne s'instaure ; jamais les animaux ne renoncent à satisfaire leurs appétits et leurs besoins *au plus près*, jamais ils ne vont chercher au loin ce qu'ils peuvent trouver sur place ou dans le voisinage immédiat ; jamais ils ne renoncent à l'objet le plus disponible.

Pour que ce renoncement devienne universel, dans l'humanité, il faut qu'une force littéralement prodigieuse ait opéré et ce ne peut pas être la passion freudienne de l'inceste qui présuppose la règle, pas plus que la passion lévi-straussienne pour le structuralisme qui la présuppose également. Lévi-Strauss, lui aussi, transforme la chose à expliquer en principe d'explication mais il reconnaît, avec Mauss avant lui, et aussi avec Hocart, que le principe de l'échange opère dans tous les domaines et pas seulement dans la sexualité et dans l'économie.

J.-M. O. : Qu'est-ce qui a pu pousser l'animal en voie d'hominisation à différer comme il le fait la satisfaction de ses besoins, à la reporter des objets les plus proches sur des objets plus éloignés et apparemment moins accessibles ?

Ce ne peut être que la peur, la peur des rivalités mimétiques, la peur de retomber dans la violence interminable.

R. G. : Bien entendu. Mais si les membres du groupe avaient simplement peur les uns des autres, ils finiraient tous, une fois de plus, par s'entre-tuer. Il faut que les violences passées soient en quelque sorte incarnées dans la victime réconciliatrice ; il faut déjà une espèce de trans-fert collectif qui fasse redouter un retour en force de cette victime, une visitation vengeresse et qui rassemble tout le groupe dans une volonté commune d'empêcher cette expérience horrifiante.

Si les objets interdits sont toujours les plus proches et les plus accessibles, c'est parce qu'ils sont les plus sus-ceptibles de provoquer les rivalités mimétiques entre les membres du groupe. Les objets sacralisés, aliments toté-miques, divinités femelles, sont certainement ceux qui ont déjà causé dans le passé des rivalités mimétiques réelles et qui en ont gardé l'empreinte du sacré. C'est bien pourquoi ils font l'objet de l'interdit le plus strict. Dans le totémisme, certains d'entre eux sont complète-ment assimilés à la victime émissaire.

Hocart constate qu'à la limite, il n'y a pas de besoin, il n'y a pas d'appétit qui puisse se satisfaire à l'intérieur du groupe, entre les membres du groupe ; il n'y a pas de fonction vitale qui puisse s'y exercer. Les membres d'un même groupe ne peuvent rien faire les uns pour les autres car ils se sentent perpétuellement menacés par la rivalité mimétique. C'est vrai même des rites funéraires. Dans certaines sociétés, une moitié n'enterre jamais ses propres morts ; il est formellement interdit de participer aux rites funéraires d'un membre de sa propre moitié. Il n'est pas interdit, par contre, d'accomplir les rites funé-raires sur ces étrangers relatifs que sont les membres de l'autre moitié. C'est bien pourquoi les deux moitiés se rendent mutuellement l'une à l'autre le service qu'au-cune ne peut se rendre à elle-même[29].

C'est dans le cas des morts, d'ailleurs, qu'apparaît la faiblesse des théories qui mettent l'accent exclusive-ment sur le don et sur l'échange, comme le font Mauss et Lévi-Strauss. Faut-il dire que les moitiés échangent leurs morts respectifs, pour jouer au jeu de l'échange, comme elles échangent des femmes et des aliments ? Non. De toute évidence, les hommes redoutent leurs propres morts encore plus que les morts des autres et cette peur n'a rien de métaphysique à l'origine. Chaque groupe «produit» ses propres morts et c'est là une activité plus dangereuse encore que la production des femmes ou des biens de consommation. C'est bien pourquoi, dans de nombreuses sociétés, on rejette toujours la responsabilité de la mort sur un autre groupe ou sur un membre de ce groupe. C'est ce rejet sur l'autre groupe qui explique, d'ailleurs, l'existence des échanges funéraires et le problème ne fait qu'un, bien entendu, avec celui du caractère rituel des funérailles et de toutes les institutions humaines.

Les interdits paralysent les groupes de cohabitation ; s'il n'y avait qu'eux ces groupes périraient d'inanition. Mais il y a aussi l'impératif rituel qui pousse les membres de ces mêmes groupes vers le dehors, à la recherche des victimes. Et c'est à partir des rites sacrificiels que se constituent les bases de la culture humaine, en particulier les modes de l'échange matrimonial, les premiers échanges économiques, etc.

J.-M. O. : Je vous arrête. Si la victime émissaire est un membre de la communauté, comment la volonté de reproduire son meurtre pourrait-elle orienter le groupe vers l'extérieur et l'inciter à entrer en rapport avec d'autres groupes ? Si on veut refaire toutes choses exactement comme elles se sont passées la première fois, pourquoi ne pas chercher les victimes de remplacement à l'intérieur du groupe ?

R. G. : Le comportement des hommes est déterminé non par ce qui s'est réellement passé mais par l'interprétation de ce qui s'est passé. Et c'est le double transfert qui dicte cette interprétation. Il fait apparaître la victime comme radicalement autre et transcendante à la communauté. La communauté appartient à la victime mais la victime n'appartient pas à la communauté. En règle générale, donc, la victime va apparaître comme plus extérieure qu'intérieure ; c'est bien ce qu'exprime dans de nombreux mythes l'idée que cette victime est un visiteur venu d'un monde inconnu[30]. Même si la victime ne fait pas figure d'étrangère, elle apparaît toujours comme venant ou revenant du dehors et surtout y retournant au moment où elle se fait chasser de la communauté.

Le fait que les victimes sacrificielles, même quand elles sont humaines, soient choisies à l'extérieur de la communauté, suggère que cette interprétation qui décentre et extériorise la victime par rapport à la communauté, tout en faisant d'elle par ailleurs le centre et l'origine de cette communauté, a dû prévaloir tout au long de l'histoire humaine, y compris aux stades les plus rudimentaires de la symbolisation victimaire. Il est donc raisonnable de penser que l'impulsion rituelle, la recherche des victimes oriente les groupes vers le dehors au moment même où l'impulsion de l'interdit rend toute interaction vitale impossible entre les membres du groupe. On peut donc imaginer que, sous l'influence de ces deux impulsions qui émanent l'une et l'autre, il ne faut jamais l'oublier, d'un seul et même mécanisme, celui de la suggestion victimaire, un nouveau type d'interaction sociale peut advenir entre des groupes originairement séparés, ou entre des groupes récemment séparés par la crise mimétique elle-même, et ce nouveau type d'interaction, qui va se présenter comme une série d'échanges différés et symbolisés par le jeu sacrificiel, c'est-à-dire par le jeu de la crise mimétique et de la victime, va se substituer aux interactions immédiates de la vie animale.

On s'explique alors que, dans toutes les cultures primitives, toutes les institutions, funérailles, mariage, chasse, élevage, rites de passage, etc., se présentent structurellement comme une « crise mimétique » au terme de laquelle une victime est sacrifiée.

Au premier abord il semble impensable que toutes les institutions humaines puissent sortir d'une pratique aussi négative et destructrice. Il s'agit toujours, en fin de compte, d'immoler une victime. Mais il n'y a finalement qu'un petit nombre de victimes et, avant leur sacrifice, un grand nombre de partenaires avec qui il est permis de rejouer la crise, c'est-à-dire de se livrer à toutes les activités sexuelles, alimentaires et funéraires qui sont interdites avec les membres du groupe.

Dans beaucoup de cultures primitives, les échanges

fondamentaux sont non seulement accompagnés de sacrifices mais ils restent marqués par l'hostilité rituelle de la crise mimétique. C'est d'ailleurs ce que remarque Mauss sans pouvoir l'expliquer dans son *Essai sur le don*[31]. Dans beaucoup de cultures sud-américaines, le mot qui désigne le beau-frère signifie également l'adversaire rituel, le frère ennemi et la victime sacrificielle du repas anthropophagique[32].

Dans la plupart des cas, une fois que le système d'échange s'est consolidé, l'aspect utilitaire de l'institution domine, l'hostilité rituelle et le sacrifice, une fois de plus, sont repoussés sur les marges et même disparaissent. C'est le processus que nous avons observé dans toutes nos analyses. Il peut toutefois arriver que la violence originelle subsiste intacte et qu'elle aboutisse à des institutions comme les guerres rituelles, les rites des chasseurs de têtes, ou les formes de cannibalisme qui reposent sur des captures de prisonniers toujours plus ou moins équilibrées des deux côtés et très analogues à des échanges.

Si on examine ce type d'institutions, on s'aperçoit que c'est la même structure au fond que dans le mariage ou les échanges commerciaux accompagnés de sacrifice, à ceci près qu'ici c'est la dimension destructrice et violente qui prend le dessus, à nos yeux tout au moins. Comme d'habitude, les ethnologues sont trop liés par notre conception rationnelle des institutions « utiles » pour tirer des homologies structurelles les conclusions radicales que visiblement elles appellent.

Qu'il s'agisse de guerriers tués alternativement par un parti ou par l'autre, de prisonniers capturés, ou de femmes « échangées », il n'y a guère de différence entre les institutions où on s'entend pour mieux se battre, c'est-à-dire où on se ménage de part et d'autre pour ne pas se priver d'ennemis rituels, et les institutions où on se bat pour mieux s'entendre, c'est-à-dire pour échanger les femmes ou les biens qu'on ne peut pas garder pour soi. Dans le premier cas, c'est la fonction « cathartique » qui domine et dans le second la fonction « économique », mais ces deux fonctions ne sont pas vraiment

108

distinctes; ce ne sont jamais que des rationalisations *a posteriori* par des observateurs qui ne voient pas l'origine commune de toutes les institutions dans la reproduction d'une violence fondatrice.

F. La mort et les funérailles

R. G. : Que toutes les oppositions significatives puissent s'élaborer en fonction du processus victimaire, et comme interprétation de ce processus lui-même, toujours centré sur la victime, voilà qui paraît incroyable au premier abord, mais l'analyse confirme que c'est possible et même que c'est la seule conception vraisemblable, la seule qui rende compréhensibles certaines conduites très spécifiquement humaines restées jusqu'à ce jour parfaitement énigmatiques, le traitement réservé aux morts, par exemple, le fait que, dès qu'il existe quelque chose comme une humanité, semble-t-il, il y ait vis-à-vis des morts ce comportement étrange que nous qualifions de funéraire, ce refus de voir dans la mort ce que le naturalisme y voit, la cessation de la vie, et dans le cadavre, une espèce d'objet définitivement brisé, inutilisable, un simple rebut. Loin d'être « innée », cette conception naturaliste est d'élaboration relativement récente, inconnue à la majeure partie de l'humanité.

Pour la pensée moderne la conception religieuse de la mort est une sublimation, une idéalisation d'une attitude devant la mort qui serait seule « naturelle », la nôtre, bien entendu, et qui préexisterait à toutes les autres, la conception naturaliste et fonctionnelle de la vie et de la mort. Cette conception ne rend pas compte de l'universalité et de la nature rituelle des funérailles. Pour en rendre compte, il faut et il suffit d'admettre que toute mort s'interprète à partir du processus victimaire; il n'y a pas de mort qui ne soit étroitement unie à la vie.

Dans un article sur le deuil, Freud, comme d'habitude, passe tout près d'une vérité qui pourtant lui échappe complètement. Il voit les vertus réconciliatrices de toute mort mais il ne voit pas que cette réconciliation à un certain niveau, pour la société, ne fait qu'un avec la vie. Il se croit obligé de *supposer* à ses intuitions la conception naturaliste de la mort, de la tenir pour préexistante à toutes les autres ; il suffit d'éliminer cette supposition, ce postulat gratuit, sous-jacent à l'édifice du deuil, il suffit de radicaliser l'intuition freudienne pour comprendre que le deuil réconciliateur, le deuil qui revivifie toute chose et rend sa vigueur à toute activité culturelle, c'est l'essentiel de la culture humaine ; le mécanisme de réconciliation mimétique, contre la victime émissaire et autour d'elle, n'est que la forme la plus élémentaire et la plus efficace d'un processus dont Freud, avec son merveilleux génie d'observation, repère autour de lui les manifestations parfois les plus subtiles, dont il appréhende les échos les plus intimes, mais sans parvenir à effectuer la révolution « copernicienne » qui réorganiserait vraiment sa pensée autour de ces intuitions essentielles.

La preuve que les hommes identifient tous les morts à la victime réconciliatrice et à la puissance sacrée, c'est ce qu'on appelle *le culte des morts* qui lui, contrairement à la mort naturaliste, paraît vraiment sous-jacent à toutes les autres formes de religieux.

Si c'est à partir du mécanisme victimaire que les hommes non seulement engendrent toutes leurs institutions mais aussi découvrent toutes leurs « idées », il est bien évident que l'attitude devant la mort n'est pas du tout dictée par une volonté inconsciente de refouler un savoir naturaliste de la mort que les primitifs « au fond d'eux-mêmes » n'ignoreraient pas mais qu'ils n'auraient pas le courage et l'audace, à nous réservés, de confronter directement. Seul l'ethnocentrisme, ou peut-être le moderno-centrisme le plus naïf peut concevoir les choses ainsi.

En réalité, pour les hommes, la découverte de ce que nous appelons la mort et la découverte de ce que nous appelons la vie ne doivent faire qu'une seule et même chose car c'est à partir du processus victimaire, une fois de plus, que ces « concepts » se révèlent à l'homme ; il suffit de réfléchir aux données de ce processus et à la méconnaissance nécessaire dont il fait l'objet, pour comprendre que cette conjonction du plus mort et du plus vivant ne constitue pas plus la « confusion » de deux idées que l'intuition géniale de quelque esprit absolu.

Au moment où la violence s'interrompt, où la paix s'établit, la communauté a son attention fixée sur cette victime qu'elle vient de tuer ; elle découvre le premier cadavre, en somme. Mais comment le découvrirait-elle au sens qui est le nôtre, au sens de la mort naturaliste, puisque ce cadavre signifie pour cette communauté entière le retour à la paix, l'avènement de toute possibilité culturelle, c'est-à-dire, pour les hommes, toute possibilité de vie. C'est aux vertus réconciliatrices de la victime émissaire qu'il faut attribuer, chez les hommes, la découverte conjointe, sur le même cadavre, de tout ce qui peut se nommer mort et de tout ce qui peut se nommer vie. La mort se manifeste d'abord comme un formidable influx de vie. Pour comprendre la conception religieuse de la mort, il suffit d'admettre qu'elle constitue l'extension à tous les membres de la communauté, quand il leur arrive de mourir, pour une raison ou une autre, de l'ensemble dynamique et signifiant constitué à partir de la victime émissaire.

L'homme est bien, comme l'affirme Malraux, le seul animal qui sache qu'il doit mourir. Mais ce savoir ne peut pas se présenter à lui sous la forme irrémédiable et matérialiste qu'il prend le plus souvent pour nous. S'il en était ainsi, jamais l'humanité en gestation n'aurait résisté à la puissance désagrégatrice de ce savoir. L'idée que les vérités insupportables suffisent à elles seules pour susciter les constructions culturelles qui les masquent est des plus suspectes, ou plutôt c'est là de la philosophie, c'est-à-dire un succédané de sacré qui recommence, une fois de plus, à traiter la mort comme si elle était productrice de vie, autrement dit, une fois de plus, sournoisement, à la diviniser.

Tout ce qui voit dans le religieux un après-coup, une simple reprise de quelque chose de surajouté, de superposé à des données de base toujours identiques à notre propre conscience, tout ce qui fait du religieux une sublimation et une idéalisation, en le subordonnant logiquement et chronologiquement à des conceptions modernes

111

doit être abandonné. La supériorité de notre thèse consiste précisément en ce qu'elle permet de renoncer à ces falsifications grossières du religieux ; elle donne une réalité concrète, elle informe jusque dans les moindres détails, la plus grande intuition anthropologique de notre temps, l'intuition de Durkheim sur l'identité du social et du religieux, intuition qui doit signifier en fin de compte l'antériorité chronologique de l'expression religieuse sur toute conception sociologique. Ce qui est créateur, ce qui est fécond sur le plan culturel, ce n'est pas la conscience naturaliste de la mort, le désir que j'ai de fuir la croyance en cette mort naturaliste qui désormais m'habite (cette croyance ne produit que les caricatures macabres dont nous sommes entourés), c'est la révélation de la mort comme sacrée, c'est-à-dire comme puissance infinie, plus bienveillante en fin de compte que redoutable, plus adorable que terrifiante.

Si l'idée de la mort pénètre à partir des victimes sacralisées, s'il n'y a pas de dieu derrière lequel, en dernière analyse, il n'y ait un mort, on comprend qu'il y ait des sociétés où il n'y a pas de mort qui ne soit un dieu. Freud nous montre que les fondements de cette métamorphose perpétuelle restent présents parmi nous ; il n'y a pas de mort qui ne suscite un deuil unificateur, il n'y a pas de mort, en société, qui ne devienne ressource majeure de la vie.

Dans les rites funéraires, le moment de la terreur existe, bien sûr, et il correspond au processus de corruption charnelle, mais celui-ci est rapporté non à un processus physico-chimique mais à la crise mimétique ; ce moment n'est donc jamais qu'une préparation à la réconciliation sacrificielle et au retour à la vie ; c'est bien pourquoi il doit figurer dans les funérailles qui reproduisent, bien entendu, le schéma de tous les autres rites.

G. L. : Le mort et le vif se saisissent l'un et l'autre interminablement ; on peut concevoir ici, sur fond d'animalité, ce qui précède leur différenciation.

R. G. : Il n'est pas question d'abandonner ce cadavre talisman, porteur de vie et de fécondité ; c'est toujours comme *tombeau* que s'élabore la culture. Le tombeau, ce n'est jamais que le premier monument humain à s'élever autour de la victime émissaire, la première couche des significations, la plus élémentaire, la plus fondamentale. Pas de culture sans tombeau, pas de tombeau sans culture ; à la limite le tombeau c'est le premier et le seul symbole culturel[33].

J.-M. O. : Nous voyons bien les rites funéraires comme première ébauche et modèle de toute culture subséquente. Tout s'édifie sur la mort à la fois transfigurée, sacralisée et dissimulée. Nous voyons comment, à partir du mécanisme victimaire et des premières ébauches de sacralisation qui tendent à s'étendre à tous les morts de la communauté, l'indifférence animale vis-à-vis du cadavre fera place à l'attention fascinée, amenant les hommes à traiter tous leurs cadavres non pas tant comme des vivants que comme des êtres transcendants à la vie et à la mort, tout-puissants sur eux pour le mal comme pour le bien, soit donc à les consommer rituellement, pour absorber leur puissance, soit à les traiter morts comme s'ils étaient vivants ou en attente d'une autre vie, et leur donner une demeure correspondant à l'idée qu'on se fait d'eux.

Nous voyons bien comment ces temples, ces forteresses, ces palais dans les fondations desquels on enterrait des victimes pour leur assurer longue vie ne sont jamais que des tombeaux transfigurés, mais pouvez-vous vraiment montrer que la culture humaine entière sort des victimes sacralisées ? N'est-ce pas là une tâche interminable, impossible ?

CHAPITRE III

LE PROCESSUS D'HOMINISATION

A. Position du problème

J.-M. O. : Nous sommes amenés à nous demander jusqu'où dans le passé humain ou pré-humain il faut faire remonter le mécanisme de la victime émissaire. Si ce mécanisme fonde tout ce qu'il y a d'humain dans l'homme, s'il faut lui rapporter même les institutions les plus anciennes de l'humanité, comme la chasse et les interdits de l'inceste, c'est déjà du processus d'hominisation qu'il s'agit, c'est-à-dire du passage de l'animal à l'homme [34].

R. G. : C'est vers cette question, en effet, que nous nous dirigeons. Pour la poser comme il convient, il faut d'abord évoquer la façon dont on la traite de nos jours. Ou bien on la résout de façon purement verbale, en invoquant sans cesse des mots qui finissent par ne plus rien signifier, à force de trop signifier, la «culture» par exemple et, bien entendu, l'«évolution», ou bien on essaie de concevoir le passage de l'animal à l'homme de façon concrète et on se trouve devant une série de contradictions insolubles; toutes les questions débouchent sur des impasses.

Le cerveau de l'enfant humain est déjà si volumineux, à la naissance, que l'accouchement serait impossible chez la femelle de l'homme, sans un élargissement du pelvis, absent chez les autres primates. Le cerveau humain est celui, d'autre part, dont la croissance postnatale est la plus considérable. Pour permettre cette croissance, il faut que l'ossature du crâne, chez l'enfant, ne se referme complètement que bien après la naissance. L'enfant humain est plus vulnérable et impotent que la progéniture des autres mammifères et il l'est pendant une période de temps extrêmement longue, plus longue relativement que tout ce qu'on trouve dans le règne animal.

G. L. : Cette naissance prématurée, cette « néoténie » de l'enfant humain est un facteur d'adaptation ; c'est elle, sans doute, qui, en permettant cette croissance postnatale du cerveau assure à l'intelligence humaine non seulement sa puissance mais son extraordinaire souplesse. Au lieu de rester voués à des montages instinctuels, nous sommes aptes aux apprentissages culturels les plus divers. Tout ceci représente pour l'homme une supériorité sur les autres espèces.

R. G. : Très certainement. Cette supériorité est indubitable une fois que le système est en place mais on ne voit pas du tout comment cette mise en place a pu s'effectuer. Pour protéger une enfance aussi longuement vulnérable que celle de l'homme, il faut des adaptations du comportement, non seulement chez la femelle qui doit nourrir cet enfant, parfois pendant des années, et le transporter quand elle se déplace, mais aussi chez le mâle. Ceci reste vrai, même si on traite de mystificatrices certaines images idylliques du couple préhistorique. La longue présence de l'enfant auprès de la femelle fait nécessairement de lui un obstacle dans les rapports du mâle avec celle-ci, une gêne mineure peut-être, mais réelle.

Dans de nombreuses espèces, si une rencontre entre le mâle et les enfants se produit, les enfants se font exterminer. Dans la vie animale, le plus souvent, la dépendance enfantine est si courte et les périodes d'œstrus sont réparties de telle façon que les interférences entre la fonction maternelle et la fonction sexuelle sont inexistantes ou réduites au minimum.

G. L. : Chez les singes anthropoïdes, déjà, la dépendance de l'enfant est beaucoup plus longue.

R. G. : C'est vrai mais elle est quand même moins longue que chez l'homme, et l'excitation sexuelle n'est peut-être pas permanente. Ces animaux, d'autre part, sont de paisibles omnivores analogues, semble-t-il, sous bien des rapports, à ceux qui nous précèdent dans l'histoire de l'évolution. Très vite, par contre, pendant le processus d'hominisation, nos ancêtres sont devenus carnivores et chasseurs. Au paroxysme de la chasse, de fortes décharges d'adrénaline sont nécessaires et elles peuvent se produire aussi à d'autres moments, au sein du groupe familial par exemple, sous l'effet d'une contrariété quelconque.

Pour reconnaître le problème que constitue le contrôle de la violence, il faut penser également à cette activité étrange que nous appelons la guerre et qui a dû faire, elle aussi, une apparition assez précoce, en compagnie du cannibalisme, dans les groupes humains ou pré-humains. La guerre primitive se déroule de toute évidence entre des groupes très voisins, c'est-à-dire entre des hommes que rien d'objectif ne distingue sur le plan de la race, du langage, des habitudes culturelles. Entre le dehors ennemi et le dedans ami, il n'y a pas de différence réelle et on voit mal comment des montages instinctuels pourraient rendre compte de la différence dans le comportement.

J.-M. O. : La preuve que cette différence n'est pas instinctuelle c'est qu'elle peut s'abolir. Le meurtre intra-familial existe. Il n'est pas assez fréquent pour compromettre l'institution de la famille, trop fréquent, cependant, pour qu'on puisse traiter l'absence de violence au sein des groupes sociaux chez l'homme comme s'il s'agissait d'un instinct.

R. G. : Il est important de constater que loin d'être naturellement centrifuge, la rage, une fois qu'on s'abandonne à elle, est centripète. Plus elle s'exaspère, plus elle tend à s'orienter vers les êtres les plus proches et les plus chers, ceux qui sont le mieux protégés en temps ordinaire par la règle de non-violence. Cette tendance

rage

centripète n'est pas quelque chose qu'on puisse traiter à la légère. Certains chercheurs voient bien l'énormité du problème qui se pose ici. Sherwood L. Washburn, par exemple, voit bien qu'il a fallu maîtriser la rage mais il ne nous dit pas pourquoi et comment la rage a été effectivement maîtrisée.

One of the essential conditions for the organization of men in cooperative societies was the suppression of rage and of the uncontrolled drive for first place in the hierarchy of dominance[35].

J.-M. O. : Ce que vous constatez, en somme, c'est que les meilleurs travaux sur l'hominisation voient le problème mais n'ont pas découvert le moyen de le résoudre. Les éthologues parlent d'instinct pour des choses si opposées les unes aux autres que le mot ne veut plus rien dire et les ethnologues prennent les interdits comme un donné qui n'a pas besoin d'être expliqué. C'est ce que fait Freud lui-même quand il rapporte les interdits au désir refoulé, c'est-à-dire à l'interdit déjà. Dès qu'on situe le problème sur fond d'animalité, certaines intuitions géniales de Freud ressortent mais la théorie psychanalytique fait piètre figure.

R. G. : Freud ne voit pas que le contrôle des rapports sexuels s'inscrit dans la question plus fondamentale encore de la violence. Pour comprendre à quel point cette question est fondamentale, il suffit d'en évoquer un aspect tout à fait élémentaire mais indubitable qui est l'utilisation de la pierre et des armes. Longtemps avant l'apparition de l'*homo sapiens*, la réduction des canines aux dimensions actuelles suggère que les pierres ont remplacé la dentition dans la plupart de leurs usages, y compris les combats intraspécifiques[36].

Si les animaux peuvent rivaliser et combattre sans aller jusqu'à la mort, c'est à cause d'inhibitions instinctuelles qui assurent le contrôle des armes *naturelles*, les griffes et les dents. On ne peut pas croire que ce type de contrôle s'étend automatiquement aux pierres et aux

117

autres armes artificielles le jour où les hominiens commencent à les utiliser. Les violences que les filtres de l'inhibition n'arrêteront pas parce qu'elles sont sans danger entre des adversaires désarmés vont devenir fatales à partir du moment où les adversaires sont armés de cailloux.

Si, au lieu de se jeter des branchages comme ils le font parfois, les chimpanzés apprenaient à se jeter des pierres, leur vie sociale serait bouleversée. Ou bien l'espèce disparaîtrait, ou bien comme l'humanité il lui faudrait se donner des interdits. Mais comment fait-on pour se donner des interdits ?

G. L. : Certains voient dans la sexualité permanente la clef de l'ordre humain, l'appât qui retient le mâle en permanence auprès de la femelle et qui « cimente l'union du couple ».

R. G. : Rien ne suggère que la sexualité prise en elle-même ait ce pouvoir. Chez les mammifères, les périodes d'excitation sexuelle sont marquées par des rivalités entre mâles. Le groupe animal est alors particulièrement vulnérable aux menaces extérieures. Il n'y a pas de raison pour voir dans la sexualité permanente un facteur d'ordre plutôt que de désordre.

J.-M. O. : Si on récapitule les données présentes à l'origine de la culture humaine, on s'aperçoit qu'elles sont toujours susceptibles d'assurer la destruction des systèmes préexistants, jamais la moindre création nouvelle. C'est le cas de la pierre et des armes, c'est le cas de l'aptitude accrue à l'action violente, nécessitée par la chasse et par la guerre, c'est le cas de l'enfance toujours allongée et fragilisée. Si on le décompose en éléments analysables, le processus d'hominisation se révèle entièrement constitué de phénomènes dont chacun, à lui seul, devrait suffire à le faire échouer. Il faut que ces impossibilités, d'une façon ou d'une autre, se soient transformées en ressources, ce sont elles, par une « mystérieuse alchimie », qui ont suscité des formes culturelles et des processus biologiques de plus en plus humanisés.

Au moment où la propension à la rage est systématiquement cultivée et développée au-dehors, par un animal qui s'arme de pierres et d'outils, il faut que cette même rage à l'intérieur soit de mieux en mieux maîtrisée par ce même animal confronté par des tâches familiales et sociales toujours plus délicates et absorbantes. Les inhibitions instinctuelles ne peuvent pas rendre compte de cette double évolution en sens contraire. Pour canaliser la rage vers l'extérieur, il faut toute une organisation culturelle analogue déjà à celles que nous voyons encore autour de nous.

R. G. : C'est bien ce que comprennent les chercheurs et ils invoquent tous la « culture » pour expliquer ces remarquables transformations. À constater que la « culture » a résolu tous les problèmes on ne risque guère de se tromper. La culture n'est ici qu'un mot d'emploi inévitable, certes, mais qui situe le problème beaucoup plus qu'il ne le résout.

Les chercheurs ne voient absolument pas en quoi consistent les processus « culturels », comment ils s'enclenchent sur les processus « naturels » et comment ils réagissent sur ceux-ci pour engendrer des formes de plus en plus humanisées. Nous voyons bien que les paliers d'évolution biologique sont trop rapides pour ne pas impliquer des éléments culturels mais nous ne voyons absolument pas en quoi consiste cette implication réciproque. Tout le monde est d'accord, je pense, aujourd'hui pour reconnaître que le volume du cerveau s'accroît beaucoup trop vite pour les processus normaux de l'évolution biologique.

La science actuelle est si désarmée devant ces problèmes qu'elle s'est habituée à en traiter l'énoncé même comme s'il s'agissait d'une solution. C'est là ce qui donne cet aspect irréel, ce style de conte de fées à tant de descriptions qui se voudraient scientifiques. Le triomphalisme évolutionniste s'oppose au triomphalisme créationniste et religieux mais les mécanismes intellectuels n'ont guère changé. Ce genre d'exercice a fini par rebuter les ethnologues et il a contribué à la rupture regrettable entre les recherches sur la culture et les recherches orientées vers la biologie.

Telle la bonne fée des légendes, Dame Évolution surmonte tous les obstacles avec une aisance telle et de façon si prévisible que notre intérêt faiblit. Au moindre coup de sa baguette, même les formes culturelles les plus éloignées de la vie animale, les institutions symboliques, se présentent à l'appel et défilent devant nous comme de braves petits soldats de plomb. De même que le crabe a besoin de sa pince ou la chauve-souris de ses ailes et Dame Évolution, toujours bienveillante, les leur fournit, l'homme a besoin de la « culture » et c'est elle qu'il reçoit de cette nouvelle Grande Mère universelle, servie sur un plateau d'argent.

Dans le cadre même des recherches évolutionnistes, depuis longtemps déjà, les chercheurs essaient de réagir contre ces facilités pour se donner une problématique plus concrète. Weston La Barre proteste, par exemple, contre l'idée fréquemment exprimée que la fragilité même de l'enfant humain doit susciter la formation d'un groupe familial capable de le protéger. Mais c'est pour retomber, malheureusement, dans une espèce de freudisme modifié qui ne vaut guère mieux que ce qu'il vient de condamner :

It is footling to say, as have two recent authors, that « the prolonged helplessness of human infants conduces to the formation of a family group » for this is to suppose that results achieved are the dynamic causes. Besides, just how does helplessness do any conducing ? On the contrary, the existence of a family group based upon identifiable drives is the enabling factor behind the development of prolonged infantile helplessness[37].

B. Éthologie et ethnologie

J.-M. O. : Vous n'avez pas parlé jusqu'ici de la donnée fondamentale de toutes vos analyses, la mimésis d'appropriation.

R. G. : Il n'est pas question de l'oublier. Plus que jamais elle va jouer le rôle fondamental puisque c'est une donnée que les animaux possèdent en commun avec les hommes. La présente hypothèse a ceci de supérieur à la psychanalyse et au marxisme qu'elle élimine toutes les fausses spécificités de l'homme. Si on part des interdits de l'inceste ou du motif économique, ou de l'oppression socio-politique, on ne peut pas vraiment poser le problème de l'hominisation et de l'origine symbolique sur fond d'animalité comme il faut le faire désormais pour renoncer réellement à se donner à l'avance tout ce dont il s'agit de rendre compte. La notion de père n'existe pas chez les singes. Les animaux dominés se laissent mourir de faim plutôt que de disputer leur nourriture aux animaux dominants. Si nous réussissons à penser l'hominisation à partir de la mimésis d'appropriation et des conflits qu'elle engendre, nous échappons à l'objection légitime du cercle vicieux dans la détermination de l'origine, l'objection que fait Lévi-Strauss à *Totem et Tabou*. Et nous transcendons du même coup le conte de fée évolutionniste vers une problématique pour la première fois concrète.

G. L. : À la différence des ethnologues et autres spécialistes de la culture humaine les éthologistes s'intéressent au mimétisme. Ils étudient, par exemple, le rôle de l'imitation dans les conduites spécifiques. On sait aujourd'hui qu'un jeune oiseau ne reproduira jamais de façon exacte le chant de son espèce s'il ne l'a pas entendu chanter correctement par des congénères adultes, à un stade déterminé de son apprentissage.

R. G. : La mimésis est présente dans toutes les formes de la vie, semble-t-il, mais c'est chez les mammifères dits supérieurs, en particulier chez les plus proches parents de l'homme, les singes anthropoïdes, qu'elle se manifeste sous des formes particulièrement spectaculaires. Chez certaines espèces la propension à imiter et ce que nous appelons l'humeur querelleuse, chamailleuse, ne font visiblement qu'une seule et même chose ; c'est à la mimésis d'appropriation qu'on a affaire.

Jamais pourtant les éthologistes ne songent à rapprocher de la question du mimétisme animal celle des rivalités dites de prestige et des rapports de subordination qui en résultent. Ces rapports de subordination, les *dominance patterns* des chercheurs de langue anglaise, jouent un rôle crucial dans les formes de socialité animale.

La notion de prestige, ici, doit être critiquée. Elle se ramène tout simplement au contenu mimétique de la rivalité, au fait que l'objet ne suffit pas à expliquer l'intensité de celle-ci. On peut éliminer l'objet et la rivalité continuera.

Ce qui nous intéresse très directement, c'est le rôle du conflit mimétique dans l'établissement des sociétés animales. L'individu qui cède le premier cédera toujours désormais ; c'est sans combat qu'il abandonnera à son vainqueur la première place, les meilleurs morceaux, les femelles de son choix. Ces rapports peuvent être remis en question mais ils ont généralement une certaine stabilité. C'est bien pourquoi on parle à leur propos de société animale.

J.-M. O. : Entre les éthologistes et les ethnologues structuralistes ou culturalistes, il y a de nos jours une grande querelle. Les premiers insistent sur les ressemblances entre la socialité animale et la socialité humaine ; les seconds ne veulent pas entendre parler des animaux. De quel côté vous situez-vous ?

R. G. : Je crois qu'il y a des intuitions importantes des deux côtés, et aussi des insuffisances. Je pense que notre approche par le mimétisme va nous permettre de réconcilier ces intuitions et d'éliminer les insuffisances.

Parlons d'abord de la contribution éthologique, appréhendée, bien entendu, dans la perspective mimétique. La stabilisation des *dominance patterns* empêche les dissensions au sein du groupe animal ; elle empêche les rivalités mimétiques de se poursuivre interminablement. Les éthologistes ont raison d'affirmer que les *dominance pat-*

terns jouent un rôle analogue à celui de certaines différenciations et subdivisions, parfois hiérarchiques mais pas toujours, dans les sociétés humaines ; il s'agit de canaliser les désirs dans des directions divergentes et de rendre impossible la mimésis d'appropriation.

L'individu unique ou les quelques individus qui dominent le reste de la troupe, chez certains mammifères, occupent fréquemment une position centrale. Ils sont constamment observés et imités par les autres mâles qui se tiennent à la périphérie. C'est dire que l'imitation porte sur toutes les attitudes et comportements des animaux dominants *excepté les comportements d'appropriation.* C'est là un fait qui me paraît d'importance fondamentale et qu'on ne fait pas suffisamment ressortir.

Chassée du domaine où elle suscite la rivalité, l'imitation se renforce dans tous les autres domaines et elle s'oriente sur l'animal le plus puissant, le plus capable d'assurer la protection du groupe, non pas à lui seul mais en tant que chef et modèle de tous les autres ; c'est lui qui détermine l'attitude du groupe, qui donne le signal de l'attaque ou de la fuite, etc. Beaucoup de chercheurs pensent que cette ordonnance assure à la troupe, chez les babouins par exemple, une cohésion et une efficacité qui lui manqueraient en l'absence des *dominance patterns*, aussi bien au-dedans que vis-à-vis des ennemis éventuels.

J.-M. O. : Il y a une ressemblance entre ce genre d'organisation et les activités dérivées du rite qui présentent aux uns et aux autres des modèles conformes aux buts de la société et susceptibles, s'ils sont correctement suivis, d'assurer sa perpétuation.

R. G. : En effet. C'est la force de l'éthologie qu'elle dégage ces ressemblances indubitables entre socialité animale et socialité humaine. Elle a raison de protester contre l'insularité extraordinaire de l'ethnologie culturaliste et structuraliste, le refus absolu de replacer la culture humaine dans la nature, la conception proprement métaphysique de la symbolicité[38].

Les ethnologues n'en ont pas moins raison de reprocher aux éthologistes de simplifier la situation. Dans les sociétés animales, il n'y a rien en dehors des rapports de dominants et de dominés. Le caractère systématique de l'ensemble n'est pas appréhendé en tant que tel. Les positions n'existent pas en dehors des individus qui les occupent. Ce sont les éthologistes eux-mêmes qui dégagent le système en observant les animaux et en « verbalisant » leurs observations.

Si les éthologistes sont capables d'agir ainsi c'est parce que la représentation du système en tant que système caractérise essentiellement les sociétés humaines. Les hommes soumis à l'autorité d'un roi, d'un président de la république ou d'un chef d'entreprise se conduisent un peu comme des animaux dominés vis-à-vis de l'animal dominant mais, à la différence des animaux, ils sont aussi capables de parler de monarchie, de présidence et de notions du même genre. D'implicite qu'il était chez les animaux, le système est devenu explicite. Il est aussi beaucoup plus compliqué. La représentation et la mémoire de cette représentation lui permettent de s'étendre à des territoires considérables et de se perpétuer pendant plusieurs générations sans modifications notables, ou, au contraire, avec des modifications que nous sommes capables d'observer et d'enregistrer, ce qui fait que nous avons une *histoire*.

Le fait que les positions vacantes ne sont pas remplies, chez les hommes, en règle générale, par combat mimétique entre les candidats, est évidemment lié à cette possibilité de représenter le système. Il y a souvent des vestiges de combat mimétique dans les formes *rituelles* qui entourent les procédures de sélection mais ces procédures elles-mêmes ne reposent presque jamais sur une rivalité mimétique réelle, comme chez les animaux. Elles peuvent reposer sur des principes aussi divers que la filiation, l'élection, le tirage au sort, etc.

J.-M. O. : Mais la concurrence, dans notre société, joue un rôle formidable et elle a toujours, indubitablement, un caractère mimétique.

R. G. : Il convient, en effet, de nuancer ce que je viens de dire en distinguant les sociétés primitives, et même les sociétés humaines dans leur ensemble, de ce que nous voyons en ce moment autour de nous. Dans les sociétés primitives et traditionnelles, le statut d'un individu et les fonctions qu'il va remplir sont très souvent déterminés avant la naissance. C'est beaucoup moins vrai dans la société moderne et c'est même de moins en moins vrai. Dans beaucoup de domaines qui vont de la création artistique à la recherche scientifique et l'entreprise économique, la concurrence sévit. C'est par l'intermédiaire d'antagonismes qui ne vont pas jusqu'à la mort que s'établissent les hiérarchies assez instables du « mérite » et du « succès ».

Un tel état de choses triomphe grâce à un effacement local des cloisonnements symboliques qui caractérisent les sociétés primitives et qui découragent les rivalités. En conséquence de quoi la société moderne ressemble un peu plus, au moins par certains de ses aspects, aux sociétés animales que les sociétés primitives où la concurrence réelle entre les individus joue un rôle beaucoup plus faible.

Il est bien évident que cette évolution récente a contribué à la création même de cette nouvelle discipline qu'est l'éthologie, et au type d'interprétations qu'elle est amenée à proposer. Pour défendre la proximité entre la socialité animale et la socialité humaine, on s'appuie presque toujours sur des exemples tirés de notre société à nous. L'ethnologie culturaliste, au contraire, et toutes les disciplines qui tendent à absolutiser la différence entre la pensée symbolique et tout ce qui n'est pas elle, s'appuient de préférence sur les sociétés primitives, avec leurs systèmes positionnels très rigides et très développés.

À l'appui de la thèse ethnologique, il convient de noter non seulement que, dans la société actuelle, les hommes rivalisent pour des objets hautement symbolisés mais que l'existence même de ces rivalités est rendue possible par des institutions symboliques. Autrement dit, si la concurrence mimétique, normalement, ne dégénère pas en lutte à mort, dans notre société, ce n'est pas pour les mêmes raisons que dans la société animale. Ce ne sont pas des freins instinctuels qui agissent ; c'est au contraire une armature symbolique extrêmement puissante qui rend possible la « désymbolisation » et l'indifférenciation relative des secteurs concurrentiels. Le fait que l'équilibre entre les deux secteurs nous paraisse constamment menacé n'infirme pas, bien au contraire, ce que je suis en train de dire.

C. Mécanisme victimaire et hominisation

G. L. : C'est en somme parce que notre société est extrêmement raffinée et développée sous le rapport symbolique, si je vous comprends bien, qu'elle peut se permettre et rendre fécondes, de son point de vue, des rivalités mimétiques normalement interdites à l'homme.

R. G. : C'est exactement cela. Les rivalités mimétiques sont normalement interdites aux hommes ; les interdits primitifs, on l'a vu, portent essentiellement sur ces rivalités. C'est dire que les formes sociales humaines, contrairement aux formes animales, ne peuvent pas provenir *directement* des rivalités mimétiques ; mais elles en proviennent indirectement, par l'intermédiaire de la victime émissaire. C'est là une chose que nous savons déjà, mais nous n'avons pas essayé jusqu'ici d'articuler la société humaine sur la société animale. Si nous examinons les analyses que nous venons de faire, si nous repensons aux impossibilités de l'hominisation et si nous confrontons tout cela au processus mimétique et au mécanisme de la victime émissaire, nous constaterons que nous sommes déjà entraînés vers une ultime aventure.

J.-M. O. : Cette aventure en fait est déjà commencée puisque nous essayons de penser les institutions humaines les plus fondamentales, comme la chasse ou les interdits de l'inceste, en fonction de la victime fondatrice. C'est déjà la différence entre l'animal et l'homme qui est en jeu.

R. G. : Sur la base des analyses précédentes, il doit être possible de penser le processus d'hominisation de façon vraiment radicale, à partir de l'animalité elle-même et sans jamais faire état des fausses spécificités de la nature humaine. Il faut montrer que c'est l'intensification de la rivalité mimétique partout visible déjà au niveau des primates qui doit détruire les *dominance patterns* et susciter des formes toujours plus élaborées et plus humanisées de la culture par l'intermédiaire de la victime émissaire. C'est au moment où les conflits mimétiques deviennent assez intenses pour empêcher les solutions directes qui aboutissent aux formes animales de la socialité que doit se déclencher dans une première «crise», ou série de crises, le mécanisme qui engendre les formes «différées», symboliques et humaines de la culture.

Pour supposer que les choses se sont bien passées ainsi, il faut et il suffit de montrer que la puissance mimétique doit s'accroître non seulement au cours du processus d'hominisation mais avant même qu'il ne se déclenche et de façon suffisante pour assurer ce déclenchement.

Or c'est là quelque chose qui est déjà démontré si on adopte pour le cerveau humain et du même coup pour le cerveau en voie d'hominisation, la vision que propose Jacques Monod dans *le Hasard et la Nécessité*.

C'est le puissant développement et l'usage intensif de la fonction de simulation qui me paraissent caractériser les propriétés uniques du cerveau de l'Homme. Cela au niveau le plus profond des fonctions cognitives, celui sur quoi le langage repose et qu'il n'explicite qu'en partie[39].

Il y a lieu de penser que la puissance et l'intensité de l'imitation grandissent avec le volume du cerveau dans toute la lignée qui mène à l'*homo sapiens*. Chez les primates les plus proches de l'homme, le cerveau est déjà plus volumineux, relativement, que chez tous les autres animaux. Ce doit être cette puissance grandissante qui déclenche le processus d'hominisation et non l'inverse, même si le processus d'hominisation, par la suite, accélère cet accroissement et contribue de façon prodigieuse à la puissance incomparable du cerveau humain.

Le rôle considérable des incitations mimétiques dans la sexualité humaine, l'excitation par l'exemple, le rôle du voyeurisme, etc., suggèrent que le passage de la sexualité périodique de type animal à la sexualité permanente de l'homme pourrait bien s'enraciner dans l'intensification de la mimésis. Nous verrons bientôt que le désir humain c'est la mimésis se greffant sur les montages instinctuels pour les suractiver, les irriter et les désorganiser. Ce lien essentiel avec le mimétisme confère à la sexualité humaine son caractère conflictuel plus encore que la sexualité animale et la rend inapte en elle-même à favoriser l'harmonie des rapports entre les hommes, ou même la stabilité des partenaires sexuels.

Nous voyons que les sociétés humaines ne reposent pas sur des *dominance patterns*, nous voyons aussi pourquoi : les rivalités mimétiques chez les hommes débouchent aisément sur la folie et le meurtre. Mais ce surcroît de violence chez l'homme, c'est en méconnaître la nature et c'est passer à côté de l'explication la plus intéressante que de l'attribuer à un instinct opaque et muet ; il ne fait qu'un avec le surcroît de mimétisme lié à l'augmentation du cerveau.

La rivalité mimétique inexpiable signifie essentiellement, nous le savons, la disparition de tout enjeu objectal, et le passage de la mimésis d'appropriation qui dresse les membres de la communauté les uns contre les autres à la mimésis de l'antagoniste qui finit par les rassembler contre une victime et les réconcilier. Au-delà d'un certain seuil de puissance mimétique, les sociétés animales deviennent impossibles. Ce seuil correspond donc au seuil d'apparition du mécanisme victimaire ; c'est le seuil de l'hominisation.

J.-M. O. : Le mécanisme de la victime émissaire se déclenche et des formes culturelles fondées sur lui, médiatisées par lui, vont prendre le relais des formes animales. Les problèmes se présentent de la même façon à tous les niveaux et des variantes du même mécanisme, toujours plus élémentaires sans doute quand on remonte vers l'animalité, doivent être capables de les résoudre.

R. G. : Il faut concevoir le mécanisme victimaire sous des formes d'abord si grossières et élémentaires que nous pouvons à peine nous les représenter mais cela n'a pas une importance cruciale. Les données qui rendent ce mécanisme possible et même statistiquement nécessaire, sans doute, sont toutes présentes. Et ce mécanisme à tous les niveaux doit exercer sur les rivalités des effets curatifs et préventifs analogues, toutes proportions gardées, à ceux qu'il exerce par l'intermédiaire des interdits et des rituels pleinement humanisés. Jusqu'ici on voyait bien que l'augmentation rapide du cerveau et tous les autres phénomènes exigeaient une interaction du biologique et du culturel mais on ne disposait d'aucun moteur capable de mettre en marche cette étrange machine et de la faire tourner. C'est ce moteur que la victime émissaire nous fournit. Nous pouvons concevoir l'hominisation comme une série de paliers qui permettent de domestiquer des intensités mimétiques toujours croissantes, séparés les uns des autres par des crises catastrophiques mais fécondes car elles déclenchent à nouveau le mécanisme fondateur et elles assurent à chaque étape des interdits toujours plus rigoureux au-dedans et des canalisations rituelles plus efficaces vers le dehors. On conçoit alors que l'enfance humaine ait pu se «fragiliser» et s'allonger de plus en plus, à mesure que le cerveau s'accroissait, sans entraîner l'annihilation pure et simple de l'espèce en cours de métamorphose. Et on conçoit aussi qu'à chaque palier, des institutions plus élaborées aient favorisé une nouvelle avance mimétique, laquelle entraînait une nouvelle crise et ainsi de suite, en un mouvement spiraloïde qui humanisait de plus en plus l'anthropoïde.

G. L. : Grâce au mécanisme de la victime émissaire, on comprend comment les groupes de cohabitation ont pu devenir des sanctuaires de non-violence relative au moment où, au-dehors, les activités violentes se développaient à l'extrême. On entrevoit comment le primate en voie d'hominisation, l'animal hypersexualisé et armé de pierres, toujours mieux entraîné pour la chasse et pour la guerre, a pu transformer en force d'élaboration culturelle la menace extrême d'autodestruction qui a toujours pesé sur lui dans les moments cruciaux de son évolution biologique et culturelle.

R. G. : Il y a donc une part d'intuition vraie dans *Totem et Tabou* et elle consiste à faire remonter l'humanité à un meurtre collectif. Il n'y a pas de mythe fondateur, d'ailleurs, qui n'en fasse autant, mais c'est le génie propre de Freud d'avoir compris, contre toute la futilité de son époque et de la nôtre, qu'il fallait prendre tous ces messages en partie fantastiques, mais concordants sur des points essentiels, plus au sérieux que l'anthropologie jusqu'alors n'avait été capable de le faire. Freud n'a pourtant pas pu se débarrasser des éléments mythologiques qui encombrent sa théorie. Son père farouche est la dernière divinité de la violence et c'est parce qu'aujourd'hui elle est en train de mourir, avec la religion psychanalytique fondée sur elle, que nous pouvons parler comme nous le faisons.

J.-M. O. : Vous retrouvez les ambitions de Freud et vous pouvez rendre à *Totem et Tabou* l'hommage que cet ouvrage mérite sans retomber dans les invraisemblances de la thèse freudienne. La violence unificatrice n'est pas seulement l'origine du religieux, c'est l'origine de l'humanité elle-même. Le drame unique et incroyable de Freud est l'allégorie déformée de processus qui peuvent se répéter s'il le faut, sur des millions d'années, aussi longtemps que l'exige déjà ou que l'exigera demain notre connaissance empirique de la préhistoire humaine.

R. G. : C'est aussi la résolution de la querelle entre éthologistes et ethnologues. Il y a toujours à la fois rupture et continuité entre toutes les formes sociales, animales d'abord, pré-humaines ensuite, complètement humaines enfin. Grâce à la problématique du mimétisme et de la victime émissaire on comprend qu'il y a toujours déjà des formes sociales fondées sur la mimésis, même chez les animaux, et il faut déjà qu'elles s'effondrent, dans des crises mimétiques, pour que des formes nouvelles et plus complexes apparaissent, fondées sur la victime émissaire. Entre l'animalité proprement dite et l'humanité en devenir, il y a une rupture véritable et c'est la rupture du meurtre collectif, seul capable d'assurer des organisations fondées sur des interdits et des rituels, si embryonnaires soient-ils. Il est donc possible d'inscrire la genèse de la culture humaine dans la nature, de la rapporter à un mécanisme naturel sans lui ôter ce qu'elle a de spécifique, d'exclusivement humain.

On ne peut pas remonter, bien entendu, jusqu'aux phénomènes dont il est question ici. Tout ce que nous appréhendons, directement ou indirectement, sur le plan rituel, appartient à un univers pleinement humanisé. Nous avons donc un trou énorme, littéralement de plusieurs millions d'années. On me reprochera d'excéder les limites du possible quand je situe le mécanisme de la victime émissaire à l'origine de l'hominisation. Cette démarche n'a pourtant rien d'arbitraire. Nous tenons déjà une masse formidable d'indices convergents du côté des rites humains ; si nous regardons maintenant du côté de ce que les éthologistes appellent les rites animaux, nous verrons des données qui, là aussi, suggèrent le bien-fondé de la démarche.

Dans certaines espèces, il existe des conduites stéréotypées qui jouent un rôle non seulement dans la séduction sexuelle mais dans l'établissement de relations privilégiées, avec un partenaire du même ou de l'autre sexe[40].

C'est aux conduites agressives, paradoxalement, que ces rites d'alliance ressemblent le plus. Ils reproduisent mimétiquement celles-ci ; l'invitation prend la forme d'une attaque dirigée contre celui dont l'assaillant veut faire un ami mais, au dernier instant, cet assaillant se détourne de ce but pour lui substituer un tiers ou même un objet inanimé.

L'individu sollicité va forcément répondre mimétiquement. Il fera preuve lui-même d'agressivité, mais cette agressivité, il peut soit la tourner contre la puissance invitante, laquelle est prête à toute éventualité, soit au contraire se joindre à elle contre le tiers fictivement agressé ; il peut faire cause commune, en somme, avec son partenaire contre cet ennemi imaginaire. C'est dans cette « cause commune » que consiste l'alliance ainsi sollicitée.

Ce n'est pas seulement par leur caractère répétitif que ces conduites animales rappellent les rites humains ; elles ébauchent les deux moments fondamentaux des rites religieux, le moment de la « crise mimétique », de la discorde intestine, et celui de la réconciliation contre la victime émissaire. Ici toutefois, il n'y a pas de sacrifice. La place de la victime est déjà marquée, la « fonction » victimaire est esquissée mais les rites animaux ne vont jamais jusqu'à l'immolation.

Dans ces rites animaux, nous avons tout ce qu'il faut pour comprendre le passage de la socialité animale à la socialité humaine, fondée sur le religieux sacrificiel. Il suffit de postuler une intensité plus grande du mimétisme et des rivalités qui en résultent pour déclencher un mécanisme proprement victimaire, déjà ébauché ici. Tout nous suggère qu'à l'aggravation catastrophique du conflit doit correspondre, au terme du processus, le renforcement du mécanisme de « bouc émissaire » dont la place est déjà marquée. Au gonflement extrême du premier moment répond une radicalisation correspondante de l'autre moment, la violence contre le tiers, qui va aller jusqu'à la mort.

Une différence essentielle entre les rites humains et les rites animaux que je viens de mentionner, c'est que les seconds, à ma connaissance, n'impliquent jamais un nombre suffisant de partenaires pour ressembler aux rites fondamentaux de l'humanité, qui rassemblent toujours un groupe social dans son entier. C'est là d'ailleurs la seule raison en partie valable pour ergoter sur l'appellation de rite dans le cas des conduites animales dont nous parlons.

Plus le mimétisme devient intense, plus les conflits qu'il suscite et les résolutions subséquentes deviennent «contagieux». Il faut donc penser que les rivalités mimétiques, en s'exaspérant, impliquent un nombre toujours plus grand de participants et ce sont eux qui se retrouvent rassemblés autour de la victime sacralisée, soumis au double impératif de l'interdit et du rituel. La communauté humaine ne fait visiblement qu'un avec ce rassemblement et c'est en fonction de lui seulement qu'elle existe.

G. L. : Il faut donc voir dans les rites humains la transformation de ces rites animaux; on retrouve en eux les mêmes éléments toujours, mais toujours infléchis dans le sens de la lutte à mort et de la mise à mort sacrificielle, sous l'effet de causes aisément repérables et dont nous avons toutes les raisons de penser qu'elles doivent intervenir, justement, dans le processus d'hominisation.

D. LE SIGNIFIANT TRANSCENDANTAL

J.-M. O. : La véritable ambition de votre théorie c'est de surmonter l'opposition entre la problématique de l'éthologie et celle de l'ethnologie, de mettre fin au schisme qui affaiblit les recherches anthropologiques en les divisant en deux camps ennemis. Pour réussir, il vous faut montrer que l'hypothèse résout vraiment les problèmes des deux côtés de la barrière; il faut donc rapporter à la victime émissaire non seulement les problèmes de la violence et des rites qui canalisent la mimésis vers les institutions culturelles de l'humanité, mais la question des signes et de la communication.

R. G. : Il faut montrer qu'on ne peut pas résoudre le problème de la violence par la victime émissaire sans élaborer du même coup une théorie du signe et de la signification.

Avant même d'arriver au signe, il faut voir, je pense, dans le mécanisme victimaire sous sa forme la plus élémentaire une prodigieuse machine à éveiller une attention d'un ordre nouveau, la première attention non instinctuelle. À partir d'un certain degré de frénésie, la polarisation mimétique s'effectue sur la victime unique. Après s'être assouvie sur cette victime la violence, forcément, s'interrompt, le silence succède au vacarme. Ce contraste maximum entre le déchaînement et l'apaisement, l'agitation et la tranquillité crée des circonstances aussi favorables que possible à l'éveil de cette attention nouvelle. Comme la victime est la victime de tous, c'est sur elle qu'est fixé, en cet instant, le regard de tous les membres de la communauté. Au-delà de l'objet purement instinctuel, par conséquent, l'objet alimentaire, sexuel, ou le congénère dominant, il y a le cadavre de la victime collective et c'est le cadavre qui constitue le premier objet pour ce nouveau type d'attention.

J.-M. O. : Cette victime est-elle déjà sacrée ?

R. G. : Dans la mesure où l'attention dont je parle s'éveille, la victime se pénètre des émotions suscitées par la crise et sa résolution. C'est sur elle que se cristallise l'expérience saisissante. Si faible qu'elle soit, la «conscience» que les participants prennent de la victime est structurellement liée aux effets prodigieux qui accompagnent son passage de la vie à la mort, au retournement spectaculaire et libérateur qui s'effectue en cet instant. Les seules significations qui peuvent apparaître sont celles du double transfert, les significations du sacré, celles qui confèrent à la victime la responsabilité active de toute l'affaire. Mais il faut concevoir des stades, les plus longs peut-être de toute l'histoire humaine, où ces significations ne sont pas encore vraiment là. Il faut donc répondre qu'on est toujours en route vers le sacré, dès que l'appel de la victime émissaire est entendu, si faiblement que ce soit, mais il n'y a pas encore de concepts ou de représentations.

Il n'est pas nécessaire de penser que la machine à

éveiller l'attention est tout de suite efficace ; on peut imaginer un nombre considérable de « coups pour rien » ou *presque rien*. Si rudimentaires pourtant que soient les effets, ce seront toujours ceux déjà qu'exige le contrôle d'un mimétisme excessif ; il suffit d'admettre que ces effets sont aussi faiblement cumulatifs qu'on le voudra pour affirmer qu'on est déjà en route vers les formes humaines de la culture.

J.-M. O. : Mais ce dont vous avez besoin ici, c'est d'une théorie du signe et, d'après ce que je crois comprendre, chez les théoriciens actuels, le signe n'existe qu'à l'intérieur d'un système ; il faut donc, pour commencer, un minimum de deux signes se signifiant l'un l'autre. Je ne vois pas comment, à partir de votre schème, vous pouvez engendrer l'opposition binaire de la linguistique structurale.

R. G. : Ce n'est pas cette opposition binaire qu'il faut engendrer. Elle a un caractère purement synchronique et statique. On ne peut pas partir d'un système structuraliste avec deux éléments différenciés l'un par l'autre et jouissant du même degré de signification. Mais il existe un modèle plus simple et seul dynamique, seul vraiment génétique auquel personne ne songe jamais. C'est le modèle de l'exception en cours d'émergence, de l'unité, en vérité quelconque, seule à ressortir sur une masse confuse, sur une multiplicité pas encore dénombrée. C'est le modèle du tirage au sort, de la courte paille par exemple ou de la fève dans le gâteau des rois. Seul le morceau qui contient la fève est vraiment distingué ; seule la paille la plus courte — ou la plus longue — est significative. Le reste demeure indéterminé.

C'est là qu'est le système symbolique le plus simple et personne ne songe à lui, personne n'en parle jamais *bien qu'on le trouve fréquemment associé au rite*. Les sélections par le hasard auxquelles je viens de faire allusion ont toutes une origine rituelle. Elles ne font qu'un avec ces procédés aléatoires qui servent parfois, on l'a vu, à choisir la victime sacrificielle. Si on trouve ce modèle dans les rites c'est parce qu'il est calqué, avec toutes les autres institutions rituelles, sur l'opération de la victime émissaire. Il a donc pour nous une valeur didactique exceptionnelle ; c'est le modèle de la symbolicité la plus rudimentaire.

C'est à partir de ce modèle, de toute évidence, que les hommes inventent ce qu'on appelle les jeux de hasard. Pour qu'il y ait un jeu de hasard « proprement dit », il faut et il suffit que les hommes oublient la fin rituelle du procédé aléatoire et qu'ils fassent de lui sa propre fin. C'est exactement la même genèse, en somme, que dans tous les exemples analysés par nous ; toutes ces institutions nous paraissent si naturellement culturelles ou si culturellement naturelles que nous ne songeons pas à les interroger, jusqu'au moment où nous comprenons la proximité essentielle qu'elles entretiennent avec les rites.

J.-M. O. : Si vous avez raison, il y a quelque chose de plus spécifiquement humain dans les jeux de hasard que dans les autres types de jeux.

R. G. : C'est exactement ce que dit Roger Caillois dans un essai remarquable intitulé *les Jeux et les Hommes*. Caillois divise les jeux en quatre catégories et elles correspondent aux quatre moments principaux du cycle rituel [4]. C'est dans l'ordre qui correspond au déroulement du processus fondateur que je les énumère, et non dans l'ordre de Caillois.

Il y a d'abord des jeux d'imitation, mimes, mascarades, théâtre, etc. (Caillois utilise le mot anglais *mimicry*.)

Il y a des jeux de compétition ou de lutte (*agon*) comme la course à pied, la boxe, etc. Ils correspondent à la lutte des doubles.

Il y a des jeux de vertige que Caillois désigne du mot grec *ilinx*, les jeux qui consistent à tourner très rapidement sur soi-même, les cabrioles, etc. Ces jeux correspondent au paroxysme hallucinatoire de la crise mimétique.

Il y a enfin les jeux de hasard qui correspondent à la résolution sacrificielle. Et Caillois observe, avec un étonnement justifié, que Huizinga ne les mentionne même pas dans un ouvrage pourtant intitulé *Homo ludens*, alors que ce sont les seuls jeux vraiment spécifiques de l'homme. Toutes les autres formes de jeu sont ébauchées dans la vie animale. Cet état de choses correspond parfaitement à la différence notée plus haut entre les rites animaux et les rites humains. La seule chose qui «manque» au rite animal, c'est l'immolation sacrificielle, et la seule chose qui manque à l'animal pour devenir humain, c'est la victime émissaire.

Même dans les formes les plus atténuées du tirage au sort, on voit se polariser sur l'élu les significations multiples du sacré. Celui à qui la fève échoit, quand on «tire les Rois», voit aussitôt se cristalliser sur lui toutes les grandes oppositions rituelles. Il sert de cible aux moqueries ; il est une espèce de bouc émissaire, mais il représente à lui-même ce groupe dont il est l'exclu ; en un sens, donc, il trône au-dessus de lui : il est bien le roi. Cette mini-sacralisation pour rire ébauche une espèce de signifiant transcendantal. Qu'on ne vienne pas dire, alors, que la polyvalence rituelle est impensable, qu'elle n'est qu'une nostalgie de l'« immédiat » étrangère aux structures véritables de la pensée et de la culture humaine !

G. L. : C'est toujours le mécanisme fondateur, en somme, qu'on voit s'ébaucher pour peu qu'on sache regarder.

R. G. : C'est exact. Dans le mécanisme fondateur c'est contre la victime et autour d'elle que s'effectue la réconciliation. Ce que nous avons dit plus haut sur la victime paraissant se désigner elle-même comme origine et cause de tout ce qui vient d'arriver à la communauté n'était pas inexact mais au point où nous en sommes maintenant nous voyons que ce n'est pas suffisant, ce n'est pas assez radical. Il faut essayer d'éliminer tout le contexte des significations déjà constituées pour comprendre qu'à des niveaux toujours plus primitifs, c'est déjà le mécanisme de la victime émissaire qui opère et qui engendre les couches significatives les plus élémentaires.

Grâce à la victime, en tant qu'elle paraît sortir de la communauté et que la communauté paraît sortir d'elle, il peut exister, pour la première fois, quelque chose comme un dedans et un dehors, un avant et un après, une communauté et un sacré. Nous avons déjà dit que cette victime se présente à la fois comme mauvaise et bonne, pacifique et violente, vie qui fait mourir et mort qui assure la vie. Il n'y a pas de signification qui ne s'ébauche avec elle et qui ne paraisse en même temps transcendée par elle. Elle paraît bien se constituer en signifiant universel.

J.-M. O. : N'est-ce pas là l'idée d'un signifiant transcendantal, qui est énergiquement repoussée par toute la pensée actuelle ?

R. G. : Je ne dis pas que nous avons trouvé le vrai signifiant transcendantal. Nous n'avons trouvé encore que ce qui sert aux hommes de signifiant transcendantal.

J.-M. O. : Vous parlez de signifiant transcendantal, ne faudrait-il pas plutôt parler de signifié ?

R. G. : Le signifiant, c'est la victime. Le signifié, c'est tout le sens actuel et potentiel que la communauté confère à cette victime et, par son intermédiaire, à toutes choses.

Le signe, c'est la victime réconciliatrice. Parce que nous comprenons sans peine que les hommes veuillent rester réconciliés, au sortir de la crise, nous comprenons aussi que les hommes s'attachent à reproduire le signe ; c'est-à-dire à pratiquer le langage du sacré, en substituant à la victime originaire, dans les rites, des victimes nouvelles pour assurer le maintien de cette paix miraculeuse. L'impératif rituel, donc, ne fait qu'un avec la manipulation des signes, avec leur multiplication et, constamment, s'offrent alors de nouvelles possibilités de différenciation et d'enrichissement culturel. Les processus que nous avons décrits dans les pages précédentes, à propos de la chasse, des animaux domestiques, des interdits sexuels, etc., pourraient tous se décrire comme manipulation et différenciation du signe victimaire.

La volonté de reproduction rituelle ne crée pas de difficulté. Éperonnés par la terreur sacrée, et pour continuer à vivre sous le signe de la victime réconciliatrice, les hommes s'efforcent de reproduire ce signe et de le représenter ; ce qui consiste d'abord en la recherche des victimes les plus à même, semble-t-il, de susciter l'épiphanie primordiale ; c'est là qu'il faut situer l'activité significative première toujours déjà définissable, si l'on y tient, en termes de langage ou d'écriture. Et le moment arrive où la victime originelle, au lieu d'être signifiée par de nouvelles victimes, le sera par autre chose que par des victimes, par toutes sortes de choses qui signifient toujours cette victime alors même que, de plus de plus, elles la masquent, la déguisent et la méconnaissent.

On voit très bien que le langage articulé, l'échange des paroles comme tous les autres échanges, doit se constituer, lui aussi, à partir du rite, à partir des hurlements et des cris qui accompagnent la crise mimétique et que le rite doit reproduire eux aussi, puisqu'ils précèdent et peut être conditionnent l'immolation salvatrice. On conçoit sans peine que, dans la pratique rituelle, autour de la victime, ces cris d'abord inarticulés commencent à se rythmer et à s'ordonner comme les gestes de la danse, autour de l'acte sacrificiel, puisque c'est dans un esprit de collaboration et d'entente que tous les aspects de la crise sont reproduits. Il n'y a pas de culture au monde qui n'affirme comme premiers et fondamentaux dans l'ordre du langage, les vocables du sacré.

CHAPITRE IV

LES MYTHES :
LE LYNCHAGE FONDATEUR CAMOUFLÉ

A. « ÉLIMINATION RADICALE »

R. G. : Je crois pouvoir montrer qu'en dépit de son absence apparente, du silence absolu qui subsiste autour d'elle à notre époque, la thèse du lynchage fondateur affleure partout, même chez ceux qui se croient les plus réfractaires à des analyses comme les miennes. Je peux vous montrer qu'il existe, dans l'œuvre de Lévi-Strauss, des analyses qui portent sur le lynchage fondateur lui-même, et qui en dégagent les principaux traits structurels sans jamais s'apercevoir que c'est de lui qu'elles parlent, sans jamais comprendre que c'est le mécanisme générateur de toute mythologie qu'elles sont en train de démonter.

J.-M. O. : Comme vous avez à peine parlé de la mythologie et comme la mythologie, en principe, c'est pour le structuralisme un domaine d'application privilégié, le domaine du pur langage soustrait aux manigances anti-linguistiques de la perversité religieuse, il serait bon, je pense, d'entrer dans le détail et d'analyser d'aussi près que possible un texte de Lévi-Strauss.

R. G. : L'intérêt d'une telle démonstration, c'est qu'elle reposera, d'un bout à l'autre, sur les analyses de Lévi-Strauss lui-même, sur son propre discours, à commencer par le résumé des deux mythes dont nous allons surtout parler.

Dans *le Totémisme aujourd'hui*, Lévi-Strauss rapproche deux mythes qui appartiennent à deux sociétés très éloignées l'une de l'autre, celle des Indiens Ojibwa, au nord des Grands Lacs américains et celle des Tikopia dans l'océan Pacifique[42]. Voici d'abord le mythe ojibwa :

[Les] cinq clans « primitifs » remontent à six êtres surnaturels anthropomorphes, sortis de l'océan pour se mêler aux hommes. L'un d'eux avait les yeux bandés et n'osait pas regarder les Indiens, bien qu'il parût en avoir grande envie. Incapable de se contrôler, il souleva enfin son voile, et son regard tomba sur un homme qui mourut instantanément, comme foudroyé. Car, en dépit des dispositions amicales du visiteur, son regard était trop fort. Ses compagnons l'obligèrent donc à retourner au fond des mers. Les cinq autres restèrent parmi les Indiens, et leur procurèrent beaucoup de bénédictions. Ils sont à l'origine des grands clans ou totems (p. 27).

Voici maintenant, toujours dans le texte de Lévi-Strauss, le mythe tikopia :

Il y a très longtemps, les dieux ne se distinguaient pas des hommes, et les dieux étaient, sur la terre, les représentants directs des clans. Or il advint qu'un dieu étranger, Tikarau, rendit visite à Tikopia et les dieux du pays lui préparèrent un splendide festin ; mais, auparavant, ils organisèrent des épreuves de force et de vitesse pour se mesurer avec leur hôte. En pleine course, celui-ci feignit de trébucher, et déclara qu'il s'était blessé. Mais, alors qu'il affectait de boiter, il bondit vers la nourriture entassée, et l'emporta vers les collines. La famille des dieux se lança à sa poursuite ; cette fois, Tikarau tomba pour de bon, de sorte que les dieux claniques purent lui reprendre, l'un une noix de coco, l'autre un taro, le troisième, un fruit d'arbre à pain et les derniers, une igname… Tikarau réussit à gagner le ciel avec la masse du festin, mais les quatre aliments végétaux avaient été sauvés pour les hommes (p. 36).

Rien n'est plus facile, dans notre perspective, que l'analyse de ces deux mythes. Dans l'un comme dans l'autre, nous retrouvons le schème de la crise mimétique et d'une déstructuration violente qui déclenche le mécanisme de la victime émissaire. La confusion initiale entre le divin et l'humain est significative. Que cette confusion soit conflictuelle ne nous est pas dit expressément ; les effets néfastes de la crise sont tout de suite attribués à la victime qui passe, comme toujours, pour responsable de ceux-ci. Dans le premier mythe, c'est la mort subite d'un Indien, qui serait causée par le seul regard de la future victime. Dans le second mythe, c'est le vol de tout le système culturel dont la future victime, Tikarau, passe pour responsable. Le regard exercé reconnaît également dans «les épreuves de force et de vitesse» organisées par le consortium humano-divin un indice de la situation conflictuelle que le drame mythique va résoudre. Le fait qu'il y ait là une connotation rituelle — il s'agit en principe d'«épreuves» organisées — ne doit pas nous étonner. Le mythe nous présente la crise comme déjà ritualisée mais aussi comme non rituelle puisque les jeux sportifs débouchent sur la violence collective spontanée.

De même que dans *les Bacchantes*, la bacchanale, en principe déjà rituelle, débouche vite sur le lynchage de Penthée, ici, les épreuves de force et d'adresse débouchent sur une chasse au dieu qui se termine, de toute évidence, par un lynchage. Si le futur dieu a d'abord fait semblant de trébucher et de boiter, au terme de la poursuite, «*il tomba pour de bon*». Cette phrase a quelque chose de sinistre. Vous me direz que mon obsession du lynchage m'égare et que Tikarau s'en tire très bien puisqu'il s'enfuit dans les airs, mais je vous renverrai alors non pas au travail de Raymond Firth que Lévi-Strauss utilise dans *le Totémisme aujourd'hui* mais à un second livre du même auteur paru quelques années plus tard, en 1967, *Tikopia Ritual and Belief*[43].

D'après ce livre, c'est en grimpant sur une colline que Tikarau cherche à échapper à ses poursuivants. La colline se termine par une falaise abrupte. Raymond Firth écrit que Tikarau «bolted to the edge of the cliff, and being an *atua* launched himself into the sky and set off for the far lands with his ill-gotten gains». «Il bondit jusqu'au bord de la falaise, et, parce qu'il était un *atua* (un esprit, un dieu), il s'élança dans le ciel et partit vers les pays lointains avec ses gains mal acquis.»

S'il n'était pas un *atua*, Tikarau, on le devine, serait tombé au bas de la falaise et, probablement, il ne s'en serait pas relevé. Ceci explique, peut-être, l'insistance du mythe à présenter la chute comme réelle et non plus feinte cette fois. Mais Tikarau est un *atua* et il s'envole dans les airs. Sous-jacente à la sacralisation qui fait de la victime réconciliatrice et réordonnatrice une divinité immortelle, la chute mortelle transparaît et le mot-à-mot du texte mythique, sur ce point, me paraît extrêmement suggestif

Dans de nombreuses sociétés dépourvues de système judiciaire l'événement qui n'est pas tout à fait décrit mais qui est indubitablement suggéré par la chute de Tikarau constitue le mode favori d'exécution capitale, pour peu, bien entendu, que la topographie s'y prête. Le condamné est lâché sur les pentes qui conduisent à la falaise et la communauté, rangée en arc de cercle, avance lentement, bloquant toute possibilité d'évasion sauf, bien entendu, du côté du vide. Neuf fois sur dix, la panique doit forcer le malheureux à se jeter de lui-même dans ce vide sans qu'il soit nécessaire de porter sur lui une main violente. On peut dire, en somme, qu'il tombe réellement ou qu'il s'élance dans les airs. La fameuse roche Tarpéienne n'est qu'un exemple parmi d'autres de cette coutume. L'avantage, sur le plan religieux, c'est que la communauté entière participe à l'exécution et personne ne s'expose à un contact «polluant» avec la victime. Ce même avantage se retrouve dans les autres procédés d'exécution capitale, dans les sociétés archaïques.

Ces modes d'exécution rituelle ne sont pas inventés de toutes pièces ; ils sont visiblement copiés sur un modèle qui varie beaucoup dans les détails, mais qui est toujours structuré de la même façon ; c'est, bien entendu, l'événement que nous décrit le mythe de Tikarau, le meurtre d'une première victime, réconciliateur parce que spontanément unanime, le mécanisme générateur des exécutions rituelles comme de toutes les autres institutions, totémiques ou non totémiques.

Dans le mythe ojibwa également, le meurtre collectif figure mais il est décrit de façon plus rapide encore que dans le mythe de Tikarau : après qu'un des six visiteurs surnaturels eut tué un Indien en soulevant le coin de son bandeau et en le regardant, ses cinq compagnons *l'obligèrent à retourner au fond des mers*. Dans un cas la victime meurt fracassée sur les rochers, dans l'autre elle meurt noyée.

J.-M. O. : Dans les deux mythes, en somme, la victime est divine parce qu'elle passe pour responsable et des désordres culminant dans le rassemblement unanime qui s'effectue contre elle et du retour à l'ordre qu'assure cette unanimité elle-même. La communauté ne peut pas regarder la victime seulement comme l'instrument occasionnel et passif de sa métamorphose, comme un simple catalyseur dans le passage instantané de l'hystérie collective à la tranquillité. Elle se dit que le malfaiteur du début ne peut pas vraiment périr dans la mauvaise affaire où l'entraîne son méfait puisqu'il se mue soudain en un bienfaiteur tout-puissant. Comment serait-il mort puisque c'est lui qui fait don à la communauté de l'ordre dit «totémique» et de la vie?

G. L. : Cette lecture des deux mythes, c'est nous qui la proposons, bien sûr, ce n'est pas Lévi-Strauss. Passons maintenant au commentaire de Lévi-Strauss.

R. G. : Notons d'abord que Lévi-Strauss est d'accord avec nous, ou plutôt nous sommes d'accord avec lui, car il s'agit là d'une découverte qui lui appartient, pour reconnaître dans le mythe un mouvement qui va de l'«indifférenciation» à la différenciation.

J.-M. O. : Mais son *a priori* linguistique lui interdit de reconnaître dans le mythe ce que nous croyons y reconnaître, une réciprocité mimétique et violente qui abolit réellement les différences culturelles et qui n'existe pas dans le texte seulement.

R. G. : Dans la perspective linguistique de Lévi-Strauss, l'«indifférencié», le «continu», n'est qu'un «rapetassage» de distinctions déjà opérées par le langage, un faux-semblant dont il arrive à l'ethnologue de déplorer la présence, en particulier dans les rites, car il y voit alors un refus pervers de la pensée différenciatrice, comme nous l'avons déjà dit. Dans les analyses du *Totémisme aujourd'hui*, la présence de ce même « indifférencié » lui paraît justifiée par le projet fondamental de la mythologie qui consiste selon lui à représenter, de façon inexacte forcément, mais quand même suggestive, la naissance et le déploiement de ce qui l'intéresse exclusivement lui-même, la pensée différenciatrice. Une représentation de la différence en tant que telle, du discontinu en tant que tel, ne peut se faire que sur un fond de continu, d'indifférencié.

G. L. : Selon Lévi-Strauss, en somme, le mythe n'est que la représentation fictive de la genèse culturelle alors que selon vous c'est le compte rendu transfiguré d'une genèse réelle.

La pensée mythique confondrait un processus purement intellectuel, le processus différenciateur, avec un processus réel, une espèce de drame qui se déroulerait « au commencement du monde », entre des personnages complètement fabuleux.

R. G. : C'est dire que pour le structuralisme, les éléments proprement dramatiques de la mythologie n'ont pas d'intérêt en tant que tels, et Lévi-Strauss dédaigne fort les chercheurs qui leur attachent de l'importance. Il est trop bon observateur, toutefois, pour ne pas voir certaines récurrences qui exigent d'être interprétées.

Entre le mythe ojibwa et le mythe tikopia, Lévi-Strauss reconnaît donc *quelques points communs qu'il faut souligner* (p. 36).

Comment Lévi-Strauss définit-il ces points communs, comment le drame mythique se présente-t-il à ses yeux ? De façon purement logique, bien entendu, mais il va s'agir, et ce n'est pas sans intérêt pour nous, d'une logique de l'exclusion et de l'élimination. Voici des exemples de ce qu'il écrit :

Dans les deux cas, le totémisme, en tant que système est introduit comme ce qui reste d'une totalité appauvrie (p. 37).
Dans chaque cas, la discontinuité est obtenue par élimina-

tion radicale de certaines fractions du continu. Celui-ci est appauvri, et des éléments moins nombreux sont désormais à l'aise pour se déployer dans le même espace, tandis que la distance qui les sépare est désormais suffisante pour éviter qu'ils n'empiètent les uns sur les autres ou qu'ils se confondent entre eux.

Pour que les cinq grands clans dont les Ojibwa croient leur société issue puissent se constituer, il fallut que six personnages surnaturels ne fussent plus que cinq et que l'un d'eux fût chassé. Les quatre grandes plantes « totémiques » des Tikopia sont les seules que les ancêtres réussirent à garder, quand un dieu étranger vola le repas que les divinités locales avaient préparé pour le fêter.

Dans tous les cas, par conséquent, un système discret résulte d'une destruction d'éléments, ou de leur soustraction d'un ensemble primitif[44].

Je vous lis ici en vrac des phrases non seulement du *Totémisme aujourd'hui* mais de *le Cru et le Cuit*, où le même type d'analyse est repris et amplifié.

Dans l'interprétation de Lévi-Strauss, vous le voyez, des termes comme *soustraction*, *destruction*, *élimination radicale* reviennent constamment mais ils ne s'appliquent jamais à une violence réelle contre un individu réel. Il s'agit toujours d'objets qui occupent un certain espace dans un champ topologique. Les éléments éliminés, c'est la divinité anthropomorphe qui se fait « chasser », dans le mythe ojibwa, mais ce sont aussi les plantes totémiques emportées par Tikarau *plutôt que Tikarau lui-même*. Le fait que dans le second cas il y ait aussi élimination d'une divinité « anthropomorphe », comme dirait Lévi-Strauss, constitue un point commun de plus entre les deux mythes mais Lévi-Strauss reste muet sur ce point.

Dans la perspective de Lévi-Strauss, en somme, l'élimination radicale d'un ou de plusieurs fragments, l'expulsion d'un dieu, la destruction d'êtres vivants ou de biens alimentaires ne seraient jamais que des solutions variées « pour résoudre le problème du passage de la quantité continue à la quantité discrète ». L'état indifférencié qui sévit au début du mythe est interprété comme encombrement excessif d'un certain champ. Pour distinguer les choses, il faut entre elles des interstices qui permettront à la pensée de se glisser et qui, selon Lévi-Strauss, au commencement du mythe, feraient encore défaut. Le problème, en somme, pour cette mise en scène de la pensée naissante, serait de *faire de la place*, d'écarter les choses les unes des autres pour les différencier, et c'est cela, nous dit Lévi-Strauss, que l'élimination même d'un seul fragment passe pour accomplir.

Pensée de la différence, le structuralisme voit nécessairement les choses en termes d'espacement et tout ce que la pensée mythique cherche à faire, selon Lévi-Strauss, en inventant ses drames fabuleux, c'est justement de spatialiser la différence, de représenter métaphoriquement le processus différenciateur. La pensée sauvage, en somme, c'est déjà du structuralisme, mais du structuralisme sauvage qui confond le processus différenciateur avec un événement réel parce qu'il n'arrive pas à le concevoir de façon suffisamment abstraite. Le mythe a encore à apprendre mais il est sur la bonne voie, celle de Lévi-Strauss lui-même.

On montre sans peine que cette interprétation est indéfendable. Si le drame se ramène à un procédé pour désencombrer le champ mythique, il faut que le ou les fragments éliminés fassent partie de ce champ dès le principe. Si par hasard ils n'en faisaient pas partie, s'ils étaient des corps étrangers tardivement introduits dans ce champ, leur élimination ne fournirait aucun supplément d'espace par rapport à la situation initiale.

Or c'est là ce qu'on a, à mon avis, dans les deux mythes, puisque le fragment éliminé, dans les deux cas, c'est la divinité, et ni dans le texte ojibwa ni dans le texte tikopia, cette divinité ne fait partie du champ mythique originel, elle nous est présentée comme un *visiteur*. Le schème topologique de Lévi-Strauss s'effondre.

J.-M. O. : Mais la victime émissaire, selon vous, appartient bien à la communauté.

R. G. : En tant que cette victime est réelle, certainement, mais pas en tant qu'elle est représentée dans le mythe. La représentation est gouvernée par la réconciliation violente et la sacralisation qui en résulte. La victime est donc représentée avec tous les attributs et toutes les qualités du sacré. Fondamentalement donc, elle n'appartient pas à la communauté mais c'est la communauté qui lui appartient. Le mythe peut la représenter tantôt comme venant du dehors, tantôt comme appartenant au dedans parce qu'il choisit, une fois de plus, au sein de significations trop riches. La victime peut apparaître comme extérieure ou intérieure parce qu'il semble qu'elle passe sans cesse du dehors au dedans et du dedans au dehors dans l'accomplissement de son rôle toujours salvateur et refondateur[45].

Contrairement à ce qu'affirment certains de mes critiques, je ne confonds jamais les représentations religieuses avec leur «référent». Il ne s'agit ici encore que des seules représentations.

Même si les deux exemples du *Totémisme aujourd'hui* prêtaient à discussion, ce que je suis loin d'admettre, sur ce point essentiel pour la théorie de Lévi-Strauss, on pourrait invoquer d'innombrables mythes structurés exactement comme ces deux exemples et ils sont catégoriques au sujet de l'extériorité initiale du «fragment éliminé». En voici un, par exemple, qui vient des Indiens Yahuna et qui a été recueilli par Theodor Koch-Grünberg :

De la grande maison d'eau, au pays du soleil, arriva, il y a bien des années, un petit garçon qui chantait si bien que les hommes se rassemblaient autour de lui pour l'entendre. Il s'appelait Milomaki. Mais quand les hommes qui l'avaient écouté rentraient chez eux et qu'ils mangeaient du poisson, ils mouraient. Avec les années, Milomaki devint un grand jeune homme mais il avait causé la mort de beaucoup de gens et il constituait un danger. Tous ensemble, les parents des victimes s'emparèrent de lui et le brûlèrent sur un grand bûcher. Au milieu des flammes, Milomaki chantait de façon merveilleuse et finalement il mourut. De ses cendres jaillit le palmier Paschiuba, dont le bois sert à tailler les grandes flûtes qui reproduisent les chants de Milomaki. On joue de ces flûtes quand les fruits du palmier sont mûrs et on danse en l'honneur de Milomaki. C'est lui qui a fait don de ces choses à la communauté[46].

Ici encore, il y a une «élimination radicale» mais le «fragment éliminé» n'appartient pas à la «totalité originaire». Milomaki ne fait pas partie de la communauté. L'interprétation topologique du lynchage est impossible.

Que le schème topologique nous soit proposé comme le sens véritable d'une représentation qui, en vérité, est toujours une représentation de la violence collective, une description du lynchage, c'est bien évident. Pour s'en assurer, il suffit d'essayer ce schème lévi-straussien sur des mythes ou des adaptations de mythes qui rendent la représentation du lynchage plus explicite encore que dans les deux mythes ojibwa et tikopia, et même le mythe yahuna.

Au début des *Bacchantes* d'Euripide, la bacchanale confuse peut s'interpréter comme encombrement du champ, densité de peuplement excessive qui empêche la pensée de fonctionner. Heureusement les Bacchantes sont là pour éliminer le malheureux Penthée, de façon pas très délicate, peut-être, mais fort efficace et «radicale»; la pensée dionysiaque se met à fonctionner, l'ordre divin est instauré.

De la seule représentation du lynchage, certes, on ne peut pas déduire sa réalité. Et ce n'est certainement pas ce que je fais. Déjà, cependant, il y a quelque chose de troublant à constater que le schème topologique de Lévi-Strauss n'est qu'une transposition de la représentation du lynchage, et que Lévi-Strauss lui-même, visiblement, n'a pas reconnu cette représentation.

Cette transposition a toutes les chances d'être fausse, non seulement parce qu'elle ne correspond pas exactement, dans certains cas, aux données mythiques, mais il n'est guère vraisemblable que la mythologie recoure systématiquement à une représentation aussi impressionnante et inquiétante que le lynchage pour dissimuler quelque chose d'aussi respectable, d'aussi universitaire, et même d'un peu falot, à la longue, que l'immaculée conception de la pensée humaine telle que le structuralisme l'envisage. Pourquoi serait-ce aussi fréquemment à la violence collective que les mythes font appel pour exprimer quelque chose qui n'a aucun rapport avec elle ? La représentation du lynchage est d'une fréquence telle qu'il faudrait s'interroger, un jour ou l'autre, sur sa raison d'être. Pourquoi, toujours, dans tant de mythes, le tous contre un de la violence collective ?

B. « CONNOTATION NÉGATIVE », « CONNOTATION POSITIVE »

R. G. : Le plus fort c'est que ce *tous contre un* n'échappe nullement à Lévi-Strauss qui y reconnaît un autre point commun des deux mythes, mais pour en faire une de ces différenciations binaires auxquelles il consacre le plus clair de ses analyses. Les éléments décisifs du processus n'en sont pas moins repérés par lui avec une parfaite lucidité : « Dans les deux mythes, écrit-il, on notera la même opposition entre une conduite individuelle et une conduite collective, la première qualifiée négativement, et la seconde positivement par rapport au totémisme. Dans les deux mythes, la conduite individuelle et malfaisante relève d'un dieu avide et indiscret (qui n'est d'ailleurs pas sans ressemblance avec le Loki scandinave, magistralement étudié par G. Dumézil) » (pp. 37-38).

La conduite individuelle qualifiée négativement, c'est, dans le mythe ojibwa, l'imprudence de l'être surnaturel qui soulève son bandeau et qui tue un Indien d'un seul de ses regards. Dans le mythe tikopia, c'est le vol des plantes totémiques par Tikarau. Dans le mythe de Milomaki, c'est l'empoisonnement par le héros du poisson que mangent les Indiens.

La conduite collective qualifiée positivement, c'est, dans le mythe ojibwa, l'intervention des cinq autres dieux qui chassent jusqu'au fond des eaux l'unique délinquant. Dans le mythe tikopia, c'est la prise en chasse de Tikarau par la communauté entière. Dans le mythe de Milomaki, ce sont les parents des victimes qui font brûler sur un grand bûcher le coupable présumé. L'action collective qualifiée positivement, en somme, c'est toujours la violence collective, c'est toujours le lynchage de la victime.

La qualification négative, selon nous, n'est qu'une *accusation* dont une victime fait l'objet. Parce que personne ne met en doute sa vérité, parce que la communauté entière adopte cette accusation, elle voit là un motif légitime et urgent de tuer la victime. Si le bouc émissaire ojibwa n'a le temps de tuer qu'un seul Indien, c'est parce que l'intervention rapide des cinq autres dieux empêche le regard «trop fort» de poursuivre ses ravages. De même, le vol des biens totémiques par Tikarau justifie l'expulsion violente de ce dieu. Même chose, bien sûr, dans le cas de Milomaki. Si on ne se débarrassait pas de la victime émissaire, la communauté entière périrait d'empoisonnement.

Si on examine attentivement les «qualifications négatives», on s'aperçoit qu'elles constituent toutes une menace potentielle ou actuelle pour la communauté dans son ensemble. Le parricide et l'inceste d'Œdipe ne sont pas une affaire privée puisqu'ils apportent la peste à tous les Thébains. L'impiété de Penthée n'est pas son affaire personnelle ou même une affaire purement familiale ; et nous voyons très bien pourquoi, si nous admettons que le mythe représente un événement qui s'est réellement produit, un lynchage qui a réellement eu lieu mais que ni Lévi-Strauss ni les autres interprètes de la mythologie n'ont jamais réussi à repérer parce qu'il est représenté dans la perspective des lyncheurs eux-mêmes. Cette perspective transforme l'accusation fantaisiste en une vérité indubitable, aux yeux de la communauté ; il s'agit donc, dans le mythe, d'une représentation comme les autres et les interprètes de la mythologie ne la distinguent pas des autres ; ils sont incapables d'y reconnaître une accusation transfigurée en certitude par l'accord unanime de la communauté, par la réconciliation vengeresse contre la victime émissaire.

Ce qui semble justifier le traitement cavalier accordé par Lévi-Strauss au *tous contre un* de ses deux mythes, c'est qu'en dépit de son caractère crucial, ce rapport est susceptible, lui aussi, de s'inverser, de se déplacer, de se transformer de mille manières et même, dans certains mythes, de disparaître entièrement. Il existe des mythes, nous l'avons vu, où la victime unique devient l'unique survivant qui, après avoir fait périr la communauté entière (c'est bien encore une victime émissaire), la ressuscite de façon sélective et différenciée. Dans *le Cru et le Cuit*, Lévi-Strauss cite un de ces mythes (bororo) qu'il rapproche des deux mythes ojibwa et tikopia (p. 59).

G. L. : Parce qu'il porte sur toutes les représentations mythiques au même titre, parce qu'il les juge toutes également suspectes, le scepticisme de Lévi-Strauss entraîne, paradoxalement, des conséquences identiques à la foi religieuse sous le rapport essentiel de la violence fondatrice ; il rend impossible la critique vraiment radicale, celle qui révélerait cette violence. L'attitude moderne, curieusement, a les mêmes effets que la foi religieuse, et ce n'est pas étonnant puisque dans l'un et l'autre cas c'est le même traitement uniforme de toutes les représentations qui prévaut. Qu'on croie à toutes les représentations ou qu'on ne croie à aucune, finalement, c'est la même chose. Pour critiquer vraiment le mythe, pour se forger l'instrument d'analyse qui brisera sa fausse apparence et nous livrera le secret de sa genèse, il faut refuser, comme vous le faites, toutes les théories *a priori*. de la représentation.

J.-M. O. : Dans les innombrables lynchages de la mythologie faut-il voir la représentation inutilement dramatique de la pure discrimination, processus fondamental de la pensée humaine qui n'aurait nullement besoin de ces violences pour exister, ou au contraire faut-il voir dans toute discrimination le résultat du lynchage collectif ? La vraie question est là. En somme vous êtes d'accord avec Lévi-Strauss sur quelque chose d'essentiel. Entre l'engendrement de la pensée humaine et la mythologie (chez vous toutes les formes religieuses) il y a un rapport, mais chez Lévi-Strauss ce rapport est purement représentatif, la mythologie met en scène de façon inévitablement fantaisiste la genèse innocente de la pensée humaine.

R. G. : Les traits communs aux deux mythes, et même maintenant aux trois, sont bien ceux que dégage Lévi-Strauss : connotation négative du fragment éliminé, connotation positive de l'élimination elle-même qui se présente généralement sous la forme d'une expulsion collective. Mais Lévi-Strauss est incapable d'expliquer la conjonction de tous ces traits, et pour cause. Il ne propose même pas d'explication. On ne voit pas pourquoi, dans le contexte du schème logique et topologique qu'il propose, en effet, le fragment éliminé devrait faire l'objet non seulement d'une connotation négative mais par la suite, de cette connotation suprêmement positive, aussi, qui caractérise la divinité. Ceci, Lévi-Strauss est plus incapable encore de l'expliquer que tout le reste et il se contente de renvoyer le problème à Georges Dumézil, lequel ne l'a pas expliqué non plus

Pas plus que les autres interprètes, Lévi-Strauss ne perçoit les possibilités prodigieuses suggérées par la conjonction de tous les traits qu'il a lui-même dégagés, conjonction trop fréquente pour être le fruit du hasard. Nous pourrions citer, littéralement, des milliers d'exemples. Si l'élimination radicale est violence collective et si cette violence est justifiée par quelque méfait ou vice rédhibitoire attribué au fragment victimisé, il n'est pas difficile de rendre tout également intelligible et d'articuler les uns sur les autres les deux groupes de traits dont Lévi-Strauss constate mais n'explique pas la juxtaposition universelle. Il y a une perspective et une seule qui peut faire du lynchage une action positive, car elle voit dans la victime une menace réelle dont il importe de se défaire par tous les moyens, et c'est la perspective des lyncheurs eux-mêmes, la perspective des lyncheurs sur leur propre lynchage.

Cette thèse se propose d'elle-même parce qu'elle résout tous les problèmes que posent toutes les significations communes. Elle nous fait comprendre pourquoi, au début du mythe, c'est le désordre qui prévaut ; elle nous fait comprendre pourquoi la victime, au moment où elle se fait collectivement chasser, passe pour avoir commis le type de crime qui, tout de suite ou à la longue, menace la communauté tout entière. Elle nous fait comprendre pourquoi le lynchage de cette victime apparaît comme une chose juste et bonne. Seule la perspective des lyncheurs, et de leurs héritiers au cours des âges, la communauté religieuse, peut expliquer la certitude inébranlable que la victime est réellement toute-puissante pour le mal et qu'elle doit être détruite, autrement dit que le lynchage est bien fondé. Seule la perspective des lyncheurs réconciliés par l'unanimité même de ce transfert mais incapables de comprendre le mécanisme mimétique de cette réconciliation peut expliquer que la victime, au terme de l'opération, ne soit pas seulement exécrée mais divinisée, puisque c'est elle et non pas les lyncheurs eux-mêmes qui va passer pour responsable de la réconciliation. C'est la divinisation qui révèle l'efficacité du lynchage, car elle ne peut reposer que sur une impuissance totale à repérer le transfert dont la victime fait l'objet, et c'est à ce transfert unanime, bien sûr, que la communauté doit d'être réconciliée ; c'est bien pourquoi le retour à la paix et à l'ordre est attribué à la victime.

À la lumière de notre hypothèse, non seulement la structure paradoxale s'éclaire, mais trop de détails deviennent intelligibles pour ne pas forcer la conviction. Songeons, par exemple, aux aspects fantastiques de l'accusation qui pèse sur la victime. Le dieu ojibwa soulève son bandeau et l'Indien qu'il regarde tombe mort. Milomaki empoisonne la nourriture des Indiens sans même la toucher, semble-t-il, par le seul fait de sa présence. Dans beaucoup de sociétés on dirait de Milomaki et du dieu ojibwa qu'ils ont le mauvais œil, le *malocchio* sicilien. Le fantastique de la mythologie n'est pas aussi libre et imprévisible qu'on le dit. Il appartient à un type bien déterminé. On a fait des efforts pour déterminer ce type mais les réponses proposées, psychanalytiques, esthétiques, mystiques, n'ont jamais révélé l'essentiel. Nous avons affaire ici à quelque chose de social, de collectif, mais ce n'est pas Jung avec ses archétypes à l'eau de rose qui peut nous éclairer.

Le mauvais œil est un thème culturel banal ; on le

retrouve dans de nombreuses communautés qu'on se permettait, jusqu'à ces derniers temps, de qualifier d'«arriérées», précisément parce que les thèmes de ce genre non seulement y circulent mais font l'objet d'une croyance universelle. Nous n'attachons guère d'importance à la chose ; nous y voyons des «survivances magiques» sans conséquences sérieuses sur les rapports humains. Nous ne pouvons pourtant pas ignorer que les accusations de ce genre entraînent presque toujours un ostracisme de fait, et parfois la persécution et la mort pour ceux qui y sont exposés[47].

La croyance au mauvais œil permet d'attribuer à n'importe quel individu tout ce qui se passe de fâcheux dans une communauté. Puisque le mauvais œil peut fonctionner à l'insu de celui qui le possède, de ses «intentions amicales» comme dit Lévi-Strauss, la victime de cette terrible accusation ne peut rien dire pour se défendre qui ne se retourne contre elle ; elle ne peut invoquer aucun témoignage. Il lui est absolument impossible de se disculper. Des inconvénients les plus mineurs aux pires désastres, il n'est rien qu'on ne puisse imputer au mauvais œil, y compris les catastrophes qui transcendent toute responsabilité individuelle, une maladie épidémique par exemple. C'est Œdipe...

Le mauvais œil, c'est l'accusation mythique par excellence et on peut ramener à elle toutes sortes de thèmes culturels bien connus qui en dérivent mais que nous ne rapprochons pas de lui car ils nous apparaissent dans le contexte transfiguré et littéralement sacralisé de la culture classique. Le pouvoir étrange qu'a Œdipe de conférer la peste aux Thébains, de toute évidence, n'est qu'une variante traditionnelle du mauvais œil. Dans *les Bacchantes*, c'est la *mala curiositas* de Penthée, le désir pervers dont il fait preuve d'espionner les Bacchantes qui excite la rage de celles-ci. Avant de chercher les significations psychanalytiques du voyeurisme de Penthée, il faut replacer le phénomène dans son véritable contexte collectif et sociologique une fois de plus. Dans toutes les sociétés où les propensions à la violence collective continuent à fermenter, la terreur du «mauvais œil» est présente, et elle apparaît souvent sous la forme d'une crainte, en apparence rationnelle, des regards indiscrets, crainte dont fait partie, bien entendu, l'«espionite» du temps de guerre. Dans le Sud des États-Unis, il y a un rapport étroit, j'en suis sûr, entre la perpétuation du lynchage et l'obsession bien connue du *Peeping Tom* qui, jusqu'à ces dernières années, gardait quelque chose de très frappant pour le visiteur.

Si le mauvais œil a quelque chose de privilégié, dans toute l'accusation mythique, c'est parce que la puissance conflictuelle du mimétisme, en dernière analyse, est en jeu, et cette puissance, qui pour s'exercer exige le regard, est tout entière projetée sur la victime émissaire. De nos jours, l'accusation du mauvais œil peut prendre une forme subtile mais c'est toujours le groupe humain aux prises avec des tensions trop fortes et des conflits insurmontables qu'elle tente, et la tentation consiste à projeter l'indicible et l'insoluble de ces tensions sur une victime qui, bien entendu, n'en peut mais. Le fantastique des accusations mythiques, en somme, se retrouve dans les groupes qui restent sujets aux formes les plus élémentaires et grossières de la violence collective.

Même si nous admettons que les représentations accusatrices et violentes parfois manquent de netteté, dans le cas du mythe ojibwa par exemple, ou même du mythe tikopia, et que l'aveuglement des observateurs bénéficie dans ces cas-là de circonstances atténuantes, le rapprochement qui s'impose entre ces mythes du lynchage à demi visible et les mythes du lynchage tout à fait visible, comme le mythe de Milomaki, ou *tous les épisodes sans exception du cycle de Dionysos*, devrait finir par éclairer même les observateurs les plus résolus à ne rien voir. Le lynchage plus ou moins explicite figure dans la majorité certainement des mythes de la planète. C'est l'action mythique la plus fréquente, de loin la plus caractéristique et pourtant c'est en vain qu'on la cherche à l'index des *Mythologiques* de Lévi-Strauss ou des autres ouvrages spécialisés. Même si ce n'est qu'une représentation gratuite, qui nous expliquera une aussi étonnante récurrence ?

G. L. : Puisque la science, nous dit Lévi-Strauss, c'est l'étude des récurrences, nous sommes obligés de nous poser sur la nature de l'élimination radicale une question qu'il se refuse lui-même à poser...

R. G. : Ce n'est pourtant pas de la représentation du lynchage à elle seule, je le répète, que je conclus à la réalité du lynchage. Ce n'est pas non plus de l'attribution à la victime d'accusations aussi significatives que le mauvais œil. Ce qui oblige l'observateur vraiment pourvu d'esprit scientifique à conclure que le lynchage ne peut manquer d'être réel, c'est *la conjoncture constante de ces deux types de représentations*. Le genre même d'invraisemblance qui caractérise les accusations mythologiques renforce la vraisemblance des représentations de la violence collective, et *vice versa*. Pour susciter la conjonction des deux types, il n'y a qu'une explication satisfaisante et c'est le lynchage réel ; cette conjonction c'est la perspective des lyncheurs eux-mêmes quand ils rendent compte de leur lynchage ; comment y aurait-il partout cette perspective des lyncheurs s'il n'y avait pas du lynchage pour la susciter ? La combinaison particulière de thèmes que nous offre la mythologie, des signes de crise aux signes de réconciliation, contre la victime et autour d'elle, ne peut pas s'expliquer autrement mais elle s'explique désormais de façon complète et parfaite, par la seule présence derrière le mythe d'un lynchage nécessairement réel.

J.-M. O. : Si ce lynchage a réconcilié une communauté en proie à la discorde, et s'il nous est rapporté par cette communauté elle-même et par ses héritiers, il ne peut nous être rapporté que dans la perspective transfiguratrice forcément impliquée par l'effet réconciliateur. Tout ce que nous appelons mythologie n'est rien d'autre en somme que le résultat de cette perspective sur le plan textuel, de même que tout ce que nous appelons rite n'est rien d'autre que le résultat d'une volonté compréhensible chez les lyncheurs non plus seulement de se remémorer mais de reproduire dans des actions réelles et sacrificielles l'événement réconciliateur.

R. G. : Il y a deux groupes de traits communs à nos trois exemples : d'un côté l'élimination radicale, positivement qualifiée, de l'autre la connotation négative (en réalité une double connotation négative et positive) du fragment éliminé. Ces deux groupes restent séparés chez Lévi-Strauss. Ils ne peuvent se rejoindre et s'articuler que dans la thèse du lynchage fondateur.

C'est bien pourquoi cette thèse s'impose absolument. Elle est seule capable de rendre compte de la combinaison de vraisemblance et d'invraisemblance que les mythes nous présentent.

Rejeter ma thèse sous prétexte que *le structuralisme nous a appris à ne pas confondre les représentations avec leur référent*, c'est se méprendre complètement sur les raisons qui m'obligent à postuler le lynchage réel derrière la mythologie. La représentation du lynchage, dans les mythes, se retrouve toujours dans un contexte qui nous oblige à inférer sa réalité, parce que seule cette inférence peut illuminer le mythe dans son ensemble et dans tous ses détails.

G. L. : Résumons-nous :
1) le thème de l'indifférenciation violente, c'est-à-dire le type de contexte social qui tend à susciter la violence collective ;
2) des accusations caractéristiques des violences collectives du type pogrom, lynchage, etc. ;
3) la représentation de la violence collective ;
4) le thème de la fondation ou re-fondation culturelle qui suggère les effets apaisants du lynchage et son élection comme modèle de l'action rituelle ;
5) le facteur essentiel, celui qui lance tout le monde sur une fausse piste, mais le plus révélateur une fois qu'on a compris, c'est que l'accusation contre le héros mythique ne se donne pas pour une simple accusation mais pour une donnée absolument certaine, pour un fait incontestable.

158

J.-M. O. : Il faut souligner ce paradoxe : le trait qui se transforme en preuve décisive une fois qu'on l'a vraiment compris est aussi le trait qui a toujours trompé tout le monde, la «connotation négative» du héros mythique.

R. G. : Il y a une force prodigieuse dans la présente lecture, une fois qu'on l'a vraiment comprise. C'est ici, je n'hésite pas à l'affirmer, l'explication dernière de la mythologie, non seulement parce que d'un seul coup il n'y a rien d'obscur, tout devient intelligible et cohérent, mais parce qu'on comprend, du même coup, pourquoi les croyants d'abord, et à leur suite les incroyants, ont toujours passé à côté du secret pourtant si simple de toute mythologie. Les premiers sont aveugles parce qu'ils font aveuglément confiance à toutes les représentations mythiques ; les seconds substituent à cette confiance une méfiance également aveugle et abstraite parce qu'elle porte une fois de plus sur toutes les représentations au même titre. Si le mythe signifie quelque chose, c'est toujours quelque chose d'autre que ce dont il parle directement, les complexes de Freud, la naissance abstraite de la pensée chez Lévi-Strauss.

On ne souligne pas assez le caractère invraisemblable, proprement fantastique de la conception lévi-straussienne. Il n'est pas raisonnable, il n'est pas même pensable d'attribuer à la mythologie tout entière le projet de Paul Valéry dans *la Jeune Parque* : décrire la pensée naissante, la conception première — immaculée bien sûr — de la pensée humaine.

Si surprenante qu'elle paraisse d'abord, la thèse du lynchage fondateur est bien plus vraisemblable que celle de Lévi-Strauss. La mythologie, pour moi, n'a nullement le projet poético-philosophique incroyable que lui attribue le structuralisme. Son vrai projet, c'est de se remémorer les crises et le lynchage fondateur, les séquences événementielles qui ont constitué ou reconstitué un ordre culturel. S'il y a quelque chose de juste et de profond dans l'idée lévi-straussienne, c'est l'idée que la naissance de la pensée est en jeu dans le mythe. Elle est même plus directement en jeu que n'ose le penser le structuralisme parce qu'il n'y a pas de pensée humaine qui ne naisse du lynchage fondateur. Là où Lévi-Strauss a tort, cependant, aussi tort que Paul Valéry, c'est de prendre cette naissance pour une immaculée conception. Il voit dans le lynchage partout répété une simple métaphore *fictive* d'une opération intellectuelle seule réelle. En réalité tout ici est concret ; à partir du moment où on s'en aperçoit, l'imbrication de tous les éléments mythiques devient trop parfaite pour laisser le moindre doute.

Ce qui rend Lévi-Strauss précieux, c'est qu'il nous apporte tous les éléments de la genèse vraie sans jamais comprendre à quoi il a affaire : «élimination radicale»… «action positivement qualifiée», «fragment négativement qualifié», etc. Rien ne manque à l'exception de l'essentiel, bien sûr, de ce mimétisme des rapports humains qui, après avoir décomposé violemment les structures de la communauté, déclenche le mécanisme de «bouc émissaire» qui assure leur recomposition.

C. SIGNES PHYSIQUES DE LA VICTIME ÉMISSAIRE

J.-M. O. : Tikarau boite comme Œdipe, même s'il fait semblant. Je suis frappé des particularités physiques, surtout des infirmités, attribuées, dans un très grand nombre de cas, au héros mythique. Les interprétations abondent et se contredisent. Comment, selon vous, faut-il lire ces signes distinctifs ?

R. G. : Parmi les boiteux célèbres, il y a aussi le Jacob de la Genèse, Héphaïstos et bien d'autres. Lévi-Strauss, lui aussi, a son interprétation de tous ces héros anormaux ou handicapés. Il lui faut rattacher la chose, bien entendu, à son modèle topologique, au fameux problème du «passage de la quantité continue à la quantité discrète» :

Dans tous ces [mythes], ... un système discret résulte d'une destruction d'éléments, ou de leur soustraction d'un ensemble primitif. Dans tous les cas aussi, l'auteur de cet appauvrissement est lui-même un personnage diminué : les six dieux ojibwa sont des aveugles volontaires, qui exilent leur compagnon, coupable d'avoir soulevé son bandeau. Tikarau, le dieu voleur de Tikopia, feint de boiter pour mieux s'emparer du festin... Aveugles ou boiteux, borgnes ou manchots sont des figures mythologiques fréquentes par le monde, et qui nous déconcertent parce que leur état nous apparaît comme une carence. Mais, de même qu'un système rendu discret par soustraction d'éléments devient logiquement plus riche, bien qu'il soit numériquement plus pauvre, de même les mythes confèrent souvent aux infirmes et aux malades une signification positive, ils incarnent des modes de la médiation. Nous imaginons l'infirmité et la maladie comme des privations d'être, donc un mal. Pourtant, si la mort est aussi réelle que la vie et si, par conséquent, il n'existe que de l'être, toutes les conditions, même pathologiques, sont positives à leur façon[48].

Celui que Lévi-Strauss nomme «l'auteur de l'appauvrissement» est aussi, il faut le noter, celui dont la totalité est appauvrie, celui qui est retranché de la communauté, en d'autres termes, la victime. Mais Lévi-Strauss préfère voir les choses dans la perspective de notre critique littéraire et traiter l'affaire comme une «mise en abyme» de son allégorie topologique. Il n'est pas difficile de montrer que, là aussi, il se trompe. Même une connaissance très superficielle de la mythologie nous révèle que l'organe augmenté ou supplémentaire joue exactement le même rôle que l'organe manquant ou diminué. Le bossu, lui aussi, est un héros mythologique bien connu, et sa bosse constitue une addition, bien sûr, et non une soustraction. La claudication elle-même doit appartenir à ce type quand elle se définit non comme une jambe raccourcie mais comme le célèbre «pied enflé» du fils de Laïos.

La lecture de Lévi-Strauss est manifestement fausse. Celle des freudiens a le mérite, au moins, de reconnaître qu'il peut y avoir infirmité par augmentation aussi bien que par diminution. On peut toujours renvoyer au bon vieux symbole phallique, en somme, tout ce qu'il est impossible de rapporter à la castration et *vice versa*. Il y a pourtant un thème mythologique qui met la psychanalyse en échec et c'est le thème explicitement sexuel. La théorie psychanalytique du symbole exige que l'élément sexuel soit refoulé pour être transposé. La bosse de Polichinelle, étudiée par Ernest Jones, fait parfaitement son affaire. Dans beaucoup de mythes, par contre, l'objet qui devrait être caché est bien trop en évidence pour qu'une explication par le refoulement reste satisfaisante. Que faire, par exemple, de ces mythes nord-américains dans lesquels le trickster possède un organe d'une longueur si extraordinaire qu'il doit le porter enroulé autour de son cou, jusqu'au moment, bien sûr, où il en dispose de façon définitive, tantôt en se le faisant couper, tantôt en se le coupant lui-même, toujours en tout cas, dans une opération déplorablement explicite sous le rapport du *complexe* de castration. Seul le complexe, rappelons-le, et non la castration elle-même, devrait montrer le bout de son nez.

Les freudiens de l'école de Paris sont bien trop malins, bien sûr, pour ne pas avoir réponse à ces objections. Ils ont découvert l'abîme formidable qui sépare le pénis du phallus et autres belles choses qui les mettent à l'abri de toute critique concevable et leur permettent de dire absolument n'importe quoi. C'est bien pourquoi, en dernière analyse, les jeux d'esprit les plus brillants n'ont que peu d'intérêt sous le rapport du savoir. L'épuisement graduel des grandes théories, dans leur phase décadente, se caractérise par des rafistolages de plus en plus acrobatiques et subtils mais qui ne prouvent pas grand-chose, en fin de compte, sinon qu'il est temps de passer à autre chose. Les théories lacaniennes du symbole ressemblent, sous ce rapport, à la théorie lévi-straussienne de l'infirmité mythique comme mise en abyme du modèle topologique. Toute cette préciosité, à la longue, ne peut manquer de lasser et elle conduit infailliblement au scepticisme absolu, que nous voyons fleurir autour de nous.

J.-M. O. : Le plus grave pour ceux qui grandissent dans ce climat intellectuel débilitant, c'est que les intuitions vraiment révolutionnaires qui pourraient balayer tout cela et qui finiront bien quelque jour par s'imposer paraissent trop *simples* pour mériter l'attention.

R. G. : La recherche d'interprétations toujours plus subtiles aveugle les interprètes à ce qui littéralement leur crève les yeux. Pour comprendre ce qu'il en est, il faut se tourner, comme toujours, vers les groupes humains les plus arriérés, et les plus fermés. Là où il n'y a ni minorités raciales, ni minorités religieuses pour polariser la majorité, ce n'est pas encore tout à fait au hasard, nécessairement, que les victimes sont choisies. Il y a encore d'autres facteurs qui peuvent orienter le mimétisme et ce sont les facteurs physiques, tout ce qui fait qu'un individu est moins bien adapté à la vie sociale que les autres et l'empêche de passer inaperçu. C'est d'ailleurs pourquoi le rôle de l'infirmité, dans la mythologie, va très au-delà de ces soustractions et de ces additions d'organes auxquelles nous nous sommes jusqu'ici limités. Le défaut de langue de Moïse joue le même rôle que le pied enflé d'Œdipe. Et aussi cette odeur nauséabonde que répandent certains héros des mythes analysés par Lévi-Strauss.

J.-M. O. : Je pense que l'infirmité, en elle-même, représente une différence, et en tant que telle elle aimante la mimésis. J'ai observé par exemple que, lorsque dans un groupe d'enfants il y en a un qui est bègue ou boiteux, les autres se mettent irrésistiblement à l'imiter et ce n'est que secondairement et en raison de la réaction de l'infirme que cette imitation est vécue comme moquerie, et bientôt comme persécution.

R. G. : La mention que vous faites des enfants me paraît très suggestive. Pour comprendre les mythes, il suffit, je pense, d'observer le comportement des groupes enfantins. Leur persécution prend pour cible de préférence, comme chez les adultes d'ailleurs mais plus visiblement, les étrangers, les derniers venus, ou, à défaut, un membre du groupe qu'une infirmité quelconque ou un signe physique distinctif désigne à l'attention de tous les autres membres. Si on réfléchit un instant aux caractéristiques habituelles du souffre-douleur, dans les groupes humains les plus divers, on s'apercevra sans peine qu'on les retrouve toutes, sans exception, dans les mythologies de la planète entière. Il suffit de regarder les choses en face et de les penser avec simplicité, pour comprendre que nous tenons dans l'infirmité mythique une preuve de plus de ce que nous n'avons pas cessé de prouver depuis que nous parlons ensemble ; la mythologie ne se distingue des modes intelligibles de la persécution que par notre impuissance immémoriale à la déchiffrer, notre volonté farouche de méconnaître jusqu'au bout la réalité de la violence et sa puissance génératrice là même où elle s'exhibe avec le plus d'impudence et, on est presque tenté de dire, d'innocence.

Pour nettoyer notre esprit de toutes les fausses subtilités néo-freudiennes ou structuralistes et aussi pour dépassionner le débat, il faut reconnaître que la question du signe physique s'enracine beaucoup plus « bas » qu'on ne le pense, si « bas » en vérité qu'on peut en retrouver les prémices dans la vie animale. Pour comprendre ce qu'il en est du rôle joué par l'infirmité ou la difformité dans la mythologie, il faut certainement songer aussi et d'abord à la façon dont, chez les bêtes de proie, s'effectue la sélection de la victime au sein d'un vaste troupeau composé de nombreux individus identiques. C'est toujours la bête qui tranche sur l'uniformité générale qui est choisie, et cette différence visuelle, c'est toujours l'extrême jeunesse qui la cause, ou au contraire la vieillesse, ou une infirmité quelconque, qui empêche l'individu choisi de se mouvoir exactement comme les autres, de se comporter en toutes choses exactement comme les autres. S'il est vrai, comme le prétendent les éthologistes, que ce procédé de sélection a des résultats satisfaisants sur le plan écologique, nous avons un exemple de plus d'interpénétration relative entre les équilibres purement naturels et les équilibres sacrificiels des sociétés humaines.

G. L. : Ce que vous dites, Lévi-Strauss doit bien le pressentir un peu pour recommander à ses lecteurs, comme il le fait, de ne pas se laisser «déconcerter».

R. G. : La grande faiblesse de la pensée moderne, c'est la fausse identification qu'elle a toujours faite entre le scientifique et le gommage des rapports vivants, leur réduction à la pure objectivité des choses. Plus que jamais, Lévi-Strauss succombe à cette illusion quand il traite les victimes de fragments, leur mise à mort d'élimination logique, et les effets de cette mort comme passage du continu au discontinu. Il se croit supérieurement scientifique alors qu'en réalité, tout comme les mythes avant lui, il ne fait qu'inventer un nouveau jargon pour transfigurer le lynchage.

Pour être tout à fait honnête, d'ailleurs, il faut reconnaître que le langage structuraliste que nous venons d'analyser est supérieur aux langages qui l'ont précédé. Il fait *avancer* les choses car il dégage une certaine armature logique qui est vraiment là. De même le quatrième essai de *Totem et Tabou* fait avancer les choses en révélant la présence structurale du meurtre collectif au cœur de la mythologie.

J.-M. O. : Lévi Strauss est donc plus proche de Freud qu'il ne le pense ; il suffirait de lire le modèle logique dans la perspective du meurtre de Freud, ou de lire le meurtre de Freud dans la perspective logique de Lévi-Strauss pour arriver à l'hypothèse que nous sommes en train de formuler.

R. G. : Nous ne faisons rien d'autre. Et nous pouvons constater, une fois de plus, que même si elle constitue sous bien des rapports une rupture formidable avec tout ce qui la précède, notre hypothèse se situe dans le prolongement direct non pas de quelques-unes seulement mais de toutes les grandes intuitions ethnologiques qui l'ont précédée. La présenter comme une espèce d'invention farfelue, dans le style du sensationnalisme actuel et du *marketing* théoricien, ne pas reconnaître son classicisme ethnologique, c'est lui faire une grande injustice.

C'est pourquoi il était nécessaire, je pense, de montrer les rapports que cette hypothèse entretient avec le type de modèle développé par Lévi-Strauss à propos de la mythologie. Nous saisissons ce rapport quand nous monte finalement aux lèvres, en lisant certaines versions structuralistes des *Bacchantes* par exemple, la phrase inépuisable de Molière : «Ah! qu'en termes galants ces choses-là sont mises !»

G. L. : Il n'est pas interdit de sourire, je pense, mais votre lecture de Lévi-Strauss n'est que très secondairement négative et polémique. Que les «choses» en question soient signifiées en termes trop galants pour l'intelligence de l'essentiel, c'est bien évident, mais l'important est qu'elles soient vraiment là et qu'on puisse rendre le lynchage manifeste dans le discours lévi-straussien lui-même, c'est-à-dire dégager l'élément vraiment scientifique dans la scientificité métaphorique du topo-structuralisme. Chez Lévi-Strauss, en somme, comme chez Freud, ces choses-là sont vraiment mises et la phrase de Molière a un sens positif. Chez les épigones, par contre, seule la galanterie demeure, toujours plus maniériste et bavarde. La substantifique moelle s'est évanouie et tout favorise le nihilisme cognitif où nous sommes en train de nous noyer.

R. G. : Il serait intéressant, pour terminer, mais aussi un peu inquiétant, de réfléchir aux véritables «connotations», comme diraient les structuralistes, du modèle topologique inventé par Lévi-Strauss. Ce modèle est celui de l'encombrement. Comment diminuer cet encombrement, comment réduire le peuplement excessif du champ pour qu'on puisse y évoluer plus à l'aise ? Telle est la question qui se pose perpétuellement. Derrière l'apparence de la logique la plus froide, en vérité, une hantise de la surpopulation transparaît, riche certainement d'implications psycho-sociologiques ; on la retrouve un peu partout à l'heure actuelle. C'est la hantise majeure des pays dits « développés ».

La situation tragique de l'humanité se pose aujourd'hui en termes non seulement de destruction totale à éviter, mais aussi de destruction sélective à promouvoir, ce qui devient impossible, justement, à une époque où toute destruction sélective risque de glisser vers la destruction totale. La question, en somme, c'est de réduire la population sans l'anéantir entièrement. C'est une question proprement sacrificielle que reflète assurément le modèle « topologique » de Lévi-Strauss. Ce modèle nous fait aussi songer à toutes les situations urbaines d'encombrement excessif ; aux encombrements de la circulation, par exemple, ou à l'autobus trop plein dont il suffit d'éjecter un unique passager, peut-être, pour que tout le monde se trouve aussitôt plus à l'aise. À notre époque, en somme, la question du bouc émissaire se dissimule volontiers derrière les statistiques et les angoisses spécifiquement modernes que suscite leur gonflement.

CHAPITRE V

LES TEXTES DE PERSÉCUTION

A. Texte mythique et référent

J.-M. O. : Ce que vous dites, en somme, c'est que, même dans le cas de la mythologie considérée isolément, la thèse du lynchage fondateur s'impose. L'ensemble des représentations mythiques ne s'explique vraiment qu'en fonction de ce lynchage, doublement mystificateur, puisqu'à la malfaisance absolue du bouc émissaire succède et se superpose sa bienfaisance absolue : les deux choses ensemble ne font qu'un avec un double transfert sur la victime, de la discorde et du désordre d'abord, de la concorde et de l'ordre par la suite.

Tout ce que l'analyse comparée des interdits et des rituels nous oblige à postuler, la crise mimétique et le mécanisme victimaire, la décomposition et la recomposition des ordres culturels, les mythes nous y obligent aussi. Les mythes cherchent toujours à se remémorer ce que les rituels cherchent à reproduire, toujours la même séquence événementielle dont l'hypothèse s'impose quelle que soit la forme religieuse considérée.

R. G. : Vous avez raison d'insister car, dans le climat de notre temps, il y aura toujours des gens pour penser que notre hypothèse se ramène à déduire la violence collective réelle du simple fait qu'elle est souvent représentée dans le mythe, à glisser sans nous en apercevoir de la représentation au «référent». On nous accusera donc de ne pas tenir compte de «tout ce que Lévi-Strauss et ses successeurs nous ont appris»; on s'imaginera que nous faisons preuve d'une confiance naïve envers la représentation.

J.-M. O. : À aucun moment votre hypothèse ne viole les principes de ce qu'on appelle l'analyse immanente, c'est-à-dire une analyse qui porte exclusivement sur les données textuelles de l'ensemble à considérer. Ce sont les résultats de cette analyse tout intérieure, je le répète, entièrement limitée aux significations qui obligent finalement l'analyste à transgresser la règle d'immanence, non plus cette fois de façon naïve, dans un glissement irréfléchi, mais par une démarche délibérée et toujours très consciente d'elle-même. Sans lynchage réconciliateur, les significations restent isolées les unes des autres et incompréhensibles. Elles se rassemblent par contre et s'éclairent toutes parfaitement si on accepte de voir en elles le compte rendu d'un lynchage réconciliateur dans la perspective des lyncheurs.

L'affirmation du référent n'est plus ici la progéniture illégitime d'une critique insuffisante, c'est au contraire la dernière étape de la critique la plus radicale, c'est la

method: immanent analysis &
going beyond it

seule réponse adéquate à un problème d'interprétation que personne n'a jamais été capable de résoudre.

R. G. : C'est bien parce que le lynchage s'impose, à partir de l'ensemble des représentations et non pas seulement de celles qui le représentent lui-même, que la solution proposée par moi constitue, ici comme ailleurs, une hypothèse. Je la dis hypothétique, je le répète, non pas parce qu'elle est particulièrement douteuse, elle est au contraire tout à fait certaine, mais parce qu'elle n'a rien d'immédiat, parce qu'elle ne se ramène pas, justement, à une assimilation suspecte entre les représentations et la réalité.

J.-M. O. : Nous nous trouvons aujourd'hui dans une situation intellectuelle défavorable à votre hypothèse. Le principe de l'analyse immanente, parfaitement légitime et qui constitue un progrès réel, tend à se durcir, avec le structuralisme et après lui, surtout chez les épigones, en une espèce de dogme métaphysique inavoué.

L'ordre interne du texte, le système différentiel, est la seule chose, dans une œuvre littéraire, qui nous soit directement accessible, et parfois la seule qui vaille la peine d'être étudiée, car chez certains artistes, c'est la création du sens qui domine, ou si l'on préfère la production ou la fabrication.

R. G. : Pour reconnaître et expliciter l'ordre du texte, et parfois aussi son désordre, tout ce qui fait de lui une entité fermée sur elle-même ou ouverte seulement sur d'autres textes, des méthodes se sont développées qui ont suscité tant d'enthousiasme chez les chercheurs que le glissement inverse à celui que nous venons d'évoquer s'est produit ; la théorie actuelle tend à basculer dans l'erreur inverse et parallèle à celle du vieux positivisme ; l'interprétation est tellement obsédée par la textualité et l'intertextualité qu'elle finit par déclarer non pertinente, ou même par exclure formellement, toute possibilité d'un ancrage extra-textuel, surtout celui auquel le texte prétend lui-même se rapporter.

À cette expulsion violente de toute référentialité extérieure au texte lui-même, il existe des exceptions, mais elles portent toujours, sur des référents qui ne figurent jamais dans ce même texte, des référents qui, par définition, ne peuvent s'y montrer sous aucune forme, le texte n'étant là que pour les dissimuler. De nos jours d'ailleurs, ce qui reste de psychanalyse et de marxisme parmi nous étant toujours plus «textualisé», ces exceptions ont de moins en moins d'importance ou sont même discréditées.

Quoi qu'il en soit, mon hypothèse d'un référent réel pour la mythologie, et qui plus est d'un référent qui peut être représenté dans le mythe lui-même, d'une façon forcément inadéquate sans doute mais néanmoins suggestive, viole non pas le principe légitime de l'analyse immanente, je le répète, mais tout ce qu'entraîne l'absolutisation indue de ce principe. Pour la théorie actuelle, mon hypothèse constitue un scandale théorique.

G. L. : Vous vous trouvez dans une situation paradoxale. Ce qu'il y a de plus neuf et d'efficace dans votre démarche risque de passer pour simplement «démodé» et «régressif» aux yeux de gens qui transforment ce qu'il y a de valable et de fécond dans les méthodes actuelles en un nouveau dogmatisme, pur et simple renversement des attitudes qu'il s'agit de répudier, leur émule, en fin de compte, pour l'aveuglement et la stérilité.

C'est d'autant plus difficile à éviter, je pense, que votre hypothèse, parce qu'elle transcende certaines limitations des méthodologies actuelles, ramène sur le tapis beaucoup de choses que celles-ci se sont vues dans l'obligation d'exclure, non pas parce qu'elles pouvaient démontrer leur inexistence ou leur non-pertinence, mais parce qu'elles n'avaient pas les moyens de parler d'elles et qu'elles ne pouvaient conquérir leur efficacité relative, dans le domaine très limité de la synchronie, qu'en les éliminant de façon systématique, et en ramenant toute dimension temporelle, par exemple, à une conception de la diachronie ridicule à force de pauvreté et de vacuité, mais temporairement inévitable.

170

R. G. : On a fini par transformer tout cela en un nouvel évangile et par en faire un nihilisme textuel beaucoup plus tyrannique et oppressif que tous les nihilismes antérieurs ; cette fois, c'est la possibilité même de la vérité dans le domaine de l'homme qui nous est refusée, c'est la notion même de l'homme et de l'humanité, nous dit-on, qui est en train de se dissoudre, la possibilité de découvrir quoi que ce soit de décisif est niée de façon autoritaire, il n'y a plus que du langage, et c'est toujours à vide, en dernière analyse, que fonctionne le langage puisqu'il ne peut jamais se rapporter qu'à lui-même.

Cette réduction de toutes choses au langage, cette circularité infinie du langage, c'est le triomphe d'une certaine philosophie sceptique. Il serait inutile, je pense, et même pire qu'inutile, à ce point crucial, d'engager un débat théorique avec ce théorisme quintessentiel.

Heureusement pour nous, nous n'avons pas à nous enfoncer dans des discussions qui feront d'autant mieux l'affaire de l'adversaire qu'elles seront plus oiseuses. Rien n'est plus retors, rien n'est plus difficile à prendre en défaut, que ce terrorisme du langage à la fois souverain et nul. Et pourtant rien n'est plus fragile pour peu qu'on sache s'y prendre, rien n'est plus facile à refuser sur le plan textuel lui-même. Il suffit d'introduire dans le débat une catégorie de textes pas encore mentionnée par nous.

B. LES TEXTES DE PERSÉCUTION

R. G. : Il n'y a aucune raison pour ne pas rapprocher de tous les autres, et en particulier des textes littéraires, philosophiques et mythologiques, la catégorie que j'ai en vue. On nous répète sur tous les tons que tous les textes n'en font qu'un et que toutes les séparations de genre sont arbitraires ; c'est à la lettre que je vais prendre cette affirmation.

Il suffit d'invoquer les textes en question pour démontrer qu'on ne peut pas prendre au sérieux les attitudes qu'on oppose à mon hypothèse. Ceux-là mêmes qui épousent ces attitudes ne peuvent le faire que parce qu'ils excluent systématiquement ces textes de leurs analyses. Dès que je ferai appel à cette catégorie, vous le verrez, les plus farouches adversaires du référent extra-textuel non seulement vont renoncer à leurs positions mais ils vont se ranger à mes côtés; ils vont proclamer eux-mêmes la réalité non pas de n'importe quel référent mais du référent même que je déclare nécessaire pour la mythologie, la violence collective contre des victimes arbitraires.

J.-M. O. : J'admire la confiance dont vous faites preuve et nous attendons pour juger que vous sortiez de votre manche ces textes vraiment miraculeux puisqu'ils sont capables, dites-vous, de rendre à la parole son poids en réduisant au silence ceux qui ne cessent de parler contre elle. Quels sont ces textes qu'il suffit d'invoquer, comme le serpent d'airain au milieu des Hébreux, pour anéantir d'un seul coup l'hydre à mille têtes du nihilisme anti-référentiel ?

R. G. : Vous allez voir que ma confiance n'est pas mal placée. Je vous donne sans plus attendre un exemple de ces textes qui m'intéressent. Le Moyen Âge nous a laissé des documents, d'origine chrétienne, qui rapportent des violences collectives pendant la terrible peste noire au milieu du XVe siècle[49]. Les victimes peuvent être des étrangers, des malades, en particulier des lépreux, et tout particulièrement, bien entendu, des juifs. Limitons-nous à ce dernier cas. Dans ces textes, les significations, *grosso modo*, se répartissent comme suit :

1) La communauté est en crise; la peste fait des ravages terribles, les distinctions hiérarchiques s'effacent; les valeurs traditionnelles sont foulées aux pieds; partout c'est le triomphe du désordre, de la violence et de la mort.

2) Les juifs sont en révolte contre le vrai Dieu. Ils commettent des crimes contre nature, dans le genre infanticide, inceste, profanations rituelles, etc. Les juifs

ont le mauvais œil; il suffit d'en rencontrer un par hasard et le malheur survient. Les juifs doivent être responsables de la peste. On les a vus qui jetaient du poison dans les fontaines, ou peut-être ont-ils soudoyé les lépreux pour le faire à leur place.

3) Violences collectives contre les juifs.

4) C'est purifier la communauté que d'agir ainsi car c'est évacuer une forme de pollution particulièrement néfaste.

Ces quatre groupes de significations se retrouvent, plus ou moins distincts, dans tous les textes analogues à ceux de la persécution antisémite. Derrière les lynchages de Noirs dans le Sud des États-Unis, par exemple, nous pouvons repérer sans difficulté aucune un texte du même genre. Même s'il ne se trouve guère sous une forme écrite nous savons que ce texte a existé et qu'il existe encore sous une forme orale.

Ces quatre mêmes groupes de significations ne sont pas étrangers à la mythologie. Il n'est pas un des mythes que nous avons mentionnés jusqu'ici où on ne puisse les repérer, qu'il s'agisse du mythe ojibwa, du mythe tikopia, du mythe de Milomaki ou de ces mythes extrêmement connus que sont les mythes d'Œdipe et celui du meurtre de Penthée.

Nous retrouvons la peste, l'indifférenciation, la violence intestine, le mauvais œil de la victime, l'hubris impie, les crimes contre nature, l'empoisonnement de la nourriture ou de la boisson, l'expulsion ou le meurtre du ou des boucs émissaires, la purification de la communauté. La seule différence, c'est que dans les textes de persécution, la sacralisation de la victime est ou bien tout à fait absente, ou bien à peine ébauchée; c'est la «connotation négative» qui l'emporte. Cette différence ne joue aucun rôle, notez-le, dans la lecture du drame mythique proposée par Lévi-Strauss. Lévi-Strauss n'a absolument rien à dire sur les significations proprement sacrées.

C'est dire que le modèle topologique de Lévi-Strauss, une fois de plus, va s'appliquer au texte de persécution tout aussi bien et aussi mal qu'aux mythes qui l'ont suggéré à Lévi-Strauss. Dans la persécution médiévale comme chez les Ojibwa et les Tikopia nous avons une *élimination radicale* et le ou les *fragments éliminés* passent pour coupables d'actions *négativement qualifiées*. L'élimination elle-même est *qualifiée positivement* et c'est une action *collective* ou tout au moins majoritaire qui s'oppose à la nature individuelle ou minoritaire de toute victime.

On retrouve donc dans les textes de persécution tous les traits communs aux mythes analysés par Lévi-Strauss. Personne, toutefois, et certainement pas Lévi-Strauss lui-même, ne songe à donner une lecture topologique du texte de persécution ; personne ne voit dans l'acte persécuteur un procédé métaphorique pour résoudre un problème purement logique, le passage « à la quantité discrète ».

Si l'historien qui se voit confronté par des textes de persécution nous invitait à « congédier le référent » pour en finir une fois pour toutes avec les interprétations de grand-papa et instaurer le vrai radicalisme, il se ferait traiter d'imbécile ou de provocateur. Le malheureux n'en mériterait pas tant. Il ne ferait qu'appliquer trop à la lettre le dogmatisme anti-référentiel qui triomphe de plus en plus depuis quelques années. Il ne serait qu'un nigaud particulièrement bien dressé, coupable de prendre au sérieux des outrances faites pour rester « purement théoriques », parfaitement indifférentes, au fond, à l'énigme formidable et désormais déchiffrable que posent les textes mythologiques et la religion primitive dans son ensemble.

Pour critiquer de façon vraiment efficace les thèmes mythiques du texte antisémite, le mauvais œil, l'inceste, l'empoisonnement des fontaines, il faut être capable d'y reconnaître les accusations typiques d'une certaine violence collective. Or, c'est de cette violence collective elle-même que le texte fait état. Cette violence collective, le texte nous dit qu'elle a eu lieu et qu'elle a eu lieu dans des circonstances susceptibles de la provoquer. Les Juifs sont les boucs émissaires favoris de la société médiévale, mais les périodes de persécution intense se

174 *problem of reference*

produisent presque toujours quand la communauté, pour une raison ou pour une autre, est en crise. La foule rejette sur des victimes impuissantes la responsabilité de son propre désarroi, une responsabilité qui ne peut relever d'aucun individu ou groupe d'individus particuliers. La collectivité se donne ainsi l'illusion de reconquérir sur son propre destin une espèce de maîtrise.

Le lecteur n'a pas besoin d'être très savant pour comprendre que les représentations fantastiques du texte antisémite, le mauvais œil, par exemple, ne sont pas réelles mais il se garde d'en conclure que toutes les significations du texte sont également irréelles. Loin de rendre toutes les représentations également invraisemblables, l'invraisemblance des accusations dont les victimes font l'objet renforce la vraisemblance de la violence collective. Comme dans les mythes, en somme, l'invraisemblable et le vraisemblable se combinent de façon à suggérer le compte rendu d'une persécution parfaitement réelle mais plus ou moins faussée et transfigurée parce qu'elle nous est rapportée dans la perspective des persécuteurs eux-mêmes.

Notre document est visiblement mystifié mais on ne peut pas en conclure que les violences collectives dont il fait état ne sont pas réelles. Le parricide et l'inceste peuvent figurer dans ce texte mais ce n'est pas une raison suffisante pour affirmer qu'il n'y a rien en lui qui ne relève du «fantasme» et de la «production inconsciente».

L'observateur de bon sens situera sans peine les représentations invraisemblables dans le cadre événementiel suggéré par les représentations vraisemblables. C'est pour des raisons avant tout textuelles qu'il postule une crise réelle, une épidémie pathologique ou sociale qui a provoqué la flambée d'antisémitisme virulent, le recours de la société médiévale à son bouc émissaire traditionnel, le juif.

Des hommes qui ont vraiment existé ont été persécutés ; il y a des violences réelles derrière le texte de persécution. L'historien qui parle ainsi est incapable de dire *exactement* ce qui s'est passé. Sa certitude est com-

patible avec une large marge d'incertitude car les prin-
cipales sources d'information dont il dispose, parfois les
seules, ne sont pas dignes de confiance. Cela n'empêche
pas cet historien d'avoir raison quand il affirme la réalité de la persécution.

Il se peut qu'il y ait mille lectures possibles d'un texte
de persécution — de même qu'il y a mille lectures possibles d'un texte littéraire ou philosophique ; il n'est pas
vrai que ces lectures se valent toutes. La lecture qui
affirme la réalité de la persécution est seule valable à
nos yeux. Est-ce que notre choix est purement subjectif,
déterminé par notre appartenance à la culture occidentale tardive ? Sommes-nous motivés à notre insu quand
nous élisons cette lecture de préférence à toutes les
autres par un mythe analogue à celui des Ojibwa ou des
Tikopia, le mythe de l'humanisme moderne ? Sommes-
nous victimes de notre ethnocentrisme ?

Il serait odieux et ridicule de répondre par l'affirma-
tive. On ne peut pas nier, certes, que notre attitude à
l'égard de la persécution ait des résonances éthiques.
Mais ces résonances ne jouent pas un rôle essentiel
dans la certitude que nous avons de lire la persécution
de façon plus objective que tous ceux à qui elle échap-
perait ou qui, l'avant repérée, n'y verraient qu'un aspect
secondaire de la textualité.

Cette certitude que nous avons de tenir la seule interprétation exacte ne repose nullement sur une illusion du
sujet ou sur l'arrogance culturelle qui caractérise l'Occident moderne. Elle repose sur une constatation évidente :
seule l'hypothèse du juif comme « bouc émissaire » réel
de la société médiévale fournit de tous les textes antisémites une lecture qui soit vraiment cohérente et rationnelle. Elle rend compte des significations vraisemblables
comme des significations invraisemblables et du rapport
qui unit les premières aux secondes. Elle rend compte
et de l'ensemble et des détails avec une perfection telle
qu'elle élimine automatiquement non seulement la lecture des persécuteurs eux-mêmes mais toute lecture
concevable qui se ferait inconsciemment leur complice
par son indifférence à la persécution.

176

Sous le rapport théorique, notons-le, cette lecture vraie a un caractère *hypothétique* au même titre exactement que ma lecture du religieux primitif. Nous ne pouvons *voir* la violence antisémite ni de nos propres yeux ni par les yeux de témoins dignes de foi. Quand nous la disons réelle, nous tenons pour exactes sur des points parfaitement déterminés et pour des raisons parfaitement déterminées certaines représentations de textes par ailleurs extrêmement suspects. L'historien n'hésite pas à affirmer que sur ces points-là le texte dit vrai. Et personne ne songe à l'accuser de complaisance envers le texte antisémite. Personne ne l'accuse d'assimiler «naïvement» le signifié du texte à un référent extra-textuel. Personne ne lui fait de querelle au sujet de sa «théorie de la représentation». Personne ne lui demande sévèrement «d'où il parle». Personne ne le soupçonne d'arrière-pensées religieuses quand il fait état du bouc émissaire. Personne ne voit en lui un «mystique de la violence».

Cette hypothèse, vous l'avez déjà reconnue, c'est l'hypothèse que je fais au sujet de la mythologie. Ce n'est donc pas moi qui l'ai inventée ; elle est déjà présente parmi nous. Ce que je propose, en somme, c'est d'étendre à la mythologie proprement dite le type d'interprétation universellement admis pour les seuls textes de persécution.

Le fait que cette interprétation ne soit contestée par personne, pas même par les textualistes les plus fervents, révèle clairement la futilité des arguments théoriques qu'on m'oppose ; ou bien le *non licet* structuraliste et post-structuraliste doit s'appliquer aussi à la lecture que nous donnons tous des textes de persécution ou bien on doit admettre que le référent extra-textuel pourrait s'imposer également dans le cas de la mythologie proprement dite. On ne peut pas rejeter mon hypothèse *a priori* à moins d'aller jusqu'au bout et de la rejeter aussi dans le cas du texte de persécution.

G. L. : La preuve que le nihilisme référentiel qui triomphe à l'heure actuelle n'est qu'une mode superficielle, c'est qu'il n'a pas vraiment réfléchi à ce qui se passerait s'il se prenait lui-même au sérieux et faisait l'objet d'une application systématique. Seuls peuvent lui attacher une importance illusoire ceux qui évoluent dans le monde de la critique littéraire et de la philosophie.

R. G. : Pour comprendre que la puissance critique dont nous nous croyons les maîtres, cette puissance critique qui fait notre fierté, pourrait dissimuler l'aveuglement le plus total joint à la présomption la plus odieuse, il faut se demander ce que produiraient sur des faits aujourd'hui indiscutables, les attitudes de mes confrères, si elles subsistaient encore dans deux ou trois mille ans.

Imaginons par exemple un historien du cinquième millénaire qui travaillerait sur le Sud des États-Unis pendant la période qui va de la guerre de Sécession à l'agitation des *Civil Rights*. Imaginons qu'en plus de nombreux registres de police, comptes rendus d'audience et autres paperasseries administratives, cet historien dispose aussi de certaines œuvres qui se présentent elles-mêmes comme fictives, signées par un individu nommé William Faulkner.

Au sujet des lynchages qui se sont produits pendant cette période, les documents officiels seront presque muets. Si notre historien est suffisamment observateur, il n'en percera pas moins le secret de cette société, à des signes presque imperceptibles mais dont la lecture des romans de William Faulkner lui révélera la signification.

Voilà notre historien en possession de la vérité, mais il y a gros à parier qu'il va passer pour un farceur. On lui expliquera que sa thèse ne correspond absolument pas à ce qu'on sait sur la civilisation occidentale à l'époque considérée. On lui fera honte d'attacher moins de valeur contraignante à la masse formidable et unanime des sources traditionnelles qu'à une poignée de livres qui se présentent eux-mêmes comme *imaginaires*.

Même si l'opinion intellectuelle est plus ouverte qu'elle ne l'est aujourd'hui, il y a bien des chances pour que notre historien ne soit pas écouté. Bien heureux s'il réussit à faire oublier son incartade. Peut-être lui pardonnera-t-on s'il consacre le reste de sa carrière à mettre tout Faulkner en modèles topologiques...

G. L. : Votre comparaison n'est pas tout à fait exacte car les sudistes officiels cherchent à dissimuler les lynchages alors que les mythes et les rituels en font étalage. Croyant, comme vous le dites, au bien-fondé de la violence collective, ils n'ont aucune raison de la dissimuler ; ils ont très bonne conscience et la tâche du mythologue est plus facile que la tâche de votre historien hypothétique.

R. G. : Vous avez raison pour certains mythes, mais je crois possible de montrer que, bien avant les formes modernes de la conscience culturelle, il y a des formes de conscience religieuse qui effacent déjà les traces du lynchage, exactement comme les autorités sudistes. L'évolution entière de la culture est gouvernée par cet effacement.

Il est bien vrai, toutefois, que beaucoup de mythes et rituels font étalage du lynchage. Plus ils en font étalage, plus nos ennemis jurés de la représentation insisteront pour n'en pas tenir compte. L'idée qu'un mécanisme structurant pourrait être représenté dans le texte qu'il structure contredit la conception qu'ils se font de l'inconscient freudien, lacanien, etc. On parle toujours d'une « autre scène », d'un « autre lieu », alors qu'ici c'est de la même scène qu'il s'agit. C'est là quelque chose qui n'est pas dans leur rôle et ils ne veulent pas en entendre parler.

C. LA PERSÉCUTION DÉMYSTIFIÉE, MONOPOLE DU MONDE OCCIDENTAL ET MODERNE

J.-M. O. : Pourquoi la lecture universellement admise pour les textes de persécution n'arrive-t-elle pas encore à s'imposer pour les mythes ?

R. G. : Pour justifier pleinement l'hypothèse il faut expliquer cette différence de traitement.

J.-M. O. : Entre la mythologie et l'exemple de persécution que vous avez choisi, il y a une première différence facile à déceler. Les victimes sont des juifs. Or, les juifs, dans notre univers, hier encore ou même aujourd'hui, restent exposés à toute sorte de discriminations. Entre les persécutions modernes et les persécutions médiévales, il y a une continuité qui facilite l'identification de la victime en tant que victime.

R. G. : L'appartenance de la victime à une minorité ethnique ou raciale la désigne pour le rôle de bouc émissaire. Dans les textes de persécution, par conséquent, nous reconnaissons la victime à des signes culturels. Ces signes ne signifient nullement que les victimes ne sont pas arbitraires. Elles sont parfaitement arbitraires sous le rapport des accusations qui pèsent sur elles. Une fois prise, cependant, la décision qui les choisit comme victimes, cette décision est d'une ténacité incroyable. Les observateurs de bon sens ne l'ignorent pas, et c'est là une des raisons, bien sûr, qui rendent le texte antisémite facile à déchiffrer. La présence dans le texte d'un bouc émissaire déjà repéré nous oblige à prendre très au sérieux toute allusion à la violence collective.

Dans les textes mythologiques nous n'avons rien de tel. Les signes culturels nous manquent. Peut-être existent-ils, au moins dans certains cas, mais nous ne savons pas les déchiffrer. Le code nous échappe. Dans de nombreux cas, sans doute, ils font complètement défaut. La plupart des communautés productrices de mythologie sont trop petites et trop homogènes pour abriter les minorités qui fournissent aux sociétés plus vastes leurs réservoirs de victimes collectives.

G. L. : N'oubliez pas ces signes transculturels que sont les infirmités et les difformités des héros mythiques.

R. G. : Bien sûr. Je suis loin de dire que les mythes sont indéchiffrables mais je me demande pourquoi ils ne sont pas aussi aisément déchiffrables pour nous que les textes de persécution, ou peut-être, pour être plus exacts, pourquoi notre aptitude à déchiffrer les textes de persécution a débuté par ceux de notre monde à nous et n'a pas encore réussi à s'étendre au-delà de ses frontières.

J.-M. O. : Vous n'allez pas me dire que les textes de persécution déjà déchiffrés appartiennent tous au monde occidental ?

R. G. : Mais si. Nous ne pouvons pas nous livrer à une enquête exhaustive bien sûr, mais ce n'est pas nécessaire. Nous ne pouvons pas donner un seul exemple de texte de persécution qui n'appartienne à notre univers ou aux univers dont nous sommes directement issus, le grec et le judaïque.

J.-M. O. : L'un des premiers, je pense, et des plus connus, c'est l'éclairage que donne Platon sur la mort de Socrate.

R. G. : Nous verrons bientôt qu'il y a des textes plus anciens encore et plus décisifs qui ne sont pas grecs. Mais en dehors de nous et de ce qui nous précède directement, il n'y a pas de texte de persécution au sens que je viens de définir. Il faut se demander si cette absence provient du fait que, dans ces univers, la persécution n'existe pas, que c'est un comportement dont nous avons le monopole, ou si cette absence n'est qu'apparente, si nous ne sommes pas trompés par le fait que la persécution, dans les autres univers, ne devient jamais explicite en tant que telle. Ou bien elle ne s'inscrit dans aucun texte, ou bien elle s'inscrit sous une forme transfigurée.

G. L. : Je vois où vous voulez en venir ; les sociétés qui ont des textes de persécution n'ont pas de mythes proprement dits ; les sociétés qui ont des mythes n'ont pas de textes de persécution. Dans les sociétés primitives, la notion même de persécution est absente, la notion de violence est toujours auréolée de sacré. Tout ce qui se révèle chez nous, tôt ou tard, comme persécution, ne nous parvient que sous la forme encore indéchiffrable des textes religieux.

R. G. : Le néo-primitivisme actuel repose tout entier sur l'ignorance où nous sommes du mécanisme fondateur. Il consiste à dire : regardez ces sociétés admirables qui n'ont pas de persécution et qui produisent en abondance cette poésie spontanée de la mythologie complètement tarie chez nous. Cette nostalgie est parfaitement compréhensible tant qu'on ne comprend pas ce qu'il y a derrière les mythes. C'est bien pourquoi elle s'exaspère chez nous à mesure que s'aggravent les conséquences d'une démythification dont les racines sont très loin derrière nous mais dont le progrès s'accélère de plus en plus.

G. L. : Si le néo-primitivisme atteint de nos jours une intensité proprement délirante, c'est sans doute parce qu'il n'en a plus pour longtemps ; c'est au moment où le feu va s'éteindre que le brasier brille de son plus vif éclat.

R. G. : Tout ce que nous disons depuis le début de nos entretiens n'est possible que dans le contexte de ce monde moderne où l'intelligence de la violence humaine s'approfondit de plus en plus. Dans les univers primitifs, nos propos sont impensables ; même s'il y avait des gens pour les tenir, ils seraient absolument inintelligibles. Les phénomènes de persécution dont nous avons parlé ne nous parviendraient pas en tant que tels, ils ne nous apparaîtraient que sous la forme méconnaissable de la mythologie, filtrés par la sacralisation des victimes.

Notre discours s'inscrit à la suite de tout un mouvement intellectuel qui comprend, nous l'avons dit, l'ethnologie entière et les pensées du soupçon. Dans toutes les sciences de l'homme, si imparfaites qu'elles soient, c'est toujours au fond le problème que nous cherchons à résoudre, déjà, qui vivifie la recherche. C'est déjà vers le mécanisme de la victime émissaire que s'oriente le soupçon, même si ces formes intellectuelles n'arrivent jamais au but et se transforment en systèmes dogmatiques, incapables, par conséquent, de renoncer vraiment au sacrificiel.

Si notre démarche ne constitue qu'une nouvelle étape, plus avancée, de la recherche moderne, cette recherche elle-même, considérée dans son ensemble, doit s'inscrire au sein d'un dynamisme beaucoup plus vaste, celui de la société qui, la première, devient capable de déchiffrer comme violence arbitraire la séquence événementielle qui, dans toute l'humanité antérieure et dans toutes les autres sociétés de la planète, n'apparaît jamais que sous une forme mythologique.

Tout suggère que s'il existe une question portant sur l'homme en tant que tel, de nos jours, nous devons ce fait à cette aptitude toujours grandissante qui nous caractérise à déchiffrer les phénomènes de violence collective et à en faire des textes de persécution plutôt que des mythes. La question de l'homme et la question de la violence comme méconnaissance prennent leur vrai sens, en fonction l'une de l'autre. La révélation du mécanisme fondateur comme mécanisme non seulement du religieux et de la culture mais de l'hominisation elle-même constitue une étape décisive. Le fait que ces trois questions, aujourd'hui, finissent par se rejoindre n'est pas préparé seulement par la pensée moderne et les sciences de l'homme ; tout cela s'inscrit dans le contexte plus vaste d'une société capable depuis des siècles de freiner puis d'empêcher complètement, partout où s'étend sa juridiction, c'est-à-dire de proche en proche à la planète entière, la production des mythes et des rituels, la transfiguration sacrée des phénomènes de violence.

La société qui produit des textes de persécution est une société en voie de désacralisation. Nous ne sommes pas les premiers à constater que tous ces phénomènes sont concomitants mais nous sommes les premiers à comprendre qu'ils doivent l'être et pourquoi ils le sont.

Tout ce dont nous parlons en ce moment peut se ramener au mécanisme de réconciliation victimaire qui échappe de plus en plus à la méconnaissance. On peut utiliser ici, pour mieux se faire comprendre mais sans se faire d'illusion sur sa valeur réelle, une métaphore spatiale. On peut dire qu'en dehors de notre société, ce mécanisme est toujours invisible, parce qu'il est en retrait, parce qu'il se tient *derrière* les hommes. Dans la société judéo-occidentale, par contre, il sort peu à peu de ce retrait et il devient de plus en plus visible. Cette visibilité grandissante a des conséquences innombrables, mais nous insistons surtout maintenant sur ses conséquences religieuses et épistémologiques. À mesure que le mécanisme victimaire entre dans la lumière, des concepts comme ceux de violence et de persécution injuste deviennent pensables et ils jouent un rôle de plus en plus grand. Simultanément, la production mythico-rituelle s'affaiblit et finit même par disparaître entièrement.

Bien que ce processus de révélation comporte des moments forts, des périodes d'accélération brusque, la nôtre en particulier, et bien qu'il soit plus ou moins avancé suivant les groupes ou les individus, il faut se garder de le définir comme une «prise de conscience» instantanée ou le privilège d'une certaine élite. Il faut se garder de donner une interprétation trop «intellectuelle» de la chose.

Il faut bien voir, par exemple, que les textes de persécution médiévaux, comme les textes antisémites, les registres d'inquisition, ou les procès de sorcellerie, même s'ils recèlent encore des éléments très proches de la mythologie, puisqu'ils justifient la persécution par des accusations de caractère encore mythique, puisque la perspective qu'ils représentent reste définissable par un type de méconnaissance proche de celle des mythes, doivent se situer déjà dans une zone intermédiaire entre la mythologie proprement dite et la démythification plus radicale dont nous sommes nous-mêmes capables. Si ces textes sont plus aisément déchiffrables que les mythes, c'est parce que la transfiguration dont la victime fait l'objet y est déjà beaucoup moins puissante et complète que dans les mythes. C'est ce que vous me signaliez tout à l'heure en me faisant constater que, dans les textes de persécution déjà déchiffrés, la victime n'est pas sacralisée, ou ne subit qu'une vague ébauche de sacralisation. C'est bien cela qui la rend plus aisément déchiffrable. Il

faut donc penser que la route qui mène au type de déchiffrement dont nous sommes capables remonte très haut
et n'est pas incompatible, loin de là, avec la pratique
de la violence, peut-être même d'une violence considéra-
blement accrue et multipliée dans la mesure même où
le fait d'être de mieux en mieux connue en tant que
telle diminue sa puissance de polarisation mimétique
« inconsciente » et sa force de réconciliation.

C'est dire que le processus qui mène à la révélation des
mécanismes victimaires ne saurait être un processus
de tout repos. Nous en savons assez, désormais, sur le
caractère paradoxal et violent des remèdes culturels
contre la violence pour comprendre que tout progrès
dans le savoir du mécanisme victimaire, tout ce qui
débusque la violence de son repaire, représente sans
doute pour les hommes, au moins potentiellement, un
progrès formidable sous le rapport intellectuel et
éthique mais, dans l'immédiat, tout cela va se traduire
aussi par une recrudescence effroyable de cette même
violence dans l'histoire, sous ses formes les plus odieuses
et les plus atroces, parce que les mécanismes sacrificiels
deviennent de moins en moins efficaces et de moins en
moins capables de se renouveler. Confrontés à cette
situation, les hommes, on peut le penser, seront souvent
tentés de rendre au remède traditionnel son efficacité
perdue en augmentant de plus en plus les doses, en
immolant de plus en plus de victimes dans des holocaustes qui se voudraient toujours sacrificiels mais qui le
sont de moins en moins. La différence toujours arbitraire mais culturellement réelle entre la violence légitime et la violence illégitime s'amenuise de plus en plus.
Sa puissance d'illusion s'affaiblit et il n'y a plus désormais que des frères ennemis qui s'affrontent en son nom
et qui prétendent tous l'incarner alors qu'en réalité elle
n'existe plus ; elle se distingue de moins en moins de la
crise mimétique dans laquelle elle retombe. Toute léga-
lité s'évanouit.

G. L. : On voit bien ici que l'accent mis par vous sur le
caractère sacrificiel et violent des protections cultu-

relles contre la violence ne s'enracine nullement, comme certains critiques vous le reprochent, dans une approbation des sociétés sacrificielles et une volonté de régresser vers celles-ci. Les gens qui vous lisent ainsi ne voient en vous qu'une reprise, qui serait fort banale, des théories sur la nature cathartique du rituel et de la culture en général. L'importance, dans le mécanisme victimaire, de la méconnaissance, indispensable pour que ce mécanisme soit vraiment fondateur et producteur de formes mythico-rituelles, leur échappe.

Peut-être parce qu'ils en restent au premier chapitre de *la Violence et le Sacré*, peut-être parce que c'est le point le plus crucial mais aussi le plus délicat de votre théorie.

miscog.

R. G. : L'intérêt principal de ce que nous avons fait jusqu'ici, je pense, c'est d'avoir mieux précisé ce mécanisme, d'avoir rendu les malentendus sinon impossibles — ils ne le sont jamais — du moins difficiles.

À partir du moment où la connaissance du mécanisme se répand, il n'y a pas de retour en arrière. Il est impossible de restaurer les mécanismes sacrificiels en cours de désagrégation car c'est l'intelligence grandissante de ces mécanismes qui les désagrège ; tout effort pour interrompre ou renverser le processus ne peut se faire qu'aux dépens du savoir qui est en train de se répandre. Il s'agira toujours d'une tentative pour étouffer ce savoir par la violence ; on s'efforce, sans y réussir, de refermer la communauté humaine sur elle-même. C'est cette entreprise qui caractérise, je pense, tous les mouvements totalitaires, toutes les idéologies virulentes qui se sont succédé et combattues tout au long du XXe siècle, toujours fondées sur une espèce de rationalisation monstrueuse, en dernière analyse inefficace, des mécanismes victimaires. Des catégories entières sont distinguées du reste de l'humanité et vouées à l'anéantissement, les Juifs, les aristocrates, les bourgeois, les fidèles de telle ou telle religion, les mal-pensants de toute espèce. La création de la cité parfaite, l'accès au paradis terrestre nous sont toujours représentés comme subordonnés à l'élimi-

186   *i mpass. restore the sac.*

nation préalable ou à la conversion forcée des catégories coupables.

J.-M. O. : Le mécanisme devient repérable, en somme, là seulement où se développe assez d'esprit critique pour empêcher son fonctionnement. L'arbitraire de la victime est percé à jour et il n'y a plus d'unanimité réconciliatrice. Les formes mythico-rituelles ne peuvent plus s'épanouir. On ne trouve plus que des phénomènes intermédiaires et bâtards toujours plus transparents à la critique ; ils se laissent lire comme persécution.

La violence collective *spontanée* n'est plus vraiment fondatrice et elle ne joue plus un rôle central dans la société ; elle ne subsiste qu'à l'état de phénomène marginal dans les groupes les plus arriérés. C'est là que nous modernes pouvons l'observer mais dans un état de dégénérescence telle que son importance nous échappe. C'est bien pourquoi certains critiques peuvent vous objecter que vous fondez votre anthropologie tout entière sur des phénomènes secondaires, incapables de soutenir l'édifice formidable que vous leur faites porter.

G. L. : Jamais, finalement, on ne peut regarder le lynchage fondateur face à face. Il y a là autre chose qu'une difficulté fortuite ou accidentelle. Il y a une impossibilité de droit. Les vrais boucs émissaires, nous l'avons dit, sont ceux que nous sommes incapables de reconnaître comme tels.

R. G. : Mieux nous saisissons le mécanisme, en somme, moins il vaut la peine d'être saisi. À mesure que notre étreinte se referme sur lui, l'objet de notre prise s'amenuise si bien que nous ne comprenons jamais la portée cruciale, non de cet objet lui-même, mais de ce qu'il a dû être avant qu'on puisse s'en emparer.

J.-M. O. : Il y a là quelque chose de très important, pour votre théorie, et de très délicat, parce que les pensées actuelles ne nous proposent rien de semblable. S'il n'y avait absolument rien d'analogue au mécanisme fondateur dans le monde moderne, votre hypothèse serait moins facile à entendre sous certains rapports, mais plus aisément admissible pour des esprits formés par la théorie freudienne, pour des esprits qui pensent tous les mécanismes cachés sous la forme d'un inconscient individuel ou collectif, de quelque chose de mieux dissimulé.

R. G. : Le mécanisme fondateur est à la fois visible et invisible. Il est visible en ce sens qu'on trouve des phénomènes analogues dans le monde moderne. Il est invisible en ce sens que les phénomènes directement observables ne sont que de pâles résidus, complètement abâtardis ; même si leurs effets restent analogues à ce qu'ils furent jadis, ils sont tellement limités que leur exemple risque de nous égarer autant que de nous aider.

J.-M. O. : Notre situation actuelle représente un état intermédiaire entre la méconnaissance sacralisante des sociétés primitives et le mode de connaissance désormais accessible, celui que votre hypothèse s'efforce de promouvoir. Ce stade intermédiaire consiste en une reconnaissance limitée des mécanismes victimaires et sacrificiels, qui ne va jamais jusqu'à l'appréhension de leur rôle fondateur pour toute la culture humaine.

R. G. : Si l'efficacité du mécanisme et la richesse de la production rituelle sont inversement proportionnelles à l'aptitude d'une communauté à repérer le fonctionnement de ce même mécanisme, la pauvreté même des textes de persécution, le fait que la victime ne soit guère sacralisée reflètent déjà une certaine émergence du mécanisme fondateur, alors même qu'il y a toujours persécution, alors même que la perspective des persécuteurs est celle de notre texte. Si proches que soient les communautés médiévales qui persécutent les juifs de celles qui, en d'autres temps et d'autres lieux, se sont réconciliées autour des victimes et ont produit les grands mythes grecs, ojibwa, tikopia, et les formes religieuses de la planète entière, elles en sont déjà aussi très éloignées puisqu'elles ne parviennent pas à sacraliser leurs victimes, puisqu'elles ne se restructurent pas à l'aide d'une production mythico-rituelle directement issue de ces violences collectives.

Le texte de persécution témoigne d'une impuissance à produire de vrais mythes qui caractérise le monde occidental et moderne dans son ensemble. Mais notre aptitude moderne à pourchasser et à démystifier les modes de persécution parfois très subtils, qui se dissimulent non seulement derrière les exemples fort transparents que nous avons mentionnés mais derrière des textes qui paraissent innocents, ne peut manquer de correspondre à une phase plus avancée d'une évolution qui va vers la désagrégation des mécanismes culturels parce qu'elle assure leur déchiffrement, et réciproquement.

D. DOUBLE CHARGE SÉMANTIQUE DE L'EXPRESSION « BOUC ÉMISSAIRE »

J.-M. O. : De cette phase plus avancée, vous avez déjà mentionné un autre signe, celui que constitue l'usage du terme « bouc émissaire »...

R. G. : L'expression bouc émissaire remonte au *caper emissarius* de la Vulgate, interprétation libre du grec *apopompaios* : « qui écarte les fléaux ». Ce dernier terme constitue lui-même, dans la traduction grecque de la Bible, dite des Septante, une interprétation libre du texte hébreu dont la traduction exacte serait : « destiné à Azazel ». On pense généralement qu'Azazel est le nom d'un démon ancien censé habiter dans le désert. Dans le chapitre XVI du Lévitique, l'action rituelle dont le bouc fait l'objet est ainsi décrite :

Aaron lui posera les deux mains sur la tête et confessera à sa charge toutes les fautes des enfants d'Israël, toutes leurs transgressions et tous leurs péchés. Après en avoir ainsi chargé la tête du bouc, il l'enverra au désert sous la conduite d'un homme qui se tiendra prêt, et le bouc emportera sur lui toutes les fautes dans un lieu aride (Lv 16, 5-10).

Dès le XVIIIᵉ siècle, chercheurs et curieux effectuent des rapprochements entre le rite juif du bouc émissaire et d'autres rites qui, visiblement, lui ressemblent. Dans son *Histoire philosophique*, par exemple, l'abbé Raynal écrit, à propos des Hindous : « Ils ont un cheval émissaire, le pendant du bouc émissaire des Juifs[50]. »

J.-M. O. : À ma connaissance c'est dans les langues seulement des sociétés qui participent au vaste mouvement de déchiffrage culturel, à savoir les langues occidentales depuis la fin du Moyen Âge et bien d'autres depuis, que le mot « bouc émissaire » a acquis le double sens d'institution rituelle et de mécanisme psycho-sociologique inconscient et spontané qu'il a toujours gardé depuis. Il faut remarquer le paradoxe que constitue cette conjonction sémantique. Dans l'opinion généralement admise, le rituel et le spontané sont aux antipodes l'un de l'autre. Comment se fait-il qu'ils se rejoignent dans l'expression bouc émissaire ?

R. G. : L'intérêt de cette conjonction, c'est qu'elle révèle une intuition très largement répandue de choses que la science ethnologique et les sciences de l'homme en général n'ont jamais officiellement reconnues : il existe un rapport entre les formes rituelles et la tendance universelle des hommes à transférer leurs angoisses et leurs conflits sur des victimes arbitraires.

Cette dualité sémantique de l'expression *bouc émissaire*, en français, se retrouve dans le *scapegoat* anglais, dans le *Sündenbock* allemand et dans toutes les langues modernes. Pour peu qu'on y réfléchisse, on verra que nous ne disons rien, à la limite, qui ne soit déjà là dans ce double sens de bouc émissaire. Loin d'être saugrenue et de survenir comme une chose inattendue, notre hypothèse entière est silencieusement présente dans la langue populaire depuis l'avènement de ce qu'on appelle le rationalisme. C'est la « curiosité sémantique » de ce double sens que nous essayons d'expliciter.

Il est étrange à la vérité qu'avant nous, personne, à

ma connaissance, ne se soit interrogé sur cette «curiosité». Si on examine l'histoire de l'ethnologie, on s'aperçoit que d'innombrables théories du religieux ont été proposées. Il n'y en a qu'une qui ne l'a jamais été et c'est celle qui est inscrite dans les langues occidentales depuis deux ou trois siècles au moins.

Quand l'ethnologie fait état, ce qui lui arrive de plus en plus rarement, de ce qu'on appelle depuis Frazer les rites de «bouc émissaire», le plus souvent, elle ne cherche même pas à expliquer la chose; elle en parle tantôt en termes de «phénomène bien connu», et qu'il n'est pas nécessaire de définir, tantôt de «conduites aberrantes» et qu'il n'est pas nécessaire non plus de définir, car elles sont sans portée sociologique réelle. Dans un cas comme dans l'autre, il s'agit d'écarter une recherche qui risquerait de mener trop loin. Le seul ethnologue qui ait vraiment cherché une définition, c'est Frazer, et il en a donné une que nos fanatiques du langage pourraient reprendre sans y changer la moindre ligne : il n'y a vu qu'une métaphore prise trop au sérieux ! Les «sauvages grossiers», comme il dit, seraient partis de la notion de *moral burden*, fardeau moral, et ils en auraient tiré l'idée assurément ridicule qu'ils pouvaient se décharger de leurs fardeaux spirituels sur des victimes quelconques. Tout aurait commencé, en somme, par un sermon de l'église anglicane dont ces nigauds auraient pris les métaphores trop à la lettre ; ils en auraient conçu une méthode ingénieuse pour faire pénitence par bouc émissaire interposé [51].

On pourrait croire qu'une ethnologie bien résolue à ne pas tenir compte du sens psychosociologique de l'expression bouc émissaire, de l'allusion qu'elle fait au mécanisme spontané, ne se permettrait jamais de faire à ce second sens le moindre appel ; on pourrait croire qu'une discipline aux prétentions scientifiques s'abstiendrait de recourir à une notion dont elle se refuse complètement à reconnaître l'existence sur le plan théorique.

Un examen même superficiel de la littérature ethnologique au XXe siècle montre vite qu'il n'en est rien. C'est seulement quand ils font état de la catégorie rituelle, d'ailleurs inexistante comme toutes les autres catégories, baptisée par eux «rites de bouc émissaire» — parce que les gestes du transfert maléfique y sont particulièrement soulignés — que les ethnologues se limitent prudemment au «bien connu», à l'«aberration bizarre» ou aux définitions creusement symboliques dans le style de la sémiotique frazérienne.

Dès qu'il n'est plus officiellement question de bouc émissaire, les mêmes ethnologues n'éprouvent aucun scrupule à employer l'expression dans le sens de catharsis collective spontanée.

Et l'envie doit nécessairement leur en prendre pour peu qu'ils aient eu la chance, aujourd'hui de plus en plus rare, bien sûr, d'assister à des performances rituelles encore vibrantes, ou qu'ils aient pressenti, à partir d'une démarche purement intellectuelle, les forces redoutables que réveillent les grands rites mais seulement pour les apaiser en les canalisant vers des victimes neutres ou neutralisées.

C'est spontanément que l'expression «bouc émissaire» monte aux lèvres des ethnologues devant certaines formes sacrificielles qui n'appartiennent pas à la catégorie définie par Frazer. Cela se produit chaque fois que le contact vraiment s'établit, que «le courant passe» entre l'interprète et la réalité religieuse qu'il cherche à cerner. Pour qu'il en soit ainsi, il faut qu'entre la violence collective spontanée et la violence organisée des rites, pas ceux-là seulement que nous croyons possible de baptiser «rites de bouc émissaire», il existe un rapport trop étroit et trop fondamental pour qu'il ne s'impose pas à l'intuition de l'observateur.

Mais tout cela se passe de façon subreptice; le recours au second sens du terme garde un caractère métaphorique et littéraire puisque le second sens n'a aucun statut officiel, je le répète, dans la théorie ethnologique.

Dans un essai remarquable, éblouissant même, un ethnologue japonais, Masao Yamaguchi, a rassemblé les grandes institutions rituelles japonaises, l'empereur, les geishas, le théâtre, les marionnettes, etc., sous le chef de ce qu'il nomme le bouc émissaire. Dans certaines formes de théâtre itinérant, le héros principal, celui qui joue, bien entendu, le rôle du bouc émissaire, est si « pollué » au terme de la représentation qu'il doit sortir de la communauté sans avoir de contact avec qui que ce soit. Nous surprenons dans ce théâtre des formes intermédiaires entre les expulsions rituelles et l'art dramatique, très susceptibles, si les critiques littéraires daignaient y réfléchir, de nous éclairer sur le sens de notre propre théâtre, sur son rapport avec le rituel, et sur la fameuse *catharsis* aristotélicienne.

Jamais, toutefois, au cours de cet article, Masao Yamaguchi ne s'interroge sur la signification précise et la portée de l'expression bouc émissaire, en dépit du rôle crucial qu'il lui fait jouer [52].

Ni l'ethnologie ni le dictionnaire ne veulent réfléchir à la double charge sémantique, rituelle et spontanée de bouc émissaire. De la seconde, le dictionnaire nous apprend, on s'y attendait, que c'est un usage *figuré*, alors que l'usage du Lévitique serait le sens *propre*. Nous voilà bien avancés !

Une discipline établie, comme l'ethnologie, a le droit de demander des comptes à une hypothèse « nouvelle », comme la mienne. C'est indubitable, et nous nous exécutons. Mais jusqu'à un certain point la réciproque est vraie. Une hypothèse inscrite dans le langage depuis des siècles a le droit de demander des comptes à une ethnologie qui n'aurait qu'à la formuler pour échapper à ces absurdes catégorisations rituelles qui se pratiquaient encore il y a cinquante ans et que personne n'ose plus mentionner aujourd'hui, tant elles font penser aux carottes et aux navets à la devanture des épiciers, mais personne encore n'a réussi à les remplacer.

E. Émergence historique du mécanisme victimaire

G. L. : Il faut situer ce que vous venez de dire par rapport à vos affirmations antérieures sur le monde occidental et moderne dans son ensemble. Ce monde, nous assuriez-vous, est tout entier commandé et gouverné par un retrait de l'efficacité sacrificielle, ou, ce qui revient au même, une émergence des mécanismes victimaires dans une lumière toujours plus éclatante. Et, contrairement à ce que suggèrent des gens comme Nietzsche et Heidegger, tout l'élitisme philosophique, on ne peut pas distinguer dans ce vaste mouvement ce qui relève de l'opinion savante, et ce qui relève des masses populaires. Bien souvent, à en juger par la double charge sémantique de bouc émissaire, le savoir populaire est en avance sur une réflexion savante qui fait tout, en dernière analyse, pour éluder les possibilités que même le langage quotidien lui fourre sous le nez.

Malgré ces «résistances», vous suggérez que le processus ne s'en poursuit que plus implacablement et vous avez déjà distingué deux phases, celle de l'univers qui écrivait des textes de persécution dans la perspective des persécuteurs, et qui est loin d'être abolie, hélas! mais aussi une seconde phase, essentiellement postérieure à la première, qui est celle du déchiffrement universel de ces textes, de leur transparence toujours plus grande.

Cette seconde phase, bien qu'elle représente une avance formidable, n'empêche pas de nouvelles résistances, fort tenaces, à tout ce que vous êtes en train de dire. Est-ce à dire que l'extension à tous les mythes, à toutes les religions et à toutes les cultures de la planète de la lecture désormais universellement admise pour les textes de persécution correspond à une nouvelle étape, à une nouvelle rupture qui effraie la plupart d'entre nous et que, même si tout nous y invite, la plupart des hommes se refusent encore à la franchir?

R. G. : C'est bien là ce que je pense. Je crois que nous vivons une mutation proprement inouïe, la plus radicale qu'ait jamais subie l'humanité. Ce qui ne veut pas dire, d'ailleurs, que je me fasse des illusions sur l'importance du rôle joué par les intellectuels en général et par moi-même en particulier.

Cette mutation, dont nous allons reparler plus loin, ne dépend pas des livres que nous pouvons écrire ou ne pas écrire. Elle ne fait qu'un avec l'histoire terrifiante et merveilleuse de notre temps qui s'incarne ailleurs que dans nos écrits.

Notre discours, ici, il est nécessaire de le tenir, je le pense. Mais si nous ne le tenions pas, d'autres le tiendraient à notre place. D'autres viendront, de toute façon, qui rediront ce que nous sommes en train de dire mieux que nous ne le disons et qui pousseront les choses plus loin. Mais ces livres eux-mêmes n'auront qu'une importance mineure ; les événements au sein desquels ils surgiront seront infiniment plus éloquents que nos écrits et ils feront vite des vérités que nous avons tant de peine à suggérer et que nous suggérons si mal des choses simples et banales. Elles sont déjà très simples, trop simples pour intéresser notre byzantinisme mais elles vont se simplifier encore ; elles seront vite à la portée du premier venu.

J.-M. O. : Vous voulez dire, je pense, que c'est cette émergence graduelle du mécanisme victimaire qui domine notre histoire depuis longtemps déjà et elle va se poursuivre et s'accélérer dans les années qui viennent. Et vous donnez l'impression, maintenant, que même si nous collaborons tous à cette histoire, c'est souvent contre notre volonté et à notre insu. Un peu comme Heidegger, par conséquent, vous donnez à penser que cette histoire, même si ce sont des hommes et des hommes seulement qui la font, n'est pas tout à fait humaine, n'est pas seulement humaine. Qu'entendez-vous par là ? Tout ce que vous avez dit sur la société occidentale et moderne nous conduit à cette question. La désintégration complète des mécanismes culturels et le devenir planétaire de la société moderne ne font qu'un, selon vous, avec une vocation unique de cette société, avec une tâche historique sans précédent, à laquelle, de plus en plus, l'humanité entière participe.

Sur ce point, une fois de plus, vous vous opposez de façon catégorique à tous les lieux communs de l'époque ; vous n'attachez aucune valeur permanente au nihilisme cognitif qui triomphe un peu partout, à la croyance qu'il n'y a pas d'histoire universelle, que le sens existe à peine ou qu'il n'existe qu'éparpillé et relativisé partout par l'existence de sens concurrents et contradictoires. Tout ce qu'on s'acharne à nous prouver sur l'ethnocentrisme qui menace toute pensée universaliste, sur le polycentrisme irréductible de la culture actuelle ne vous impressionne nullement.

R. G. : Je crois que la grande liquidation actuelle de la philosophie et des sciences de l'homme est une chose excellente. Tout ce travail de fossoyeur est nécessaire, car ce sont des choses vraiment mortes qu'on enterre mais avec trop de cérémonie. Il ne faut pas absolutiser cette tâche et faire du croque-mort le prototype de toute vie culturelle à venir. Il faut laisser les morts enterrer les morts, et passer à autre chose.

Le danger, en fait, aujourd'hui, c'est que le public, finalement lassé par ces interminables funérailles du sens et cette métaphysique funéraire qu'il ingurgite depuis si longtemps, ne perde de vue les conquêtes réelles de la pensée moderne qui sont toutes négatives et critiques. Cette critique, je la fais mienne, et même je ne peux absolument pas me passer d'elle. Je me refuse simplement à admettre qu'il n'y ait rien d'autre à faire désormais qu'à remâcher interminablement l'échec de toute philosophie et de toute science de l'homme pénétrée de philosophisme.

Il ne s'agit pas du tout d'optimisme béat ou de souhait pieux. L'achèvement et le dépassement de la critique actuelle, la déconstruction enfin complète de toute mystification religieuse et culturelle correspond forcément à une privation toujours plus radicale de ressources sacrificielles. L'humanité est une sous le rapport du savoir, mais elle n'est nullement unifiée ; elle ne peut pas produire les idoles de la violence autour desquelles elle se rassemblerait. Partout et toujours, donc, nous sommes livrés aux conflits des *doubles*. Et toutes les mythologies du «pluriel» et du «polycentrisme», ce sont toujours des doubles qui les colportent pour se persuader eux-mêmes. Ils se livrent à un *marketing* désespéré de leurs fameuses différences.

L'avance toujours accélérée de notre société vers la vérité de toute culture ne peut pas ressembler à l'achèvement du savoir positiviste tel que le concevait M. Homais.

Je maintiens tout ce que j'ai dit sur le caractère scientifique de mon hypothèse, mais loin de correspondre à l'image que se font encore les hommes de tout avènement scientifique, celui de la science de l'homme coïncide avec l'écroulement des dernières illusions qui ont accompagné les débuts de l'essor scientifique au cours des deux derniers siècles. La science nous apparaît de plus en plus comme une espèce de piège que l'humanité moderne s'est tendu à elle-même sans s'en apercevoir. Sur l'humanité, désormais, pèse la menace constante d'armes si puissantes qu'à tout instant elles peuvent l'anéantir ou si elles ne le peuvent pas, elles le pourront demain. L'essor scientifique et technologique est de toute évidence lié à la désacralisation de la nature dans un univers où les mécanismes victimaires fonctionnent de moins en moins bien.

Mais la désacralisation de la nature n'est qu'une première étape ; le franchissement du seuil scientifique par toutes les disciplines qui vont réellement mériter, désormais, l'appellation de science de l'homme, constitue quelque chose de beaucoup plus difficile et conduit à un stade plus avancé du même processus de désacralisation. Du même coup, l'impression que nous avons de nous enfoncer dans un piège dont nous avons forgé nous-mêmes les ressorts va se préciser. L'humanité entière se trouve déjà confrontée à un dilemme inéluctable : il faut que les hommes se réconcilient à jamais sans intermédiaires sacrificiels ou qu'ils se résignent à l'extinction prochaine de l'humanité.

Cette intelligence toujours plus aiguë que nous avons des systèmes culturels et des mécanismes qui nous engendrent n'est pas gratuite ; elle n'est pas sans contrepartie. Il ne s'agit plus désormais de s'incliner poliment mais de façon distraite en direction d'un vague «idéal de non-violence». Il ne s'agit pas de multiplier les vœux pieux et les formules hypocrites. Désormais il s'agira de plus en plus d'une nécessité implacable. Le renoncement à la violence, définitif et sans arrière-pensée, va s'imposer à nous comme condition *sine qua non* de la survie pour l'humanité elle-même et pour chacun de nous.

G. L. : Je vois parfaitement la logique de ce que vous dites. Loin de correspondre au climat idéologique du scientisme qui nous a longtemps bernés, loin d'annoncer la réalisation des utopies naïves dont se berçait le XIXᵉ siècle, l'irruption d'une véritable science de l'homme nous introduit dans un climat radicalement autre ; elle prépare un univers de responsabilité absolue ; elle n'a rien à voir avec le « tout est permis » du héros nihiliste de Dostoïevski ou la volonté de puissance nietzschéenne. Si l'homme s'abandonne, comme il l'a toujours fait dans le passé, à la contagion mimétique, il n'y aura plus de mécanismes victimaires pour le sauver !

R. G. : Nous savons que ce n'est pas là une vue de l'esprit ; nous lisons tous les jours dans les journaux qu'il en est bien ainsi. Peu importe, en vérité, la nature des moyens que l'homme désacralisé va découvrir ou a déjà découvert pour réaliser l'infini potentiel de sa violence ; nous savons que les limites de sa puissance destructrice reculent de plus en plus et qu'il ne peut pas céder à la tentation de les déchaîner sans risquer de s'anéantir lui-même à jamais.

J.-M. O. : Mais j'en reviens à la question qui reste en suspens. Je vois bien que tout ce que vous évoquez ici résulte de cette lente mise au jour qui se poursuit parmi nous depuis des siècles, peut-être des millénaires et qui accède de nos jours à une étape décisive. Il ne peut pas s'agir là d'une simple aventure intellectuelle, d'un « projet de recherche », que l'homme occidental et moderne se serait tracé et qu'il poursuivrait avec la ténacité qui le caractérise, sans égard aux conséquences.

Penser que nous sommes les seuls maîtres de ce projet et qu'il relève d'une décision qu'aucune société n'aurait été capable de faire avant la nôtre, n'est-ce pas céder une fois de plus à l'hubris occidentale, même si nous admettons que cette décision doit mal tourner pour nous; n'est-ce pas retomber dans un romantisme prométhéen assurément très noir mais qui n'en est peut-être que plus suffisant; n'est-ce pas s'exposer à un très fort soupçon d'ethnocentrisme?

R. G. : Tout ce que vous dites serait exact, indubitablement, si on attribuait le processus irrésistiblement révélateur et potentiellement fatal à une espèce de décision volontaire de l'homme occidental. Et on serait certainement réduit à cette hypothèse si on ne pouvait pas remonter en deçà de la civilisation occidentale elle-même et mettre le doigt sur le moteur véritable du dynamisme à la fois révélateur et menaçant dont elle est tout entière animée.

Nous arrivons ici au point le plus crucial de toute la démonstration en cours, et à la surprise des surprises. La logique de mon hypothèse me contraint à chercher et à découvrir la cause essentielle sinon exclusive de ce dynamisme qui nous anime dans le lieu que tout semble devoir exclure, non seulement dans la perspective des pensées modernes qu'il faut transcender mais dans la perspective qui, réellement, les transcende, celle de la victime émissaire complètement révélée. La source la plus *improbable* de notre démythologisation, c'est le religieux lui-même et pour notre univers, plus spécialement, semble-t-il, sa tradition religieuse à lui, celle à laquelle il adhère aveuglément et qu'il est particulièrement incapable de critiquer.

Je dis pourtant que si nous parvenons aujourd'hui à analyser et à démonter les mécanismes culturels, c'est à cause de l'influence indirecte et inaperçue mais formidablement contraignante qu'exerce sur nous l'Écriture judéo-chrétienne.

Je présente ma thèse en connaissance de cause. Je sais parfaitement que je m'expose à me faire traiter de provocateur ou de «débile profond» comme dirait Jean-Michel. Je sais que pour se faire accepter dans les milieux intellectuels, pour «montrer patte blanche», il faut réagir à toute mention des Écritures judéo-chrétiennes par le coup de pied de l'âne, aussi rituel et aussi automatique qu'un réflexe pavlovien. Sinon vous voilà à jamais suspect, à jamais marqué pour le Goulag de la modernité. Quoi que je puisse dire, on ne m'accordera jamais plus le minimum d'ouverture nécessaire à l'intelligence de mes propos. Je sais parfaitement ce qu'il en est mais il ne faut pas hésiter quand même à passer outre. Nous allons tout de suite montrer pourquoi.

Vous allez voir du même coup que je ne me fais aucune illusion sur l'originalité et même la nouveauté des propos que nous sommes en train de tenir. La révélation de la victime émissaire comme fondatrice de toute religion et de toute culture n'est pas quelque chose dont notre univers dans son ensemble ou quelque individu particulièrement «doué» puisse revendiquer la découverte. *Tout est déjà révélé.* C'est bien ce qu'affirment les Évangiles au moment de la passion. Pour comprendre que le mécanisme de la victime émissaire constitue une dimension essentielle de cette révélation, nous n'aurons pas besoin de nous livrer aux analyses comparées et aux recoupements incessants qui ont été nécessaires dans le cas des religions de la violence, nous n'aurons qu'à nous abandonner à la lettre du texte. Il parle perpétuellement de tout ce dont nous parlons nous-mêmes ; il ne fait jamais que déterrer des victimes collectives et révéler leur innocence. Il n'y a rien de dissimulé. Il n'y a aucune dimension cachée que l'interprète devrait péniblement retrouver. Tout est parfaitement transparent. Rien n'est moins problématique et plus facile que la lecture que nous allons donner. Le vrai mystère, donc, pour ce qui est de cette lecture, c'est son absence parmi nous, c'est l'impuissance millénaire de tous les croyants d'abord et des incroyants ensuite à donner de tous ces textes une lecture qui s'impose avec évidence.

LIVRE II

L'ÉCRITURE JUDÉO-CHRÉTIENNE

In principio erat Verbum (Jn 1,1).

CHAPITRE PREMIER

DES CHOSES CACHÉES
DEPUIS LA FONDATION DU MONDE

A. RESSEMBLANCES ENTRE LES MYTHES BIBLIQUES ET LA MYTHOLOGIE MONDIALE

R. G. : Nous en avons terminé avec la victime émissaire comme hypothèse proprement et seulement scientifique. Nos discussions ont été trop rapides, sans doute ; elles n'ont qu'un caractère schématique mais, pour l'essentiel, nos futurs lecteurs savent désormais à quoi s'en tenir. D'autres sujets nous appellent — ou plutôt d'autres émergences plus spectaculaires encore de la même vérité.

Nous allons parler, désormais, comme si l'existence des mécanismes victimaires, et leur rôle dans l'engendrement des religions, des cultures et de l'humanité elle-même, était une chose acquise, entièrement prouvée. En fait je n'oublie jamais qu'il s'agit d'une hypothèse ; je l'oublie d'autant moins en vérité que tout ce qu'il nous reste à étudier va nous apporter de nouvelles preuves, toujours plus éclatantes.

Nous nous tournons maintenant vers le judéo-chrétien ; par la suite, nous allons nous occuper de psychopathologie, ce qui nous conduira, pour terminer, à des considérations sur l'époque actuelle. On va nous accuser de jouer au Pic de la Mirandole, à l'homme universel ; et c'est là une tentation démodée, à laquelle il faut résister si on veut se faire bien voir. En réalité, il s'agit de tout autre chose. L'hypothèse, qui s'est révélée intéressante au niveau de l'hominisation et du religieux primitif, ne peut pas se limiter au terrain pourtant formidable déjà parcouru par nous (à beaucoup trop grands pas). Cette hypothèse, nous allons le voir, va nous obliger à élargir encore l'horizon; car c'est à partir de cet horizon universel qu'elle acquiert toute sa signification. C'est alors seulement, je crois, qu'elle devient irrésistible.

Si nous nous tournons vers l'Ancien Testament, en particulier vers les parties les plus anciennes, ou celles qui contiennent les matériaux les plus anciens, nous nous retrouvons tout de suite en terrain familier et nous avons forcément l'impression que rien n'a changé. On repère aussitôt les trois grands moments que nous avons distingués :

1) la dissolution conflictuelle, l'effacement des différences et des hiérarchies qui composent toute la communauté ;

2) le *tous contre un* de la violence collective ;

3) l'élaboration des interdits et des rituels.

Du premier moment relèvent les premières lignes du texte sur la création du monde, la confusion de la tour de Babel, la corruption de Sodome et Gomorrhe. On voit tout de suite également que les dix plaies d'Égypte, dans l'Exode, constituent l'équivalent de la peste de Thèbes dans Sophocle. Le déluge, lui aussi, fait partie des métaphores de la crise. Toujours à ce premier moment, il faut rattacher le thème extrêmement fréquent des frères ou jumeaux ennemis, Caïn et Abel, Jacob et Esaü, Joseph et ses onze frères, etc.

Le second moment n'est pas difficile à repérer lui non plus. C'est toujours par la violence, par l'expulsion d'un des deux frères que s'effectue la résolution de la crise, le retour à la différenciation.

Dans toutes les grandes scènes de la Genèse et de l'Exode, il existe un thème ou un quasi-thème de l'expulsion ou du meurtre fondateur. C'est particulièrement éclatant, bien entendu, dans le cas de l'expulsion du paradis terrestre ; c'est Dieu qui assume la violence et qui fonde l'humanité en chassant Adam et Ève loin de lui.

Dans la bénédiction qu'Isaac donne à Jacob plutôt qu'à son frère Esaü, c'est encore à la résolution violente du conflit entre des frères ennemis qu'on a affaire, et le caractère subreptice de la substitution, une fois découvert, ne compromet pas la résolution. Ce trait suggère le caractère arbitraire de cette résolution. Peu importe, en définitive, qui est la victime pourvu qu'il y ait une victime.

Dans la scène intitulée «lutte de Jacob avec l'ange», c'est d'un conflit de *doubles* qu'il s'agit, longtemps incertain parce que parfaitement équilibré. L'adversaire de Jacob est d'abord nommé *homme*; c'est la défaite de cet adversaire, c'est son expulsion par le triomphateur qui font de lui un Dieu à qui Jacob demande, et dont il obtient qu'il le bénisse. Du combat des *doubles*, en somme, surgit l'expulsion de l'un de ceux-ci qui ne fait qu'un avec le retour à l'ordre et à la paix.

Dans toutes ces scènes, le rapport des *frères* ou des *doubles* a d'abord un caractère indécidable auquel l'expulsion violente met fin non sans arbitraire à en juger par le cas de Jacob et d'Esaü.

Puisque la victime unique apporte la réconciliation et le salut, puisqu'elle rend la vie à la communauté, on comprend sans peine que le thème de l'unique survivant dans un monde où tous périssent puisse revenir au même que le thème de la victime unique extraite d'un groupe où personne, en dehors d'elle, ne périt. C'est l'Arche de Noé seule épargnée par le déluge pour assurer le recommencement du monde. C'est Lot et sa famille échappant seuls à la destruction de Sodome et Gomorrhe. La femme de Lot changée en colonne de sel réintroduit dans cette histoire le motif de la victime unique. Passons maintenant au troisième moment qui découle du second, à l'instauration des interdits et des sacrifices ou, ce qui revient au même, de la circoncision. Les allusions à cet aspect peuvent se confondre avec les allusions au mécanisme fondateur. Dans la scène du sacrifice d'Isaac, par exemple, l'exigence sacrificielle s'attache à l'être le plus précieux, pour se satisfaire, *in extremis*, d'une victime de remplacement, le bélier envoyé par Dieu.

Dans la bénédiction de Jacob, le thème des chevreaux offerts au père en repas propitiatoire est une instauration sacrificielle et, bien que combiné aux autres thèmes du récit, un détail révèle clairement la fonction du sacrifice. Grâce à la fourrure de ces mêmes chevreaux qui recouvre ses bras et son cou, Isaac prend Jacob pour Esaü et Jacob échappe à la malédiction paternelle.

Dans tous ces récits mythiques on trouve aussi des mises ou des remises en ordre de la société et même de la nature dans son ensemble, généralement situées à la fin du récit, autrement dit là où la logique de l'hypothèse les appelle, mais aussi exceptionnellement au début, dans le récit de la création du monde. Dans le cas de Noé, cette réorganisation finale apparaît non seulement dans l'Alliance après le Déluge mais aussi dans l'enfermement de prototypes de toutes les espèces naturelles dans l'Arche, véritable système de classification flottant à partir duquel le monde va se repeupler conformément aux normes voulues par Dieu. On peut mentionner aussi la Promesse de Yahvé à Abraham après le sacrifice du bélier substitué à Isaac, de même que les règles prescrites à Jacob après l'expulsion de son double divinisé. Dans ces deux derniers cas, le changement de nom dénote le caractère fondateur du processus.

J.-M. O. : Vous ne nous avez montré jusqu'à présent que des ressemblances entre les mythes bibliques et les mythes dont vous avez parlé jusqu'ici. N'est-ce pas sur la différence entre la Bible et les mythologies que vous vouliez insister ?

R. G. : Je vais parler de cette différence. Si j'insiste d'abord sur les ressemblances, c'est pour bien montrer qu'elles ne me gênent nullement et que je ne cherche pas à les escamoter. Que les premiers livres de la Bible reposent sur des mythes très analogues à ceux qu'on trouve un peu partout dans le monde est une certitude. Je vais maintenant essayer de vous montrer qu'il n'y a pas que des analogies. Dans le traitement biblique de ces mythes, il y a quelque chose de tout à fait singulier que je vais essayer de définir.

B. Singularité des mythes bibliques

1. *Caïn*

R. G. : Nous allons prendre d'abord l'histoire de Caïn dont voici le texte, emprunté à la Bible de Jérusalem.

L'homme connut Ève, sa femme ; elle conçut et enfanta Caïn et elle dit : « J'ai acquis un homme de par Yahvé. » Elle donna aussi le jour à Abel, frère de Caïn. Or Abel devint pasteur de petit bétail et Caïn cultivait le sol. Le temps passa et il advint que Caïn présenta des produits du sol en offrande à Yahvé, et qu'Abel, de son côté, offrit des premiers-nés de son troupeau, et même leur graisse. Or Yahvé agréa Abel et son offrande, mais il n'agréa pas Caïn et son offrande, et Caïn en fut très irrité et eut le visage abattu. Yahvé dit à Caïn : « Pourquoi es-tu irrité et pourquoi ton visage est-il abattu ? Si tu es bien disposé, ne relèveras-tu pas la tête ? Mais si tu n'es pas bien disposé, le péché n'est-il pas à la porte, une bête tapie qui te convoite et que tu dois dominer ? » Cependant Caïn dit à son frère Abel : « Allons dehors », et comme ils étaient en pleine campagne, Caïn se jeta sur son frère Abel et le tua.

Yahvé dit à Caïn : « Où est ton frère Abel ? » Il répondit : « Je ne sais pas. Suis-je le gardien de mon frère ? » Yahvé reprit : « Qu'as-tu fait ! Écoute le sang de ton frère crier vers moi du sol ! Maintenant, sois maudit et chassé du sol fertile qui a ouvert la bouche pour recevoir de ta main le sang de ton frère. Si tu cultives le sol, il ne te donnera plus son produit tu seras un errant parcourant la terre. » Alors Caïn dit à Yahvé « Ma peine est trop lourde à porter. Vois ! Tu me bannis aujourd'hui du sol fertile, je devrai me cacher loin de ta face et je serai un errant parcourant la terre : mais, le premier venu me tuera ! » Yahvé lui répondit : « Aussi bien, si quelqu'un tue Caïn, on le vengera sept fois » et Yahvé mit un signe sur Caïn, afin que le premier venu ne le frappât point. Caïn se retira de la présence de Yahvé et séjourna au pays de Nod, à l'orient d'Éden.

207

Caïn connut sa femme, qui conçut et enfanta Hénok. Il devint un constructeur de ville et il donna à la ville le nom de son fils, Hénok. À Hénok naquit Irad, et Irad engendra Mehuyaël, et Mehuyaël engendra Metushaël, et Metushaël engendra Lamek. Lamek prit deux femmes : le nom de la première était Ada et le nom de la seconde, Cilla. Ada enfanta Yabal : il fut l'ancêtre de ceux qui vivent sous la tente et avec les troupeaux. Le nom de son frère était Yubal : il fut l'ancêtre de tous ceux qui jouent de la lyre et du chalumeau. De son côté, Cilla enfanta Tubal-Caïn : il fut l'ancêtre de tous les forgerons en cuivre et en fer ; la sœur de Tubal-Caïn était Naama.

Lamek dit à ses femmes :

«Ada et Cilla, entendez ma voix,
femmes de Lamek, écoutez ma parole :
j'ai tué un homme pour une blessure,
un enfant pour une meurtrissure.
C'est que Caïn est vengé sept fois,
mais Lamek, septante-sept fois ! » (Gn 4, 1-24).

Lorsque les hommes commencèrent d'être nombreux sur la face de la terre et que des filles leur furent nées, les fils de Dieu trouvèrent que les filles des hommes leur convenaient et ils prirent pour femmes toutes celles qu'il leur plut. Yahvé dit : «Que mon esprit ne soit pas indéfiniment humilié dans l'homme, puisqu'il est chair ; sa vie ne sera que de cent vingt ans. » Les Néphilim étaient sur la terre en ces jours-là (et aussi dans la suite) quand les fils de Dieu s'unissaient aux filles des hommes et qu'elles leur donnaient des enfants ; ce sont les héros du temps jadis, ces hommes fameux.

Yahvé vit que la méchanceté de l'homme était grande sur la terre et que son cœur ne formait que de mauvais desseins à longueur de journée. Yahvé se repentit d'avoir fait l'homme sur la terre et il s'affligea dans son cœur. Et Yahvé dit : «Je vais effacer de la surface du sol les hommes que j'ai créés, — et avec les hommes, les bestiaux, les bestioles et les oiseaux du ciel, — car je me repens de les avoir faits» (Gn 6, 1-7).

Le mythe de Caïn, on le voit, se présente de façon classique. Un des deux frères tue l'autre et la communauté caïnite est fondée.

On se demande souvent pourquoi Yahvé, bien qu'il condamne le meurtre, répond à l'appel du meurtrier. Celui-ci dit : «Le premier venu me tuera» et Yahvé répond : «Aussi bien, si quelqu'un tue Caïn, on le vengera sept fois. » Dieu lui-même intervient et, en réponse au meurtre fondateur, énonce la loi contre le meurtre. Cette intervention révèle, il me semble, que le meurtre décisif, ici comme ailleurs, a un caractère fondateur. Et qui dit fondateur dit différenciateur, c'est pourquoi, immédiatement après, nous avons ces paroles : « Et Yahvé mit un signe sur Caïn, afin que le premier venu ne le frappât point. » Je vois là l'établissement d'un système différentiel qui décourage, comme toujours, la rivalité mimétique et le conflit généralisé.

G. L. : C'est à un meurtre analogue que mille communautés rapportent leur propre fondation. Rome, par exemple. Romulus tue Remus et la ville de Rome est fondée. Dans les deux mythes le meurtre d'un frère par l'autre a la même vertu fondatrice et différenciatrice. À la discorde des doubles se substitue l'ordre de la communauté nouvelle.

R. G. : Entre les deux mythes, toutefois, il y a une différence, facile à négliger, dans le contexte des thèses habituelles sur la mythologie mais qui pourrait bien se révéler formidable dans notre contexte à nous, dans le contexte d'une anthropologie entièrement constituée sur les mécanismes victimaires et par conséquent sur leur méconnaissance en tant qu'ils sont arbitraires.

Dans le mythe romain, le meurtre de Remus nous apparaît comme un acte peut-être regrettable mais justifié par la transgression de la victime. Remus n'a pas respecté la limite idéale tracée par Romulus entre le dedans et le dehors de la cité. Le motif de tuer est à la fois dérisoire, puisque la cité n'existe pas, et pourtant impérieux, proprement fondamental. Pour que la cité existe il faut que personne ne puisse impunément se jouer des règles qu'elle prescrit. Romulus est donc justifié. Il fait figure de sacrificateur et de grand-prêtre ; c'est dire qu'il incarne la puissance romaine sous toutes ses formes à la fois. Le législatif, le judiciaire et le militaire ne se distinguent pas encore du religieux ; tout est déjà là.

Dans le mythe de Caïn, au contraire, même s'il dispose au fond des mêmes pouvoirs, comme je viens de le montrer, même s'il a l'oreille de la divinité, Caïn nous est présenté comme un vulgaire assassin. Le fait que le premier meurtre déclenche le premier développement culturel de l'humanité ne rachète nullement le ou les meurtriers aux yeux du texte biblique. Le caractère fondateur du meurtre est signifié aussi nettement et même plus nettement que dans les mythes non bibliques mais il y a autre chose encore et c'est le jugement moral. La condamnation du meurtre l'emporte sur toute autre considération. « Où est ton frère Abel ? »

L'importance de la dimension éthique dans la Bible est bien connue. Rares, pourtant, sont les commentaires qui ont cherché à la définir avec rigueur, surtout au niveau des textes non pas nécessairement les plus anciens mais qui font jouer des données archaïques. Max Weber, je pense, y a réussi mieux que personne. Dans son grand livre inachevé sur *le Judaïsme antique* il constate à plusieurs reprises une tendance indubitable chez les écrivains bibliques, dans les textes visiblement remaniés comme dans les textes composés de toutes pièces, ou qui pourraient l'être, à se situer moralement du côté des victimes, à prendre le parti et la défense des victimes [53].

C'est une importance purement sociologique et culturelle que Max Weber attache à cette observation. Il juge la propension à favoriser les victimes caractéristique d'une certaine atmosphère culturelle propre au judaïsme et il en cherche la cause dans les catastrophes innombrables de l'histoire juive, dans l'absence, chez ce peuple, de grandes réussites historiques comparables à celles des bâtisseurs d'empire qui l'entourent, Égyptiens, Assyriens, Babyloniens, Perses, Grecs, Romains, etc.

Il ne s'intéresse donc pas du tout aux conséquences possibles sur le plan des textes mythiques et religieux de ce qui lui apparaît en dernière analyse comme un préjugé analogue à tant d'autres, le préjugé en faveur de la victime.

Dans le contexte de l'anthropologie victimaire que

nous venons d'ébaucher, cette indifférence n'est plus possible. Si les textes mythologiques sont le reflet à la fois fidèle et trompeur de la violence collective qui fonde la communauté, si c'est le compte rendu d'une violence réelle qu'ils nous apportent, non pas menteur mais faussé et transfiguré par l'efficacité même du mécanisme victimaire ; si le mythe, en somme, est la vision rétrospective des persécuteurs sur leur propre persécution, nous ne pouvons pas traiter comme insignifiant un changement de perspective qui consiste à se ranger au côté de la victime, à proclamer son innocence à elle et la culpabilité de ses meurtriers.

Si, loin d'être une invention gratuite, le mythe est un texte faussé par la croyance des bourreaux en la culpabilité de leur victime, aussi bien d'ailleurs qu'en sa divinité, si les mythes, en d'autres termes, incarnent le point de vue de la communauté réconciliée par le meurtre collectif, unanimement convaincue qu'il s'agit là d'une action légitime et sacrée, voulue par la divinité elle-même, et qu'il n'est pas question de répudier, de critiquer ou d'analyser, l'attitude qui consiste à réhabiliter la victime et à dénoncer les persécuteurs n'est pas quelque chose qui va de soi et qui n'appelle que des commentaires blasés et désabusés. Cette attitude ne peut manquer d'avoir des répercussions non seulement sur la mythologie mais de proche en proche sur tout ce qu'entraîne le fondement caché du meurtre collectif, les rituels, les interdits et la transcendance religieuse. De proche en proche ce sont toutes les formes et les valeurs culturelles, même les plus éloignées des mythes en apparence, qui devraient être affectées.

J.-M. O. : N'est-ce pas le cas, déjà, dans le mythe de Caïn, si primitif qu'il soit ?

R. G. : Si on examine attentivement le récit, on s'aperçoit que la leçon biblique, c'est que la culture née de la violence doit retourner à la violence. Au début, c'est à un brillant essor culturel qu'on assiste ; les techniques sont inventées ; les villes jaillissent du désert, mais bientôt, mal enrayée par le meurtre fondateur et les barrières légales issues de lui, la violence se propage et tourne à l'escalade. Peut-on parler de châtiment légal, de sacrifice, ou de vengeance, quand les sept victimes de Caïn, aux mains de Lamek, sont devenues soixante-dix-sept ?

G. L. : Il s'agit en effet, à l'évidence, de la propagation contagieuse de la violence indifférenciée...

R. G. : Le déluge se situe dans le prolongement d'une escalade qui comporte, comme toujours, la dissolution monstrueuse de toutes les différences, la naissance des géants, enfantés par la promiscuité entre les fils des dieux et les filles des hommes. C'est dans la crise que la culture entière est submergée et sa destruction, presque autant qu'un châtiment divin, apparaît comme le terme fatal d'un processus qui retourne à la violence dont il est sorti, grâce aux vertus temporaires du meurtre fondateur.

Sous le rapport de la violence fondatrice et désintégratrice, l'histoire de Caïn, en dépit de significations mythiques indubitables, a une valeur révélatrice très supérieure à la mythologie non judaïque. Derrière le récit biblique, il existe certainement des mythes qu'on peut supposer conformes à la norme mythologique universelle ; c'est à l'initiative des rédacteurs juifs, c'est à leur remaniement critique, certainement, qu'il faut attribuer l'affirmation que la victime est innocente et que la culture fondée sur le meurtre garde d'un bout à l'autre un caractère meurtrier qui finit par se retourner contre elle et la détruire, une fois épuisées les vertus ordonnatrices et sacrificielles de l'origine violente.

Il ne s'agit pas ici d'une conjecture en l'air. Abel n'est que le premier dans une longue liste de victimes exhumées par la Bible et exonérées d'une culpabilité qui leur est souvent imputée par la collectivité entière. « Écoute le sang de ton frère crier vers moi du sol ! »

2. Joseph

R. G. : Invisible ou voilé dans le mythe de Caïn, le caractère collectif de la persécution est très en évidence dans l'exemple de Joseph.

Nous lisons maintenant les passages de l'histoire de Joseph qui sont importants pour notre analyse.

Israël aimait Joseph plus que tous ses autres enfants, car il était le fils de sa vieillesse, et il lui fit faire une tunique à longues manches. Ses frères virent que son père l'aimait plus que tous ses autres fils et ils le prirent en haine, devenus incapables de lui parler amicalement.

Or Joseph eut un songe et il en fit part à ses frères. Il leur dit: «Écoutez le rêve que j'ai fait: il me paraissait que nous étions à lier des gerbes dans les champs, et voici que ma gerbe se dressa et qu'elle se tint debout, et vos gerbes l'entourèrent et elles se prosternèrent devant ma gerbe.» Ses frères lui répondirent: «Voudrais-tu donc régner sur nous en roi ou bien nous dominer en maître?» et ils le haïrent encore plus, à cause de ses rêves et de ses propos. Il eut encore un autre songe, qu'il raconta à ses frères. Il dit: «J'ai encore fait un rêve: il me paraissait que le soleil, la lune et onze étoiles se prosternaient devant moi.» Il raconta cela à son père et à ses frères, mais son père le gronda et lui dit: «En voilà un rêve que tu as fait! Allons-nous donc, moi, ta mère et tes frères, venir nous prosterner à terre devant toi?» Ses frères furent jaloux de lui, mais son père gardait la chose dans sa mémoire.

Ses frères allèrent paître le petit bétail de leur père à Sichem. Israël dit à Joseph: «Tes frères ne sont-ils pas au pâturage à Sichem? Viens, je vais t'envoyer vers eux», et il répondit: «Je suis prêt.»

. . . .

Joseph partit en quête de ses frères et il les trouva à Dotân. Ils l'aperçurent de loin et avant qu'il n'arrivât près d'eux ils complotèrent de le faire mourir. Ils se dirent entre eux: «Voilà l'homme aux songes qui arrive! Maintenant, venez, tuons-le et jetons-le dans n'importe quelle citerne; nous dirons qu'une bête féroce l'a dévoré. Nous allons voir ce qu'il adviendra de ses songes!»

Mais Ruben entendit et il le sauva de leurs mains. Il dit: «N'attentons pas à sa vie!» Ruben leur dit: «Ne répandez pas le sang! Jetez-le dans cette citerne du désert, mais ne portez pas la main sur lui!» C'était pour le sauver de leurs mains et le ramener à son père. Donc, lorsque Joseph arriva près de ses frères, ils le dépouillèrent de sa tunique, la tunique à longues manches qu'il portait. Ils se saisirent de lui et le jetèrent dans la citerne; c'était une citerne vide, où il n'y avait pas d'eau. Puis ils s'assirent pour manger.

Comme ils levaient les yeux, voici qu'ils aperçurent une caravane d'Ismaélites qui venait de Galaad. Leurs chameaux étaient chargés de gomme adragante, de baume, de ladanum, qu'ils allaient livrer en Égypte. Alors Juda dit à ses frères: «Quel profit y aurait-il à tuer notre frère et à couvrir son sang? Venez, vendons-le aux Ismaélites, mais ne portons pas la main sur lui: il est notre frère, de la même chair que nous.» Et ses frères l'écoutèrent.

Or des gens passèrent, des marchands madianites, et ils retirèrent Joseph de la citerne. Ils vendirent Joseph aux Ismaélites pour vingt pièces d'argent et ceux-ci le conduisirent en Égypte. Lorsque Ruben retourna à la citerne, voilà que Joseph n'y était plus! Il déchira ses vêtements et, revenant vers ses frères, il dit «L'enfant n'est plus là! Et moi, où vais-je aller?»

Ils prirent la tunique de Joseph et, ayant égorgé un bouc, ils trempèrent la tunique dans le sang. Ils envoyèrent la tunique à longues manches, ils la firent porter à leur père avec ces mots: «Voilà ce que nous avons trouvé! Regarde si ce ne serait pas la tunique de ton fils.» Celui-ci regarda et dit: «C'est la tunique de mon fils! Une bête féroce l'a dévoré. Joseph a été dépecé comme une proie!» Jacob déchira son vêtement, il mit un sac sur ses reins et fit le deuil de son fils pendant longtemps. Tous ses fils et ses filles vinrent pour le consoler, mais il refusa toute consolation et dit: «Non, c'est en deuil que je veux descendre au shéol auprès de mon fils.» Et son père le pleura.

Cependant, les Madianites l'avaient vendu en Égypte à Putiphar, eunuque de Pharaon et commandant des gardes.

. . . .

Il arriva, après ces événements, que la femme de son maître jeta les yeux sur Joseph et dit: «Couche avec moi!» Mais il refusa et dit à la femme de son maître: «Avec moi, mon maître ne se préoccupe pas de ce qui se passe à la maison et il m'a confié tout ce qui lui appartient. Lui-même n'est pas plus puissant que moi dans cette maison: il ne m'a rien interdit que toi, parce que tu es sa femme. Comment pourrais-je accomplir un aussi grand mal et pécher contre Dieu?» Bien qu'elle parlât à Joseph chaque jour, il ne consentit pas à coucher à son côté, à se donner à elle.

Or, ce jour-là, Joseph vint à la maison pour faire son service et il n'y avait là, dans la maison, aucun des domestiques. La femme le saisit par son vêtement en disant : « Couche avec moi ! » mais il abandonna le vêtement entre ses mains, prit la fuite et sortit. Voyant qu'il avait laissé le vêtement entre ses mains et qu'il s'était enfui dehors, elle appela ses domestiques et leur dit : « Voyez cela ! Il nous a amené un Hébreu pour badiner avec nous ! Il m'a approchée pour coucher avec moi, mais j'ai poussé un grand cri, et en entendant que j'élevais la voix et que j'appelais, il a laissé son vêtement près de moi, il a pris la fuite et il est sorti. »

Elle déposa le vêtement à côté d'elle en attendant que le maître vînt à la maison. Alors, elle lui dit les mêmes paroles : « L'esclave hébreu que tu nous as amené m'a approchée pour badiner avec moi et, quand j'ai élevé la voix et appelé, il a laissé son vêtement près de moi et il s'est enfui dehors. » Lorsque le maître entendit ce que lui disait sa femme : « Voilà de quelle manière ton esclave a agi envers moi », sa colère s'enflamma. Le maître de Joseph le fit saisir et mettre en geôle, là où étaient détenus les prisonniers du roi.

Ainsi il demeura en geôle (Gn 37, 3-36 ; 39, 7-20).

L'hypothèse la plus propre à éclairer la structure du texte biblique, ici encore, est aussi la plus courante. Les rédacteurs de la Genèse ont adapté et remanié une mythologie préexistante dans l'esprit qui leur est propre. Et cet esprit consiste, de toute évidence, à invertir les rapports entre la victime et la communauté persécutrice. Dans la perspective mythologique, les onze frères apparaîtraient comme objets passifs des sévices d'abord, puis des bienfaits d'un héros plus ou moins divinisé. Joseph serait d'abord cause de désordre, et on pressent de quelle façon dans les rêves qu'il raconte, ces rêves de domination qui provoquent la jalousie des onze frères. Les mythes originels devaient entériner l'accusation d'hubris. Le bouc qui fournit le sang dans lequel est trempée la tunique de Joseph pour prouver à son père Jacob qu'il est bien mort a dû jouer avant la Bible un rôle directement sacrificiel.

Dans la première partie du récit, on distingue deux sources combinées : l'une et l'autre réhabilitent la victime aux dépens de ses frères, même si chacune cherche

215

à disculper partiellement l'un d'entre eux, la première dite «élohiste», Ruben, et la seconde, dite «yahviste», Juda. D'où deux histoires différentes, juxtaposées, pour une seule et même violence collective.

Étant donné que le maître égyptien de Joseph s'est conduit envers lui comme son père, l'accusation que son épouse fait peser contre lui a un caractère quasi incestueux. Au lieu d'entériner l'accusation, comme le font tant de mythes et au premier chef, bien sûr, celui d'Œdipe, l'histoire de Joseph déclare qu'elle est fausse!

J.-M. O. : Sans doute, mais plutôt qu'au mythe d'Œdipe n'est-ce pas à un mythe comme celui de Phèdre et d'Hippolyte qu'il faudrait rapporter sur ce point l'histoire de Joseph?

R. G. : Certainement, mais vous noterez que dans le mythe grec, à la différence de la version racinienne, Hippolyte est traité, sinon en coupable au sens moderne, du moins en être justement châtié : sa chasteté excessive a quelque chose d'hubristique qui irrite Vénus. Dans l'histoire de Joseph, par contre, la victime n'est qu'un innocent accusé à tort.

Plus loin, dans le récit, figure une seconde histoire de victime accusée à tort et finalement sauvée. Cette fois, c'est Joseph lui-même qui, grâce à une ruse, fait passer pour coupable son frère Benjamin, l'autre préféré du père Jacob, et le plus jeune avec Joseph lui-même. Mais cette fois les autres frères ne sont pas tous prêts à accepter l'expulsion de la victime. Juda se propose pour prendre sa place et Joseph, ému de pitié, se fait reconnaître par ses frères et leur pardonne.

G. L. : Que la réhabilitation de la victime ait des effets désacralisants, c'est ce que révèle la figure de Joseph qui n'a plus rien de démoniaque ni de divin mais qui est humaine tout simplement...

J.-M. O. : La culture mythologique et les formes culturelles qui se greffent sur elle, comme la philosophie, ou même de nos jours l'ethnologie à quelques exceptions près, tendent d'abord à justifier le meurtre fondateur et ensuite à effacer les traces de ce meurtre, à convaincre les hommes qu'il n'y a pas de meurtre fondateur. Ces formes culturelles ont parfaitement réussi à nous convaincre que l'humanité est innocente de ces meurtres. Dans la Bible, au contraire, c'est le mouvement inverse qui s'amorce, c'est à un effort pour remonter à l'origine et pour revenir sur les transferts constitutifs, pour les discréditer et les annuler, pour contredire et démystifier les mythes en quelque sorte que l'on assiste...

R. G. : La preuve que nous n'ignorons pas complètement cette inspiration c'est que, depuis des siècles, nous accusons la Bible de «culpabiliser» une humanité qui, bien entendu, nous assurent nos philosophes, n'a jamais fait de mal à une mouche en tant qu'humanité. L'histoire de Caïn culpabilise, certes, la culture caïnite en montrant que cette culture est tout entière fondée sur le meurtre injuste d'Abel. L'histoire de Romulus et Remus ne culpabilise pas la ville de Rome car le meurtre de Remus nous est présenté comme justifié. Personne ne demande si la Bible ne culpabilise pas à juste titre, si les cités humaines ne sont pas vraiment fondées sur des victimes dissimulées.

G. L. : Mais votre analyse jusqu'ici se limite à la Genèse. Pouvez-vous montrer qu'elle reste valable pour d'autres grands textes bibliques ?

J.-M. O. : Dans l'Exode, visiblement, c'est le peuple élu tout entier qui s'identifie à la victime émissaire, face à la société égyptienne.

R. G. : Bien sûr. À Moïse qui se plaint que les Égyptiens ne veulent pas laisser sortir les Hébreux, Yahvé répond que bientôt les Égyptiens non seulement laisseront partir les Hébreux mais qu'ils les *expulseront*.
En causant lui-même la crise sacrificielle qui ravage l'Égypte (les dix plaies), Moïse fait figure assurément de

'culpabiliz''

victime émissaire, et avec lui la communauté juive qui
l'entoure. Il y a donc quelque chose de tout à fait extraordinaire dans la fondation du judaïsme.

Pour « fonctionner » normalement, au sens des mythes
dont nous avons parlé jusqu'ici, il faudrait que l'Exode
soit un mythe égyptien ; ce mythe nous montrerait une
crise sacrificielle résolue par l'expulsion des fauteurs de
troubles, de Moïse et de ses compagnons. Grâce à cette
expulsion, l'ordre troublé par Moïse serait rétabli dans
la société égyptienne. C'est bien à ce modèle que nous
avons affaire, mais décentré vers la victime émissaire
qui non seulement est humanisée mais va constituer
une communauté d'un type nouveau.

Sept founds community

G. L. : Je vois bien là une tendance à revenir sur le
mécanisme fondateur du religieux et à mettre en question son bien-fondé, mais ces grandes histoires de la
Genèse et de l'Exode n'en restent pas moins inscrites
dans un cadre mythique et elles conservent des caractères mythiques. Allez-vous jusqu'à dire qu'on n'a plus
affaire à des mythes ?

R. G. : Non, je pense qu'on a affaire à des formes
mythiques subverties mais qui préservent, comme vous
le dites, beaucoup de caractères mythiques. Si nous
n'avions que ces textes-là nous ne pourrions pas affirmer la singularité radicale de la Bible face aux mythologies de la planète entière.

3. *La Loi et les Prophètes*

R. G. : La Genèse et l'Exode ne sont qu'un début. Dans
les autres livres de la Loi et surtout chez les Prophètes,
un esprit alerté au rôle de la victime émissaire ne peut
manquer de constater la tendance toujours plus marquée de cette victime à apparaître au grand jour. Cette
tendance s'accompagne d'une subversion toujours plus
nette des grands piliers de toute religion primitive : le
culte sacrificiel ouvertement répudié chez les Prophètes

218

pré-exiliques, de même que la conception primitive de la loi comme différenciation obsessive, refus de mélanges, terreur de l'indifférenciation.

Il est facile de retrouver dans les livres légaux des préceptes qui rappellent ceux de toutes les lois primitives et Mme Mary Douglas s'est longuement étendue sur la peur biblique de dissoudre les spécificités dans *Purity and Danger*. Elle a tort, je crois, de ne pas voir le rôle que joue la peur de la violence dans cette terreur des mélanges défendus[54].

Quoi qu'il en soit, dans la Bible, ces prescriptions légales archaïques sont beaucoup moins importantes que ce qui leur succède : l'inspiration prophétique tend à écarter toutes ces prescriptions obsessives au profit de leur raison d'être véritable qui est le maintien des relations harmonieuses au sein de la communauté. Ce que disent les prophètes, au fond, c'est toujours : peu importent les prescriptions légales pourvu que vous ne vous battiez pas les uns avec les autres, pourvu que vous ne deveniez pas des frères ennemis. C'est cette inspiration nouvelle qui, même dans les livres légaux, comme le Lévitique, arrive à des formules décisives telles que *Tu aimeras ton prochain comme toi-même.* (Lv, 19, 18.)

J.-M. O. : Ce sont donc les trois grands piliers de la religion primitive, les interdits, les sacrifices et les mythes qui sont subvertis par la pensée prophétique et cette subversion générale est toujours gouvernée par l'émergence au grand jour des mécanismes qui fondent le religieux, l'unanimité violente contre la victime émissaire.

R. G. : Dans les recueils prophétiques, ce n'est plus à des récits mythiques ou légendaires qu'on a affaire, mais à des exhortations, des menaces, des prédictions sur l'avenir du peuple élu. L'hypothèse proposée ici fait apparaître une dimension commune entre la littérature prophétique et les grands mythes du Pentateuque. Le prophétisme est une réponse singulière à une vaste crise de la société hébraïque, aggravée, certes, par les grands empires assyrien et babylonien qui menacent et détruisent les petits royaumes d'Israël et de Juda, mais toujours interprétée par les prophètes comme une crise religieuse et culturelle, un épuisement du système sacrificiel, une dissolution conflictuelle de l'ordre traditionnel. La définition prophétique de cette crise nous oblige à la rapprocher de celle que postule l'hypothèse proposée ici. C'est bien parce que l'expérience est analogue que cette crise peut se décrire à l'aide de thèmes et de métaphores empruntés à l'héritage mythique du peuple élu.

Si la crise qu'il faut supposer à l'origine des textes mythiques apparaît directement chez les prophètes, si on parle d'elle comme d'une réalité religieuse et même culturelle et sociale, il y a lieu de se demander si la résolution spécifique de ce type de crise, le phénomène de transfert collectif, le cœur de la machine à engendrer le religieux ne va pas apparaître, lui aussi, dans ces œuvres religieuses exceptionnelles, de façon plus directe que partout ailleurs.

Et c'est bien là ce qui arrive. Dans les premiers livres de la Bible, le mécanisme fondateur transparaît çà et là dans une poussière de textes, de façon déjà fulgurante parfois, mais toujours rapide et encore ambiguë. Ce mécanisme n'est jamais vraiment thématisé. Dans la littérature prophétique, par contre, nous avons un groupe de textes étonnants, tous très rapprochés les uns des autres et extraordinairement explicites. Ce sont les quatre *Chants du Serviteur de Yahvé* intercalés dans la seconde partie d'Isaïe, le plus grandiose peut-être de tous les livres prophétiques, *le Livre de la consolation d'Israël*. C'est la critique historique moderne qui a isolé les quatre *Chants*, qui a reconnu leur unité et leur indépendance relative à l'égard de ce qui les entoure. Elle a d'autant plus de mérite qu'elle n'a jamais été capable de dire en quoi consiste cette singularité. À propos du retour de Babylone autorisé par Cyrus, le livre développe, en un contrepoint énigmatique, le double thème du Messie triomphant, ici identifié au prince libérateur, et du Messie souffrant, le Serviteur de Yahvé.

Pour reconnaître la pertinence de notre hypothèse en ce qui concerne le Serviteur, il suffit de citer les passages clefs. Notons d'abord que le Serviteur apparaît dans le contexte de la crise prophétique et pour résoudre celle-ci. Il devient, du fait de Dieu lui-même, le réceptacle de toute violence ; il est substitué à tous les membres de la communauté :

> Tous comme des brebis, nous étions errants
> chacun suivant son propre chemin.
> Et Yahvé a fait retomber sur lui
> les crimes de nous tous (Is 53, 6).

Tous les traits attribués au Serviteur le prédisposent au rôle d'un véritable bouc émissaire humain.

> Comme un surgeon il a grandi devant nous,
> comme une racine en terre aride.
> Sans beauté ni éclat (nous l'avons vu)
> et sans aimable apparence,
> objet de mépris et rebut de l'humanité,
> homme de douleurs et connu de la souffrance,
> comme ceux devant qui on se voile la face,
> il était méprisé et déconsidéré (Is 53, 2-3).

Si ces traits le font ressembler à un certain type de victime sacrificielle dans l'univers païen, au *pharmakos* grec, par exemple, et si le sort subi par lui, le sort réservé à l'anathème, ressemble à celui du *pharmakos*, ce n'est pourtant pas à un sacrifice rituel qu'on a affaire, mais à un événement historique spontané, qui a un double caractère collectif et légal, sanctionné par les autorités.

> Par coercition et jugement il a été saisi ;
> qui se préoccupe de sa cause ?
> Oui ! il a été retranché de la terre des vivants ;
> pour nos péchés, il a été frappé à mort.
> On lui a dévolu sa sépulture au milieu des impies
> et à sa mort il est avec les malfaiteurs,
> alors qu'il n'a jamais fait de tort
> ni de sa bouche proféré un mensonge (Is 43, 8-9).

Cet événement a donc les caractères non du rite mais du type d'événement d'où mon hypothèse fait sortir les rites et tout le religieux. Le plus frappant ici, le trait assurément unique, c'est l'innocence du Serviteur, le fait qu'il n'a aucun rapport avec la violence, aucune affinité pour elle. De nombreux passages font retomber sur les hommes la responsabilité principale de sa mort salvatrice. Un de ces passages semble même attribuer à ceux-ci la responsabilité exclusive de cette mort.

Et nous autres, nous l'estimions châtié, frappé par Dieu et humilié (Is 53, 4).

C'est donc qu'il ne l'était pas. Ce n'est pas Dieu qui frappait ; la responsabilité de Dieu est implicitement niée.

Dans l'Ancien Testament tout entier, un travail exégétique s'effectue en sens contraire du dynamisme mythologique et culturel habituel. On ne peut pas dire, toutefois, que ce travail parvient à son achèvement. Même dans les textes les plus avancés, comme le quatrième chant du Serviteur, une ambiguïté subsiste en ce qui concerne le rôle de Yahvé. Si la communauté humaine, à plusieurs reprises, nous est présentée comme responsable de la mort de la victime, à d'autres moments, Dieu lui-même est présenté comme le principal auteur de la persécution.

Yahvé s'est plu à l'écraser par la souffrance (53, 10).

Cette ambiguïté dans le rôle de Yahvé correspond à la conception de la divinité dans l'Ancien Testament. Dans la littérature prophétique, cette conception tend de plus en plus à se nettoyer de la violence caractéristique des divinités primitives. Tout en attribuant la vengeance à Yahvé, de nombreuses expressions montrent qu'en réalité il est question de la violence mimétique et réciproque qui sévit de plus en plus à mesure que les vieilles formes culturelles se dissolvent. Jamais, toutefois, on n'arrive dans l'Ancien Testament à une conception de la divinité complètement étrangère à la violence.

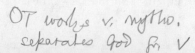

222

J.-M. O. : Il y a donc, selon vous, un inachèvement vétéro-testamentaire qui doit affecter à peu près également tous les aspects du religieux primitif : les mythes sont travaillés par une inspiration qui leur est contraire, mais ils subsistent. Les sacrifices sont critiqués, mais ils subsistent, la loi est simplifiée, déclarée identique à l'amour du prochain, mais elle subsiste. Et bien qu'il se présente sous une forme de moins en moins violente, de plus en plus bienveillante, Yahvé reste le dieu qui se réserve la vengeance. La notion de rétribution divine subsiste.

R. G. : C'est exact. Je crois possible de montrer que seuls les textes évangéliques achèvent ce que l'Ancien Testament laisse inachevé. Ces textes se situeraient donc dans le prolongement de la Bible judaïque, ils constitueraient la forme parfaite d'une entreprise que la Bible judaïque n'a pas menée jusqu'à son terme, ainsi que la tradition chrétienne l'a toujours affirmé. La vérité de tout ceci apparaît grâce à la lecture par la victime émissaire, et elle apparaît sous une forme immédiatement vérifiable sur les textes eux-mêmes, mais sous une forme jusqu'ici insoupçonnée et surprenante pour toutes les traditions, y compris la tradition chrétienne, qui n'a jamais reconnu l'importance cruciale, sous le rapport anthropologique, de ce que j'appelle la victime émissaire.

C. RÉVÉLATION ÉVANGÉLIQUE DU MEURTRE FONDATEUR

1. *Malédictions contre les Pharisiens*

G. L. : Comment pensez-vous montrer que la vérité de la victime émissaire s'inscrit en toutes lettres, cette fois, dans les textes évangéliques ?

R. G. : Dans les Évangiles de Matthieu et de Luc, il est un groupe de textes qui figurait naguère sous le titre de « Malédictions contre les Scribes et les Pharisiens ». L'abandon de ce titre est lié à la gêne que provoque la

[historicity of Gospels ?]
∠89

223

lecture habituelle de ces passages. Sur le plan de la lettre, assurément, ce titre n'est pas faux mais il restreint tout de suite la portée des accusations proférées par Jésus à ses interlocuteurs immédiats. Que ceux-ci soient directement visés, c'est certain, mais un examen attentif révèle que, par l'intermédiaire des Pharisiens, quelque chose de beaucoup plus vaste et même d'absolument universel est en jeu. C'est d'ailleurs toujours le cas dans les Évangiles et toute lecture qui particularise les textes, même si elle se révélait fondée en dernière analyse sur le plan de l'histoire, n'en trahirait pas moins leur intention.

La «malédiction» la plus terrible et la plus significative vient à la fin du texte, et chez Matthieu, et chez Luc. Je cite d'abord le texte de Matthieu (23, 34-36):

Voici que j'envoie vers vous des prophètes, des sages et des scribes; vous en flagellerez dans vos synagogues et pourchasserez de ville en ville, pour que retombe sur vous tout le sang des justes répandu sur la terre, depuis le sang d'Abel jusqu'au sang de Zacharie, fils de Barachie, que vous avez assassiné entre le sanctuaire et l'autel! En vérité, je vous le dis, tout cela va retomber sur cette génération!

Le texte nous laisse entendre qu'il y a eu beaucoup de meurtres. Il n'en cite que deux, celui d'Abel, le premier dont il est question dans la Bible et celui, plus obscur, d'un certain Zacharie, dernier personnage assassiné dont il soit fait mention dans le second livre des Chroniques, c'est-à-dire dans la Bible tout entière telle que la lisait Jésus.

La mention de ce premier et de ce dernier meurtre tient lieu, visiblement, d'une énumération plus complète. Les victimes intermédiaires sont toutes sous-entendues. Le texte a un caractère récapitulatif et il ne peut pas se limiter à la seule religion juive puisque c'est aux origines de l'humanité, c'est à la fondation du premier ordre culturel qu'on remonte avec le meurtre d'Abel. La culture caïnite n'est pas une culture juive. Le texte dit aussi très explicitement «tout le sang des justes répandu sur la terre». Il semble donc que le genre de meurtre dont Abel constitue ici le prototype ne soit pas limité à une seule région du monde et à une seule période de l'histoire ; il s'agit d'un phénomène universel dont les conséquences vont retomber non seulement sur les Pharisiens mais sur cette *génération*, c'est-à-dire sur tous les contemporains des Évangiles et de leur diffusion, sourds et aveugles à la nouvelle qui leur est annoncée.

Le texte de Luc est analogue, mais il insère, avant la mention d'Abel, une précision supplémentaire qui se révèle capitale. Il est question ici «du sang de tous les prophètes qui aura été répandu *depuis la fondation du monde*, depuis le sang d'Abel jusqu'au sang de Zacharie» (Lc 11, 50-51). Le texte grec dit *apò katabolês kósmou*. La même expression figure déjà chez Matthieu dans la citation du Psaume 78 que Jésus s'applique à lui-même :

> Ma bouche prononcera des paraboles
> elle clamera des choses cachées depuis
> la fondation du monde (Mt 13, 35).

La Vulgate traduit chaque fois : *a constitutione mundi*. *Katabolê* semble bien désigner la fondation en tant qu'elle émerge d'une crise violente, l'ordre en tant qu'il surgit du désordre. Il y a un emploi médical qui signifie l'attaque d'une maladie, l'accès qui suscite une résolution.

Il ne faut pas oublier, bien entendu, que pour la culture juive, la Bible constitue la seule encyclopédie ethnologique digne de foi et même concevable. En se référant comme il le fait à l'ensemble de la Bible, ce n'est pas seulement le pharisaïsme que vise Jésus, c'est l'humanité entière. Il est vrai, certes, que les conséquences redoutables de sa révélation vont peser exclusivement sur ceux qui ont l'avantage de l'entendre, s'ils se refusent à en saisir la portée, s'ils ne reconnaissent pas que cette révélation les concerne, eux, au même titre que le reste de l'humanité. Les Pharisiens auxquels parle Jésus sont les premiers à se mettre dans ce mauvais cas, mais ce ne sont pas les derniers, et on ne peut pas déduire du texte évangélique que leurs innombrables successeurs ne tombent pas sous le coup de la condamnation, sous prétexte qu'ils ne se réclament plus de la même chapelle.

Jésus sait bien que les Pharisiens n'ont pas tué eux-mêmes de prophètes, pas plus que les chrétiens n'ont tué eux-mêmes Jésus. Il est dit des Pharisiens qu'ils sont *les fils* de ceux qui ont tué (Mt 23, 31). Il s'agit là non d'une transmission héréditaire mais d'une solidarité spirituelle et intellectuelle qui s'accomplit, chose remarquable, par l'intermédiaire d'une répudiation éclatante, analogue à la répudiation du judaïsme par les « chrétiens ». Les *fils* croient se désolidariser des *pères* en les condamnant, c'est-à-dire en rejetant le meurtre loin d'eux-mêmes. De ce fait même, ils imitent et répètent leurs pères sans le savoir. Ils ne comprennent pas que dans le meurtre des prophètes il s'agissait déjà de rejeter sa violence loin de soi. Les fils restent donc gouvernés par la structure mentale engendrée par le meurtre fondateur. Toujours en effet ils disent :

Si nous avions vécu du temps de nos pères, nous ne nous serions pas joints à eux pour verser le sang des prophètes (Mt 23, 30).

C'est dans la volonté de rupture, paradoxalement, que s'accomplit, chaque fois, la continuité des pères et des fils.

Pour comprendre le caractère décisif des textes que nous venons de lire, dans les Évangiles synoptiques, il faut les rapprocher d'un texte de l'Évangile de Jean qui en constitue l'équivalent le plus direct :

Pourquoi ne comprenez-vous pas mon langage ? C'est que vous ne pouvez pas écouter ma parole. Vous avez pour père le diable et ce sont les désirs de votre père que vous voulez accomplir. Dès l'origine, ce fut un homicide ; il n'était pas établi dans la vérité parce qu'il n'y a pas de vérité en lui ; quand il dit ses mensonges, il les tire de son propre fonds, parce qu'il est menteur et père du mensonge (Jn 8, 43-44, 59).

L'essentiel, ici, est la triple correspondance qui s'établit entre Satan, l'homicide originel et le mensonge. Être fils de Satan, c'est hériter du mensonge. Quel mensonge ? Le mensonge de l'homicide lui-même. Le mensonge est doublement homicide puisque c'est toujours à nouveau sur l'homicide qu'il débouche pour dissimuler l'homicide. Être fils de Satan, c'est la même chose qu'être le fils de ceux qui ont tué leurs prophètes depuis la fondation du monde.

N. A. Dahl a écrit un long essai pour montrer que le caractère homicide de Satan est une référence voilée au meurtre d'Abel par Caïn [55]. Il est vrai, certes, que le meurtre d'Abel dans la Genèse a une valeur exceptionnelle. Mais cette valeur, il la doit au fait qu'il est le premier meurtre fondateur et le premier récit biblique à lever un coin du voile toujours jeté sur le rôle formidable de l'homicide dans la fondation des communautés humaines. Ce meurtre nous est présenté, on l'a vu, comme origine de la loi qui sanctionne le meurtre d'une septuple représaille, origine de la règle contre l'homicide à l'intérieur de la culture caïnite, origine de cette culture.

Le meurtre d'Abel a donc une signification exceptionnelle et c'est pourquoi les synoptiques le mentionnent. Mais ce serait méconnaître la force propre du texte johannique que de vouloir le ramener à tout prix à la lettre du texte synoptique, à la référence à un personnage particulier qui s'appellerait Abel ou même à une catégorie de victimes qui seraient «les prophètes». En écrivant «dès l'origine, ce fut un homicide», le texte de Jean va plus loin que tous les autres dans le dégagement du mécanisme fondateur ; il élimine toutes les déterminations, toutes les spécifications susceptibles d'entraîner une interprétation mythique. Il va jusqu'au bout dans la lecture du texte de la Bible et il aboutit à l'hypothèse de la violence fondatrice.

L'erreur des exégètes bibliques sur ce point est comparable à celle des ethnologues et de tous les spécialistes en sciences humaines qui passent toujours de mythe en mythe et d'institution en institution, de signifiant en signifiant, en somme, ou de signifié en signifié, sans jamais accéder à la matrice symbolique de tous les signifiants et de tous les signifiés, la victime émissaire.

G. L. : C'est la même erreur en effet, mais l'aveuglement des exégètes bibliques est plus paradoxal encore
et plus total que celui des sciences humaines puisqu'ils
ont directement sous les yeux, dans le texte qu'ils prétendent déchiffrer, la clef de l'interprétation correcte, la
clef de toute interprétation, et ils refusent de s'en saisir ;
ils ne s'aperçoivent même pas des possibilités inouïes
qui leur sont offertes.

R. G. : Face au texte de Jean, les dangers d'une lecture
mythique demeurent, certes, si on ne voit pas que Satan,
c'est le mécanisme fondateur lui-même, le principe de
toute communauté humaine. Tous les textes du Nouveau
Testament confirment cette lecture, en particulier celui
des « Tentations » qui fait de Satan le prince et principe
de ce monde, *princeps hujus mundi*. Ce n'est pas une
réduction métaphysique abstraite, un glissement vers la
basse polémique ou une chute dans la superstition qui
fait de Satan l'adversaire véritable de Jésus. Satan ne fait
qu'un avec les mécanismes circulaires de la violence,
avec l'emprisonnement des hommes dans les systèmes
culturels ou philosophiques qui assurent leur *modus
vivendi* avec la violence. C'est pourquoi il promet à Jésus
la domination pourvu que celui-ci l'adore. Mais il est
aussi le *skandalon*, l'obstacle vivant sur lequel achop-
pent les hommes, le modèle mimétique en tant qu'il
devient rival et se met en travers de notre chemin. Nous
reparlerons du *skandalon* à propos du désir.
    Satan, c'est le nom du processus mimétique dans son
ensemble ; c'est bien pourquoi il est source, non seulement de rivalité et de désordre, mais de tous les ordres
menteurs au sein desquels vivent les hommes. C'est bien
pourquoi, dès l'origine, il fut un homicide ; pour l'ordre
satanique il n'y a pas d'autre origine que le meurtre et
ce meurtre est mensonge. Les hommes sont fils de
Satan parce qu'ils sont fils de ce meurtre. Le meurtre
n'est donc pas un acte dont les conséquences pourraient
s'effacer sans qu'il arrive à la lumière et soit vraiment
rejeté par les hommes ; c'est un *fonds* inépuisable ; une

source transcendante de fausseté qui se répercute dans tous les domaines et structure tout à son image, si bien que la vérité ne peut pas pénétrer et les auditeurs de Jésus ne peuvent même pas entendre sa parole. Du meurtre originel, les hommes tirent toujours de nouveaux mensonges qui empêchent la parole évangélique d'arriver jusqu'à eux. Même la révélation la plus explicite demeure lettre morte.

J.-M. O. : Ce que vous montrez, en somme, c'est qu'en dépit des différences de style et de ton, l'Évangile de Jean dit la même chose exactement que les Évangiles synoptiques. Pour la plupart des exégètes modernes, le travail exégétique consiste presque exclusivement à chercher la *différence* entre les textes. Vous cherchez au contraire la convergence car vous pensez que les Évangiles représentent quatre versions un peu différentes d'une seule et même pensée. Cette pensée forcément nous échappe si on part du principe que seules les divergences sont intéressantes.

R. G. : Ces divergences existent, certes, mais elles sont mineures ; elles sont d'ailleurs loin d'être sans intérêt. Dans bien des cas elles permettent d'entrevoir, peut-être, certaines défaillances, mineures elles aussi, par rapport à l'ensemble du message qu'il leur incombe de transcrire.

2. *La métaphore du tombeau*

R. G. : Je retourne maintenant aux Malédictions. Elles nous parlent d'une dépendance cachée à l'égard du meurtre fondateur, d'une continuité paradoxale entre la violence des générations passées et la dénonciation dont cette violence fait l'objet chez les contemporains. Nous sommes là au vif du sujet et à la lumière de ce mécanisme, le mécanisme même qui nous occupe depuis le début de nos entretiens, une grande « métaphore » du texte évangélique s'éclaire. C'est la métaphore du *tom-*

beau. Le tombeau sert à honorer un mort mais aussi et surtout à le cacher en tant qu'il est mort, à dissimuler son cadavre, à faire en sorte que la mort en tant que telle ne soit plus visible. Cette dissimulation est essentielle. Les meurtres eux-mêmes, les meurtres auxquels les pères ont directement participé, ressemblent déjà à des tombeaux en ceci que, surtout dans les meurtres collectifs et fondateurs, mais aussi dans les meurtres individuels, les hommes tuent pour mentir aux autres et se mentir à eux-mêmes au sujet de la violence et de la mort. Il faut tuer et toujours tuer, chose étrange, pour ne pas savoir qu'on tue.

On comprend dès lors pourquoi Jésus reproche aux Scribes et aux Pharisiens d'édifier les tombeaux de ces prophètes que leurs pères ont tués. Ne pas reconnaître le caractère fondateur du meurtre, soit en niant que les pères aient tué, soit en condamnant les coupables dans le but de démontrer sa propre innocence, c'est réaccomplir le geste fondateur, c'est perpétuer le fondement qui est occultation de la vérité ; on ne veut pas savoir que l'humanité entière est fondée sur l'escamotage mythique de sa propre violence, toujours projetée sur de nouvelles victimes. Toutes les cultures, toutes les religions, s'édifient autour de ce fondement qu'elles dissimulent, de la même façon que le tombeau s'édifie autour du mort qu'il dissimule. Le meurtre appelle le tombeau et le tombeau n'est que le prolongement et la perpétuation du meurtre. La religion-tombeau n'est rien d'autre que le devenir invisible de son propre fondement, de son unique raison d'être.

Malheur à vous, qui bâtissez les tombeaux des prophètes, et ce sont vos pères qui les ont tués ! Ainsi, vous êtes des témoins et vous approuvez les actes de vos pères ; eux ont tué, et vous, vous bâtissez (Lc 11, 47-48).

Eux ont tué, et vous, vous bâtissez : c'est l'histoire de toute la culture humaine que Jésus révèle et *compromet* de façon décisive. C'est bien pourquoi il peut faire sienne la parole du Psaume 78 : *Je révélerai des choses dissimu-*

lées depuis la fondation du monde, ápò katabolês kósmou
(Mt 13, 35).

Si la métaphore du tombeau s'applique à tout ordre humain saisi dans son ensemble, elle s'applique aussi aux individus formés par cet ordre. Pris individuellement, les Pharisiens ne font qu'un avec le système de méconnaissance sur lequel ils se referment en tant que communauté.

On n'ose pas dire métaphorique l'usage qui est fait ici du terme tombeau tellement on est au cœur de la question. Qui dit métaphore dit déplacement, et il n'y a pas ici de déplacement métaphorique. C'est au contraire à partir du tombeau que s'effectuent tous les déplacements constitutifs de la culture. Beaucoup de bons esprits pensent que c'est littéralement vrai sur le plan de l'histoire humaine saisie dans son ensemble ; les rites funéraires, nous l'avons dit, pourraient bien constituer les premiers gestes proprement culturels[56]. C'est autour des premières victimes réconciliatrices, il y a lieu de le croire, c'est à partir des transferts créateurs des premières communautés que ces rites ont dû s'élaborer. On songe aussi à ces pierres sacrificielles qui constituent le lieu fondateur de la cité antique, toujours associées à quelque histoire de lynchage assez mal camouflée.

J.-M. O. : Il faudrait revenir, ici, à tout ce que nous disions l'autre jour sur tous ces sujets. Il faudrait tout avoir en mémoire à chaque instant pour saisir en même temps la simplicité de l'hypothèse et la richesse infinie de ses applications. S'il s'agissait d'une théorie «comme les autres», les rapprochements qu'elle permet, les «homologies» qu'elle révèle, ne manqueraient pas d'attirer l'attention des experts.

R. G. : Les découvertes archéologiques suggèrent, selon la Bible de Jérusalem, qu'on édifiait réellement en Palestine des tombeaux pour les prophètes à l'époque de Jésus. C'est très intéressant et il se peut que cette pratique ait suggéré la «métaphore». Il serait fâcheux, cependant, de limiter les significations que font surgir dans notre texte les divers emplois du terme tombeau à une évocation de cette pratique. Le fait que la métaphore s'applique et à la collectivité et à l'individu montre bien qu'il y a beaucoup plus ici qu'une allusion à des tombeaux déterminés, de même qu'il y a beaucoup plus dans le passage suivant qu'une appréciation simplement « morale » :

Malheur à vous, scribes et pharisiens hypocrites, qui ressemblez à des sépulcres blanchis : au-dehors ils ont belle apparence, mais au-dedans, ils sont pleins d'ossements de morts et de toute pourriture... (Mt 23, 27).

Au fond des individus, comme au fond des systèmes religieux et culturels qui les façonnent, il y a quelque chose de caché, et ce n'est pas seulement le « péché » abstrait de la religiosité moderne, ce ne sont pas les seuls « complexes » de la psychanalyse, c'est toujours quelque cadavre qui est en train de pourrir et qui répand partout la pourriture.

Luc compare les Pharisiens non pas simplement à des tombeaux, mais à des tombeaux souterrains, c'est-à-dire à des tombeaux invisibles, à des tombeaux perfectionnés et redoublés, si l'on peut dire, puisque non contents de dissimuler le mort, ils se dissimulent eux-mêmes en tant que tombeaux.

Malheur à vous car vous êtes comme ces tombeaux que rien ne signale et sur lesquels on marche sans le savoir (Lc 11, 44).

J.-M. O. : Ce redoublement de dissimulation reproduit en somme le mouvement de la différenciation culturelle à partir du meurtre fondateur. Ce meurtre tend à s'effacer derrière des rites directement sacrificiels, mais ces rites encore trop révélateurs tendent eux-mêmes à s'effacer derrière des institutions post-rituelles tels les systèmes judiciaires et politiques, ou les formes culturelles, et ces formes dérivées ne laissent plus rien soupçonner de leur enracinement dans le meurtre originel.

R. G. : Il s'agit donc ici d'un problème de *savoir* toujours déjà perdu, jamais encore retrouvé. Ce savoir affleure, certes, dans les grands textes de la Bible et surtout chez les prophètes, mais l'organisation religieuse et légale s'arrange pour le refouler. Les Pharisiens, satisfaits de ce qui leur apparaît comme leur réussite religieuse, s'aveuglent sur l'essentiel et ils aveuglent ceux qu'ils prétendent guider :

Malheur à vous, légistes, parce que vous avez enlevé la clef de la science ! Vous-mêmes n'êtes pas entrés, et ceux qui voulaient entrer, vous les en avez empêchés ! (Lc 11, 52.)

Michel Serres, le premier, m'a fait observer l'importance de cette référence à « la clef de la science ». Jésus est là pour remettre aux hommes cette clef. Dans la perspective évangélique, la passion est d'abord la conséquence d'une révélation intolérable pour ses auditeurs, mais elle est aussi, et plus essentiellement encore, la vérification en actes de cette même révélation. C'est pour ne pas entendre ce que proclame Jésus que ses auditeurs se mettent d'accord pour se défaire de lui, confirmant par là l'exactitude prophétique des « malédictions contre les Pharisiens ».

C'est pour expulser la vérité au sujet de la violence qu'on se confie à la violence :

Quand il fut sorti de là, les scribes et les pharisiens se mirent à lui en vouloir terriblement et à le faire parler sur une foule de choses, lui tendant des pièges pour surprendre une parole sortie de sa bouche (Lc 11, 53).

L'homme n'est jamais qu'une dénégation plus ou moins violente de sa violence. C'est à cela que se ramène la religion qui vient de l'homme, par opposition à celle qui vient de Dieu. En l'affirmant sans la moindre équivoque, Jésus enfreint l'interdit suprême de tout ordre humain et il faut le réduire au silence. Ceux qui s'unissent contre Jésus le font pour soutenir la présomption arrogante qui fait dire : « Si nous avions vécu du temps de nos pères, nous ne nous serions pas joints à eux pour verser le sang des prophètes. »

La vérité du meurtre fondateur s'inscrit d'abord dans les paroles de Jésus qui relient la conduite présente des hommes au passé lointain et aussi à l'avenir prochain puisqu'elles annoncent la passion et la situent du même coup par rapport à toute l'histoire humaine. Cette même vérité du meurtre va donc s'inscrire aussi, plus fortement encore, dans la passion elle-même qui accomplit la prophétie et qui lui donne son poids. Si des siècles et même des millénaires doivent s'écouler avant que cette vérité reprenne vie, peu importe, en définitive. L'inscription demeure et elle finira par accomplir son œuvre. Tout ce qui est caché sera révélé.

3. *La passion*

R. G. : Jésus nous est présenté comme la victime innocente d'une collectivité en crise qui, temporairement au moins, se ressoude contre lui. Tous les groupes et même tous les individus mêlés à la vie et au procès de Jésus finissent par donner leur adhésion explicite ou implicite à cette mort : la foule de Jérusalem, les autorités religieuses juives, les autorités politiques romaines, et même les disciples, puisque ceux qui ne trahissent pas ou ne renient pas activement Jésus s'enfuient ou restent passifs.

Et cette foule, il faut le noter, est celle-là même qui, peu de jours auparavant, avait accueilli Jésus avec enthousiasme. Elle se retourne comme un seul homme et exige sa mort avec une insistance qui relève au moins en partie de l'entraînement collectif irrationnel puisque rien, entre-temps, n'est intervenu pour justifier ce changement d'attitude.

En dépit de ses formes légales, qui sont nécessaires pour rendre la mise à mort unanime dans un univers où il existe des institutions légales, la décision de faire mourir Jésus est d'abord celle de la foule, ce qui assimile la crucifixion non à un sacrifice rituel mais, comme dans le cas du Serviteur, au processus que je situe à l'origine de tous les rituels et de tout le religieux. De même que dans les *Chants*, donc, et plus directement encore, c'est cette hypothèse elle-même qui vient à notre rencontre dans les quatre récits évangéliques de la Passion.

C'est bien parce qu'elle reproduit l'événement fondateur de tous les rites que la Passion s'apparente à tous les rites de la planète. Il n'y a pas un incident qu'on ne retrouve dans des exemples innombrables, du procès joué d'avance à la dérision de la foule, aux honneurs grotesques et à un certain rôle du hasard qui joue ici, non dans le choix de la victime, mais dans la façon dont on dispose de ses vêtements : le tirage au sort. Finalement, c'est le supplice infamant en dehors de la cité sainte pour ne pas contaminer celle-ci.

Notant ces parallèles avec tant de rituels, certains ethnologues ont cherché, dans un esprit de scepticisme hostile, bien entendu, mais qui n'ébranle pas, paradoxalement, une foi absolue en l'historicité du texte évangélique, des motifs rituels à la conduite de certains acteurs de la Passion. Jésus, selon eux, a dû servir de «bouc émissaire» aux légionnaires de Pilate en train de célébrer une quelconque saturnale. Frazer a même polémiqué avec des chercheurs allemands au sujet du rite exact dont il devait s'agir.

En 1898, P. Wendland notait les analogies frappantes entre «le traitement infligé au Christ par les soldats romains et celui que d'autres soldats romains infligèrent au faux roi des Saturnales à Durostorum[57]». L'auteur supposait que les légionnaires avaient revêtu Jésus des ornements traditionnels du roi Saturne pour se moquer de ses prétentions à un royaume divin. Dans une longue note ajoutée à la seconde édition du *Golden Bough*, Frazer déclare avoir été lui-même frappé par ces similitudes mais n'en avoir pas fait état dans la première édition faute de pouvoir en proposer une explication. L'article de Wendland ne lui paraît pas satisfaisant, d'abord pour des raisons de date : les saturnales se tenaient en décembre et la crucifixion aurait eu lieu à Pâques mais surtout parce qu'il croit désormais avoir mieux à proposer :

Quelque grande que soit la ressemblance de la passion du Christ avec le traitement infligé au faux roi des Saturnales, elle n'est pas aussi étroite qu'avec celui auquel on soumettait le faux roi des Sacées. C'est saint Matthieu qui a décrit de la manière la plus complète la façon dont le Christ fut tourné en dérision. Voici ce qu'il rapporte : «Alors il leur relâcha Barabbas ; et après avoir fait fouetter Jésus, il le leur livra pour être crucifié. Et les soldats du gouverneur amenèrent Jésus au prétoire, et ils assemblèrent autour de lui toute la compagnie des soldats. Et l'ayant dépouillé, ils le revêtirent d'un manteau d'écarlate. Puis, ayant fait une couronne d'épines, ils la lui mirent sur la tête, et ils lui mirent un roseau à la main droite ; et s'agenouillant devant lui, ils se moquaient de lui, en lui disant : "Je te salue, roi des Juifs !" Et crachant contre lui, ils prenaient le roseau, et ils lui en donnaient des coups sur la tête. Après s'être ainsi moqués de lui, ils lui ôtèrent le manteau, et lui remirent ses habits, et ils l'emmenèrent pour le crucifier.» À cela, comparez le traitement infligé au faux roi des Sacées, tel que le décrit Dion Chrysostome : «Ils prennent un des condamnés à mort et l'assoient sur le trône du roi ; ils lui passent les vêtements du souverain, et le laissent faire le tyran, boire, se livrer à tous les excès, et user des concubines du roi pendant ces journées ; personne ne l'empêche d'agir exactement à sa guise. Mais après, on le dépouille de ses vêtements, on le flagelle, et on le crucifie[58].»

Si suggestif qu'il soit sous certains rapports, ce genre d'hypothèse nous paraît irrecevable à cause de la conception du texte évangélique qu'il implique. Frazer continue à faire de celui-ci rien d'autre qu'un compte rendu historique ou même un reportage pris sur le vif. Il ne lui vient pas à l'idée que le rapport entre les rites dont il parle et les Évangiles pourrait reposer sur autre chose qu'une coïncidence fortuite au niveau de l'événement, sur quelque chose de beaucoup plus essentiel sous le rapport du texte lui-même qui serait la loi interne d'organisation de ce texte religieux et culturel. Comment, en dehors de cette possibilité, interpréter les coïncidences frappantes entre les saturnales et le «faux roi des Sacées»?

C'est dire que nous nous retrouvons devant le type de préjugé qui sévissait à l'époque positiviste. Bien que nous nous refusions à céder au préjugé inverse qui triomphe à notre époque, nous devons nous intéresser d'abord à l'organisation interne du texte et considérer celui-ci en dehors de toute possibilité référentielle, dans un premier moment.

La thèse de Frazer n'en est pas moins nourrie d'observations précises. Elle est aussi ingénieuse que naïve. Les analogies avec les formes religieuses ne se limitent nullement à celles dont les ethnologues font état parce qu'ils croient pouvoir en donner une explication conforme à leur vision. Ces analogies s'étendent à bien d'autres phénomènes religieux, au Serviteur de Yahvé, par exemple, et à mille autres textes de l'Ancien Testament, mais ces dernières sont déclarées inadmissibles du fait même que ce sont les Évangiles eux-mêmes qui les revendiquent. On les déclare forgées de toutes pièces pour les besoins de la cause religieuse alors qu'il s'agit en fait de parallèles très analogues à ceux que Frazer n'a pas peur de noter — il se croit même très perspicace — tout simplement parce qu'il a en main une explication fortuite qui ne compromet pas son positivisme et qui ne risque pas, croit-il, de tourner à l'avantage des Évangiles.

Pour qu'il y ait transfert sacralisant, il faut que la victime hérite de toute une violence dont la communauté est exonérée. C'est parce que la victime passe réellement pour coupable que le transfert n'apparaît pas en tant que tel. Et c'est le résultat heureux de cet escamotage qui suscite la reconnaissance émerveillée des lyncheurs, c'est-à-dire la juxtaposition sur la victime de ces contraires incompatibles qui déterminent le *sacré*. Pour que le texte évangélique soit mythique au sens défini plus haut, il lui faudrait ignorer le caractère arbitraire et injuste de la violence exercée contre Jésus. Il est clair au contraire que la passion est présentée comme une injustice criante. Comme tous les faits importants, celui-ci est souligné par une citation de l'Ancien Testament appliquée à Jésus : «Ils m'ont haï sans raison.» Loin de prendre la violence collective à son compte, le texte la rejette sur les vrais responsables, ou, pour employer l'expression des Malédictions elles-mêmes, il

myth — victim 'guilty'
Gospel — victim innocent

237

fait retomber cette violence sur la tête de ceux à qui elle appartient.

« En vérité, je vous le dis, tout cela va retomber sur cette génération. »

G. L. : Vous montrez à l'évidence que cette parole n'a rien à voir avec les vieilles malédictions primitives destinées à attirer sur l'individu maudit la vengeance d'une divinité violente. Ici c'est exactement l'inverse qui se produit. C'est la « déconstruction » complète de tout le système primitif qui révèle le mécanisme fondateur et laisse les hommes sans protection sacrificielle, en proie à la vieille discorde mimétique qui va prendre désormais sa forme typiquement chrétienne et moderne ; chacun essaie de rejeter sur le voisin la responsabilité de persécutions et d'injustices dont il commence à entrevoir le rôle universel mais dont il n'est pas encore prêt à assumer sa propre part.

R. G. : Il faut lier étroitement la révélation verbale du meurtre fondateur à la révélation en actes, la répétition de ce meurtre contre celui qui le révèle et dont tout le monde se refuse à entendre le message. Dans la perspective évangélique, la révélation en paroles suscite tout de suite une volonté collective de *faire le silence* qui se concrétise sous la forme du meurtre collectif, qui reproduit en d'autres termes le mécanisme fondateur et qui confirme, de ce fait, la parole qu'elle s'efforce d'étouffer. La révélation ne fait qu'un avec l'opposition violente à toute révélation puisque c'est cette violence menteuse et source de tout mensonge qu'il s'agit d'abord de révéler.

4. *Le martyre d'Étienne*

R. G. : Le processus qui mène directement des Malédictions à la Passion se retrouve sous une forme aussi ramassée que saisissante dans un texte qui n'est pas évangélique *stricto sensu* mais qui est aussi proche que possible de l'une au moins des rédactions évangéliques où figurent les «malédictions», celle de Luc. Il s'agit des *Actes des Apôtres* qui se présentent, on le sait, comme l'œuvre de Luc lui-même.

Le texte auquel je pense reconstitue l'ensemble formé par les «malédictions» et la passion sous une forme si ramassée, il en fait jouer les articulations de façon si explicite qu'on peut voir en lui une véritable interprétation du texte évangélique. Il s'agit du discours d'Étienne et de sa conséquence. La conclusion de ce discours au Sanhédrin est si déplaisante aux auditeurs qu'elle provoque immédiatement la mort de celui qui l'a proférée.

Les dernières paroles d'Étienne, celles qui déclenchent la rage meurtrière de son public, constituent la répétition pure et simple des malédictions contre les Pharisiens. Aux meurtres déjà nommés par Jésus s'ajoute, bien entendu, le meurtre de Jésus lui-même, qui est maintenant chose accomplie lui aussi, et qui récapitule mieux que tous les discours possibles la réalité du meurtre fondateur.

C'est donc bien l'ensemble constitué par la prophétie et son accomplissement que dégagent à nouveau et soulignent les paroles d'Étienne, c'est le rapport de cause à effet entre la révélation qui compromet le fondement violent et la nouvelle violence qui expulse cette révélation pour rétablir ce même fondement, pour le fonder à nouveau.

«Nuques raides, oreilles et cœurs incirconcis, toujours vous résistez à l'Esprit Saint! Tels furent vos pères, tels vous êtes! Lequel des prophètes vos pères n'ont-ils point persécuté? Ils ont tué ceux qui prédisaient la venue du Juste, celui-là même que maintenant vous venez de trahir et d'assassiner, vous qui avez reçu la Loi par le ministère des anges et ne l'avez pas observée.»

À ces mots, leurs cœurs frémissaient de rage, et ils grinçaient des dents contre Étienne.

Tout rempli de l'Esprit Saint, il fixa son regard vers le ciel; il vit alors la gloire de Dieu et Jésus debout à la droite de Dieu. «Ah! dit-il, je vois les cieux ouverts et le Fils de l'homme debout à la droite de Dieu.» Jetant alors de grands cris, ils se bouchèrent les oreilles et, comme un seul homme, se précipitèrent sur lui, le poussèrent hors de la ville et se mirent à le lapider (Ac 7, 51-58).

Les paroles qui font retomber sur les vrais coupables leur violence sont si insupportables qu'il faut fermer définitivement la bouche à celui qui parle et, pour ne pas l'entendre tant qu'il demeure capable de parler, les auditeurs se *bouchent les oreilles*. Comment douter ici que c'est pour rejeter un savoir intolérable que l'on tue, et ce savoir, chose étrange, c'est celui du meurtre lui-même. Tout le processus de la révélation évangélique et de la crucifixion se reproduit ici dans une clarté exceptionnelle.

Il faut remarquer le mode d'exécution d'Étienne, la lapidation, réservée chez les Juifs, comme chez d'autres peuples, aux êtres les plus impurs, aux coupables des plus grands crimes, équivalent judaïque de l'*anathème* grec.

Comme dans toutes les formes sacrificielles, il s'agit d'abord de reproduire le meurtre fondateur pour en renouveler les effets bénéfiques, ici pour effacer les périls où le blasphémateur plonge la communauté (cf. Dt 17,7).

La répétition de ce meurtre est un acte dangereux qui pourrait ramener la crise qu'on veut éviter. Une première précaution contre la pollution violente consiste à interdire toute exécution rituelle à l'intérieur de la communauté. C'est pourquoi la lapidation d'Étienne — comme la crucifixion — se déroule hors de l'enceinte de Jérusalem.

Mais cette première précaution ne suffit pas. La prudence suggère d'éviter tout contact avec la victime polluante parce que polluée. Comment combiner cette première exigence avec une autre exigence majeure qui est la reproduction aussi exacte que possible du meurtre originel ? Une reproduction exacte implique la participation unanime de la communauté, ou tout au moins des présents. Cette participation unanime est explicitement requise par le texte du Deutéronome (17,7). Comment faire pour que tout le monde frappe la victime sans que personne ne se souille à son contact ? Il est clair que c'est pour résoudre ce problème délicat qu'on recourt à la lapidation. Comme tous les modes d'exécution à distance, comme le moderne peloton d'exécution, ou la chute, collectivement organisée, du haut de la falaise, celle de Tikarau, par exemple, le dieu émissaire dans le mythe tikopia, la lapidation satisfait cette double exigence rituelle.

Le seul assistant dont le nom figure dans le texte est Saul de Tarse, le futur Paul. C'est aussi le seul, semble-t-il, à ne pas jeter de pierres, mais le texte nous assure qu'il est de cœur avec les meurtriers. « Saul, lui, approuvait ce meurtre. » Sa présence, donc, ne rompt pas l'unanimité. Le texte précise que les assistants se précipitent sur Étienne *comme un seul homme*. Cette indication d'unanimité aurait une valeur quasi technique sur le plan du rite s'il ne s'agissait pas ici de tout autre chose que d'un rite. C'est spontanément que se reforme contre Étienne l'unanimité qui, dans le rite, a un caractère obligatoire et prémédité.

Le caractère précipité de cette lapidation, le fait que les procédures énumérées dans le texte du Deutéronome ne soient pas toutes observées, a conduit de nombreux commentateurs à juger l'exécution plus ou moins illégale, à la définir comme une espèce de lynchage. Voici par exemple ce qu'écrit Johannes Munck dans son édition des *Actes* :

Was this examination before the Sanhedrin and the following stoning a real trial and a legally performed execution? We do not know. The improvised and passionate character of the events as related might suggest that it was illegal, a lynching[59].

Munck compare les dernières paroles d'Étienne à *une étincelle qui déclenche une explosion* (*a spark that starts an explosion*, p. 70). Le fait qu'on ait affaire ici et à un mode d'exécution ritualisé et à une décharge irrésistible de fureur collective est hautement significatif. Pour que ce double statut soit possible, il faut que le mode rituel d'exécution coïncide avec une forme possible de la violence spontanée. Si le geste rituel peut se déritualiser, en quelque sorte, et devenir spontané sans changer vraiment de forme, on peut supposer que la métamorphose s'est déjà produite dans l'autre sens ; la forme d'exécution légale n'est que la ritualisation d'une violence spontanée. Une observation attentive de la scène du martyre d'Étienne nous ramène nécessairement à l'hypothèse de la violence fondatrice.

La scène des *Actes* est une reproduction qui révèle et qui souligne le rapport entre les « malédictions » et la passion. Et ce que cette scène est aux textes évangéliques commentés plus haut, ces textes eux-mêmes le sont à la passion. Étienne est le premier de ceux dont il est question, on l'a vu, dans les « malédictions ». Nous avons déjà cité Matthieu (23, 34-35), voici maintenant le texte de Luc qui dit, lui aussi, la fonction exacte de ce *martyre* qui est bien une fonction de *témoignage*. En mourant comme meurt Jésus et pour les mêmes raisons que lui, les martyrs multiplient les révélations de la violence fondatrice :

> Et c'est bien pourquoi la Sagesse de Dieu a dit : Je leur enverrai des prophètes et des apôtres ; ils en tueront et persécuteront afin qu'il soit demandé compte à cette génération du sang de tous les prophètes qui aura été répandu depuis la fondation du monde (Lc 11, 49-50)

Il ne faut pas interpréter ce texte de façon étroite. Il ne s'agit pas de dire que les seules victimes innocentes, désormais, sont des « confesseurs de la foi » aux sens dogmatiques et théologiques des christianismes historiques. Il faut comprendre qu'il n'y aura pas de victime, désormais, dont la persécution injuste ne finisse par être révélée en tant que telle, car aucune sacralisation ne sera possible. Aucune production mythique ne viendra transfigurer la persécution. Les Évangiles rendent toute « mythologisation » impossible car, en le révélant, ils empêchent le mécanisme fondateur de fonctionner. C'est pourquoi nous avons toujours moins de mythes proprement dits dans notre univers évangélique et toujours plus de textes de persécution.

5. *Le texte émissaire*

J.-M. O. : Si je vous entends bien, le processus de méconnaissance que définit le texte doit se reproduire encore dans les interprétations restrictives qu'on en a toujours données, et d'abord, bien sûr, dans les interprétations qui en limitent l'application à leurs destinataires immédiats.

Une telle lecture ne peut pas être dénuée de portée. Elle reproduit, dans des circonstances historiques et idéologiques différentes mais structurellement inchangées, le transfert violent sur la victime émissaire, le transfert qui se perpétue depuis l'aube de l'humanité. Ce n'est donc pas une lecture fortuite ou innocente. Elle transforme la révélation universelle du meurtre fondateur en dénonciation polémique de la religion juive. Pour ne pas se reconnaître concerné par le message, on affirme qu'il ne concerne que les Juifs.

R. G. : Cette interprétation restrictive est la seule échappatoire qui demeure pour une pensée en principe acquise au «christianisme», mais bien résolue à se débarrasser une fois de plus de la violence, au prix d'une nouvelle violence inévitablement, aux dépens d'un nouveau bouc émissaire qui ne peut être que le Juif. On refait, en somme, ce que Jésus reproche aux Pharisiens de faire, et comme on se réclame de Jésus, on ne peut plus le faire directement contre lui : on démontre une fois de plus la vérité et l'universalité du processus révélé par le texte en le déplaçant vers les dernières victimes disponibles. Ce sont les chrétiens, cette fois, qui disent : *Si nous avions vécu du temps de nos pères judaïques, nous ne nous serions pas joints à eux pour verser le sang de Jésus*. Si les hommes à qui Jésus s'adresse et qui ne l'entendent pas comblent la mesure de leurs pères, les chrétiens qui se croient autorisés à dénoncer ces mêmes

hommes pour se soustraire eux-mêmes à la condamnation, comblent cette mesure déjà comblée. Ils se prétendent gouvernés par le texte qui révèle le processus de la
méconnaissance et c'est la méconnaissance qu'ils répètent. C'est les yeux fixés sur le texte qu'ils refont ce que le
texte dénonce. Le seul moyen d'aller plus loin encore
dans l'aveuglement consiste à répudier comme on le fait
aujourd'hui, non le processus révélé par le texte et qui se
perpétue paradoxalement dans son ombre, mais le texte
lui-même, à déclarer ce texte responsable des violences
commises en son nom, à le blâmer, lui, de ce qu'il n'a
guère contraint jusqu'ici la vieille violence qu'à se déplacer vers de nouvelles victimes. Il y a de nos jours une tendance générale chez les chrétiens à répudier ce texte ou
tout au moins à n'en jamais faire état, à le dissimuler
comme une chose un peu honteuse. Il reste une dernière
ruse, il reste une dernière victime, et c'est le texte lui-
même, qu'on enchaîne à la lecture trompeuse toujours
donnée de lui et qu'on traîne au tribunal de l'opinion
publique. Par une dérision suprême, c'est au nom de la
charité que l'opinion condamne le texte évangélique.
Face à un monde qui regorge aujourd'hui, on le sait, de
bienveillance, le texte apparaît d'une affligeante dureté.

Il n'y a aucune contradiction entre l'élection judaïque,
réaffirmée par les Évangiles, et des textes tels que les
«malédictions». S'il y avait quelque part sur la terre une
forme religieuse ou culturelle qui échappe aux accusations contre les Pharisiens, y compris les formes qui se
réclament de Jésus, les Évangiles ne seraient plus la
vérité sur la culture humaine. Pour que les Évangiles
aient la signification universelle que les chrétiens se plaisent à leur reconnaître mais qu'ils ne parviennent pas à
formuler concrètement, et pour cause, il faut qu'il n'y ait
rien sur la terre de supérieur à la religion juive et à la
secte pharisienne. Cette représentativité absolue ne fait
qu'un avec l'élection judaïque jamais démentie par le
Nouveau Testament.

Il n'y a pas contradiction non plus entre une révélation de la violence qui se fait à partir de textes bibliques
et la vénération que le Nouveau Testament porte plus

244

que jamais à l'Ancien. Dans les textes de la Genèse et de l'Exode, on l'a vu plus haut, la présence du meurtre fondateur et ses vertus génératrices sous le rapport des significations mythiques apparaissent de mieux en mieux. C'est dire que l'inspiration biblique et prophétique est déjà à l'œuvre sur les mythes qu'elle défait, littéralement, pour en révéler la vérité. Au lieu de toujours déplacer vers la victime la responsabilité du meurtre collectif, cette inspiration se meut en sens contraire, elle revient sur le déplacement mythique, elle tend à l'annuler et à situer la responsabilité de la violence sur les vrais responsables, sur les membres de la communauté, elle prépare la révélation plénière et ultime.

J.-M. O. : Pour comprendre que les Évangiles révèlent vraiment toute cette violence, il faut d'abord comprendre que cette violence produit les significations mythiques. Je m'explique maintenant pourquoi vous avez décidé de situer nos premières discussions sur le judéo-chrétien à la fin de l'anthropologie fondamentale. Vous vouliez montrer que nous sommes désormais en mesure d'accéder à la vérité de tout le religieux non chrétien par des procédés purement hypothétiques et scientifiques. Cette hypothèse est la seule qui puisse satisfaire le chercheur sous le rapport anthropologique, et elle le satisfait de façon très complète.

R. G. : Je crois que nous montrons la voie mais qu'il reste beaucoup à faire.

J.-M. O. : C'est peut-être vrai, mais l'essentiel est fait, les recoupements sont si précis, si nombreux et si parfaits, que le doute n'est plus possible. Il fallait se livrer à cette démonstration avant de passer à l'Évangile et de montrer que la thèse tout entière est déjà là, aussi explicite qu'on peut le souhaiter puisqu'elle est toujours formulée de façon théorique, en quelque sorte, avant d'être réalisée en actes, et c'est sous cette double forme, toujours, qu'elle s'inscrit dans les textes évangéliques. C'est vraiment là quelque chose d'extraordinaire.

R. G. : Ce que vous dites me paraît juste car c'est la raison même qui m'a fait écrire *la Violence et le Sacré* comme je l'ai écrit. J'ai conscience des imperfections de ce livre, comme des imperfections de ce que nous disons ici.

La thèse de la victime émissaire n'a rien d'une extrapolation littéraire et impressionniste, je la crois parfaitement démontrée à partir des textes anthropologiques. C'est pourquoi, loin d'écouter ceux qui me reprochent la vanité de mes prétentions scientifiques, j'ai essayé de renforcer et de préciser, au cours de toute ma présentation, son caractère systématique, son aptitude à engendrer tous les thèmes culturels sans exception. Si je n'ai pas parlé du texte chrétien dans *la Violence et le Sacré*, c'est parce qu'il suffisait de l'évoquer pour persuader la plupart des lecteurs que je me livrais à un travail d'apologétique particulièrement hypocrite. C'est d'ailleurs ce qu'on ne manquera pas de dire, quoi qu'il arrive. Il est entendu, de nos jours, que toute pensée est subordonnée à des buts idéologiques ou religieux plus ou moins inavouables. Et le plus inavouable de tout, bien entendu, c'est de s'intéresser au texte évangélique, de constater l'emprise formidable qu'il exerce sur notre univers.

En réalité, dans *la Violence et le Sacré*, je ne faisais que reproduire, avec toutes ses hésitations, ma propre démarche intellectuelle, qui a fini par me conduire à l'Écriture judéo-chrétienne, mais longtemps après que me fut apparue l'importance du mécanisme victimaire. Cette démarche est longtemps restée aussi hostile au texte judéo-chrétien que l'orthodoxie moderniste l'exige. Je croyais que le meilleur moyen de convaincre les lecteurs était de ne pas tricher avec ma propre expérience et d'en reproduire les moments successifs dans deux ouvrages séparés, l'un portant sur l'univers de la violence sacrée, l'autre portant sur le judéo-chrétien.

G. L. : La suite vous a montré que vous vous trompiez. Il y a des lecteurs qui croient retrouver dans votre œuvre le complot jésuitique universel, et il y en a d'autres, curieusement, pour vous reprocher de ne pas être assez audacieux, de ne pas oser prendre franchement position sur le texte chrétien ; de donner de celui-ci une nouvelle lecture « humaniste » dans le style du « progressisme » affadi qui nous entoure.

R. G. : De tous les reproches, c'est le dernier, assurément, qui me paraît le plus étrange. Ces malentendus sont inévitables et sans doute prévisibles. La preuve que nous sommes toujours naïfs c'est qu'ils m'ont quand même surpris. Ils rendent extrêmement précieuse la communication véritable, quand elle réussit à s'établir. C'est là une chose, ici, à quoi je ne suis pas insensible, sans laquelle, peut-être, la poursuite d'un travail tel que le nôtre pourrait devenir impossible.

G. L. : Votre travail s'engage dans des voies qui contredisent non pas certains, mais tous les courants de la pensée actuelle, les chrétiens comme les antichrétiens, les progressistes et les réactionnaires. Et en même temps l'accusation de viser au sensationnel est très évidemment absurde, car sur la plupart des points vous aboutissez à des thèses beaucoup plus concrètes et nuancées que tous les faux extrémismes de notre temps, tous arc-boutés les uns contre les autres. Le plus difficile à « encaisser », bien sûr, c'est ce que vous venez maintenant de montrer, la présence explicite, au beau milieu des Évangiles, de la fameuse hypothèse que nous avons passé pas mal de temps à démontrer sans jamais faire la moindre allusion au texte évangélique.

R. G. : Cela signifie, je pense, que toute notre réflexion philosophique et nos « sciences de l'homme » qui se sont détachées de plus en plus de l'Écriture judéo-chrétienne au cours de siècles dits modernes, et qui se croient maintenant plus étrangères à elle qu'aux mythes des Ojibwa et les Tikopia, — et en un sens elles n'ont pas tout à fait tort — sont pourtant le lieu d'un *travail* qui, loin de les éloigner toujours plus, comme elles se l'imaginent, de ces textes qu'elles croient mépriser et abhorrer, en réalité les en rapproche en une démarche dont la circularité encore leur échappe.

Si nous nous retournons vers notre point de départ à partir de nos dernières constatations, nous ne pouvons plus croire que c'est nous qui lisons les Évangiles à la lumière d'une révélation ethnologique et moderne qui serait vraiment première. Il faut inverser cet ordre ; c'est toujours la grande lancée judéo-chrétienne qui lit. Tout ce qui peut apparaître dans l'ethnologie apparaît à la lumière d'une révélation en cours, d'un immense travail historique qui nous permet peu à peu de «rattraper» des textes déjà explicites, en vérité, mais pas pour les hommes que nous sommes, qui *ont des yeux pour ne pas voir et des oreilles pour ne pas entendre.*

Sur la foi d'analogies toujours plus nombreuses et précises, la recherche ethnologique s'efforce depuis des siècles de démontrer que le christianisme n'est qu'une religion comme les autres. Ses prétentions à la singularité absolue ne seraient fondées que sur l'attachement irrationnel des chrétiens à la religion dans laquelle le hasard les a fait naître. On peut croire, à première vue, que la découverte du mécanisme producteur du religieux, à savoir le transfert collectif contre une victime d'abord honnie, ensuite sacralisée, apporterait la dernière pierre et la plus essentielle à un effort de «démystification» dans le prolongement duquel, visiblement, la présente lecture se situe. Ce n'est pas seulement une analogie supplémentaire que nous apporte cette découverte, c'est la source de toutes les analogies, située derrière les mythes, cachée dans leur infrastructure et finalement révélée, parfaitement explicite, dans le récit de la Passion.

Par un retournement inouï, des textes vieux de vingt et vingt-cinq siècles, d'abord aveuglément vénérés, aujourd'hui rejetés avec mépris, vont se révéler seuls capables d'achever tout ce qu'il y a de bon et de vrai dans la recherche antichrétienne moderne, à savoir la volonté encore impuissante de ruiner à jamais le sacré de la violence. Ces textes apportent à cette recherche ce qui nous manque pour donner une lecture radicalement sociologique de toutes les formes historiques de la transcendance, et ils placent du même coup leur propre transcendance en un lieu inaccessible à toute critique, puisque c'est de ce lieu, aussi, que toute critique jaillit.

Les Évangiles annoncent d'ailleurs, sans se lasser, ce retournement de toute interprétation. Après avoir raconté la parabole des métayers de la vigne qui *se réunissent tous pour expulser* les envoyés du maître, puis enfin pour assassiner son fils, afin de rester seuls propriétaires, le Christ propose à ses auditeurs un problème d'exégèse vétéro-testamentaire.

Fixant sur eux son regard, il leur dit : Que signifie donc ce qui est écrit : « La pierre qu'avaient rejetée les bâtisseurs, c'est elle qui est devenue pierre de faîte » ? (Lc 20, 17.)

La citation vient du psaume 118. On a toujours supposé que la question ne comportait que des réponses « mystiques », c'est-à-dire pas sérieuses sur le plan du seul savoir qui compte. L'antireligieux, sur ce plan-là comme sur tant d'autres, reste d'accord avec le religieux moderne.

Si toutes les religions humaines et en fin de compte toute culture humaine se ramènent à la parabole des vignerons homicides, c'est-à-dire à des expulsions collectives de victimes, et si ce fondement reste fondateur dans la mesure où il n'apparaît pas, il est clair que seuls les textes où ce fondement apparaît ne seront plus fondés par lui et seront vraiment révélateurs. La phrase du psaume 118 a donc une valeur épistémologique prodigieuse ; elle appelle une interprétation que le Christ réclame ironiquement, sachant bien qu'il est seul capable de la fournir en se faisant lui-même rejeter, en devenant lui-même la pierre rejetée, pour montrer qu'il y a toujours eu cette pierre et qu'elle fondait de façon cachée ; et maintenant elle se révèle pour ne plus rien fonder ou plutôt pour fonder quelque chose de radicalement autre.

Le problème d'exégèse posé par le Christ ne peut se résoudre, en somme, que si on voit dans la phrase qu'il cite la formule même du retournement à la fois invisible et évident que je propose. En subissant la violence jusqu'au bout, le Christ révèle et déracine la matrice structurale de toute religion, même si, aux yeux d'une critique insuffisante, ce n'est qu'à une nouvelle production de cette matrice qu'on a affaire dans les Évangiles.

Le texte nous avertit, en somme, de son propre fonctionnement, qui échappe aux lois de toute textualité ordinaire, et de ce fait l'avertissement lui-même nous échappe, comme il échappe aux auditeurs du Christ. Si tel est bien le mouvement du texte, les prétentions du christianisme à faire du Christ le révélateur universel sont beaucoup plus fondées que ses défenseurs eux-mêmes ne l'imaginent, eux qui mêlent toujours à l'apologétique chrétienne des éléments de sacralisation ordinaire ; ils retombent invinciblement, de ce fait, dans la textualité ordinaire ; ils effacent à nouveau l'origine vraie pourtant inscrite en clair dans l'Écriture ; ils rejettent à nouveau, dans une dernière et paradoxale expulsion, cette pierre qu'est le Christ et ils continuent à ne pas voir que cette même pierre, en tant que rejetée, leur sert encore de pierre de faîte cachée.

Si vous lisiez les commentaires dont les paraboles de ce genre ont toujours fait l'objet, aussi bien de la part des chrétiens que des exégètes soi-disant « scientifiques », vous seriez stupéfaits par l'impuissance universelle à reconnaître des significations qui sont pour nous tellement évidentes désormais que nous hésitons à répéter le raisonnement qui les expliciterait.

Les exégètes comprennent, bien sûr, que le Christ s'identifie à la pierre rejetée par les bâtisseurs, mais ils ne voient pas les formidables résonances anthropologiques de cette phrase, et la raison de sa présence, déjà, dans l'Ancien Testament.

Au lieu de lire les mythes à la lumière des Évangiles, ce sont les Évangiles qu'on a toujours lus à la lumière des mythes. Face à la démystification prodigieuse opérée par les Évangiles, nos démystifications à nous ne sont que des ébauches dérisoires et peut-être aussi les obstacles rusés que dresse forcément notre esprit contre la révélation évangélique. Mais les obstacles, désormais, ne sont jamais que des ressources différées, ils contribuent eux-mêmes à l'avance encore invisible mais irrésistible de cette même révélation.

CHAPITRE II

LECTURE NON SACRIFICIELLE DU TEXTE ÉVANGÉLIQUE

A. LE CHRIST ET LE SACRIFICE

R. G. : Les Évangiles ne parlent jamais des sacrifices que pour les écarter et leur refuser toute validité. Jésus oppose au ritualisme pharisien une phrase antisacrificielle d'Osée : « Allez donc apprendre le sens de cette parole : C'est la miséricorde que je désire, et non le sacrifice » (Mt 9, 13).

Le texte suivant est beaucoup plus qu'un simple précepte moral ; c'est une mise à l'écart du culte sacrificiel et du même coup une révélation de sa fonction, maintenant révolue :

Quand tu présentes ton offrande à l'autel, si là tu te souviens d'un grief que ton frère a contre toi, laisse là ton offrande, devant l'autel, et va d'abord te réconcilier avec ton frère ; puis reviens, et alors présente ton offrande (Mt 5, 23-24).

G. L. : La crucifixion n'est-elle pas tout de même le sacrifice du Christ ?

R. G. : Il n'y a rien, dans les Évangiles, pour suggérer que la mort de Jésus est un sacrifice, quelle que soit la définition qu'on donne de ce sacrifice, expiation, substitution, etc. Jamais, dans les Évangiles, la mort de Jésus

Gospels not abt sac.

n'est définie comme un sacrifice. Les passages invoqués pour justifier la conception sacrificielle de la passion peuvent et doivent s'interpréter en dehors du sacrifice.

Dans les Évangiles, la passion nous est bien présentée comme un acte qui apporte le salut à l'humanité, mais nullement comme un sacrifice.

Si vous m'avez vraiment accompagné sur le chemin que nous avons suivi jusqu'ici, vous comprenez déjà que cette lecture sacrificielle de la passion, dans la perspective qui est la nôtre, doit être critiquée et révélée comme le malentendu le plus paradoxal et le plus colossal de toute l'histoire, le plus révélateur, en même temps, de l'impuissance radicale de l'humanité à comprendre sa propre violence, même quand celle-ci lui est signifiée de la façon la plus explicite.

De tous les renversements qui se sont imposés à nous au cours de ces entretiens, il n'en est pas de plus important. Il ne constitue nullement une simple conséquence de la perspective anthropologique que nous avons adoptée. En réalité, c'est la subversion évangélique du sacrificiel qui commande cette perspective et qui, révélant le texte dans son authenticité première, libère l'hypothèse de la victime émissaire et lui permet de se transmettre aux sciences de l'homme.

Je ne parle plus ici, bien entendu, de mon expérience personnelle qui a suivi un chemin inverse, mais de quelque chose de plus vaste au sein duquel il faut inscrire toutes les expériences intellectuelles que nous pouvons faire. Grâce à la lecture sacrificielle, pendant quinze ou vingt siècles, il a pu exister ce qu'on appelle la chrétienté, c'est-à-dire une culture fondée comme toutes les cultures, au moins jusqu'à un certain point, sur des formes mythologiques produites par le mécanisme fondateur. Dans la lecture sacrificielle, c'est le texte chrétien lui-même, paradoxalement, qui sert de fondement. C'est sur la méconnaissance du texte qui révèle de façon explicite le mécanisme fondateur que s'appuient les hommes pour refaire des formes culturelles encore sacrificielles et engendrer une société qui, du fait même de cette méconnaissance, se situe dans le

MISC.

prolongement de toutes les cultures humaines, reflétant encore la vision sacrificielle que l'Évangile combat.

J.-M. O. : Toute lecture sacrificielle est incompatible avec cette révélation du meurtre fondateur dont vous avez montré la présence dans les Évangiles. Cette mise au jour du meurtre fondateur rend parfaitement impensable, à l'évidence, tout compromis évangélique avec le sacrifice, avec toute conception qui ferait de la mort de Jésus un sacrifice ; une telle conception ne peut que dissimuler une fois de plus la signification véritable de la passion et la fonction que les Évangiles lui assignent : subvertir le sacrifice, l'empêcher à jamais de fonctionner en contraignant le mécanisme fondateur à sortir de son retrait, en l'inscrivant dans le texte de tous les Évangiles, en exposant au grand jour le mécanisme victimaire.

G. L. : Je vois très bien la nécessité d'une lecture non sacrificielle, mais la chose paraît se heurter, de prime abord, à des obstacles formidables, qui vont du caractère rédempteur de la mort de Jésus à la conception violente de la divinité rendue plus nécessaire que jamais, semble-t-il, par des thèmes comme l'apocalypse. À tout ce que vous direz ici, on va vous opposer les phrases célèbres que les Évangiles n'hésitent pas à mettre dans la bouche de Jésus : «Je ne suis pas venu apporter la paix mais la guerre.» On va vous dire que le texte chrétien se présente explicitement comme cause de discorde et de dissension.

R. G. : Rien de tout ceci n'est incompatible avec la lecture non sacrificielle que je propose. Je crois même possible de montrer qu'à la lumière de cette lecture seulement peuvent enfin s'expliquer l'idée que se font les Évangiles de leur propre action historique, les éléments dont la présence nous paraît contraire à l'«esprit évangélique». Une fois de plus, c'est aux résultats que nous allons juger la lecture qui est en train de s'ébaucher. En refusant la définition sacrificielle de la passion, on aboutit à la lecture la plus directe, la plus simple, la plus limpide, et la seule vraiment cohérente, celle qui permet d'intégrer tous les thèmes de l'Évangile en une totalité sans faille. Contrairement à ce qu'on pense, nous le verrons, il n'y a jamais contradiction entre la lettre et l'esprit ; pour atteindre l'esprit, il suffit de s'abandonner vraiment, de lire simplement le texte sans rien y ajouter ni rien en retrancher.

B. Impossibilité de la lecture sacrificielle

R. G. : Il faut constater qu'il n'y a rien dans ce que les Évangiles nous disent directement sur Dieu qui autorise le postulat inévitable auquel aboutit la lecture sacrificielle de l'Épître aux Hébreux. Ce postulat, c'est la théologie médiévale qui l'a pleinement formulé et c'est celui d'une exigence sacrificielle de la part du Père. Les efforts pour expliquer ce pacte sacrificiel n'aboutissent qu'à des absurdités ; Dieu a besoin de venger son honneur compromis par les péchés de l'humanité, etc. Non seulement Dieu réclame une nouvelle victime mais il réclame la victime la plus précieuse et la plus chère, son fils lui-même. Ce postulat a plus fait que tout autre chose, sans doute, pour discréditer le christianisme aux yeux des hommes de bonne volonté dans le monde moderne. Tolérable encore pour la mentalité médiévale, il est devenu intolérable pour la nôtre et il constitue la pierre d'achoppement par excellence pour un monde tout entier révolté contre le sacrificiel, et non sans justice, même si cette révolte reste imprégnée elle-même d'éléments sacrificiels que personne jusqu'ici n'a réussi à extirper.

Si nous nous référons aux passages qui se rapportent directement au Père de Jésus, nous constaterons sans peine qu'il n'y a rien en eux qui permette d'attribuer à la divinité la moindre violence. Bien au contraire, c'est un dieu étranger à toute violence qui nous est présenté. Le plus important de ces passages dans les Évangiles synoptiques nie formellement la conception vengeresse et rétributrice dont il subsiste des traces jusqu'au bout de l'Ancien Testament. Sans même se référer à toutes les assimilations implicites ou explicites de Dieu à l'amour qu'on trouve dans l'Évangile de Jean et surtout dans les Épîtres attribuées au même auteur, on peut affirmer sans crainte que les Évangiles parachèvent sur ce point aussi le travail de l'Ancien Testament. Voici le texte, fondamental à mes yeux, celui qui nous présente Dieu comme étranger à toute vengeance, désireux par conséquent de voir les hommes renoncer à la vengeance.

Vous avez appris qu'il a été dit : *Tu aimeras ton prochain* et tu haïras ton ennemi. Eh bien! Moi je vous dis : Aimez vos ennemis, priez pour vos persécuteurs ; ainsi serez-vous fils de votre Père qui est aux cieux car il fait lever son soleil sur les méchants et sur les bons, et tomber la pluie sur les justes et sur les injustes (Mt 5, 44-45).

Dans le voisinage de ce texte, il faudrait aussi placer ceux qui dénient toute responsabilité divine dans les infirmités, les maladies, les catastrophes diverses où d'innocentes victimes périssent et surtout, bien entendu, dans les conflits. Aucun dieu n'est coupable de cela ; c'est une pratique immémoriale et inconsciente qui se voit ici explicitement répudiée, celle qui consiste à fixer sur la divinité la responsabilité de tous les maux qui peuvent advenir aux hommes. Les Évangiles enlèvent à la divinité la plus essentielle de ses fonctions dans les religions primitives, son aptitude à polariser tout ce que les hommes n'arrivent pas à maîtriser dans leurs rapports avec le monde et surtout dans leurs rapports interdividuels.

C'est bien parce que cette fonction est éliminée que les Évangiles peuvent passer pour instaurer une espèce d'a-théisme pratique. Les mêmes qui s'insurgent contre la conception sacrificielle citent parfois ce passage pour accuser le texte évangélique de proposer une conception en dernière analyse plus lointaine et plus abstraite de la divinité que celle de l'Ancien Testament ; le vieux Yahvé, lui, s'intéressait assez aux hommes pour que leurs iniquités le mettent en fureur. C'est au contraire un Dieu parfaitement impavide que nous propose, semble-t-il, le passage que je viens de vous citer.

En réalité, ce n'est pas à un Dieu indifférent qu'on a affaire, dans la pensée évangélique, c'est à un Dieu qui veut se faire connaître et il ne peut se faire connaître des hommes que s'il obtient d'eux ce que Jésus leur propose, ce qui constitue le thème essentiel et mille fois répété de sa prédication, une réconciliation sans arrière-pensée et sans intermédiaire sacrificiel, comme nous l'avons vu un peu plus haut, une réconciliation qui permettrait à Dieu de se révéler tel qu'il est, pour la première fois dans l'histoire humaine. L'harmonie des rapports entre les hommes n'exigerait plus les sacrifices sanglants, les fables absurdes de la divinité violente et toutes les formations culturelles mythologiques dont les hommes, jusqu'alors, n'ont pas réussi à se passer.

G. L. : Nous voyons pourquoi les sacrifices et tout ce qu'implique la mentalité sacrificielle constitueraient pour la révélation d'une telle divinité un obstacle infranchissable. Entre cette divinité non sacrificielle que nous présente, selon vous, le texte évangélique et les divinités sacrificielles dont vous avez parlé jusqu'ici, il y aurait une incompatibilité aussi radicale qu'entre les conceptions religieuses de la vie, envisagées dans leur ensemble, et l'athéisme du monde moderne.

R. G. : À mon avis, l'incompatibilité est plus radicale encore car l'athéisme moderne, nous l'avons déjà signalé, est incapable de révéler les mécanismes victimaires ; son scepticisme vide à l'égard de tout religieux constitue une nouvelle façon de maintenir ces mécanismes dans une ombre propice à leur perpétuation. Dans le cas du texte évangélique, par contre, la révélation explicite du fondement victimaire commun à toutes les religions s'effectue grâce à la divinité non violente et ne peut pas s'effectuer sans elle. Dans cette révélation, la divinité non violente, le Père de Jésus, joue un rôle de tout premier plan. C'est là ce que signifie l'association étroite entre le Père et le Fils, leur nature commune, et cette idée, plusieurs fois répétée chez Jean, que Jésus constitue le chemin unique pour arriver au Père, qu'il est lui-même la même chose que le Père ; il n'est pas seulement la Voie, il est la Vérité et la Vie. C'est bien pourquoi ceux qui ont vu Jésus ont vu le Père lui-même.

J.-M. O. : Pour justifier la lecture sacrificielle, dont il n'est jamais question dans les Évangiles, on est obligé de postuler, entre le Fils et le Père, une espèce d'entente qui resterait secrète et qui porterait sur le sacrifice en question. Le Père, pour des raisons qui nous demeurent obscures, demanderait au Fils de se sacrifier et le Fils, pour des raisons qui demeurent obscures, obéirait à cette injonction, digne des dieux aztèques. Il s'agirait en somme d'un accord secret sur des choses qui ont trait à la violence, tel qu'il pourrait en exister, de nos jours, entre les super-puissances bien obligées parfois de s'entendre sans consulter leurs peuples.

R. G. : C'est justement l'idée incroyable et insoutenable d'un tel pacte qui est explicitement contredite par des textes de l'Évangile selon saint Jean dont aucun chrétien ne peut manquer de reconnaître l'importance décisive :

> Je ne vous appelle plus serviteurs,
> car le serviteur ignore
> ce que fait son maître ;
> Je vous appelle amis,
> car tout ce que j'ai appris de mon Père,
> je vous l'ai fait connaître (Jn 15, 15).

J.-M. O. : Ou bien c'est à une économie non sacrificielle qu'on a affaire ici, c'est la première et la seule économie non sacrificielle qui ait jamais vu le jour parmi les hommes, ou bien c'est encore l'économie sacrificielle qui gouverne le texte et tout ce que vous affirmez au sujet du texte évangélique retombe au néant. L'originalité absolue de ce texte ne serait qu'une apparence.

Comme à tant d'occasions déjà, tout va reposer sur votre aptitude à nous montrer que la lecture proposée par vous, la lecture non sacrificielle, est supérieure à la lecture sacrificielle toujours proposée par les églises et les anti-églises. C'est ici que l'enjeu se fait vertigineux ; la démonstration va s'opérer au point que vous déclarez seul vraiment décisif pour tout ce que vous nous avez dit auparavant. Si le vaste renversement que vous opérez dans l'anthropologie est commandé par l'évolution du texte évangélique lui-même, par l'effritement des lectures sacrificielles qui ont empêché jusqu'ici sa puissance subversive de s'exercer parmi nous, ou tout au moins de s'exercer pleinement, il faut que la lecture non sacrificielle l'emporte de façon décisive sur toutes les lectures sacrificielles qu'on a jamais données.

De cette supériorité, nous avons déjà des signes éclatants ; votre lecture des Malédictions contre les Pharisiens et autres textes qui révèlent la victime émissaire ne constitue pas à proprement parler une « interprétation ». Ce n'est jamais vous qui interprétez, c'est le texte lui-même. Il s'agit maintenant de montrer que tous les autres thèmes s'organisent et s'éclairent dans la perspective du meurtre fondateur et que l'ensemble constitue bien l'accomplissement non sacrificiel de la dynamique vétéro-testamentaire.

C. Apocalypse et discours parabolique

J.-M. O. : C'est là, en apparence, quelque chose de difficile et même d'impossible en raison de la ressemblance entre les thèmes qu'il vous faut maintenant expliciter et la structure de tous les grands mythes de la violence. Que faire de cette menace universelle que constitue le thème apocalyptique ? Comment ne pas voir là une régression vers la conception violente de la divinité ? Comment peut-on réconcilier cette menace avec les aspects pacifiques et souriants du texte évangélique, la prédication du royaume de Dieu ? Cette contradiction est si gênante pour l'esprit que, tout au long du

apocalypse ?

XIXe siècle, des hommes comme Renan se sont efforcés de distinguer deux Évangiles au fond : une prédication originaire qui appartiendrait seule à un Jésus « historique » plus ou moins arbitrairement postulé, et une reprise transfiguratrice et falsificatrice de cette prédication qui en ferait une théologie, par une formidable mais banale volonté de puissance ecclésiale dont le prototype, bien sûr, serait l'apôtre Paul. N'êtes-vous pas obligé de revenir à ce genre de lecture, c'est-à-dire à une division implicite ou explicite du texte évangélique en deux parties inégales : le bon texte antisacrificiel et humaniste d'une part, et de l'autre le mauvais texte théologique et sacrificiel ? N'êtes-vous pas obligé d'expulser ce mauvais texte hors de l'Évangile, en un geste renouvelé de toutes les pratiques sacrificielles classiques ?

R. G. : Absolument pas. Je vais vous montrer que tout s'intègre sans peine à la lecture non sacrificielle.

L'essentiel, c'est de voir que la violence apocalyptique prédite par les Évangiles n'est pas divine. Cette violence, dans les Évangiles, est toujours rapportée aux hommes, jamais à Dieu. Ce qui fait croire aux lecteurs qu'on a encore affaire à la vieille colère divine, toujours vivante dans l'Ancien Testament, c'est que la plupart des traits apocalyptiques, les grandes images de ce tableau, sont empruntés à des textes de l'Ancien Testament.

Ces images restent pertinentes parce que c'est déjà la crise mimétique et sacrificielle qu'elles décrivent. C'est de la même structure de crise qu'il s'agit encore dans les Évangiles mais cette fois il n'y a plus de divinité pour interrompre la violence ni non plus pour l'infliger. C'est donc à une longue décomposition de la cité terrestre qu'on a affaire, aux affrontements chaotiques d'une humanité désemparée.

Toutes les références à l'Ancien Testament sont précédées d'un *comme* qui révèle le caractère métaphorique de l'emprunt mythique :

Comme il advint aux jours de Noé, ainsi en sera-t-il encore aux jours du Fils de l'Homme. On mangeait, on buvait, on

259

prenait femme ou mari, jusqu'au jour où Noé entra dans l'arche et le déluge vint, qui les fit tous périr. Il en sera *tout comme* aux jours de Lot : on mangeait, on buvait, on achetait, on vendait, on plantait, on bâtissait ; mais le jour où Lot sortit de Sodome, Dieu fit tomber du ciel une pluie de feu et de soufre, qui les fit tous périr. *De même* en sera-t-il le Jour où le Fils de l'Homme doit se révéler (Lc 17, 26-30).

Non seulement il s'agit ici explicitement d'une comparaison, mais son but unique est de montrer le caractère non miraculeux des événements qui attendent les hommes. Au milieu des phénomènes les plus étranges, c'est le souci quotidien qui l'emportera, l'apathie et l'indifférence qui domineront. Dans les derniers temps, nous est-il dit, « l'amour du grand nombre se refroidira ». En conséquence de quoi, la lutte des doubles triomphera partout ; le conflit des doubles deviendra planétaire :

Vous aurez aussi à entendre parler de guerres et de rumeurs de guerres ; ne vous laissez pas alarmer ; car il faut que cela arrive, mais ce n'est pas encore la fin. On se dressera, en effet, nation contre nation et royaume contre royaume (Mt 24, 6-7).

G. L. : En somme, la violence apocalyptique est toujours rapportée aux hommes dans les Évangiles, et jamais à Dieu. Si les commentateurs ne s'en doutent pas, c'est parce qu'ils lisent les textes à la lumière des apocalypses vétéro-testamentaires auxquelles la divinité effectivement reste mêlée mais qui leur servent de base dans la mesure exacte où c'est la crise mimétique qu'elles décrivent.

R. G. : Personne ne se demande si ces textes ne sont pas repris dans un esprit qui est propre à l'Évangile, et qui les désacralise complètement. Cela n'intéresse pas du tout les lecteurs modernes. Qu'ils se déclarent croyants ou incroyants, ceux-ci restent fidèles à la lecture médiévale qui a effectivement tout re-sacralisé. Les uns parce qu'ils préservent la conception d'un dieu de violence qui mettra fin lui-même aux abominations d'une humanité pécheresse ; les autres parce qu'ils ne

s'intéressent qu'à dénoncer la première conception,
plutôt qu'à critiquer réellement les textes, et il ne leur
vient pas à l'esprit que ces textes, toujours ridiculisés
et jamais vraiment déchiffrés, pourraient relever d'un
esprit tout autre que l'esprit du christianisme sacrificiel.

J.-M. O. : Vous ne pouvez quand même pas nier qu'il y
ait certains textes où Jésus prend à son compte la vieille
violence destructrice de Yahvé. J'ai sous les yeux, par
exemple, dans la version de Luc, la parabole des vignerons homicides que vous avez commentée plus haut. Je
la résume brièvement :

Après avoir loué sa vigne à des métayers, le proprié-
taire est allé vivre ailleurs. Pour recueillir les fruits de sa
location, il envoie divers émissaires, les prophètes, qui se
font frapper, chasser et qui retournent les mains vides.
Finalement il envoie son fils, l'héritier du père, que les
vignerons mettent à mort. Jésus demande alors à ses
auditeurs : Que fera le maître de la vigne ? Et il répond
lui-même : Il fera périr les vignerons infidèles et en mettra d'autres à leur place (Lc 20, 15-16 ; Mc 12, 9).

R. G. : Le texte de Matthieu présente avec ceux de
Marc et de Luc une différence qui paraît insignifiante
dans les perspectives habituelles mais qui se révèle capitale dans la nôtre. Il y a la même question que chez Marc
et c'est toujours Jésus qui la pose, mais cette fois *ce n'est
pas lui qui répond*, ce sont les auditeurs :

« Lors donc que deviendra le maître de la vigne, que fera-t-il
à ces vignerons-là ? » Ils lui répondirent : « Il fera misérable-
ment périr ces misérables, et il louera la vigne à d'autres
vignerons qui lui en livreront les fruits en temps voulu »
(Mt 21, 40-41).

Jésus ne met pas la violence au compte de Dieu ; il
laisse à ses auditeurs le soin de conclure dans des termes
qui correspondent, non à sa pensée à lui, mais à la leur,
à une pensée qui suppose l'existence d'une violence
divine. Il me semble que le texte de Matthieu doit être

préféré. Ce n'est pas sans raison que Jésus laisse à des auditeurs sourds et aveugles la responsabilité d'une conclusion qui reste la même partout mais que seuls les auditeurs, prisonniers de la vision sacrée, rapportent à la divinité. La répugnance du rédacteur de Matthieu à placer dans la bouche de Jésus une parole qui rend Dieu capable de violence relève d'un sens très juste de la singularité évangélique face à l'Ancien Testament.

Chez Marc et chez Luc, la tournure interrogative reste présente, mais elle ne correspond plus à aucune nécessité puisque c'est Jésus lui-même qui pose la question et qui fournit la réponse. On n'a plus affaire, semble-t-il, qu'à un simple effet de rhétorique.

La comparaison avec le texte plus complexe et plus significatif de Matthieu montre qu'il doit s'agir de tout autre chose. Les rédacteurs de Marc et de Luc, ou les scribes qui ont recopié, ont visiblement simplifié un texte dont la forme complète et significative est celle de Matthieu. La forme question/réponse subsiste, mais elle ne correspond plus à l'intention originelle qui était de laisser les auditeurs prendre à leur compte la conclusion violente.

Parce qu'ils n'ont pas saisi cette intention, Marc et Luc ont laissé tomber un élément de dialogue qui leur paraissait insignifiant mais qui se révèle, à la réflexion, d'une importance capitale.

En général, la fidélité des rédacteurs à une pensée aussi déroutante que la pensée évangélique a quelque chose de stupéfiant. On peut constater, cependant, sur l'exemple que nous venons de commenter et sur d'autres aussi, que de menues défaillances viennent déjà se glisser tantôt dans une version, tantôt dans une autre.

Ces premières défaillances ont été grossies et multipliées par les commentateurs innombrables, chrétiens et non chrétiens. C'est toujours vers les textes qui tendent à retomber dans la sacralisation vétéro-testamentaire que se dirige la postérité, ne serait-ce que parce que ces textes lui paraissent les plus «caractéristiques» de l'esprit religieux tels qu'ils le conçoivent. La conception habituelle du thème apocalyptique, par exemple, emprunte la plupart de ses traits à l'Apocalypse de saint Jean, texte moins représentatif, assurément, de l'inspiration évangélique que les chapitres apocalyptiques des Évangiles (Mt 24, Mc 13 ; Lc 17, 22-37 ; 21, 5-37).

L'intention que j'attribue à la version de Matthieu, dans la parabole des vignerons homicides, n'est certainement pas étrangère à l'esprit évangélique. Pour s'en persuader, il suffit de constater qu'elle se retrouve, de façon très explicite, cette fois, dans une autre parabole, la parabole des talents.

Le serviteur qui se contente d'enterrer le talent qui lui a été remis, au lieu de le faire fructifier, est aussi celui qui se fait du maître l'image la plus rébarbative. Il voit en lui un patron exigeant qui récolte là où il n'a pas semé. Ce qui advient à ce serviteur, en fin de compte, est conforme à son attente, à l'image qu'il se fait de son maître, non pas parce que le maître est réellement tel que le conçoit cet homme — le texte de Luc est le plus suggestif — mais parce que les hommes forgent eux-mêmes leur destin et plus ils se laissent fasciner par l'obstacle mimétique moins ils deviennent capables de lui échapper (Lc 19, 11-27).

En enlevant à ce mauvais serviteur l'unique talent qu'il lui avait remis à son départ, le maître ne dit pas : « je suis bien tel que tu m'imaginais », mais « puisque tu voyais en moi celui qui récolte là où il n'a pas semé, etc., pourquoi n'as-tu pas fait fructifier le talent que je t'avais remis ? » La parabole ne prend pas à son compte la croyance en un dieu de vengeance là même où cette croyance paraît confirmée ; c'est toujours de mécanismes purement humains que relève l'opération de la violence. « Je te juge sur tes propres paroles, mauvais serviteur. »

C'est bien là la leçon principale à tirer de notre petite analyse. L'idée d'une violence divine n'a aucune place dans l'inspiration évangélique. Mais ce n'est pas la seule leçon. Nos lectures, depuis un moment, portent exclusivement sur des récits dits paraboliques. Et ces récits paraboliques nous sont présentés explicitement comme métaphoriques, en deçà de la vérité évangélique, mais

263

seuls accessibles encore à la plupart des auditeurs (Mt 13, 10-23).

Le texte évangélique s'efforce de définir cette insuffisance de la parabole par rapport au message de Jésus (à propos de la parabole du semeur); il n'y parvient absolument pas, mais nous pouvons entrevoir nous-mêmes désormais en quoi consiste cette insuffisance. Elle consiste à retomber dans la conception violente de la divinité et dans la croyance à une rétribution vengeresse.

Pour se faire entendre de ses auditeurs, Jésus doit parler jusqu'à un certain point leur langage, tenir compte d'illusions encore indéracinables. Étant donné l'idée qu'ils se font de la divinité, ceux-ci ne peuvent absorber la vérité qu'enrobée de mythe, et c'est bien là ce que fait Jésus dans les deux paraboles que nous avons citées, il montre le jeu de la violence qui va se retourner contre les hommes, et il laisse à ses interlocuteurs la responsabilité de l'interprétation qui sacralisera ce jeu. Mais l'avertissement reste valable car le jeu de la violence est réel, et au sein même de l'illusion sacrée, il est correctement décrit.

D. Puissances et principautés

G. L. : Il est difficile de penser, cependant, que les grandes descriptions apocalyptiques ne comportent pas d'éléments surnaturels.

R. G. : L'affaire, certes, a une ampleur cosmique; c'est la planète entière qui est affectée; c'est tout ce qui fonde l'existence humaine qui s'effondre, mais aucun régisseur divin ne mène ce jeu; c'est même l'absence totale de Dieu, avant le jugement, qui donne à ces textes une saveur particulière de fantastique glacé, d'humanité détachée de ses amarres, analogue à la masse liquide du déluge :

Et il y aura des signes dans le soleil, la lune et les étoiles. Sur la terre, les nations seront dans l'angoisse, inquiètes du fracas de la mer et des flots ; les hommes mourront de frayeur, *dans l'attente de ce qui menacera le monde, car les puissances des cieux seront ébranlées* (Lc 21, 25-26).

Le passage que je viens de vous lire peut faire illusion à cause de la référence aux «puissances des cieux». Le fait que ces puissances soient ébranlées montre qu'il ne peut pas s'agir de la divinité véritable, parfaitement inébranlable. Les puissances des cieux n'ont rien à voir, ni avec Jésus, ni avec son Père. Ce sont elles qui ont dominé et ordonné les hommes depuis que le monde est monde. Si on rapproche ce passage d'autres textes dans les Évangiles et les Épîtres de Paul, on constate que ces puissances mondaines reçoivent les noms les plus divers ; elles peuvent être présentées soit comme humaines, soit comme démoniaques et sataniques, soit encore comme évangéliques. Quand Paul affirme que ce n'est pas Dieu lui-même mais un de ses anges qui a promulgué la loi juive, il entend par là que cette loi participe encore de ces puissances, parfois présentées, de façon significative, comme intermédiaires entre Dieu et les hommes. Suivant la façon dont on les envisage et les périodes historiques, avant ou après l'intervention de Jésus dans les affaires du monde, ces «puissances des cieux» apparaîtront soit comme des forces positives qui maintiennent l'ordre et empêchent les hommes de s'entre-détruire, dans l'attente du vrai Dieu, soit au contraire comme des voiles et des obstacles qui retardent la plénitude de la révélation.

L'interprétation que je suis en train de résumer est chose fréquemment admise et pour un exposé plus complet de la question je vous renvoie à l'excellent commentaire de Markus Barth dans son édition de l'Épître aux Éphésiens[60].

G. L. : Cette question des *puissances* est d'une importance capitale. À vos yeux, je pense, l'unité de ces puissances s'enracine dans le meurtre fondateur et il faut rapprocher les textes qui nous parlent d'elles du texte de Jean sur *Satan meurtrier depuis le début*, c'est-à-dire sur l'enracinement du monde des hommes dans le meurtre fondateur.

R. G. : C'est bien là ce que je pense. Les Évangiles nous annoncent sans cesse que le Christ doit triompher de ces puissances, autrement dit qu'il va les désacraliser, mais les Évangiles et le Nouveau Testament dans leur ensemble datent du premier et du second siècle de notre ère, c'est-à-dire d'une époque où, de toute évidence, ce travail de désacralisation est loin d'être achevé. C'est pourquoi les rédacteurs évangéliques ne peuvent pas s'empêcher de recourir, pour désigner ces puissances, à des expressions encore marquées par la symbolisation violente, alors même que c'est sa déconstruction pleine et entière qu'ils annoncent, le processus dont nous sommes nous-mêmes les héritiers et qui nous permet de repérer aujourd'hui le mécanisme de ces puissances.

C'est avec les puissances en question, nous disent les Évangiles, que Jésus engage la lutte décisive. Et c'est au moment où elles croient triompher, au moment où la parole qui les révèle et les dénonce comme foncièrement meurtrières et violentes est réduite au silence par la crucifixion, c'est-à-dire par un nouveau meurtre et une nouvelle violence, que ces puissances, qui se croient victorieuses une fois de plus, en réalité sont déjà vaincues. C'est alors, en effet, que le secret jamais révélé de leur opération s'inscrit de façon explicite dans le texte évangélique.

La pensée moderne ne voit là qu'une revanche imaginaire, une espèce de sublimation de l'échec chrétien par les disciples de Jésus. Elle n'a jamais soupçonné qu'il pourrait s'agir du prototype absolu de mécanismes intellectuels qui l'intéressent elle-même énormément et qu'elle croit avoir découverts toute seule, sans aide d'aucune sorte ; surtout pas d'une aide qui proviendrait du texte évangélique. La *connaissance* de la *méconnaissance*, c'est là quelque chose dont nous croyons posséder le monopole alors qu'en réalité, nos pensées les plus fortes, sous ce rapport, s'appuient toujours, à leur insu, sur le texte évangélique ; peut-être ne font-elles jamais

kn of mec. fr. Gos.

que retrouver, dans une série de tâtonnements et de fourvoiements qui cesseront bientôt de paraître inextricables, le mécanisme du meurtre fondateur et de sa méconnaissance littéralement «cassée» par la révélation évangélique.

Il existe chez Paul une véritable doctrine de la victoire éclatante, mais encore cachée, que représente l'échec apparent de Jésus, une doctrine de l'efficacité de la croix qui n'a rien à voir avec le sacrifice. Par la suite, cette doctrine a été complètement étouffée sous la lecture sacrificielle et, dans les rares occasions où ils en font état, les commentateurs tendent à l'accuser de comporter des éléments de magie qui la rendent suspecte à l'orthodoxie chrétienne et qui justifient la désuétude où elle est tombée.

C'est là un nouvel exemple de ces paradoxes formidables qui parsèment nos analyses. En réalité, cette doctrine de Paul sur l'efficacité de la croix est d'une importance absolument... cruciale; c'est la voie qu'il faut emprunter pour confirmer notre lecture de la croix comme révélation du mécanisme fondateur, lecture que la conception sacrificielle, forcément, occulte. On pourrait montrer, je pense, que cette doctrine, chez Paul, joue un rôle beaucoup plus important que tout ce qui, chez lui déjà, pourrait à la rigueur annoncer la lecture sacrificielle. C'est par la suite, avec l'Épître aux Hébreux et les autres textes qui s'en inspirent ou qui relèvent d'une inspiration analogue, vraiment régressive cette fois, que triomphe l'interprétation sacrificielle dont la théologie chrétienne ne s'est pas encore libérée.

Le texte le plus révélateur est celui de l'Épître aux Colossiens 2, 14-15. Le Christ, écrit Paul,

nous a fait revivre avec lui... effaçant l'acte rédigé contre nous et qui nous était contraire avec ses décrets. Et cet acte, il l'a fait disparaître en le clouant à la croix. Il a dépouillé les Principautés et les Puissances et les a données en spectacle [en a fait un objet de dérision publique] en triomphant d'elles dans le Christ [en les traînant dans son cortège triomphal].

Paul not sacrificiel

267

L'acte qui nous est contraire avec ses décrets, c'est la culture humaine, reflet terrible de notre violence. Il porte contre nous un témoignage que nous ne percevons même pas. Et c'est cette ignorance où nous sommes qui assoit les principautés et les puissances sur leurs trônes. En dissipant cette ignorance, la croix triomphe donc des puissances, les ridiculise, montre ce qu'il y a de dérisoire dans le mécanisme de sacralisation. La croix tire son efficacité dissolvante du fait même qu'elle révèle l'opération de ce qui n'est plus après elle que le mal. Pour que Paul puisse parler comme il le fait, *il faut que l'opération des puissances de ce monde soit la même que celle de la crucifixion*. C'est bien elle donc qui, inscrite dans le texte évangélique, est démystifiée par le Christ, à jamais privée de sa puissance structurante pour l'esprit humain.

Certains exégètes grecs faisaient grand cas de cette théorie paulinienne de la crucifixion. Pour Origène, comme pour Paul, l'humanité avant le Christ est asservie au joug de puissances mauvaises. Les dieux païens et le sacré sont assimilés à de mauvais anges qui dominent encore les nations. Le Christ apparaît dans le monde pour livrer bataille à ces «puissances» et à ces «principautés». Sa naissance même est déjà néfaste pour l'emprise de ces puissances sur les sociétés humaines :

Quand Jésus est né, [...] les puissances ont été affaiblies, leur magie étant réfutée et leur opération dissoute[61].

Sans cesse Origène revient sur le «livré en spectacle» de l'Épître aux Colossiens et sur l'œuvre de la croix qui «fait la captivité captive» (Co. Jo VI, 56-57).

C'est de toute évidence une certaine intelligence du texte que je viens de vous lire et d'autres textes analogues qui a poussé Dante, dans *la Divine Comédie*, à présenter Satan cloué sur la croix, en un tableau qui paraît bizarre et même déplacé à ceux qui se font une vision conventionnelle et sacrificielle de la crucifixion.

Pour confirmer qu'il s'agit bien, dans la crucifixion, d'un mécanisme de méconnaissance à jamais détraqué par l'inscription textuelle dont il fait l'objet, nous avons d'autres passages de Paul, selon lesquels la Sagesse de Dieu a déjoué ironiquement les calculs des puissances. «Aucun des princes de ce monde ne l'a connue cette sagesse, car s'ils l'avaient connue, ils n'auraient pas crucifié le Seigneur de Gloire» (I Cor. 2, 8).

En faisant jouer une fois de plus le mécanisme fondateur contre Jésus lui-même, qui révélait le secret de leur pouvoir, le meurtre fondateur, les puissances de ce monde croyaient étouffer à jamais la Parole de Vérité; elles croyaient triompher une fois de plus par la méthode qui leur avait toujours permis de triompher dans le passé. Ce qu'elles n'ont pas compris, c'est que, en dépit du consensus temporaire auquel même les disciples les plus fidèles se sont joints, ce n'est pas le mensonge mythologique habituel qui s'est inscrit dans les Évangiles, le mensonge des religions de la planète entière, c'est la matrice structurelle elle-même. Les disciples se sont ressaisis et ils ont perpétué le souvenir de l'événement, non pas sous la forme mythique qui aurait dû prévaloir, mais sous une forme qui révèle l'innocence du juste martyrisé, qui exclut la sacralisation de la victime en tant que coupable, en tant qu'elle passe pour responsable des désordres purement humains auxquels sa mort met fin. C'est ainsi que les «puissances» ont été jouées et, si c'était à refaire, Jésus ne serait pas crucifié...

La mort de Jésus, d'ailleurs, n'a aucune efficacité sur le plan mondain. En autorisant cette mort, le grand-prêtre n'atteint pas l'objectif qu'il s'était tracé, celui de *sacrifier une seule victime pour que la nation entière ne périsse pas* (Jn 11, 50).

Dans l'Évangile de Luc, toutefois, le traitement subi par Jésus n'est pas tout à fait dépourvu du genre d'effet escompté par ses perpétrateurs les plus lucides :

Hérode donc après l'avoir, ainsi que ses gardes, traité avec mépris et bafoué, le revêtit d'un manteau magnifique et le renvoya à Pilate. *Et ce même jour, Hérode et Pilate devinrent amis, d'ennemis qu'ils étaient auparavant* (Lc 23, 11-12).

J.-M. O. : On dirait que le texte évangélique nous donne ce détail pour bien montrer qu'il n'ignore pas le genre d'effet produit par le type d'événement auquel il convient de rattacher la crucifixion, mais il ne s'agit là que d'un effet temporaire et mineur. Pour l'essentiel, les effets réconciliateurs et ordonnateurs ne se produisent pas.

S'il s'agissait une fois de plus de sacré violent, la crucifixion serait efficace sur le plan de la société. Or, le Christ nous dit sans cesse qu'elle ne l'est pas ; bien au contraire, elle doit ébranler toute vie sociale, religieuse et même familiale. Loin de «proférer des menaces» à l'égard de qui que ce soit, le Christ ne fait jamais qu'énoncer les conséquences de ce renversement. Les dieux de violence sont démonétisés ; la machine est détraquée, l'expulsion ne va plus fonctionner. Les meurtriers du Christ ont agi en vain, ou plutôt ils ont agi de façon féconde en ceci qu'ils ont aidé le Christ à inscrire la vérité objective de la violence dans le texte évangélique et cette vérité, même si elle est méconnue et bafouée, va faire lentement son chemin, désagrégeant toute chose comme un poison insidieux.

R. G. : Le thème apocalyptique chrétien, c'est la terreur humaine et non divine, celle qui risque d'autant plus de triompher que les hommes sont mieux débarrassés de ces épouvantails sacrés que nos humanistes croyaient pulvériser de leur propre chef et qu'ils reprochaient au judéo-chrétien de trop perpétuer. Nous voilà maintenant libérés. Nous savons que nous sommes entre nous, sans père fouettard céleste pour troubler nos petites affaires. Il faut donc regarder non plus en arrière mais en avant, il faut montrer de quoi l'homme est capable. La parole apocalyptique décisive ne dit guère que la responsabilité absolue de l'homme dans l'histoire : vous voulez que votre demeure vous soit laissée ; *eh bien, elle vous est laissée.*

Le châtiment divin est démystifié par les Évangiles ; il n'existe plus que dans l'imagination mythique à laquelle le scepticisme moderne reste curieusement fidèle. C'est sur cet aspect inexistant que l'indignation des modernes ne cesse ridiculement de s'exercer parce qu'il s'agit d'un trait en définitive rassurant. Tant que la violence paraît divine, au fond, elle ne fait peur à personne, soit parce qu'elle va vers le salut, soit parce qu'elle paraît inexistante. La confiance vétéro-testamentaire en la *positivité ultime* de la violence repose inévitablement sur le mécanisme fondateur lui-même, dont les effets bénéfiques sont tacitement escomptés, précisément parce que ce mécanisme n'est pas encore vraiment révélé. C'est cette positivité de la violence qui a disparu dans les Évangiles. Si la menace est vraiment effrayante, cette fois, c'est parce qu'elle est sans remède sur le plan où elle se situe, sans recours d'aucune sorte ; elle a cessé d'être « divine ».

En l'absence du mécanisme fondateur, le principe de violence qui domine l'humanité va connaître une recrudescence formidable quand il entrera en agonie. Pour comprendre cela, il suffit de se rappeler le caractère paradoxal de tout ce qui touche au mimétisme et à la violence. Celle-ci ne peut devenir son propre remède que par l'intermédiaire du mécanisme victimaire, et le mécanisme victimaire ne se déclenche qu'au paroxysme frénétique de la « crise ». C'est dire qu'une violence atteinte dans ses œuvres vives, une violence qui a perdu son mordant et qui est désormais sur son déclin sera paradoxalement plus terrible qu'une violence encore intacte. Une telle violence va sans doute multiplier les victimes, comme à l'époque des prophètes, dans un vain effort de l'humanité entière pour restaurer ses vertus réconciliatrices et sacrificielles.

E. La prédication du Royaume

G. L. : Mais ne faut-il pas inclure parmi les conséquences de la violence collective ces thèmes après tout essentiels que sont le rassemblement des disciples autour d'un Jésus ressuscité et divinisé ? Est-ce qu'on n'a pas affaire ici à quelque chose de tout à fait analogue à ce qu'on trouve dans les autres religions ?

R. G. : Je voudrais montrer qu'à cette question essentielle, il faut répondre par la négative. Mais avant d'en arriver là, je termine mon explication du thème apocalyptique dans la perspective non sacrificielle et j'y ajoute un second thème capital, celui du Royaume de Dieu qui va, pour la première fois, je pense, s'articuler de façon logique sur la crucifixion et sur l'apocalypse.

Pour la critique évangélique des deux derniers siècles, la conjonction de ces deux thèmes, l'apocalypse et la prédication dite du « Royaume de Dieu » a posé un problème insurmontable. Au milieu du XIXᵉ siècle, on mettait l'accent sur le Royaume ; la pensée libérale se fabriquait, avec Renan, un Jésus humanitaire et socialisant. On minimisait le thème apocalyptique. Albert Schweitzer, dans un essai célèbre, a révélé la vanité de ces efforts en mettant à nouveau l'accent sur le thème apocalyptique déclaré plus ou moins inintelligible pour nous, étranger à l'existence moderne[62]. C'était au début du XXᵉ siècle !

Dans la première partie de la prédication de Jésus, le ton est entièrement différent ; il n'y a pas trace d'annonce apocalyptique ; il n'est question que de la réconciliation entre les hommes qui est aussi ce Royaume de Dieu où tous sont invités à pénétrer.

J.-M. O. : Nous avons déjà défini le Royaume de Dieu quand nous avons parlé de l'attitude évangélique vis-à-vis de la loi juive. Le Royaume, c'est l'amour substitué aux interdits et aux rituels, à tout l'appareil des religions sacrificielles.

R. G. : Relisons le Sermon sur la Montagne et nous verrons que la signification et la portée du Royaume de Dieu sont parfaitement claires. Il s'agit toujours de réconcilier les frères ennemis, de mettre un terme à la crise mimétique par le renoncement de tous à la violence. En dehors de l'expulsion collective, réconciliatrice parce qu'unanime, seul le renoncement inconditionnel et, s'il le faut, unilatéral, à la violence, peut mettre fin au rapport de doubles. Le Royaume de Dieu, c'est l'élimination complète et définitive de toute vengeance et de toutes représailles dans les rapports entre les hommes.

Jésus fait de tout ceci, dans la vie de tous les jours, un devoir absolu, une obligation sans contrepartie, qui exclut toute exigence de réciprocité :

Vous avez appris qu'il a été dit : *œil pour œil et dent pour dent*. Eh bien ! Moi je vous dis de ne pas tenir tête au méchant : au contraire, quelqu'un te donne-t-il un soufflet sur la joue droite, tends-lui encore l'autre ; veut-il te faire un procès et te prendre ta tunique, laisse-lui même ton manteau (Mt 5, 38-40).

Les interprètes modernes voient bien que tout se ramène, dans le Royaume de Dieu, à débarrasser les hommes de la violence, mais comme ils se font une idée fausse de celle-ci, ils ne comprennent pas l'objectivité rigoureuse des moyens recommandés par Jésus. Les hommes s'imaginent ou bien que la violence n'est qu'une espèce de parasite dont il est facile de se débarrasser, par des mesures prophylactiques appropriées, ou bien, au contraire, qu'elle est un trait ineffaçable de la nature humaine, un instinct ou une fatalité qu'il est stérile de combattre.

Pour les Évangiles, il en va tout autrement. Se débarrasser de la violence est une entreprise à laquelle Jésus invite tous les hommes à se consacrer et il la conçoit en fonction de la vraie nature de celle-ci, des illusions qu'elle suscite, de la façon dont elle se propage et de toutes les lois que nous avons eu mille occasions de vérifier au cours de ces entretiens.

La violence est esclavage ; elle impose aux hommes une vision fausse non seulement de la divinité mais de toute chose. C'est bien pourquoi elle est un Royaume fermé. Échapper à la violence serait échapper à ce Royaume pour pénétrer dans un autre Royaume que la plupart des hommes ne peuvent même pas soupçonner : le Royaume de l'amour qui est aussi celui du vrai Dieu, ce Père de Jésus dont les prisonniers de la violence n'ont pas la moindre idée.

Pour sortir de la violence, il faut, de toute évidence, renoncer à l'idée de rétribution ; il faut donc renoncer aux conduites qui ont toujours paru naturelles et légitimes. Il nous semble juste, par exemple, de répondre aux bons procédés par de bons procédés et aux mauvais par de mauvais, mais cela, c'est ce que toutes les communautés de la planète ont toujours fait, avec les résultats que l'on sait. Les hommes s'imaginent que pour échapper à la violence, il leur suffit de renoncer à toute *initiative* violente, mais comme cette initiative, personne ne croit jamais la prendre, comme toute violence a un caractère mimétique, et résulte ou croit résulter d'une première violence qu'elle renvoie à son point de départ, ce renoncement-là n'est qu'une apparence et ne peut rien changer à quoi que ce soit. La violence se perçoit toujours comme légitime représaille. C'est donc au droit de représailles qu'il faut renoncer et même à ce qui passe, dans bien des cas, pour légitime défense. Puisque la violence est mimétique, puisque personne ne se sent jamais responsable de son premier jaillissement, seul un renoncement inconditionnel peut aboutir au résultat souhaité :

Si vous faites du bien à ceux qui vous en font, quel gré vous en saura-t-on ? Même les pécheurs en font autant. Et si vous prêtez à ceux dont vous espérez recevoir, quel gré vous en saura-t-on ? Même les pécheurs prêtent à des pécheurs pour en recevoir l'équivalent. Au contraire, aimez vos ennemis, faites du bien et prêtez sans rien attendre en retour (Lc 6, 33-35).

Si nous interprétons la doctrine évangélique à partir de nos propres observations sur la violence, nous verrons qu'elle énonce de la façon la plus concise et la plus claire tout ce que les hommes doivent faire pour rompre avec la circularité des sociétés fermées, tribales ou nationales, philosophiques ou religieuses. Rien ne manque et rien n'est superflu. Cette doctrine est d'un réalisme absolu. Elle voit parfaitement tout ce qu'implique la sortie hors de la «clôture métaphysique» et elle ne tombe jamais dans les erreurs jumelles du fanatisme moderne qui méconnaît l'ambiguïté et l'universalité de la violence, et qui s'en prend toujours soit au désordre seulement, soit au contraire à l'ordre, soit au seul dérèglement, soit à la seule règle, croyant toujours qu'il suffit, pour triompher de la violence, de se débarrasser par la violence soit de ceci soit de cela, soit de brimer plus encore que par le passé les impulsions individuelles, soit au contraire de les libérer dans l'espoir absurde que cette libération est capable à elle seule d'établir la paix entre les hommes.

Parce qu'ils ne connaissent pas la violence, et le rôle qu'elle joue dans la vie humaine, les interprètes s'imaginent tantôt que les Évangiles prêchent une espèce de morale naturelle que les hommes, parce qu'ils sont naturellement bons, respecteraient d'eux-mêmes, s'il n'y avait pas les «méchants» pour les en empêcher, tantôt que le Royaume de Dieu est une espèce d'utopie, un rêve de perfection inventé par quelque doux rêveur, incapable de comprendre sur quelles bases l'humanité a toujours fonctionné et continuera à fonctionner.

Personne ne voit que c'est de la nature vraie de la violence que se déduit, par une logique implacable, la règle simple et unique du Royaume. Personne ne voit pourquoi la désobéissance ou l'obéissance à cette règle unique engendre deux Royaumes qui ne peuvent pas communiquer l'un avec l'autre, séparés par un véritable abîme. Les hommes peuvent franchir cet abîme; pour cela il faut et il suffit que tous ensemble, mais par une décision qui relève de chaque individu en particulier puisque les autres, pour une fois, n'y sont pas impliqués et ne devraient pas être capables de l'infléchir, ils adoptent la règle unique du Royaume de Dieu.

J.-M. O. : Si l'on suit votre raisonnement, le véritable *sujet* humain ne peut émerger que de la règle du Royaume; en dehors de cette règle il n'y a jamais que du mimétisme et de l'«interdividuel». Jusque-là, seule la structure mimétique est sujet.

R. G. : C'est exact... Pour achever de comprendre le Royaume de Dieu, il faut bien saisir le contexte de sa prédication. Les Évangiles se présentent eux-mêmes comme situés au paroxysme d'une crise que Jean-Baptiste définit comme sacrificielle et prophétique en reprenant à son compte le début du Deutéro-Isaïe : *Toutes les vallées seront comblées, toutes les montagnes abaissées*. C'est le grand nivellement tragique, le triomphe de la violence réciproque. C'est pourquoi la reconnaissance mutuelle de Jean-Baptiste et du Christ, le sceau de l'authenticité prophétique et messianique, est d'abord l'absence de symétrie antagoniste, le fait simple et miraculeux de ne pas succomber au vertige de la violence.

Pendant toute la période prophétique, c'est toujours en pleine crise, également, que les prophètes s'adressent au peuple élu et, toujours, ils lui proposent de substituer l'harmonie et l'amour au conflit symétrique et stérile des doubles, à la violence qu'aucun sacrifice ne peut plus guérir. Plus la situation est désespérée, plus l'absurdité de la violence réciproque devient éclatante et plus le message, semble-t-il, a de chances d'être entendu.

Avec Jésus, c'est la même crise, en dernière analyse, et c'est le même message, à ceci près, selon les Évangiles, que le paroxysme ultime est arrivé et qu'il n'y aura plus d'autre chance. Tous les aspects du dilemme se présentent avec la plus grande netteté : puisque les ressources sacrificielles sont définitivement épuisées, puisque la violence est sur le point d'être révélée, aucune possibilité de compromis ne subsiste, il n'y a plus d'échappatoires.

Nous comprenons pourquoi l'un des titres de Jésus est celui de « prophète ». Jésus est le dernier et le plus grand des prophètes, celui qui les résume et les transcende tous, il est le prophète de la dernière chance qui est aussi la meilleure. Avec lui un déplacement à la fois minuscule et gigantesque se produit qui se situe dans le prolongement direct de l'Ancien Testament mais qui constitue aussi une rupture formidable. C'est l'élimination complète pour la première fois du sacrificiel, c'est la fin de la violence divine, c'est la vérité de tout ce qui précède enfin explicitée et elle exige une conversion totale du regard, une métamorphose spirituelle sans précédent dans l'histoire de l'humanité. C'est aussi une simplification absolue des rapports humains en ceci que toutes les fausses différences des doubles sont annulées, une simplification au sens où l'on parle de simplification algébrique.

Nous avons vu plus haut que, dans tous les textes de l'Ancien Testament, la déconstruction des mythes, des rituels et de la loi ne peut pas vraiment s'achever car la révélation plénière du meurtre fondateur ne s'effectue pas. La divinité, si dé-violentisée qu'elle soit, ne l'est pas complètement. C'est bien pourquoi il y a toujours un avenir indéterminé et indistinct, où la résolution proprement humaine du problème, la réconciliation face à face qu'un supplément de violence devrait amener, par un mécanisme purement humain et rationnel, en éclairant les hommes sur la stupidité et l'inutilité de la violence symétrique, reste partiellement confondue avec l'espoir d'une nouvelle épiphanie proprement divine de la violence, d'un «jour de Yahvé» qui serait à la fois le paroxysme de la colère divine et une réconciliation également divine. On peut dire qu'en dépit du progrès extraordinaire des prophètes vers une compréhension exacte des structurations religieuses et culturelles, jamais l'Ancien Testament ne bascule dans la rationalité complète qui se déferait de cet espoir de purgation violente, et qui renoncerait à exiger de Dieu la solution apocalyptique, la liquidation complète des «méchants» pour assurer la félicité des élus.

J.-M. O. : En somme, c'est dans cette perpétuation atténuée de la purgation et de la violence divine que se situerait la différence entre les apocalypses vétéro-testamentaires et l'apocalypse évangélique. Devant cette dernière, tous les commentateurs régressent automatiquement vers la conception vétéro-testamentaire.

R. G. : La métamorphose du vétéro-testamentaire en évangélique n'est pas une opération intellectuelle seulement; c'est la crise elle-même qui mûrit, c'est un moment historique jamais possible auparavant, le moment du choix absolu et conscient entre deux formes de réciprocité, à la fois extrêmement proches et radicalement opposées l'une à l'autre, le moment où la désagrégation culturelle et la vérité de la violence en sont arrivées à un point de maturation tel que tout doit bientôt basculer soit dans une violence infiniment destructrice soit dans la non-violence du Royaume de Dieu, seule capable désormais de perpétuer la communauté.

En cet instant suprême, les risques n'ont jamais été plus grands, mais la conversion du regard et du comportement n'a jamais été plus facile, car la vanité et la stupidité de la violence et de ses lois n'ont jamais été plus éclatantes. L'offre du Royaume doit intervenir à ce moment précis qui correspond, de toute évidence, à un concept évangélique très important et très mal compris qui est *l'heure* du Christ. Au début des Évangiles, en particulier celui de Jean, Jésus manifeste un grand souci de ne parler qu'à son heure et aussi, bien entendu, de ne pas laisser passer cette heure qui ne se retrouvera pas.

L'offre du Royaume n'est pas de pure forme ; elle correspond à une possibilité qui n'a jamais été plus accessible pour les Juifs, « préparés » qu'ils sont, je le répète — et c'est là une expression évangélique — par l'Ancien Testament, à se lancer dans la grande aventure du Royaume. C'est bien parce que cette possibilité n'a rien d'illusoire que le message de Jésus est bonne nouvelle tout de suite et sur cette terre. Pour la première fois les hommes peuvent échapper à cette méconnaissance et à cette ignorance qui les enveloppent depuis le début de leur histoire. Tant qu'il reste un espoir de réussir, la prédication du Royaume ne comporte aucune ombre, ne s'accompagne d'aucune annonce redoutable.

Et du même coup s'éclaire le ton d'urgence extraordinaire qui caractérise cette première prédication de Jésus, le ton pressant, et même impatient qui marque ses objurgations. La moindre hésitation équivaut à un refus définitif. L'occasion perdue ne se retrouvera pas... Malheur à qui regarde en arrière, malheur à qui observe les voisins et qui attend qu'ils se décident avant de se décider lui-même à suivre l'exemple de Jésus.

J.-M. O. : Il ne s'agit pas, en somme, de re-différencier la communauté mais de retourner la mauvaise réciprocité universelle, qui ne profite à personne et qui nuit à tous les hommes, en une bonne réciprocité qui ne fait qu'un avec l'amour et la lumière du vrai Dieu. C'est au moment où la violence est à son comble, où la communauté est au bord de la dissolution, que les chances de réussir sont les plus grandes, et aussi les périls, si les hommes ne voient pas la situation d'urgence extraordinaire où ils se trouvent.

À la lumière de ce que vous dites, on saisit à la fois pourquoi le Royaume de Dieu est présenté comme une réalité permanente, toujours offerte à tous les hommes et aussi comme une occasion historique sans précédent. On comprend pourquoi Jésus présente son *heure* avec tant de solennité et essaie de faire entendre à ses interlocuteurs directs la responsabilité immense mais aussi la chance exceptionnelle que constitue pour eux le fait de vivre cette heure absolument unique dans toute l'histoire humaine (Jn 2, 4 ; 7, 30 ; 8, 20 ; 12, 23-27 ; 13, 1 ; 17, 1).

F. Royaume et Apocalypse

R. G. : Les événements qui suivent la prédication du Royaume de Dieu dépendent entièrement de l'accueil que lui réservent les auditeurs de Jésus. S'ils acceptaient l'invitation sans arrière-pensée, il n'y aurait jamais d'annonce apocalyptique ni de crucifixion. La plupart d'entre eux se détournent avec indifférence ou hostilité. Les disciples eux-mêmes se disputent les meilleurs postes dans ce qu'ils conçoivent comme une espèce de mouvement politico-religieux destiné à se faire une place au soleil dans l'univers judaïque de l'époque. C'est la façon de penser, d'ailleurs, qu'on retrouve chez de nombreux commentateurs modernes.

Plus il se confirme que le Royaume est un échec, plus les perspectives d'avenir s'assombrissent. Au XIXᵉ siècle, les interprètes de l'école historique et psychologique attribuaient cet assombrissement à l'amertume d'un revers auquel Jésus ne se serait pas attendu, qui l'aurait pris au dépourvu ; la lecture alors de l'apocalypse comme appel à la colère divine vérifiait en apparence cette falsification en suggérant que Jésus ou ses disciples devaient éprouver le type de ressentiment qui en arrive à de pareils excès de langage, peu conformes à l'esprit douceâtre et humanitaire dont ils auraient fait preuve jusque-là.

Cette lecture qui domine encore la majorité des interprétations contemporaines est visiblement absurde ; elle est tout entière suscitée par notre impuissance à reconnaître la violence fondatrice et le rôle primordial que joue sa méconnaissance dans toute l'histoire humaine, méconnaissance ici perpétuée.

Sans cette révélation, bien sûr, on ne peut pas accéder à la vraie logique du texte. L'assombrissement se produit à mesure que se précise l'attitude négative des seuls individus qui pourraient aider Jésus dans son entreprise et amorcer la bonne contagion de la bonne réciprocité. Pour expliquer ce changement de ton, ce ne sont pas des motifs psychologiques qu'il faut invoquer.

Nous tenons désormais tous les fils de cette logique qui métamorphose l'annonce du Royaume en annonce apocalyptique : si les hommes refusent la paix que leur offre Jésus, celle qui ne vient pas de la violence, et qui, de ce fait, *surpasse l'entendement humain*, l'efficacité de la révélation évangélique va se manifester d'abord par la violence, par une crise sacrificielle et culturelle d'un radicalisme inouï puisqu'il n'y aura plus de victime sacralisée pour en interrompre les effets. L'échec du Royaume, dans la perspective évangélique, n'est pas l'échec de l'entreprise à laquelle se consacre Jésus, mais c'est l'abandon inévitable de la voie facile et directe que serait l'acceptation par tous des principes de conduite énoncés par lui ; c'est le recours à la voie indirecte, celle qui se passe du consentement de tous les hommes mais qui passe par la crucifixion et par l'apocalypse. La révélation n'est nullement arrêtée, en somme, par l'attachement obstiné de la plupart des hommes à la violence *puisque désormais cette violence est devenue sa propre ennemie et va finir par se détruire elle-même* ; le Royaume de Satan, plus divisé contre lui-même que jamais, ne pourra plus se maintenir. La seule différence, c'est qu'en restant fidèles à la violence, en prenant parti pour elle, même s'ils ne s'en doutent pas, les hommes eux-mêmes, après l'avoir *différée* une fois de plus, contraignent la révélation à emprunter le chemin terrible de la violence sans mesure. C'est sur ces hommes et sur eux exclusivement que retombe la responsabilité du caractère tragique et catastrophique, de la mutation que va connaître l'humanité.

Si les Évangiles, et plus particulièrement celui de Matthieu, se divisent nettement en deux parties, la première consacrée à la prédication du Royaume, et la seconde aux annonces apocalyptiques et à la passion, c'est parce qu'il y a réellement entre ces deux parties cet événement négatif, mais formidable de conséquences, que représente l'étouffement immédiat de la prédication évangélique sous l'indifférence et le dédain de ceux qui y sont immédiatement exposés. Ils ne réagissent pas différemment, bien entendu, du reste de l'humanité. C'est cet événement qui détermine les deux versants du texte, certainement très opposés par leur contenu et leur tonalité, mais nullement incompatibles et toujours logiquement articulés l'un sur l'autre, par un lien, toutefois, que la critique humaniste et historiciste du XIXe siècle ne pouvait pas soupçonner. Toutes les illusions de cette critique, et de celles qui lui ont succédé, reposent sur la méconnaissance de ce lien, c'est-à-dire toujours sur la méconnaissance immémoriale du meurtre fondateur.

J.-M. O. : Comme tout se passe, ici, en présence de la révélation explicite du mécanisme fondateur, le caractère démonstratif de ce que vous dites devient de plus en plus contraignant. Si des vertus rédemptrices sont effectivement attribuées à la passion, elles doivent se situer sur *un autre plan* qui n'a aucun rapport avec le monde édifié sur la violence, ce monde pour lequel Jésus ne prie pas car ce serait prier pour l'annulation de son œuvre à lui, ce serait prier contre l'avènement du Royaume de

Dieu. Quand Jésus dit : « le monde passera et mes paroles ne passeront pas », il ne veut pas dire seulement que ses paroles dureront à jamais. La parole de Jésus a un effet destructeur sur le monde au sens où vous le prenez ici. Loin d'être consolidé, le monde d'Hérode et de Pilate, le monde de Caïphe et des zélotes, doit se dissoudre littéralement au souffle de cette parole. Car cette parole apporte au monde la seule vérité qu'il ne puisse entendre sans disparaître, sa propre vérité.

Jésus n'est pas là pour réaffirmer autour de lui l'unité violente du sacré, il n'est pas là pour ordonner et gouverner comme Moïse, il n'est pas là pour rassembler un peuple autour de lui, pour forger son unité dans le creuset des rites et des interdits, mais au contraire pour tourner définitivement cette longue page de l'histoire humaine.

G. L. : Si Jésus est parfois comparé à un second Moïse, c'est en tant qu'avec lui, comme avec Moïse, une étape décisive de l'histoire commence, mais ce n'est pas la même et sous bien des rapports la mission de Jésus, vous l'avez montré, s'oppose à celle de Moïse, qui est d'arbitrage et de législation (Lc 12, 13-14).

R. G. : Le refus du Royaume par ceux à qui il est offert d'abord ne menace encore que la communauté juive, la seule qui ait bénéficié de la préparation vétéro-testamentaire. Le terme est évangélique et il s'applique, chez Luc, à Jean-Baptiste, en qui se résume l'action de tous les prophètes antérieurs à Jésus :

Lui-même [Jean] le précédera [le Messie], avec l'esprit et la puissance d'Élie, pour amener le cœur des pères vers leurs enfants et les rebelles à la sagesse des justes, préparant au Seigneur un peuple bien disposé (Lc 1, 17-18).

Cette préparation a sa contrepartie, elle ne fait qu'un avec l'indifférenciation qui doit basculer tôt ou tard dans la bonne réciprocité ou dans la mauvaise. C'est la destruction totale qui menace, dans un proche avenir, le judaïsme comme entité religieuse et culturelle. Luc, en particulier, s'efforce de distinguer une apocalypse prochaine et spécifiquement judaïque d'une apocalypse mondiale qui se situera «après les temps des païens», après que les Évangiles auront été annoncés au monde entier et vraisemblablement refusés par lui.

G. Mort non sacrificielle du Christ

R. G. : Si nous reconnaissons le bien-fondé des analyses qui précèdent et si nous essayons vraiment de nous défaire des restes de mentalité sacrificielle qui salissent et obscurcissent inévitablement les recoins de notre cerveau, nous verrons que nous tenons tous les éléments, désormais, pour comprendre que la mort de Jésus a des raisons qui n'ont rien à voir avec le sacrifice. Tout ce qui restait encore un peu vague dans la lecture non sacrificielle va s'éclairer de la façon la plus complète. Nous verrons alors que le texte évangélique dans son ensemble et dans tous ses détails est gouverné par la logique que je dis.

Jésus, nous l'avons vu, est la cause directe mais involontaire des divisions et des dissensions que son message ne peut manquer de provoquer, en raison de l'incompréhension quasi universelle, mais il est bien évident que toute son action est orientée vers la non-violence et qu'aucune action plus efficace ne saurait se concevoir.

Jésus, je l'ai déjà dit, n'est pas responsable de l'horizon d'apocalypse derrière l'histoire juive d'abord et toute l'histoire humaine ensuite. Pour l'univers judaïque, à cause de la supériorité même de l'Ancien Testament sur toute mythologie, le point de non-retour est déjà atteint. La Loi et les Prophètes, on l'a vu, constituent vraiment une annonce de l'Évangile, une *praefiguratio Christi*, ainsi que l'affirmait fidèlement le Moyen Âge, sans pouvoir le démontrer, parce qu'ils constituent un premier exode hors du sacrificiel, un retrait graduel des ressources culturelles. C'est au moment où l'aventure, de toute façon, arrive à son dénouement que Jésus, dans la perspective évangélique, bien sûr — c'est toujours dans cette perspective que je me situe —, intervient sur la scène judaïque.

Désormais aucun retour en arrière n'est possible; l'histoire cyclique est terminée du fait même que son ressort commence à apparaître.

G. L. : C'est le même ressort, je pense, qui apparaît aussi chez les présocratiques, à l'aube de ce qu'il faut bien appeler notre histoire au sens plein du terme, au moment, en d'autres termes, où, sans se défaire encore complètement, les cycles de l'éternel retour — auxquels Nietzsche reviendra dans le génie de sa folie — s'ouvrent sur un avenir qui paraît entièrement non déterminé.

Même si Empédocle nous offre un texte antisacrificiel admirable que vous avez cité dans *la Violence et le Sacré*[63], les présocratiques ne voient pas ou voient mal les conséquences éthiques de ce qu'ils disent, sur le plan des rapports entre les hommes. C'est sans doute pourquoi ils sont *toujours* à la mode dans le monde occidental et philosophique alors que les prophètes ne le sont *jamais* !

R. G. : Revenons à l'attitude de Jésus lui-même. La décision de non-violence ne saurait constituer un engagement révocable, une espèce de contrat dont on ne serait tenu de respecter les clauses que dans la mesure où les autres parties contractantes les respecteraient également. S'il en était ainsi, l'engagement pour le Royaume de Dieu ne serait qu'une farce supplémentaire dans le style des vengeances rituelles ou des Nations Unies. En dépit de la défection générale, donc, Jésus va se considérer comme toujours obligé par la promesse du Royaume. Pour lui, la parole qui vient de Dieu, la parole qui suggère de n'imiter nul autre que ce Dieu, ce Dieu qui s'abstient de toutes représailles et qui fait briller son soleil ou tomber sa pluie indifféremment sur les «bons» et sur les «méchants», cette parole, pour lui, reste absolument valable, elle reste valable jusqu'à la mort, et c'est de toute évidence ce qui fait de lui l'Incarnation de cette Parole. Le Christ, en somme, ne peut pas continuer à séjourner dans ce monde où cette Parole, tantôt n'est jamais mentionnée, tantôt, pire encore, est bafouée et dévalorisée par ceux qui la prennent en vain, par ceux qui se prétendent fidèles à elle et en réalité ne le sont pas. Le destin de Jésus dans le monde ne diffère pas du destin de la Parole divine. C'est bien pourquoi le Christ et cette Parole, je le répète, ne font qu'une seule et même chose.

Non seulement Jésus reste fidèle à cette Parole d'Amour, mais il fait tout pour éclairer les hommes sur ce qui les attend s'ils persévèrent dans les chemins qui ont toujours été les leurs. L'urgence est telle et l'enjeu est si colossal qu'il justifie l'extrême véhémence et même la brutalité dont Jésus fait preuve dans ses rapports avec «ceux qui ont des oreilles pour ne pas entendre et des yeux pour ne pas voir». C'est bien pourquoi, par un paradoxe supplémentaire, d'une injustice suffocante à vrai dire, mais auquel nous pouvions nous attendre, car nous savons que rien ne sera épargné à celui qui comprend ce que tout le monde autour de lui se refuse à comprendre, Jésus lui-même se voit accusé de violence injustifiée, de paroles offensantes, d'esprit polémique excessif, de manque de respect pour la «liberté» de ses interlocuteurs.

Dans un processus qui dure depuis des siècles, ou plutôt depuis le début de l'histoire humaine, répétons-le, la prédication du Royaume va toujours s'insérer, dans le monde judaïque d'abord, et ensuite dans l'univers entier, au moment précis où les chances de réussite sont les plus grandes, au moment précis, par conséquent, où tout s'apprête à sombrer dans la violence sans mesure. Jésus est celui qui appréhende lucidement et la menace et la possibilité de salut. Il y a donc pour lui obligation impérieuse de prévenir les hommes ; en annonçant à tous le Royaume de Dieu, Jésus ne fait qu'obéir lui-même aux principes qu'il énonce. Ce serait manquer d'amour pour ses frères que de garder le silence et d'abandonner la communauté humaine à ce destin qu'elle est en train de se forger sans s'en apercevoir. Si Jésus se fait appeler fils de l'homme, c'est au premier chef, je pense, à cause d'un texte d'Ézéchiel qui réserve à un «fils de l'homme» une mission d'avertissement très comparable à celle que les Évangiles lui confèrent à lui-même.

La parole de Yahvé me fut adressée en ces termes: Fils d'homme, parle aux enfants de ton peuple. Tu leur diras: quand je fais venir l'épée contre un pays, les gens de ce pays choisissent parmi eux un homme et le postent en sentinelle; s'il voit l'épée venir contre le pays, il sonne du cor pour donner l'alarme au peuple...

Toi aussi, fils d'homme, je t'ai fait sentinelle pour la maison d'Israël. Lorsque tu entendras une parole de ma bouche, tu les avertiras de ma part. Si je dis au méchant: «Méchant, tu vas mourir», et que tu ne parles pas pour avertir le méchant d'abandonner sa conduite, c'est lui, le méchant, qui mourra de son péché, mais c'est à toi que je demanderai compte de son sang. Si au contraire tu avertis le méchant d'abandonner sa conduite pour se convertir et qu'il ne se convertisse pas, il mourra, lui, à cause de son péché, mais toi, tu sauveras ta vie.

Et toi, fils d'homme, dis à la maison d'Israël: Vous répétez ces paroles: «Nos péchés et nos fautes pèsent sur nous. C'est à cause d'eux que nous dépérissons. Comment pourrions-nous vivre?» Dis-leur: «Par ma vie, oracle du Seigneur Yahvé, je ne prends pas plaisir à la mort du méchant, mais au retour du méchant qui change ses voies pour avoir la vie. Revenez, revenez de votre voie mauvaise. Pourquoi mourriez-vous, maison d'Israël?» (Éz 33, 1-11).

Non seulement donc Jésus fait tout pour avertir les hommes et les détourner de voies désormais fatales — les textes les plus terribles comme les «Malédictions contre les Pharisiens» ne sont rien d'autre que les avertissements suprêmes et les plus périlleux — mais une fois qu'ils ont décidé de ne pas l'écouter et de retomber dans leurs solutions habituelles, il leur sert de victime; il ne résiste pas à leurs coups et c'est à ses dépens qu'ils se réconcilieraient et refonderaient une communauté rituelle si c'était encore possible. Sur tous les plans concevables, donc, il est toujours prêt à assumer tous les risques ; il est toujours prêt à payer de sa personne pour épargner aux hommes le destin terrible qui les attend.

Refuser le Royaume, c'est d'abord, on l'a vu, refuser le savoir qu'apporte Jésus, le savoir de la violence et de ses œuvres. Aux yeux des hommes qui le refusent, ce savoir est néfaste ; il n'est lui-même que la pire des violences. C'est bien ainsi que doivent se présenter les choses dans la perspective étriquée de la communauté sacrificielle. Jésus apparaît comme une force seulement subversive et destructrice, une source de contamination, une menace pour la communauté, ce qu'il devient réellement dans le contexte de la méconnaissance dont il fait l'objet. Sa prédication ne peut manquer de le faire apparaître comme totalement dépourvu de respect pour les institutions les plus saintes, coupable d'*hubris* et de blasphème puisqu'il a l'audace d'égaler à Dieu lui-même cette perfection de l'Amour dont il ne cesse de faire preuve.

Et il est vrai que la prédication du Royaume de Dieu révèle le caractère violent même des institutions en apparence les plus saintes, la hiérarchie ecclésiale, l'ordre rituel du Temple, la famille elle-même.

C'est contre Jésus, en bonne logique sacrificielle, que doivent se retourner ceux qui viennent de refuser l'invitation au Royaume. Ils ne peuvent manquer de voir en lui l'ennemi juré et le corrupteur de cet ordre culturel qu'ils s'efforcent vainement de restaurer.

C'est dire que Jésus va fournir à la violence la victime la plus parfaite qu'on puisse concevoir, la victime que pour toutes les raisons concevables la violence a le plus de raisons de choisir ; et cette victime, en même temps, est la plus innocente.

J.-M. O. : Ce que vous dites en ce moment permet de préciser une notion essentielle que nous avons déjà ébauchée, à savoir que Jésus est, de toutes les victimes qui furent jamais, la seule capable de révéler la vraie nature de la violence et de révéler cette nature jusqu'au bout. Sous tous les rapports, sa mort a quelque chose d'exemplaire, et en elle la signification de toutes les persécutions et expulsions auxquelles l'humanité s'est

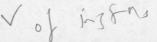

287

jamais livrée ainsi que de toutes les méconnaissances qui en ont jailli se voit révélée et représentée pour toute éternité.

Jésus, en somme, fournit la victime émissaire par excellence, la plus arbitraire parce que la moins violente mais aussi la moins arbitraire et la plus significative, toujours parce que la moins violente ; c'est toujours pour la même raison, en d'autres termes, que Jésus est la victime par excellence, celle en qui l'histoire antérieure de l'humanité se trouve résumée, consommée et transcendée.

R. G. : La violence ne peut pas tolérer que se maintienne dans son royaume un être qui ne lui doit rien, qui ne lui rend aucunement hommage et qui constitue la seule menace possible pour son règne. Ce qu'elle ne comprend pas, ce qu'elle ne peut pas comprendre, c'est que, en se défaisant de Jésus par les moyens habituels, elle tombe dans le piège que seule une innocence pareille pouvait lui tendre, parce qu'en dernière analyse ce n'est même pas un piège : il n'y a rien de caché. Elle révèle son propre jeu de telle façon qu'elle est à jamais atteinte dans ses œuvres essentielles ; plus elle voudra cacher désormais son ridicule secret, en le faisant fonctionner à tour de bras, plus elle achèvera de le révéler.

Nous voyons donc comment la passion s'insère entre la prédication du Royaume et l'Apocalypse, événement méprisé des historiens qui ont alors des sujets beaucoup plus sérieux, des Tibère et des Caligula à se mettre sous la dent, phénomène sans importance sous le rapport mondain, inapte, en principe au moins, à instaurer, à restaurer un ordre culturel, mais très efficace, à l'insu des habiles, sur le plan de la subversion, parfaitement capable, à la longue, de miner et d'abattre tout ordre culturel, moteur secret de l'histoire subséquente.

J.-M. O. : Je vous interromps par deux questions : est-ce que vous n'hypostasiez pas la violence en la traitant comme une espèce de sujet et d'ennemi personnel de Jésus-Christ ? Deuxième question : comment pouvez-vous raccorder tout ce qui précède avec l'histoire réelle de la chrétienté historique, c'est-à-dire avec l'inefficacité de la révélation évangélique dans les faits ? Personne n'a jamais lu les Évangiles comme vous êtes en train de les lire. Si brillante et rigoureuse que soit la logique textuelle que vous nous déroulez, elle semble dépourvue de toute prise sur l'histoire réelle de l'humanité, et en particulier l'histoire du monde qui s'est réclamé du christianisme.

R. G. : À votre première question, je réponds en vous rappelant que la violence, dans tous les ordres culturels, est toujours en dernière analyse le véritable *sujet* de toute structure rituelle, institutionnelle, etc. À partir du moment où l'ordre sacrificiel entre en décomposition, ce sujet ne peut plus être que *l'Adversaire* par excellence pour l'instauration du Royaume de Dieu. C'est le diable de la tradition, celui dont la théologie nous affirme justement qu'il est sujet et que pourtant il n'est pas.

À votre seconde question, je ne peux pas répondre encore mais je répondrai tout à l'heure. Pour l'instant, il suffit d'affirmer que nous cherchons la cohérence du texte, et je pense que nous la trouvons. Nous ne nous soucions pas encore de son rapport possible avec notre histoire. Le fait que cette logique puisse paraître abstraite, étrangère à cette histoire, ne la fait que mieux ressortir en tant que logique de ce texte que nous lisons et de rien d'autre pour l'instant.

Il faut d'abord insister sur le caractère non sacrificiel de la mort du Christ. Dire que Jésus meurt, non pas dans un sacrifice, mais contre tous les sacrifices, pour qu'il n'y ait plus de sacrifices, c'est la même chose que de reconnaître en lui la Parole de Dieu elle-même : « C'est la miséricorde que je veux et non les sacrifices. » Là où cette parole n'est pas obéie, Jésus ne peut pas demeurer. Ce n'est pas en vain qu'il profère cette parole et là où elle n'est pas suivie d'effet, là où la violence reste maîtresse, Jésus, nécessairement, doit mourir. Plutôt que de devenir le laquais de la violence, ce que devient forcément notre parole à nous, la Parole de Dieu dit non à cette violence.

J.-M. O. : Cela ne veut pas dire, si je vous ai bien compris, que la mort de Jésus soit un suicide plus ou moins déguisé. Vous nous avez montré qu'il n'en était rien. L'élément doloriste et morbide d'un certain christianisme est solidaire de la lecture sacrificielle.

R. G. : Oui. Ne voyant pas que la communauté humaine est dominée par la violence, les hommes ne comprennent pas que celui d'entre eux qui serait pur de toute violence, n'entretenant avec elle aucune complicité, deviendrait nécessairement sa victime. Ils disent tous que le monde est mauvais, violent, mais ils ne voient pas qu'il n'y a pas de compromis possible entre tuer et être tué. C'est ce dilemme, déjà, que la tragédie fait ressortir, mais la plupart des hommes ne croient pas qu'il soit vraiment représentatif de la «condition humaine». Ceux qui pensent ainsi passent pour «exagérer», pour «prendre les choses au tragique». Il y a mille moyens, semble-t-il, de se soustraire à un tel dilemme, même dans les périodes les plus sombres de l'histoire. Sans doute, mais ces hommes ne comprennent pas que la paix relative dont ils jouissent, c'est toujours à la violence qu'ils la doivent.

Comment la non-violence peut-elle devenir fatale ? Elle ne l'est pas en elle-même, bien entendu ; elle est tout entière orientée vers la vie et non vers la mort ! Comment la règle du Royaume peut-elle devenir mortelle ? Cela devient possible et même nécessaire parce que les autres hommes la refusent. Pour détruire toute violence, il suffirait que tous les hommes décident d'adopter cette règle. Si tous les hommes tendaient l'autre joue, aucune joue ne serait frappée. Mais pour cela, il faut que chacun, séparément, et tous, tous ensemble, se donnent sans retour à l'entreprise commune.

Si tous les hommes aimaient leurs ennemis, il n'y aurait plus d'ennemis. Mais si les hommes se dérobent au moment décisif, que va-t-il arriver au seul qui ne se dérobe pas ? Pour lui la parole de vie va se transformer en parole de mort. On peut montrer, je pense, qu'il n'est pas une action ou une parole attribuée à Jésus, y compris les plus dures en apparence, y compris la révélation du meurtre fondateur et les derniers efforts pour écarter les hommes d'une voie désormais fatale, qui ne soient conformes à la règle du Royaume. C'est la fidélité absolue au principe défini dans sa propre prédication qui condamne Jésus. Il n'y a pas d'autre cause à cette mort que l'amour du prochain vécu jusqu'au bout dans l'intelligence infinie de ses exigences. «Il n'est pas de plus grand amour que de mourir pour ses amis» (Jn 15, 13).

Si la violence gouverne vraiment tous les ordres culturels, si les circonstances au moment de la prédication évangélique sont celles que nous décrit le texte, à savoir le paroxysme des paroxysmes au sein d'une seule et vaste crise prophétique de la société judaïque, le refus du Royaume par les auditeurs de Jésus doit logiquement les entraîner à se retourner contre lui et ce refus débouche en fin de compte et sur le choix qu'on fait de lui comme victime émissaire, et sur la violence apocalyptique, du fait même que cette dernière victime, même unanimement tuée, ne produira pas les effets bénéfiques escomptés.

Une fois qu'on a repéré le jeu de la violence et la logique de ses œuvres, la logique des hommes violents si vous préférez, face à sa logique à lui, on s'aperçoit que Jésus ne dit jamais rien qui ne se laisse déduire des événements déjà passés dans la perspective de ces deux logiques. Le «don prophétique», ici et ailleurs, ne fait qu'un avec le repérage de ces deux logiques.

Nous comprenons alors pourquoi les Évangiles, à partir du moment où l'échec du Royaume se confirme, mettent dans la bouche de Jésus des annonces répétées, et de la crucifixion et de l'Apocalypse. La plupart des observateurs ne veulent voir dans ces annonces que des enjolivures magiques au sein d'un désastre si désespérant qu'il faut en camoufler l'inattendu. Les falsificateurs théologiques attribueraient à leur héros des pouvoirs de tireuse de cartes pour maquiller son impuissance!

C'est l'impuissance des exégètes modernes à repérer les deux logiques que je viens de distinguer qui les fait parler ainsi. Bien que la logique de la violence ait provisoirement le dernier mot, la logique de la non-violence est supérieure, car elle comprend la logique de la violence et elle se comprend aussi elle-même, ce que la logique de la violence est incapable de faire. Il se peut que cette logique supérieure de la non-violence soit délirante et démente ; il se peut qu'elle se fasse des illusions, mais visiblement elle existe et c'est elle qu'il faudrait repérer et critiquer. Si les commentateurs en sont incapables, s'ils attribuent aux Évangiles des intentions aussi dérisoires que celles de la publicité moderne, ou de la propagande politique, c'est faute de comprendre ce dont il est question.

Et cette incompréhension ne fait qu'un avec les attitudes déjà stigmatisées par le texte, elle ne fait que reproduire et développer des réactions déjà ébauchées parmi les auditeurs de Jésus, y compris celles des disciples. Il y a ceux qui croient que Jésus va se tuer, et il y a ceux qui croient à sa volonté de puissance. Il n'est pas une des positions de la critique moderne qui ne soit déjà ébauchée par le texte évangélique lui-même et on pourrait croire que celle-ci tiendrait compte de ces ébauches. Il faut bien conclure qu'elle est incapable de les voir. Les exégètes ne voient jamais qu'ils sont eux-mêmes toujours déjà compris et expliqués par le texte qu'ils se font fort de comprendre et de nous expliquer.

G. L. : En somme, Jésus ne fait qu'obéir jusqu'au bout à une exigence d'amour dont il affirme qu'elle vient du Père et qu'elle est adressée à tous les hommes. Il n'y a pas à supposer que le Père formule, à son égard, des exigences qu'il ne formule pas à l'égard de tous les hommes : « Je vous dis : Aimez vos ennemis, priez pour vos persécuteurs ; ainsi serez-vous fils de votre Père qui est aux Cieux. » Tout le monde est appelé à devenir fils de Dieu. La seule différence, mais elle est capitale assurément, c'est que le Fils entend la Parole du Père et qu'il s'y conforme jusqu'au bout ; il se rend parfaitement identique à cette parole alors que les autres hommes, même s'ils l'entendent, sont incapables de s'y conformer.

R. G. : Jésus est donc le seul homme à atteindre le but assigné par Dieu à l'humanité entière, le seul homme sur cette terre qui ne doive rien à la violence et à ses œuvres. L'appellation Fils de l'Homme correspond aussi, de toute évidence, à cet accomplissement par le seul Jésus d'une vocation qui est celle de tous les hommes.

Si cet accomplissement, sur terre, passe nécessairement par la mort de Jésus, ce n'est pas parce que le Père en a décidé ainsi, pour d'étranges raisons sacrificielles, ce n'est ni au Fils ni au Père qu'il faut demander la cause de cet événement, c'est à tous les hommes, c'est à la seule humanité. Le fait même que l'humanité n'ait jamais vraiment compris ce qu'il en est révèle clairement la méconnaissance toujours perpétuée du meurtre fondateur, notre impuissance à entendre la Parole divine.

C'est bien pourquoi les hommes sont obligés d'inventer cette exigence sacrificielle démente qui les décharge partiellement de leur propre responsabilité. À les en croire, le Père de Jésus serait toujours un Dieu de la violence, contrairement à ce que Jésus affirme explicitement, ce serait même le Dieu d'une violence jamais égalée, puisque non seulement il exigerait le sang de la victime la plus proche de lui, la plus précieuse et la plus chère, mais il ne rêverait plus, par la suite, que de se venger sur l'humanité entière d'une immolation qu'il aurait lui-même exigée et préméditée.

Ce sont les hommes, en réalité, qui sont responsables de tout. Ce sont eux qui ont tué Jésus parce qu'ils sont incapables de se réconcilier sans tuer. Mais même la mort du Juste, désormais, ne peut plus les réconcilier, et les voilà exposés de ce fait à une violence infinie qu'ils ont eux-mêmes produite et qui n'a rien à voir, de toute évidence, avec la colère ou la vengeance d'aucune divinité.

Quand Jésus dit «que votre volonté soit faite et non pas la mienne», il s'agit bien de mourir, mais il ne s'agit pas d'obéir à une exigence incompréhensible de sacrifice, il s'agit de mourir parce que continuer à vivre signifierait la soumission à la violence. On me dira que

« cela revient au même ». Cela ne revient pas du tout au même, car dans les lectures habituelles, la mort de Jésus ne vient pas des hommes en dernière analyse mais de Dieu et c'est précisément de cela que les ennemis du christianisme tirent argument pour montrer qu'elle se ramène au schème de toutes les religions primitives. C'est la différence entre les religions qui restent soumises aux Puissances et la destruction de ces mêmes Puissances, par une surtranscendance qui n'agit jamais par la violence, qui n'est responsable d'aucune violence, et qui reste radicalement étrangère à la violence.

Si la passion du Christ est fréquemment présentée comme obéissance à un ordre sacrificiel absurde, c'est au mépris des textes qui révèlent en elle une exigence de l'amour du prochain, montrant que seule cette mort peut réaliser la plénitude de cet amour.

Nous savons, nous, que nous sommes passés de la mort à la vie, parce que nous aimons nos frères. Celui qui n'aime pas demeure dans la mort. Quiconque hait son frère est un homicide ; et vous savez qu'aucun homicide n'a la vie éternelle demeurant en lui. À ceci nous avons connu l'Amour : celui-là a donné sa vie pour nous. Et nous devons, nous aussi, donner notre vie pour nos frères (I Jn 3, 14-15).

Ne pas aimer son frère et le tuer ne sont qu'une seule et même chose. Toute négation d'autrui tend, nous l'avons dit, vers l'expulsion et le meurtre. Tout ici est pensé en fonction de la situation humaine fondamentale qui est l'affrontement des frères ennemis à son instant paroxystique. C'est pourquoi tuer et mourir ne sont qu'une seule et même chose. Tuer c'est mourir, mourir c'est tuer, car c'est demeurer dans le cercle de la mauvaise réciprocité, dans la fatalité des représailles. Ne pas aimer c'est donc mourir, puisque c'est tuer. Caïn — mentionné quelques lignes plus haut dans le texte de l'Épître — disait : « Maintenant que j'ai tué mon frère, tout le monde peut me tuer. » Tout ce qui peut passer pour solution de continuité dans le texte que nous lisons est en réalité solidaire de tout le reste au sein de la logique évangélique. Il ne faut pas hésiter à donner sa propre vie pour ne pas tuer, pour sortir, ce faisant, du cercle du meurtre et de la mort. Il est donc littéralement vrai, au sein de l'affrontement des doubles, que celui qui veut sauver sa vie la perdra ; il lui faudra, en effet, tuer son frère et c'est là mourir dans la méconnaissance fatale de l'autre et de soi-même. Celui qui accepte de perdre sa vie la préserve pour la vie éternelle car il est seul à ne pas tuer, seul à connaître la plénitude de l'amour.

J.-M. O. : Nous voyons les avantages décisifs de la lecture proposée ici : elle permet de lire des textes néo-testamentaires jamais lus encore et elle montre que tous ces textes s'accordent entre eux, alors que toutes les lectures pratiquées jusqu'ici laissent subsister des contradictions éclatantes. Par exemple, le fait d'appeler sacrifice la passion alors que les Évangiles eux-mêmes n'emploient jamais ce terme, alors que les Évangiles ne mentionnent jamais le sacrifice que pour s'opposer à lui.

Contradiction aussi entre le dire de Jésus au sujet de ses rapports avec le Père, qui ne comportent aucune violence et rien de caché, et l'affirmation d'une exigence sacrificielle qui viendrait du Père et à laquelle le Fils obéirait, de toute une économie de la violence non pas humaine mais divine et forcément conjecturale puisqu'il n'en est nulle part question dans l'Évangile.

H. La divinité du Christ

R. G. : Ce qu'il faut, pour échapper à la violence, nous disent les Évangiles, c'est aimer parfaitement son frère, c'est renoncer à la mimésis violente du rapport des doubles. C'est là ce que fait le Père et tout ce que le Père demande, c'est qu'on fasse comme lui.

C'est bien pourquoi le Fils promet aux hommes que s'ils réussissent à se conduire comme le Père le souhaite, à faire sa volonté, ils seront tous des Fils de Dieu. Ce n'est pas Dieu qui érige des obstacles entre lui-même et les hommes, ce sont les hommes.

G. L. : N'est-ce pas là supprimer effectivement toute barrière entre Dieu et les hommes, n'est-ce pas diviniser une fois de plus l'humanité, avec les Feuerbach et tout l'humanisme du XIXᵉ siècle ?

R. G. : Pour penser ainsi, il faut croire que l'amour, au sens chrétien, l'*agape* de Nygren[64], est comme le sens commun chez Descartes, la chose la mieux partagée du monde. En réalité, cet amour-là, il n'y a que le Christ, parmi les hommes, qui l'ait vécu jusqu'au bout. Il n'y a donc que le Christ, sur la terre, qui ait jamais rejoint Dieu par la perfection de son amour. C'est parce qu'ils ne voient pas le meurtre fondateur et l'emprisonnement universel dans la violence, la complicité universelle avec la violence, que les théologiens ont peur de compromettre la transcendance divine en prenant à la lettre les paroles de l'Évangile. Qu'ils se rassurent. Aucune de ces paroles ne risque de rendre la divinité trop accessible aux hommes.

Tu aimeras le Seigneur ton Dieu de tout ton cœur, de toute ton âme et de tout ton esprit ; voilà le plus grand et le premier commandement. *Le second lui est semblable :* Tu aimeras ton prochain comme toi-même (Mt 23, 37-39 ; Mc 12, 28-31 ; Lc 10, 25-28).

Les deux commandements ne sont en rien différents car l'amour ne marque aucune différence entre les êtres. C'est Jésus lui-même qui le dit. Et nous pouvons le redire après lui sans crainte de trop « humaniser » le texte chrétien. Si le Fils de l'Homme et le Fils de Dieu ne font qu'un, c'est parce que Jésus est seul à réaliser une perfection de l'humain qui ne fait qu'un avec la divinité.

Le texte évangélique, dans sa version johannique surtout, mais aussi dans les versions synoptiques, affirme indubitablement la divinité aussi bien que l'humanité de Jésus. La théologie de l'Incarnation n'est pas une extrapolation fantaisiste ; elle est rigoureusement conforme à la logique du texte. Mais c'est dans la lecture non sacrificielle plutôt que dans la sacrificielle qu'elle devient intelligible. Pour la première fois, en vérité, la notion d'une plénitude de l'humain qui serait plénitude du divin s'éclaire dans un contexte proprement religieux. Si Jésus seul peut révéler pleinement le meurtre fondateur et l'étendue de son emprise sur l'humanité, c'est parce qu'à aucun moment cette emprise ne s'exerce sur lui. Jésus nous enseigne la vocation véritable de l'humanité, qui est d'échapper à cette même emprise. L'impuissance à comprendre la tâche qui nous est assignée, chez ceux-là mêmes qui se réclament de l'Évangile et qui croient entendre ce qu'il nous dit, cette impuissance deux fois millénaire et l'illusion toujours sacrificielle qui la concrétise, chez les croyants comme chez les incroyants, confirment de la façon la plus éclatante tout ce que nous sommes en train de constater.

La lecture non sacrificielle permet de comprendre que le Fils est seul uni au Père dans la plénitude de l'humanité et de la divinité, sans entraîner vers une conception fermée de cette union, sans rendre inintelligible la possibilité d'une divinisation de l'homme par l'intermédiaire du Fils. Cette divinisation ne saurait s'accomplir autrement que par son intermédiaire puisqu'il constitue le seul Médiateur, le pont unique entre le Royaume de la Violence et le Royaume de Dieu. Par sa fidélité absolue à la Parole du Père, sur la terre où cette Parole n'est pas reçue, il a réussi à la faire pénétrer, il a réussi à inscrire dans le texte évangélique l'accueil que les hommes dominés par la violence doivent nécessairement lui réserver, et cet accueil consiste à le chasser.

La lecture non sacrificielle n'est pas une lecture humaniste, qui amputerait les aspects proprement religieux du texte évangélique. Tout en révélant la puissance démystificatrice des Évangiles, elle retrouve sans effort tous ces aspects et elle en montre la nécessité, ainsi que celle des grandes affirmations canoniques sur la divinité de Jésus et son union avec le Père.

Loin de supprimer la transcendance divine, la lecture non sacrificielle révèle celle-ci comme tellement éloignée de nous, dans sa proximité, que nous ne l'avons même pas soupçonnée ; elle a toujours été dissimulée et recouverte par la transcendance de la violence, par toutes les Puissances et Principautés que nous avons stupidement confondues avec elle, au moins en partie. Pour défaire cette confusion, pour repérer la transcendance de l'amour, invisible derrière la transcendance violente qui nous la cache, il faut accéder au meurtre fondateur et aux mécanismes de méconnaissance qui en découlent.

G. L. : Parce que nous restons les jouets de ces mécanismes, nous ne voyons même pas qu'ils sont déjà repérés et déconstruits par les Évangiles et que la divinité dont parlent ceux-ci n'a absolument aucun rapport avec la violence.

R. G. : Cette distinction des deux transcendances paraît absurde, inexistante à l'esprit de violence qui nous anime et qui repère désormais les homologies structurales entre le processus évangélique et l'opération fondatrice de toutes les autres religions, l'opération que nous avons nous-mêmes démontée. Ces analogies sont réelles, de même que sont réelles les analogies entre la mauvaise réciprocité de la violence et la bonne réciprocité de l'amour. Puisqu'elles excluent l'une et l'autre les différences culturelles, les deux structures sont extrêmement semblables ; c'est bien pourquoi on peut passer de l'une à l'autre par une conversion quasi instantanée, mais entre elles il y a aussi une opposition radicale, abyssale, *qu'aucune analyse structurale ne peut déceler* : c'est dans un miroir que nous voyons, *in aenigmate*.

J.-M. O. : L'incompréhension dont la révélation de la violence a toujours fait l'objet permet de mieux saisir encore pourquoi le texte chrétien présente celui qui, en dépit de tous les obstacles, la mène à bien, comme envoyé directement par le Dieu de non-violence et émanant directement de lui.

À l'intérieur de la communauté humaine tributaire de l'unanimité violente et prisonnière des significations mythiques, il n'y a pas de lieu où cette vérité pourrait l'emporter ou même pénétrer.

Le moment où les hommes sont le plus perméables à la vérité, c'est le moment où les fausses différences se dissolvent, mais c'est aussi le moment où ils sont le plus obscurcis, puisque c'est le moment où la violence s'intensifie. Chaque fois que la violence commence à apparaître comme fondement, c'est avec les effets qu'on peut attendre de toute épiphanie violente, dans la crise aiguë et les conflits des doubles qui privent les hommes de toute lucidité. Toujours, semble-t-il, la violence pourra dissimuler sa vérité, soit en faisant fonctionner le mécanisme transférentiel et en rétablissant le sacré, soit en poussant la destruction jusqu'à son terme.

R. G. : Ou bien on s'oppose violemment à la violence et automatiquement on fait son jeu, ou bien on ne s'oppose pas à elle et elle vous ferme aussitôt la bouche. Le régime de la violence est tel, en d'autres termes, que sa révélation est impossible. Puisque la vérité de la violence ne peut pas séjourner dans la communauté, puisqu'elle doit nécessairement s'en faire chasser, elle pourrait se faire entendre, à la rigueur, en tant, justement, qu'elle est en train de se faire chasser, dans la mesure seulement où elle devient victime et dans le bref instant qui précède son écrasement. Il faut que cette victime réussisse à nous atteindre au moment où la violence lui ferme la bouche. Il faut qu'elle en dise assez pour pousser la violence à se déchaîner contre elle mais pas dans l'obscurité hallucinée de toutes les fondations religieuses, qui, pour cette raison, restent cachées. Il faut qu'il y ait des témoins assez lucides pour rapporter l'événement tel que, réellement, il s'est produit, sans le transfigurer ou en le transfigurant le moins possible.

Pour que tout ceci devienne réalité, il faut que les témoins aient déjà subi l'influence de cet être extraordinaire et qu'après avoir succombé eux-mêmes à l'emprise de la violence collective ils se ressaisissent et inscrivent sous une forme non transfigurée l'événement transfigurateur par excellence.

Pour mener ce jeu inouï, il faudrait un homme qui ne doive rien à la violence, qui ne pense pas selon ses normes, et qui soit capable de lui dire son fait tout en restant complètement étranger à elle.

Le surgissement d'un tel être, dans un monde entièrement régi par la violence et par les mythes de la violence, est impossible. Pour comprendre qu'on ne peut voir et faire voir la vérité que si on prend la place de la victime, il faudrait déjà occuper soi-même cette place, et pour assumer cette place dans les conditions requises, il faudrait déjà posséder la vérité. On ne peut appréhender la vérité que si on se conduit contrairement aux lois de la violence et on ne peut se conduire contrairement à ces lois que si on appréhende, déjà, cette vérité. L'humanité entière est enfermée dans ce cercle. C'est pourquoi les Évangiles, le Nouveau Testament dans son ensemble et la théologie des premiers conciles affirment que le Christ est Dieu non pas parce qu'il est crucifié mais parce qu'il est Dieu né de Dieu de toute éternité.

J.-M. O. : En somme, loin de constituer un décrochage soudain, une rupture avec la logique des textes que nous sommes en train de mettre au jour, l'affirmation de la divinité du Christ, au sens de la non-violence et de l'amour, constitue le seul aboutissement possible de cette logique.

R. G. : Le fait qu'un savoir authentique de la violence et de ses œuvres soit enfermé dans les Évangiles ne peut pas être d'origine simplement humaine. Notre impuissance même à faire vraiment nôtre un savoir qui est à notre disposition déjà depuis deux millénaires va bientôt confirmer une intuition théologique extrêmement sûre même si elle est incapable de formuler explicitement ses raisons. Ces raisons ne peuvent devenir intelligibles qu'au-delà du christianisme sacrificiel, à la lumière de la lecture non sacrificielle rendue enfin possible par l'écroulement de celui-ci.

G. L. : En proclamant la divinité de Jésus, en somme, la théologie ne cède pas à la facilité ; cette croyance n'est pas une simple hyperbole louangeuse, le fruit d'une surenchère rhétorique. C'est la seule réponse adéquate à une exigence absolue.

R. G. : Reconnaître le Christ comme Dieu, c'est reconnaître en lui le seul être capable de transcender cette violence qui jusqu'alors avait transcendé l'homme absolument. Si la violence est le sujet de toute structure mythique et culturelle, le Christ, lui, est le seul sujet qui échappe à cette structure pour nous libérer de son emprise. Seule cette hypothèse permet de comprendre pourquoi la vérité de la victime émissaire est présente dans les Évangiles, et pourquoi cette vérité permet de déconstruire tous les textes culturels sans exception aucune. Ce n'est pas parce que cette hypothèse a toujours été celle de l'orthodoxie chrétienne qu'il faut l'adopter. Si cette hypothèse est orthodoxe, c'est parce qu'il existait aux premiers temps du christianisme une intuition rigoureuse mais implicite de la logique évangélique.

Une divinité non violente, si elle existe, ne peut signaler son existence aux hommes qu'en se faisant chasser par la violence, en démontrant aux hommes qu'elle ne peut pas demeurer dans le Royaume de la Violence.

Mais cette démonstration doit rester longtemps ambiguë et non décisive car elle fait figure d'impuissance aux yeux de ceux qui vivent selon les normes de la violence. C'est bien pourquoi elle ne s'impose d'abord que sous une forme en partie falsifiée et édulcorée, celle de la lecture sacrificielle, qui réintroduit un peu de violence sacrée dans la divinité.

I. La conception virginale

R. G. : Si on se tourne vers les thèmes évangéliques les plus mythiques en apparence, comme celui de la conception virginale de Jésus, dans Matthieu et dans Luc, on s'aperçoit que, derrière les apparences fabuleuses, c'est toujours un message opposé à celui de la mythologie qu'ils nous apportent, celui de la divinité non violente, étrangère aux épiphanies contraignantes du sacré.

Tout ce qui naît du monde et de la «chair», pour employer le langage du prologue de Jean, est marqué par la violence et finit par retourner à la violence. Tout homme, en ce sens, est le frère de Caïn, le premier à porter la marque de cette violence.

Dans de nombreuses naissances mythiques, le dieu s'accouple avec une mortelle pour donner naissance à un héros. Ces récits sont toujours marqués au coin de la violence. Zeus fond sur Sémélé, mère de Dionysos, comme une bête de proie sur une victime et, effectivement, il la foudroie. La conception divine ressemble toujours à un viol. Toujours on retrouve les traits structuraux énumérés par nous, et en particulier le monstrueux. Toujours on retrouve les effets de doubles, l'oscillation de la différence, l'alternance psychotique du tout et du rien. Ces accouplements monstrueux de dieux, d'hommes et de bêtes, correspondent au paroxysme de la violence réciproque et à sa résolution. L'orgasme qui apaise le dieu constitue une métaphore de la violence collective.

G. L. : Et non l'inverse, comme le voudrait la psychanalyse !

R. G. : Les naissances monstrueuses constituent une façon particulière pour la mythologie de faire allusion à cette violence qui toujours la hante et qui suscite les significations les plus diverses. L'enfant de naissance à la fois humaine et divine est une métaphore particulièrement pertinente de la résolution fulgurante de la violence réciproque en cette violence unanime et réconciliatrice qui engendre un nouvel ordre culturel.

La conception virginale de Jésus utilise sans doute le même «code» que les naissances mythologiques pour nous transmettre son message, mais le parallélisme des codes, justement, devrait nous permettre d'entendre le message et de constater ce qui en lui est unique, radicalement autre que le message mythologique.

Entre ceux qui sont impliqués dans la conception virginale, l'Ange, la Vierge et le Tout-Puissant, ce ne sont pas des rapports de violence qui s'instaurent. Personne, ici, n'est l'Autre au sens des frères ennemis, l'obstacle fascinant qu'on est toujours tenté d'écarter ou de briser par la violence. L'absence de tout élément sexuel n'a rien à voir avec le puritanisme ou le refoulement, imaginés par le XIXe siècle finissant et bien dignes, en vérité, de la basse époque qui les a enfantés. L'absence de toute sexualité, c'est l'absence de cette mimésis violente que nous disent, dans les mythes, le désir et le viol par la divinité. C'est toujours l'absence de cette idole qu'est le modèle-obstacle.

C'est la soumission parfaite à la volonté non violente du dieu évangélique, préfiguration de celle du Christ lui-même, que nous signifient tous les thèmes et toutes les paroles de la conception virginale :

« Salut, pleine de grâce, le Seigneur est avec toi » (Lc 1, 28). L'inouï ne suscite aucun scandale, Marie ne dresse aucun obstacle entre elle et la Parole divine :

« Je suis la servante du Seigneur. Qu'il soit fait selon votre Parole » (Lc 1, 38).

Dans les scènes de la naissance, on retrouve ce murmure infime qui annonce le peu de poids de la révélation dans le monde des hommes, le mépris dont elle est entourée, les falsifications dont elle fait l'objet. Dès l'origine, l'enfant Jésus est l'exclu, l'éliminé, le nomade, celui qui n'a pas même une pierre pour reposer sa tête. L'auberge ne veut pas de lui ; Hérode le cherche partout pour le mettre à mort.

Dans toutes ces scènes, les Évangiles et la tradition chrétienne, s'inspirant de l'Ancien Testament, font passer au premier plan tous les êtres prédisposés au rôle de victime, l'enfant, la femme, les pauvres, les animaux domestiques.

Les scènes de la conception virginale et de la naissance du Christ peuvent utiliser un code mythologique sans se ramener à la mystification grossière ou à la « naïveté mystique » qu'on voit toujours en elles. Ces condamnations sommaires sont d'autant plus remarquables, à notre époque, qu'elles ont cessé d'avoir cours pour les mythologies violentes. Il faut se féliciter, certes, de cette transformation, mais il ne faut pas manquer de constater qu'elle laisse le seul message de la non-violence hors de son champ, celui du christianisme, universellement méprisé et rejeté.

G. L. : La seule religion qu'il soit permis de dédaigner et de ridiculiser est la seule qui exprime autre chose que la violence et la méconnaissance de cette violence. On ne peut pas s'empêcher de s'interroger sur la signification possible d'un tel aveuglement dans l'univers des armes nucléaires et de la pollution industrielle. L'intelligence actuelle est-elle aussi étrangère qu'elle le pense à l'univers dans lequel elle se trouve ?

R. G. : Rien n'est plus révélateur que l'impuissance des plus grands esprits dans le monde moderne à saisir la différence entre la crèche de la Noël chrétienne et les bestialités monstrueuses des naissances mythologiques. Voici par exemple ce qu'écrit Nietzsche dans *l'Antéchrist*, après avoir évoqué, en bon héritier de Hegel, ce qu'il appelle «le symbolisme intemporel» du Père et du Fils qui figurerait selon lui dans le texte chrétien :

J'ai honte de rappeler ce que l'Église a fait de ce symbolisme : n'a-t-elle point placé une histoire d'Amphitryon au seuil de la «foi» chrétienne[65] ?

On se demande pourquoi Nietzsche éprouverait de la *honte* à retrouver dans les Évangiles ce qu'il célèbre avec enthousiasme lorsqu'il le trouve en dehors d'eux. Rien de plus superbement dionysiaque, après tout, que le mythe d'Amphitryon. La naissance d'Hercule me paraît très bien accordée à la volonté de puissance et on y retrouve tout ce que Nietzsche porte aux nues dans *la Naissance de la tragédie* et autres écrits.

Il faudrait faire l'exégèse de cette *honte* prétendue, ou

peut-être réelle. Elle en dit long sur les deux poids et les deux mesures que la pensée moderne tout entière, à l'école de Nietzsche et de ses émules, applique à l'étude de la «mythologie» chrétienne.

Nombreux sont les théologiens modernes qui succombent en tremblant au terrorisme de la modernité et qui condamnent sans appel ce dont ils ne ressentent même plus la «poésie», cette trace ultime dans notre univers d'une intuition spirituelle défaillante. C'est ainsi que Paul Tillich rejeta de façon péremptoire le thème de la conception virginale à cause de ce qu'il nommait «l'insuffisance de son symbolisme interne[66]». Heureux homme qui avait fait le tour de ce symbolisme et n'en était pas le moins du monde impressionné !

Le thème de la conception virginale chez Luc n'est pas très différent, au fond, de la thèse de Paul qui définit le Christ comme le second Adam, ou Adam parfait. Dire que le Christ est Dieu, né de Dieu, et dire qu'il a été conçu sans péché, c'est toujours redire qu'il est parfaitement étranger à cet univers de la violence au sein duquel les hommes sont emprisonnés depuis que le monde est monde, c'est-à-dire depuis Adam. Le premier Adam est, lui aussi, sans péché, puisque c'est lui qui, en péchant le premier, fait entrer l'humanité dans ce cercle dont elle n'est plus sortie. Le Christ est donc dans la même situation qu'Adam, exposé aux mêmes tentations que lui, aux mêmes tentations que tous les hommes, en vérité, mais il gagne, cette fois, contre la violence, et pour l'humanité entière, la bataille paradoxale que tous les hommes, à la suite d'Adam, n'ont jamais cessé de perdre.

Si le Christ est seul innocent, par conséquent, Adam n'est pas seul coupable. Tous les hommes partagent cette culpabilité archétypale, mais dans la mesure des possibilités de libération qui passent à leur portée et qu'ils laissent échapper. On peut donc dire que le péché est bien *originel* mais il ne devient *actuel* qu'à partir du moment où le savoir de la violence est à la disposition des hommes.

CHAPITRE III

LECTURE SACRIFICIELLE
ET CHRISTIANISME HISTORIQUE

A. Implications de la lecture sacrificielle

R. G. : Ce sont tous les grands dogmes canoniques, j'en suis persuadé, que la lecture non sacrificielle retrouve, et qu'elle rend intelligibles en les articulant de façon plus cohérente qu'on n'a pu le faire jusqu'ici.

Je crois que la définition sacrificielle de la passion et de la rédemption ne mérite pas de figurer parmi les principes qu'on peut légitimement tirer du texte néo-testamentaire, à l'exception, bien sûr, de l'Épître aux Hébreux qui constitue quelque chose de très spécial.

Sans jamais «justifier» cette définition, nous allons voir qu'elle va se révéler prévisible et en un sens nécessaire dans une économie de la révélation qui transforme systématiquement en preuves supplémentaires et toujours plus éclatantes la surdité et l'aveuglement de ceux qui ont des oreilles pour ne pas entendre et des yeux pour ne pas voir.

G. L. : Il doit s'agir toujours, si je vous suis bien, de faire jouer aux chrétiens sacrificiels, dans cette économie, un rôle analogue à celui des Pharisiens face à la première prédication du Royaume de Dieu.

R. G. : En effet. Il s'agit de montrer que les fils chrétiens ont répété, en les aggravant, toutes les erreurs de leurs pères judaïques. La condamnation que les chrétiens ont fait peser sur les Juifs tombe donc sous le coup de la phrase de Paul dans l'Épître aux Romains : «Ne juge pas, ô homme, car toi qui juges, tu fais la même chose» (Rm 2, 1).

Par un paradoxe inouï mais bien dans le droit-fil sacrificiel de notre humanité, la logique du Logos violent, la lecture sacrificielle, refait du mécanisme révélé — et donc nécessairement anéanti, si cette révélation est vraiment assumée — une espèce de fondement sacrificiel et culturel. C'est sur ce fondement qu'ont reposé jusqu'ici la « Chrétienté », et le monde moderne.

J.-M. O. : Cela est indéniable. On reconnaît sans peine dans le christianisme historique certains traits structurels communs à toutes les formes culturelles de l'humanité, et en particulier, la présence de ces « boucs émissaires » que sont les Juifs. Nous avons montré le mécanisme textuel de cette expulsion mais ce n'est pas un mécanisme seulement textuel et il a eu des conséquences historiques terrifiantes.

R. G. : On peut montrer, je pense, que le caractère persécuteur du christianisme historique est lié à la définition sacrificielle de la passion et de la rédemption.

Tous les aspects de la lecture sacrificielle sont solidaires les uns des autres. Le fait de ré-injecter de la violence dans la divinité ne peut pas rester sans conséquence sur l'ensemble du système, car il décharge partiellement l'humanité d'une responsabilité qui devrait être égale et identique pour tous.

C'est cette diminution de responsabilité pour tous les hommes qui permet de particulariser l'événement chrétien, de diminuer son universalité et de chercher pour lui des coupables qui les en déchargeraient et ce sont bien entendu les Juifs. Parallèlement, cette violence se répercute, on l'a vu, sur la destruction apocalyptique que les lectures traditionnelles continuent à projeter sur la divinité.

Ce qui referme la chrétienté sur elle-même, dans une fermeture hostile à ce qui n'est pas elle, est inséparable de la lecture sacrificielle qui ne peut pas être *innocente*. On montre sans peine les rapports entre la resacralisation et l'histoire de cette chrétienté, structurellement homologue, d'ailleurs, à celle de tous les univers culturels et marquée, comme ceux-ci, par une usure progressive des ressources sacrificielles, correspondant à une désintégration toujours plus avancée des structures de ce monde.

C'est faute de comprendre le rapport du Christ à sa propre mort que les chrétiens, à la suite de l'Épître aux Hébreux, ont adopté le terme de sacrifice : seules les analogies de la passion avec les sacrifices de l'ancienne loi les ont frappés. Ils n'ont vu que ces analogies structurales, ils n'ont pas vu l'incompatibilité. Ils n'ont pas vu que les sacrifices de la religion juive et les sacrifices de toutes les religions ne font que *refléter* ce que les paroles du Christ, et ensuite sa mort, *révèlent* : la mort fondatrice de la victime émissaire.

C'est dans cette erreur initiale que s'enracine aussi l'illusion des ethnologues, persuadés qu'il suffira de bien préciser ces mêmes analogies pour réfuter les prétentions du texte chrétien à l'universalité. L'antichristianisme moderne n'est que le renversement du christianisme sacrificiel et, par conséquent, sa perpétuation. Jamais cet antichristianisme ne retourne vraiment au texte et ne le met radicalement en question. Il reste pieusement fidèle à la lecture sacrificielle et il ne peut pas faire autrement puisque c'est sur elle qu'il base sa critique. C'est le sacrifice qu'il veut voir dans le christianisme, et c'est le sacrifice qu'il dénonce comme abominable. Vis-à-vis du sacrifice, je partage cette attitude mais je pense que la critique antichrétienne reste impuissante ; jamais elle ne parvient à comprendre ce qu'il en est du sacrifice ; jamais elle ne s'interroge sérieusement sur lui. Si elle le faisait, elle serait obligée de découvrir que, loin d'être la seule à éprouver de la répugnance à l'égard du sacrificiel, tous les sentiments qu'elle affiche, et dont elle est si fière, ne sont que des sentiments chrétiens faussés, déformés, et partiellement neutralisés par l'enracinement trop profond en nous de ce dont nous nous croyons déjà débarrassés, le sacrifice. Si le monde moderne se livrait à une critique radicale du sacrifice, il découvrirait, comme nous le faisons, que le christianisme l'a déjà précédé dans cette voie, et qu'il est seul capable d'aller jusqu'au bout.

Les mots sacrifice, sacri-fier, ont le sens précis de rendre sacré, de produire le sacré. Ce qui sacri-fie la victime, c'est le coup frappé par le sacrificateur, c'est la violence qui tue cette victime, qui l'anéantit et qui, en même temps, la place au-dessus de tout, la rend en quelque sorte immortelle. Le sacrifice se produit quand la victime est prise en charge par la violence sacrée ; c'est la mort qui produit la vie, de même que la vie produit la mort, dans le cercle ininterrompu de l'éternel retour commun à toutes les grandes réflexions théologiques directement greffées sur la pratique sacrificielle, celles qui ne doivent rien à la démystification judéo-chrétienne. Ce n'est pas par hasard, bien entendu, que la philosophie occidentale commence, elle aussi, et jusqu'à un certain point finit, dans l'« intuition » de l'Éternel Retour, commune aux présocratiques et à Nietzsche ; c'est là l'intuition sacrificielle par excellence.

La lecture sacrificielle n'est, au fond, qu'une régression légère mais décisive vers des conceptions vétéro-testamentaires. Pour le constater, il suffit de se rapporter aux textes du Second Isaïe que nous avons cités dans une de nos discussions précédentes, à ces Chants du Serviteur de Yahvé dans lesquels le texte évangélique d'abord et à sa suite le christianisme tout entier voient la *figura Christi* la plus frappante de tout l'Ancien Testament, à juste titre puisqu'il s'agit de la victime émissaire déjà partiellement révélée. Le fait que la communauté soit tout entière liguée contre le Serviteur pour le persécuter et le tuer n'empêche pas cette victime d'être innocente et la communauté coupable. Tout est déjà chrétien dans ce texte, à ceci près qu'il y a encore une certaine responsabilité de Yahvé dans la mort du Serviteur. Il n'est pas question ici d'attribuer cette responsabilité divine à une interprétation tardive qui fausserait le texte. Elle figure explicitement dans le texte lui-même qui comporte des phrases comme celle-ci : « pour nos péchés, il a été frappé à mort » (Is 53, 8), ou encore : « Dieu s'est plu à l'écraser par la souffrance… » (Is 53, 10).

On trouve ici une forme religieuse intermédiaire, il me semble, entre les normes purement sacrificielles des religions dites «primitives», dans le style des mythes que nous avons commentés, à la suite de Lévi-Strauss, et le radicalisme non sacrificiel du texte évangélique. La vérité de la victime émissaire est presque là, mais elle est neutralisée par les formules qui mêlent Dieu à l'affaire. On a donc une combinaison instable dont certains éléments annoncent déjà le Dieu évangélique et tout ce que nous avons appelé la surtranscendance de l'amour tandis que d'autres appartiennent toujours au religieux universel. La pensée religieuse est sur la route qui mène au texte évangélique mais elle ne parvient pas à se dégager complètement des concepts structurés par la transcendance violente.

La théologie sacrificielle du christianisme ne correspond pas au texte des Évangiles mais elle correspond parfaitement aux Chants du Serviteur de Yahvé. Bien que la pensée médiévale ait toujours affirmé qu'il existe une différence essentielle entre les Deux Testaments, elle n'a jamais réussi à définir cette différence, et pour cause. Nous avons déjà constaté la tendance des exégètes, médiévaux et modernes, à lire le Nouveau Testament à la lumière de l'Ancien; le chapitre 8, 43-44 de Jean, par exemple, est lu à la «lumière» du mythe de Caïn... Ceux qui prétendent lire l'Ancien Testament à la lumière du Nouveau font l'inverse sans s'en douter, car ils ne peuvent jamais retrouver «la clef de la science» déjà perdue par les Pharisiens.

B. L'Épître aux Hébreux

J.-M. O. : Il existe tout de même un texte néo-testamentaire qui propose une interprétation sacrificielle de la passion, c'est l'Épître aux Hébreux, texte dont la canonicité, me semble-t-il, fut longtemps disputée.

R. G. : L'auteur de l'Épître aux Hébreux interprète la mort du Christ à partir des sacrifices de l'Ancienne Loi.

La Nouvelle Alliance, comme l'ancienne, est inaugurée dans le sang, mais comme elle est parfaite, ce n'est plus le sang des animaux, «impuissants à enlever les péchés» qui est répandu, mais celui du Christ. Le Christ, au contraire, étant parfait, son sang est capable d'accomplir une fois pour toutes ce que les sacrifices de l'Ancienne Loi sont incapables d'accomplir :

> ... selon la Loi, presque tout est purifié par le sang, et sans effusion de sang il n'y a point de rémission. Il est donc nécessaire, d'une part que les copies des réalités célestes soient purifiées de cette manière, d'autre part que les réalités célestes elles-mêmes le soient aussi, mais par des sacrifices plus excellents que ceux d'ici-bas. Ce n'est pas en effet dans un sanctuaire fait de main d'homme, dans une image de l'authentique, que le Christ est entré mais dans le ciel lui-même afin de paraître maintenant devant la face de Dieu en notre faveur. Ce n'est pas non plus pour s'offrir lui-même à plusieurs reprises, comme fait le grand prêtre qui entre chaque année dans le sanctuaire avec un sang qui n'est pas le sien, car alors il aurait dû souffrir plusieurs fois depuis la fondation du monde. Or c'est maintenant, une fois pour toutes, à la fin des temps, qu'il s'est manifesté pour abolir le péché par son sacrifice...
> Tandis que tout prêtre se tient debout chaque jour, officiant et offrant maintes fois les mêmes sacrifices, qui sont absolument impuissants à enlever nos péchés, lui au contraire, ayant offert pour les péchés un unique sacrifice, il s'est assis pour toujours à la droite de Dieu, attendant désormais que ses ennemis soient placés comme un escabeau sous ses pieds. Car par une oblation unique il a rendu parfaits pour toujours ceux qu'il sanctifie (He 9, 22-26 ; 10, 11-14).

Selon l'épître, il y a bien une différence entre la passion du Christ et les sacrifices antérieurs, mais elle se situe à l'intérieur du sacrificiel dont l'essence véritable n'est jamais repérée. Cette première théologie sacrificielle, comme toutes celles qui suivront, repose sur des analogies évidentes entre la forme de la passion et celle de tous les sacrifices, mais elle laisse échapper l'essentiel.

Entre le christianisme et les sacrifices de l'Ancienne Loi, la différence paraît énorme au croyant et il a raison, mais il ne peut pas justifier cette différence tant qu'il définit *tout* en termes de sacrifice. On dit bien que le sacrifice du Christ, à la différence des autres, est unique, parfait, définitif. En réalité, on ne voit guère que l'identité et la continuité avec les sacrifices antérieurs, faute de parvenir jusqu'au mécanisme victimaire dont la révélation change tout. Tant que la différence chrétienne est définie en termes sacrificiels, comme toutes les différences religieuses antérieures, elle ne peut, à la longue, que s'affaiblir et s'effacer.

Et c'est bien là, effectivement, ce qui s'est passé. La différence arbitrairement postulée au sein du sacrificiel lui-même a peu à peu cédé la place à la continuité et à l'identité avec les sacrifices, non seulement de l'Ancienne Loi, mais de la planète entière. Le souci moderne de «démystifier» les chrétiens et de leur prouver qu'il n'y a rien d'original dans leur religion relève de ce processus d'usure sacrificielle et il reste fondé, de ce fait même, dans la lecture proposée par l'épître. Il achève le mouvement de l'épître qui ne voit guère que des analogies structurales, inintelligibles, entre tous les sacrifices, y compris celui qui est attribué au Christ.

La critique de l'ethnologie comparée est efficace, mais contre la seule Épître aux Hébreux et les innombrables lectures qui en découlent. Toute l'entreprise démystificatrice, comme le christianisme sacrificiel lui-même, repose sur la confusion entre l'épître et le texte évangélique. Les antichrétiens ne sont pas plus disposés à renoncer à cette lecture que les chrétiens dits traditionalistes. Les uns et les autres voient dans la définition sacrificielle l'essence ultime du texte chrétien. Toutes ces querelles de *doubles* exigent un accord préalable sur les données vraiment fondamentales.

Pour justifier sa lecture sacrificielle, l'épître recourt au psaume 40 qu'elle met dans la bouche du Christ lui-même. Voici le psaume dans la version qu'en donne l'épître :

Tu n'as voulu ni sacrifice ni oblation ; mais tu m'as façonné
[un corps.
Tu n'as agréé ni holocauste ni sacrifices pour les péchés.

Alors j'ai dit : Voici, je viens,
car c'est de moi qu'il est question dans le rouleau du livre,
pour faire, ô Dieu, ta volonté (He 10, 5-7).

L'épître interprète ce texte comme s'il s'agissait entre Dieu et le Christ d'un dialogue sacrificiel dont les hommes seraient exclus. La lecture judaïque a raison de soutenir que le psaume s'adresse à tous les fidèles. Si Dieu n'agrée plus les sacrifices, si le culte a perdu son efficacité, la volonté d'obéir à Yahvé place tous les fidèles devant des obligations nouvelles. Il n'y a plus de limites à ce qu'exige la Loi.

Il est juste de reconnaître ici un appel qui s'adresse à tous et non pas à un seul. Mais qu'est-ce qui va se produire s'il n'y a qu'un seul Juste pour entendre cet appel ? Pour cet unique Juste, la mise à l'écart définitive des sacrifices et l'interprétation radicale de la Loi risquent de devenir fatales. La suite du psaume montre bien que, s'il existe un rapport très particulier entre Yahvé et le Juste, et si ce rapport risque de déboucher sur la mort de ce dernier, ce n'est pas parce qu'il y a entre Yahvé et ce Juste un pacte sacrificiel auquel les autres hommes sont étrangers, ce n'est pas en raison d'une entente dont les autres hommes, *a priori*, seraient exclus, c'est parce qu'ils s'excluent eux-mêmes en refusant d'entendre l'appel divin. La suite du psaume rend les conséquences de cette surdité manifestes. Parce qu'ils refusent d'obéir à Yahvé, les hommes conspirent contre le Juste ; ils le traitent en victime collective :

> Daigne, Yahvé, me secourir !
> Yahvé, vite à mon aide !
> Honte et déshonneur sur tous ceux-là
> qui cherchent mon âme pour la perdre
> Arrière ! honnis soient-ils,
> ceux que flatte mon malheur !
> qu'ils soient stupéfaits de honte,
> ceux qui me disent : Haha ! (Ps 40, 14-16.)

Le psaume est réellement proche de l'évangile parce qu'il est proche du Royaume et de sa règle, et surtout parce qu'à l'instar de tous les grands textes de l'Ancien et du Nouveau Testament il comprend qu'au paroxysme de la crise, celui qui prête l'oreille au commandement d'amour, celui qui interprète rigoureusement la Loi, se trouve confronté par un choix crucial entre tuer ou être tué.

Le psaume est bien christologique mais l'Épître aux Hébreux élimine des acteurs très importants dans une scène qui n'est pleinement développée que dans les Évangiles et qui est seulement esquissée dans le psaume, la mise à mort collective du Juste[67].

L'auteur de l'Épître aux Hébreux serait le premier à reconnaître, assurément, que le Christ a été injustement tué, mais dans sa lecture sacrificielle la responsabilité des hommes dans la mort du Christ ne joue aucun rôle. Les meurtriers ne sont que les instruments de la volonté divine ; on ne voit pas en quoi consiste leur responsabilité. C'est là l'objection la plus courante à la théologie sacrificielle, et elle est légitime.

Ce sont les meurtriers qui perpétuent les sacrifices et les holocaustes dont Yahvé ne veut plus entendre parler. C'est dans leur perspective à eux que la passion constitue encore un sacrifice, pas dans celle de la victime qui comprend, au contraire, que Dieu tient tout sacrifice pour abominable et elle meurt parce qu'elle refuse d'avoir avec eux la moindre complicité. *Tu ne voulais ni sacrifice ni oblation... Tu n'exigeais ni holocauste ni victime.*

L'Épître aux Hébreux refait, en somme, ce que refont toutes les formulations sacrificielles antérieures, elle décharge les hommes de leur violence, mais à un moindre degré que la plupart d'entre elles. Tout en réaffirmant la responsabilité divine dans la mort de la victime, elle fait place aussi à une responsabilité humaine dont le rôle est mal déterminé. C'est dire que cette théologie sacrificielle se situe bien au même niveau que la théologie implicite du Second Isaïe.

Comme toutes les oppositions qui foisonnent autour du texte judéo-chrétien, le judaïsme et le christianisme historique sont d'accord, au fond, sur l'essentiel ; ils laissent échapper, l'un et l'autre, la révélation de la violence humaine, mais ils s'en approchent tous deux autant que faire se peut sans aller jamais jusqu'à comprendre qu'ils sont les *doubles* l'un de l'autre et que seul les sépare ce qui, également, les unit[68].

C. MORT DU CHRIST ET FIN DU SACRÉ

J.-M. O. : Est-ce que votre critique de la lecture sacrificielle ne vous oblige pas à nier la présence du sacré, au sens de la violence, dans tout ce qui touche à la mort de Jésus et à la résurrection ?

R. G. : Je pense, en effet, qu'il faut éliminer le sacré car le sacré ne joue aucun rôle dans la mort de Jésus. Si le texte évangélique fait prononcer au Christ sur la croix les paroles de l'impuissance angoissée et de l'abandon définitif « *Eli, Eli Lama Sabachtani* », s'il laisse s'écouler trois jours symboliques entre la mort et la résurrection, ce n'est pas pour affaiblir la croyance en celle-ci ou en la toute-puissance du Père, c'est pour bien montrer qu'il s'agit de tout autre chose ici que de sacré, c'est-à-dire d'une vie qui sortirait directement de la violence, comme c'est le cas dans les religions primitives. Le Christ ne renaît pas de ses propres cendres comme le phénix ; il ne joue pas avec la vie et la mort comme une espèce de Dionysos ; c'est bien aussi ce que montre le thème du tombeau vide.

La mort ici n'a plus rien à voir avec la vie. C'est le caractère naturaliste de cette mort qui est souligné, ainsi que l'impuissance qui est celle de tous les hommes devant la mort, aggravée ici par l'hostilité de la foule, ironiquement soulignée par ceux qui confondent la divinité dont parle Jésus avec le *mana* primitif, la puissance du sacré violent. La foule met Jésus au défi de lui fournir le signe indiscutable de sa puissance, celui qui consisterait à descendre de la croix, à écarter la souffrance et l'humiliation de cette agonie sans gloire :

Les passants l'injuriaient en hochant la tête et disant : «Toi qui détruis le Temple et en trois jours le rebâtis, sauve-toi toi-même, si tu es fils de Dieu, et descends de la croix!» Pareillement les grands prêtres se gaussaient et disaient avec les scribes et les anciens : «Il en a sauvé d'autres et il ne peut se sauver lui-même! Il est roi d'Israël : qu'il descende maintenant de la croix et nous croirons en lui! Il a compté sur Dieu ; que Dieu le délivre maintenant, s'il s'intéresse à lui! Il a bien dit : Je suis fils de Dieu!» Même les brigands crucifiés avec lui l'outrageaient de la sorte (Mt 27, 39-44).

Les controverses auxquelles a donné lieu, entre croyants et incroyants, l'«*Eli, Eli Lama Sabachtani*», montrent bien à quel point il est difficile d'échapper au sacré et à la violence. Les incroyants ont toujours vu dans cette phrase le *petit fait vrai* qui «vend la mèche» et contredit les falsifications théologiques. Les croyants répondent que la phrase en question, «Mon Dieu, mon Dieu, pourquoi m'avez-vous abandonné», est une citation scripturaire, le début du psaume 22. Et ils tendent à conférer à cette citation une valeur purement décorative, analogue à celle d'une phrase de Plutarque dans une page de Montaigne. Certains sont allés jusqu'à suggérer que le fait même de citer les Écritures prouve que, jusque dans la mort, Jésus conserve la maîtrise entière de lui-même. Il vaut mieux ne pas s'attarder à ce genre de commentaires mais j'en fais état pour bien montrer que chez les croyants, aussi bien que chez les incroyants, on continue à se faire la même conception magique, sacrificielle ou, si l'on préfère, «cornélienne», de la divinité.

Dans *la Chute*, Albert Camus fait observer par son personnage principal que l'«*Eli, Eli, Lama Sabachtani*» a été «censuré» par deux Évangiles sur quatre [69]. Combien plus profonde se montre Simone Weil quand elle fait de la présence de cette même phrase dans les deux autres Évangiles un signe éclatant de leur origine surnaturelle : pour assumer le caractère naturaliste de la mort aussi radicalement qu'il le fait, le texte évangélique doit reposer sur l'inébranlable certitude d'une transcendance étrangère à cette mort.

J.-M. O. : Une des raisons qui ont fait croire au caractère humaniste de votre lecture, c'est l'importance que vous attachiez déjà à l'« *Eli, Eli, Lama Sabachtani* » dans la discussion d'*Esprit* de 1973. La pensée moderne se situe entre la transcendance de la violence qu'elle n'arrive pas encore à démystifier complètement et ce que vous appelez la surtranscendance de l'amour, que la violence continue à nous dissimuler. Dans cette situation, on ne voit pas que loin de contredire et de miner cette surtranscendance ainsi que le redoutent ou l'espèrent les exégètes chrétiens et antichrétiens, tout ce qui démythifie la transcendance de la violence, comme l'« *Eli, Eli, Lama Sabachtani* », renforce encore et glorifie la surtranscendance de l'amour.

R. G. : Ce qui suscite la confusion, ce sont toujours, bien sûr, les analogies structurelles entre la passion et les sacrifices de toutes les religions. C'est la lecture sacrificielle, la première, qui ne peut rien voir d'autre que ces analogies, et c'est à cette lecture superficiellement structurale, on le voit bien ici, que tous les antichristianismes restent fidèles. Pour échapper à la séduction de ces analogies, pour repérer les signes qui affirment sans équivoque l'opposition des deux transcendances, il faut commencer par appréhender l'accomplissement anthropologique du texte évangélique, la révélation du mécanisme fondateur.

Si la mort de Jésus était sacri-ficielle, en somme, la résurrection serait le « produit » de la crucifixion. Or, il n'en est rien et la théologie orthodoxe a toujours victorieusement résisté à la tentation de transformer la passion en processus divinisateur. Pour l'orthodoxie, la divinité du Christ, sans être extérieure à son humanité, bien entendu, ne dépend pas des événements qui se produisent au cours de son existence. Au lieu de faire de la crucifixion une *cause* de la divinité, ce qu'un certain christianisme doloriste est toujours tenté de faire, il vaut mieux y voir une *conséquence* de celle-ci. Se conduire de façon vraiment divine, sur cette terre en proie à la violence, ce n'est pas dominer les hommes, ce n'est pas les écraser de son prestige, ce n'est pas les terrifier et les émerveiller tour à tour par les souffrances et les bienfaits qu'on est capable de leur apporter, c'est ne pas faire de différence entre les doubles, c'est ne pas prendre parti dans leurs querelles. «Dieu ne fait pas acception de personnes.» Il ne distingue «ni Grecs, ni Juifs, ni hommes, ni femmes, etc.» Ce qui peut encore passer pour la pure indifférence et finalement pour l'inexistence de cette toute-puissance, aussi longtemps que sa transcendance l'éloigne infiniment de nous et la met à l'abri de nos entreprises violentes, se révèle comme amour héroïque et parfait dès que cette même transcendance s'incarne dans un être humain et marche parmi les hommes, pour leur enseigner ce qu'il en est du vrai Dieu et comment se rapprocher de lui.

Notre première démarche a été la révélation du mécanisme fondateur et tout le reste en découle, non parce que les textes évangéliques se réduisent à un contenu purement anthropologique mais parce que nous ne pouvons pas comprendre la vraie nature de leur contenu religieux tant que notre infirmité immémoriale subsiste à l'égard de ce contenu anthropologique.

G. L. : Mais c'est chez Jean seulement que les scènes de la crucifixion sont entièrement nettoyées de signes miraculeux. Or, vous attachez une importance égale aux quatre Évangiles. Comment expliquez-vous les signes miraculeux dans les Évangiles synoptiques ? Est-ce qu'ils ne battent pas en brèche votre raisonnement ?

R. G. : Chez Marc et chez Luc, il n'y en a qu'un, et il a une portée symbolique remarquable. C'est le rideau du Temple qui se déchire en deux, de haut en bas. Le rideau du Temple, c'est ce qui sépare les hommes du mystère sacrificiel, c'est la concrétisation matérielle de la méconnaissance qui fonde le sacrifice. Que le rideau se déchire, donc, signifie que Jésus, par sa mort, a triomphé de cette méconnaissance (Mc 15, 38 ; Lc 23, 45).

Chez Matthieu, les effets miraculeux sont plus spectaculaires mais le principal d'entre eux, en dépit des apparences, nous renvoie, lui aussi, et avec quelle puissance, à la signification anthropologique et démythificatrice de la passion :

> ... les tombeaux s'ouvrirent et de nombreux corps de saints trépassés ressuscitèrent : ils sortirent des tombeaux après sa résurrection, entrèrent dans la Ville sainte et se firent voir à bien des gens (Mt 27, 52-53).

Ce n'est pas écarter la résurrection comme thème proprement religieux que de le reconnaître homologue au travail essentiel de l'Écriture qui est le retour à la lumière de toutes les victimes enterrées par les hommes, non pour une œuvre de mort mais pour une œuvre de vie. Ce sont les victimes, en somme, assassinées depuis la fondation du monde, qui commencent à revenir sur cette terre pour se faire reconnaître.

D. Sacrifice de l'autre et sacrifice de soi

R. G. : Une fois bien repérées et définies l'erreur de la définition sacrificielle et les conséquences innombrables qu'elle entraîne, la mésintelligence des textes qu'elle suscite, le voile dont à nouveau elle recouvre toute révélation, il faut maintenant observer d'autres aspects de cette définition et surtout comprendre ce qu'elle signifie pour ceux qui entendent aujourd'hui lui rester fidèles.

Elle signifie, forcément, tout ce qu'a signifié le recours à la définition sacrificielle pour toutes les religions antérieures. Bien qu'impuissants à comprendre la signification véritable de ce qui s'est passé, les hommes de bonne volonté comprennent qu'il s'est passé quelque chose de réel et qui transcende les limites de l'humanité ordinaire. Pour cet événement inouï, il leur paraît naturel, et même inévitable, de recourir à la terminologie qui a toujours servi dans tous les cas antérieurs, la terminologie sacrificielle.

Si tant de gens restent attachés à cette terminologie,

c'est parce qu'ils ne voient pas d'autre signifiant pour affirmer le caractère transcendant de la révélation évangélique, contre ceux qui s'efforcent au contraire de purger le christianisme du sacrifice par des moyens encore sacrificiels, en vérité, puisqu'ils consistent à l'amputer complètement de sa dimension transcendantale.

Ceux qui croient défendre la transcendance en conservant le sacrifice se trompent du tout au tout car c'est la définition sacrificielle, toujours soigneusement préservée par la critique antichrétienne, qui est responsable de l'athéisme actuel, de tout ce qui passe pour mort définitive de Dieu. Ce qui achève de mourir, en ce moment, c'est la divinité encore sacrificielle du christianisme historique, ce n'est pas le Père de Jésus, ce n'est pas la divinité des Évangiles, à laquelle la pierre d'achoppement du sacrifice, justement, nous a toujours empêchés et nous empêche encore d'accéder. Il faut que «meure» effectivement cette divinité sacrificielle et avec elle le christianisme historique dans son ensemble, pour que le texte évangélique puisse resurgir à nos yeux non pas comme un cadavre que nous aurions déterré, mais comme la chose la plus nouvelle, la plus belle, la plus vivante et la plus vraie que nous ayons jamais contemplée.

Le mot même de sacrifice a subi, sans doute, au cours de son immense histoire et en particulier sous l'influence de l'Ancien Testament, une évolution considérable qui lui a permis d'exprimer certaines attitudes et certains comportements absolument nécessaires à toutes les formes de vie en commun. En mettant l'accent, depuis l'époque la plus reculée, assurément, non seulement sur les aspects expiatoires et propitiatoires du sacrifice, mais sur ce qui fait de lui le renoncement sans contrepartie matérielle à la créature immolée ou à l'objet détruit ou consommé, les religions, parfois même très «primitives», ont conféré au sacrifice une valeur éthique qui va au-delà des interdits parce qu'elle ne se réduit plus à une simple abstention, à une conduite négative ; l'oblation débouche sur l'oblativité.

C'est de toute évidence dans l'interaction des interdits

et des rituels qu'il faut chercher l'origine des comportements qui méritent réellement la qualification d'éthiques. Il en est donc de ces comportements et de la réflexion qui porte sur eux comme de tous les autres comportements culturels et de toute pensée humaine. L'humanité entière sort du religieux, c'est-à-dire de l'interaction entre les impératifs qui surgissent de l'unanimité victimaire. Nous ne faisons que redire ici ce que nous avons essayé de montrer dans nos discussions anthropologiques.

C'est avec le judaïsme et le christianisme, assurément, que la morale du sacrifice a atteint son plus extrême raffinement. On oppose toutes les formes de sacrifice objectal à un *se sacrifier* dont le Christ nous donnerait l'exemple, à un sacrifice de soi-même qui constituerait la conduite la plus noble. Il serait excessif, certes, de condamner tout ce qui se présente dans ce langage sacrificiel. Telle n'est pas ma pensée. À la lumière de nos analyses, il faut pourtant conclure que toute démarche sacrificielle, même et surtout retournée contre soi-même, ne correspond pas à l'esprit véritable du texte évangélique. Celui-ci ne présente jamais la règle du Royaume sous le jour négatif d'un *se sacrifier*. Loin d'être exclusivement chrétien, et de constituer le sommet de l'«altruisme», face à un «égoïsme» qui sacrifie l'autre de gaieté de cœur, le *se sacrifier* pourrait camoufler, dans bien des cas, derrière un alibi «chrétien», des formes d'esclavage suscitées par le désir mimétique. Il y a aussi un «masochisme» du *se sacrifier*, et il en dit plus long sur lui-même qu'il n'en a conscience et qu'il ne le souhaite ; il pourrait bien dissimuler le cas échéant un désir de *se* sacraliser et de *se* diviniser toujours situé, visiblement, dans le prolongement direct de la vieille illusion sacrificielle.

E. Le Jugement de Salomon

R. G. : Pour résumer mon argumentation contre la lecture sacrificielle de la passion, je vais recourir à un des plus beaux textes de l'Ancien Testament, le Jugement de Salomon.

Le langage de la Bible me paraît plus efficace contre le sacrifice que celui de la philosophie ou de la critique moderne. Tous les exégètes qui aiment la Bible ont d'abord recours à elle pour mieux la comprendre et nous allons suivre leur exemple.

Alors deux prostituées vinrent vers le roi et se tinrent devant lui. L'une des femmes dit : « S'il te plaît, Monseigneur ! Moi et cette femme nous habitons la même maison, et j'ai eu un enfant, alors qu'elle était dans la maison. Il est arrivé que, le troisième jour après ma délivrance, cette femme aussi a eu un enfant ; nous étions ensemble, il n'y avait pas d'étranger avec nous, rien que nous deux dans la maison. Or le fils de cette femme est mort une nuit parce qu'elle s'était couchée sur lui. Elle se leva au milieu de la nuit, prit mon fils d'à côté de moi pendant que ta servante dormait ; elle le mit sur son sein, et son fils mort elle le mit sur mon sein. Je me levai pour allaiter mon fils, et voici qu'il était mort ! Mais, au matin, je l'examinai, et voici que ce n'était pas mon fils que j'avais enfanté ! » Alors l'autre femme dit : « Ce n'est pas vrai ! Mon fils est celui qui est vivant, et son fils est celui qui est mort ! » et celle-là reprenait : « Ce n'est pas vrai ! Ton fils est celui qui est mort et mon fils est celui qui est vivant ! » Elles se disputaient ainsi devant le roi, qui prononça : « Celle-ci dit : "Voici mon fils qui est vivant, et c'est ton fils qui est mort !" et celle-là dit : "Ce n'est pas vrai ! Ton fils est celui qui est mort et mon fils est celui qui est vivant !" Apportez-moi une épée », ordonna le roi ; et on apporta l'épée devant le roi, qui dit : « Partagez l'enfant vivant en deux et donnez la moitié à l'une et la moitié à l'autre. » Alors la femme dont le fils était vivant s'adressa au roi, car sa pitié s'était enflammée pour son fils, et elle dit : « S'il te plaît, Monseigneur ! Qu'on lui donne l'enfant, qu'on ne le tue pas ! » mais celle-là disait : « Il ne sera ni à moi ni à toi, partagez ! » Alors le roi prit la parole et dit : « Donnez l'enfant à la première, ne le tuez pas. C'est elle la mère. » Tout Israël apprit le jugement qu'avait rendu le roi, et ils révérèrent le roi car ils virent qu'il y avait en lui une sagesse divine pour rendre la justice (1 R 3, 16-28).

Nous n'avons aucune peine à reconnaître dans ce texte l'univers de la crise mimétique et des doubles. La condition de prostituée, commune aux deux femmes, souligne l'indifférenciation.

Tout au long de la dispute qui précède la ruse géniale du monarque, le texte ne distingue pas entre les deux femmes. Il les désigne seulement comme « l'une des deux femmes », et comme « l'autre femme ». Peu importe qui parle, en effet, puisque l'une et l'autre disent exactement la même chose. « "Ce n'est pas vrai ! mon fils est celui qui est vivant et ton fils est celui qui est mort !" et celle-là reprenait : "Ce n'est pas vrai, ton fils est celui qui est mort et mon fils est celui qui est vivant !" » Cette indéniable symétrie, c'est l'essence même du conflit humain. C'est pourquoi le texte ajoute : « Elles se disputaient ainsi devant le roi… »

Pour tout commentaire, le roi répète avec exactitude les paroles des deux femmes, soulignant l'identité de langage entre les adversaires et l'impuissance qui en résulte pour lui de décider rationnellement en faveur de l'une ou de l'autre.

Ne pouvant trancher le cas par une décision réellement motivée, le roi se prétend décidé à trancher l'enfant lui-même ; ne pouvant départager les antagonistes, il décide de partager entre elles l'objet du litige. *Decidere* signifie *trancher par l'épée*.

Il y a une logique et une justice dans cette décision royale. Mais derrière cette justice purement formelle, la plus terrible injustice se dissimule, puisque l'enfant n'est pas un objet qui se puisse partager, et c'est de le tuer qu'il s'agit. Ce meurtre va priver la vraie mère de son enfant vivant.

« "Apportez-moi une épée", ordonna le roi ; et on apporta l'épée devant le roi qui dit : "Partagez l'enfant vivant en deux et donnez la moitié à l'une et la moitié à l'autre !" » Jusqu'au bout, en somme, le roi se propose de respecter la symétrie des doubles et à la symétrie des expressions correspond l'égalité absolue de traitement entre les deux femmes.

En acceptant ce que propose le roi, la seconde femme se révèle dépourvue d'amour véritable pour l'enfant. La seule chose qui compte pour elle, *c'est de posséder ce que l'autre possède.* Elle accepte, à la rigueur, d'en être privée pourvu que son adversaire en soit également privée. C'est le désir mimétique, de toute évidence, qui la fait parler et agir ; il en est arrivé chez elle à un tel degré d'exaspération que l'objet de la dispute, l'enfant vivant, ne compte plus pour elle ; seule compte la fascination haineuse pour le modèle-rival, le ressentiment qui cherche à abattre ce modèle et à l'entraîner dans sa propre chute, s'il devient impossible de l'emporter sur lui.

La mise en scène de Salomon constitue une solution possible du dilemme aussi bien qu'une ruse destinée à rendre manifestes les vrais sentiments maternels, s'ils sont présents dans l'une des deux femmes. Cette mise en scène fait inévitablement songer à un thème important dans les livres historiques et prophétiques, celui des sacrifices d'enfants qui se sont perpétués jusqu'à une époque assez tardive à en juger par les condamnations répétées dont ils font l'objet. Qu'arriverait-il si les deux femmes tombaient d'accord pour accepter la décision du roi ? Bien qu'il ne s'agisse pas ici de «passer l'enfant par le feu», il est difficile de ne pas entendre dans le texte quelques échos d'une coutume toujours qualifiée d'«abomination».

Si cette coutume s'est perpétuée aussi longtemps, ce n'est pas seulement sans doute sous l'influence des populations avoisinantes, c'est parce qu'à une époque mal déterminée, elle figurait, chez les Hébreux eux-mêmes, parmi les sacrifices légaux. Elle a le caractère d'une survivance. Il semble que dans de nombreuses scènes de la Genèse et de l'Exode, ce qui est en jeu, historiquement, c'est le passage d'un univers où se pratiquait encore, régulièrement, le sacrifice humain, et plus spécialement le sacrifice du premier-né, à un univers où les seuls rites sanglants qui demeurent légitimes sont la circoncision et l'immolation de victimes animales (bénédiction de Jacob, sacrifice d'Abraham, circoncision du fils de Moïse, etc.)

Les témoignages textuels en faveur de cette hypothèse ne manquent pas. Son intérêt, dans ma perspective, est qu'elle permet d'envisager la Bible comme animée d'un bout à l'autre d'un seul et même dynamisme antisacrificiel. On peut distinguer une série d'étapes très différentes par leur contenu et par leur résultat mais toujours identiques par leur orientation générale et par la forme qu'elles assument, toujours bien entendu celle de la désintégration préalable d'un système antérieur, d'une crise catastrophique mais heureusement conclue par l'intermédiaire du mécanisme victimaire aboutissant, chaque fois, à l'établissement d'un système sacrificiel de plus en plus humanisé. La première étape, c'est le passage du sacrifice humain au sacrifice animal à l'époque dite patriarcale ; la seconde étape, c'est l'Exode, marquée par l'institution de la Pâque, qui met l'accent non sur l'immolation mais le repas en commun et ne constitue plus déjà un sacrifice à proprement parler. La troisième étape, c'est la volonté prophétique de renoncement à tous les sacrifices et elle ne s'achève, bien sûr, que dans les Évangiles.

Ce ne sont ici que des spéculations et, quel que soit leur mérite, elles ne sont pas indispensables à ma lecture du jugement de Salomon. Même si la ruse imaginée par le roi n'avait aucun rapport avec les sacrifices d'enfants, la façon dont elle est présentée lui confère une fonction sacrificielle, qui reste putative sans doute, mais qui n'en est pas moins nettement suggérée. Il s'agit, en d'autres termes, de réconcilier les doubles, au-delà de l'impuissance où le roi se trouve à les différencier, en leur offrant la victime qui pourrait terminer leur querelle, puisqu'ils peuvent se la partager.

Si la «solution» proposée par le roi et agréée par la mère de l'enfant mort doit être définie comme sacrificielle au sens large, il ne serait pas juste, assurément, ce serait même une confusion abominable, que d'utiliser *le même terme* pour caractériser l'attitude de la vraie mère, celle qui fait preuve de sentiments maternels au lieu, justement, d'accepter la solution sacrificielle qu'elle repousse avec horreur.

Vous allez peut-être me dire que, dans le second cas, le sacrifice est retourné sur lui-même, et qu'il s'est complètement transformé en passant du transitif au réfléchi ou de l'objectif au subjectif. Mais je répondrai que ce n'est pas vrai : je répondrai que l'abîme entre la conduite des deux femmes n'est pas réellement mesuré par une simple opération de renversement. Il est radicalement méconnu.

Je ne nie pas, certes, qu'en parlant de sacrifice à propos de la vraie mère, l'éthique religieuse moderne ne s'efforce de mettre le doigt sur quelque chose de très réel. La vraie mère est seule à avoir des droits sur l'enfant et elle est prête à les « sacrifier ». On peut même dire qu'elle s'offre elle-même en sacrifice, en ceci qu'elle ne peut pas soupçonner la suite des événements. Elle ne peut pas être certaine que sa résolution soudaine de renoncer à l'enfant ne sera pas interprétée *contre elle*, comme une impuissance à soutenir plus longtemps son audacieux mensonge en présence de la majesté royale. Elle ne peut pas soupçonner la « sagesse divine » du monarque. C'est donc sa vie même qu'elle expose.

Je vois très bien pourquoi les exégètes veulent recourir ici à un vocabulaire sacrificiel. Je crois néanmoins que ce vocabulaire laisse échapper le fait essentiel et entraîne la confusion de ce qu'il importe le plus de distinguer. Non seulement il minimise la différence entre le comportement des deux femmes mais, dans le cas de la seconde, il fait passer au premier plan ce qui est en réalité secondaire, à savoir l'acte de renoncement et les risques personnels auxquels s'expose la vraie mère. La définition sacrificielle relègue au second plan ce qui compte le plus pour celle-ci, à savoir que l'enfant vive.

Dans la définition sacrificielle, l'accent est toujours mis sur le renoncement et la mort, et aussi sur la subjectivité séparée, c'est-à-dire sur les valeurs propres à la mère de l'enfant mort, et à son désir mimétique, parfaitement identique, en dernière analyse, à ce que Freud désigne comme instinct de mort.

Le langage sacrificiel ne peut que trahir les valeurs de la seconde femme, qui ne sont nullement orientées vers la souffrance et vers la mort, qui ne sont nullement prisonnières d'une subjectivité à la fois mimétique et solipsiste — les deux choses vont toujours ensemble — mais qui sont orientées positivement vers le prochain et vers la vie. Le discours sacrificiel ne peut pas rendre justice à l'importance capitale de la vie et du vivant dans le langage même du texte, au fait que l'enfant que se disputent les deux femmes soit toujours désigné comme *l'enfant vivant*.

La vraie mère n'a aucun désir de «se sacrifier». Elle souhaite vivre auprès de son enfant. Mais elle est prête à abandonner à jamais celui-ci à son ennemie, et même s'il le faut à mourir *pour le sauver lui-même de la mort*.

On voit aisément que ce texte peut s'appliquer à la situation du Christ dans les étapes qui précèdent la passion. Parce qu'ils ne comprennent pas la menace qui pèse sur la communauté, et parce qu'ils ne comprennent pas les implications de leur propre comportement, les lecteurs sacrificiels ne voient pas que toutes les paroles et toutes les conduites du Christ, de l'offre du Royaume à la passion, y compris la révélation explicite du meurtre fondateur, sont déterminées par la volonté de sauver une humanité incapable de percevoir la caducité désormais, et la parfaite vanité de toutes les vieilles solutions sacrificielles.

La conduite du Christ est donc en tout point parallèle à celle de la bonne prostituée, et il faut voir en celle-ci la plus parfaite *figura Christi* qu'on puisse imaginer. Le Christ accepte de mourir pour que les hommes vivent, dans une action qu'il faut se garder de définir comme sacrificielle, même si les mots et les catégories nous font défaut pour la signifier. Cette carence même du langage suggère bien qu'on a affaire à une conduite dont la sagesse mythologique, philosophique et pragmatique n'a pas la moindre idée. La bonne prostituée accepte de se substituer à la victime sacrificielle, non parce qu'elle éprouve une attirance plus ou moins morbide pour le rôle, mais parce qu'à l'alternative tragique : tuer ou être tuée, elle répond : être tuée, non par masochisme, «instinct de mort» ou volonté de sacrifice, mais *pour que l'enfant vive*. Dans cette situation limite qui révèle le fondement ultime des communautés humaines, le Christ aussi épouse une attitude qui forcément l'expose à la violence d'une communauté tout entière désireuse de persévérer dans le sacrifice, c'est-à-dire de refouler la signification radicale de ce qui lui est proposé.

Pour dévoiler jusqu'au bout la signification christologique du jugement de Salomon, il faut reconnaître que les implications familiales auxquelles il paraît se limiter, le caractère maternel de l'amour qui est ici en jeu sont en réalité secondaires et il faut s'en débarrasser. Celle des deux femmes qui s'écrie : «Qu'on lui donne l'enfant, qu'on ne le tue pas» nous est présentée comme la vraie mère au sens de la chair, et c'est là, bien entendu, la solution qui s'impose dans le contexte familial, mais ce contexte n'est pas indispensable. L'opposition de doubles peut se produire en dehors de lui et elle n'a nul besoin ni de Salomon ni de son épée, pour entraîner la destruction de l'objet du litige et peut-être à la limite de tout objet concevable. Il suffit pour cela que cette opposition continue à s'exaspérer, qu'il n'y ait rien ni personne pour arrêter l'escalade destructive.

C'est dans la perspective de cet élargissement qu'on doit s'interroger sur les motifs de la passion et y reconnaître une conduite homologue à celle de la bonne prostituée. Pour comprendre l'attitude du Père de Jésus, il suffit de réfléchir aux sentiments qui animent le roi dans toute cette affaire. Le roi ne souhaite ni le sacrifice de l'enfant, puisque l'enfant ne mourra pas, ni le sacrifice de la mère, puisque c'est à elle que l'enfant sera remis, afin que l'un et l'autre vivent ensemble dans la paix. De même, le Père ne souhaite le sacrifice de personne ; mais, à la différence de Salomon, il n'est pas sur la terre pour mettre fin aux querelles entre les doubles ; sur terre, il n'y a pas de roi Salomon pour faire régner la vraie justice ! La situation humaine fondamentale, c'est justement le fait qu'en l'absence de ces Pères et de ces rois toujours sages qui feraient régner la justice sur une humanité vouée à l'éternelle enfance, la seule conduite vraiment humaine, le seul moyen de faire la volonté du Père, sur la terre comme au ciel, c'est de se conduire comme la bonne prostituée, c'est d'assumer les mêmes risques qu'elle, non dans une sombre volonté de sacrifice, non dans une attirance morbide pour la mort, mais au contraire par amour pour la vie véritable, pour assurer le triomphe de la vie.

La lecture non sacrificielle que je propose ne cherche nullement à effacer des Évangiles les passages qui nous présentent la mort du Christ comme dévouement absolu aux disciples et à l'humanité entière : « Il n'est pas de plus grande preuve d'amour que de mourir pour ses amis » (Jn 15, 13). Remarquons une fois de plus que jamais dans les Évangiles cette preuve n'est définie comme sacrifice. Chez Paul, ce sont des expressions comme « œuvre d'amour » ou « œuvre de grâce » qui dominent. Les rares exemples de langage sacrificiel chez lui peuvent être considérés comme métaphoriques en raison de l'absence de toute théorie proprement sacrificielle, analogue à celle de l'Épître aux Hébreux ou à toutes les théories subséquentes.

Le recours au jugement de Salomon permet de traiter comme elle mérite de l'être l'objection dérisoire de *masochisme* machinalement opposée par les courtiers en démystification à la notion chrétienne du dévouement jusqu'à la mort.

G. L. : Dans la littérature tragique, il existe un texte, je pense, qu'on peut rapprocher du jugement de Salomon et un personnage qu'on peut comparer à la « bonne prostituée » ; c'est Antigone.

R. G. : Notons d'abord qu'au début d'*Antigone*, on se trouve « comme d'habitude » chez les tragiques et les prophètes, au paroxysme de la violence réciproque. C'est cela, il me semble, que symbolise, ou désymbolise, la mort simultanée d'Étéocle et de Polynice, l'impossibilité de différencier jusque dans la mort. On ne peut jamais dire ou nier quoi que ce soit d'un des deux frères sans qu'il ne faille aussitôt le dire ou le nier de l'autre. Tout le problème de la violence interminable est là. C'est bien pourquoi Créon entend différencier les frères ennemis ; mais il est frappant de constater qu'au début de son premier discours, dans *Antigone*, il donne une formule analogue à celles qu'on trouve aussi chez Eschyle et chez Euripide et qui dit, justement, l'impossibilité de toute différence :

Dans leur double destin, les deux frères ont péri en un seul jour, donnant et recevant les coups de leurs bras iniques.

Euripide, lui, termine ainsi dans *les Phéniciennes* la description du combat :

... la poussière aux dents, et chacun meurtrier de l'autre, ils gisent côte à côte, et le pouvoir entre eux n'est pas départagé.

En bon chef d'État, comme l'Ulysse de l'*Odyssée* et le Caïphe de l'Évangile, Créon voudrait bien mettre fin à la peste des doubles et il sait qu'il ne peut y parvenir qu'en maudissant un des deux frères et en bénissant l'autre, exactement comme le vieil Isaac dans l'histoire tout à fait parallèle de la bénédiction de Jacob.

Si Créon exige que les Thébains soient unanimes, dans leur exécration de Polynice, c'est parce qu'il reconnaît que seule l'unanimité peut conférer à la victime émissaire le pouvoir de restructurer la communauté.

C'est pourquoi Créon ne peut pas tolérer le comportement d'Antigone. Antigone s'oppose au mensonge mythologique ; elle dit que les doubles sont identiques et qu'il faut les traiter l'un et l'autre de la même façon. Elle dit la même chose, en somme, que le Christ et c'est comme lui qu'elle doit mourir, expulsée elle aussi par la communauté.

Simone Weil, avec son intuition admirable, a reconnu dans Antigone la *figura Christi* la plus parfaite de tout le monde antique. Elle a mis l'accent sur le vers prodigieux que Sophocle met dans la bouche de son héroïne et qui énonce la vérité de la cité des hommes. Ce vers qu'on traduit généralement par : « Je ne suis pas née pour partager la haine mais l'amour », signifie littéralement : « Non pour haïr ensemble mais pour aimer ensemble, je suis née. » La cité des hommes n'est un aimer ensemble que parce qu'elle est aussi un haïr ensemble et c'est ce fondement de haine qu'Antigone, comme le Christ, amène au jour pour le répudier[70].

À Créon qui ne peut que lui répéter la vieille scie de toutes les cultures humaines : « *On ne peut quand même pas traiter les amis comme les ennemis* » (lui qui avouait un peu plus tôt la non-différence des deux frères), Antigone répond : « Qui sait si les dieux, en dessous de nous, veulent vraiment cela (cette différence que tu réclames entre tes bons et tes méchants) ? »

Ce vers suggère ce que les Évangiles rendent complètement explicite : si la divinité existe, elle ne peut pas s'intéresser aux querelles des doubles.

Si grand que soit le texte de Sophocle, on ne peut pourtant pas, selon moi, le mettre sur le même plan que le texte du jugement de Salomon. C'est dans le contexte des rites funéraires refusés par Créon à Polynice qu'Antigone élève sa protestation. Ce n'est pas pour un enfant vivant, comme la prostituée du livre des Rois, qu'elle accepte de mourir, c'est pour un être déjà mort ; et à cause de cela, le texte d'Antigone échappe plus difficilement que celui des Rois à une définition sacrificielle. Il n'a pas la même puissance de révélation. La différence entre le texte tragique et le texte biblique, c'est au texte évangélique, bien entendu, qu'il faut demander de la définir. Seul le texte tragique est passible d'une observation qui révèle ici son sens : *Il faut laisser les morts enterrer les morts* (Mt 8, 22).

Il est regrettable, assurément, que la puissance d'attention de Simone Weil ne se soit jamais orientée vers les grands textes de l'Ancien Testament. Elle en était empêchée par sa fidélité aux pires aberrations du milieu intellectuel dont elle faisait partie. Tous ses maîtres, comme le philosophe Alain, étaient des humanistes hellénisants qui lui ont inculqué à l'égard du texte biblique l'espèce d'horreur sacrée qui caractérise la pensée moderne dans son ensemble, à quelques exceptions près, généralement discréditées et privées de toute influence.

J.-M. O. : Tout ceci demanderait des analyses fort complexes et nuancées. Loin de constituer un progrès sur la morale sacrificielle, la répudiation *violente* dont cette morale fait aujourd'hui l'objet nous entraîne sans doute beaucoup plus bas encore et on comprend très bien la crainte qu'éprouvent certains à l'idée de renoncer à toute définition sacrificielle. Cette crainte est d'autant plus justifiée que cette définition, dans le cas du christianisme, ne laisse pas complètement hors de son champ les aspects les plus originaux de celui-ci ; elle laisse filtrer, sous une forme affaiblie, certes, mais encore effective, certaines valeurs qui relèvent déjà de la définition non sacrificielle.

R. G. : Il n'est donc pas question, pour nous, de porter contre le christianisme sacrificiel la condamnation sans nuances vers laquelle semblait nous entraîner, d'abord, l'obligation de dégager l'incompatibilité radicale entre la lecture sacrificielle et la lecture non sacrificielle.

Si nous nous croyions justifiés à condamner le christianisme sacrificiel, nous répéterions contre lui le type même d'attitude auquel il a lui-même succombé. Nous nous prévaudrions du texte évangélique, et de la perspective non sacrificielle qu'il instaure, pour recommencer l'horreur historique de l'antisémitisme contre la chrétienté tout entière. Nous ferions fonctionner une fois de plus la machine sacrificielle et victimaire en nous appuyant sur le texte qui, s'il était réellement compris, la mettrait définitivement hors d'usage.

F. UNE NOUVELLE LECTURE SACRIFICIELLE :
L'ANALYSE SÉMIOTIQUE

G. L. : Votre lecture des Évangiles en contredit d'autres, récentes, qui se réclament de la méthode sémiotique. Dans ces lectures, le Royaume de Dieu est toujours défini comme utopie ; dans le récit de la passion, Louis Marin accorde de l'importance à ce qu'il appelle « la sémiotique du traître », c'est-à-dire de Judas[71].

C'est aux travaux de Propp sur la morphologie des contes populaires russes et aux dérivations de celui-ci que se rattache la sémiotique de la passion. Dans ces contes populaires, le héros est d'abord la victime du traître mais il finit par triompher. Il prend sa revanche tandis que le traître, lui, reçoit son juste châtiment[72].

R. G. : Si ce schème était exact, les Évangiles n'auraient aucune originalité véritable. La vraie victime serait dissimulée : ce ne serait pas le Christ, en dernière analyse, mais Judas. Le schème que le sémioticien croit retrouver dans les Évangiles est indubitablement très répandu, non seulement dans la littérature populaire, mais dans toute littérature. Si les Évangiles se ramènent réellement à lui, la vraie victime n'est pas du tout celle qu'on pense et le texte repose, en dernière instance, sur l'efficacité structurante d'une victime dissimulée. Ce texte ne constitue plus alors l'exception absolument singulière que j'ai cru y découvrir. Il nous faut soit renoncer à notre thèse, soit montrer que cette sémiotique n'accède pas aux significations véritables du texte.

Même si on l'envisage sur le plan purement quantitatif, le thème de Judas n'occupe pas, dans le récit de la passion, la place qu'exige la thèse sémiotique. La trahison de Judas a un caractère épisodique, comme le reniement de Pierre, et l'espace qui lui est réservé doit être à peu près le même (je n'ai pas vérifié). De toute manière, cette trahison, on l'a parfois noté, n'est pas nécessaire sur le plan de l'«intrigue». Elle n'a aucune efficacité concrète. Peut-on supposer que seule leur maladresse littéraire empêche les rédacteurs d'élaborer une bonne traîtrise bien convaincante, dans le genre de la télévision américaine? Absolument pas. Le texte met dans la bouche de Jésus des paroles sans équivoque, des paroles qui coupent court à la thèse du complot indispensable puisqu'elles déclarent celui-ci parfaitement *irrelevant* :

À ce moment-là Jésus dit aux foules : «Suis-je un brigand, que vous vous soyez mis en campagne avec des glaives et des bâtons pour me saisir? Chaque jour j'étais assis dans le

Temple, à enseigner, et vous ne m'avez pas arrêté. » Or tout ceci advint pour que s'accomplissent les Écritures des prophètes. Alors les disciples l'abandonnèrent et s'enfuirent (Mt 26, 55-56).

Les significations « trahison », « complot », « coup de main armé », sont présentes dans le texte mais seulement pour être écartées comme ridicules, insignifiantes. Elles font partie de ces cristallisations mythologiques qui accompagnent les suggestions collectives d'ordre victimaire. La lecture sémiotique leur attache trop d'importance. Ce n'est pas jouer franc jeu avec un texte, je pense, que de mettre au compte de maladresses supposées l'absence des significations qu'on voudrait à tout prix trouver en lui et qui, en réalité, ne s'y trouvent pas ou ne s'y trouvent que pour être rejetées. C'est la vanité de toute stratégie comploteuse que les Évangiles nous signifient et sur ce point encore ils se révèlent puissamment « déconstructeurs ».

On comprend sans peine pourquoi le texte évangélique doit traiter comme il le fait le pseudo-complot de Judas et des autorités ecclésiastiques. Jésus est la victime d'une contagion mimétique qui s'étend à la collectivité entière et il n'est pas question de voir en lui la victime d'un individu particulièrement méchant, ou même de plusieurs. Les conduites individuelles ne sont jamais que des thèmes secondaires et qui finissent toutes, en fin de compte, par se joindre au rassemblement unanime en formation contre Jésus. Peu importe, en dernière analyse, si Pilate résiste un moment à l'entraînement collectif alors que d'autres y cèdent tout de suite. L'essentiel est que personne ne résiste jusqu'au bout. La jalousie de Judas rejoint finalement la politique de Pilate et le naïf snobisme de Pierre qui voudrait bien ne pas trahir, dans la cour du grand-prêtre, son accent provincial. Derrière l'apparence des motifs individuels et des conduites différenciées, tout se ramène, en fin de compte, à la suggestion mimétique qui exerce son pouvoir sur tous sans exception — « les disciples l'abandonnèrent tous et s'enfuirent » — mais dont l'effet sur certains, en particulier sur Pierre et les dix autres apôtres, se révèle temporaire.

Pour prouver tout à fait que ce n'est pas à la structure classique du traître qu'on a affaire dans les Évangiles, il faut encore montrer que le dernier élément de cette structure, lui aussi, fait défaut, et c'est le châtiment du traître. La seule différence entre Judas et Pierre n'est pas dans la trahison mais dans l'impuissance de Judas à revenir vers Jésus. Judas n'est condamné par personne ; il se suicide et son désespoir au sujet de lui-même cherche à rendre la rupture définitive. Ce qui est à l'œuvre ici, c'est l'idée, vraiment évangélique celle-là, que les hommes ne sont jamais condamnés par Dieu : ils se condamnent eux-mêmes par leur comportement. En se prenant pour seul et unique responsable de la mort de Jésus, Judas commet l'erreur inverse et finalement équivalente à celle de Pierre qui affirme que, même si tous les autres le sont, lui ne sera jamais scandalisé. Au fond, c'est toujours le même orgueil chez tous les hommes ; ils ne veulent pas reconnaître qu'ils se valent tous sous le rapport du meurtre fondateur et que leur participation, différente peut-être par ses modalités extérieures, est toujours, en dernière analyse, à peu près équivalente.

Ce qui me frappe dans le traitement sémiotique de Judas, c'est son caractère conventionnel. Très conventionnelle également, et complètement injustifiée, dans ma perspective, est la définition du Royaume de Dieu comme « utopie ». Ce sont toutes les significations de la vieille critique historique du XIXe siècle, en somme, qui reparaissent, en dépit de l'opposition apparente entre la sémiologie et l'historicisme.

Les travaux sémiologiques, évidemment, restent encore fragmentaires. Aucune vue d'ensemble n'est proposée. Aucun effort n'est tenté pour expliquer la conjonction, dans un texte somme toute extrêmement bref, de la passion et du Royaume de Dieu. J'ai bien peur que la sémiologie, si jamais elle se lance dans cette entreprise, n'aboutisse là aussi à la vieille impasse de la critique historique, résumée dans l'essai d'Albert Schweitzer. J'ai bien peur qu'en dépit du formidable appareil de « technicité » dont elle s'entoure, la sémiologie ne soit pas capable de renouveler les problèmes. Un parfum de « scientificité » imprègne à nouveau de son prestige des lectures qui n'en avaient plus guère dans leur formulation directe et traditionnelle.

Cette perpétuation du même sous les apparences du différent n'est pas surprenante, en vérité. Ce que cherche à rajeunir toute tentative d'exégèse évangélique aveugle encore à l'essentiel, à savoir la révélation du meurtre fondateur, ce ne peut être que la lecture sacrificielle au sens de l'Épître aux Hébreux. Dans le cas précis qui nous occupe, la mise en rapport avec les contes populaires aboutit à une forme particulièrement élémentaire de lecture sacrificielle. La sémiotique du traître ne peut pas vraiment mordre sur un texte évangélique qui ne possède pas la structure mythologique qu'on cherche à retrouver en lui. Elle révèle très bien, en revanche, la version qu'un certain Moyen Âge a donné de ce texte parce qu'il s'agit, justement, d'une retombée dans la mythologie et le sacrificiel. C'est cette version qui se perpétue à notre époque dans les représentations folkloriques d'Oberammergau et autres lieux. Dans cette version théâtrale, indubitablement, Judas joue un rôle aussi important que l'exige la « sémiotique du traître ». Il n'est pas sans intérêt de montrer que les milieux populaires, au Moyen Âge, ont ramené la passion aux dimensions d'un conte populaire. Mais c'est là une contribution à l'étude de la lecture sacrificielle et non du texte évangélique lui-même. Ce n'est même une contribution qu'à une certaine modalité de la lecture sacrificielle, car, tout en restant sacrificielles, elles aussi, les lectures de l'exégèse savante du Moyen Âge le sont sur un mode plus complexe que celui de la sémiotique du traître.

Il en est des tentatives récentes de renouvellement exégétique comme des précédentes ; elles restent sacrificielles. L'autre logique, celle du Logos de non-violence, leur demeure inconcevable. Même si ce Logos n'existait pas, même si le texte évangélique se ramenait en dernière analyse à des mécanismes victimaires cachés et à des procédés d'autojustification, pour un sujet habile à se dissimuler dans les replis du texte, les procédés stratégiques de ce sujet sont de toute évidence plus retors et subtils que les ficelles assez grosses dégagées par l'analyse sémiotique. Ils doivent se situer au-delà non seulement de la vieille démystification renanienne et postrenanienne, mais des tentatives réductionnistes de Nietzsche dans *l'Antéchrist* et de Max Weber dans *le Judaïsme antique*. Loin de constituer un effort pour justifier l'Ancien Testament, la thèse webérienne qui fait de celui-ci l'autojustification du «peuple paria» s'est élaborée dans un esprit défavorable au texte mais elle n'en reconnaît pas moins une dynamique fondamentale de réhabilitation victimaire, trop puissante et efficace dans l'ensemble pour que des épisodes de détail qui la contrediraient puissent suffire à la remettre en question. (Cette thèse ne s'applique qu'à l'Ancien Testament, bien entendu, mais elle pourrait s'appliquer aussi au texte évangélique et c'est à ce texte en vérité qu'elle s'applique déjà dans *l'Antéchrist* de Nietzsche.) Les analyses sémiotiques me paraissent donc retardataires par rapport non seulement à la lecture non sacrificielle mais aux versions les plus avancées de la lecture sacrificielle, désireuses, elles aussi, de ramener ce texte aux normes générales de toute textualité.

G. LECTURE SACRIFICIELLE ET HISTOIRE

R. G. : Le christianisme historique recouvre les textes d'un voile sacrificiel. Ou encore, pour changer de métaphore, il les enferme dans le tombeau, souvent splendide, de la culture occidentale. Cette lecture permet au texte chrétien de fonder, à son tour, ce qu'en principe il n'aurait jamais dû fonder, une culture, certes, pas tout à fait comme les autres, puisqu'elle contient en elle les germes de la société planétaire qui lui a succédé, mais encore suffisamment comme les autres pour qu'on puisse retrouver en elle les grands principes légaux, mythiques et sacrificiels constitutifs de toute culture.

G. L. : Ce que vous dites ici annonce déjà la réponse que vous allez apporter à une objection que nous allions vous faire, bien sûr, et qui doit être présente à l'esprit de nos lecteurs depuis pas mal de temps.

Si le mécanisme de la victime émissaire constitue bien le fondement de toute culture et si les Évangiles en en publiant le secret doivent empêcher ce mécanisme de fonctionner, comment se fait-il qu'après comme avant la diffusion du texte évangélique, les formes culturelles aient continué à naître, vivre et mourir comme si de rien n'était. La plus paradoxale de toutes, bien sûr, étant celle qui se fonde sur le texte chrétien lui-même. La question qu'il faut vous poser est celle qui, à en juger par certains textes, troublait déjà les chrétiens du premier siècle après Jésus-Christ. Pourquoi le monde continue-t-il comme par le passé ? Pourquoi les prédictions apocalyptiques ne se sont-elles pas réalisées ?

R. G. : Quand on parle de vision chrétienne de l'histoire, de nos jours, on parle de tout autre chose, au fond, que d'une saisie radicalement chrétienne, qui ne peut manquer d'être apocalyptique. Les historiens, même et surtout s'ils sont chrétiens, auraient honte de prendre au sérieux ces histoires de bonne femme, ces vieux radotages sans intérêt. Ce qui passe pour vision chrétienne, de nos jours, c'est une notion à la fois « sérieuse » et « optimiste » de l'histoire, remplie de progrès social et de bonne volonté universelle.

J.-M. O. : C'est le retard indéfini des bouleversements annoncés, en somme, qui a discrédité et même ridiculisé la perspective chrétienne.

R. G. : Nous nous sommes limités jusqu'ici aux significations du texte. Nous n'avons pas posé directement la question de son insertion dans l'histoire. Pour la plupart des critiques cette question n'est plus légitime. Nous ne sommes pas de cet avis. La présence dans notre univers des «textes de persécution» plutôt que de mythes et la crise mondiale qui résulte de cette présence ne peuvent se comprendre que par l'action directe ou indirecte du texte évangélique.

La plupart des commentateurs, même chrétiens, tiennent pour entièrement mythiques les paroles qui figurent dans le texte au sujet de sa propre action historique. Les avertissements contre l'illusion d'une fin très proche seraient surajoutés afin de raffermir une foi populaire compromise par les retards de la parousie.

En réalité, la distinction nette, surtout chez Luc, entre deux vagues apocalyptiques, l'une judaïque, l'autre mondiale, se comprend à partir de la logique évangélique. Le texte n'ignore pas la méconnaissance dont il doit faire l'objet même chez les croyants. Si on tient compte de ce savoir, on voit aussi que la double économie apocalyptique ne fait que projeter dans l'avenir un nouveau différement, plutôt qu'un étouffement complet, de la révélation inscrite dans le texte. Ce différement est d'autant plus prévisible que la diffusion «jusqu'aux extrémités de la terre», au sein de peuples forcément retardataires sous le rapport de la subversion religieuse, renforce la probabilité des lectures sacrificielles.

La croyance en une impulsion dernière qui serait vraiment surnaturelle n'implique aucune manipulation miraculeuse. Il n'y a plus ici l'irruption d'une divinité qui troublerait violemment le cours de l'histoire humaine et suspendrait les lois normales de ce cours mais tout le contraire en vérité. Il y a un texte qui effectivement trouble lesdites lois mais seulement parce qu'il révèle peu à peu aux hommes la méconnaissance qui assurait leur fonctionnement. Le traitement évangélique de l'histoire relève donc de la même rationalité que l'ensemble du texte et pas du tout de cette conception à la fois naïve, fantasmagorique et grossièrement propagandistique qu'on lui attribue.

Loin d'infirmer le principe d'action historique du texte, tel que ce texte lui-même le postule, le déroulement effectif de l'histoire post-évangélique est certainement compatible avec ce principe et plus que compatible. Comment ne pas le constater, comment ne pas reconnaître que les «signes» sont là qui signifient à ceux qui ne refusent pas de les entendre que «les temps sont accomplis». Cet accomplissement structural ne signifie pas forcément une réalisation événementielle immédiate. C'est bien ce que dit le texte. Il y a toujours peut-être des possibilités de *différement* que nous ne soupçonnons pas. Il ne faut pourtant pas se scandaliser de la tendance, chez les croyants, à confondre leur propre appréhension structurale, forcément saisissante, surtout quand elle les envahit soudainement, avec une promesse, et une menace d'accomplissement immédiat.

Nous ne pouvons pas éluder, je le répète, la question du rapport avec l'histoire réelle et nous allons voir que seule la confrontation avec cette histoire réelle, du fait même que le texte évangélique la prétend gouvernée par nul autre que lui-même, peut révéler jusqu'au bout, en ce temps qui est le nôtre, la cohérence stupéfiante de sa logique.

L'annonce évangélique prend son essor avec Paul et ses compagnons. Les Juifs la rejettent mais, dans tout l'Empire romain, sa réussite est étonnante. Elle atteint les hommes qui ne sont pas au même point d'évolution religieuse que les auditeurs judaïques de l'Évangile, des gens qui ne connaissent pas la Loi et les Prophètes. Aux premiers convertis viennent rapidement se joindre de vastes couches populaires et, un peu plus tard, les mondes dits «barbares». On peut penser que cette diffusion prodigieuse ne pouvait s'effectuer que dans la lecture sacrificielle et grâce à elle.

Sur le plan historique, donc, la lecture sacrificielle ne peut pas constituer une simple «erreur», le résultat d'un accident, ou d'un défaut de perspicacité chez ceux qui l'ont élaborée.

Si on comprend vraiment ce qu'il en est du mécanisme victimaire, du rôle qu'il a joué pour l'humanité entière, on s'aperçoit que la lecture sacrificielle du texte chrétien lui-même, si stupéfiante et paradoxale qu'elle soit dans son principe, ne peut manquer aussi de paraître probable et même inévitable. Elle vient du fond des âges. Elle a pour elle le poids d'une histoire religieuse qui, dans le cas des masses païennes, n'a jamais été interrompue ou ébranlée par quelque chose comme l'Ancien Testament.

En ce qui concerne la victime émissaire et sa révélation, on l'a vu, le rapport de l'Ancien Testament au texte évangélique est très analogue à celui que le christianisme sacrificiel entretient avec ce même texte. Si on rapproche cette constatation des conditions historiques concrètes de la diffusion évangélique, celles que nous évoquions à l'instant, si on tient compte du fait que les peuples évangélisés n'avaient pas été touchés par l'Ancien Testament, le rôle du christianisme historique se laisse concevoir au sein d'une histoire eschatologique gouvernée par le texte évangélique, histoire qui se dirige infailliblement vers la vérité universelle de la violence humaine mais par des moyens d'une patience infinie, les seuls, d'ailleurs, qui soient capables d'assurer à la vérité subversive et explosive contenue dans ce texte une diffusion et une compréhension sinon universelles, du moins aussi vastes que possible.

Le fait que Jésus, dans les Évangiles synoptiques, ne prétende s'adresser encore qu'aux seuls enfants d'Israël ne prouve pas du tout qu'il existe une couche évangélique primitive, de tendance purement judaïsante et particulariste. On peut penser que cette parole se rattache à la temporalité de la révélation, à l'idée que Jésus ne peut se présenter qu'à *son heure*, qui est à la fois la plus favorable et la dernière.

L'exclusion des autres peuples ne peut être que temporaire ; elle doit résulter de leur état d'impréparation. Ils n'ont pas bénéficié, comme les Juifs, de ce long exode hors du sacrifice que constitue l'Ancien Testament dans son ensemble. Ils n'ont pas été conduits jusqu'à cet état de réceptivité extrême et donc aussi d'urgence qui caractérise le peuple élu vis-à-vis du Royaume de Dieu et qui fait qu'il est aussi le seul, d'abord, à être menacé par la violence apocalyptique.

Pour les autres peuples, le choix décisif doit être

encore *différé*, reporté à une époque où ils auront «rat-trapé leur retard» et seront parvenus, eux aussi, en ce point extrême de l'existence sociale où la prédication du Royaume devient à la fois compréhensible et urgente.

G. L. : Qu'est-ce qui va remplacer l'Ancien Testament auprès de ces peuples innombrables ? Qu'est-ce qui va jouer, dans leur cas, le rôle propédeutique assumé par le seul Ancien Testament dans le cas du peuple juif ?

R. G. : Rapprocher ces deux questions, c'est comprendre que chacune fournit à l'autre sa réponse. C'est le christianisme, mais dans sa version sacrificielle, et religieusement très analogue à l'Ancien Testament, qui va servir d'éducateur des Gentils. Il ne peut jouer ce rôle que dans la mesure où le voile sacrificiel qui s'étend sur le radicalisme de son message lui permet à nouveau de devenir fondateur sur le plan culturel.

H. Science et apocalypse

R. G. : Le texte évangélique ne peut fonder une nouvelle culture analogue à toutes les cultures antérieures qu'en trahissant la vérité du message originel. C'est là une évidence que les exégètes de religion judaïque, notamment Joseph Klausner, ont très bien mise en relief[73].

L'histoire du christianisme historique consiste, comme toute histoire sacrificielle, en un desserrement graduel des contraintes légales, à mesure que diminue l'efficacité des mécanismes rituels. Nous avons dit qu'on ne peut pas envisager cette évolution sous l'angle seulement de la décomposition et de la décadence, ainsi que le font, bien sûr, tous les «conservateurs», dans leur attachement à la définition sacrificielle. Tout aussi fausse est la conception inverse qui voit la même évolution comme purement libératrice et ouvrant sur un avenir de progrès indéfini. Dans un cas comme dans l'autre, on le notera, le texte chrétien a déjà dit son dernier mot; il est situé derrière nous et non devant.

On comprend sans peine, à constater ces attitudes des chrétiens eux-mêmes, que pour l'immense majorité des hommes, il en est du christianisme comme de toutes les religions antérieures, et il ne va rien rester de lui au terme de la crise actuelle. L'idée que cette crise n'est pas celle du texte chrétien lui-même mais d'une lecture particulière seulement, de cette lecture sacrificielle immanquablement destinée à dominer les premières étapes de la révélation chrétienne, ne s'est jamais présentée aux hommes et elle ne peut même pas se présenter à eux, aussi longtemps que la distinction entre lecture sacrificielle et lecture non sacrificielle n'est pas faite, aussi longtemps surtout que la supériorité de cette dernière ne s'est pas imposée. La lecture sacrificielle, sous le rapport qui nous intéresse désormais, n'est qu'une enveloppe protectrice, et sous cette enveloppe qui achève à notre époque de tomber en poussière, après s'être fendillée et écaillée pendant des siècles, un être vivant se dissimule.

J.-M. O. : Cette idée, aujourd'hui encore, paraît invraisemblable, et à vous entendre l'exprimer on va penser que, pour sauver le christianisme de ce qui fait de lui, à notre époque, une doctrine presque oubliée, vous avez conçu une thèse extrêmement ingénieuse, tout entière destinée à redonner au texte chrétien une « actualité » qu'il est incapable de ressaisir par ses propres moyens.

R. G. : Vous avez parfaitement raison. Tout le monde va dire et penser que je me livre moi-même au genre de « rafistolage » que je reproche à la psychanalyse et autres doctrines défaillantes de pratiquer. Si formidables que soient les convergences structurelles qui suggèrent la pertinence de la logique évangélique dans le domaine de l'anthropologie, les seuls lecteurs que nous pouvons espérer seront certainement trop formés aux méthodes intellectuelles de la modernité, et à sa conception du possible et de l'impossible, pour me suivre sur le terrain où je cherche désormais à les entraîner.

Pour les amener sur ce terrain complètement inexploré, il faudrait, c'est évident, des convergences plus formidables encore et des évidences plus éclatantes que tout ce que nous avons rassemblé jusqu'ici.

Il faudrait que ces convergences et ces évidences soient là, toutes proches, à la portée de notre main ; il faudrait que les « signes des temps » dont parle l'Évangile, et qu'il reproche aux hommes de ne pas savoir lire, soient non seulement présents parmi nous mais qu'ils n'aient plus la moindre ambiguïté, que l'impuissance des hommes à les repérer vienne de ce qu'ils sont trop aveuglants.

J.-M. O. : Je crois que les signes dont vous parlez sont là, tout autour de nous, et c'est pour ne pas les reconnaître, pour leur ôter leur puissance significative que la plupart de nos contemporains, athées comme chrétiens, s'attachent obstinément à la lecture sacrificielle qui sacralise l'apocalypse et qui nous empêche de reconnaître le caractère objectivement apocalyptique, c'est-à-dire révélateur, de la situation actuelle.

R. G. : Ce que la violence apocalyptique doit d'abord révéler et la seule chose qu'elle puisse révéler directement, c'est la nature purement humaine et la fonction à la fois destructrice et culturelle de la violence.

Pour comprendre que nous vivons déjà cette révélation, il suffit de réfléchir au rapport que nous entretenons tous, en tant que membres de la communauté humaine mondiale, à l'armement formidable que s'est donné l'humanité depuis la fin de la seconde guerre mondiale.

Quand les hommes parlent des moyens nouveaux de destruction, ils disent « la bombe » comme s'il n'y en avait qu'une et qu'elle appartenait à tout le monde et à personne, ou plutôt comme si le monde entier lui appartenait. Et elle apparaît en effet comme la Reine de ce monde. Elle trône au-dessus d'une foule immense de prêtres et de fidèles qui n'existent, semble-t-il, que pour la servir. Les uns enfouissent dans la terre les œufs empoisonnés de l'idole, les autres les déposent au fond des mers, d'autres encore en parsèment les cieux, faisant circuler sans fin les étoiles de la mort au-dessus de l'inlassable fourmilière. Il n'est pas la moindre parcelle d'une nature nettoyée par la science de toutes les antiques projections surnaturelles qui ne soit réinvestie par la vérité de la violence. De cette puissance de destruction, on ne peut pas ignorer, cette fois, qu'elle est purement humaine, mais, sous certains rapports, elle fonctionne de façon analogue au sacré.

Les hommes ont toujours trouvé la paix à l'ombre de leurs idoles, c'est-à-dire de leur propre violence sacralisée, et c'est à l'abri de la violence la plus extrême, aujourd'hui encore, qu'ils cherchent cette paix. Dans un monde toujours plus désacralisé, seule la menace permanente d'une destruction totale et immédiate empêche les hommes de s'entre-détruire. C'est toujours la violence, en somme, qui empêche la violence de se déchaîner.

Jamais la violence n'a exercé plus insolemment son double rôle de «poison» et de «remède». Ce ne sont pas les antiques bourreaux du *pharmakos* qui le disent, ce ne sont pas des cannibales emplumés, ce sont nos spécialistes de la science politique. Seule, à les en croire, et nous pouvons les croire, l'arme nucléaire maintient de nos jours la paix du monde. Les spécialistes nous disent sans ciller que seule cette violence *protège*. Ils ont parfaitement raison, mais ils ne se rendent pas compte du son étrange que rendent de pareils propos au milieu d'un discours qui, pour tout le reste, continue à fonctionner comme si les humanismes qui l'inspirent, que ce soit celui de Marx, de Montesquieu, ou d'autres encore, étaient aussi valables que par le passé. Ils démontent les ressorts de la situation avec une maestria si tranquille et si terre à terre, sans jamais cesser de croire à la «bonté naturelle» de l'homme, qu'on se demande si, dans la vision de tous ces experts, c'est le cynisme qui l'emporte ou au contraire l'inconscience et la naïveté.

Quel que soit l'aspect sous lequel on l'envisage, la menace actuelle ressemble aux terreurs sacrées et réclame le même type de précautions. C'est toujours à des formes de « pollution » et de « contamination » qu'on a affaire, scientifiquement repérables et mesurables, mais qui n'en rappellent pas moins leurs contreparties religieuses. Et pour repousser le mal, il n'y a jamais d'autre moyen que le mal lui-même. Tout renoncement pur et simple à la technologie paraît impossible ; la machine est si bien agencée qu'il serait plus dangereux de s'arrêter que de continuer à avancer. C'est au cœur même de la terreur qu'il faut chercher les moyens de se rassurer.

L'infrastructure cachée de toutes les religions et de toutes les cultures est en train de se révéler. C'est le vrai dieu de l'humanité que nous fabriquons de nos propres mains pour bien le contempler, celui qu'aucune religion désormais ne réussira plus à maquiller. Nous ne l'avons pas entendu arriver parce qu'il ne voyage plus sur les ailes palmées des anges des ténèbres, parce qu'il apparaît toujours désormais là où personne ne l'attend, dans les statistiques alignées par les savants, dans les domaines les plus désacralisés.

C'est un sens merveilleux de l'à-propos qui suggère à leurs inventeurs, pour les armes les plus terribles, les noms qui évoquent le mieux la violence extrême, les divinités les plus atroces de la mythologie grecque : Titan, Poséidon, Saturne, le dieu qui dévore ses propres enfants. Nous qui sacrifions des ressources fabuleuses à engraisser la plus inhumaine des violences, pour qu'elle continue à nous protéger, et qui passons notre temps à transmettre à des planètes déjà mortes les messages dérisoires de la planète qui risque de mourir, par quelle hypocrisie extraordinaire prétendons-nous encore ne pas comprendre tous ces hommes qui, avant nous, faisaient déjà la même chose, ceux qui jetaient par exemple dans la fournaise d'un quelconque Moloch un seul de leurs enfants, deux tout au plus, afin de sauver les autres ?

Le rapprochement s'impose, on le voit, entre la paix

étrange que nous vivons et celle que faisaient jadis régner, dans la plupart des sociétés, les religions proprement rituelles. Il faut se garder, pourtant, d'assimiler purement et simplement les deux groupes de phénomènes. Les différences, ici, importent plus encore que les ressemblances.

Si nous disons que les hommes « adorent » leur propre puissance destructrice, c'est de façon métaphorique que nous parlons. La métaphore a une valeur révélatrice qui n'a rien d'illusoire. Dire que l'analogie est simplement rhétorique, ou qu'il s'agit, comme on dit aujourd'hui, d'un « effet de vérité », serait ridicule. De cette analogie, il y a une leçon à tirer, et nous ne pourrions pas la tirer si nous cédions au vertige du nihilisme cognitif qui triomphe partout à l'heure actuelle. Et pour cause !

Mais cette leçon n'est pas simple. Ce qui rend nos conduites actuelles analogues aux conduites religieuses, ce n'est pas une terreur vraiment sacrée, c'est une crainte parfaitement lucide des périls qu'un duel nucléaire ferait courir à l'humanité. La paix actuelle repose sur une appréciation froidement scientifique des conséquences uniformément désastreuses, peut-être même fatales, qu'aurait pour tous les adversaires l'utilisation massive des armes accumulées.

Les conséquences pratiques de cet état de choses sont déjà visibles dans les faits. Les préposés à l'utilisation des armes monstrueuses se gardent soigneusement de recourir à elles. Pour la première fois dans l'histoire des « grandes puissances », on voit des adversaires potentiels sincèrement désireux d'éviter toute action, toute situation susceptible d'entraîner un conflit majeur. La notion d'« honneur national » s'efface du vocabulaire diplomatique. Au lieu d'envenimer à plaisir les querelles, on s'efforce de les apaiser. Au lieu de crier à la « provocation », on détourne la tête, on fait semblant de ne pas voir et de ne pas entendre les vieilles rodomontades, apanages désormais des ressentiments populaires et des fanatismes idéologiques.

G. L. : Si vous dites que, dans la situation actuelle, il y a quelque chose qui ressemble à une première tentative pour se conformer à ce que le texte évangélique appelle la règle du Royaume, vous risquez de passer pour un naïf amateur de science-fiction. Vos lecteurs ne vont pas vous comprendre, en dépit de tout ce que vous avez dit sur le caractère rigoureux et implacable de cette règle. Dans l'univers où, la violence étant vraiment révélée, les mécanismes victimaires ont cessé de fonctionner, les hommes sont confrontés à un dilemme d'une simplicité redoutable mais évidente : ou bien ils renoncent à la violence, ou bien la violence sans mesure qu'ils vont déchaîner risque de tous les anéantir, «comme aux jours de Noé».

R. G. : Sans aucun doute. Je ne prétends pas, certes, que le comportement toujours moins belliqueux, à notre époque, des hommes d'État les plus puissants, soit motivé par l'esprit évangélique. Bien au contraire. Si la situation actuelle a quelque chose d'évangélique, au sens que nous donnons désormais à ce terme, c'est bien parce qu'elle n'a rien à voir avec cette hypocrite mièvrerie et ces déplorables sucreries dont tant de gens enrobent le texte chrétien pour le rendre plus appétissant, affirment-ils, au goût blasé de notre époque.

Dans le comportement actuel des nations menacées par l'orage qu'elles entretiennent au-dessus de leurs têtes, on peut repérer d'un côté une allusion au comportement que les hommes ont toujours eu à l'égard des idoles de la violence, et de l'autre une allusion au comportement que le texte évangélique réclame de tous les hommes, le renoncement à toutes formes de représailles.

Il n'est donc pas question de confondre ce qui se passe aujourd'hui avec l'avènement du Royaume de Dieu. Les deux allusions que je repère dans la situation actuelle sont différentes, et même contradictoires. Si elles sont réellement présentes, l'une et l'autre, dans le même ensemble de faits historiques, c'est parce que la conduite actuelle des nations est ambiguë. Elles ne sont ni assez sages pour renoncer à se terrifier réciproquement, ni assez folles pour déchaîner l'irrémédiable. C'est donc à une situation intermédiaire et complexe qu'on a affaire ; on peut y lire des allusions aussi bien à tous les comportements passés de l'humanité qu'à ses comportements futurs. Ou bien, en effet, on va s'orienter de plus en plus vers la non-violence, ou bien on va disparaître. Le caractère encore intermédiaire de la situation actuelle permet aux hommes d'éluder les problèmes gigantesques posés par cette situation[74].

Le fait vraiment nouveau, c'est qu'on ne peut plus s'en remettre à la violence du soin de résoudre la crise ; on ne peut plus faire fond sur la violence. Pour que la violence puisse accomplir son cycle et ramener la paix, il faut un champ écologique assez vaste pour absorber les ravages. Ce champ, aujourd'hui, est étendu à la planète entière mais sans doute n'est-il déjà plus suffisant. Même si ce n'est pas encore vrai aujourd'hui, demain certainement le milieu naturel ne sera, plus capable, sans devenir inhabitable, d'absorber la violence que l'homme peut déchaîner.

C'est machinalement que les journalistes traitent d'apocalyptique une situation qu'ils croient très différente de celle dont il est question dans les Évangiles, parce qu'ils continuent à lire ceux-ci dans la perspective de la violence divine.

Notre situation correspond très exactement à ce que prévoient les Évangiles pour ce monde qui s'est lui-même baptisé «post-chrétien». Pour ne pas s'en apercevoir, il faut s'accrocher désespérément à la lecture sacrificielle, celle qui permet de déclarer divine, contre toute vraisemblance, la violence annoncée dans le texte. C'est pourquoi les athées sont plus acharnés encore que les chrétiens à perpétuer cette définition sacrificielle.

G. L. : C'est la définition sacrificielle, comme toujours, qui empêche la violence d'arriver jusqu'à nous.

R. G. : Cette violence est déjà arrivée jusqu'à nous. Ce que la lecture sacrificielle perpétue, ici, c'est le refus d'un savoir plus disponible que jamais puisqu'il est déjà

inscrit dans l'histoire que nous vivons et qu'il va s'y inscrire de plus en plus.

J.-M. O. : Rien n'est moins difficile, en somme,
aujourd'hui, que de prendre au sérieux la conception
chrétienne et apocalyptique de l'histoire. Le difficile,
c'est de traiter les textes les plus saisissants comme s'ils
n'existaient pas, de ne pas voir les convergences extraordinaires qui affluent de toute part et seule la lecture
sacrificielle nous empêche encore de les voir. Cette lecture, qui commande aujourd'hui toutes nos autres lectures, ne tient plus qu'à un fil.

R. G. : Croire, comme le faisait Renan, que le
Royaume est «utopique», c'était encore excusable dans
un monde bouffi d'orgueil et qui se croyait invulnérable,
mais dire comme on le fait aujourd'hui que le principe
évangélique de la non-représaille n'est «que du masochisme», c'est ne pas réfléchir aux contraintes que fait
déjà peser sur nous et que fera de plus en plus peser le
caractère excessif de notre puissance destructrice.

J.-M. O. : Tout ce que vous dites ici suppose, je pense,
que pour inventer la science et la technologie, une désacralisation radicale de type évangélique était indispensable. Pour s'enhardir à traiter tous les éléments
naturels comme des objets soumis à des lois *naturelles*,
il fallait d'abord que les dieux en fussent chassés.

R. G. : En effet. Il y a là une articulation essentielle et il
est bon de la souligner. Dans le monde où nous venons
de pénétrer, l'articulation des divers thèmes évangéliques, et surtout du Royaume et de l'apocalypse, cette
fameuse énigme que l'exégèse historique n'a jamais pu
résoudre, ne pose plus aucun problème. Mais des gens
comme Rudolf Bultmann ne s'en sont jamais aperçus.
Pour lui, «démythologiser» les Évangiles consistait à
retrancher purement et simplement ce qu'on ne pouvait
plus assumer dans la version sacrificielle, et ce dont on
ne pouvait pas encore donner une lecture non sacri-

ficielle. Bultmann a toujours invité ses lecteurs, par conséquent, à oublier le thème apocalyptique, vieille superstition juive, disait-il, qui n'a plus rien à voir avec notre mentalité. Bultmann voyait toujours dans l'Apocalypse cette vengeance divine qui, en réalité, ne figure à aucun degré dans les Évangiles[75].

Nous devenons capables, pour la première fois, d'entendre le texte dans sa lecture la plus radicale. Cette puissance d'entendement nous advient, de toute évidence, grâce à la décomposition de la lecture sacrificielle et la crise très singulière de l'histoire contemporaine. Il y a là une série d'événements qui ne peuvent se produire que simultanément et qui ramènent parmi nous, mais étendue au monde entier, la situation qui nous est présentée par les Évangiles eux-mêmes comme la condition historique de la première annonce du Royaume. Cette situation revient sur nous au terme d'une diffusion qui s'est effectuée par l'intermédiaire de la lecture sacrificielle et qui a servi de préparation à tous les peuples de la terre.

J.-M. O. : On va dire que vous ramenez parmi nous les terreurs apocalyptiques...

R. G. : Pour ce qui est des terreurs apocalyptiques, nul ne peut mieux faire désormais que le journal quotidien. Je ne dis pas que la fin du monde est arrivée. Bien au contraire ; tous les éléments d'analyse que je dégage ont quelque chose de positif. La situation actuelle ne signifie nullement que les hommes, hier encore, étaient tels que la pensée humaniste les décrit et que, d'un seul coup, ils ont perdu une innocence jusqu'alors réellement possédée. En réalité, les hommes n'ont pas du tout changé et c'est cela qui rend notre situation dangereuse. Ce qui est révélé n'est rien de nouveau, c'est une violence qui a toujours été dans l'homme. Et pourtant cette violence n'a rien d'instinctif ; la preuve, c'est qu'elle est à chaque instant tout entière à notre disposition, mais jusqu'ici au moins, nous n'avons pas cédé à la tentation d'y recourir.

Il faut que la situation mondiale coïncide avec l'annonce évangélique pour nous faire entendre, finalement, que c'est de cela et pas d'autre chose qu'il s'agit dans le thème apocalyptique. Ce n'est pas la perspicacité individuelle qui est à l'œuvre dans ce que nous disons, c'est un ensemble de données historiques qui fait pression sur nous. Les concordances sont si frappantes qu'elles doivent finir par triompher des obstacles toujours plus branlants que leur opposent nos résistances sacrificielles.

Dire que nous sommes en situation d'apocalypse objective, ce n'est nullement «prêcher la fin du monde», c'est dire que les hommes, pour la première fois, sont vraiment les maîtres de leur destin. La planète entière se retrouve, face à la violence, dans une situation comparable à celle des groupes humains les plus primitifs, à ceci près, cette fois, que c'est *en connaissance de cause*; nous n'avons plus de ressources sacrificielles et de malentendus sacrés pour détourner de nous cette violence. Nous accédons à un degré de conscience et de responsabilité jamais encore atteint par les hommes qui nous ont précédés[76].

Ce qui est effrayant, aujourd'hui, ce n'est pas le sens nouveau qui nous appelle, c'est l'évitement kafkaesque de tout sens. C'est le nihilisme cognitif auquel aboutissent toutes les pensées actuelles. C'est le refus panique de jeter le moindre coup d'œil dans la seule direction d'où le sens pourrait encore venir.

Toute notre culture suggère que je délire. Mais qu'on s'arrête un instant pour considérer l'état de cette culture. Elle a inventé l'ethnologie, la science des mythes, les psychanalyses. Cette même culture se trouve périodiquement secouée de crises «apocalyptiques». La dernière dure déjà depuis plus d'un tiers de siècle, la plus sévère de toutes assurément, la plus angoissante, puisque les éléments scientifiques les plus «durs» s'y mêlent étrangement aux superstitions les plus grotesques et à des éléments de religion traditionnelle.

Imaginons des observateurs intelligents venus d'une autre planète et qui contempleraient nos manèges. Ils verraient de véritables armées se consacrer à l'étude des phénomènes sociaux, à l'interprétation des moindres réactions individuelles et collectives. Ils noteraient l'importance prodigieuse que nos intellectuels attachent, depuis un siècle, à de vieilles histoires grecques concernant un nommé Œdipe et un nommé Dionysos. Ils mesureraient la somme, gigantesque, des travaux consacrés à ces personnages, le respect quasi religieux dont on entoure, depuis le XVIᵉ siècle, le grec d'abord, puis tout le primitif[77]. Ils compareraient tout cela à la diminution constante de l'intérêt porté au judéo-chrétien, c'est-à-dire aux textes où figure — trompeuse et illusoire, c'est fort possible, mais parfaitement explicite et donc forcément significative pour les délires qui nous assiègent — une théorie en bonne et due forme de la destruction de toutes choses. Or, ces mêmes textes ne sont pas la religion des autres mais notre religion à nous ; pour le meilleur ou pour le pire ils ont dominé jusqu'ici et dominent encore le mouvement qui nous entraîne vers l'inconnu. On pourrait croire qu'une société aussi soucieuse de s'observer et de se comprendre pourrait distraire au moins un petit bataillon de cette grande armée qui campe à l'ombre des temples grecs et bororos pour aller voir si, du côté judéo-chrétien, tout est aussi définitivement fini, réglé et terminé qu'on se l'imagine.

Il n'en est pas question. Si notre pensée ne se fonde plus sur l'expulsion physique de la violence et de la vérité de la violence, peut-être y a-t-il désormais une gigantesque expulsion intellectuelle du judéo-chrétien dans son ensemble, c'est-à-dire, entre autres choses, de toute problématique religieuse et culturelle vraiment sérieuse, expulsion qui se fait toujours plus systématique à mesure que les risques de compréhension grandissent, à mesure que la violence se révèle, dans l'histoire et la technologie.

Ce n'est pas la faute du texte évangélique, assurément, si la bonne nouvelle dont nous nous croyions à jamais débarrassés revient vers nous dans un contexte aussi redoutable. C'est nous qui l'avons voulu ; ce contexte, c'est nous qui l'avons élaboré. Nous voulions que notre demeure nous soit laissée, eh bien, elle nous est laissée (Lc 13, 35).

CHAPITRE IV

LE LOGOS D'HÉRACLITE
ET LE LOGOS DE JEAN

A. Le Logos dans la philosophie

J.-M. O. : J'ai toujours été intrigué par la référence au Christ en termes de Verbe, c'est-à-dire en grec de *Logos*. La philosophie a toujours vu là, chez Jean, un emprunt à la pensée grecque. Est-ce que cette conception ne risque pas de battre en brèche celle que vous venez de nous proposer ?

R. G. : C'est avec Héraclite que le mot Logos devient un terme essentiel de la philosophie. Au-delà du langage proprement dit, ce terme désigne l'objet même que vise le discours philosophique. Si ce discours pouvait s'achever il serait identique au Logos, c'est-à-dire au principe divin, rationnel et logique, selon lequel le monde est organisé.

Le mot Logos appartient aussi à l'Évangile de Jean et sa présence plus que toute autre chose a fait longtemps considérer ce texte comme le plus « grec » des quatre Évangiles. Il désigne le Christ en tant que rédempteur et en tant qu'il est étroitement associé à l'œuvre créatrice de Dieu et Dieu lui-même.

Les premiers siècles chrétiens ont une grande méfiance à l'égard de la pensée grecque. L'idée d'une traduction philosophique du christianisme ne se fait admettre que peu à peu. Pendant des siècles, personne ne doute que la tâche essentielle de toute pensée chrétienne est scripturaire et exégétique. Au Moyen Âge, toutefois, la proportion entre les deux types d'activité tend peu à peu à s'inverser en faveur de la philosophie. L'engouement pour toutes choses grecques, la recherche avide du savoir grec, s'accompagne d'un lent déclin de la *figura Christi*. Il est vrai, historiquement, qu'on se détourne peu à peu de la Bible à mesure qu'on se tourne vers la philosophie.

Avec l'apparition d'une « philosophie chrétienne », le rapprochement des deux Logos s'effectue. L'idée d'une parenté paraît toujours plus évidente. Il n'est pas question encore, certes, de donner la prééminence au Logos grec, mais on est déjà sur la route qui mène à ce renversement. Les philosophes grecs passent alors pour des précurseurs de la pensée johannique, un peu à la manière des prophètes juifs. Une autre lignée prophétique se dessinerait dans la culture hellénique. Un théologien moderne (cité par Heidegger dans son *Introduction à la métaphysique*) définit comme suit le rapport des deux Logos dans la « philosophie chrétienne » :

L'apparition réelle de la vérité sous forme divine humaine a confirmé solennellement les penseurs grecs dans leur connaissance philosophique du règne du Logos sur tout ce qui est. Cette confirmation solennelle fonde la classicité de la philosophie grecque[78].

Le rationalisme moderne s'insurge contre cette subordination de la pensée grecque à la révélation chrétienne. L'antériorité chronologique prouve selon lui que la découverte du Logos appartient aux Grecs et non au christianisme. Le Logos de Jean et la pensée johannique ne seraient qu'une pâle copie de la seule pensée originale, qui est grecque. Le Nouveau Testament ne serait que le vieux geai judaïque paré des plumes du paon grec. Ce rationalisme ne remet pas en cause la parenté essentielle des deux Logos. Tout se ramène à une querelle de précédence. On prétend remettre à l'endroit ce que le christianisme, dans sa prétention vaine, aurait inversé.

La saine érudition consiste à reconnaître comme original ce qui vient en premier lieu. Pour les penseurs chrétiens, en somme, les philosophes grecs sont des théologiens qui s'ignorent. Pour les post-chrétiens, au contraire, l'idée d'un Logos spécifiquement chrétien est une falsification impudente qui recouvre une imitation grossière de la philosophie.

D'un bout à l'autre de la pensée occidentale, personne n'a jamais songé à *distinguer* les deux Logos. Chrétiens et antichrétiens sont d'accord sur l'essentiel. Ils sont également persuadés que le mot Logos doit toujours recouvrir le même signifié.

B. Les deux Logos chez heidegger

J.-M. O. : Martin Heidegger a voulu rompre avec cette tradition millénaire. Pour la première fois, l'idée que les deux Logos ne font qu'une seule et même chose est énergiquement rejetée.

R. G. : Sur le Logos johannique, Heidegger ne se distingue que très secondairement des autres maîtres à penser de la modernité. Il s'acharne à découvrir dans le Logos johannique l'expression d'un autoritarisme divin qui serait caractéristique de la Bible.

Parce que Logos, dans la traduction grecque de l'Ancien Testament (les Septante), est le nom donné à la parole ; et « parole » est pris ici dans la signification bien déterminée d'ordre, commandement, *oi deka logoi*, ce sont les dix commandements de Dieu (le Décalogue). Ainsi logos signifie *Xérux*, *Angelos*, le héraut, le messager qui transmet les commandements et les ordres[79].

Nous retrouvons ici, transposée dans le Logos johannique, l'idée reçue numéro un de la modernité au sujet de l'Ancien Testament. Les rapports entre Dieu et l'homme reproduisent le schème hégélien du « maître » et de l'« esclave ». C'est là une idée docilement reprise, même par ceux qui prétendent se « libérer » de Hegel. On la retrouve chez Marx, chez Nietzsche et chez Freud. Elle est adoptée littéralement les yeux fermés par des gens qui n'ont jamais lu une ligne de la Bible. Cette idée est déjà fausse, même si on la limite à l'Ancien Testament. De nos jours on se permet de l'étendre au Nouveau (ce que Hegel n'aurait jamais fait), sans jamais justifier cette extension autrement que par des affirmations péremptoires dans le style de celle que nous venons de lire.

Heidegger ne fait donc qu'assimiler le Nouveau Testament à l'interprétation hégélienne de l'Ancien, durcie et simplifiée.

Là où Heidegger est intéressant, en revanche, c'est quand il définit le Logos grec. Sa contribution essentielle ne consiste pas à insister sur l'idée de «recueillir ensemble» et «rassembler», dont il montre la présence dans le terme de Logos. Il dit quelque chose de beaucoup plus important et c'est que les entités rassemblées par le Logos sont des *opposés, et que le Logos les rassemble non sans violence.* Heidegger reconnaît que le Logos grec a partie liée avec la violence[80].

Ce sont les traits dégagés par Heidegger qu'il importe de souligner si on veut distinguer le Logos grec du Logos johannique. C'est bien là l'entreprise de Heidegger ; elle me paraît légitime, et même essentielle. Heidegger se donne les moyens de réussir du côté grec, en définissant le Logos héraclitéen de façon correcte, comme cette violence — le sacré — qui maintient les doubles ensemble, qui les empêche de s'entre-détruire, mais il s'aveugle, en revanche, à la réalité du Logos johannique. Ce qui l'empêche de réussir, c'est sa volonté d'introduire la violence non seulement dans le Logos grec, où elle figure vraiment, mais aussi dans le Logos johannique, en faisant de ce dernier l'expression d'une divinité inutilement tyrannique et cruelle.

Heidegger s'imagine visiblement qu'il y a une *différence* entre la violence du Logos grec et la violence qu'il attribue au Logos johannique. Il voit dans la première une violence d'hommes libres, et dans la seconde la violence que subissent les esclaves. Le Décalogue juif n'est qu'une tyrannie intériorisée. Heidegger est fidèle ici, non seulement à toute la tradition qui fait de Yahvé un potentat oriental, mais à la pensée de Nietzsche qui va jusqu'au bout de cette tendance et qui définit le judéo-chrétien tout entier comme l'expression d'une pensée esclave, faite pour les esclaves.

La différence au sein de la violence, c'est l'illusion par excellence de la pensée sacrificielle. Heidegger ne voit pas que toute maîtrise violente finit dans l'esclavage car c'est le jeu du modèle-obstacle qui domine la pensée comme il domine les rapports concrets entre les hommes. Il veut différencier les deux Logos : en mettant de la violence dans l'un comme dans l'autre, il s'ôte les moyens de le faire !

C'est dire qu'il ne peut pas dissoudre la vieille assimilation entre les deux Logos, cette assimilation qui dure depuis le début de la philosophie européenne et qui pourrait bien fournir à cette philosophie sa meilleure définition, puisque c'est l'occultation même du texte chrétien qu'elle accomplit, c'est la lecture sacrificielle qu'elle rend effective.

La seule différence entre Heidegger et ses prédécesseurs, c'est qu'à la relation de tolérance mutuelle qui existait jusque-là entre les deux Logos s'est substituée une relation d'antagonisme. C'est la lutte des doubles qui s'est installée au cœur de la pensée européenne ; les deux Logos sont bien des doubles, dans leur version heideggérienne : on s'efforce de les différencier, on croit que c'est déjà fait, alors qu'en réalité ils sont de plus en plus indifférenciés. Plus on s'efforce de remédier à cet état de choses, plus on l'aggrave.

C'est la traduction philosophique de la situation où se trouve l'intelligence occidentale. Heidegger la reflète d'autant mieux qu'il ne croit plus la refléter. Si on définit la philosophie occidentale par l'assimilation des deux Logos, il n'y a pas de doute que Heidegger s'inscrit encore dans cette tradition ; il ne peut pas vraiment *conclure* la philosophie puisqu'il ne peut pas montrer de différence réelle entre le Logos héraclitéen et le Logos johannique.

Il en est de Heidegger comme des autres penseurs modernes. Sa pensée n'est ni fantaisiste ni gratuite. Si elle n'effectue pas la séparation qu'elle souhaite, elle prépare la découverte décisive, elle annonce réellement cette fin de la métaphysique occidentale dont elle parle sans cesse.

Que montre Heidegger, en effet, quand il affirme que le Logos héraclitéen maintient les opposés ensemble non sans violence ? Il parle sans s'en douter encore de la victime émissaire et du sacré qui surgit d'elle. C'est la violence du sacré qui empêche les doubles de déchaîner plus de violence encore. Le Logos héraclitéen selon Heidegger, c'est le Logos de toutes les cultures humaines en tant qu'elles sont, et restent toujours, fondées sur l'unanimité violente.

Si on examinait Heidegger à la lumière de la victime émissaire, on verrait que derrière l'interprétation des mots clefs des langues allemande et grecque, et surtout derrière la méditation sur l'*être*, c'est toujours, en dernière analyse, du sacré qu'il s'agit. Heidegger remonte vers le sacré, il retrouve certains éléments de la polyvalence sacrée à partir du vocabulaire philosophique. C'est bien pourquoi le lieu par excellence de la philosophie heideggérienne, c'est la philosophie présocratique, en particulier celle d'Héraclite, le philosophe qui reste le plus proche du sacré.

C'est ce rapport au sacré, dans le langage de la philosophie, qui rend le texte de Heidegger « obscur » et fascinant. Si on le relit dans la perspective qui est la nôtre, on verra que les « paradoxes » dont fourmille ce texte sont toujours les paradoxes du sacré. Pour compléter Heidegger et le rendre parfaitement clair, ce n'est pas dans une lumière philosophique qu'il faut le lire mais à la lumière de l'ethnologie, non pas de n'importe quelle ethnologie, bien sûr, mais de celle que nous venons d'ébaucher, celle qui repère enfin le mécanisme de la victime émissaire et qui reconnaît dans la polyvalence du sacré, non une pensée qui mélange tout, comme le veulent Lévy-Bruhl et Lévi-Strauss, mais la matrice originelle de la pensée humaine, le creuset où se forgent

peu à peu, par différenciations successives, non seulement nos institutions culturelles, mais tous nos modes
de pensée.

Parce qu'il s'enferme dans la philosophie et parce
qu'il en fait le dernier et ultime refuge du sacré, Heidegger ne peut pas dépasser certaines limites, celles justement de la philosophie. Pour comprendre Heidegger,
il faut voir qu'il doit être lu, comme les présocratiques
avant lui, dans la perspective radicalement anthropologique de la victime émissaire.

J.-M. O. : Ni avec Heidegger, ni avec ses successeurs,
la philosophie ne remonte en deçà des présocratiques
car c'est le religieux, alors, qu'elle trouverait et elle
renoncerait à elle-même ; c'est là, sur le plan ethnologique, la tâche que vous vous assignez et il est facile de
voir ici comment elle déborde, le champ philosophique.

R. G. : Comme tous les penseurs modernes qui n'ont,
au fond, qu'un seul et même ennemi, le christianisme
sacrificiel, toujours confondu par eux avec le texte chrétien, Heidegger prépare réellement la rupture décisive
qu'il ne cesse d'annoncer mais, à l'égard de cette rupture, son œuvre constitue aussi un facteur de résistance
extrême. Il croit accomplir lui-même ce qui va bien
s'accomplir mais dans un esprit tout autre que celui de
sa philosophie. Il n'y a d'accomplissement véritable, en
effet, que dans la révélation du texte chrétien comme
souverain sous tous les rapports, seul interprète d'une
histoire sur laquelle il règne déjà secrètement dans l'exclusion même dont il fait l'objet.

S'il y a réellement, entre le Logos grec et le Logos
chrétien, une différence essentielle, c'est forcément sur
le plan de la violence qu'elle doit apparaître. Ou bien
nous n'avons dit que des bêtises, ou bien le Logos johannique n'est pas du tout ce que Heidegger fait de lui lorsqu'il l'interprète à partir du Décalogue, comme une
espèce de serviteur terrorisé et habilité seulement à
transmettre les ordres d'un maître farouche. Nous avons
montré que l'Ancien Testament tout entier défait les

transferts de la victime émissaire et se déprend peu à peu de la violence sacrée. Loin de rester sous la dépendance du sacré violent, donc, l'Ancien Testament s'en écarte, mais il lui reste assez attaché, dans ses parties les plus primitives, pour qu'on puisse lui reprocher d'être violent sans invraisemblance excessive, et c'est bien là ce que fait Hegel.

Ce qui nous apparaît comme violence extrême chez Yahvé, c'est en réalité l'effort de tout l'Ancien Testament pour dévoiler la réciprocité violente des doubles. Dans les Évangiles, nous l'avons dit, ce processus arrive à son terme. Croire que ce terme coïncide nécessairement avec une absence pure et simple de divinité, c'est avouer ingénument qu'il ne peut y avoir d'autre dieu pour nous que la violence. L'Évangile de Jean affirme que Dieu est amour et les Évangiles synoptiques nous précisent que Dieu traite les frères ennemis avec une égale bienveillance. Pour le Dieu de l'Évangile, les catégories qui sortent de la violence et y retournent n'existent pas. Que personne ne lui demande de se mobiliser docilement à l'appel de nos haines fratricides.

Le Fils joue bien un rôle intermédiaire entre le Père et les hommes mais ce ne sont pas les commandements d'un potentat arbitraire qu'il transmet. Il n'a rien du héraut militaire, entouré de pompe et précédé de trompettes ; cette description est ridicule à force d'être menteuse ; ce ne sont pas les prophètes juifs qui aiment les apparences luxueuses et les étalages du prestige ; c'est bien plutôt chez les Grecs qu'on trouve tout cela et chez leurs héritiers spirituels, tous amateurs de théâtre et de trompettes de théâtre. Pas de théâtre chez les juifs.

G. L. : Cette non-intervention évangélique, on peut, certes, la reprocher au Père, autant qu'on reproche l'attitude contraire au Yahvé biblique. Il suffira qu'on ait affaire à l'une pour qu'on réclame l'autre et vice versa. Jamais les grenouilles, on le sait, ne sont contentes de leur roi.

R. G. : Mais cette non-violence qui paraît si dérisoire de la part d'une divinité transcendante, change radicalement d'aspect si on la transporte sur cette terre, si les hommes en font le modèle de leur propre conduite, parmi les autres hommes.

Si le Père est tel que le Fils le décrit, la Parole du Fils, celle que nous venons de citer, est bien la Parole du Père, puisque c'est l'être même du Père qu'elle définit et cette Parole n'est pas une simple représentation ; elle nous invite à agir, à devenir semblables au Père en nous conduisant comme il se conduit lui-même. La Parole du Père, identique au Père, consiste à dire aux hommes ce qu'est le Père pour qu'ils puissent l'imiter : « Aimez vos ennemis, priez pour vos persécuteurs ; ainsi serez-vous fils de votre Père. »

Jésus est bien un intermédiaire entre le Père et les hommes puisque c'est sa Parole qu'il leur transmet. On peut soutenir, certes, qu'il s'agit là d'un commandement tyrannique, plus tyrannique que tous les commandements du méchant Yahvé, puisque jamais encore les hommes n'ont réussi à le suivre, mais on ne saurait voir en Jésus le héraut que Heidegger voit en lui, le porte-parole occasionnel, la simple courroie de transmission dans une machine autoritaire et bureaucratique.

La preuve que Jésus n'est pas un simple héraut, c'est qu'il persiste à se conduire conformément à cette Parole en dépit de l'accueil négatif que lui font les hommes autour de lui.

Le rapport entre le Fils et le Père ne peut pas être la subordination terrifiée que dit Heidegger. C'est un rapport d'amour non différencié.

C. Définition victimaire du Logos johannique

J.-M. O. : Je voudrais faire ici deux observations. La première est que vous vous détachez totalement de tout ce que la philosophie et la psychanalyse ont cru pouvoir fonder sur la différence entre religion du Père et religion du Fils. La seconde est une question qui me paraît fondamentale : En affirmant qu'entre le Père et le Fils, il n'y a pas de différence, ne risquez-vous pas de les faire basculer dans un rapport de doubles ?

R. G. : L'amour, comme la violence, abolit les différences. Une lecture structurale ne voit ni l'un ni l'autre ; *a fortiori*, elle ne verra pas leur incompatibilité radicale. C'est cette incompatibilité que nous cherchons à établir, et je suis obligé de vous renvoyer, soit à l'ensemble de la démonstration qui y aboutit, soit à la parole de l'Évangile sur l'impuissance des sages et des habiles à voir ce que voient les petits enfants.

Si tout ceci est vrai, la définition du Logos doit en faire état. Loin de se dissimuler au regard, la différence entre le Logos grec et le Logos johannique ne doit être cachée que pour la complexité tortueuse d'une pensée qui n'arrive jamais à se défaire de sa violence.

Si cette différence a échappé au regard philosophique depuis toujours et si elle échappe encore à Heidegger, ce ne peut pas être parce qu'elle est réellement difficile à découvrir. Il est impossible que le prologue de l'Évangile de Jean ait « oublié » cette différence, qu'il ait omis d'en faire état. Il faut que la « spécificité » du Logos johannique soit quelque chose de très évident et même d'éclatant dans le texte de ce prologue, mais dont personne jusqu'à ce jour ne s'est avisé, faute de comprendre le rôle de la violence dans le Logos culturel. Il faut que le secret de la victime émissaire soit levé dans la définition même du Logos, il faut que dans ces quelques lignes, tout ce qui est caché soit déjà révélé, mais que nous soyons encore incapables d'assumer cette révélation.

Une fois que le mécanisme de la victime émissaire est repéré, la singularité absolue du Logos johannique devient manifeste. La différence entre lui et le Logos héracliséen ne pose plus aucun problème. Comme le dit Heidegger, *un monde sépare tout cela d'Héraclite* mais pas du tout le monde qu'imagine le philosophe.

Aucune analyse n'est nécessaire ; voir cette différence éclatante n'est plus qu'un jeu d'enfant au sens où seuls les enfants, dans la perspective évangélique, voient la simplicité des choses essentielles, la différence entre la violence et la paix, qui surpasse l'entendement humain :

> De tout être (le Logos) était la vie
> et la vie était la lumière des hommes
> et la lumière luit dans les ténèbres
> *et les ténèbres ne l'ont pas comprise* (Jn 1, 4-5).
> . . . .
> il était dans le monde
> et le monde fut par lui
> *et le monde ne l'a pas connu.*
>
> Il est venu chez lui
> *et les siens ne l'ont pas reçu* (Jn 1, 10-11).

Le Logos johannique est bien le Logos étranger à la violence ; c'est donc un Logos toujours expulsé, un Logos qui n'est jamais là et qui ne détermine jamais rien de façon directe dans les cultures humaines : celles-ci reposent sur le Logos héraclitéen, c'est-à-dire sur le Logos de l'expulsion, sur le Logos de la violence qui ne reste fondatrice qu'en tant qu'elle est méconnue. Le Logos johannique est celui qui révèle la vérité de la violence en se faisant expulser. Il s'agit au premier chef de la passion, bien sûr, mais sur un mode de généralité qui présente la méconnaissance du Logos, son expulsion par les hommes comme une donnée fondamentale de l'humanité.

On ne peut pas dire que l'essentiel ne soit pas dit ; en l'espace de quelques lignes, cet essentiel est répété trois fois ; le Logos est venu dans le monde mais le monde ne l'a pas connu, les siens ne l'ont pas reçu ; les hommes n'y ont rien compris. Depuis deux mille ans que ces paroles sont là, les hommes n'ont pas cessé de les commenter mais vous pouvez tout lire et vous verrez que l'essentiel toujours leur échappe : c'est le rôle de l'expulsion dans la définition du Logos johannique.

Ce que disent ces paroles, en somme, c'est l'aveuglement même des commentaires qu'elles inspirent. L'exégèse et la philosophie, chrétiennes et antichrétiennes, se sont toujours comportées et se comportent encore vis-à-vis du prologue de Jean de façon à confirmer l'exactitude littérale de son dire. C'est toujours la même méconnaissance et le même malentendu. Il n'y a pas de passage essentiel, dans les Évangiles, qui ne contienne la révélation de la victime fondatrice ou qui ne soit lui-même cette révélation, à commencer par le texte de la passion.

Il y a quelque chose dans toutes les cultures humaines et dans le fonctionnement de l'esprit humain qui nous a toujours forcés à méconnaître le vrai Logos, à croire, en somme, qu'il n'y a qu'un seul Logos et il importe peu, alors, de l'attribuer aux Grecs ou aux Juifs car c'est toujours la même violence qui se produit d'abord comme religion, puis qui se fragmente en discours philosophiques, esthétiques, psychologiques, etc.

Pour comprendre que ces discours sont équivalents, il suffit de constater qu'aucun d'eux ne défait jamais les transferts contre la victime émissaire, aucun d'eux ne révèle le mécanisme fondateur de la cité des hommes. À l'intérieur de ce discours, par conséquent, toutes les ruptures sont secondaires ; c'est la continuité qui l'emporte et elle a toujours empêché, même les commentateurs chrétiens, de reconnaître la singularité absolue du Logos johannique, là même où elle devient parfaitement explicite.

Tout effort pour s'approprier le Logos johannique se traduit nécessairement par une retombée dans le Logos mythico-philosophique. L'erreur qui fonde toute pensée occidentale désigne clairement la vérité unique de ce monde ; sous le Logos grec auquel la pensée l'assimile indûment, le Logos johannique ne peut pas subsister ; il se fait toujours chasser d'un monde qui ne saurait être le sien. Ce processus ne fait qu'un avec la lecture sacrificielle du christianisme. L'« erreur » est la même que celle des Juifs qui se croyaient capables de retenir à jamais Yahvé dans le Temple et se fermaient aux avertissements prophétiques. C'est toujours la même « erreur » qui se répète, la suffisance d'un « peuple élu », qui perçoit très bien la faute de l'autre, cette faute qui a fait de lui, à son tour, l'héritier de la promesse, et qui ne voit pas que, dans son orgueil même, il est en train, lui aussi, de commettre la même faute.

La différence du vrai Logos a passé inaperçue car sa perte ne fait qu'un avec l'illusion où l'on est de l'accueillir alors même qu'on est en train de l'expulser. On croit faire sa place, la première, au Logos chrétien, dans la cité chrétienne, et lui donner enfin la demeure terrestre qu'il n'a jamais possédée, mais c'est sur le Logos du mythe qu'on se referme.

Heidegger, le premier, tire des conséquences rigoureuses de la substitution du Logos grec au Logos johannique dans toute la pensée chrétienne et post-chrétienne. Le Logos expulsé est réellement introuvable. Heidegger peut affirmer, à juste titre, qu'il n'y a jamais eu en Occident d'autre pensée que la grecque, même quand les étiquettes étaient chrétiennes. On ne peut pas isoler dans la pensée occidentale de pensée spécifiquement « chrétienne », dit Heidegger. Le christianisme n'a pas d'existence propre dans l'ordre de la pensée. La continuité du Logos grec n'est jamais interrompue ; quand les hommes se remettent à penser, au Moyen Âge, ils se remettent à penser grec. L'histoire de la philosophie occidentale n'a donc pas à faire la moindre allusion au christianisme et Heidegger écrit, effectivement, cette histoire, sans jamais mentionner le christianisme. Heidegger accomplit le geste ultime qui débarrasse la pensée occidentale de tous les résidus pseudo-chrétiens qui l'encombraient encore et, sur ce plan, il accomplit la séparation des deux Logos, montrant que tout est grec, rien n'est chrétien. Il prend acte d'une expulsion désormais complète et qui, en un certain sens, a toujours été complète puisqu'elle était déjà accomplie dans la définition sacrificielle du christianisme.

Bien qu'il soit aveuglé par l'hostilité que lui inspirent le judaïque et le chrétien, Heidegger, en dépit de lui-même, comme tout vrai penseur, participe à l'œuvre immense de la révélation. Même s'il ne parvient guère qu'à les défigurer, il a raison de chercher les antécédents du Logos johannique chez les Juifs plutôt que chez les Grecs, dans cette *Parole de Dieu* qui joue déjà un rôle très considérable chez le Second Isaïe. C'est d'ailleurs là ce que font de plus en plus les meilleurs exégètes de la Bible, y compris W. F. Albright dans plusieurs de ses travaux et en particulier dans son ouvrage le plus connu du grand public, *From Stone Age to Christianity*[81].

De même à notre époque, tous ceux qui dénoncent ce qu'ils appellent le logocentrisme occidental, à la suite de Heidegger, mais en inversant ses valeurs ne font jamais que travailler sans s'en douter à la révélation du vrai Logos. Ils se croient à même d'inclure celui-ci dans leur critique. Ils ne savent pas qu'ils sont compris dans sa critique à lui.

J.-M. O. : Cette distinction entre les deux Logos est fondamentale. Ce que vous dites, au fond, c'est que toutes les formes religieuses, philosophiques et post-philosophiques multiplient les différenciations de toutes sortes pour dissimuler, escamoter ou même nier explicitement cette distinction-là, seule fondamentale. Vous faites le contraire ; vous cherchez à montrer, la vanité de toutes les différences respectées par les hommes afin de retrouver une distinction unique, la distinction absolue entre le Logos de la violence, qui n'est pas, et le Logos de l'amour, qui est.

R. G. : Cette révélation, c'est celle du Logos lui-même qui, dans le christianisme, est expulsé une fois de plus, par la lecture sacrificielle qu'on en donne, c'est-à-dire par un retour du Logos de la violence. Le Logos n'en est pas moins en train de se révéler, mais il tolère une fois de plus ce recouvrement pour différer encore un peu la plénitude de sa révélation.

Le Logos de l'amour laisse faire ; il se laisse toujours expulser par le Logos de la violence, mais son expulsion est de mieux en mieux révélée, révélant avec elle ce Logos de la violence comme celui qui n'existe qu'en expulsant le vrai Logos et d'une certaine façon en le parasitant.

J.-M. O. : Je crois que nous ne pouvons pas quitter le prologue de l'Évangile de Jean sans parler de la première phrase : « Au commencement était le Verbe… » Cette phrase rappelle, bien entendu, la première phrase de la Genèse, de la Bible tout entière : « Au commencement, Dieu créa le ciel et la terre. »

R. G. : Certains commentateurs pensent que les ressemblances avec la Genèse se poursuivent dans les vers suivants avec les thèmes de la création, de la lumière et des ténèbres qui figurent eux aussi, bien entendu, dans la Genèse[82].

À la lumière de nos analyses, ce parallélisme des expressions acquiert une signification capitale. Le prologue de Jean, c'est la Bible tout entière qui est *recommencée* dans la perspective du Logos émissaire, la perspective que nous essayons de faire nôtre.

Guidée par les exemples tirés des Évangiles eux-mêmes, et des Épîtres de Paul, l'exégèse traditionnelle, tout au long du Moyen Âge, s'est efforcée de lire l'Ancien Testament à la lumière du Nouveau. Elle n'a obtenu que des résultats limités et ce type d'interprétation a été finalement abandonné comme irrationnel et mystique. Les exégètes médiévaux ne pouvaient pas savoir à quel point ils avaient raison de voir dans les grandes figures de l'Ancien Testament des préfigurations et des annonces du Christ lui-même. Ils ne pouvaient pas justifier une intuition qui, par la suite, a été rejetée comme pur radotage par la recherche rationaliste et moderne, alors qu'en réalité, si incomplète soit-elle, elle va très au-delà de tout ce que la critique moderne nous a jamais proposé. Seuls quelques auteurs, à notre époque, comme Paul Claudel ou le père de Lubac, ont pressenti que ce type d'exégèse était le plus riche et le plus puissant de tous mais ils ne sont pas arrivés, eux non plus, à justifier scientifiquement leurs intuitions[83]. Cette justification scientifique de l'intuition religieuse coïncide avec l'idée, suggérée par le prologue de Jean, que, pour éclairer la Bible tout entière à la lumière du Nouveau Testament et la relire dans une lumière vraiment christologique, il faut reconnaître dans le Verbe de vérité le savoir de la victime émissaire toujours expulsé par les hommes. Tant que cette reconnaissance n'a pas lieu, l'intelligence rationnelle du rapport objectif qui unit les deux Testaments reste impossible.

Pour entendre jusqu'au bout le rapport entre le récit de la création dans la Genèse et le prologue de l'Évangile de Jean, il faut réfléchir, très certainement, au premier grand mythe de la Bible, à celui d'Adam et d'Ève expulsés du paradis terrestre. Ce mythe fait les délices de la pensée moderne qui croit toujours y reconnaître l'essence «répressive» du biblique et on nous fait bénéficier depuis plusieurs siècles d'un véritable déluge de démystifications passablement répétitives et banales, aussi banales et répétitives, en vérité, qu'ont dû l'être pour les passagers les quarante jours de pluie ininterrompue passés dans l'Arche de Noé.

Nous nous croyons les premiers à «démystifier» le mythe d'Adam et d'Ève et nous clamons partout notre fierté. Mais nous ne voyons pas ce qui caractérise essentiellement ce mythe et c'est qu'il pose les rapports entre la divinité et l'humanité en termes d'expulsion. Exactement comme le prologue de l'Évangile de Jean. La seule différence, que personne ne voit, mais qui est essentielle on ne le répétera jamais assez, c'est que, *dans le mythe d'Adam et d'Ève, c'est encore la divinité qui manipule et qui expulse l'humanité*, pour assurer la fondation de la culture, alors que *dans le prologue de Jean, c'est l'humanité qui expulse la divinité*.

Le mythe de la Genèse est loin d'être un mythe comme les autres. Il témoigne déjà du *travail* vétéro-testamentaire sur la victime émissaire puisque, dans les rapports entre l'humain et le divin, il fait déjà passer l'expulsion au premier plan, «l'élimination radicale» comme dirait Lévi-Strauss; il fait déjà du structuralisme, en somme, mais comme le structuralisme et à la suite de tous les autres mythes, il continue à se tromper sur le *sens véritable* de l'expulsion, au double sens de direction et de signification. Le prologue de Jean inverse ce sens et il n'en faut pas plus — et il n'en faut pas moins — pour faire partout la *lumière* sur les mythes. C'est toute l'interprétation évangélique de l'Ancien Testament qui se trouve résumée dans cette démarche, et c'est toute notre anthropologie fondamentale. Cette anthropologie ne fait qu'expliciter la première phrase du prologue de Jean, en tant que cette phrase constitue la répétition — et la traduction — d'une autre phrase, la première de toute la Bible. C'est la même chose qui est répétée, à une exception près, mais elle est capitale puisqu'elle substitue le Logos expulsé à la divinité de la violence. Toujours et partout, il ne s'agit jamais que de cela, dans toute herméneutique, et les conséquences de la substitution, quand elles parviennent finalement à s'accomplir, sont encore incalculables.

Pascal écrit quelque part qu'il est permis de rectifier la Bible, mais à l'aide de la Bible seulement et c'est là ce que nous faisons quand nous relisons la Genèse et l'Ancien Testament tout entier, et la culture tout entière, à la lumière de ces quelques lignes dans le prologue de Jean. C'est l'immense labeur de l'inspiration biblique, c'est-à-dire de l'humanité entière toujours en marche vers sa vérité qui se trouve résumé et condensé dans cette reprise en apparence insignifiante de la première phrase de la Genèse, et dans la «légère» rectification qui y est apportée. Loin d'être voués à l'absurde et au non-sens comme nous l'affirment aujourd'hui les voix lamentables de notre débâcle culturelle, l'humanité est tout entière rassemblée, à notre époque, pour de prodigieuses retrouvailles avec un sens invulnérable à toute la critique moderne.

J.-M. O. : Dans les analyses qui précèdent, votre attitude à l'égard du christianisme historique me semble varier. Vous vous opposez catégoriquement à la lecture sacrificielle de la passion et de la rédemption mais, loin d'aboutir à la lecture humaniste que certains de vos critiques croyaient pressentir dans vos essais antérieurs, vous retrouvez la transcendance du divin sous la forme même que les grandes orthodoxies chrétiennes lui ont toujours reconnue : le Père n'est accessible que par l'intermédiaire du Fils.

Ce qui provoque les malentendus — et ce sont des malentendus, bien sûr, puisque tout ce que vous dites ici était déjà ébauché dans une discussion d'*Esprit* de novembre 1973 — c'est l'extraordinaire puissance démystificatrice d'une pensée qui se centre vraiment sur la victime émissaire. Que cette pensée soit aussi chrétienne, qu'elle soit même nécessairement et radicalement chrétienne, autrement dit que toute démystification radicale, désormais, doive apparaître comme chrétienne, voilà ce que personne encore n'est prêt à accepter, pas plus les chrétiens intégristes que les athées à prétentions révolutionnaires, pas plus les chrétiens progressistes que les rationalistes conservateurs. Ce sont toutes les oppositions classiques de la pensée moderne qui s'effondrent et personne ne peut accepter la chose de gaieté de cœur.

E. Amour et connaissance

J.-M. O. : Ceci nous ramène, à vrai dire, à ce que vous disiez au tout début de notre discussion sur l'Écriture. C'est l'amour qui démystifie vraiment parce qu'il restitue aux victimes leur humanité...

R. G. : Entre l'amour au sens chrétien et l'Éros des Grecs, il y a bien l'opposition radicale qu'a voulu voir Anders Nygren — même si ce n'est pas toujours le terme d'*agape* qui exprime cette notion chrétienne dans le Nouveau Testament[84]. Mais loin de représenter un renoncement à toute rationalité, un abandon au non-savoir, l'amour est à la fois l'être divin et le fondement de tout savoir vrai. Il y a dans le Nouveau Testament une véritable épistémologie de l'amour dont la première épître de Jean formule clairement le principe :

Celui qui aime son frère demeure dans la lumière
et il n'y a en lui aucune occasion de chute [de scandale].
Mais celui qui hait son frère est dans les ténèbres,
il marche dans les ténèbres,
il ne sait pas où il va,
car les ténèbres ont aveuglé ses yeux (I Jn 1, 9-11).

Ce sont ces paroles qui nous suivent tout au long de ces discussions. L'amour dont parle Jean échappe aux illusions haineuses des doubles. Il peut seul révéler les processus victimaires qui sous-tendent les significations culturelles. Aucun processus purement « intellectuel » ne peut mener à la connaissance vraie puisque le détachement de celui qui contemple les frères ennemis du haut de sa sagesse est en fin de compte illusoire. Toute sagesse humaine est illusoire dans la mesure où elle n'a pas affronté l'épreuve décisive qui est celle des frères ennemis, et peut-être ne l'affrontera-t-elle jamais, peut-être demeurera-t-elle intacte dans sa superbe vanité, mais elle n'en sera que plus stérile.

Seul l'amour est vraiment révélateur car il échappe à l'esprit de revanche et de vengeance qui caractérise encore cette révélation dans notre univers à nous et lui assigne des limites catégorielles pour s'en faire, justement, une arme contre le double. Seul l'amour parfait du Christ peut réussir sans violence la révélation parfaite vers laquelle nous nous avançons tous, malgré tout, mais à travers les dissensions et les divisions prévues, justement, par le texte évangélique. C'est bien pourquoi nous tendons de plus en plus à rejeter sur ce texte lui-même la responsabilité de ces divisions. Nous ne pouvons plus guère nous entendre que contre lui et il est en passe de devenir, en un symbolisme merveilleusement révélateur, le bouc émissaire de notre humanité. Cette humanité n'est rassemblée dans la première société planétaire que pour accoucher de la vérité de ce texte, la vérité qu'elle s'acharne à nier.

Cette volonté de nier s'exerce avec une perspicacité et un aveuglement particuliers dans l'ouvrage de Nietzsche déjà cité, dans cet *Antéchrist* qui rejette explicitement l'épistémologie de l'amour proposée par le Nouveau Testament :

L'amour est l'état dans lequel les hommes ont les plus grandes chances de voir les choses telles qu'elles ne sont *pas*. La force délusoire est ici à son paroxysme, de même que la force lénifiante, *transfigurante*. Dans l'amour, on supporte plus qu'à l'ordinaire, on tolère tout [85].

G. L. : Nietzsche est cohérent avec lui-même, dans ces lignes tout au moins. Choisir «Dionysos contre le Crucifié», ne pas voir l'obscurcissement de la violence collective dans le mythe grec, c'est refuser, de toute évidence, l'épistémologie proposée par l'épître de Jean.

R. G. : Cette idée que le Christ apporte la clef de l'Ancien Testament est partout présente dans les Évangiles eux-mêmes, non seulement dans les interprétations proposées par Jésus mais aussi, de façon significative, dans certaines scènes postérieures à la résurrection et déjà dominées, me semble-t-il, par l'effusion de la vérité, c'est-à-dire par le pouvoir d'interpréter conféré aux hommes par la passion du Christ.

Le récit des pèlerins d'Emmaüs illustre ce processus. Peu après la mort du Christ, deux disciples quittent Jérusalem pour le village d'Emmaüs. Comme les autres disciples, ils sont découragés et démoralisés. Ils ont renoncé au grand espoir que leur avait donné Jésus et le fait de tourner le dos à Jérusalem, de s'éloigner du lieu où il est mort symbolise ce renoncement. Pour tous les compagnons de Jésus c'est la débâcle finale, une dispersion générale s'amorce.

Mais voici que Jésus se joint à eux et fait route avec eux sans qu'ils soupçonnent sa présence «car leurs yeux étaient empêchés de le reconnaître». Et après avoir entendu de leur bouche le récit de la grande déception, Jésus s'écrie :

«Esprits sans intelligence, lents à croire tout ce qu'ont annoncé les Prophètes! Ne fallait-il pas que le Christ endurât ces souffrances pour entrer dans sa gloire?» Et, commençant par Moïse et parcourant tous les Prophètes, il leur interpréta dans toutes les Écritures ce qui le concernait (Lc 24, 25-27).

Les yeux empêchés de reconnaître le Christ sont ceux des hommes qui se font de lui une conception fausse. Mais ce Christ qu'ils croient mort à jamais n'en est pas moins auprès d'eux sur la route qui les éloigne, croient-ils, de tout ce qu'il représentait pour eux. Et c'est lui, à leur insu, tout au long de cette route, qui leur enseigne à tirer des Écritures une leçon qu'ils n'avaient jamais soupçonnée auparavant. Ce qu'ils n'avaient pas compris tant qu'ils croyaient en Jésus et en sa cause, sous une forme sacrificielle, mondaine et menteuse, voici qu'ils le comprennent du fait même qu'ils se croient à jamais séparés de lui. Au moment où tout paraît perdu, le Christ, silencieusement, vient à notre rencontre, et d'abord il n'est pas reconnu. Les disciples désirent retenir l'inconnu qui s'éloigne :

« Reste avec nous, car le soir tombe et le jour déjà touche à son terme. » Il entra donc pour rester avec eux. Or, une fois à table, il prit le pain, le bénit, le rompit et le leur donna. Leurs yeux s'ouvrirent et ils le reconnurent... mais il avait disparu de devant eux. Et ils se dirent l'un à l'autre : « Notre cœur n'était-il pas tout brûlant au-dedans de nous, quand il nous parlait en chemin et qu'il nous expliquait les Écritures ? » (Lc 24, 29-32).

Dans l'univers chrétien, tout est toujours re-lecture à partir de la fin et en fonction de cette fin qui révèle l'erreur des perspectives antérieures. La culture occidentale tout entière, chrétienne et post-chrétienne, croit s'éloigner de plus en plus de ce Christ dont elle se fait une conception fausse, sacrificielle ; elle lutte pour se débarrasser à jamais de lui, mais alors même qu'elle croit marcher vers tout autre chose, le Christ est depuis longtemps auprès d'elle, lui expliquant les Écritures.

Toutes les grandes théories du savoir moderne, toutes les formes de pensée, dans les sciences humaines, dans l'univers politique, portent sur des processus victimaires, dénoncent ces processus. Ces dénonciations sont toujours partielles, certes, et dressées les unes contre les autres, chacune brandissant «ses» victimes contre les victimes des autres. Remplies de méfiance à l'égard du texte chrétien, elles le lisent dans la même perspective sacrificielle que le christianisme historique et elles restent elles-mêmes des dérivés de sacrifice. Prises dans leur ensemble pourtant, il est clair qu'elles préparent la révélation du processus victimaire saisi dans toute son ampleur, comme processus fondateur de la culture; il est clair par conséquent qu'elles travaillent, sans s'en douter, à la révélation de ce qu'elles croient combattre.

Seul, nous dit-on, le scandale a du prix; il faut penser scandaleusement. Voici autre chose enfin que de vieux scandales mille fois réchauffés, minables scandales à la Sade et à la Nietzsche, vieilles folies romantiques péniblement recyclées. Voici de quoi faire frémir une modernité qu'on dit avide de sensations. Voici enfin un beau scandale tout neuf pour la fin du XXe siècle. Gageons pourtant qu'il n'aura aucun succès; on s'arrangera aussi longtemps que possible pour l'escamoter.

Quelle ironie extraordinaire si l'immense tâche anthropologique, tout entière dirigée — il faut encore le rappeler — contre les prétentions judéo-chrétiennes et, sous un certain rapport, avec justice puisque ce qu'on visait, c'était toujours des interprétations sacrificielles de ces textes, en partie fallacieuses, débouchait d'un seul coup, au moment précis où elle s'achève, sur une confirmation de ces mêmes prétentions, aussi éclatante qu'inattendue.

La pensée moderne ferait alors songer à ces innombrables remueurs de désert du Deutéro-Isaïe, à tous ces esclaves, munis, bien entendu, de nos jours, de magnifiques bulldozers, qui ne savent même pas pourquoi ils rabotent les montagnes et remplissent les vallées avec une aussi étrange frénésie. À peine ont-ils entendu parler de ce grand roi qui va passer en triomphe sur la route qu'ils préparent.

Je cite le texte auquel je fais allusion dans l'anglais de la *King James Version*:

The voice of him that crieth in the wilderness, Prepare ye the ways of the LORD, make straight in the desert a highway for our God.

Every valley shall be exalted, and every mountain and hill shall be made low: and the crooked shall be made straight, and the rough places plain.

And the glory of the LORD shall be revealed, and all the flesh shall see it together; for the mouth of the LORD hath spoken it.

The voice said, Cry. And he said, What shall I cry? All flesh is grass, and all the goodliness thereof is as the flower of the field:

The grass withereth, the flower fadeth: but the word of our God shall stand for ever (Is 40, 3-8).

LIVRE III

PSYCHOLOGIE INTERDIVIDUELLE

TROILUS:
[...] What's aught, but as 'tis valued?
HECTOR:
But value dwells not in particular will;
It holds his estimate and dignity
As well as wherein 'tis precious of itself
As in the prizer: 'tis mad idolatry
To make the service greater than the god;
    And the will dotes that is attributive
To what infectiously itself affects,
    Without some image of the affected merit.

WILLIAM SHAKESPEARE
Troilus and Cressida, II, 2, 52-60.

CHAPITRE PREMIER

LE DÉSIR MIMÉTIQUE

A. MIMÉSIS D'APPROPRIATION ET DÉSIR MIMÉTIQUE

R. G. : Jusqu'ici nous n'avons pas soufflé mot de ce qui vous intéresse directement. Nous avons à peine prononcé le mot *désir*. Nous n'avons parlé que des interférences mimétiques qui se greffent sur les appétits et besoins de la vie animale.

G. L. : À cause des connotations ineffables qui s'attachent à lui dans le monde moderne, le mot désir ne pouvait que vous gêner. Je suppose, toutefois, que votre définition du désir va reposer elle aussi sur les interférences du mimétisme avec les montages instinctuels de la vie animale.

R. G. : Oui. Il faut refuser au désir humain la spécificité trop absolue que lui confère encore la psychanalyse et qui interdit tout traitement scientifique. Chez les animaux, déjà, les interférences mimétiques se greffent sur les appétits et les besoins mais jamais au même degré que chez les hommes. Le désir fait certainement partie de ces phénomènes proprement humains qui ne peuvent apparaître qu'au-delà d'un certain seuil mimétique.

J.-M. O. : Ce qui est vrai de l'anthropologie entière est nécessairement vrai du désir. Si vous refusez à celui-ci une spécificité absolue, vous refusez aussi de voir dans l'homme un animal comme les autres, avec les étholo-gistes ou les behavioristes. Il y a une spécificité relative du désir humain.

R. G. : Cela ne veut pas dire que le franchissement du seuil d'hominisation coïncide avec l'apparition d'un désir comparable à celui que nous observons autour de nous et en nous-mêmes, comme chez Hegel ou chez Freud. Pour qu'il y ait désir dans la seule acception qui nous est accessible, la nôtre, il faut que les interférences mimétiques portent, non plus directement sur les ins-tincts et les appétits animaux, mais sur un terrain radi-calement modifié par l'hominisation, autrement dit par l'action accumulée d'interférences mimétiques et de refontes symboliques innombrables. Toute la psycho-logie dite normale, tout ce qui nous constitue en tant qu'êtres humains sur le plan dit psychique, doit relever du travail infiniment lent, mais en définitive gigantesque, des désorganisations et réorganisations mimétiques, ces dernières s'effectuant à un niveau de complexité gran-dissante. Il est dans la logique de notre hypothèse de penser que la symétrie rigoureuse des partenaires mimé-tiques, au paroxysme de rivalités en elles-mêmes stériles et destructrices, mais rendues fécondes par le rituel qui reproduit ce paroxysme dans un esprit de solidarité craintive, doit engendrer peu à peu chez les hominiens, et l'aptitude à regarder l'autre comme un *alter ego* et la faculté corrélative de dédoublement interne, réflexion, conscience, etc.

J.-M. O. : Ce que nous venons de dire ne suffit pas encore à situer ce qu'on appelle le désir. Les sociétés religieuses à armature rigide répartissent, on l'a dit et redit, les appétits et les besoins des individus dans des directions divergentes; elles préviennent, de ce fait, le jeu non contrôlé des interférences mimétiques. Je ne veux pas dire, assurément, que le phénomène appelé par nous désir n'existe pas dans les sociétés primitives. La définition du terme est trop vague, de toute façon, pour permettre des catégorisations rigoureuses. On peut quand même affirmer que, pour fermenter et proliférer comme elle le fait dans le monde moderne, la chose obscure qu'est le désir doit exiger une atténuation des interdits et des différences qui ne se produit pas, en règle générale, dans les sociétés religieuses.

B. Désir mimétique et monde moderne

R. G. : Autour du désir abondent les connotations conflictuelles, compétitives et subversives qui expliquent et le succès et l'insuccès extraordinaires du mot et de la chose dans l'univers moderne. Pour les uns, la prolifération du désir est associée à une désagrégation culturelle qu'ils déplorent, à l'aplatissement général des hiérarchies «naturelles», au naufrage des valeurs les plus respectables. Aux ennemis du désir dans notre univers s'opposent toujours ses amis et les deux camps se condamnent réciproquement au nom de l'ordre et du désordre, de la réaction et du progrès, de l'avenir et du passé, etc.

C'est là, bien sûr, une vision simplifiée d'un état de choses extrêmement complexe. Contrairement à ce qu'imaginent toujours les «ennemis» du désir, notre univers se révèle capable d'absorber l'«indifférenciation» à hautes doses. Ce qui aurait agi sur d'autres sociétés comme un poison fatal en provoquant un emballement de la rivalité mimétique peut s'accompagner, certes, dans notre société, de convulsions assez épouvantables mais qui jusqu'ici se sont révélées passagères. Le monde moderne non seulement s'en est relevé mais en a tiré comme une force nouvelle qui lui permet de s'épanouir à nouveau sur une base toujours plus «moderne», c'est-à-dire toujours plus élargie, toujours plus apte à absorber et à assimiler des éléments culturels et des populations qui étaient restées jusqu'alors en dehors de son orbite.

J.-M. O. : Tout ce qui fait de notre univers le plus énergique et le plus créateur qui fût jamais, sous le rapport de l'art, de la politique, de la pensée et surtout de la science et de la technologie, tout ce qui a fait d'abord la fierté extraordinaire de ce monde, son sentiment d'invincible supériorité, et fait désormais aussi, de plus en plus, son angoisse, repose indubitablement sur la «libération» du désir mimétique.

R. G. : À longue échéance, le pessimisme des «réactionnaires» n'est jamais vérifié, mais l'«optimisme» des révolutionnaires ne l'est pas non plus. L'épanouissement humaniste qu'ils attendent d'un désir enfin pleinement libéré ne se vérifie jamais. Ou bien leur libération se fait canaliser dans des directions concurrentielles toujours inquiétantes, ou bien elle n'aboutit qu'à des luttes stériles, une anarchie confuse, des angoisses toujours aggravées. Et pour cause.

Les modernes s'imaginent toujours que leurs malaises et leurs déboires proviennent des entraves qu'opposent au désir les tabous religieux, les interdits culturels, et même de nos jours les protections légales des systèmes judiciaires. Une fois ces barrières renversées, pensent-ils, le désir va s'épanouir ; sa merveilleuse innocence va enfin porter ses fruits.

Ce n'est jamais vrai. À mesure que le désir élimine les obstacles extérieurs, savamment disposés par la société traditionnelle pour prévenir les contagions du désir, l'obstacle structurel suscité par les interférences mimétiques, l'obstacle vivant du modèle immédiatement métamorphosé en rival se substitue fort avantageusement, ou plutôt désavantageusement, à l'interdit défaillant. Au lieu de cet obstacle inerte, passif, bénévole et identique pour tous, donc jamais vraiment humiliant ou traumatisant, que leur opposaient les interdits religieux, les hommes, de plus en plus, ont affaire à l'obstacle actif, mobile et féroce du modèle métamorphosé en rival, un obstacle activement intéressé à les contrecarrer personnellement et merveilleusement équipé pour y réussir.

Plus les hommes croient réaliser leurs utopies du désir, en somme, plus ils embrassent leurs idéologies libératrices, plus ils travaillent, en réalité, au perfection-

382

nement de l'univers concurrentiel au sein duquel ils étouffent. Mais loin de s'aviser de leur erreur, ils continuent de plus belle et confondent systématiquement l'obstacle externe de l'interdit avec l'obstacle interne du partenaire mimétique. Ils ressemblent aux grenouilles mécontentes de ce roi soliveau que leur a envoyé Jupiter, et qui, à force d'importuner les dieux par leurs criailleries, sont de plus en plus exaucées par eux. La meilleure façon de châtier les hommes, c'est de leur donner toujours ce qu'ils réclament.

Au moment même où les derniers interdits s'effacent, d'innombrables intellectuels continuent à parler d'eux comme s'ils étaient de plus en plus accablants. Ou alors ils remplacent le mythe de l'interdit par celui d'un « pouvoir » omniprésent et omniscient, nouvelle traduction mythique des stratégies mimétiques.

G. L. : Vous allez vous faire traiter une fois de plus d'abominable réactionnaire.

R. G. : Ce serait fort injuste. Je trouve absurde de réclamer à cor et à cri la libération d'un désir que personne ne contraint, mais, je le redis une fois de plus, je trouve plus absurde encore de réclamer un retour impossible à la contrainte. À partir du moment où les formes culturelles se dissolvent, tout effort pour les reconstituer artificiellement ne peut aboutir qu'aux plus sanglantes abominations.

Je crois qu'il faut refuser de se payer de mots. Il faut refuser tous les boucs émissaires que Freud et le freudisme nous proposent, le père, la loi, etc. Il faut refuser les boucs émissaires que Marx nous propose, les bourgeois, les capitalistes, etc. Il faut refuser les boucs émissaires que Nietzsche nous propose, la morale des esclaves, le ressentiment des *autres*, etc. Le modernisme classique dans son ensemble, Marx, Nietzsche et Freud au premier rang, ne font jamais que nous offrir des boucs émissaires en dernière analyse équivalents. Si, individuellement, chacun de ces penseurs retarde la révélation plénière, collectivement ils ne peuvent que préparer son avènement, celui de la victime omniprésente, toujours encore différée par des procédés sacrificiels qui sont en voie d'épuisement eux aussi car ils sont de plus en plus transparents, de moins en moins efficaces, de plus en plus redoutables, donc, sur le plan des conséquences politiques et sociologiques immédiates : pour restaurer leur efficacité, les hommes sont toujours tentés de multiplier les victimes innocentes, de tuer tous les ennemis de la nation ou de la classe, d'anéantir violemment ce qui reste de la religion ou de la famille jugées responsables de tous les « refoulements », de prôner le meurtre et la folie comme seuls vraiment « libérateurs ».

Toute la pensée moderne est faussée par une mystique de la transgression dans laquelle elle retombe même quand elle veut lui échapper. Chez Lacan, le désir est instauré par la loi. Même les plus audacieux, de nos jours, ne reconnaissent pas l'essentiel qui est la fonction protectrice de l'interdit face aux conflits que provoque inévitablement le désir. Ils auraient peur, en effet, de passer pour des « réactionnaires ». Dans la pensée qui nous domine depuis cent ans, il ne faut jamais oublier la peur de passer pour naïf et soumis, le désir de jouer au plus affranchi, au plus révolté, désir qu'il suffit de flatter pour faire dire aux penseurs modernes à peu près n'importe quoi.

C. Crise mimétique et dynamisme du désir

J.-M. O. : Le désir a maille à partir avec tout ce que représentent les préparations rituelles, en particulier les fêtes et les épreuves des rites de passage. Lui aussi peut se définir comme processus d'indifférenciation mimétique ; il ressemble à l'effondrement conflictuel qui débouche sur le mécanisme de ré-unification victimaire, celui que reproduisent les rites. Jamais, toutefois, les processus du désir ne débouchent sur l'emballement collectif qui caractérise les productions rituelles ; jamais ils ne se terminent par l'expulsion spontanée.

R. G. : Le désir appartient à un univers qui ne dispose ni des accès épidémiques terribles mais rapides qui caractérisent les sociétés primitives, ni, en dehors de ces crises, de la paix cathartique entretenue par les rites de la violence. Le désir est endémique plutôt qu'épidémique ; c'est l'état qui correspond, non à des crises mimétiques telles qu'elles se produisent dans les sociétés primitives, mais à quelque chose qui est à la fois semblable et très différent, lié à l'affaiblissement durable de la violence fondatrice dans notre univers, pour les raisons que nous avons essayé de décrire hier : le texte judéo-chrétien produit un effet de subversion ralenti et tempéré par la lecture sacrificielle qu'en donnent les Églises. Le dynamisme du désir est donc celui d'une crise mimétique *démultipliée*, chez les individus et dans l'histoire.

Le désir, c'est ce qui arrive aux rapports humains quand il n'y a plus de résolution victimaire, et donc plus de polarisations vraiment unanimes, susceptibles de déclencher cette résolution ; ces rapports n'en sont pas moins mimétiques, et nous allons retrouver, sous la forme « souterraine » et parfois trompeuse des symptômes individuels, le style dynamique de la crise sacrificielle, mais qui cette fois, faute de résolution victimaire et rituelle, débouche sur ce qu'on appelle la psychose.

Le désir, c'est la crise mimétique elle-même, la rivalité mimétique aiguë avec l'autre, dans toutes les entreprises dites « privées » qui vont de l'érotisme à l'ambition professionnelle ou intellectuelle ; cette crise peut se stabiliser à des hauteurs très diverses suivant les individus, mais toujours elle « manque » de catharsis et d'expulsion.

J.-M. O. : Le désir, en somme, fleurit de plus en plus dans la société où les ressources cathartiques s'épuisent à jamais, la société où le seul mécanisme qui pourrait les renouveler fonctionne de moins en moins bien. Même s'il n'est pas une invention spécifiquement moderne, c'est dans la vie moderne que le désir s'épanouit, ou plutôt il s'épanouit comme moderne et c'est à la lumière de ce moderne, bien sûr, que nous relisons en termes de désir toutes sortes de phénomènes qui ne relèvent peut-être pas encore tout à fait de lui.

Vous posez le désir *a priori* de façon quasi déductive. Étant donné qu'il existe un monde, le nôtre, où les mécanismes culturels sont exposés à la subversion lente mais inexorable d'un judéo-chrétien temporairement freiné, la crise mimétique doit être vécue de façon larvée par chaque individu dans ses rapports avec les autres. Vous vous payez le luxe, en somme, de définir le désir avant de le décrire. On va vous accuser d'être trop systématique et spéculatif ; loin d'éviter ce reproche, vous vous y prêtez, vous faites tout pour l'inviter, afin que la puissance de la définition devienne manifeste, ainsi que son aptitude à produire tous les avatars du désir, tous les symptômes psychopathologiques, comme moments successifs d'un processus continu engendré par cette définition elle-même, par le seul dynamisme, comme toujours, des interférences mimétiques.

R. G. : Je pense qu'en procédant de façon quasi déductive à partir de la définition, nous allons retrouver dans un ordre de gravité croissante et sous des formes qui montrent clairement comment et pourquoi ils se combinent, se chevauchent et s'enchevêtrent, tous les grands symptômes grossièrement découpés par une psychopathologie jamais sûre ni de ses méthodes ni de ses perspectives.

Au stade actuel, bien sûr, la démonstration générale reste mon souci majeur ; c'est pour la renforcer que j'aborde le désir de la façon que vous dites, en posant l'hypothèse en premier lieu, approche paradoxale assurément, puisque l'hypothèse ne joue à fond que pour les sociétés primitives, et c'est son lent retrait, ici, qui détermine toute chose.

G. L. : Si vous pouvez ramener d'un seul coup dans le filet mimétique tout ce que la psychopathologie n'a jamais vraiment réussi à saisir ni à comprendre, c'est dans toutes les sciences de l'homme que votre hypothèse aura montré sa pertinence.

R. G. : Il faut montrer qu'il y a une logique propre à la méconnaissance suscitée par les premières interférences mimétiques, et c'est une logique de l'exaspération et de l'aggravation. Cette logique gouverne non seulement le désir mais les interprétations du désir dans notre univers, psychologiques, poétiques, psychanalytiques, etc.; elle pousse les individus et les communautés vers des formes toujours plus pathologiques de ce désir; ces formes sont elles-mêmes de nouvelles interprétations.

D. Mimésis d'apprentissage et mimésis de rivalité

R. G. : Comme toujours, il faut remonter à ce qu'on pourrait appeler le mimétisme primaire. Ce mimétisme ne peut manquer de susciter des conflits. Il est donc redoutable mais il est également indispensable. Ce qui est vrai de la culture dans son ensemble l'est également de chaque individu. Personne ne peut se passer de l'hypermimétisme humain pour acquérir les comportements culturels, pour s'insérer correctement dans la culture qui est la sienne.

G. L. : C'est sur le mimétisme que repose tout ce que nous appelons apprentissage, éducation, initiation.

J.-M. O. : Nous l'avons déjà dit à propos des animaux; nous savons que c'est vrai également pour l'homme. La preuve c'est que, dans l'apprentissage du langage, par exemple, les sourds de naissance n'arrivent que très difficilement à reproduire certains sons de leur langue maternelle.

R. G. : S'il n'y a rien pour la guider, la tendance mimétique va s'exercer sur toutes les conduites humaines indifféremment. L'enfant n'est pas à même d'opérer les distinctions nécessaires entre les conduites non acquisitives, celles qu'il est bon d'imiter, et les conduites acquisitives, celles dont l'imitation va susciter la rivalité. Pour peu qu'on y réfléchisse, on s'aperçoit d'ailleurs qu'aucune distinction objective, aucune systématisation universelle n'est possible entre les conduites «bonnes à imiter» et celles qui ne le sont pas.

Prenons, si vous voulez, un exemple très simple, celui du maître et de ses disciples. Le maître est ravi de voir les disciples se multiplier autour de lui, il est ravi de se voir pris comme modèle. Néanmoins, si l'imitation est trop parfaite, si l'imitateur menace de surpasser le modèle, voilà le maître qui change systématiquement d'attitude et commence à se montrer méfiant, jaloux, hostile. Il va faire tout ce qu'il pourra pour déprécier le disciple et le décourager.

Le disciple n'est coupable que d'être le meilleur des disciples. Il admire et respecte le modèle ; sans cela, en effet, il ne l'aurait pas choisi pour modèle. Forcément donc il manque de ce «recul» qui permettrait de mettre ce qui lui arrive «en perspective». Il ne reconnaît pas dans le comportement du modèle les signes de la rivalité. C'est d'autant plus difficile que le modèle travaille à renforcer cet aveuglement. Il dissimule de son mieux la vraie raison de son hostilité.

Ce n'est ici qu'un exemple, bien sûr, du *double bind* inextricable de l'imitation qui se retourne contre l'imitateur alors que le modèle et la culture entière l'invitent expressément à imiter.

Dans les sociétés archaïques, les entrecroisements d'interdits et les compartiments qu'ils définissent opèrent d'office la répartition des objets disponibles entre les membres de la culture ; on a l'impression que, si c'était possible, certaines cultures élimineraient entièrement le choix individuel et avec lui les occasions de convergence mimétique et de rivalité.

Dans la société contemporaine, de plus en plus, c'est la situation inverse qui prévaut. Non seulement il n'y a plus de tabous pour interdire à celui-ci ce qui est réservé à celui-là, mais il n'y a pas de rites d'initiation pour préparer les individus aux épreuves inévitables de la vie en commun. Au lieu d'avertir l'enfant que les mêmes conduites imitatives seront tantôt applaudies et encouragées, tantôt au contraire découragées, et qu'on ne peut prévoir les résultats ni en fonction des seuls modèles, ni en fonction des seuls objets, l'éducation moderne croit résoudre tous les problèmes en prônant la spontanéité naturelle du désir, notion proprement mythologique.

Il ne faut pas reculer, ici, devant un certain schématisme. Il faut d'abord présenter la situation dans son universalité. En supprimant toutes les barrières à la « liberté » du désir, la société moderne concrétise cette universalité ; elle place toujours plus d'individus, dès leur plus tendre enfance, dans la situation la plus favorable au *double bind* mimétique. Comment l'enfant saurait-il, puisque personne n'en souffle mot, que toute son adaptation repose sur deux obligations contradictoires et également rigoureuses qu'il est impossible de départager objectivement et dont il n'est jamais question nulle part. La preuve de ce silence, c'est qu'aujourd'hui encore, le problème demeure informulé, même au niveau des plus hautes instances psychologiques et pédagogiques.

Pour qu'il y ait *double bind* mimétique au sens fort, il faut un sujet incapable d'interpréter correctement le double impératif qui vient de l'autre en tant que modèle — imite-moi — et en tant que rival — ne m'imite pas.

E. LE « DOUBLE BIND » DE GREGORY BATESON

G. L. : Vous recourez fréquemment à l'expression de *double bind*, empruntée à la théorie de la schizophrénie développée par Gregory Bateson. Cela ne veut pas dire, bien entendu, que votre hypothèse puisse s'inscrire dans le cadre de la théorie de la communication.

R. G. : Bateson rapporte la schizophrénie à un double message contradictoire que l'un des deux parents, presque toujours la mère dans les exemples qu'il nous propose, émettrait perpétuellement en direction de l'enfant. Il y a des mères, par exemple, qui parlent le langage de l'amour et du dévouement le plus total, qui multiplient les avances au niveau du discours mais qui, chaque fois que leurs enfants répondent à ces avances, font preuve, inconsciemment, d'un comportement qui les repousse; elles se montrent d'une froideur extrême, peut-être parce que cet enfant leur rappelle un homme, son père, qui les a abandonnées, ou pour toute autre raison. L'enfant exposé en permanence à ce jeu contradictoire, à cette alternance de chaud et de froid, doit perdre toute confiance à l'égard du langage. Il peut se fermer, à la longue, à tous les messages linguistiques ou présenter d'autres réactions schizophréniques[86].

Pour les sciences de la culture, la théorie de l'information et en particulier le *double bind* de Bateson présentent, il me semble, plusieurs éléments intéressants. Le premier, c'est que l'ordre informationnel s'instaure sur fond de désordre et peut toujours retourner au désordre. La théorie de l'information fait au désordre la place que le structuralisme lévi-straussien et tout ce qui dérive de lui dans les linguisticismes contemporains est incapable de lui faire. Edgar Morin, en France, a bien dégagé cette supériorité.

Un second point, plus intéressant encore, c'est le rôle que joue, dans cette théorie, le principe du *feedback*. Au lieu d'être simplement linéaire, comme dans le déterminisme classique, la chaîne cybernétique est circulaire. L'événement *a* déclenche un événement *b*, qui déclenche peut-être d'autres événements encore, mais le dernier d'entre eux revient sur *a* et réagit sur lui. La chaîne cybernétique est bouclée sur elle-même. Le *feedback* est négatif si tous les écarts se produisent en sens inverse des écarts précédents et par conséquent les corrigent de façon à toujours maintenir le système en équilibre. Le *feedback* est positif, en revanche, si les écarts se produisent dans le même sens et ne cessent de s'amplifier; le système, alors, tend au *runaway* ou à l'emballement qui aboutit à sa disruption complète et à sa destruction.

Ces notions, de toute évidence, sont intéressantes

pour l'équilibre rituel des sociétés humaines, et la crise mimétique constitue une espèce de *runaway*.

Dans le livre consacré par Gregory Bateson à un rite intitulé le *Naven*, c'est bien en termes d'emballement cybernétique, il me semble, qu'il décrit ce que j'appellerais la crise mimétique ; il perçoit l'élément compétitif et les oppositions de *doubles*, définies par lui comme « *symmetrical schismogenesis* »[87]. Il voit que cette tendance est brusquement interrompue et renversée dans un paroxysme terminal, mais il ne voit pas le rôle que joue, selon moi, l'élément proprement victimaire dans cette résolution. Je crois qu'une analyse du *Naven* à la lumière du processus mimétique dégagerait sans peine cet élément victimaire.

Il est donc très significatif, dans notre perspective, que des chercheurs influencés par Gregory Bateson, et en particulier par sa théorie de la psychose, aient tout de suite abouti à des mécanismes d'exclusion victimaire quand ils ont voulu élaborer, toujours sur la base de l'*information theory*, bien entendu, une « pragmatique » de la communication humaine, *Pragmatics of Human Communication*[88].

Ces chercheurs ne considèrent que des groupes très petits, essentiellement la famille nucléaire ; toute tendance de ces systèmes à devenir dysfonctionnels se traduit aussitôt, selon eux, par un effort inconscient pour rétablir l'équilibre perdu, au détriment d'un individu de ce groupe contre lequel se refait une espèce de front commun. C'est cet individu-là qui présente des troubles mentaux, précieux pour le groupe dans son ensemble car ils passent pour responsables de tout ce qui empêche ce groupe de fonctionner normalement. C'est sur cette vision des choses, alors, commune à tous les éléments « sains » du groupe, que peut s'instaurer un autre type d'équilibre, précaire sans doute, mais encore fonctionnel.

Les auteurs du livre voient les prolongements de leur travail du côté de la littérature ; ils se livrent à l'exégèse très intéressante d'une pièce éminemment sacrificielle, *Who's afraid of Virginia Woolf?* d'Edward Albee, mais ils ne font aucune allusion au prodigieux contexte religieux et culturel au sein duquel devrait s'inscrire leur recherche.

J.-M. O. : Vous ne devez pas voir que des aspects positifs dans les recherches du groupe de Palo Alto. Il y a aussi des divergences radicales avec votre thèse. Jamais ces chercheurs ne repèrent la portée véritable du mécanisme victimaire et son caractère proprement fondateur, pour tous les systèmes de communication culturelle fondés sur la symbolicité et le langage.

R. G. : Ce n'est pas seulement parce qu'ils se limitent à l'étude de groupes extrêmement petits, à l'intérieur de la société moderne, qu'ils ne peuvent pas faire cette découverte ; la conception batesonienne du *double bind*, et les données de la *communication theory* dans leur ensemble la rendent inaccessible.

G. L. : Le concept de communication est trop étroit. Ce concept présente des avantages considérables sur la conception psychanalytique du désir, qui ne parvient pas à se défaire de certains éléments irrationnels. On ne peut pas non plus arriver au mécanisme victimaire à partir des seuls comportements animaux, même conçus dans la perspective élargie des éthologistes contemporains.

R. G. : Toutes ces perspectives sont nécessaires, mais elles sont toutes insuffisantes, et elles restent inconciliables. Le seul moyen de les concilier et de bénéficier de tous leurs apports sans souffrir de leurs limitations, c'est la théorie mimétique, seule susceptible de fonctionner à la fois au niveau animal et au niveau humain, seule susceptible, par conséquent, d'éliminer toute rupture métaphysique entre les deux règnes et aussi toute confusion illégitime, puisque le mimétique va fonctionner dans chacun de ces règnes à un régime très différent. Le mimétique, d'autre part, du fait même que, sans lui être étranger, il précède le langage et le déborde de tous côtés, permet d'universaliser le principe du *double bind*, comme nous l'avons fait, à tout le mimétisme d'appropriation, et d'introduire, du même coup, le principe du *feedback* et la menace du *runaway* dans tous les rapports interdividuels.

Cette universalisation est interdite à la recherche tant qu'on ne voit pas en même temps comment en contrecarrer les effets potentiellement trop destructeurs. C'est à partir du moment où on n'hésite plus à confronter cette impossibilité apparente, que s'ouvre la route qui mène au mécanisme victimaire. Décrire le problème en termes d'entropie et de néguentropie, c'est très séduisant pour les esprits modernes, toujours enclins à prendre les métaphores empruntées aux disciplines scientifiques pour des explications, mais ce n'est qu'une autre façon d'énoncer le problème. Le secret de la « néguentropie » culturelle, c'est le mécanisme victimaire et les impératifs religieux qui en surgissent...

F. DE LA RIVALITÉ D'OBJET AU DÉSIR MÉTAPHYSIQUE

R. G. : Pour débrouiller l'écheveau du désir, il faut et il suffit d'admettre que tout commence par la rivalité pour l'objet. L'objet passe au rang d'objet disputé et de ce fait les convoitises qu'il éveille, de part et d'autre, s'avivent.

G. L. : Les marxistes vous préviennent solennellement que c'est le capitalisme qui a inventé ce type de surenchère. Les marxistes pensent que vous parlez ici de problèmes définitivement réglés par Marx. De même les freudiens pensent que vous parlez de problèmes définitivement réglés par Freud.

R. G. : À ce compte-là, les vrais fondateurs du capitalisme comme du complexe d'Œdipe sont les singes. Tout ce que fait le capitalisme, ou plutôt la société libérale qui permet au capitalisme de fleurir, c'est d'assurer un exercice plus libre des phénomènes mimétiques et leur canalisation vers les activités économiques et technologiques. Pour des raisons religieuses complexes, elle peut éliminer les entraves que les sociétés archaïques opposent aux rivalités mimétiques.

Toute valeur d'objet croît en proportion de la résistance que rencontre son acquisition. Et c'est aussi la valeur du modèle qui grandit. L'un ne va pas sans l'autre. Même si le modèle ne jouit pas au départ d'un prestige particulier, même si le sujet est d'abord étranger à tout ce que recouvrira bientôt le terme de prestige — *praestigia* : fantasmagories, sortilèges — tout cela va sortir de la rivalité elle-même.

Le caractère machinal de l'imitation primaire prédispose le sujet à méconnaître le caractère automatique de la rivalité qui l'oppose au modèle. Le sujet s'interroge sur cette opposition et il tend à lui conférer des significations qu'elle n'a pas. Il faut d'ailleurs rattacher à cette tendance toutes les explications qui se veulent scientifiques, y compris celles de Freud. Loin de dissimuler quelque secret, comme Freud se l'imagine, le triangle de la rivalité ne dissimule que son caractère mimétique.

L'objet du désir, c'est bien l'objet interdit, pas par la « loi » comme le pense Freud, mais par celui qui nous le désigne comme désirable en le désirant lui-même. Seul l'interdit non légal de la rivalité peut vraiment blesser et traumatiser. Il y a là autre chose qu'une configuration statique. Les éléments du système réagissent les uns sur les autres ; le prestige du modèle, la résistance qu'il oppose, la valeur de l'objet, la force du désir qu'il inspire, tout cela ne cesse de se renforcer en un processus de *feedback* positif. Ici seulement devient explicable la malignité de tout ce que Freud appelle « ambivalence », le dynamisme pernicieux qu'il a parfaitement repéré mais dont il ne réussit pas à rendre compte[89].

Les interdits légaux s'adressent à tous les hommes ou à des catégories entières et ils ne nous suggèrent pas, en règle générale, que nous sommes « inférieurs » en tant qu'individus. L'interdit de la rivalité mimétique, en revanche, ne s'adresse jamais qu'à un individu particulier qui tend à l'interpréter contre lui-même.

Même s'il s'affirme injustement traité, férocement

394

persécuté, le sujet se demande, forcément, si le modèle n'a pas de bonnes raisons de lui refuser l'objet ; une part toujours plus importante de lui-même continue à imiter ce modèle et, de ce fait, prend parti pour lui, justifiant le traitement hostile dont il croit faire l'objet, y découvrant une condamnation singulière et peut-être justifiée.

Une fois qu'il entre dans ce cercle vicieux, le sujet en vient rapidement à s'attribuer une insuffisance radicale que le modèle aurait percée à jour et qui justifierait son attitude envers lui. Étroitement uni à cet objet que jalousement il se réserve, le modèle possède, semble-t-il, une autosuffisance et une omniscience dont le sujet rêve de s'emparer. L'objet est plus désiré que jamais. Puisque le modèle en barre obstinément l'accès, c'est la possession de cet objet qui doit faire la différence entre la plénitude de l'Autre et son vide à lui, entre l'insuffisance et l'autosuffisance.

Cette transfiguration qui ne correspond à rien de réel fait pourtant apparaître l'objet transfiguré comme ce qu'il y a de plus réel. On peut la qualifier d'ontologique ou de métaphysique. On peut décider de n'employer le mot désir qu'à partir du moment où le mécanisme incompris de la rivalité mimétique a conféré cette dimension ontologique ou métaphysique à ce qui n'était auparavant qu'un appétit ou un besoin. Nous sommes contraints ici d'employer des termes philosophiques. La philosophie est aux sacralisations primitives de la violence ce que le désir « métaphysique » est aux frénésies mimétiques qui produisent les dieux de la violence. C'est pourquoi l'érotisme moderne et la littérature de cet érotisme, au-delà d'une certaine intensité, tendent à remonter jusqu'au vocabulaire du sacré. Toutes les grandes métaphores lyriques, directement ou indirectement, relèvent du sacré violent, mais la critique littéraire constate la chose sans s'y attarder. Ce n'est pas la genèse mimétique qui l'intéresse, mais le « frisson » toujours renouvelé que lui donnent ces métaphores.

La notion de désir métaphysique n'implique aucune tentation métaphysique de ma part, bien au contraire. Pour le comprendre, il faut et il suffit de voir la parenté

appétit_____µ rivalry____désire
need

entre ce dont nous parlons en ce moment et le rôle joué
par des notions au fond très voisines comme l'honneur,
le prestige, dans certaines rivalités socialement réglées :
duels, compétitions sportives, etc. C'est la rivalité qui
engendre ces notions ; elles n'ont pas de réalité tangible
et pourtant le fait de rivaliser pour elles les fait paraître
plus réelles que tout objet réel. Pour peu que ces notions
débordent le cadre toujours rituel qui leur confère leur
apparente finitude, dans un monde encore fixé et sta-
bilisé par les mécanismes victimaires, elles échappent
à toute limite et à tout contrôle objectif ; c'est à ce
moment-là, dans le monde primitif, que tout retombe
dans la frénésie mimétique, la lutte à mort et, une fois
de plus, le mécanisme victimaire. Dans notre monde à
nous, c'est à l'« infini » du désir qu'on aboutit, à tout ce
que j'appelle désir ontologique ou métaphysique.

Le seuil « métaphysique », ou si l'on préfère, le passage au désir « proprement dit », c'est le seuil de l'irréel.
On peut en faire aussi le seuil du psychopathologique ;
mais il faut surtout insister sur la continuité, l'identité
même avec tout ce qui passe pour parfaitement normal
pour peu qu'on le définisse dans des termes sanctionnés
par la société, le goût du risque, la soif d'infini, le vague
à l'âme poétique, l'amour fou, etc.

J.-M. O. : Vous parlez toujours d'un sujet qui ne l'emporte jamais dans la lutte qui l'oppose à son rival. C'est
le résultat inverse qui peut se produire. Que se passe-t-il
si le sujet réussit à s'emparer de l'objet ?

R. G. : Pour que la victoire change quelque chose au
destin du sujet, elle doit se produire *avant* que l'écart ne
s'élargisse entre tout ce que la possession peut apporter
en fait de satisfaction, plaisir, jouissance, etc., et les
aspirations de plus en plus métaphysiques engendrées
par la méconnaissance de la rivalité.

Si l'écart est trop grand, la possession sera si décevante que le sujet va en faire porter le poids à l'objet,
bien sûr, et aussi au modèle qui y sont directement impliqués, mais jamais au désir en tant que tel, jamais au

caractère mimétique de ce désir. L'objet et le modèle sont dédaigneusement rejetés, mais le sujet se met en quête du modèle nouveau et du nouvel objet qui ne le décevront pas aussi facilement. Ceci ne peut signifier qu'une seule chose ; c'est à une résistance insurmontable, désormais, qu'aspire le désir.

La victoire ne fait qu'accélérer l'évolution vers le pire, en somme. La poursuite de l'échec se fait toujours plus experte et savante, sans jamais se comprendre elle-même comme poursuite de l'échec.

J.-M. O. : Qu'il réussisse ou qu'il échoue, en somme, le sujet va toujours vers l'échec. Au lieu de conclure que le désir lui-même est une impasse, il trouve toujours le moyen de conclure en sa faveur, de ménager au désir une dernière chance. Il est toujours prêt à condamner les objets déjà possédés, les désirs passés, les idoles de la veille, dès que se présente une nouvelle idole, ou un nouvel objet. C'est le processus de la mode aussi bien que du désir. Le sujet de la mode est toujours prêt à renoncer à tout, et d'abord à lui-même, pour ne pas renoncer à la mode, pour conserver au désir un avenir.

Tant qu'on n'a pas triomphé de tous les obstacles, une possibilité demeure, toujours plus infime assurément mais jamais nulle, que derrière le dernier rempart, défendu par le dernier dragon, le trésor partout cherché soit enfin là, qui nous attend.

R. G. : Il y a une logique du désir et c'est une logique du pari. À partir d'un certain degré de malchance, le joueur malheureux ne renonce pas, mais il mise des sommes toujours plus fortes sur des probabilités toujours plus faibles. Le sujet finira toujours par dénicher l'obstacle insurmontable, qui ne sera peut-être que la vaste indifférence du monde, et il se brisera sur elle.

J.-M. O. : Au fond, on parle toujours du pari de Pascal comme s'il n'y avait qu'un seul pari. Ce que Pascal lui-même voit dans sa théorie du divertissement, c'est ce que vous êtes en train de dire. Le désir, lui aussi, est un pari, mais un pari où l'on ne peut jamais gagner. Parier pour Dieu, c'est parier pour un *autre Dieu* que le dieu du désir.

CHAPITRE II

LE DÉSIR SANS OBJET

A. LES DOUBLES ET L'INTERDIVIDUALITÉ

J.-M. O. : Il me semble que la difficulté qu'ont beaucoup de lecteurs à comprendre votre théorie vient du fait qu'ils ne voient pas que la différence entre sujet et modèle n'existe que dans un premier moment, qui peut être réel et génétique mais qui, le plus souvent, est théorique et didactique. *[annotation manuscrite : Mism = contagion]*

R. G. : Le mimétisme, en effet, c'est la contagion dans les rapports humains et, en principe, elle n'épargne personne. Si le modèle redouble d'ardeur pour l'objet qu'il désigne à son sujet, c'est qu'il succombe lui-même à cette contagion. Il imite, en somme, son propre désir, par l'intermédiaire du disciple. Si le disciple sert de modèle à son propre modèle, le modèle, en retour, devient disciple de son propre disciple. Entre les hommes, en dernière analyse, ou plus exactement entre leurs désirs, il n'y a pas de différences vraies ; il ne suffit pas non plus de penser en termes de différences qui s'échangent ou qui se déplacent et dérivent. Les fameuses différences ne sont que des ruptures de réciprocité qui comportent toujours une part d'arbitraire car elles s'enracinent dans les mécanismes victimaires et dans la rivalité mimétique, elles s'effacent sous l'effet de la violence qui fait tout revenir à la pure réciprocité. Chacun, dans la rivalité, occupe toutes les positions successivement puis simultanément, et il n'y a plus de positions distinctes.

Tout ce que ressent, médite ou agit, à un moment donné, l'un des partenaires de la violence est destiné tôt ou tard à se retrouver chez l'autre. En dernière analyse, et la dernière analyse c'est le mouvement qui se précipite de plus en plus, on ne peut rien dire de personne qu'il ne faille dire aussitôt de tout le monde. On ne peut plus différencier les partenaires les uns des autres. C'est ce que j'appelle le rapport de *doubles*.

G. L. : À la différence de tous ceux qui ont employé le terme avant vous, vos doubles sont des individus réels, dominés par une réciprocité violente qu'ils méconnaissent l'un et l'autre mais qui s'affirme et se parfait de plus en plus, non seulement aux stades de l'imitation positive dont nous avons déjà parlé, mais aux stades de la violence physique. Le terme de *doubles* s'utilise, traditionnellement, dans un sens différent, celui de reflet affaibli, d'image dans le miroir : de fantôme ; c'est le sens des écrivains romantiques, de Hoffmann, par exemple, et c'est à lui, au fond, que restent fidèles la psychiatrie et la psychanalyse quand elles reconnaissent, chez certains malades, ce qu'elles appellent l'hallucination du double.

R. G. : Je crois qu'on peut ramener le mystère apparent du double hallucinatoire aux doubles réels dont je suis en train de parler. Il s'agit, comme toujours, d'une chose très simple. La violence est un rapport mimétique parfait, donc parfaitement réciproque. Chacun imite la violence de l'autre et la lui renvoie, «avec usure». Rien de plus banal que ce rapport quand il prend la forme d'une violence physique et aussi longtemps, bien sûr, que nous restons extérieurs à lui, que nous pouvons le regarder en purs spectateurs. Pour le comprendre, il suffit de ramener les rapports les plus subtils, en apparence, à Guignol et au Gendarme qui se tapent dessus à bras raccourcis.

En tant qu'ils restent pur spectacle, les doubles, c'est

le fondement de toute action théâtrale, comique ou tragique indifféremment.

Une fois que la symétrie du rapport mimétique est vraiment en place, c'est d'elle qu'on veut se débarrasser. Sous l'effet de la réciprocité violente, en d'autres termes, tout modèle se transforme en un anti-modèle ; au lieu de ressembler, il s'agit désormais de différer, mais la réciprocité se perpétue du fait que tous s'efforcent de rompre avec elle de la même façon. En fait, c'est le même désir mais qui ne « croit plus » à la transcendance du modèle.

J.-M. O. : On retrouve cela dans les plus vastes espaces et aussi les moindres recoins de la vie contemporaine. La mode, par exemple, ne triomphe complètement dans la vie intellectuelle, et ce n'est pas un hasard, qu'à partir du moment où il n'est bruit que de différence. Tous cherchent à différer de la même façon, et comme, un peu plus tard, ils vont tous repérer l'effet d'identité en même temps, le renoncement à la mode, comme son adoption, est lui aussi affaire de mode. C'est pourquoi tout le monde est contre la mode ; tout le monde abandonne toujours la mode régnante pour imiter l'inimitable, comme tout le monde. Si nos divers gourous règnent de moins en moins longtemps et s'ils s'en prennent désormais à l'essence de toute vie intellectuelle, c'est que la mode fonctionne, elle aussi, sur le principe de l'escalade, et à partir du moment où tout le monde en pénètre de mieux en mieux le mécanisme, la mode précipite son rythme, le renoncement à la mode n'est plus illusoire ; la mode elle-même finit par passer de mode. La haute couture, dans ce domaine, est en avance sur la philosophie. Elle a su, la première, qu'elle n'existait plus, ainsi que me le disait un grand couturier de mes amis.

R. G. : Ce n'est pas seulement chez les écrivains anciens, c'est chez les modernes, quand ils deviennent vraiment grands, que tout repose sur les doubles. C'est le désir de différer, paradoxalement, qui fait toujours tout retomber dans l'identité et l'uniformité.

Chez Proust, par exemple, on peut trouver des textes qui traduisent le malentendu fondamental du désir dans un comique de gesticulation chaplinesque. Et c'est la même chose que le désir le plus lyrique, tel qu'il fonctionne chez tous les personnages, à commencer par le narrateur lui-même. Rien de plus important que ces textes-charnières. Ils montrent clairement qu'on a toujours affaire à la même structure, autrement dit que le désir n'est pas aussi intéressant qu'il veut le faire croire. Loin d'être infinies, ses surprises sont toujours les mêmes, toujours prévisibles et calculables. Elles ne surprennent que le désir lui-même qui se prend toujours à son propre jeu et qui travaille toujours contre lui-même. Aucune stratégie ne lui apporte jamais ce qu'il recherche, mais il ne renonce jamais à la stratégie. Si la volonté d'absorption et d'assimilation ne conquiert jamais la différence de l'autre, la volonté de différence, qui revient au même, n'exorcise jamais l'identité et la réciprocité. C'est ce que démontre le « tour de digue » des bourgeois en villégiature à Balbec :

Tous ces gens [...] faisant semblant de ne pas se voir, pour faire croire qu'ils ne se souciaient pas d'elles, mais regardant à la dérobée, pour ne pas risquer de les heurter, les personnes marchant à leurs côtés, ou venant en sens inverse, butaient au contraire contre elles, s'accrochaient à elles, parce qu'ils avaient été réciproquement de leur part l'objet de la même attention secrète, cachée sous le même dédain apparent[90].

G. L. : Si vous maintenez jusqu'au bout votre perspective sur les *doubles*, vous serez entraîné à critiquer l'idée reçue, dans toutes les psychiatries et dans toutes les psychanalyses, que l'expérience du double, chez les grands malades, n'a aucune consistance, qu'elle ne correspond à aucune réalité.

R. G. : Il n'y a pas d'hallucination du double. Ce qui passe pour tel, c'est le heurt « inexplicable » de ces deux individus qui cherchent réciproquement à s'éviter et c'est la répétition constante de ce heurt.

Les doubles, en somme, ce n'est jamais que la réciprocité des rapports mimétiques. Parce que le sujet n'aspire qu'à la différence, parce qu'il se refuse à admettre la réciprocité, c'est elle qui triomphe, grâce aux stratégies même que chacun découvre et met en pratique au même instant pour mieux la déjouer. La réciprocité perpétuellement niée va donc « hanter » le sujet, véritable fantôme de la structure vraie que le grand écrivain n'a aucune peine à repérer mais que la plupart des hommes réussissent à exorciser, en tant au moins qu'elle les concerne eux-mêmes. En tant qu'elle concerne les autres, ils n'ont rien à envier à personne sous le rapport de la perspicacité. C'est même cette perspicacité réelle qui toujours les trompe et leur fait croire qu'ils sont les seuls à tirer leur épingle d'un jeu où tous les autres demeurent englués.

Ce n'est pas le double qui est hallucinatoire, c'est la différence, et c'est elle qu'il faut tenir pour folle. La lecture hallucinatoire des doubles, c'est la dernière ruse du désir pour ne pas reconnaître, dans l'identité des partenaires mimétiques, l'échec ultime, ou plutôt la réussite lamentable, du désir mimétique lui-même. Si le fou voit double, c'est parce qu'il est trop proche de la vérité. Les soi-disant normaux peuvent encore fonctionner au sein du mythe de la différence, non parce que la différence est vraie, mais parce qu'ils ne poussent pas le processus mimétique assez loin pour obliger son mensonge à devenir manifeste, dans une accélération et une intensification du jeu mimétique qui rend la réciprocité toujours plus visible. L'échange toujours plus rapide des positions différentielles fait qu'il n'y a plus de moments distincts au sein du processus. Comme nous le disions tout à l'heure, tout le monde occupe toutes les positions simultanément et là où la différence prolifère, sous la forme des cauchemars monstrueux, elle tend aussi à s'abolir.

Le malade demande au médecin de lui confirmer qu'il serait fou de lâcher la différence pour l'identité. Il demande à la science d'enregistrer les monstres et les doubles, non comme le brouillage puis l'abolition des différences mythiques de la culture, mais comme différences supplémentaires au sein d'une expérience qui ne saurait être autre chose qu'un tissu de différences, autrement dit un texte, ou peut-être une intertextualité, comme on dirait aujourd'hui.

Le désir, en somme, est le premier à acquérir à son propre sujet un savoir qu'il juge intolérable. Il ne peut pas intégrer les doubles à son projet différentiel ; il ne peut pas les assimiler à sa logique ; il est contraint de s'expulser lui-même hors de la «raison», avec ses doubles ; plutôt que de renoncer au désir, en somme, il va lui sacrifier son expérience et sa raison. Il demande au médecin de sanctionner ce sacrifice en diagnostiquant la folie, en donnant à la chose un cachet officiel.

G. L. : La médecine a toujours obtempéré. Elle n'a jamais vu dans les doubles, avec les poètes, que d'illusoires jeux de miroir ou peut-être d'étranges réminiscences «archaïques». Freud lui-même s'y est laissé prendre. Tout le monde est d'accord pour repousser les doubles comme insignifiants, mais très graves sous le rapport des symptômes.

R. G. : La perspective psychopathologique, en somme, c'est la perspective du désir lui-même que le médecin se garde de contredire. C'est le malade, le premier, qui se déclare fou ou se comporte de façon à nous en convaincre, et il doit bien savoir de quoi il retourne. Comme la perspective philosophique actuelle, la perspective psychopathologique se fonde sur la différence et elle expulse l'identité des *doubles*. Tout repose ici sur l'héritage de l'individualisme romantique, plus vivant que jamais en dépit des critiques superficielles dont il fait l'objet.

J.-M. O. : Vous dites que «le désir acquiert… », ou que «le désir renonce… » Ne pensez-vous pas que vous êtes en train d'hypostasier le désir ?

R. G. : Je ne le crois pas. Si le désir est le même pour tous les hommes, s'il n'y a jamais qu'un même désir, il n'y a pas de raison de ne pas faire de lui le véritable « sujet » de la structure, sujet qui se ramène d'ailleurs à la mimésis. J'évite de dire « sujet désirant », pour ne pas donner l'impression de retomber dans une psychologie du sujet.

Tel l'insecte qui tombe dans le piège friable que son adversaire a creusé pour lui — les grains de sable auxquels il s'agrippe s'écroulant à mesure sous ses pattes — le désir compte sur les différences pour *remonter la pente* mais les différences s'effacent du fait même de ses efforts et il retombe toujours aux doubles.

Le caractère mimétique de l'entreprise qu'est le désir s'accuse de plus en plus. Il devient si prononcé que même les observateurs les plus décidés à ne rien voir finissent par reconnaître son existence. Ils parlent alors d'histrionisme, mais comme s'il s'agissait là d'un phénomène sans antécédents, sans rapports intelligibles avec quoi que ce soit, surtout pas avec les doubles, naturellement.

G. L. : En réalité, plus on avance dans l'aggravation des symptômes, plus le désir devient sa propre caricature, plus les phénomènes qui nous confrontent deviennent transparents, plus il devient facile, à leur lumière, de repenser l'ensemble du trajet.

R. G. : C'est le désir lui-même, en somme, qui est responsable de sa propre évolution. C'est lui qui va vers sa propre caricature, ou, si l'on préfère, l'aggravation de tous les symptômes, car, tout au contraire de ce que pense Freud qui pense toujours « inconscient », le désir se connaît mieux lui-même que toute psychiatrie ; il est même de mieux en mieux informé car il observe, à chaque étape, ce qui lui arrive, et le compte qu'il tient de ce savoir détermine une aggravation du symptôme. Le désir utilise toujours à ses propres fins le savoir qu'il acquiert de lui-même ; il met la vérité, en somme, au service de son propre mensonge, et il est toujours mieux armé pour détruire tout ce qui s'abandonne à lui, pour tout mobiliser, chez les individus et les communautés au profit du *double bind* constitutif, pour toujours plus s'enfoncer dans l'impasse qui le définit.

L'idée du démon porte-lumière va beaucoup plus loin que toute la psychanalyse. Le désir est porteur de lumière, mais d'une lumière qu'il met au service de sa propre obscurité. C'est ce caractère proprement lucifé-rien qui explique le rôle du désir dans toutes les grandes inventions de la culture moderne, dans l'art et la litté-rature.

J.-M. O. : Au départ, on l'a vu, les rivaux mimétiques se disputent un objet, et la valeur de cet objet augmente en raison des convoitises rivales qu'il inspire. Plus le conflit s'exaspère, plus son enjeu devient important aux yeux des deux rivaux. Aux yeux des spectateurs, il n'y a plus d'enjeu du tout. La valeur d'abord conférée par la rivalité à l'objet lui-même, non seulement continue à augmenter mais elle se détache de l'objet pour venir se fixer sur l'obstacle que chacun des adversaires constitue pour l'autre. Chacun veut empêcher l'autre d'incarner la violence irrésistible qu'il veut incarner lui-même. Si on demande aux adversaires pourquoi ils se battent, ils invoqueront des notions telles que le prestige. Il s'agit pour chacun d'acquérir le prestige qui risque d'échoir à l'autre, de devenir la puissance magique, l'analogue du *mana* polynésien ou du *kudos* grec qui circule sous forme de violence entre les combattants[91].

R. G. : Se battre pour le prestige, pour l'honneur, c'est se battre littéralement pour rien. Il faut qu'en l'absence de tout objet concret le rien du prestige apparaisse comme le tout, non pas à un adversaire seulement, mais à tous. C'est dire que les adversaires, avant même d'être réconciliés par l'expulsion violente, s'ils le sont jamais, partagent une vision qui est celle de la violence méta-physique.

Cette description n'est pas valable seulement pour les

duels des héros homériques ou pour ces rituels où l'on cherche à s'assimiler la violence sacrée en dévorant la victime. L'échange réciproque des violences, l'escalade de la violence, restent présents dans des rapports de désir qui nous intéressent en ce moment ; c'est en fonction de cet échange seulement que deviennent intelligibles, en psychiatrie, les symptômes qui se présentent sous la forme d'une alternance.

B. Symptômes d'alternance

R. G. : Dans l'univers radicalement concurrentiel des doubles, il n'y a pas de rapports neutres. Il n'y a que des dominants et des dominés, mais le sens du rapport ne reposant ni sur la force brutale ni sur des déterminants extérieurs ne peut jamais se stabiliser ; il se joue et se rejoue à chaque instant dans des rapports que l'observateur peut croire insignifiants. Chaque fois qu'il domine ou pense dominer son rival, le sujet se croit le centre d'un champ perceptif qui paraît au contraire structuré autour du rival dans les moments où celui-ci a le dessus. C'est de plus en plus souvent et de plus en plus longtemps que l'autre l'emporte. La dépression, en somme, tend de plus en plus à supplanter l'euphorie.

Dans les allées et venues de la violence qui les sépare et les unit, les deux partenaires sont tour à tour le dieu unique qui voit tout converger et s'agenouiller devant lui, et la créature chétive, muette et tremblante aux pieds de ce même dieu qui a mystérieusement émigré chez l'autre, le rival et modèle du désir.

Le rapport à l'autre ressemble à une balançoire où l'un des joueurs est au plus haut quand l'autre est au plus bas, et réciproquement. Les psychiatres ne savent pas ce qui peut causer l'alternance car ils ne voient jamais qu'un seul joueur. Pour faire redescendre le malade vers les abîmes, il faut un second joueur qui remonte lui-même vers les sommets et *vice versa*.

J.-M. O. : Mais les psychiatres vous diront que s'il y avait un second joueur, ils s'apercevraient de sa présence ; jamais on ne voit deux grands maniaco-dépressifs se déterminer réciproquement de la manière que vous dites.

R. G. : La psychiatrie envisage le malade comme une espèce de monade. Même quand il insiste sur l'importance des rapports avec autrui, le psychologue n'apprécie pas suffisamment leur caractère fondateur. Le rôle de l'autre peut devenir imaginaire, bien sûr, mais il ne l'a pas toujours été et, même imaginaire, il reste à chaque instant décisif dans les répliques violentes qu'enregistre le sujet. Les variations thymiques, par exemple, ne sont que la réaction du sujet aux violences qui s'échangent, aux péripéties d'une lutte qui paraît tourner tantôt à son avantage, tantôt à son désavantage. Nous ne voyons pas ce va-et-vient de la violence, seul réel aux yeux du malade, car tout se joue sur des signes de plus en plus imperceptibles.

G. L. : La psychiatrie veut bien délirer avec les malades, mais elle se veut aussi bien portante avec les bien portants. Il ne faut pas inquiéter les bien portants en leur suggérant qu'entre eux et les malades, il n'y a guère qu'une différence infime de degré, pas autre chose peut-être qu'une sensibilité plus grossière, une intelligence moins fine de tout ce qui se joue dans les rapports humains, surtout dans le monde moderne, privé des stabilisateurs traditionnels.

R. G. : Il faut examiner ce qui se passe dans les milieux où la fièvre de la concurrence et les affres de l'avancement au mérite sévissent dans un contexte d'oisiveté relative, favorable à l'observation réciproque, les milieux d'affaires, certes, et plus encore les milieux intellectuels qui parlent toujours des autres, mais ne se regardent jamais eux-mêmes.
Dans ces milieux, la cyclothymie se nourrit de signes qui ne sont pas du tout illusoires et insignifiants, même

si leur interprétation peut susciter des divergences extraordinaires. Ceux dont l'avenir professionnel et la réputation dépendent de tels signes en sont inévitablement obsédés. Il s'agit ici d'une obsession qu'on peut qualifier d'objective, ainsi que l'alternance thymique qui lui est associée. Il est difficile de ne pas se réjouir de ce qui attriste le rival, de ne pas s'attrister de ce qui le réjouit.

Tout ce qui me remonte démonte mes concurrents, tout ce qui les remonte me démonte. Dans une société où la place des individus n'est pas déterminée à l'avance et où les hiérarchies sont effacées, les hommes sont toujours occupés à se fabriquer un destin, à « s'imposer » aux autres, à « se distinguer » du troupeau, c'est-à-dire à « faire carrière ».

Notre société est la seule, on l'a dit, qui puisse déchaîner le désir mimétique dans un grand nombre de domaines sans avoir à redouter un emballement irrémédiable du système, le *runaway* de la cybernétique. C'est à cette aptitude inouïe à promouvoir la concurrence dans des limites qui restent toujours socialement, sinon individuellement, acceptables, que nous devons les « réalisations » prodigieuses du monde moderne, son génie inventif, etc. La rançon de tout ceci, ce n'est peut-être pas toujours l'aggravation extrême, mais c'est assurément la démocratisation et la vulgarisation de ce qu'on appelle les névroses, toujours liées, il me semble, au renforcement des tensions concurrentielles et à la « métaphysique » de ces tensions.

Le « maniaco-dépressif » est possédé, visiblement, d'une ambition métaphysique prodigieuse. Mais cette ambition métaphysique ne constitue pas, elle non plus, quelque chose de séparé ; elle peut varier suivant les individus mais elle est d'abord conséquence paradoxale de cet effacement des différences dont nous parlions à l'instant et du déchaînement mimétique qui l'accompagne. Tous les facteurs sont solidaires les uns des autres.

Dans un monde où les individus ne sont plus définis par la place qu'ils occupent en vertu de leur naissance ou de quelque autre facteur dont la stabilité repose for-

408

cément sur l'arbitraire, l'esprit de concurrence, loin de s'apaiser, s'enflamme plus que jamais ; tout dépend de comparaisons qui forcément ne sont pas « sûres », puisqu'aucun point de repère fixe ne demeure. Le maniaco-dépressif a une conscience particulièrement aiguë de la dépendance radicale où sont les hommes à l'égard les uns des autres et de l'incertitude qui en résulte. Comme il voit que tout, autour de lui, est *image*, *imitation* et *admiration* (*imago* et *imitare*, c'est la même racine), il désire ardemment l'admiration des autres, c'est-à-dire la polarisation sur lui-même de tous les désirs mimétiques, et il vit l'incertitude inévitable — le caractère mimétique du résultat — avec une intensité tragique. Le moindre signe d'accueil ou de rejet, d'estime ou de dédain, le plonge dans la nuit du désespoir ou dans des extases surhumaines. Tantôt il se voit perché au sommet d'une pyramide qui est celle de l'être dans son ensemble, tantôt au contraire cette pyramide s'inverse, et comme il en occupe toujours la pointe, le voilà dans la position la plus humiliée, écrasé par l'univers entier.

Pour en arriver là, il faut peut-être un certain détraquement organique dont le secret nous échappe, mais la maniaco-dépression n'en est pas pour autant dépourvue de signification sur le plan des rapports humains, en particulier dans l'univers où nous vivons. Le malade n'a pas « raison » d'amplifier à l'extrême, comme il le fait, tout ce qui peut affecter ses rapports avec les autres, dans un sens ou dans l'autre, mais il n'a pas non plus tout à fait tort, car la nature mimétique, donc contagieuse, de ces rapports, leur aptitude à faire « boule de neige », n'est pas du tout imaginaire. Pour lui, il n'y a pas de mesure et il y en a de moins en moins, effectivement, dans une société de plus en plus déstructurée, donc de plus en plus menacée elle-même par des oscillations mimétiques incontrôlables.

J.-M. O. : Il se pourrait bien que les symptômes franchement psychotiques soient liés à la présence de facteurs organiques. Mais ce n'est pas du tout gênant, il me semble, pour la perspective que vous défendez. On peut

409

admettre qu'en l'absence de ces facteurs organiques, le processus d'emballement mimétique ne dépasse pas un certain seuil. On peut aussi neutraliser temporairement ces facteurs grâce à certains produits chimiques.

Certains pensent que la proportion des grands psychotiques ne varie guère d'une société à l'autre, et le facteur organique en question expliquerait ce fait. On peut concevoir ce facteur d'une façon qui n'infirme en rien ce que vous dites. On peut penser qu'il affaiblit ou suspend les défenses, elles aussi organiques, contre les effets de l'exaspération mimétique.

R. G. : Comment croire que le contexte mimétique ne joue pas un rôle essentiel devant la susceptibilité particulière de certaines professions aux formes psychopathologiques que nous décrivons ; ce sont les activités ou les vocations qui dépendent le plus directement du jugement d'autrui sous sa forme la moins nuancée, la plus brutale, la plus aléatoire. Je songe ici à ceux qui sont en contact direct avec la foule et qui vivent de ses faveurs, politiciens, acteurs, dramaturges, écrivains, etc.

Celui qui se montre attentif, par nécessité, aux réactions collectives, sait par expérience que rien en ce domaine n'est jamais acquis ; des revirements aussi soudains qu'imprévisibles sont possibles. L'homme de théâtre peut voir le « four » de la première se transformer le lendemain en apothéose, ou *vice versa*, sans qu'on puisse assigner à ces variations des causes certaines. Comment va-t-on distinguer objectivement d'une tendance maniaco-dépressive les émotions de celui qui fait reposer tant de choses dans son existence sur la décision arbitraire des contagions mimétiques.

Le désir en sait trop, en somme, sur la proximité des boucs émissaires et des divinités chez les individus et dans les sociétés en cours de déstructuration. À en juger par Nietzsche et par Dostoïevski, on peut se demander s'il n'y a pas menace de psychose partout où l'intuition individuelle en ces matières dépasse un certain seuil. Il suffit de lire *Ecce Homo* à la lumière de ce que nous venons de dire pour comprendre que Nietzsche est en train de basculer dans la psychose.

J.-M. O. : Si on peut repérer, dans l'œuvre de Nietzsche, les signes de la psychose prochaine, chez Dostoïevski, en revanche, on peut noter le moment où l'écrivain surmonte la menace et produit sa première œuvre vraiment géniale, la première à révéler et non plus simplement à refléter le désir mimétique et ses paradoxes : *les Notes du souterrain.*

Les oscillations thymiques affleurent dans notre société derrière toutes sortes de phénomènes culturels qu'on ne songe pas à rapprocher d'elles. Songez, par exemple, à ces manuels innombrables qui prétendent détenir et enseigner le succès, en amour, dans les affaires, etc. C'est toujours une stratégie du rapport à l'autre qu'on vous révèle. L'unique secret, la recette par excellence, mille fois répétée, c'est qu'il suffit pour réussir de donner l'impression que c'est déjà fait.

Rien de plus déprimant pour le lecteur que ce genre de réconfort. Que tout dépende, dans les rencontres qui l'attendent, de l'impression donnée et reçue, voilà ce dont il est déjà trop convaincu. Et il n'est que trop convaincu, également, que ces deux impressions vont donner lieu à une lutte : chacun s'efforce de prouver à l'autre qu'il possède déjà l'enjeu qu'en réalité il faut toujours reconquérir en l'arrachant à cet autre, la certitude rayonnante de sa propre supériorité.

R. G. : Il me semble que la cyclothymie doit être statistiquement plus fréquente dans notre univers, et qu'il existe entre elle et lui une affinité particulière. Il est frappant de constater que, depuis la fin du XVIIIe siècle, la littérature et la pensée sont jalonnées de grands esprits psychotiques qui disent sur ce qui se passe parmi nous des choses essentielles dont les contemporains généralement se détournent ; la postérité, au contraire, monte ces choses en épingle, elle en fait une idéologie, c'est-à-dire un succédané sacrificiel, dont l'ingrédient majeur, bien sûr, est une indignation extrême contre l'impuissance des contemporains à reconnaître le génie qui leur a fait l'honneur de s'adresser à eux.

Chez le maniaco-dépressif, en somme, ce sont les deux faces opposées du sacré qui sont intériorisées et interminablement revécues sur le mode alternatif. C'est à cela que Nietzsche fait allusion, je pense, aux portes de la folie, quand l'opposition qui a longtemps prévalu entre Dionysos et le Crucifié disparaît ; au lieu d'écrire Dionysos *contre* le Crucifié, il écrit Dionysos *et* le Crucifié. Ce que Nietzsche n'a jamais repéré, dans sa recherche, ce qu'il n'a pas pu faire sien au niveau du savoir, l'identité de Dieu et de la victime émissaire, il l'a réalisé dans sa folie. En se voulant Dieu il est devenu victime, il a goûté au destin de la victime émissaire.

Beaucoup de sociétés primitives confirment ce rapport entre la folie et le sacré. Elles voient dans le fou les deux faces de la violence divine et elles le traitent en conséquence, à la fois comme une souillure dont il vaut mieux s'écarter, une source de pollution, et aussi une source possible de bénédiction, un être vénérable.

Dans *la Naissance de la tragédie* et ses travaux sur la religion grecque, en dépit de toutes ses intuitions, Nietzsche n'a jamais découvert la signification véritable de la *mania* dionysiaque. Le premier Grec venu, en lisant ce livre, aurait pronostiqué la folie prochaine de l'auteur. On ne peut pas épouser Dionysos, comme le fait Nietzsche, en dehors de tout rite, sans s'exposer au déchaînement sans mesure de la *mania*.

Comment se fait-il que notre science soit encore incapable de s'égaler à l'intuition religieuse la plus humble ?

C. DISPARITION DE L'OBJET ET STRUCTURE PSYCHOTIQUE

J.-M. O. : Ce qui me frappe dans ce que vous dites, c'est qu'il n'est plus question de l'objet. Tout se ramène aux rapports entre les rivaux mimétiques, chacun modèle et disciple de l'autre. Cette disparition de l'objet doit faire partie, je pense, de la tendance du désir à devenir sa propre caricature, à proclamer lui-même sa propre

fading ol obj-

vérité : la prédominance du modèle mimétique sur l'objet. Dès le principe, le désir interfère avec les montages instinctuels orientés vers des objets. Au stade de la psychose, il n'y a plus d'objet du tout ; il n'y a plus que le *double bind* mimétique, l'obsession du modèle-obstacle. La folie est très spécifiquement humaine en ceci qu'elle pousse à l'extrême ce qui est le plus étranger à l'animal dans l'homme, un mimétisme si intense qu'il peut supplanter les montages instinctuels.

R. G. : Freud a bien vu ce dynamisme qui pousse vers la folie et la mort, mais il a été obligé d'inventer un instinct de mort pour en rendre compte. Il n'en était plus à un instinct près, et nous y reviendrons. C'est le désir lui-même qui va vers la folie et la mort s'il n'y a pas de mécanisme victimaire pour le ramener à la «raison», ou pour engendrer cette raison. Le désir mimétique suffit à tout et nous retrouvons grâce à lui l'excellente formule d'Edgar Morin : *Homo sapiens demens*[92]. Le lien mystérieux entre folie et raison se concrétise.

C'est donc la logique du désir mimétique lui-même que dégage le sujet à ses propres dépens. Le désir lui-même se détache peu à peu de l'objet pour s'attacher au modèle, et l'aggravation des symptômes ne fait qu'un avec ce mouvement, car se comporter de façon normale, ce n'est pas échapper au désir mimétique — personne n'y échappe — mais c'est ne pas y succomber au point de perdre tout objet de vue et de ne s'occuper que du modèle. Être raisonnable ou fonctionnel, c'est avoir des objets, et c'est s'affairer autour d'eux ; être fou, c'est se laisser accaparer complètement par les modèles du désir, c'est donc accomplir la vocation de ce désir, c'est pousser jusqu'à ses conséquences ultimes ce qui le distingue, de façon très relative d'ailleurs, de la vie animale, c'est s'abandonner à la fascination pour le modèle en tant qu'il nous résiste, en tant qu'il nous fait violence.

Vous-mêmes, en tant que psychiatres, comment voyez-vous la psychose dans la perspective que je viens d'indiquer ?

G. L. : Nous sommes infirmes sur le plan du vocabulaire parce que nous fonctionnons — et comment pourrait-il en être autrement? — dans une culture, dans un «ordre», dans un temps, qui sont forcément post-sacrificiels. Lorsque nous parlons, ou plus simplement dès que nous sommes, le sacrifice fondateur est toujours déjà là.

Cette infirmité se traduit par le fait que nous sommes forcés de désigner tout ce qui existait auparavant — c'est-à-dire tout ce qui appartient au temps pré-sacrificiel — par des mots péjoratifs ou négatifs : non-culture, désordre, etc.

J.-M. O. : Ce temps pré-sacrificiel n'est pas du tout «déstructuré», ne correspond pas à une quelconque dissolution de la structure culturelle que nous connaissons, encore moins à une absence de structure. Tout au contraire nous savons maintenant que le *désordre* pré-culturel et pré-sacrificiel possède une structure propre, parfaitement définie et qui est paradoxalement fondée sur la *symétrie* absolue.

Cette symétrie mimétique, génératrice de désordre et de violence, animée de mouvements de déséquilibre perpétuel, se trouve stabilisée par le mécanisme de la victime émissaire, temps T_0 de la culture, degré D_0 de la structure.

La culture qui naît par ce mécanisme de différenciation va avoir une structure fondée sur l'asymétrie et les différences. Paradoxalement encore, cette asymétrie et ces différences constituent ce que nous appelons l'ordre culturel.

C'est ainsi que l'«ordre» sort du «désordre». Mais nous savons maintenant que l'un et l'autre sont structurés et qu'il n'est pas question de présenter l'un comme une déstructuration de l'autre : il y a structuration, passage d'une structure bien déterminée à une autre par le jeu d'un mécanisme jusqu'ici méconnu, celui de la victime émissaire.

G. L. : Ce que nous venons de dire de l'«ordre» et du «désordre» s'applique à la logique et à la confusion. La «confusion» est structurée de façon symétrique, organisée donc comme indifférenciation. La logique, elle, se structure comme asymétrie et comme différence.

À la lumière de ce qui précède, nous comprenons que la «conscience» naisse de la différenciation. Mais nous voyons aussi que l'«inconscient» est de même origine : l'un et l'autre appartenant à l'espace-temps post-sacrificiel et culturel sont structurés dans la différence, l'un et l'autre sont structurés comme un langage.

Ceci est d'autant plus évident que le temps pré-sacrificiel est celui de la symétrie, de la violence indifférenciée et des cris inarticulés.

Prétendre par conséquent définir la psychose indifféremment comme «déstructuration de la conscience» et «émergence de l'inconscient» apparaît comme un double malentendu.

En effet, si la conscience est déstructurée, quelle est la structure de ce désordre que l'on appelle psychose ? Personne ne semble apporter de réponse précise à cette question.

Si la psychose est «émergence de l'inconscient», il faut d'abord avec Henri Ey reconnaître que, logiquement, une dissolution de la conscience doit intervenir pour permettre cette émergence. Et ce que l'on comprend encore moins, c'est que cet inconscient, dont nous savons maintenant qu'il est structuré dans l'ordre culturel, tout comme la conscience, devienne incompréhensible dès lors qu'il émerge et s'énonce, alors même que ceux qui prétendent ainsi expliquer la psychose sont les premiers à dire qu'il est structuré comme un langage.

J.-M. O. : Comment donc comprendre la structure de la psychose, d'une part, la structure psychotique de l'autre, et les rapports entre elles ? Car il n'est pas concevable qu'elles n'entretiennent entre elles que des rapports de coïncidence...

La psychose, nous l'avons déjà pressenti, ne peut être

comprise comme une évagination de l'inconscient. Il y a dans cette explication des relents métaphysiques et romantiques : des hypostases se télescopent, des spectres émergent de derrière des tentures...

Si, au lieu de se laisser entraîner à des succédanés philosophiques, on pose la structure psychotique comme structure de symétrie, comme structure de double, comme retour à la mimétogonie pré-sacrificielle indifférenciée, on comprend :

1) comment la structure de la psychose est peu à peu édifiée et constituée par la structure psychotique qui la « voit » comme une issue possible, c'est-à-dire comme possibilité de redifférenciation ;

2) pourquoi le temps du psychotique n'est plus le temps des « autres ». Et par conséquent pourquoi le psychotique vit dans un monde totalement « étranger » ;

3) pourquoi les gens dit « normaux » voient la structure psychotique comme une déstructuration. La seule différence, en effet, qu'ils ne puissent ni accepter, ni même imaginer, est celle-là même sur laquelle se fonde leur culture, c'est-à-dire leur « raison » : la différence entre l'ordre pré-sacrificiel et l'ordre culturel, la différence de nature entre une structure fondée sur la symétrie et l'indifférenciation et une structure fondée sur l'asymétrie et la différenciation.

Les psychiatres continuent de défendre cet aspect d'une réalité qu'ils côtoient sans la comprendre et de penser la psychose, c'est-à-dire la folie, comme une perte, une chute hors de la structure culturelle qui est la leur.

Les psychanalystes, eux, voient une chose essentielle et qui est la dynamique de la constitution de la psychose. Mais ils sont prisonniers de leurs concepts philosophiques qui les obligent à hypostasier l'inconscient et à réifier en causalités essentielles des mécanismes fonctionnels.

Quant aux antipsychiatres, ils voient bien que la « folie » a sa vérité propre, ils la perçoivent comme caricature de la raison, ce qu'elle est d'une certaine façon, dans la mesure où une caricature révèle l'essentiel du modèle. Mais à l'évidence ils ne comprennent ni la structure de la psychose, ni les raisons pour lesquelles elle n'est pas opératoire. Ils la voient impuissante et pensent lui restituer sa valeur en affaiblissant l'ordre culturel répressif. Ce que les antipsychiatres voient par conséquent, c'est ce que verrait M. de la Palice : l'incompatibilité de la Raison et de la Folie, de la structure de double et de la structure de différence. Mais ils ne peuvent ni expliquer pourquoi ces structures sont incompatibles, ni les expliciter. Alors, ils se contentent d'attitudes simplificatrices et « politiques » qui consistent à choisir délibérément l'une contre l'autre sans savoir ce qu'ils font !

Les antipsychiatres tombent aussi dans le piège que tend la chronologie au temps culturel : ils s'imaginent que la folie, structure de double, est *en avance* sur la raison, structure de différence. Ils sont là victimes de la même illusion que les psychanalystes qui la voient comme une *régression*, c'est-à-dire qui la jugent *en retard* sur la raison.

En réalité, ce que nous comprenons de plus essentiel, c'est précisément ce temps T_0 de la culture qui est le temps sacrificiel, celui du sacrifice fondateur. Ce temps T_0 sépare absolument et radicalement les structures de l'ordre culturel et du désordre de la violence indifférenciée, en même temps qu'il les transforme l'une dans l'autre. Si donc ces deux structures s'engendrent mutuellement à la manière des deux sœurs dont le Sphinx parlait à Œdipe, il est bien certain qu'il est tout aussi illusoire de les penser comme en avance ou comme en retard l'une par rapport à l'autre.

G. L. : Nous réussissons donc à sortir des mythes, y compris celui de la maladie mentale. À partir de votre pensée, nous voyons se dégager des mécanismes opératoires par lesquels se constituent la structure psychotique, puis la structure de la psychose sans qu'il soit besoin à aucun moment d'hypostasier des instances mythiques ou de faire sortir des lapins d'un chapeau.

Nous voyons donc comment le mimétisme qui s'exacerbe, la mimétogonie progressive, aboutissent au *rap-*

port de doubles avec l'autre. Cet Autre peut être singulier comme dans certains cas explicites : Nietzsche-Wagner, Hölderlin-Schiller, ou être multiple ou pluriel comme dans les psychoses de nos hôpitaux.

Par un mécanisme opératoire simple et fondamental, on engendre par conséquent aussi bien l'ordre que le désordre, la structure de différence que la structure indifférenciée, la Raison et la Folie. C'est ce qui rend notre condition humaine si exceptionnelle et si précaire.

J.-M. O. : La structure psychotique, c'est le rapport de doubles, dans une mimétogonie qui s'exacerbe, dans une accélération cinématographique des inversions dysthymiques.

La structure de la psychose, le délire, est le récit mythique que construisent l'un ou l'autre des protagonistes de ce rapport de doubles pour se raccrocher à l'ordre culturel dans lequel ils baignent et pour tenter de s'expliquer, sans pour autant se comprendre.

G. L. : « Le clivage du moi », la sacro-sainte « spaltung », est une erreur au second degré : c'est la lecture mythique faite par le psychanalyste du discours mythique que lui tient son malade. Celui-ci lui parle de rapport de double. Ce rapport est réel bien évidemment, mais ne peut être admis comme tel par le délirant : il est donc mythiquement exprimé comme dédoublement et hallucination. Le psychanalyste, lisant le mythe au pied de la lettre, le mythifie encore en l'officialisant sous le label pseudo-scientifique de « clivage du moi », ce qui contribue à l'entretenir, voire à l'aggraver.

J.-M. O. : L'apport de la thèse mimétique à la psychologie et à la psychopathologie nous paraît être de montrer la continuité absolue entre elles sur le plan du mécanisme qui les engendre. Et en même temps de repérer ce temps T_0, ou ce degré D_0 de la structure qui constitue entre elles la plus radicale des solutions de continuité.

À l'aide du mécanisme universel de la mimésis, on

passe de l'animal à l'homme, de l'enfant à l'adulte, on explique l'apprentissage et la culture. On dévoile la structure de la différence et de la Raison. On engendre et on explicite la diachronie. Par ce même mécanisme, on rend compte de la violence, du désordre et de la structure de l'indifférenciation et de la Folie.

Il n'y a entre la Folie et la Raison, entre la violence et la paix, entre l'indifférence et la culture qu'une *gradation d'intensité* du mécanisme mimétogonique. Elles sont donc en continuité absolue sur le plan du mécanisme qui les fonde.

En revanche, vous explicitez l'inversion radicale qui se déclenche au paroxysme de l'intensité mimétogonique, de la crise sacrificielle. Le mécanisme de la victime émissaire permet le passage d'une structure à l'autre et marque la discontinuité absolue de ces structures sans infirmer la continuité absolue de leurs mécanismes fondateurs.

G. L. : Et le cycle continue, ainsi que les hindous l'ont bien vu. Le même mécanisme peut faire passer de la violence à la paix ou de la paix à la violence. De la Raison à la Folie ou de la Folie à la Raison. Tous les degrés entre les deux structures sont possibles y compris le degré névrotique, alors que ces deux structures sont de nature radicalement différente. Comment ne pas comprendre l'intérêt de psychiatres comme nous devant une telle révélation ? Voilà enfin possible de comprendre ces aliénés, ces étrangers qui sont nos semblables. Voilà que nous pouvons rationnellement expliquer que l'on puisse entrer et sortir de la psychose, s'y enfoncer pour toujours ou par moments. Ceci était inexplicable tant que l'on s'accrochait au mythe d'une structure psychotique rigide et hypostasiée, voire prédéterminée.

Voilà que nous comprenons comment il peut y avoir des moments psychotiques dans l'évolution d'une structure névrotique. Voilà que s'éclairent les mécanismes de construction et de destruction de la Raison.

À nous dorénavant la vigilance et l'effort permanents pour nous débarrasser de nos vieilles habitudes mythiques et repenser la psychopathologie à la lumière de ces révélations, parfois trop simples pour ne pas aveugler.

D. Hypnose et possession

R. G. : La disparition de l'objet et le rapport de doubles caractérisent, dites-vous, la structure psychotique. Je partage ce point de vue.

Cependant, il existe des cas où il n'y a pas d'objet non plus et où pourtant personne ne parle de psychose. Je pense notamment aux cas d'hypnose et de possession. Comment voyez-vous ces problèmes ?

J.-M. O. : J'y ai beaucoup réfléchi et je n'ai évidemment pas de réponse satisfaisante et définitive à donner.

Je pense qu'on peut d'abord affirmer ceci : la structure psychotique est une structure de doubles et elle appartient par conséquent au « temps » pré-sacrificiel, c'est-à-dire au temps de la *crise* mimétique, le « temps » du désordre structuré symétriquement dans l'indifférenciation. En d'autres termes, dans la psychose, et tout au moins au niveau de son émergence psychotique, le sujet ne voit pas la *différence* avec l'Autre. C'est la perte de cette différence qui fait de l'Autre son double, et de lui un fou.

Hypnose et possession, en revanche, se situent dans un « temps » post-sacrificiel, c'est-à-dire dans une structure non symétrique et différentielle. Le sujet hypnotisé ne perd jamais de vue la *différence* entre lui-même et son hypnotiseur. Le sujet possédé ne perd jamais de vue la *différence* entre lui-même et le dieu qui le possède.

Il y a donc une distinction fondamentale et structurale à faire entre psychose d'une part, hypnose et possession de l'autre.

Ceci m'amène à faire une première remarque : sur le plan psychologique, il faut affirmer que les processus mimétiques et mimétogoniques entraînent des modifications de l'état de conscience. Pour l'instant, je voudrais seulement souligner que, lors de la crise sacrificielle à son paroxysme, l'état de conscience des participants doit être «déstructuré». Assassiner la victime émissaire en pleine conscience me paraît impensable. Ceci du reste est confirmé par les rituels qui cherchent à reproduire des modifications de l'état de conscience pour déboucher sur une unanimité violente. Par ailleurs, cette idée renforce notre thèse dans la mesure où le meurtre de la victime apaise tout, dénoue les rapports de doubles, rétablit la conscience et la lucidité et fonde, ou refonde, la culture. La victime, par sa mort, établit la Différence, sort les hommes qui l'ont tuée de la structure psychotique et, de ce fait, restructure leur conscience.

R. G. : Pourtant, tous les observateurs rapportent des modifications importantes de l'état de conscience dans les cultes de possession...

J.-M. O. : Absolument. Il faut néanmoins observer :

— d'une part que les possédés ne sont jamais psychotiques,

— d'autre part, que les phénomènes de possession ont toujours été mis en rapport avec la transe hypnotique et que ceci ne peut être sans signification.

Je pense par conséquent qu'il faut résolument ranger les états de possession ritualisée dans un «temps» post-sacrificiel, dans une structure de différences. Ces états de possession s'accompagnent néanmoins de modifications de l'état de conscience dont il est clair qu'elles sont engendrées par les mécanismes mimétiques :

— d'une part le sujet est préparé à la possession par des danses et des rythmes sonores monotones et indéfiniment répétés. Ceci, bien sûr, rappelle l'induction de la transe hypnotique. Mais ce qui me frappe, c'est la *répétition du même*, musical et gestuel, pour modifier l'état de conscience,

— d'autre part l'apparition — caractéristique de la possession ritualisée —, chez le possédé, d'une imitation parfaite de son modèle : soit modèle divin et archétypal, culturel, soit dans certains cas, modèle vivant, pris parmi les officiers français de ce tirailleur africain par exemple.

À ce stade, il est donc possible d'affirmer que l'exacerbation de la mimésis d'appropriation et de la mimétogonie conflictuelle d'une part, l'exaspération de la mimésis pacifique, qui porte sur le «paraître» d'un modèle qui n'est jamais obstaculisé, qui n'engendre aucune mimétogonie, d'autre part, sont toutes deux capables de modifier l'état de conscience. Ceci, pour nous psychiatres et psychologues, me paraît capital : les mécanismes mimétiques que vous découvrez sont susceptibles de vérification expérimentale, d'observation, et capables d'altérer l'architectonie de l'appareil psychique ou psychosomatique (si même on voulait conserver une telle conception de cet appareil).

R. G. : Vous parlez d'une possession ritualisée. Mais il y a des possessions d'un tout autre ordre, celles qui sont l'affaire des exorcistes, par exemple.

J.-M. O. : Certes. Et l'un des cas les plus exemplaires de ce type de possession est celui des possédées de Loudun, admirablement raconté par Aldous Huxley[93]. Je pense pour ma part que la possession ritualisée, c'est-à-dire les cultes de possession et la possession dite «démoniaque», recouvre deux phénomènes très différents. Sans pouvoir aujourd'hui approfondir ces problèmes, je voudrais souligner simplement :

— que dans les cultes de possession, on voit souvent s'avancer des hommes ou des femmes qui sembleraient possédés. Ces sujets sont instantanément repérés par les prêtres du culte et considérés par ceux-ci comme des hystériques. J'ai eu connaissance de cela grâce à mon ami le docteur Charles Pidoux, qui a passé des années à étudier ces problèmes de possession sur le terrain, et les connaît mieux que personne[94],

— que dans les cas de possession «démoniaque», et notamment dans le cas des possédées de Loudun, on a toujours évoqué, et probablement à juste titre, encore que je me méfie de ce mot, le diagnostic d'hystérie.

R. G. : Dans quel sens employez-vous le mot «hystérie»?

J.-M. O. : Le terme d'hystérie a été galvaudé. Il a tant servi qu'il ne veut plus rien dire et qu'il veut tout dire. On parle volontiers d'«hystérie collective» pour des phénomènes de possession rituelle, ce qui est une façon de n'y rien comprendre, je pense.

Dans le cas des possessions «pathologiques», dites «démoniaques» dans notre culture, j'ai le sentiment que l'on a affaire à des phénomènes hystériques. L'hystérie, ici, étant à mi-chemin de la psychose et de la possession rituelle :

— Elle a en commun avec la possession rituelle le fait de ne jamais perdre de vue la différence entre le sujet possédé et l'être qui le possède. Les hystériques de Loudun, en effet, ne perdaient jamais de vue la différence entre elles-mêmes et Urbain Grandier.

— En revanche, l'hystérie dont nous parlons ici a en commun avec la psychose la perception antagoniste du modèle mimétique. Celui-ci est en effet perçu comme un ennemi, une souillure, un agresseur capable de viol, etc. Je pense possible de voir ici comment l'exagération dans le sens agressif et antagoniste peut aller vers des formes de psychose, lorsque l'exorciste, par exemple, n'arrive pas à expulser le démon, ou aller vers des formes de résolution sacrificielle par victimisation de l'Autre, comme dans le cas d'Urbain Grandier. Peut-être aussi est-il possible ici de comprendre comment la structure hystérique, lorsque pour des raisons culturelles, par exemple, elle ne peut aller ni vers l'un ni vers l'autre de ces extrêmes, peut tenter de résoudre sa crise par l'expulsion ou la victimisation d'un organe ou d'un membre émissaire (phénomène de conversion).

Il est enfin facile de comprendre pourquoi tous les auteurs qui se sont occupés de l'hystérie ont tant insisté sur la catharsis comme thérapeutique fondamentale des névroses hystériques.

R. G. : L'hystérie a très longtemps été liée à l'hypnose. Vous avez vous-même beaucoup étudié ce problème. Comment voyez-vous les rapports entre l'hypnose et ce dont nous venons de parler ?

J.-M. O. : Les rapports à la fois étroits et quelque peu mystérieux qui unissent l'hypnose, l'hystérie et la possession n'ont échappé à aucun des auteurs qui, depuis des siècles, s'occupent de ces phénomènes[95].

Il me semble cependant que, jusqu'à présent, l'accent a toujours été placé, soit sur les modifications de l'état de conscience et les rapports avec le sommeil et les états para-hypnotiques, soit sur les phénomènes critiques et spectaculaires qui surviennent dans chacun de ces états.

Il me paraît possible, à l'aide de l'éclairage nouveau que vous apportez à la psychologie, de réaliser enfin que tous ces phénomènes neuro-physiologiques sont secondaires à des processus psychologiques interindividuels et mimétiques exacerbés.

L'hypnose me paraît être une caricature des mécanismes psychologiques interindividuels. Comme toute caricature, elle peut nous révéler certains traits essentiels du modèle.

Dans l'induction hypnotique, en effet, ce que vous appelez le médiateur, ou le modèle est là, en face du sujet. Et il lui indique sans détours ce qu'il veut de lui, ce qu'il souhaite lui voir faire : il lui présente son *désir* directement, fermement et sans ambiguïté. Cette révélation péremptoire de son désir par le modèle, c'est ce que Bernheim appelle la *suggestion*.

Dès lors, si le sujet se conforme à ce désir, il ne fait rien d'autre qu'entrer dans la mimésis pacifique, dans une mimésis sans rivalité aucune puisque :

— le modèle l'invite à copier son propre désir ;

— ce désir ne porte sur aucun objet appartenant au modèle. Il porte le plus souvent sur une conduite banale et naturelle : le sommeil. Et Bernheim avait bien vu que, lorsque la suggestion porte sur le sommeil, le sujet s'endort !

Ainsi, en première approximation, l'hypnose me paraît pouvoir être définie comme un *précipité de désir mimétique*. Je prends ici «précipité» au sens chimique du terme et il est clair que c'est dans le physiologique que se précipite ainsi le processus interdividuel. Il faut montrer, à mon sens, que l'hypnose est un cas concret, expérimental, de précipitation du désir mimétique et que ce phénomène entraîne des modifications physiologiques (E.E.G.) aussi bien que psychophysiologiques (état de conscience) dont l'apparition démontre expérimentalement en quelque sorte la réalité des processus mimétiques.

Ce que je viens de dire de l'hypnose permet, me semble-t-il, avant d'aller plus loin sur le sujet, de mettre en lumière la différence essentielle entre votre point de vue et celui de Hegel : pour Hegel, en effet, il s'agit du désir *du* désir de l'Autre. Il s'agit d'un désir de reconnaissance. Il est facile de voir ici que ce désir hégélien n'est qu'un cas particulier, je dirais une «complication» au sens médical du terme, du désir mimétique interdividuel que vous définissez comme désir *selon* le désir de l'Autre. Il est évident que l'hypnose est une vérification expérimentale de votre point de vue.

La «complication» perçue par Hegel n'est, du reste, jamais bien loin. Pierre Janet intitule le chapitre XII de *Névroses et Idées fixes*[96] : «*L'influence somnambulique et le besoin de direction*». Le besoin de direction, c'est le désir selon le désir de l'Autre, c'est la faculté, et même la nécessité, pour un sujet, d'entrer en état d'hypnose. La passion somnambulique, en revanche, c'est le jeu de la rivalité s'introduisant graduellement dans le rapport interdividuel : hypnotiseur/hypnotisé. Janet avait bien vu, en effet, que plus on s'éloigne de la transe hypnotique, plus la situation tend à s'inverser. La mimésis de rivalité, une fois de plus, ronge toutes les structures ; le jeu du modèle-obstacle s'installe ; le désir du sujet décroche du désir-exprimé par le modèle, du désir-permis, de ce que j'appellerais volontiers la volonté du modèle, pour se porter vers le modèle lui-même, vers ses «avoirs» et bientôt l'avoir s'ontologisant, vers son

« être ». Le « ressentiment » apparaît en même temps que la « passion somnambulique » de Janet et certains auteurs disent alors que le sujet est « possédé » par son hypnotiseur !

R. G. : Les phénomènes hypnotiques ont été au centre de toutes les controverses à la fin du XIXᵉ et au début du XXᵉ siècle.

J.-M. O. : Absolument. Et aujourd'hui votre théorie me paraît capable de réconcilier Charcot, Bernheim, Janet et Freud.

Charcot disait de l'hypnose qu'elle était un phénomène pathologique, réservé aux hystériques, et donc exceptionnel. Bernheim soutenait qu'il s'agissait au contraire d'un processus normal et général, qu'il n'y avait pas d'hypnose et qu'il n'y avait que de la suggestion. Freud, enfin, voyait l'hypnose comme un phénomène pathologique, névrotique et général : il avait intégré ainsi à la sienne propre, la moitié de la vision de chacun de ses deux maîtres[97].

En fait, il me semble que chacun d'entre eux voyait le désir mimétique à l'œuvre, mais chacun le percevait à un moment différent de son évolution.

R. G. : Je vois mieux à présent ce que vous voulez dire par « précipité ». En effet, tous les phénomènes du désir mimétique sont là, sous une forme caricaturale. Ceci montrerait du même coup pourquoi l'hypnose ne guérit jamais rien véritablement et pourquoi c'est toujours à recommencer.

J.-M. O. : Certes. Sans être aussi pessimiste que vous sur les résultats des thérapeutiques par l'hypnose, on peut néanmoins observer, ainsi qu'Henri Faure l'a magistralement démontré, que l'hypnose est infiniment plus efficace sur le plan thérapeutique chez l'enfant que chez l'adulte. L'aptitude de l'enfant à la bonne mimésis, à la mimésis pacifique, à la prise d'un modèle qui ne soit pas un obstacle, me paraît pouvoir expliquer ce phénomène. Tout ce que vous nous direz bientôt sur le *skandalon* ira, je pense, dans le même sens[98].

L'adulte, je le répète, le sujet qui flotte, dont le désir fluctue, qui ne sait plus quel modèle adopter, peut tirer profit d'une relation avec un médiateur privilégié, l'hypnotiseur, qui en quelque manière s'impose à lui par le biais d'une technique, s'impose à lui comme modèle. Dès lors, les meilleurs résultats, comme les pires avatars, peuvent survenir.

R. G. : Cette technique hypnotique, dont vous parlez, consiste le plus souvent à faire fixer un objet brillant par le sujet et à lui demander de concentrer son attention sur cet objet.

J.-M. O. : Absolument. Ceci me paraît d'ailleurs particulièrement éclairant. En effet, tous les auteurs ont bien vu, et notamment Pierre Janet, que l'hypnose s'accompagnait d'un «rétrécissement du champ de la conscience» et que la suggestion ne pouvait s'exercer que sur un sujet attentif.

Nous retrouvons ici des termes comme «fascination» ou «prise du regard» sous la plume de nombreux auteurs. Ceci me paraît très évocateur de l'ascendant qu'exerce le modèle sur le sujet. Toutes les techniques hypnotiques ne font rien d'autre que tenter de reproduire, aussi fidèlement que possible, les conditions de fixation du sujet sur le modèle, conditions qui permettront au désir du sujet de se modeler sur le désir de l'Autre.

C'est bien pourquoi l'hypnose peut aussi bien se pratiquer sur les planches, montrant de façon explicite et expérimentale le jeu mimétique à un public auquel le théâtre de Shakespeare, par exemple, propose de voir la mimésis à l'œuvre au travers de situations plus élaborées.

Tous les paradoxes du sacré se retrouvent du reste dans l'hypnose : si elle peut faire rire au théâtre, comme toute caricature, elle peut également être très dangereuse, lorsqu'elle est maniée par des malfaiteurs, ou encore très bénéfique et curative, lorsqu'elle est utilisée en médecine.

R. G. : Ce que vous dites du théâtre, et notamment de Shakespeare, m'intéresse énormément, vous vous en doutez.

J.-M. O. : En effet. Vous montrerez, je pense, sans aucune difficulté, dans le théâtre de Shakespeare, comme dans tous les autres, l'exposition du fonctionnement de la mimésis et de tous les entrechats du désir mimétique.

Il y a en particulier un phénomène qui apparaît très souvent au théâtre et se rapproche beaucoup de l'hypnose : c'est la passion amoureuse. Celle-ci en effet, au fur et à mesure qu'elle se développe, rétrécit le champ de la conscience et concentre par conséquent sur l'objet du désir toute l'attention du sujet. Le théâtre commence là, précisément, où l'objet apparaît. La fascination, ici, n'est plus fixée sur le modèle, mais sur l'objet du désir. Le triangle apparaît en filigrane, les rivaux peuvent se présenter, le théâtre naît comme expression transfigurée et symbolisée du désir mimétique, au-delà de ses expressions spontanées ou caricaturales que sont la possession et l'hypnose.

Il faut souligner ces parentés. Il me semble, du reste, que dans certaines cultures, des formes intermédiaires entre théâtre et possession apparaissent, soulignant bien la continuité des phénomènes : un jeune homme est-il amoureux d'une jeune fille que l'on dit aussitôt qu'il est possédé par elle[99]…

Dans la passion amoureuse, il faut y insister, le champ de la conscience se rétrécit à un seul objet et on ne voit plus les autres… À la manière dont l'hypnotisé ne voit plus que l'objet brillant présenté par l'hypnotiseur ; celui-ci du reste lui dit : « Vous n'entendez plus à présent que ma voix. » Et en effet… le désir mimétique est perte de la relativité, absolutisation du modèle. Et aussi limitation de la liberté…

R. G. : Sur le plan thérapeutique, qui vous intéresse très directement, comment expliquez-vous que les différents auteurs qui ont travaillé sur l'hypnose au début de leur carrière — et je pense bien sûr notamment à Freud — s'en soient détournés dans un second temps ?

J.-M. O. : Si l'hypnose, ainsi que nous le disions plus haut, est la caricature, l'expression à la fois la plus simple et la plus forte du désir mimétique, si donc le rapport hypnotique contient en puissance toutes les possibilités des rapports interdividuels, s'il s'agit là d'un concentré exceptionnel de toutes les potentialités de la mimésis, il est évident que l'hypnose sera la source de la presque totalité des intuitions psychologiques et psychopathologiques, il est bien certain que chaque chercheur qui travaillera sur ce phénomène en percevra certains aspects et les exploitera aux dépens des autres.

C'est ainsi que Freud découvre que sous hypnose on peut mettre au jour les processus inconscients. Il se consacre à l'étude de ces derniers et élabore la psychanalyse. Cependant, à l'intérieur même de sa théorie, on sait le rôle fondamental que joue le *transfert*, qui ne fait qu'un, bien sûr, avec le fluide des magnétiseurs, depuis Mesmer et Puységur jusqu'aux plus modernes charlatans. Ce « fluide » et ce « transfert », à leur tour, ne font qu'un avec la mimésis et le désir mimétique.

Schultz nous dit que l'individu en état d'hypnose expérimente un certain nombre de modifications physiologiques : lourdeur, chaleur, etc., et débouche sur le training autogène. Bernheim dit que, l'individu en état d'hypnose étant plus sensible à la suggestion, il est possible d'alléger ses symptômes ou de les faire disparaître. Charcot dit que l'individu sous hypnose revit des traumatismes anciens et qu'il y a donc une exacerbation de la mémoire. Mais, nous dit Janet, on peut aussi programmer l'individu en état d'hypnose comme un ordinateur, c'est-à-dire lui commander sous hypnose une action qu'il devra faire bien plus tard, l'ordre restera donc inconscient jusqu'au moment où il réapparaîtra au niveau de la conscience.

L'hypnose introduit ainsi une problématique du temps, puisque l'hypnotisé *sort* du temps et, la preuve, c'est qu'il n'y a pas de souvenir du temps de l'hypnose, il y a une amnésie lacunaire : Janet définissait le somnambulisme comme une conduite de non-mémorisation. De tout cela, certes, la conclusion à mon avis la plus essentielle à retenir c'est que, chez Freud comme chez Janet, la notion d'inconscient sort de l'hypnose et donc du rapport mimétique et interdividuel.

Je crois donc qu'il y a, à partir de l'hypnose, deux directions de recherches :

— d'une part, la direction chamanistique, psycho-somatique, chirurgicale et médicale…. et l'application par conséquent de vos théories aux mécanismes de guérison ;

— et d'autre part l'application de la psychologie interdividuelle à l'hypnose elle-même, à la suggestion, à la possession et aussi au problème du temps et de l'amnésie, c'est-à-dire à tous les processus mnésiques. La mémoire, en effet, gigantesque machine à répéter dans le temps, devrait offrir à la mimésis tout un éventail d'illustrations.

Nous brossons là un tableau extrêmement vaste mais évidemment rapide et schématique et qui demanderait à être développé et illustré par des textes et des exemples cliniques.

R. G. : Cependant, la place centrale que vous réservez à l'hypnose parmi les processus psychologiques et psychopathologiques est intéressante et riche de conséquences.

J.-M. O. : Les phénomènes d'hypnose et de possession me paraissent illustrer de façon exemplaire l'hypothèse de la mimésis et du sacré. Et tout particulièrement les *paradoxes* que vous mettez constamment en évidence, ceux de la violence, du sacré, de la mimésis, du désir. Ce côté paradoxal, qui fait que le même mouvement psychologique ou psychosociologique peut avoir des effets contraires et diamétralement opposés, n'a pas échappé à la sagesse mythique : vous attiriez hier encore mon attention sur ce qu'Ésope disait de la langue.

Le problème du choix à tout instant entre les deux potentialités contraires engendre, sur le plan interdividuel, tous les problèmes psychologiques et psychopathologiques. Sur le plan philosophique, ce choix ne fait qu'un avec le problème de la liberté, mais ceci est une autre histoire...

CHAPITRE III

MIMÉSIS ET SEXUALITÉ

A. CE QU'ON APPELLE « MASOCHISME »

G. L. : La façon dont vous définissez le désir métaphysique, le désir proprement dit, suppose déjà une dimension que la psychiatrie a toujours regardée comme pathologique, dont elle a fait des symptômes. Vous montrez, par exemple, qu'il n'y a jamais recherche directe de l'échec ; le sujet sait, par expérience, que derrière les obstacles qui se laissent trop aisément surmonter, la déception l'attend. Il cherche donc l'obstacle insurmontable, le rival imbattable, l'objet insaisissable. Plus que jamais, le désir vise le succès. Mais il n'a que faire des succès faciles ; comme Nietzsche, seules les causes perdues l'intéressent.

R. G. : Pour un observateur qui ne voit pas le contexte, cette recherche coïncide forcément avec ce qu'on appelle les conduites de l'échec. Une étiquette comme celle de *masochisme* implique la visée directe de ce qui n'est d'abord que la conséquence, fatale peut-être, mais jamais recherchée pour elle-même, du désir. Il faut donc y renoncer.

Il faut renoncer à l'étiquette masochiste qui ne fait qu'obscurcir la limpidité extrême du phénomène. Parler de masochisme, comme je l'ai fait moi-même jadis, c'est ne pas voir que bien avant l'arrivée des psychiatres, le désir s'interroge sur lui-même et qu'il propose des réponses. La seule hypothèse qu'il rejette malheureusement, et avec une obstination digne d'une meilleure cause, c'est l'hypothèse mimétique, la plus simple et la seule véridique. Si les rivaux et les obstacles surgissent à tout instant devant nous, c'est parce que nous imitons le désir des autres. Parce qu'il refuse cette vérité banale et sans histoires qui, à chaque étape, l'amènerait à reconnaître sa propre absurdité et à abandonner la partie, si vraiment il l'adoptait, le désir doit se lancer dans des interprétations jamais contraires à la logique, mais toujours plus subtiles et sophistiquées.

Le désir ne comprend pas pourquoi le modèle se transforme en obstacle mais il voit bien que cette transformation a toujours lieu. Il faut bien tenir compte d'un phénomène aussi constant. Au lieu d'en tenir le seul compte qu'il serait raisonnable de tenir, le désir se jette tête baissée dans la seule échappatoire qui lui reste. Par un raisonnement faux mais d'une logique impeccable, il mise, comme nous l'avons dit plus haut, sur la probabilité la plus faible. Au lieu d'étendre les résultats de ses échecs passés à tous les désirs possibles et imaginables, il décide d'en restreindre la portée aux seules expériences déjà faites, c'est-à-dire aux objets les plus abordables, aux adversaires les moins intraitables, à tout ce qui peut rendre la vie facile et agréable, à tout ce qui permet encore de «fonctionner» comme on dit si bien aujourd'hui. Il décide donc que seuls valent la peine d'être désirés les objets qui ne se laissent pas posséder; seuls méritent de nous guider dans le choix de nos désirs les rivaux qui s'annoncent imbattables, les ennemis irréductibles.

Après avoir transformé les modèles en obstacles, le désir mimétique, en somme, transforme les obstacles en modèles. Parce qu'il s'observe lui-même, il prend note de la transformation et ne voulant pas faire de ce qu'il vient d'apprendre le seul usage qui s'impose, il en fait le seul autre usage possible, il fait de ce qui n'était d'abord que le résultat inévitable, certes, mais inattendu, des désirs passés, la condition préalable de tout désir futur.

Le désir, désormais, court toujours pour s'y blesser aux écueils les plus tranchants, aux défenses inexpugnables. Comment les observateurs ne croiraient-ils pas à ce qu'ils appellent le *masochisme* ? Et pourtant, ils ont tort d'y croire. Le désir aspire à des plaisirs inouïs et à des triomphes éclatants. C'est bien pourquoi il n'espère pas les trouver dans les expériences ordinaires et les rapports qui se laissent maîtriser. C'est dans les avanies qu'on lui fait subir, et les dédains dont on va l'accabler qu'il lira de plus en plus les signes de la supériorité absolue du modèle, la marque d'une autosuffisance bienheureuse forcément impénétrable à sa propre insuffisance.

J.-M. O. : Si je vous suis bien, à mesure que le sujet s'enfonce dans l'échec et se dévalorise à ses propres yeux, le monde qui l'entoure devient énigmatique. Le désir voit bien qu'il ne peut pas se fier aux apparences. Il vit toujours plus dans un univers de signes et d'indices. L'échec n'est pas visé pour lui-même mais en tant qu'il signifie tout autre chose, le succès d'un Autre, bien entendu, et cet Autre seul m'intéresse, puisque je peux le prendre pour modèle ; je peux me mettre à son école et lui arracher enfin le secret de ce succès qui m'a toujours éludé. Ce secret, il faut que l'Autre le possède, puisqu'il sait si bien me faire échouer, me réduire à rien, me révéler mon inanité au contact de son être inaltérable.

Pendant la lente traversée d'un désert, la présence soudaine d'animaux, même désagréables et dangereux, va réjouir le cœur du voyageur assoiffé. Il y voit un signe que l'eau n'est pas loin ; bientôt, peut-être, il pourra se désaltérer.

Il serait absurde de conclure que le malheureux se plaît aux piqûres de serpent et aux morsures d'insectes, que son «masochisme morbide» en tire des jouissances

inintelligibles pour les êtres normaux que nous serions
nous-mêmes.

C'est pourtant ce que fait celui qui croit au masochisme et qui colle cette étiquette obscurcissante sur
des conduites faciles à interpréter à la lumière de l'hypothèse mimétique.

B. «SADO-MASOCHISME» THÉÂTRAL

G. L. : Tout ce que vous venez de dire sur la structure
pseudo-masochiste du désir mimétique paraît démenti
par l'existence d'un masochisme beaucoup plus spectaculaire et même théâtral à partir duquel s'est édifiée,
bien sûr, la théorie du masochisme. Je songe ici à la
mise en scène masochiste au sens de Sacher-Masoch.
Les masochistes en ce sens-là demandent à leurs partenaires sexuels de leur faire subir toutes sortes de sévices
ou d'humiliations, fouets, cravaches, etc., pour accéder
à la jouissance sexuelle.

R. G. : La contradiction n'est qu'apparente. Pour le
comprendre, il faut et il suffit d'admettre ce que déjà
nous avons admis, à savoir que le désir, tout comme la
psychiatrie, mais bien avant elle, observe ce qui lui
arrive sans l'interpréter correctement ; ses conclusions
fausses vont devenir le fondement des désirs ultérieurs.
Loin d'être inconscient au sens de Freud et de n'apparaître vraiment que dans nos rêves, le désir, non seulement observe, mais ne cesse jamais de réfléchir sur le
sens de ses observations ; *le désir est toujours d'abord
réflexion sur le désir* ; c'est à partir de cette réflexion
qu'il se détermine et modifie, de temps à autre, ses
propres structures. Le désir est stratège et il rectifie le
tir, si j'ose dire, en fonction de ce qu'il a appris sur lui-
même. Ces modifications successives vont toujours
dans le sens d'une aggravation des symptômes parce
que c'est toujours au service de nouveaux désirs, je l'ai
déjà dit, que travaille le savoir conquis par les désirs
antérieurs. Étant donné l'erreur primordiale du désir,

son inaptitude à reconnaître son *double bind* fondateur, le désir ne gagne rien, bien au contraire, à se connaître de mieux en mieux. Plus ce genre de savoir s'étend et s'approfondit, plus le sujet devient capable de faire son propre malheur, plus il pousse loin les conséquences de la contradiction fondamentale, plus il resserre le *double bind*.

Le désir a toujours déjà précédé la psychiatrie dans les pièges où, à son exemple, elle tombe. Cette discipline se fait une obligation de tomber dans ces pièges ; pour elle, c'est la même chose que de donner une description très exacte et très prudente, qui ne va pas « chercher midi à quatorze heures » et qui se garde d'interpréter quoi que ce soit dans un sens autre que le désir lui-même. La psychiatrie ne comprend pas la réflexion implicite qui fait évoluer le désir, elle ne reconnaît pas en lui ce qu'il faudrait reconnaître, une stratégie qui se détermine chaque fois à partir des dernières observations, qui prend toujours les mêmes décisions en fonction des mêmes données qui reparaissent dans le même ordre. Elle ne voit pas la coulée dynamique de cette stratégie, elle croit voir des symptômes nettement différenciés, comme des objets posés les uns à côté des autres sur une surface bien plate.

Toutes les erreurs auxquelles la réflexion succombe, le désir les épouse et en fait le principe de son errance. Tout le monde soupçonne cette errance, mais personne, jusqu'ici, n'a vraiment reconnu la simplicité déconcertante de son premier moteur. À partir du moment où on tient ce moteur, le doute n'est plus possible ; la continuité et la cohérence du processus ne sauraient être un effet de rhétorique, le résultat d'une fabrication. Nous allons voir qu'en s'intégrant sans difficulté à ce processus, tous les symptômes, qui ne sont d'habitude que des descriptions statiques et figées, vont s'animer et reprendre vie au contact les uns des autres. Tout le monde reconnaît le caractère éminemment théâtral de l'érotisme dit masochiste. Il s'agit d'une mise en scène. Le sujet s'efforce de reproduire dans sa vie sexuelle un certain type de rapports qui lui procurent une certaine jouissance. Ce type de rapports, le sujet les connaît ou croit les connaître. Ce sont des rapports de violence et de persécution ; ils ne sont pas nécessairement associés au plaisir sexuel. Pourquoi le sont-ils ici ?

Pour le comprendre, il faut rejeter l'opacité d'instincts et de pulsions proprement masochistes et revenir au raisonnement que nous avons proposé tout à l'heure, au raisonnement dont la transparente efficacité nous obligeait, justement, à renoncer à l'illusion de savoir que l'étiquette nous procure, le mot *masochisme* lui-même, les syllabes familières que tout le monde répète autour de nous, comme s'il s'agissait d'une chose qui va de soi, d'une évidence sans problème et d'un concept qui recouvre parfaitement cette évidence.

Ce que le sujet dit masochiste veut reproduire, c'est le rapport d'infériorité, de mépris et de persécution qu'il croit entretenir ou entretient réellement avec son modèle mimétique. Il faut donc que le sujet en question en soit arrivé au stade où le modèle l'intéresse surtout en tant que rival, où l'opposition et la violence de ce rival occupent déjà le premier plan. L'opposition et la violence ne sont pas là pour elles-mêmes, répétons-le, mais pour ce qu'elles annoncent ou paraissent annoncer à l'imitateur de ce modèle. Ce n'est pas à la souffrance et à la sujétion que cet imitateur aspire, c'est à la souveraineté quasi divine dont la cruauté du modèle suggère la proximité.

La seule différence que le masochisme théâtral introduit dans la structure relève du plaisir sexuel lui-même qui jusqu'ici restait fixé sur l'objet instinctuel ; c'est bien pourquoi nous n'avons pas encore parlé de lui. Voici maintenant que le plaisir sexuel se détache de l'objet, partiellement ou complètement, pour se fixer sur les sévices mêmes que le modèle-rival fait subir ou passe pour faire subir au sujet.

Ce mouvement n'a rien en lui-même d'incompréhensible. Si la valeur de l'objet se mesure à la résistance que le modèle oppose au sujet, aux efforts rivaux pour s'approprier l'objet, on conçoit que le désir tende de plus en plus à valoriser la violence elle-même, à la fétichiser et à faire d'elle, en fin de compte, le condiment nécessaire de tous les plaisirs qu'il peut encore prendre avec l'objet, ou même, à un stade plus avancé encore, avec le modèle lui-même qui devient le persécuteur bien-aimé. Une fois que la structure de la rivalité mimétique commence à influencer le facteur sexuel, il n'y a pas de raison de s'arrêter en si bon chemin et le plaisir érotique peut fort bien se détacher entièrement de l'objet pour s'attacher au seul rival.

Si nous ne comprenons pas l'appartenance du masochisme à la structure mimétique, si nous faisons de lui un phénomène séparé, résultat d'une «pulsion» plus ou moins indépendante des autres «pulsions», c'est parce que nous accordons trop d'importance aux aspects purement sexuels de l'ensemble phénoménal qu'il faut déchiffrer. Pour atteindre le plaisir, le sujet a besoin de reproduire la structure entière de son désir, telle qu'il la lit lui-même. Il ne peut plus se passer de la violence réelle ou présumée du rival, parce qu'elle fait partie intégrante de cette structure : ce fait qui devient parfaitement intelligible dans notre lecture a toujours tellement frappé les observateurs dans le passé qu'ils l'ont isolé de tout le reste ; ils l'ont monté en épingle et détaché de son contexte au point de le rendre incompréhensible.

À la réflexion, on voit bien que les premières observations scientifiques sont presque inévitablement vouées à ce genre d'erreur. En se portant comme il le fait sur l'obstacle et en oubliant tout le reste, l'élément proprement sexuel souligne cet obstacle de telle façon que l'observateur ne peut plus voir que lui et qu'il le prend pour l'*objet* originel du désir et du plaisir.

J.-M. O. : Dire que le masochisme est *théâtre*, c'est dire qu'il *imite* une action ou une situation plus ou moins réelle. Le masochisme «proprement dit» ou masochisme secondaire est donc mimétique au second degré ; c'est la représentation dramatique des rapports avec le modèle le plus violent, c'est-à-dire avec l'obstacle le plus infranchissable. Le mouvement est très semblable à ce qui se passe dans l'élaboration collective des idoles de la violence…

G. L. : Il faut renoncer complètement aux étiquettes du type masochisme qui suggèrent des essences spécifiques. On n'a jamais affaire qu'à des moments du processus mimétique.

R. G. : Il faut inverser la tendance de la psychiatrie classique qui s'efforce de dégager des essences à partir des phénomènes qui lui paraissent *le mieux différenciés*, tel le «masochisme proprement dit».

Quand Freud désigne comme «secondaire» le «masochisme théâtral», par opposition à un masochisme primaire qui pénétrerait des aspects essentiels de la vie psychique, il est sur la bonne voie, comme souvent, mais il ne peut pas suivre cette voie jusqu'au bout. Il est obligé de conserver le terme opaque de masochisme pour désigner le processus déclaré primaire ; il ne peut pas fournir du concept lui-même la critique radicale qui s'impose, et qui le «déconstruirait» entièrement.

Ce que Freud appelle masochisme primaire ne fait qu'un avec la mimésis conflictuelle à partir du moment où celle-ci voit dans le rival le plus imbattable le modèle du succès le plus étourdissant. À force d'observer, répétons-le, la déception que lui cause la défaite du rival et la possession de l'objet que personne ne songe à lui disputer, le sujet n'espère plus qu'en l'obstacle impénétrable, il ne cherche plus la trace de l'être qui peut le tirer de son échec que dans celui qui le fait toujours échouer.

J.-M. O. : Le désir, dès lors, va s'attacher de plus en plus à la violence qui entoure et protège l'objet suprêmement désirable.

Le masochisme secondaire ne fait qu'un avec la représentation théâtrale de ce phénomène, traînant derrière elle le plaisir sexuel. Le sujet fait jouer au modèle rival son rôle de triomphateur sans se lasser de mimer, auprès de lui, son propre échec. La violence dont il se

438

D for V (V≤S)

veut l'objet témoigne à tout instant de la présence du désirable.

R. G. : La preuve qu'on a affaire à un modèle et qu'il s'agit toujours de lui ressembler, de devenir comme lui, c'est que, du masochisme primaire, peut tout aussi bien émerger une autre forme de théâtre, absolument parallèle sur le plan structurel, le sadisme.

Dans la mise en scène qu'il fait de ses rapports avec le modèle, le sujet peut jouer son propre rôle, le rôle de la victime, et c'est le prétendu masochisme secondaire. Il peut aussi jouer le rôle du modèle-persécuteur, et c'est ce qu'on appelle le sadisme. Le sujet n'imite donc plus le désir du modèle, mais le modèle lui-même dans ce qui constitue désormais le critère majeur de son choix : son opposition violente à tout ce que le sujet pourrait encore viser en fait d'objet.

Ce que nous venons de dire suggère que le modèle du désir, à mesure que le processus mimétique s'accomplit, se transforme de plus en plus en modèle ontologique. Plus la valeur de l'objet augmente, et plus cet objet apparaît comme lié à une supériorité d'être, à une supériorité qui, en dernière analyse, est celle du modèle lui-même. Il y a donc une tendance du sujet à se laisser toujours plus fasciner par le modèle. Le désir, en somme, tend à déserter l'objet et à se fixer sur le modèle lui-même. L'appétit sexuel, redisons-le, peut participer à cette dérive, puisqu'il peut exiger, pour s'exciter vraiment, de reconstituer l'atmosphère réelle ou supposée de ses rapports avec le modèle « idéal », ou de simuler le modèle dans son rôle de persécuteur.

Il faut toujours insister sur la continuité rigoureuse de tout ce dont nous parlons ici, tout ce que les attitudes classiques ne peuvent s'empêcher de diviser et de fragmenter. Plus le désir s'attache à la résistance que lui oppose le modèle, plus cette résistance, de ce fait même, s'exaspère ; plus elle tourne à une violence que les deux sujets vont se renvoyer mimétiquement. Si les sujets rivalisent de violence, c'est parce que la violence la plus grande, qui passe toujours pour relever de l'autre, se confond désormais avec la plénitude d'être dont manque le sujet.

J.-M. O. : Ce qu'on appelle masochisme et sadisme nous confirme qu'il en est bien ainsi. Il s'agit toujours d'imiter le modèle en tant qu'il incarne la violence. Parce que l'imitation, étant poussée jusqu'au simulacre, ne peut plus échapper à l'observateur et que le reste du temps elle lui échappe, on recourt à un vocabulaire spécial, comme sadisme et masochisme, pour se persuader que l'imitation ne caractérise pas le désir dans son ensemble.

R. G. : Le devenir métaphysique du désir et son devenir masochiste ne sont qu'une seule et même chose car la métaphysique est celle de la violence. C'est un succédané du vieux sacré, qui ne va jamais jusqu'au religieux proprement dit, sauf dans les métaphores des grands écrivains, efficaces dans la mesure précise où elles évoquent le religieux sans trop attirer l'attention sur lui.

Se faire brutaliser par un partenaire érotique qui joue le rôle du modèle ou au contraire le brutaliser lui-même, faire subir à ce partenaire les sévices qu'on croit subir aux mains de ce modèle, c'est toujours chercher à devenir mimétiquement la divinité ; c'est donc viser de plus en plus le modèle lui-même de préférence à cet objet qu'il a d'abord désigné et qui reste le point de départ obligé de tout le processus. Sans la désignation d'objet, en effet, jamais le modèle ne serait transformé en obstacle et en persécuteur. La plupart des observateurs voient la structure comme masochiste ou sadique à partir du stade seulement où le jeu des interférences mimétiques affecte l'appétit sexuel lui-même : en l'absence du rival, le plaisir est désormais moins grand ou impossible. Le plaisir s'arrête, *interdit*, devant cette violence qu'on lui fait, mais au lieu de la fuir, il peut se fixer sur elle, à la suite du mimétisme qui prend cette violence pour objet.

Pour comprendre le processus, il faut bouleverser de fond en comble tout ce qu'on tient pour acquis au sujet du masochisme et du sadisme. Le mimétisme plus ou moins théâtral n'est pas quelque chose de secondaire, au service de pulsions libidinales spécifiquement masochistes ou sadiques. C'est l'inverse. Le mimétisme est le moteur et l'appétit proprement sexuel est à la traîne. Le jeu du modèle et de l'obstacle peut affecter ou ne pas affecter l'appétit sexuel suffisamment pour attirer l'attention de l'observateur et lui faire monter aux lèvres les étiquettes de masochisme et de sadisme. Ceci n'a d'autre effet, hélas ! que de le rendre sourd et aveugle à la continuité parfaite de tout le processus.

C. L'HOMOSEXUALITÉ

R. G. : Si nous reconnaissons que le jeu des interférences mimétiques peut affecter l'appétit sexuel, notre critique des fausses étiquettes psychiatriques ne peut pas s'arrêter au masochisme et au sadisme. Si le sujet ne peut plus jouir sexuellement sans la violence du modèle ou sans le simulacre de cette violence, si les montages instinctuels hérités de l'animal, dans le domaine sexuel, peuvent se laisser infléchir par le jeu mimétique, nous devons nous demander si ces interférences ne sont pas susceptibles d'avoir un effet plus décisif encore et d'engendrer certaines formes au moins d'homosexualité.

Le gros du chemin est déjà fait ; c'est déjà ou presque de l'homosexualité, en vérité, que nous parlons, puisque le modèle-rival, dans le domaine sexuel, se trouve être normalement un individu du *même* sexe, du fait même que l'objet est hétérosexuel. Toute rivalité sexuelle est donc structurellement homosexuelle. Ce que nous appelons homosexualité, c'est la subordination complète, cette fois, de l'appétit sexuel aux effets d'un jeu mimétique qui concentre toutes les puissances d'attention et d'absorption du sujet sur l'individu responsable du *double bind*, le modèle en tant que rival, le rival en tant que modèle.

Pour rendre cette genèse plus évidente, il faut évoquer ici un fait curieux observé par l'éthologie. Chez certains singes, quand un mâle se reconnaît battu par un rival et renonce à la femelle qu'il lui disputait, il se met, vis-à-vis de ce vainqueur, en position, nous dit-on, d'«offre homosexuelle». Dans le contexte qui est le nôtre, celui d'un mimétisme toujours plus intense qui assure le passage de l'animal à l'homme, ce phénomène est remarquable. Il suggère indubitablement la genèse que je viens de proposer. S'il n'y a pas d'homosexualité «véritable» chez les animaux, c'est parce que le mimétisme, chez eux, n'est pas assez intense pour infléchir durablement l'appétit sexuel vers le rival. Il est déjà assez intense, pourtant, au paroxysme des rivalités mimétiques, pour ébaucher cet infléchissement [100].

Si j'ai raison, on devrait trouver, dans les formes rituelles, le chaînon manquant entre la vague ébauche animale et l'homosexualité proprement dite. Et effectivement, l'homosexualité rituelle est un phénomène assez fréquent ; elle se situe au paroxysme de la crise mimétique et on la trouve dans des cultures qui ne font aucune place, semble-t-il, à l'homosexualité, en dehors des rites religieux.

Une fois de plus, en somme, c'est dans un contexte de rivalité aiguë qu'apparaît l'homosexualité. Une comparaison du phénomène animal, de l'homosexualité rituelle, et de l'homosexualité moderne ne peut manquer de signaler que c'est le mimétisme qui entraîne la sexualité et non l'inverse !

De cette homosexualité rituelle, il faut rapprocher, je pense, un certain cannibalisme rituel qui se pratique dans des cultures, également, où le cannibalisme n'existe pas en temps ordinaire. Dans un cas comme dans l'autre, il me semble, l'appétit instinctuel, alimentaire ou sexuel, se détache de l'objet que les hommes se disputent pour se fixer sur celui ou ceux qui nous le disputent. C'est toujours la même tendance du désir à s'infléchir vers le modèle mimétique. Dans le cas du cannibalisme, c'est de nourriture qu'il doit s'agir au départ. Dans un contexte alimentaire, l'obsession grandissante qu'exerce le modèle se traduit par une tendance irrésistible à voir en lui une chose bonne à manger. Dans un contexte sexuel, la même obsession se traduit par une tendance irrésistible à voir en lui un objet possible d'accouplement[101].

G. L. : Si on rapproche les trois phénomènes, ébauches animales, homosexualité rituelle, puis déritualisée, les analogies et les différences sont toujours d'un ordre à suggérer les étapes successives d'un seul et même processus. Cette genèse de l'homosexualité « proprement dite » correspond point par point à l'idée que nous nous faisons désormais du passage de l'animal à l'homme, en vertu de toutes nos analyses. Il faut donc voir dans la séquence parfaite qui se dégage ici une nouvelle confirmation de notre hypothèse générale.

J.-M. O. : Pour appuyer votre démonstration, je voudrais rapporter le cas, que j'ai pu observer récemment, d'un jeune homme, fiancé à une jeune fille de la façon la plus bourgeoise, et qui tombe amoureux d'un homme plus âgé que lui, qu'il prend de son propre aveu d'abord pour modèle, puis pour maître et enfin pour amant. Cet amant lui-même, bien que « purement homosexuel », me racontera plus tard que, nullement attiré par mon malade au départ, il n'avait été intéressé que par la présence de sa fiancée et la situation triangulaire créée lors d'un dîner. Lorsque le malade, jaloux de son amant, abandonna pour lui sa fiancée, cet amant se désintéressa complètement de lui. Interrogé par moi sur les raisons de ce revirement, il me dit : « L'homosexualité, croyez-moi, c'est vouloir être ce que l'autre est. »

R. G. : Un des avantages de la genèse par la rivalité, c'est qu'elle se présente de façon absolument symétrique chez les deux sexes. Autrement dit, toute rivalité sexuelle est de structure homosexuelle chez la femme comme chez l'homme, aussi longtemps toutefois que l'objet reste hétérosexuel, c'est-à-dire qu'il reste l'objet prescrit par le montage instinctuel hérité de la vie animale.

Ce qui disparaît ici, c'est la conception trop absolue

de la différence sexuelle qui oblige Freud, par exemple, à méconnaître l'évidente symétrie de certains comportements homosexuels chez les deux sexes et à multiplier les différences instinctuelles, les pulsions hétérosexuelles et homosexuelles spécifiques pour expliquer tout ce qui tourne, de façon toujours plus manifeste de nos jours, à la confusion et à l'effacement de toutes ces différences.

Il y a là tout un fatras dont le caractère mythologique devient de plus en plus manifeste. Pour rectifier Freud, il ne suffit pas de changer de vocabulaire, de substituer par exemple pulsion à instinct dans la traduction du terme allemand *Trieb*.

Ce n'est pas seulement la fausse différence entre les homosexualités masculine et féminine qui est éliminée, c'est la fausse différence entre l'érotisme homosexuel et l'érotisme hétérosexuel.

L'homosexualité correspond forcément à un stade «avancé» du désir mimétique mais à ce même stade peut correspondre une hétérosexualité dans laquelle les partenaires des deux sexes jouent, l'un pour l'autre, le rôle de modèle et de rival aussi bien que d'objet. La métamorphose de l'objet hétérosexuel en rival produit des effets très analogues à la métamorphose du rival en objet. C'est sur ce parallélisme que se base Proust pour affirmer qu'on peut transcrire une expérience homosexuelle en termes hétérosexuels, sans jamais trahir la vérité de l'un ou l'autre désir. C'est lui, de toute évidence, qui a raison contre tous ceux qui, soit pour l'exécrer, soit au contraire pour l'exalter, voudraient faire de l'homosexualité une espèce d'essence.

D. LATENCE ET RIVALITÉ MIMÉTIQUE

R. G.: C'est toujours plus d'indifférenciation, en somme, que produit le désir mimétique et il n'est pas nécessaire de suivre toutes les modalités du processus. Les grands écrivains en ont mieux parlé que je ne peux le faire. Ils sont seuls à voir que la dimension sexuelle de l'affaire, loin d'être première, doit être subordonnée à ce mimétisme qui efface d'autant mieux les différences qu'il les recherche plus avidement. Contrairement à ce que veut la théorie du narcissisme, le désir n'aspire jamais à ce qui lui ressemble ; c'est toujours ce qu'il imagine de plus irréductiblement autre qu'il recherche et si, dans l'homosexualité, paradoxalement, c'est dans le même sexe qu'il le recherche, ce n'est jamais là qu'un autre exemple de ce résultat paradoxal qui caractérise le désir mimétique d'un bout à l'autre de sa course : plus le désir cherche le différent, plus il tombe sur le même.

J.-M. O. : Toute l'analyse que vous venez de faire porte sur des phénomènes que Freud, lui aussi, a décrits et analysés. À côté de l'homosexualité déclarée, il existe, selon Freud, une homosexualité «latente» et parfois aussi «refoulée», qui fait bon ménage avec le «masochisme» et la «jalousie pathologique». Dans le cas de Dostoïevski, par exemple, tel est le tableau clinique dressé par Freud. Il rattache ce qu'il appelle «latent» et aussi «*verdrängte Homosexualität*» à ce qu'il décrit comme la «tendresse excessive pour le rival en amour», *sonderbar zärtlichen Verhalten gegen Liebesrivalen*[102].

R. G. : L'exemple de Dostoïevski n'est pas unique mais il est très important pour nous pour plusieurs raisons. La seule qui nous intéresse pour l'instant, c'est que Dostoïevski n'a jamais été un client de Freud. Freud le connaît par des documents qui sont tous à notre disposition, ses romans, ses lettres, tout ce qu'il a écrit lui-même et tout ce qu'on a pu écrire sur lui, sur son tempérament, sur les événements de sa vie, etc. Nous sommes donc à égalité avec Freud et on ne peut pas nous opposer le fameux privilège de la relation clinique à laquelle l'amateur comme moi n'a pas accès.

Il ne s'agit nullement de faire de la polémique stérile. Bien au contraire. Il faut commencer par rendre hommage à la qualité de l'observation freudienne. Jalousie morbide, masochisme, tendresse excessive pour le rival en amour, tout cela est admirable. Tout cela vaut trois cents ouvrages filandreux sur la philosophie dostoïevskienne. Mais c'est admirable — comment ici ne pas être ironique — sur le plan d'une description impressionniste, et, le dirais-je... littéraire! Si on regarde de près les concepts auxquels recourt Freud pour décrire la structure des rapports dostoïevskiens (structure commune aux œuvres littéraires et aux rapports vécus, n'en déplaise aux défenseurs de l'œuvre d'art comme «pure fabrication») on s'aperçoit qu'ils disent tous, au fond, la même chose: on peut tous les ramener au même processus mimétique, mais Freud lui-même ne voit pas cette redondance complète des trois concepts; il croit dire trois choses un peu différentes et c'est cette fausse différence qu'il faut ici critiquer, comme toujours; c'est elle qui rend manifeste l'impuissance de Freud à atteindre le vrai fondement de l'affaire, le seul principe qui puisse tout faire fonctionner, le principe mimétique, bien entendu.

Que signifie la jalousie, et pourquoi la qualifier de morbide? C'est la répétition qui crée le morbide de la jalousie. Toutes les fois que le sujet tombe amoureux, un tiers figure aussi dans le tableau, un rival qui, le plus souvent, l'enrage et qu'il ne cesse de maudire, mais qui n'en inspire pas moins, de nombreux signes le révèlent, le sentiment bizarre de «tendresse excessive».

Si le masochisme, la jalousie morbide et l'homosexualité latente se présentent perpétuellement ensemble, il est indispensable, en bonne pratique scientifique, de se demander si ces trois phénomènes ne se ramèneraient pas à une seule et même cause.

Comment le sujet se débrouille-t-il pour toujours disposer, quand il se dirige vers un objet sexuel, d'un rival qui lui mène la vie dure, d'un rival généralement plus heureux que lui et qui finit presque toujours par disparaître avec la belle?

La seule réponse concevable, c'est que le dernier venu dans la structure triangulaire, le véritable *tiers* n'est pas celui qu'on pense. Même s'il jure ses grands dieux que son désir pour l'objet précède l'apparition du rival, même s'il s'arrange, sur le plan chronologique, pour avoir une apparence de raison, il ne faut pas croire le sujet. Le véritable tiers, c'est lui, et s'il désire toujours de façon triangulaire, c'est parce que son désir est la copie conforme d'un désir préexistant.

Si le sujet désire telle femme plutôt que telle autre, c'est à cause des attentions flatteuses dont elle est l'objet. Et ces attentions seront d'autant plus flatteuses, elles rehausseront d'autant mieux l'objet sexuel aux yeux du sujet qu'elles lui seront adressées par un plus grand expert en la matière, un individu qui passe pour invincible sur le plan érotique, ce qu'on appelle un « homme à bonnes fortunes », par exemple.

Le masochisme dont parle Freud, ici, c'est la propension irrésistible à se fourrer dans des situations inextricables et à s'attirer échec sur échec dans sa vie sexuelle. Que faut-il faire pour toujours échouer sexuellement sans jamais le vouloir expressément, sans s'apercevoir qu'on travaille à son propre échec ? La seule recette vraiment efficace est celle que je propose, elle consiste à juger de la séduction des femmes en fonction de leur succès auprès des hommes à succès, c'est-à-dire en fonction de critères que je qualifie de « mimétiques ». Les don juans patentés sont, de tous les rivaux, forcément les plus redoutables, les plus susceptibles d'infliger au candidat séducteur les nombreuses corrections qu'il fait tout, certainement, pour s'attirer, sans qu'il soit nécessaire, pour expliquer le mécanisme de son comportement, d'invoquer je ne sais quelle pulsion masochiste.

Il n'est pas nécessaire non plus, pour expliquer l'attitude ambivalente à l'égard du rival, d'invoquer une homosexualité latente ou refoulée. Le rival détourne vers lui une bonne partie de l'attention que le sujet, en bonne hétérosexualité, devrait réserver à l'objet ; cette attention est forcément « ambivalente » puisqu'à l'exaspération suscitée par l'obstacle se mêle l'admiration et même l'exaspération que suscite les prouesses du don juan.

Pas plus que le masochisme ou la jalousie morbide, l'homosexualité latente n'existe comme entité séparée. La théorie de la latence suppose une force homosexuelle intrinsèque, tapie quelque part dans le corps du sujet et qui attendrait pour se manifester au grand jour que les «résistances» du sujet se soient écroulées.

J.-M. O. : Le meilleur moyen de définir votre position sur des phénomènes dont Freud reconnaît qu'ils sont liés mais dont il ne voit pas l'unité : le masochisme, la jalousie morbide et cette homosexualité dite latente qui ne fait qu'un avec la «*sonderbare Zärtlichkeit*», la tendresse excessive pour le rival érotique, c'est peut-être de recourir plus directement à l'œuvre que Freud croit critiquer et qui le critique lui, celle de Dostoïevski.

R. G. : Ce qui rend l'observation de Freud sur la tendresse excessive très remarquable, c'est qu'il n'avait pas lu, apparemment, l'œuvre où cette «tendresse», mêlée à son «contraire», bien entendu, se déploie de la façon la plus spectaculaire. Il ne cite jamais l'œuvre entre toutes exemplaire sous le rapport qui l'intéresse et qui nous intéresse nous-mêmes, *l'Éternel Mari*. La seule allusion possible à cette œuvre pourrait être cette intelligence exceptionnelle dont Dostoïevski fait preuve, selon Freud, pour les situations qui ne s'éclairent qu'à la lumière de l'homosexualité refoulée. Je vous cite le passage en question, non seulement à cause de ceci, mais parce qu'il reproduit l'essentiel de la thèse freudienne sur Dostoïevski. Je le lis dans l'original allemand puisqu'il est impossible, à en croire les Français, de ne pas falsifier la pensée de Freud tant qu'on la cite en traduction française, ainsi que je l'ai fait dans *la Violence et le Sacré* :

Eine stark bisexuelle Anlage wird so zu einer der Bedingungen oder Bekräftigungen der Neurose. Eine solche ist für Dostojewski sicherlich anzunehmen und zeigt sich in existenzmöglicher Form (latente Homosexualität) in der Bedeutung von Männerfreundschaften für sein Leben, in seinem sonderbar zärtlichen Verhalten gegen Liebesrivalen und in seinem ausgezeichneten Verständnis für Situationen, die sich nur durch verdrängte Homosexualität erklären, wie viele Beispiele aus seinen Novellen zeigen [103].

Dans *l'Éternel Mari*, Dostoïevski fait preuve d'une intelligence assez extraordinaire, en effet.

J'ai déjà parlé de cette œuvre dans *Mensonge romantique et vérité romanesque*. Si je la reprends aujourd'hui, c'est parce qu'elle rend particulièrement manifestes et la structure fondamentale des rapports mimétiques et le mécanisme de leur répétition, tout ce que Freud lui-même ne parvient pas à éclairer, tout ce qui rend sa lecture de Dostoïevski par l'homosexualité latente et l'Œdipe anormal inférieure à la thèse implicite qui se dégage de l'œuvre littéraire, thèse qui coïncide, je pense, avec celle que je suis en train d'exposer.

Je me permets de reproduire ici le résumé du roman qui figure dans *Mensonge romantique* :

Veltchaninov, riche célibataire, est un don juan d'âge mûr que la lassitude et l'ennui commencent à gagner. Depuis quelques jours il est obsédé par les apparitions fugitives d'un homme à la fois mystérieux et familier, inquiétant et falot. L'identité du personnage est bientôt révélée. Il s'agit d'un certain Pavel Pavlovitch Troussotski dont la femme, une ancienne maîtresse de Veltchaninov, vient à peine de mourir. Pavel Pavlovitch a quitté sa province pour rejoindre, à Saint-Pétersbourg, les amants de la défunte. L'un de ceux-ci meurt à son tour et Pavel Pavlovitch, en grand deuil, suit le convoi funèbre. Reste Veltchaninov qu'il accable des attentions les plus grotesques et excède de ses assiduités. Le mari trompé tient sur le passé les propos les plus étranges. Il rend visite à son rival en pleine nuit, boit à sa santé, l'embrasse sur la bouche, le torture savamment à l'aide d'une malheureuse fillette dont on ne saura jamais qui est le père...

La femme est morte et l'amant demeure. Il n'y a plus d'objet mais le modèle-rival, Veltchaninov, n'en exerce pas moins une attirance invincible. Ce modèle-rival est un narrateur idéal car il est au centre de l'action mais il n'y participe qu'à peine. Il décrit les événements avec d'autant plus de soin qu'il ne parvient pas toujours à les interpréter et craint de négliger un détail important.

Pavel Pavlovitch médite un second mariage. Une fois de plus cet être fasciné se rend chez l'amant de sa première femme ; il lui demande de l'aider à choisir un cadeau pour la nouvelle élue ; il le prie de l'accompagner chez celle-ci. Veltchaninov résiste mais Pavel Pavlovitch insiste, supplie, et finit par obtenir gain de cause.

Les deux « amis » sont fort bien accueillis chez la jeune fille. Veltchaninov parle bien, joue du piano. Son aisance mondaine fait merveille : toute la famille s'empresse autour de lui, y compris la jeune fille que Pavel Pavlovitch considère déjà comme sa fiancée. Le prétendant bafoué fait de vains efforts pour se rendre séduisant. Personne ne le prend au sérieux. Il contemple ce nouveau désastre, tremblant d'angoisse et de désir... Quelques années plus tard, Veltchaninov rencontre à nouveau Pavel Pavlovitch dans une gare de chemin de fer. L'éternel mari n'est pas seul, une charmante femme, son épouse, l'accompagne, ainsi qu'un jeune et fringant militaire[104]...

Dans la description dostoïevskienne, le sujet ne se donne pas un modèle une fois pour toutes, et le modèle ne lui désigne pas un objet une fois pour toutes. Pour que l'objet désigné conserve la valeur qui lui vient du modèle, il faut que celui-ci continue à le valoriser, en ne cessant pas de le désirer. Si Troussotski attire follement Veltchaninov chez sa fiancée, ce n'est pas pour que celui-ci en fasse la conquête mais c'est pour qu'il la désire et que, ce faisant, il entérine et ratifie en quelque sorte le choix que Troussotski a fait d'elle. Parce qu'il a triomphé de lui, Troussotski auréole Veltchaninov du prestige « don juanesque » dont il rêve pour lui-même et qui, du fait même de ses échecs perpétuels, se réfugie de plus en plus chez le rival.

Il y a bien un parfum d'homosexualité dans cette affaire et Dostoïevski lui-même le souligne puisqu'il nous montre Troussotski embrassant son rival sur la bouche, mais nous ne devons pas permettre à quelque mythologique et opaque latence de nous aveugler sur le primat génétique et seul intelligible de la rivalité mimétique.

G. L. : À l'évidence, le rêve de Troussotski n'est pas de faire l'amour avec Veltchaninov, c'est de prendre sur lui une revanche éclatante, d'arracher sa fiancée à la passion brûlante qui va la diviniser car elle viendra du dieu d'amour, et finalement de devenir dieu lui-même, en possédant l'objet divin.

R. G. : La sexualité, en effet, est subordonnée à la rivalité. Et plus le sujet croit se battre pour lui-même, dans la rivalité mimétique, plus en réalité il se soumet à l'autre. Le rival a seul autorité en matière de désir : lui seul peut conférer à l'objet le sceau de l'infiniment désirable en désirant lui-même cet objet. Le sujet fait donc toujours jouer à ce rival un rôle actif d'intermédiaire, littéralement de « médiateur » entre lui et l'objet. Le sujet humain ne sait pas, à la limite, quoi désirer. Il est incapable à lui seul de fixer son désir et d'en soutenir la force. C'est bien pourquoi il est voué aux paradoxes du désir mimétique.

Si nous examinons le comportement de Troussotski nous voyons sans peine pourquoi la « jalousie morbide », l'homosexualité dite latente et le prétendu « masochisme » doivent toujours reparaître *ensemble*.

Le prétendu masochiste ressemble à un général qui aurait déjà perdu une bataille et qui en serait si humilié qu'il ne voudrait plus s'engager désormais que pour réparer cette défaite ; il chercherait donc à reproduire les mêmes conditions ou des conditions plus défavorables encore, dans ses campagnes ultérieures. Il ne s'agit pas pour lui de perdre à nouveau mais de gagner la seule bataille qui vaille vraiment la peine d'être gagnée, celle qu'il a déjà perdue. Il fait donc tout pour retrouver les partenaires et reproduire les circonstances de la défaite antérieure. Le triomphe auquel il aspire ne peut plus se concevoir que dans le cadre de cette défaite, et en quelque sorte dans son prolongement. Ce ne sera donc pas une victoire, probablement, qui va s'inscrire à la suite de la première défaite, mais toujours de nouvelles défaites, ce qui conduit les observateurs superficiels à conclure que la défaite est le véritable objet de cette recherche.

Si nous situons ce jeu-là, qui n'est jamais qu'un jeu d'absorption mimétique, dans le domaine de la rivalité amoureuse, il est bien évident que le joueur va toujours répéter dans son existence les conditions susceptibles de produire toujours plus de jalousie et toujours plus de « masochisme ». Il suffit pour cela de se laisser fasciner par le rival le plus redoutable. Ce sont nécessairement alors des conditions favorables à un déplacement vers le rival de l'intérêt proprement sexuel qui se trouvent réunies. Pour ramener tous les symptômes à l'unité que suggère leur conjonction, il faut mettre l'accent non sur la sexualité proprement dite comme fait Freud mais sur le mimétisme de rivalité. Seul ce mimétisme peut rendre cette conjonction intelligible car il n'a qu'à s'exaspérer pour qu'apparaissent simultanément des « symptômes » qui sont effectivement indissociables, leur diversité étant illusoire ; la croyance en cette diversité révèle notre impuissance à tout ramener à la source unique, la rivalité mimétique.

Tant que la rivalité porte sur un objet hétérosexuel, il n'y a pas d'homosexualité véritable, c'est évident. Est-ce à dire qu'il y ait là une « latence » ? La hâte que met Freud à parler de latence ouvre la voie à la fausse perspicacité qui ne peut pas observer la moindre jalousie sans crier à l'homosexualité. À entendre les psychanalystes amateurs, c'est toujours ensemble, « au fond », que les rivaux veulent coucher, jamais avec la femme qu'ils feraient semblant de se disputer.

La rivalité sexuelle ne serait jamais que le masque d'autre chose qu'elle-même. La rivalité n'existe plus en tant que phénomène réel. C'est là de toute évidence une absurdité et pire qu'une absurdité. Si on refuse toute réalité à la rivalité, si on ne reconnaît pas son caractère mimétique, on s'interdit de comprendre le rapport vrai qu'elle entretient avec cette homosexualité qu'on croit très bien comprendre alors qu'en réalité on ne comprend rien du tout.

Il faut que les rivalités puissent être réelles, sexuelles ou non sexuelles, il les faut intenses et obsédantes pour qu'elles réussissent parfois à déplacer l'appétit sexuel lui-même et à le polariser sur le rival. Ou bien ce décrochage s'effectue, ou bien il ne s'effectue pas. Là où il s'effectue, ce doit être à un âge précoce. Chez Dostoïevski, visiblement, il ne s'effectue pas. Ce n'est pas le refoulement d'une homosexualité inavouée qui empêche Dostoïevski de coucher avec ses rivaux. Il n'en a pas la moindre envie. L'appétit sexuel, chez lui, reste fixé sur l'objet féminin.

G. L. : Vous rendez-vous compte que vous vous exposez imprudemment à être taxé vous-même d'homosexualité latente, de refoulement, de résistance et de surcompensation ?

R. G. : Nous voilà tous ici radicalement démystifiés !
Au lieu de subordonner la rivalité à une homosexualité cachée qui la produirait comme son ombre, il faut subordonner l'homosexualité à la rivalité qui peut la produire mais qui, fréquemment aussi, ne la produit pas, même dans des cas où elle prend une forme très obsédante, comme chez Dostoïevski.

L'erreur chez Freud, comme toujours, consiste à prendre pour moteur et fondement d'un processus un appétit sexuel que l'obsession du rival, si forte soit-elle, ne réussit pas toujours à déplacer.

Le rapport étroit entre rivalité sexuelle et homosexualité ne signifie absolument pas que toute rivalité sexuelle relève d'une homosexualité latente. La latence me paraît un concept mythologique. Mais on comprend qu'elle séduise l'observateur dans une société où la réprobation intense dont l'homosexualité a toujours fait l'objet est en train de s'effondrer. Si toute rivalité sexuelle avec un rival du même sexe implique automatiquement une homosexualité latente, pourquoi ne pas parler d'hétérosexualité latente à propos de l'homosexuel jaloux d'un rival de l'autre sexe ?

Il n'en est pas question parce que le thème de la latence, au fond, est lié à une espèce de terrorisme moral ; il n'intéresse que dans la mesure où la « latence » joue en faveur du désir sexuel le plus « scandaleux », le plus contraire au système d'interdits qui est en train de s'écrouler. La « latence » fournit au prurit démystificateur partout exacerbé une occasion perpétuelle de se soulager sans dépense excessive de matière grise.

Il y a bien terrorisme car, à partir de l'instant où la fameuse latence est évoquée, la moindre objection, vous avez raison, vous rejette automatiquement vous-même dans le camp des latents.

La brûlante certitude d'avoir toujours des naïfs à démystifier, des traîtres à confondre, des infidèles à pourfendre, des victimes à persécuter en somme, cimente l'union des fidèles autour du grand Gourou de la démystification universelle.

Dommage que le triomphalisme de la latence n'ait pas existé à l'époque de Bouvard et de Pécuchet. Flaubert aurait certainement lancé ses deux bonshommes dans cette carrière inépuisable, en pure perte sans doute. La pénétration dont le romancier fait preuve à l'égard du «symbole phallique», qui, songez-y, n'en était, bien sûr, qu'à ses débuts, n'a pas empêché la démystification potagère de se répandre partout dans le jardin de la culture comme une espèce d'indestructible chiendent. Nous nous accusons toujours de pas assez de persévérance — tout autant que de latence — mais c'est à peine si le symbolisme de *Bouvard et Pécuchet* commence à se démoder. Je vous lis le passage. Qui se douterait, sans les noms propres, qu'il s'agit là d'un texte vieux de cent ans !

[...] les tours, les pyramides, les cierges, les bornes des routes et même les arbres avaient la signification de phallus, et pour Bouvard et Pécuchet tout devint phallus. Ils recueillirent des palonniers de voiture, des jambes de fauteuil, des verrous de cave, des pilons de pharmacien. Quand on venait les voir, ils demandaient :

— À quoi trouvez-vous que cela ressemble ?

Puis ils confiaient le mystère, et, si l'on se récriait, ils levaient de pitié les épaules[105].

G. L. : Dans toute la tradition psychiatrique et psychanalytique, et chez Freud en particulier, l'homosexualité passe pour une «perversion». Et cette perversion elle-même aurait pour origine une pulsion homosexuelle, c'est-à-dire un instinct spécifique.

R. G. : L'homosexualité, je le répète, est souvent l'«éro-tisation» d'une rivalité mimétique. Le désir portant sur l'objet de cette rivalité, objet qui n'est même pas nécessairement sexuel, se déplace vers le rival lui-même. Le rival n'étant pas nécessairement du même sexe — puisque l'objet n'est pas nécessairement sexuel — cette érotisation de la rivalité peut se produire comme hétérosexualité.

À mon avis, il n'y a donc aucune différence structurelle entre le type d'homosexualité et le type d'hétérosexualité dont nous parlons en ce moment. C'est Proust qui a raison, contre Gide, quand il refuse la *différence* homosexuelle postulée par celui-ci.

Non seulement la théorie des instincts est inerte mais elle renforce la tendance psychiatrique à imaginer des essences séparées, chaque fois que se présente une observation qui n'apparaît nouvelle que parce qu'on est impuissant à y reconnaître un nouvel effet d'une même cause ou une perspective un peu modifiée sur un phénomène déjà observé.

Je n'affirme pas, bien entendu, l'inexistence d'une homosexualité proprement biologique. Je n'ai aucun moyen de me prononcer sur ce point. Ce que je dis, c'est que, si Freud a postulé une homosexualité latente dans les cas qui nous préoccupent et en particulier celui de Dostoïevski, c'est parce qu'il a manqué la rivalité mimétique que repère Dostoïevski lui-même.

Si je dis que l'hypothèse mimétique est la plus intéressante, c'est parce qu'elle rend parfaitement inutile ce qui n'est chez Freud qu'un postulat supplémentaire, l'idée d'un instinct spécifique enraciné dans le corps, et cette hypothèse assure une intégration parfaite d'un certain type d'homosexualité, tout au moins, au processus que nous sommes en train de dérouler. Ce processus révèle une fois de plus son aptitude étonnante à organiser et à rendre intelligibles les phénomènes les plus divers. Non seulement Freud ne gagne rien en postulant son instinct, mais il occulte la simplicité foudroyante de la solution mimétique.

R. G. : On pourrait montrer, je pense, qu'à l'époque de Freud, le pansexualisme était inévitable ; il constitue la solution la plus accessible car il apporte des éléments de différenciation auxquels l'observation, nécessairement, s'accroche. Il reste longtemps difficile de concevoir que certaines différenciations psychiques pourraient s'enraciner dans ce qui est moins différencié, et même dans la source de toute indifférenciation : la mimésis.

J.-M. O. : Au fond, ce que nous sommes en train de faire sur les classifications psychiatriques est très analogue à ce que nous avons déjà fait sur les classifications institutionnelles et ethnologiques... Il s'agit toujours de montrer que l'esprit humain cherche la différence, et qu'il tend à l'hypostasier indûment, non pas parce qu'il ne peut absolument pas penser le type de processus auquel nous réussissons à tout ramener, mais parce que cela est plus difficile et ne devient tout à fait possible qu'au-delà de la période, paradoxalement, où la perspective du structuralisme synchronique a réussi à s'imposer.

R. G. : Je crois que vous avez raison et vous avez raison parce que le structuralisme, ce n'est pas essentiellement l'établissement des moments synchroniques séparés, mais c'est déjà leur *transformation*, et c'est en s'habituant à penser les structures comme transformations mimétiques que certaines bribes de diachronie véritable commencent à surgir, à partir desquelles il deviendra possible de former une hypothèse sur la genèse et le devenir de toute structure...

G. L. : Freud a beaucoup insisté sur la continuité ou l'identité structurelle de l'homosexualité et de la paranoïa, c'est-à-dire du délire de persécution ou de revendication. Comment voyez-vous cela dans votre perspective ?

R. G. : Pour moi, il n'y a jamais qu'une seule et même structure en devenir perpétuel. Celui qui persécute, c'est toujours le modèle-rival. Il est bien entendu que toutes les substitutions transférentielles — «sacrificielles» — sont possibles. Il est donc évident qu'on est toujours «tout près» de tout ce dont nous avons parlé et parlerons encore ; je me sens non seulement incompétent sur le plan clinique mais hostile par principe à toute tentative de classification. Par définition, pour moi, isoler des maladies, c'est les extraire de façon arbitraire du processus continu dont elles ne sont que des étapes. Ceci n'exclut pas, bien sûr, que les malades ne puissent se stabiliser durablement, à un niveau déterminé.

Que le paranoïaque perçoive, comme nous le percevons nous-mêmes, le caractère homosexuel de la structure de rivalité, c'est certainement vrai. Mais, fréquemment, il ne se sent pas responsable de cette «homosexualité» qui lui advient en quelque sorte du dehors, et il ne veut pas en assumer la responsabilité. Ce qu'il faut voir, c'est que, dans la paranoïa, l'objet disparaît et la rivalité subsiste à l'état pur.

Si nous comprenons de moins en moins bien le désir, à ses stades les plus avancés, c'est parce qu'il tend lui-même à oublier les étapes antérieures pour partir de leurs conséquences, transformées en point de départ. Une fois qu'on a saisi le ressort mimétique du processus, on ne peut plus douter d'être sur la bonne piste : non seulement on peut reconstituer toutes les étapes dans leur continuité logique, mais on s'aperçoit sans peine que le terme final ne nous paraît obscur que par excès d'intelligibilité. Dans la folie, il n'y a plus que le modèle, et l'imitation caricaturale du désir de ce modèle. Il n'y a qu'identification mégalomane, persécution, etc. L'obscurité de la folie, c'est nous qui la faisons en expulsant ce désir trop explicitement mimétique et qui révèle dans le nôtre une forme plus modérée de la même chose exactement.

Ici encore, sans doute, il y a parallélisme entre la démarche de la folie et celle de la raison qui expulse cette folie. Au-delà d'un certain seuil, le fou, lui aussi, ne peut plus tolérer ce dont il est la proie, il ne veut plus rien savoir, et il s'arrange pour s'expulser lui-même, si l'on peut dire, pour décrocher son propre esprit, par des moyens plus brutaux encore que les nôtres, et pour se fermer à toute intelligence des processus dont il est toujours plus la victime.

J.-M. O. : Si nous vous avons bien compris, dire que le désir se détache de l'objet pour s'attacher au modèle en tant qu'obstacle, c'est dire l'essentiel. Tous les phénomènes que vous avez décrits ou signalés se ramènent à ce principe unique et peuvent toujours se déduire quasiment *a priori*. C'est faute de comprendre cela que nous voyons partout des symptômes indépendants ou des syndromes, des constellations autonomes. En réalité, il n'y a jamais que le processus mimétique, en route vers sa propre vérité, mais qui peut toujours s'immobiliser à un stade plus ou moins avancé suivant les individus et les époques.

Il y a psychose, en somme, quand il n'y a plus rien d'objectivement repérable entre les doubles mais, aux yeux du psychotique lui-même, ce rien est la totalité de l'être qui oscille vertigineusement entre lui et son double.

R. G. : Au lieu de se dérouler au grand jour dans des crises qui engagent la collectivité entière et atteignent un paroxysme assez frénétique pour déclencher les mécanismes victimaires, le processus mimétique, dans notre monde, domine les rapports interdividuels de façon souterraine et sous des formes qui, pendant longtemps au moins, possèdent assez de permanence pour se présenter à chacun des partenaires comme les traits bien différenciés et individualisés de ce qu'on a appelé d'abord le « caractère » et un peu plus tard les « symptômes ».

La crise sacrificielle qui s'accélère de nos jours entraîne la disparition de toute psychologie des caractères. Le passage à la notion de symptôme psychopathologique doit se lire comme un effet de cette accélération. Si on regarde la terminologie freudienne, on s'aperçoit que ce passage n'est pas tout à fait achevé, comme en témoignent des expressions telles que «jalousie pathologique», «envie névrotique» ou «névrose envieuse». Notez le caractère *intermédiaire* de ces expressions. De plus en plus, à l'heure actuelle, sous l'effet de cette même évolution, la notion de symptôme s'effrite à son tour et se vide de sa substance.

Parallèlement, la conception substantielle du «fou» fait place à des notions comme celle de psychose, qui ne sont pas plus précises mais qui expriment des modifications de l'être, plutôt que l'être lui-même. Pour l'instant, les phénomènes psychotiques restent séparés des phénomènes névrotiques mais le but de la psychopathologie, dorénavant, va être de les articuler les uns sur les autres et de concevoir une démarche unique au sein de laquelle le délire lui-même s'inscrira et deviendra intelligible au même titre que la raison.

J.-M. O. : Si le désir et sa psychopathologie peuvent se lire dans la perspective mimétogonique que vous ouvrez, si nous repérons à ce niveau-là un processus parallèle à celui que nous avons postulé derrière les sociétés primitives, mais se déroulant suivant des modalités propres, déterminées cette fois par un retrait graduel des mécanismes victimaires et des protections qui en découlent, nous comprenons de quelle façon l'évolution du symptôme psychopathologique et de l'idée que s'en fait la psychiatrie suit très exactement les étapes de désacralisation qui déterminent notre culture tout entière. La crise de la psychopathologie et de la psychiatrie aujourd'hui, c'est la même crise que celle de toutes les institutions sacrificielles.

R. G. : La méthode devrait se révéler aussi efficace en psychopathologie qu'en ethnologie. Il s'agit non pas de raturer mais de déconstruire les classifications anciennes, celles qui distinguaient des «genres» et des «espèces» analogues à ceux de la botanique ou de la zoologie. On peut montrer que la psychanalyse freudienne est une étape dans cette évolution; le retrait accéléré de l'«être» ou du «sacré» réduit de plus en plus son efficacité thérapeutique. Quant à la psychiatrie, elle en est à un stade de désagrégation encore plus avancé, au point qu'une chose comme l'antipsychiatrie a pu surgir.

Qu'il s'agisse des instincts ou pulsions, du sexuel fétichisé, des «caractères» ou des «symptômes», ce sont toujours de fausses essences que nous essayons de déconstruire, ce sont toujours des espèces d'idées platoniciennes qui s'évanouissent.

CHAPITRE IV

MYTHOLOGIE PSYCHANALYTIQUE

A. LE PLATONISME DE FREUD
ET LE RECOURS À L'ARCHÉTYPE ŒDIPIEN

J.-M. O. : Nous devons nous occuper de ce que Freud appelle le complexe d'Œdipe. Il n'y a pas de doute, en effet, que Freud a imaginé le complexe d'Œdipe, au premier chef, pour rendre compte du type de situation que vous venez de décrire, les rivalités triangulaires, la femme, l'amant, le rival. Le cas déjà cité de Dostoïevski constitue un exemple parmi d'autres. C'est à un complexe d'Œdipe, tout de suite, que Freud attribue la présence constante dans l'œuvre de l'écrivain, et dans sa vie, de rapports triangulaires où le rival fait l'objet d'une hostilité morbide aussi bien que d'une tendresse singulière, la «*sonderbare Zärtlichkeit*».

G. L. : C'est donc pour expliquer tous ces triangles, constamment répétés, c'est pour expliquer toute cette ambivalence à l'égard de tant de rivaux, que Freud invente le complexe d'Œdipe. D'après le système du complexe, dans sa version authentiquement freudienne, le triangle constituerait une reproduction du triangle familial ; la femme aimée serait toujours à la place de la mère et le rival à la place du père ; l'ambivalence correspondrait aux sentiments complexes que son père inspire au sujet, en sa qualité de rival et en sa qualité de père.

Il faut s'interroger maintenant sur les rapports qu'entretiennent le désir mimétique et le complexe d'Œdipe ; est-ce que le désir mimétique et le complexe d'Œdipe pourraient coïncider l'un avec l'autre, toujours, ou de temps à autre ? Sont-ils au moins compatibles l'un et l'autre ?

R. G. : Je crois qu'à toutes ces questions on doit répondre par un non catégorique. Le désir mimétique et le complexe d'Œdipe sont incompatibles pour deux raisons majeures. 1) Chez Freud, le désir pour l'objet maternel est intrinsèque ; il est fondement et il n'est pas concevable qu'il soit lui-même fondé, surtout par un autre désir. C'est cette nature intrinsèque du désir pour la mère, jointe à l'élément narcissique, lui aussi intrinsèque, qui définit pour Freud l'*humanité* du désir humain, sa différence spécifique :

Wir sagen, der Mensch habe zwei ursprüngliche Sexual-objekte : sich selbst und das pflegende Weib[106].

Si le désir pour la « *pflegende Weib* » est originel, naturel et spontané, il ne peut pas être dérivé ni copié sur qui que ce soit. 2) Chez Freud, le père est bien, pour le fils, un modèle d'identification, après le complexe d'Œdipe, et même avant, mais ce modèle d'identification n'est jamais un modèle de désir. Jamais Freud ne pense que l'identification au père pourrait être une identification de désir ; Freud n'a jamais pensé l'identification de désir. Il dit expressément que le désir pour la mère grandit indépendamment de l'identification au père, et le père apparaît d'abord comme rival et comme incarnation de la loi[107].

Le désir mimétique n'apparaît nulle part chez Freud ; il n'en parle pas même à propos du complexe d'Œdipe mais on voit sans peine que les deux notions s'excluent formellement. Le complexe d'Œdipe, dans ma perspective, c'est ce que Freud a inventé pour expliquer les rivalités triangulaires, faute de découvrir les possibilités formidables de l'imitation en matière, justement, de désir et de rivalité.

G. L. : Mais est-ce que vous excluez la possibilité que le père serve de modèle mimétique ?

R. G. : Absolument pas. Non seulement je n'exclus pas cette possibilité mais j'y vois un phénomène normal, au sens où Freud considère comme normale une identification au père qui n'a rien à voir avec le complexe d'Œdipe. Il est normal que le père serve de modèle à son fils, mais il n'est pas normal que le père devienne pour son fils un modèle de désir sexuel ; il n'est pas normal que le père devienne modèle dans des domaines où l'imitation va susciter la rivalité. Autrement dit, le père, selon la norme familiale, est modèle d'apprentissage et non de désir.

G. L. : C'est dire que pour vous, la famille, comme toutes les institutions sociales, est, dans son principe au moins, protectrice à l'égard des rivalités et de tous leurs avatars pathologiques. En fournissant à l'enfant des modèles et des interdits qui préviennent certaines rivalités et qui en modèrent d'autres, elle devrait le préparer et le fortifier pour le monde où l'imitation et la rivalité ne seront ni canalisées ni freinées comme elles le sont dans la famille encore fonctionnelle.

R. G. : La famille ne joue pas pour moi le rôle nécessaire qu'elle joue chez Freud dans la pathologie du désir. Cette pathologie n'est pas familiale dans son principe. Elle est mimétique. Cela ne veut pas dire, bien sûr, que la famille ne puisse devenir pathologique. Non seulement elle le peut mais c'est souvent ce qui lui arrive dans notre univers. Plus la famille devient pathologique, plus elle s'éloigne de ce qu'elle est quand elle fonctionne normalement. Les rapports au sein de la famille deviennent alors semblables à ce qu'ils sont en dehors d'elle ; ils se caractérisent soit par l'indifférence la plus totale, soit par le type d'attention morbide qui accompagne le désir mimétique partout où il fleurit, au sein de la famille ou en dehors d'elle.

G. L. : Si le complexe d'Œdipe ne parvient absolument pas à rendre compte de ce dont Freud voudrait lui faire rendre compte, comment s'expliquer, dans ce cas, le succès extraordinaire de cette idée auprès de la postérité, pour qui l'explication de toutes les rivalités par le complexe d'Œdipe est devenue aussi naturelle que l'aristotélisme dans les milieux universitaires du XVe siècle ? Une fois qu'on a compris l'efficacité supérieure du principe mimétique, cette façon à la fois plus simple, plus intelligible et plus efficace d'engendrer tout ce que Freud cherche à rapporter à son Œdipe sans y réussir vraiment, la vogue du complexe d'Œdipe constitue un problème que vous ne pouvez pas vous dispenser de poser.

R. G. : Il faut d'abord se souvenir que Freud, comme il le dit lui-même, est le premier à aborder systématiquement des phénomènes qui, avant lui, sont restés le monopole des grands écrivains. Non seulement il observe beaucoup de choses mais il fournit pour elles le premier vocabulaire plus ou moins «technique» et en vérité le seul que nous ayons jamais possédé. Il n'est donc pas surprenant que les notions freudiennes, même inadéquates, exercent sur les esprits une emprise extraordinaire. Mais je crois qu'au succès du complexe d'Œdipe et du narcissisme, ces deux piliers de la doctrine psychanalytique, il y a des raisons plus fondamentales, liées à des habitudes et à des conceptions qui caractérisent notre pensée depuis toujours et qu'il convient, une fois de plus, de «déconstruire». Il s'agit, au fond, de faire sur ce que je n'hésite pas à appeler le platonisme de Freud, platonisme d'ailleurs très particulier, le même travail déjà ébauché sur les classifications pseudo-scientifiques de l'ethnologie et de la psychopathologie. C'est ce dont vous parliez déjà tout à l'heure. Grâce au complexe d'Œdipe, je pense, nous pourrons pousser ce travail un peu plus loin.

Ce n'est pas à partir d'observations portant sur les enfants, il faut toujours le rappeler, que Freud a inventé son complexe d'Œdipe, c'est à partir des rapports triangulaires qu'il observait chez les malades, ou dans des œuvres célèbres comme celle de Dostoïevski. Pour tout esprit scientifique, la fréquence et le caractère obsessif de ces rapports triangulaires appellent une explication unitaire. Je partage, bien entendu, l'opinion de Freud en ce qui regarde l'importance de ces rapports et je ne crois pas, avec Deleuze et Guattari, que les triangles aient attendu pour proliférer l'invention par Freud lui-même du fameux complexe ; je ne crois pas que les rapports triangulaires, dans notre univers, ne soient qu'une imitation de Freud lui-même [108].

Pour comprendre comment Freud est arrivé à l'Œdipe il faut essayer de repenser sa démarche, il faut reconstituer ce qu'il a pensé quand il s'est trouvé devant tous ces triangles. La première idée du chercheur, sa réaction quasi instinctive devant une situation pareille, est qu'il doit exister quelque part un triangle archétypal dont les autres triangles seraient la reproduction.

Une fois qu'on est lancé sur cette piste — et il est presque inévitable de s'y lancer, car c'est la grande piste de la pensée humaine — il est à peu près impossible de ne pas aboutir au triangle familial. Puisqu'il n'est pas question, dans le matérialisme moderne, de placer le triangle archétypal hors du monde, dans quelque royaume éternel et intelligible des idées, il faut faire descendre l'idée platonicienne dans le monde. On ne peut pas renoncer à elle mais on l'installe parmi les hommes. Il est bien évident, dans ces conditions, que le triangle familial est le seul candidat possible au rôle d'archétype.

Pour qu'un triangle puisse jouer ce rôle, il faut qu'il possède la stabilité, l'universalité et l'antériorité chronologique qui lui permettront, au moins en apparence, d'exercer une vertu fondatrice, il faut qu'on trouve en lui toutes les qualités qui feront de lui le modèle de tous les rapports triangulaires postérieurs. Seul le triangle familial possède les attributs nécessaires ; il n'y a pas d'existence individuelle qui ne commence par lui, en principe tout au moins ; seul il possède une existence légale et un poids sociologique suffisants pour le rôle que Freud entend lui faire jouer.

Seul le triangle familial fait l'affaire de Freud et dans l'ordre du triangulaire, on ne peut rien imaginer pour le remplacer. Il semble posé là, à l'orée de la vie, pour jouer le rôle même que Freud entend lui faire jouer. Comment s'étonner du prestige immense dont jouit, désormais, sur l'esprit moderne, sous une forme ou sous une autre, la thèse du complexe d'Œdipe ?

Et pourtant, cette emprise est parfaitement illusoire. Le schème œdipien est absolument incapable de remplir la fonction qui lui est dévolue par son inventeur, celle de produire toutes ces configurations triangulaires qui structurent les rapports érotiques des malades ou les intrigues des œuvres littéraires, comiques ou tragiques, théâtrales ou romanesques.

B. Comment reproduire un triangle ?

R. G. : Si on réfléchit à cette conception archétypale, on s'aperçoit qu'il doit en être chez Freud comme chez Platon : le passage de l'essence à l'apparence, ou de l'archétype familial à l'objet réellement existant, la rivalité triangulaire, ne peut se faire que par l'intermédiaire d'une mimésis, d'une imitation.

Pour passer, je le répète, du complexe d'Œdipe enfantin aux rivalités érotiques de l'adulte, il faut que l'individu voué aux rapports triangulaires imite d'une façon ou d'une autre le triangle originel de ses rapports familiaux.

C'est dire que nous sommes à la fois très proches et très éloignés de notre rapport mimétique. Pour com-

465

prendre toute cette proximité et tout cet éloignement il faut poser aux psychanalystes la question suivante : Voilà des malades qui sont coutumiers des rivalités obsédantes ; ils paraissent même incapables de s'en passer : comment s'y prennent-ils pour reproduire dans leur vie quotidienne, dans leurs entreprises érotiques notamment, l'expérience qu'ils ont faite avec leurs deux parents ? Comment fait-on pour copier le triangle familial ? Puisqu'il s'agit forcément d'une espèce d'imitation, que faut-il donc imiter pour arriver au résultat voulu, pour se donner un rival qui nous rende aussi jaloux que, selon Freud, nous l'avons été d'abord de notre père ? Par quelle méthode peut-on toujours re-créer ce type de situation ?

On me répondra sans doute que c'est là le secret de l'inconscient mais puisque les psychanalystes sont les spécialistes de cet inconscient, ils doivent bien avoir une idée des procédés auxquels recourent leurs malades, ou alors leur savoir est loin d'être tout ce qu'il prétend être. Le type de situation dont je parle, après tout, est monnaie courante, on ne peut rien imaginer de plus banal. Les possibilités ne sont pas illimitées et les amateurs de rivalités pathologiques doivent avoir, pour les reproduire, des recettes qui ne peuvent pas toutes rester secrètes. Qu'est-ce que la psychanalyse peut nous dire à ce sujet ?

Absolument rien, et Freud, comme toujours, honnêtement, le reconnaît. Dans *Au-delà du principe du plaisir*, il admet que la répétition de ce qui fait souffrir, et toujours plus souffrir, pose un problème insoluble à partir du «principe de plaisir». Afin de résoudre ce mystère, il lui faut postuler un instinct de plus, encore un instinct, et c'est la fameuse pulsion de mort dont on fait si grand cas dans la psychanalyse française contemporaine.

Ce n'est pas seulement le *pourquoi* de la répétition qui fait problème, c'est aussi le *comment*. Si on examine les rapports œdipiens, on constate, comme nous l'avons fait tout à l'heure, qu'ils ne sont reliés les uns aux autres que par le facteur extrinsèque de la loi. Le désir pour la mère se développe indépendamment de l'identification au père. La seule interférence relève, non d'une imitation créatrice de rivalité, mais d'une rivalité quasi accidentelle, suscitée par le fait que la mère est l'épouse du père, qu'elle appartient légalement au père.

Comment le père servirait-il de modèle pour ce désir-là puisqu'il incarne d'emblée la loi, c'est-à-dire un obstacle qui n'a rien à voir avec le désir? Le père est obstacle sans jamais avoir été modèle sous le seul rapport qui compte, sous le rapport du désir qui suscite la rivalité.

Si on examine les textes de Freud sur l'«identification», le complexe d'Œdipe et le «surmoi», comme je l'ai fait dans *la Violence et le Sacré*, on s'aperçoit que toutes les formulations freudiennes sont les retombées diverses d'une même impuissance fondamentale à reconnaître l'identité ultime et nullement paternelle dans son principe de l'obstacle et du modèle. Le vrai principe est et ne peut être que mimétique mais pour s'en apercevoir, il faut échapper aux définitions non conflictuelles et philosophiques de la mimésis. On peut dire que Freud, toute sa vie, a tourné autour de ce mystère sans réussir à pénétrer sa trop grande simplicité. C'est pourquoi toutes les retombées conceptuelles sont mythologiques dans tous les sens du terme. Il n'est pas de cristallisation mythologique, en effet, qui ne soit retombée faussement différenciatrice de cette éternelle impuissance à repérer le mécanisme fondamental du conflit humain dans une mimésis toujours omniprésente parce qu'elle est déjà là avant toute représentation, au niveau de l'appropriation animale. Ceci ne l'empêche pas, d'ailleurs, d'être aussi très élaborée et d'inclure dans son jeu les formes les plus raffinées de la représentation.

G. L. : Comment faire, en effet, pour reproduire le rapport «œdipien»? Comment trouver simultanément celle en qui Freud voit un substitut maternel et, auprès d'elle, celui en qui Freud voit un substitut paternel, le rival qui nous obsédera?

R. G. : À ce problème essentiel, il n'y a qu'une solution possible et c'est la nôtre, c'est la solution mimétique. Il n'y a qu'un moyen de produire les triangles de rivalité, mais il est infaillible et il consiste à imiter un désir préexistant, à ne jamais désirer qu'une femme désignée par le désir d'un autre. Toujours désirer par l'intermédiaire d'un modèle, c'est désirer par l'intermédiaire d'un rival, c'est se mettre en puissance de rival, c'est provoquer à coup sûr le type d'*ambivalence* observé par Freud! Et en même temps, c'est expliquer tout ce qu'il est nécessaire de retenir dans ce que Freud appelle l'«instinct de mort».

Le seul moyen de résoudre le problème de la reproduction mimétique, par conséquent, c'est le désir mimétique lui-même, c'est-à-dire, en dernière analyse, notre mimésis d'appropriation qui n'a rien à voir avec le complexe d'Œdipe, qui n'est même pas spécifiquement humaine puisqu'on la trouve déjà chez l'animal.

Mais on ne peut pas recourir à la seule solution efficace sans renoncer au système archétypal de l'Œdipe dont nous venons de voir qu'*il l'exclut*. C'est le désir d'un *modèle* qu'il faut imiter pour se procurer aussitôt l'indispensable *rival*, par un mécanisme parfaitement automatique mais dont le sujet, tout à son entreprise mimétique, ne peut pas voir qu'il va se déclencher; et effectivement, il ne se déclenche jamais : il est déjà en place avant que tout commence, du fait même que le sujet parasite un désir déjà formé, et qu'il constitue le troisième sommet du triangle et non pas le premier, ainsi que se l'imagine, bien à tort, le solipsisme implicite de la conception archétypale.

Le problème de la répétition n'est soluble qu'en fonction d'un désir mimétique qui, par définition, ne peut pas coïncider avec le complexe d'Œdipe. Il peut d'autant moins coïncider avec lui qu'il fournit, au présent et non plus au passé, un principe de rivalité et de conflictualité beaucoup plus dynamique que celui de la rivalité paternelle imaginée par la psychanalyse et plus satisfaisant sous tous les rapports. Voici qu'il rend compte à merveille non seulement de la répétition des symptômes mais de leur intensification, parfaitement inintelligible elle aussi, dans le schème psychanalytique.

Ou bien on engendre la rivalité par le désir mimétique et on se débarrasse de l'hypothèse fausse du complexe d'Œdipe, ou bien on reste fidèle à la conception œdipienne et on se retrouve devant le problème insoluble de la répétition. Les rapports œdipiens sont inertes. Ni Freud ni personne ne pourra jamais les penser de telle façon qu'ils réagissent l'un sur l'autre pour susciter un *feedback* positif et entraîner le sujet dans l'impasse toujours plus désastreuse de rivaux toujours plus invincibles et toujours plus obsédants. Pour qu'il y ait cette impasse, il faut que les rivaux soient soigneusement choisis en fonction même de leur invincibilité, c'est-à-dire de leur pouvoir de séduction mimétique.

Contrairement à la croyance universellement admise, ce rôle de modèle-rival n'a rien de paternel. Il ne faut pas hésiter à affirmer que l'Œdipe n'est qu'une version tardive de l'éternelle mythologie et qu'il est devenu, à notre époque, la ressource fondamentale d'une société qui se croit éclairée mais qui en réalité ne l'est pas, car elle projette sur les institutions qui sont en train de se désagréger, comme c'est le cas d'ailleurs dans toute crise sacrificielle, les difficultés — mimétiques — provoquées par cette désagrégation elle même.

Si la famille occidentale moderne et même la patriarcale qui l'a précédée sont à l'origine desdites difficultés, c'est dans la mesure où, loin d'être aussi répressives et contraignantes qu'on le prétend, elles le sont beaucoup moins, déjà, que la plupart des institutions culturelles de l'humanité, et elles constituent les prédécesseurs directs de l'indifférenciation toujours aggravée qui caractérise notre situation actuelle.

Dans les explications que tout le monde a toujours avalées et qui, à notre époque, se sont durcies en un dogmatisme d'autant plus féroce à l'égard de tout esprit critique véritable qu'il se prend lui-même pour la fin de tout dogmatisme, tout ne peut pas se ramener à une simple inversion des causes et des effets, mais cette inversion est réellement présente, et nous sentons bien ici que c'est au problème général de la mimésis et de l'imitation qu'il faut revenir pour comprendre ce qu'il en est.

C. Mimésis et représentation

R. G. : C'est bien sur un modèle, chez Freud comme dans notre schème mimétique, que le sujet œdipien a les yeux fixés. Puisque ce modèle n'est pas un désir, tous ses efforts pour préciser les mécanismes de reproduction au sein de l'inconscient se ramènent toujours à des métaphores de la reproduction typographique ; ce ne sont jamais qu'histoires de sceaux, de matrices, d'empreintes, d'inscriptions, de *Wunderblöcke*, etc., qui font les délices de tous les fanatiques de l'*écriture* et qui supposent, assurément, une problématique dissimulée du signe et de la représentation mais qui ne signifient nullement que cette problématique soit indispensable. Pour résoudre la question et sortir vraiment de la « métaphysique » platonicienne, il ne faut pas s'écarter du concept platonicien de mimésis comme s'il avait la peste. Bien au contraire. Il faut regarder la peste bien en face.

Ce qui manque à Freud, c'est ce qui manque à Platon, et c'est la compréhension du mimétique comme désir lui-même et de ce fait comme le véritable « inconscient » — à supposer qu'il y ait un intérêt quelconque à maintenir ce terme peut-être trop équivoque. Le mimétique non représentatif est parfaitement capable — et seul capable — de susciter toutes les rivalités triangulaires qu'on voudra car c'est sur un premier désir qu'il porte, c'est sur un geste d'appropriation nécessairement rival de celui qu'à son exemple, nous allons faire.

C'est bien sur un modèle que le sujet a les yeux fixés, mais ce modèle n'est pas un triangle, ce n'est pas une figure géométrique, ce n'est pas une mère plus un père, ce n'est aucune « smala » familiale, c'est un désir que l'imitateur n'a pas besoin, et est même incapable de *se représenter*.

Freud ne peut pas résoudre le problème de la reproduction parce qu'il n'a pas découvert le désir mimétique. Le sujet ne dispose que de lui-même. Il ne dispose que d'un des sommets du triangle ; il n'est pas le maître des deux autres. S'il cherche vraiment sa mère dans l'objet et son père dans le rival, par quel miracle réussit-il toujours à installer ensemble leurs substituts dans la même structure de désir et de rivalité ?

Pour voir la lourde erreur de Freud, il suffit de constater que Dostoïevski, lui, a résolu dans ses œuvres le problème de la reproduction triangulaire, et c'est cette résolution qu'il nous donne à voir. Le père Karamazov est bien pour deux de ses fils un modèle mimétique, mais c'est justement parce qu'il n'y a plus rien en lui de paternel.

Si l'imitateur est amené à interpréter les interférences mimétiques contre lui-même et en faveur du rival, on comprend sans peine et que le sujet, associant toujours l'objet le plus désirable et le modèle le plus prestigieux à l'opposition la plus implacable, ne puisse plus désirer que dans un contexte de « jalousie morbide », de « masochisme » et d'« homosexualité latente », et que ce même sujet re-produise sans cesse la structure qui comporte tous ces « symptômes » au cas où elle viendrait à se défaire.

J.-M. O. : On comprend en effet que si, par hasard, le sujet réussit à triompher, l'objet qui lui reste entre les mains, n'étant plus valorisé par le désir impressionnant d'un rival victorieux, perd aussitôt toute valeur et le malheureux se met illico en quête d'un modèle vraiment divin, c'est-à-dire d'un modèle qui ne se laissera pas arracher l'objet aussi facilement que la fois précédente.

R. G. : Au stade dostoïevskien, l'objet et le modèle sont tous les deux nécessaires mais ils n'ont de valeur que l'un par l'autre. Ce n'est ni la femme, en somme, que désire le sujet, ni le rival, c'est d'une certaine manière le couple en tant que tel. Il paraît seul réaliser l'autonomie dont rêve le sujet, une espèce de bienheureux *narcissisme à deux* dont le sujet se sent exclu. De même, dans la *Phèdre* de Racine, le désir de l'héroïne s'exaspère quand elle apprend que son bien-aimé a une bien-aimée et que les deux jeunes gens paraissent se désirer réciproquement. C'est aussi, bien sûr, le thème de *la Nouvelle Héloïse*.

On s'explique aisément, alors, que dans de nombreuses œuvres du premier Dostoïevski le sujet travaille activement à unir la femme aimée au rival ; il espère que la reconnaissance du couple lui fera une petite place, en tiers, dans son intimité paradisiaque.

Ce thème dostoïevskien révèle le caractère indécidable des situations créées par la rivalité mimétique. Le sujet ne veut pas triompher complètement du rival ; il ne veut pas non plus que le rival triomphe complètement de lui. Dans le premier cas, en effet, l'objet lui échoit, mais il a perdu toute valeur ; dans le second, l'objet acquiert une valeur infinie, mais il est à jamais hors de portée.

Si pénible soit-il, le rapport triangulaire est moins pénible que toute décision dans un sens ou dans l'autre. C'est bien pourquoi le triangle a tendance à se perpétuer ou à se reproduire, si par hasard il se défait, par imitation d'un désir toujours déjà rival, désormais, avant même d'être modèle. C'est à partir du modèle, pourtant, et de l'imitation, qu'il faut penser toute la séquence.

La rivalité est intolérable mais l'absence de rivalité est plus intolérable encore ; elle place le sujet devant le néant ; c'est bien pourquoi ce sujet fait tout pour persévérer ou pour recommencer, souvent avec la complicité obscure de partenaires qui poursuivent des buts analogues.

J.-M. O. : C'est là qu'est la véritable *ambivalence*, celle des *doubles* réels...

R. G. : C'est bien parce que Freud reste platonicien lui-même que toutes les hérésies psychanalytiques sont des hérésies platoniciennes. Avec Jung, c'est l'expulsion complète de cette rivalité dont la psychanalyse n'arrive jamais à rendre compte et il n'y a plus, comme chez Plotin, qu'une espèce de contemplation mystique des archétypes. Avec Mélanie Klein, au contraire, tout est conflit, mais le conflit, au fond, n'existe plus puisqu'il est tout entier figé et archétypé en une conception délirante des premiers rapports avec la mère. Avec Deleuze et Guattari, ce n'est plus même le texte œdipien en soi, c'est le texte de la théorie psychanalytique, c'est le texte de l'Œdipe freudien qui est supposé capable de multiplier, par la simulation universelle dont il ferait l'objet, les triangles de la rivalité.

Tous les problèmes du platonisme reparaissent dans la psychanalyse. Comme, il est impossible d'enfermer des processus dynamiques dans un système d'archétypes, Freud est obligé de multiplier les essences, à la façon du structuralisme qui multiplie les « coupes » synchroniques par impuissance, lui aussi, à concevoir le moindre mécanisme proprement diachronique.

Non seulement Freud conserve les essences de ces prédécesseurs, comme le masochisme, le sadisme, et même la « jalousie », l'« envie », etc., mais il est sans cesse obligé de dédoubler celles qu'il vient lui-même d'inventer, comme le complexe d'Œdipe, dans un vain effort pour adapter l'éternité immuable de son ciel psychanalytique à la réalité mouvante de la terre.

D. La double genèse œdipienne

G. L. : Rien n'est plus intéressant, sous ce rapport, que la distinction entre un Œdipe normal et un Œdipe anormal. C'est là, il me semble, qu'on verrait le mieux que c'est bien au processus mimétique que s'attache l'observation freudienne, sans que la théorie œdipienne puisse jamais rendre compte de cette observation.

R. G. : Freud nomme ambivalence, on l'a vu, les sentiments contradictoires qu'inspire forcément le modèle quand il devient rival. Il rapporte le côté négatif de cette ambivalence, l'hostilité, à la rivalité avec le père et le côté positif, l'admiration, à ce qu'il appelle « l'affection normale » que le fils éprouve pour son père.

Cette « affection normale » paraît suffisante à Freud

pour les ambivalences dites « normales » ou ordinaires. Mais il existe aussi, nous dit Freud, des ambivalences « anormales » ou extraordinaires qui poussent les sentiments contradictoires beaucoup plus loin, aussi bien la haine que la vénération, et Freud rapporte ces ambivalences anormales à une variante de l'Œdipe qu'il désigne comme Œdipe anormal.

Cette ambivalence anormale provient, nous dit-il, de ce que le petit enfant, à l'époque du complexe d'Œdipe, ne s'est pas contenté d'éprouver à l'égard de son père les sentiments déjà complexes du rival et du « bon fils » doté d'une « affection normale pour ce père qui vient de l'engendrer, etc. ». À ces sentiments dits normaux de l'Œdipe dit normal s'ajouterait, chez le petit enfant, au moment de l'Œdipe, un désir homosexuel passif à l'égard du père, un désir d'être désiré par le père en qualité d'objet homosexuel ! Ce qui frappe Freud, de toute évidence, dans la rivalité aggravée, c'est la fascination grandissante pour le rival. Cette fascination grandissante, nous l'avons vu, peut et doit sortir du mimétisme lui-même mais, comme Freud ne s'en aperçoit pas, il va nécessairement s'imaginer qu'il a affaire à un facteur nouveau et proprement homosexuel, à une homosexualité séparée que rien encore n'annonçait dans les formes plus « normales » et « ordinaires » d'ambivalence. Comme toujours, bien sûr, il va tendre à hypostasier l'homosexualité, à faire d'elle une espèce d'essence qui viendrait du corps, comme il lui faut enfermer tout cela dans son archétype œdipien et que le rival, c'est toujours le père, il est bien obligé d'imaginer cette fable assez ahurissante, il faut l'avouer, surtout dans le contexte de cette « affection normale, etc. » qui la précède immédiatement, guère plus ahurissante, toutefois, que le reste de l'échafaudage. Il ne faut pas oublier, dans cette affaire, le parricide, l'inceste, et la libido fixée sur la mère qui restent tous plus ou moins en place, semble-t-il.

G. L. : Ce désir homosexuel du fils ne s'appuie jamais, il faut le rappeler, sur la moindre observation portant sur les enfants eux-mêmes. Comment pourrait-on le reprocher à Freud puisque tout est censé se dérouler dans «l'inconscient»?

R. G. : L'inconscient a bon dos dans la psychanalyse, mais ce désir du fils pour le père, c'est beaucoup, même pour le meilleur des dos. On passerait volontiers ce désir à Freud s'il n'était juxtaposé qu'au désir de parricide et d'inceste car alors il s'intégrerait assez joliment au contexte grand-guignolesque de la genèse œdipienne, mais qu'il vienne relayer la simple «affection» du fils pour le père, assurément «normale» dans la petite bourgeoisie viennoise au tournant du XXe siècle, voilà qui me laisse béat d'admiration...

G. L. : C'est la paille qui finalement brise le dos de ce chameau trop docile à accepter tous les fardeaux.

R. G. : C'est la cinquième patte du mouton œdipien. Cette bête sacrificielle en a besoin de quatre dans le cas de l'ambivalence dite normale, il lui en faut cinq pour justifier le supplément d'ambivalence dans le cas de «malades» tels que Dostoïevski.
Freud recourt à deux explications pour rendre compte d'un seul et unique processus. Et il pressent lui-même ce caractère unitaire puisqu'il ne veut pas abandonner sa matrice génétique, là même où elle devient de plus en plus visiblement fantastique.

J.-M. O. : En somme, une fois qu'on a manqué le processus de rivalité mimétique, on est forcé de retomber dans la vision archétypale, et une fois qu'on est prisonnier de cette vision, il faut bien concevoir quelque chose comme le complexe d'Œdipe. Le *feedback* mimétique n'étant pas là pour rendre intelligible l'aggravation de l'ambivalence, on ne peut guère voir en celle-ci qu'une homosexualité toute faite, et comme cette homosexualité fait partie de l'ensemble phénoménal qu'on s'est chargé d'expliquer par l'archétype familial, il faut bien l'installer, elle aussi, dans cet archétype. Il faut donc la fixer originellement sur le père puisque c'est au père, inévitablement, qu'on rapporte toute rivalité. On voit très bien comment, à partir de ses présupposés, Freud est entraîné, et par la rigueur et par les limites de ses observations, à expliquer les choses comme il le fait.

R. G. : Il n'y a rien dans la construction freudienne dont la présence ne soit justifiée par le désir d'interpréter les phénomènes dont nous parvenons nous-mêmes à rendre compte à l'aide du seul principe mimétique. C'est dire que Freud va chercher à expliquer non seulement le « toujours plus d'affection pour le rival » mais aussi le « toujours plus d'hostilité à l'égard de ce même rival ». Puisque les deux faces de l'ambivalence, dans le schème œdipien, ne peuvent pas réagir l'une sur l'autre et s'exaspérer réciproquement, Freud doit compliquer encore sa petite histoire et supposer que le désir homosexuel passif redouble chez le fils la terreur d'être châtré par son père. Toutes les conséquences d'une rivalité mimétique aggravée sont bien là, mais Freud est obligé d'inventer les romans les plus incroyables pour les enfermer dans ses deux Œdipe, sans d'ailleurs jamais y parvenir ; même s'il inventait un troisième et un quatrième Œdipe pour saisir de nouvelles nuances, il ne pourrait jamais les saisir toutes car il ne peut pas penser le processus en tant que processus. Son platonisme s'y oppose, et les deux genèses œdipiennes sont au système de *feedback* mimétique ce qu'est, à la souplesse et à la dextérité du bras et de la main chez les singes ou chez l'homme, la patte malhabile du homard. Vous pouvez multiplier les articulations, vous n'aurez jamais qu'un crustacé.

Freud ne voit pas que le système des positions fixes le rend incapable de penser vraiment ce qu'il appelle l'ambivalence, et surtout une ambivalence toujours croissante. Pour que la face négative (l'hostilité) puisse non seulement coexister mais grandir avec la face positive (la vénération), il faut que l'antagonisme se nourrisse de mimétisme et que le mimétisme, en retour, exaspère l'antagonisme. Aucune empreinte venant du passé, aucune matrice œdipienne, ne rendra jamais compte d'un tel processus.

E. POURQUOI LA BISEXUALITÉ ?

R. G. : L'observateur qui manque le dynamisme de la rivalité est obligé de percevoir l'homosexualité comme une chose en soi dont l'opacité achève de lui boucher la vue. Les disciples ne l'avoueront jamais : ou bien ils feront discrètement glisser sous le tapis tout ce qui les gêne désormais dans la pensée de Freud, ou bien, réellement fanatisés, ils s'attacheront à l'invraisemblable avec d'autant plus d'obstination qu'il est plus invraisemblable. Ils en feront le *test* de la vraie croyance et le lieu du partage entre hérétiques et orthodoxes. Aucune discussion n'est possible sur ce terrain : la pensée freudienne est devenue tellement sacrée qu'il est interdit d'en reconstituer la démarche.

Or, il est facile, à partir du principe mimétique, de reconstituer cette démarche. Cette reconstitution révèle un Freud plus souple et plus hésitant que celui auquel la vénération psychanalytique nous a habitués. Si on examine les textes où les genèses œdipiennes sont formulées ou re-formulées, on s'aperçoit que certaines notions ne peuvent s'enraciner que dans le sentiment d'insatisfaction éprouvé par Freud lui-même à la relecture de ses propres analyses, devant leur fixité et leur rigidité excessives, dont il lui est impossible, pourtant, de se débarrasser.

J.-M. O. : On repère dans certaines retouches, et dans certaines nuances, un effort, chez Freud, pour restaurer, dans le processus observé, une continuité forcément rompue par le mode même de conceptualité dont il reste prisonnier.

R. G. : Ce que Freud appelle la bisexualité fondamentale de l'être humain intervient généralement dans le texte *après* les références à l'homosexualité et comme pour rectifier le surgissement trop catégorique et soudain de celle-ci, pour atténuer la séparation trop tranchée entre hétérosexualité et homosexualité.

La notion de bisexualité n'existe, en définitive, que pour affaiblir ce qu'il y a de trop absolu dans la rupture entre hétérosexualité et homosexualité. Et si Freud veut affaiblir cette rupture, ce n'est pas parce qu'il est envahi par une intuition géniale sur la *fundamentale Bisexualität* de la Vie dans son ensemble, c'est parce qu'il est trop bon observateur pour n'être pas sensible à l'unité du processus de rivalité, et ne pas déplorer secrètement l'inaptitude du schème œdipien, même dédoublé en Œdipe normal et en Œdipe anormal, à rendre justice à cette continuité.

Il voit bien ce que l'injection soudaine d'une homosexualité — même latente — au sein du processus continu a d'insatisfaisant pour l'esprit ; comme il ne veut pas ou ne peut pas revenir sur les principes fondamentaux de sa pensée, c'est-à-dire ni sur le schème œdipien lui-même, ni sur le pansexualisme, il essaie de brouiller un peu la différence, trop nette au niveau des instincts, en recourant à la *bisexuelle Anlage*. Il invente un instinct à la fois hétéro- et homosexuel pour corriger la distinction trop absolue des deux Œdipe. À la différence de Lévi-Strauss, pour qui toute pensée consiste à «passer de la quantité continue à la quantité discrète», à la différence de Bergson, pour qui c'est l'inverse, Freud cherche à concilier les deux types de pensée, car il a besoin de l'une *et* de l'autre ; il a besoin et de stabilité synchronique et de dynamisme diachronique : il voudrait à la fois la structure et le devenir de la structure.

Il ne peut pas y parvenir ; personne ne peut y parvenir en dehors de la mimésis et de son pivot, le mécanisme de la victime émissaire. Parler de bisexualité, c'est dissoudre dans l'indifférencié ce qu'il importe, au contraire, de faire ressortir, les conséquences indifférenciatrices de la rivalité, c'est noyer une fois de plus le poisson de la rivalité mimétique.

C'est pourquoi l'invocation à la bisexualité est aussi

ritualisée, chez les fidèles, que l'invocation à l'homosexualité latente qu'elle prétend toujours «dépasser». Elle vient toujours *après* cette première invocation, de même que Tirésias vient après Œdipe pour le rectifier et lui apprendre son fait sur sa psychanalyse à lui. Au spectacle de toute rivalité sexuelle, dans notre monde, ce sont toujours les mêmes commentaires et ils se succèdent dans un ordre immuable. Il y a d'abord Bouvard, l'observateur profond, qui diagnostique l'homosexualité latente et aussitôt après il y a Pécuchet, plus profond encore, qui en appelle à la bisexualité fondamentale.

La force comique de Claire Brétécher, dans la bande dessinée intitulée *les Frustrés*, vient de ce qu'elle attire notre attention sur le caractère infaillible de ce type de séquence. La frustration, c'est la pensée psychanalytique elle-même qui nous fait toujours décrire les mêmes cercles, qui nous enferme dans l'identité absolue sans même posséder les vertus unificatrices et lénifiantes des rites de l'ancienne socialité.

Il ne faut pas croire que les ressources ultimes de la psychanalyse puissent jamais différer beaucoup de ce que nous sommes en train d'écrire. Ce ne sont pas les contenus qui ont changé, c'est l'opération intellectuelle qui les fait surgir. Chez Freud il y a une pensée mobile et vivante qui n'a jamais cessé de chercher dans de multiples directions alors qu'aujourd'hui les thèmes psychanalytiques en sont arrivés au stade du ressassement caricatural et leur échec est éclatant.

G. L. : Peut-être faudrait-il préciser que la critique de la «bisexualité» freudienne n'implique nullement une bataille d'arrière-garde en faveur de la différence sexuelle. Le lecteur comprendra, je pense, dans quel esprit se fait cette critique.

R. G. : Je l'espère aussi. Ce sont les mêmes qui se gargarisent tantôt de bisexualité et tantôt de différence sexuelle.

J.-M. O. : À l'égard de Freud, donc, votre attitude est nuancée. Vous voyez en lui un observateur de premier ordre mais vous ne découvrez jamais dans son œuvre de résultats conceptuels qui méritent d'être retenus. Vous venez de vous livrer à une véritable « déconstruction » du complexe d'Œdipe en fonction du principe mimétique, et que vous n'aviez jamais fait auparavant. Le véritable intérêt des thèses œdipiennes, par conséquent, c'est que le type d'analyse pratiqué par vous permet à la fois de les rejeter sous la forme que la psychanalyse entend leur conserver et de leur découvrir une justification relative, dans certains aspects du processus mimétique qu'elles reflètent et même qu'elles révèlent en partie, mais de façon toujours imparfaite et faussée par les préjugés fondamentaux qui gouvernent la pensée dc Freud. Vous n'êtes pas le premier, assurément, à critiquer le pan-sexualisme de Freud et sa théorie des instincts, mais vous le faites dans une perspective très différente de celle des penseurs dits existentialistes, tels que Sartre et Merleau-Ponty.

R. G. : Dans la critique dite existentialiste, il y a plus d'intuitions intéressantes qu'il n'était permis de l'admettre pendant la décennie structuraliste, peut-être parce que ces intuitions, paradoxalement, déterminaient encore trop de choses dans les modes tyranniques que nous venons de subir. Tout cela maintenant est à peu près décomposé ; il y aura bientôt des gens, sans doute, pour voir les choses avec plus de justice et pour écrire une histoire intellectuelle de cette période qui ne fera pas tout commencer à la « redécouverte de Ferdinand de Saussure » et à l'an I de la révolution structuraliste.

F. LE NARCISSISME : LE DÉSIR DE FREUD

J.-M. O. : Il y a un autre concept, encore, chez Freud, dont il faut étudier les rapports avec le processus mimétique, et c'est le narcissisme. Que certains aspects du désir échappent à la problématique œdipienne, c'est une chose qui devrait être évidente, puisqu'elle n'a pas échappé à Freud. Ce sont tous les concepts freudiens, assurément, qu'il faudrait lire à la lumière du principe mimétique. Nous n'en avons pas le temps. Nous ne pouvons quand même pas éviter le narcissisme car Freud lui attribue, indubitablement, certains effets que vous rapportez au mimétisme.

Il y a narcissisme, écrit Freud, quand le sujet se prend lui-même pour objet. Et le sujet, jusqu'à un certain point, se prend toujours pour objet. C'est dire qu'il y a un narcissisme primaire et fondamental chez tous les individus.

C'est pourquoi, dans la phrase que nous avons déjà citée, Freud affirme que l'homme a deux objets sexuels originaires, lui-même et la femme qui a pris soin de lui dans son enfance.

Il y a donc deux pôles dans le désir : l'objet maternel et cet autre objet que je suis pour moi-même.

R. G. : Ce qui distingue radicalement de notre « psychologie interdividuelle » la psychanalyse freudienne, c'est que ces deux pôles, chez Freud, bien qu'ils soient toujours présents ensemble, conservent une autonomie relative, et l'un des deux doit dominer l'autre. Dans le processus mimétique, c'est toujours pour son propre compte et au bénéfice de tout ce qu'il voudrait bien nommer son Moi que le sujet se soumet étroitement au modèle-obstacle et se rend toujours plus esclave de l'autre. C'est dire que s'il y a deux pôles, dans la perspective mimétique, ils ne peuvent pas être, comme chez Freud, dans un rapport de proportion inverse. Dans le processus mimétique, en somme, le « narcissisme » et la soumission à l'autre s'exaspèrent simultanément. Plus on devient narcissique ou « égoïste » comme on aurait dit jadis, plus on devient morbidement « objectal » ou « altruiste ». Je ne fais ici que redéfinir le paradoxe mimétique fondateur de notre anthropologie et de notre psychologie.

Le narcissisme, chez Freud, n'est pas incompatible avec un choix d'objet, mais plus il y a de narcissisme, plus le choix d'objet s'affaiblit. Il tend, d'autre part, à orienter ce choix vers un individu qui « ressemble » au sujet. L'individu très narcissique, en somme, est *réellement* centré sur lui-même. L'exemple par excellence de ce narcissisme intense, chez Freud, et du choix d'objet affaibli, c'est la femme, ou plutôt un certain type de femme considéré par Freud comme *le plus purement féminin* — « *bei dem häufigsten, wahrscheinlich reinsten une echtesten Typus des Weibes* [109] ».

Freud distingue de ce fait deux types de désir : le désir objectal, principalement masculin, s'accompagne d'une surestimation de l'objet sexuel et suppose pour le Moi un « appauvrissement libidinal » : « *eine Verarmung des Ichs an Libido* » ; le désir narcissique, principalement féminin, comporte accessoirement des objets mais ne les surestime pas car, en réalité, la libido s'épanche non sur l'autre mais sur le Moi qui récupère par conséquent toute son énergie libidinale et qui ne subit aucun « appauvrissement ».

Freud ajoute, et c'est très important, que ce type de narcissisme féminin se trouve, le plus souvent, chez les jolies femmes. À l'époque de la puberté, affirme-t-il, au lieu du renoncement partiel au narcissisme enfantin qui caractérise le type masculin, c'est une recrudescence qui se produit, au moment où cesse la « latence » des organes sexuels féminins.

Freud répète plusieurs fois que ces femmes sont jolies, mais il ajoute qu'elles exercent, sur les hommes, une fascination particulière, non seulement pour des raisons esthétiques, mais aussi, écrit-il, en raison de « constellations psychologiques intéressantes » — « *infolge interessanter psychologischer Konstellationen* ». Les lignes qui suivent sont si extraordinaires que je vous les lis *in extenso*, accompagnées de ma propre traduction :

Es erscheint nämlich deutlich erkennbar, dass der Narzissmus einer Person eine grosse Anziehung auf diejenigen anderen entfaltet, welche sich des vollen Ausmasses ihres eigenen Narzissmus begeben haben und sich in der Werbung um die Objektliebe befinden ; der Reiz des Kindes beruht zum guten Teil auf dessen Narzissmus, seiner Selbstgenügsamkeit und Unzugäng-

lichkeit, ebenso der Reiz gewisser Tiere, die sich um uns nicht
zu kümmern scheinen, wie der Katzen und grossen Raubtiere, ja
selbst der grosse Verbrecher und der Humorist zwingen in der
poetischen Darstellung unser Interesse durch die narzisstische
Konsequenz mit welcher sie alles ihr Ich Verkleinernde von ihm
fernzuhalten wissen. Es ist so, als beneideten wir sie um die
Erhaltung eines seligen psychischen Zustandes, einer unan-
greifbaren Libidoposition, die wir selbst seither aufgegeben
haben. Dem grossen Reiz des narzisstischen Weibes fehlt aber
die Kehrseite nicht; ein guter Teil der Unbefriedigung des ver-
liebten Mannes, der Zweifel an der Liebe des Weibes, der Klagen
über die Rätsel im Wesen desselben hat in dieser Inkongruenz
der Objektwahltypen seine Wurzel[110].

Il est facile de constater que le narcissisme d'autrui exerce
un grand attrait sur ceux qui ont renoncé à une partie de leur
propre narcissisme et sont à la recherche d'un amour objectal. Le charme de l'enfant se ramène pour une grande part à
son narcissisme, à son auto-suffisance, à son inaccessibilité ; il
en va de même du charme de certains animaux qui paraissent
ne pas se soucier de nous, les félins, par exemple, et autres
grosses bêtes de proie. De même, en littérature, le grand criminel et l'humoriste nous forcent à nous intéresser à eux par
l'enflure d'un narcissisme qui s'arrange toujours pour écarter
tout ce qui pourrait diminuer leur Moi.

Tout se passe comme si l'état psychologique bienheureux et
l'inexpugnable position libidinale qu'ils ont conservée et à
laquelle nous avons nous-mêmes renoncé suscitaient en nous
de l'envie.

Ce passage mérite l'attention. Dans la perspective
mimétique nous ne pouvons pas prendre très au sérieux
son contenu explicite, mais le texte n'en est que plus suggestif. Il dissimule et désigne quelque chose dont Freud
parle et ne parle pas tout à la fois et c'est son propre
désir mimétique. Il faut donc soumettre ce texte à une
« psychanalyse » au second degré, qui est une « psychanalyse mimétique », si vous voulez, et qui révèle non seulement l'insuffisance du narcissisme en tant que concept,
mais la raison de cette insuffisance, dans l'aveuglement
partiel de Freud à l'égard de son propre désir.

Freud croit décrire un type de femme objectivement
réel et même extrêmement typique ; c'est l'*éternel fémi-*

nin. Elle est belle, elle est froide ; elle n'a pas besoin de se donner ; elle occupe une position libidinale inexpugnable. Elle cherche à attirer les désirs masculins et elle y réussit parfaitement, moins par sa beauté que par son indifférence prodigieusement irritante et excitante pour le mâle.

À aucun moment Freud ne se dit qu'il pourrait avoir affaire non à une essence, mais à une *stratégie*, dont il serait la dupe. Cette stratégie a un nom très classique et c'est celui de coquetterie. Dans *le Misanthrope*, Célimène reconnaît le caractère stratégique de la coquetterie ; elle affirme cyniquement à Arsinoé qu'elle pourrait bien se transformer en prude le jour où sa beauté serait perdue. La pruderie, elle aussi, est une stratégie. Tout comme la misanthropie, d'ailleurs, qui lui ressemble énormément, est une espèce de pruderie intellectuelle, un ressentiment, comme dirait Nietzsche, c'est-à-dire la stratégie *défensive* des perdants, de ceux qui parlent contre le désir parce qu'ils ne réussissent pas à l'attirer et à le capitaliser.

La coquette en sait plus long que Freud sur le désir. Elle n'ignore pas que le désir attire le désir. Pour se faire désirer, donc, il faut convaincre les autres qu'on se désire soi-même. C'est bien ainsi que Freud définit le désir narcissique, un désir de soi par soi. Si la femme narcissique excite le désir, c'est qu'en prétendant se désirer elle-même, en proposant à Freud ce désir circulaire qui ne sort jamais de lui-même, elle présente à la mimésis des autres une tentation irrésistible. Freud prend pour une description objective le piège dans lequel il tombe. Ce qu'il appelle l'auto-suffisance de la coquette, son état psychologique bienheureux, sa position libidinale inexpugnable, c'est en réalité la transfiguration métaphysique du modèle-rival telle que nous l'avons décrite hier.

Si la coquette cherche à se faire désirer, c'est parce qu'elle a besoin de ces désirs masculins, dirigés contre elle, pour alimenter sa propre coquetterie, pour se conduire en coquette. Elle n'a pas plus d'auto-suffisance que l'homme qui la désire, en d'autres termes, mais la réussite de sa stratégie lui permet d'en soutenir l'apparence en lui offrant, à elle aussi, un désir qu'elle peut copier. Si le désir dirigé sur elle lui est précieux, c'est parce qu'il fournit son aliment nécessaire à une auto-suffisance qui s'effondrerait si elle était totalement privée d'admiration. De même, en somme, que l'admirateur pris au piège de la coquetterie imite le désir qu'il croit réellement narcissique, la flamme de la coquetterie, pour produire de l'éclat, a besoin du combustible que lui fournissent les désirs de l'Autre.

La coquette est d'autant plus excitante, sa séduction mimétique est d'autant plus forte que les désirs attirés par elle sont plus nombreux. C'est pourquoi Molière fait de Célimène le centre d'un salon où les admirateurs se pressent en foule, un véritable Versailles de la coquetterie.

À partir du moment où le désir est devenu métaphysique, il ne transfigure plus que des obstacles : il leur reconnaît une auto-suffisance qui n'est que la contre-partie de sa propre insuffisance ; le désir devient une expérience fort humiliante, pénible et désagréable. On conçoit donc que tous les sujets veuillent se l'éviter, et le meilleur moyen de l'éviter, c'est de l'imposer à l'Autre. Rien n'est plus propre à nous détourner de l'Autre et à nous tourner vers nous-même, à nous rassurer sur nous-même, que le spectacle de cet Autre nous prenant nous-même pour objet de désir, nous conférant l'auto-suffisance bienheureuse dont il se prive par le même mouvement.

La stratégie du désir, et pas seulement sexuel, consiste à faire miroiter aux yeux d'autrui une auto-suffisance à laquelle nous croirons un peu nous-même si nous réussissons à en convaincre autrui. Dans un univers radicalement privé de critères objectifs, les désirs sont entièrement livrés au mimétisme et il s'agit pour chacun de faire jouer à son bénéfice le mimétisme inemployé, le mimétisme qui cherche à se fixer et qui se fixera toujours en fonction des autres désirs. Il s'agit donc de feindre le narcissisme le plus formidable, il s'agit pour chacun de proposer aux autres le désir qu'il éprouve de lui-même,

pour contraindre tous ces autres à imiter ce désir affrio-
lant.

Il faut se méfier ici de *toutes les étiquettes*, surtout
celles que nous sommes obligés nous-mêmes d'invoquer, celle de la coquetterie par exemple. Il faut se garder de limiter ce dont je viens de parler à un seul
domaine, la sexualité, tout autant, bien entendu, qu'à
un seul sexe, le féminin ; il faut se méfier aussi du terme
de stratégie qui implique une trop grande lucidité, et,
entre le masque et le visage réel, une séparation de
moins en moins légitime. Il faut tout penser en fonction
de cette lutte des doubles qui est aussi soutien réciproque et collaboration dans l'efflorescence du mimétique et de ses illusions.

À la lumière du principe mimétique, et en dépit des fai-
blesses de tout langage psychologique, nous en savons
assez désormais pour saisir l'insuffisance flagrante de la
critique freudienne à l'égard des phénomènes évoqués
dans *Zur Einführung des Narzissmus*. Freud veut maintenir à tout prix la différence entre : 1) le *désir objectal* qui appauvrit la libido et qui n'existe que chez les
hommes « vraiment hommes », ceux qui ont renoncé à
une partie de leur libido, c'est-à-dire de leur narcissisme,
et 2) le *désir narcissique*, qui porte essentiellement sur
soi-même et qui peut avoir un objet, mais qui s'en sert
seulement pour enrichir sa libido ; ce désir ne cherche
qu'à se faire désirer par les hommes, et les hommes mettent, au pied de ce trésor de libido qui refuse de s'appau-
vrir, leurs propres richesses libidinales.

Freud nous dit que le désir objectal se porte de préférence vers la femme narcissique, mais il faudrait aller
plus loin, il faudrait voir là l'*essence* de ce qu'il appelle
l'objectal. Il ne veut pas admettre que, loin de constituer
une particularité curieuse mais relativement secondaire
du désir objectal, la fascination que lui inspire *ce qui lui
apparaît comme narcissique* est en réalité le tout de ce
désir.

Il est clair, en effet, que si le désir objectal est un désir
qui s'appauvrit au départ, et qui s'appauvrit toujours
davantage, ce dont il rêve essentiellement c'est de cette

richesse que l'être narcissique se réserve et paraît capable de défendre. Ce qui le fait rêver, c'est de ne pas avoir à désirer objectalement, de ne pas être pauvre ; il rêve de la richesse narcissique ; le désir ne rêve jamais de rien d'autre.

J.-M. O. : Le désir objectal, en somme, manque de « narcissisme », et de quoi d'autre pourrait-il manquer puisque c'est d'une partie de son narcissisme, justement, qu'il s'est appauvri pour désirer objectalement. Comment ne pas reconnaître dans l'être narcissique l'objet par excellence du désir, ou tout au moins la façon dont on se le représente, puisqu'on tend à le surestimer, c'est-à-dire à lui attribuer une richesse qu'il ne possède pas. Comme chez Freud il n'y a de richesse et il n'y a d'être que libidinal, en définitive, le langage de Freud à chaque instant le trahit et il suffit de suivre jusqu'au bout la logique de ses métaphores pour voir se dissoudre la différence entre l'être objectal et l'être narcissique.

R. G. : Le désir objectal désire la libido narcissique parce que c'est un désir mimétique comme les autres ; il copie le désir de cette libido qui paraît se désirer elle-même ; c'est bien là ce que signifie désirer. Il fait la même chose, en fin de compte, que le narcissique. Et le narcissique lui aussi fait la même chose que tout le monde, après s'être habilement suggéré lui-même comme modèle. Le narcissique se nourrit du désir qu'il oriente vers lui-même, mais très vite cette nourriture se révèle décevante. Du fait même qu'il porte sur lui-même, le désir de l'Autre se dévalorise et l'être se retire de lui.

Ce qui décide les deux désirs à se polariser sur tel double plutôt que sur tel autre ne peut relever en dernière analyse que de l'habileté manœuvrière et non d'une différence d'essence. C'est d'ailleurs ce que nous disent aujourd'hui tous les manuels de succès érotique, mondain, professionnel. C'est l'univers de la grimace moralisée... Ces manuels en savent beaucoup plus que

Freud sur le jeu du désir, non parce qu'ils sont écrits par des auteurs plus intelligents que lui, mais parce que les choses, depuis Freud, ont évolué dans le sens d'un mimétisme toujours plus déchaîné, toujours plus visible, et c'est là ce qui leur confère leur caractère proprement *immonde* : la dissimulation stratégique est elle-même vulgarisée ! Ceux qui la prêchent n'y croient plus réellement eux-mêmes puisqu'ils en font matière à publicité ; elle est désormais en vente sur le marché au prix le plus bas, elle est recommandée à tous les hommes comme une « solution » à leurs nombreux « problèmes ».

Il faut examiner la position qu'occupe Freud lui-même dans son texte, et elle confirmera ce que nous venons de suggérer. Les indications ne manquent pas.

Freud, visiblement, se compte parmi les gens sérieux, les héros de la conscience morale, les durs de l'impératif catégorique qui, ayant renoncé par élévation d'esprit à une partie de leur narcissisme, n'en éprouvent que plus d'attirance pour les coquettes, cette attirance qu'il qualifie pourtant d'incongrue. Quand on est l'inventeur de la psychanalyse, le grand maître moderne du soupçon, on ne devrait pas, il me semble, passer légèrement sur une incongruité de cette taille. Il y a là quelque chose qui mérite qu'on s'y arrête. La phrase suivante est encore plus curieuse ; elle signifie à peu près : tout se passe comme si nous éprouvions de l'envie... *Es ist also* : c'est comme si. Pourquoi ce *comme si*, pourquoi Freud n'écrit-il pas tout simplement : nous éprouvons de l'envie pour cette auto-suffisance, pour cette position libidinale inattaquable... ? Il ne nie pas la chose mais il ne veut pas, cependant, qu'elle soit tout à fait vraie. Il entend persévérer dans le mythe du renoncement plus ou moins *volontaire* au narcissisme, provenant d'une décision essentiellement éthique, un peu analogue à cette fameuse « maturité » qui se conquiert de haute lutte dans la psychanalyse américaine, analogue en somme au fameux engagement chez Sartre, à cette assomption de la liberté qui est toujours chute dans le malheur.

G. L. : Jamais Freud n'affirme explicitement que le renoncement au narcissisme infantile est tout à fait volontaire. Ce serait vraiment trop gros.

R. G. : Essayons d'imaginer comment Freud, dans ses moments les plus lucides, aurait réagi à la lecture de son propre texte. Non, il ne dit pas que le renoncement au narcissisme est volontaire, mais tous les mots qu'il utilise, à commencer par celui de renoncement, suggèrent qu'il en est bien ainsi.

Quel statut alors, sous le rapport psychanalytique, faut-il attribuer à cette attirance incongrue, à cette quasi-envie que nous autres les sages, les vrais adultes ne pouvons pas nous empêcher d'éprouver devant « le narcissisme intact » de la jolie coquette ?

Si Freud nous présente comme pas tout à fait vraie l'envie dont il parle, c'est parce qu'il ne veut pas reconnaître dans le prétendu narcissisme intact de l'autre le véritable objet perdu du désir. Il nous présente la chose comme une curiosité intéressante assurément, *eine interessante psychologische Konstellation*, mais rien de plus. Il prend là un plaisir d'amateur éclairé mais il n'y voit rien qui puisse l'amener à reconsidérer les positions fondamentales du système, par exemple la distinction entre le désir narcissique et le désir objectal. Il n'y voit qu'une bizarrerie sans conséquence et il nous la signale ; il nous invite à la contempler un instant avant de passer à autre chose, en bons érudits et presque en touristes de la libido ! Le Guide Bleu de la psychanalyse en ferait une curiosité à une ou tout au plus à deux étoiles : Mérite un détour mais ne vaut pas le voyage.

J.-M. O. : Tout en avouant à demi ce qu'il en est, Freud se défend toujours contre l'attrait de ce narcissisme intact qui lui apparaît comme réel précisément parce qu'il le désire, parce qu'il ne peut pas s'empêcher de le désirer. Il ne voit pas que ce qu'il appelle surestimation de l'objet dans le désir objectal ne fait qu'un avec la chose qu'il décrit sous l'étiquette de narcissisme intact.

R. G. : Freud est trop fasciné par les simagrées de la coquette pour y reconnaître le *jeu* qu'y reconnaissent Molière ou même Marivaux. Il prend la chose pour de l'être véritable. Il ne voit pas que, loin d'être incongru pour l'être qui désire, comme il dit, objectalement, le choix du narcissisme intact s'impose absolument car c'est de «narcissisme» et de rien d'autre que manque toujours le désir. Personne n'a jamais renoncé volontairement à l'autonomie bienheureuse, à la position libidinale inexpugnable, etc., à tout ce que Freud désigne sous l'étiquette de narcissisme. Nous reconnaissons sans peine dans cela le mirage que produit le modèle-obstacle mimétique quand il s'oppose à notre imitation ; c'est là le fantôme métaphysique qui surgit toujours, signifié par ce modèle-obstacle, pour un désir toujours plus fasciné par lui car c'est sur lui qu'il revient sans cesse se heurter et se meurtrir.

À partir du moment où on comprend que les équivoques du texte et ses hésitations, en particulier le *Es ist also*, le «comme si», portent sur les points sensibles et décisifs de l'analyse, on n'a plus qu'à se débarrasser de ces menus mensonges pour reconnaître que là où Freud voit deux désirs et deux pôles distincts, le narcissique et l'objectal — c'est-à-dire l'œdipien — en réalité il n'y a qu'un seul et même désir mimétique. C'est bien dans cette direction que Freud se dirige mais il ne peut pas aller jusqu'au bout de cette logique car il n'a pas cessé de croire à ses propres transfigurations mimétiques. Il ne peut pas reconnaître derrière les manigances de la coquette le même désir exactement que le sien propre, orienté un peu différemment tout au plus, pour des raisons secondaires et qui ne devraient pas entrer en ligne de compte dans la définition des grandes données psychiques.

Une fois qu'on voit ceci, le texte se simplifie de lui-même. La définition du narcissisme et la définition du désir objectal s'impliquent toujours réciproquement : le narcissisme, c'est ce que le désir objectal réellement désire, et le désir objectal, c'est cela que le narcissisme ne désire pas et qui, du fait même qu'il n'est pas désiré, se sent prodigieusement «appauvri» par rapport au narcissisme richissime.

Le narcissisme intact de l'autre, c'est le paradis ineffable où paraissent vivre les êtres qu'on désire et c'est bien pour cela qu'on les désire. Ils nous donnent l'impression qu'il n'y a pas d'obstacle pour eux et qu'ils ne manquent jamais de rien. Cette impression de ne manquer de rien ne fait qu'un avec l'impression qu'ils n'ont pas besoin de nous... Leur plénitude est assurée ; n'ayant rien à désirer en dehors d'eux-mêmes, ils attirent tous les désirs comme des aimants et forcent tous les hommes de *devoir* comme Freud à les désirer au moins un peu. Il faut que le désir trouble fort le regard de Freud, en vérité, pour qu'il croie tout à fait réelle cette *Selbstgenügsamkeit* dont lui paraît jouir la coquette postérieurement à la *Pubertätsentwicklung* de ses *weiblichen Sexualorgane*. Cette autosuffisance n'est pas terrestre ; c'est le dernier miroitement du sacré.

La croyance au narcissisme intact de l'autre, c'est le fantasme par excellence du désir. Freud, de toute évidence, partage ce fantasme. Il voit dans sa découverte du narcissisme quelque chose d'analogue à la découverte d'un élément chimique. L'assemblage hétérogène qui se constitue sous le chef du narcissisme montre clairement le caractère mythologique de l'affaire. À une extrémité, il n'est question que du miroir aux alouettes de la coquetterie et, à l'autre extrémité, le narcissisme s'enfonce, paraît-il, dans les profondeurs biologiques ; il se confond avec l'être individuel s'appréhendant lui-même, faisant corps, si j'ose dire, avec lui-même. Le narcissisme dit primaire, c'est ce qui fait que toute vie recherche instinctivement ce dont elle a besoin et fuit, non moins instinctivement, ce qui lui nuit. Freud confond, en somme, les chatoiements les plus trompeurs du désir métaphysique avec la force vitale élémentaire. Il faut souligner le caractère proprement fantastique de l'amalgame, car ce n'est qu'un amalgame, dans les conditions où il s'opère chez Freud.

Le désir objectal rêve de narcissisme intact parce

qu'il rêve de cet être absolu et indestructible, qui fait violence à tout ce qui l'entoure. C'est pourquoi, chez Freud, le narcissisme c'est la libido elle-même, qui est la même chose que l'énergie et la puissance, *energeia* et *dunamis*. Tout cela fonctionne exactement comme le *mana* polynésien. Le narcissisme intact, c'est la plus grande accumulation possible de libido sous une forme stable, c'est un réservoir bien rempli. Si tout gravite autour du chef, ou de l'homme fort, dans l'univers polynésien, c'est parce qu'il possède plus de *mana* que les autres. Et s'il en possède déjà plus, il en possédera toujours davantage, car tout converge vers lui ; les *mana* moins forts sont attirés par le sien et viennent l'engraisser encore, tandis qu'eux-mêmes ne cessent de s'amincir.

G. L. : On peut dire également que le système de la libido narcissique, chez Freud, tend à fonctionner comme le capitalisme. Plus on est riche, plus il est facile de multiplier les opérations très profitables sans risque véritable pour le capital accumulé. Le pauvre désir objectal pullule autour du narcissisme intact et il s'appauvrit de plus en plus. On ne prête qu'aux riches, en somme, et le désir court toujours après le désir, de même que l'argent court après l'argent...

R. G. : Les métaphores économiques et financières fonctionnent aussi bien ici que les grands thèmes du sacré, mais il ne faut pas conclure à leur priorité. Pas plus qu'il ne faut conclure à la priorité du libidinal ou même du sacré. Derrière tout cela, c'est partout le même jeu mimétique et c'est lui qui a la priorité, en dehors de tous les contenus culturels qui ne peuvent l'informer, d'ailleurs, que dans la mesure où il n'est pas tout à fait déchaîné, où il reste un peu fixé dans les mécanismes rituels qui sortent de la victime émissaire. Et ce sont toujours les restes de fixation qui rendent le jeu possible en nous aveuglant encore un peu sur sa mobilité absolue, sur l'absence de tout ancrage réel. La différence entre ce que voit Freud et ce que nous pouvons voir aujourd'hui dépend non d'une perspicacité plus grande de notre part mais d'un déracinement plus extrême lié au demi-siècle d'histoire qui s'est écoulé depuis la fin de l'œuvre freudienne.

Le respect que nous devons à Freud ne doit pas nous empêcher de regarder son texte bien en face et de dire jusqu'au bout ce qui se laisse déchiffrer de son désir à lui, une fois repéré le caractère factice et artificiel du narcissisme, le caractère complètement illusoire, en somme, de cette pseudo-découverte.

Il faut souligner l'atmosphère moralisante de tout l'essai sur le narcissisme. Le narcissisme intact nous est présenté comme infantile, égoïste, pervers, inférieur à tous les points de vue au désir objectal, qui pourtant se roule abjectement à ses pieds. Le désir objectal, c'est le désir de l'homme vraiment homme qui renonce aux illusions de l'enfance pour se lancer sur la route austère, sans doute, mais noble, des grandes réalisations familiales et culturelles. C'est le désir objectal qui, en se sublimant quelque peu, bien sûr, invente la psychanalyse.

Freud révèle ici que, sur le plan sexuel, l'érotisme de rivalité est fixé chez lui sur la femme. Celle-ci apparaît comme un obstacle et une rivale. De là le caractère anti-féminin du texte en dépit des dénégations explicites.

D'après des sources dignes de foi, Freud avait interrompu toute relation sexuelle avec son épouse, à un âge très précoce. *Zur Einführung des Narzissmus* contient l'aveu ingénu de la fascination qu'exerce sur lui un certain type de femme. Ce texte me fait irrésistiblement songer à l'innocence égarée du vieux professeur barbu dans le film *l'Ange bleu* : en gros plan, les longues jambes de Marlène Dietrich, toutes gainées de noir...

L'époque du *Narzissmus*, c'est l'époque des sémillantes disciples comme Hélène Deutsch et Lou Andreas-Salomé, à qui Freud écrivait, lorsqu'elles n'avaient pas assisté à son séminaire, des lettres qui frisaient la galanterie. Heureusement, peut-être, pour la psychanalyse, c'est à cette «discipline» elle-même que toutes ces dames s'intéressaient le plus[111].

J.-M. O. : Le narcissisme, au fond, c'est le dernier avatar de l'idole romantique, qui dénonce elle-même son caractère mythologique dans le recours non critique au mythe de Narcisse, perçu comme un mythe solipsiste, alors qu'en réalité, l'image derrière le miroir, de même que l'histoire de la nymphe Écho, dissimule le modèle mimétique et la lutte des doubles.

R. G. : Ce qui fait le charme du texte sur le narcissisme, la vivacité de son observation, l'espèce de jeunesse qui se dégage de lui, c'est ce qui reste en lui des croyances d'un autre âge et d'une foi presque naïve en la différence du sexe féminin. Mais il y a aussi un côté plus sombre, dans l'essai, lié au puritanisme effervescent. La condamnation perpétuelle du narcissisme relève du ressentiment qu'inspire toujours le modèle-obstacle mimétique, ressentiment qui joue dans notre propre univers intellectuel un rôle beaucoup plus considérable évidemment que dans l'œuvre de Freud.

Si on réfléchit à cette vocation prodigieusement ardente et absorbante qu'est devenue pour l'intelligentsia moderne tout ce qui se présente comme «démystification», on voit s'ébaucher ici l'interprétation qu'appelle ce phénomène dans la perspective mimétique. Il s'agit d'un désir qui porte sur le modèle-obstacle en tant qu'il nous fait échec et qu'il projette autour de lui le mirage métaphysique de cette auto-suffisance bienheureuse attribuée par Freud au narcissisme intact.

Le désir métaphysique éprouve une rancune intense à l'égard de ce qu'il désire et de son insolente inaccessibilité. Le moment va venir où il saura lui-même qu'il est victime d'une illusion. Mais il s'agira là d'une connaissance intellectuelle, d'un désenchantement abstrait qui ne suffira pas à le délivrer des pièges que continuent à lui tendre les stratégies du désir, toutes les indifférences simulées ou réelles.

Pour bien se convaincre lui-même que l'auto-suffisance de l'Autre n'est qu'une apparence trompeuse, une chose qui n'a pas le droit d'exister, le désir s'attachera de plus en plus à convaincre cet Autre lui-même qu'il en est bien ainsi, à le désenchanter et à le démystifier, c'est-à-dire à le persuader qu'il n'a aucune raison de croire en sa propre auto-suffisance. Si l'Autre n'a pas perdu toute confiance dans le monde et dans les êtres, c'est parce qu'il n'est pas assez perspicace — ou trop mal informé — pour reconnaître l'inanité et la désespérance de toute chose, à commencer, bien entendu, par lui-même. L'Autre est mystifié et il faut le démystifier.

G. L. : Un regard panoramique sur la littérature et la théorie moderne révélerait que les penseurs sont toujours obsédés par ceux qu'ils cherchent à démystifier, ceux pour qui les mécanismes sacrificiels qui fixent toutes les valeurs ne sont pas encore complètement détraqués.

R. G. : Il est impossible de qualifier cette entreprise démystificatrice de façon univoque, d'y voir quelque chose de «bien» ou de «mauvais» en soi. C'est le désir mimétique lui-même qui ronge partout les dernières ressources sacrificielles et qui entraîne dans le tourbillon des doubles tout ce qui lui échappe. Plus le désir mimétique s'exaspère, puis il se laisse fasciner par les méconnaissances sacrificielles dont il a cessé lui-même de jouir. C'est bien pourquoi tout ce qui paraît doté de la moindre stabilité, tout ce qui échappe ou paraît échapper à la structure des doubles suscite en lui ce ressentiment et ce prurit démystificateur dont relèvent en dernière instance les analyses du désir lui-même.

G. L. : C'est finalement ce qui se produit au terme d'une «analyse réussie» : le malade et l'analyste en sont au même point de désillusion réciproque lorsqu'ils se quittent. Le transfert n'existe plus et l'ingratitude est le meilleur signe d'une «analyse terminée»…

R. G. : Le désir a renoncé aux illusions ontologiques et substantielles du passé, mais pas si complètement qu'il ne reste hanté par elles. L'idée même que certains

pourraient encore nourrir ces illusions lui paraît insup-
portable. Le désir d'«éclairer» ou de «démystifier»,
cherche à s'assurer que l'illusion ancienne n'existe plus
nulle part, à faire en sorte que tout le monde soit également privé de ce dont tout le monde manque. Cette égalité dans le malheur que vise le désir démystificateur
ressemble à l'aboutissement uniformément concen-
trationnaire de certaines entreprises révolutionnaires,
dont il est d'ailleurs rigoureusement contemporain.

J.-M. O. : À ce stade, le sujet souffre de sa compréhension grandissante des mécanismes sacrificiels ; cette
compréhension n'est pas suffisante encore pour lui permettre de regarder bien en face *l'envie* que lui inspire
tout ce qui demeure intact dans l'ordre sacrificiel, tout
ce qui, de ce fait même, apparaît toujours uni à la nature,
doté d'une force vitale supérieure, encore enfoncé dans
les processus biologiques élémentaires.

R. G. : Plus je songe à cette *Inkongruenz* que constitue
aux yeux de Freud le choix de l'être au narcissisme
intact comme objet préféré au désir objectal, mieux je
vois la raison qui oblige Freud à présenter ce choix
comme tel et à n'en faire qu'une bizarrerie de second
ordre. Pour Freud, nous l'avons dit et redit, le «vrai»
choix d'objet a toujours quelque chose de «maternel»,
puisque l'objet originaire, c'est la mère ou, ce qui revient
au même, la *pflegende Weib*, la femme qui a donné les
premiers soins à l'enfant. Or, quoi de moins maternel, de
toute évidence, quoi de moins *pflegend* que l'être au narcissisme intact ? La coquette est aussi peu *pflegend* que
possible, elle se moque de tout le monde et surtout de
l'homme qui se conduit auprès d'elle en esclave et lui fait
l'hommage immérité de son désir.

Il y a contradiction absolue entre les exigences de
l'Œdipe et le désir qui se révèle ici. Loin de rechercher
le maternel et le nourricier, le désir qui transparaît dans
l'essai sur le narcissisme se dirige toujours vers un
mirage propre à aggraver son manque au lieu de le
combler ; c'est le désir qui rend peu à peu toute satis-

faction et même toute communication avec l'être aimé impossible, le désir qui va vers la dissociation, la décomposition et la mort.

Je pense que Freud a dû entrevoir la contradiction : les hommes capables de choix objectal devraient s'orienter vers des êtres également capables de choix objectal, c'est-à-dire de dévouement. S'il en était ainsi, tout serait pour le mieux dans le meilleur des mondes œdipiens, car le maternel et le dévouement vont très bien ensemble, mais voici que se révèle un étrange petit démon qui pousse les hommes dans la direction opposée à celle que leur désignent Freud et sa police thébaine postée à tous les carrefours. Freud est trop bon observateur pour ne pas noter cette *Inkongruenz* et trop honnête pour ne pas nous faire part de ses observations. Il s'agit bien là d'une chose qui n'est pas congrue, c'est-à-dire, selon le dictionnaire, qui ne convient pas exactement à la situation envisagée par Freud, qui n'est pas conforme, en d'autres termes, à la théorie psychanalytique. L'*Inkongruenz* est toujours là, dans le texte sur le narcissisme, offerte à la sagacité des observateurs. C'est toujours, vous le savez, vers ce qui ne peut se définir qu'en termes d'*incongruité*, au sein d'une théorie quelconque, peu importe le domaine, que la critique doit faire porter ses efforts. Une critique efficace parviendra à intégrer l'*Inkongruenz* de la théorie antérieure à une théorie nouvelle, au sein de laquelle elle aura disparu en tant que telle, et ne constituera plus qu'une application régulière de principes plus efficaces.

C'est bien là, je pense, ce qu'il est possible de faire si on critique la théorie psychanalytique dans la perspective mimétique. À la lumière du principe mimétique, la séduction exercée par la coquette n'est plus une *Inkongruenz* ; c'est une application banale de la règle générale. À la lumière de la théorie mimétique on constate sans peine que la grande division freudienne entre désir œdipien et objectal d'une part, régression narcissique de l'autre, ne tient pas debout ; elle s'enracine dans une tendance très forte, chez Freud, à opérer une ségrégation entre les désirs méritoires et les désirs qui ne le sont pas, et à faire fonctionner des mécanismes victimaires que la psychanalyse est incapable de critiquer parce qu'elle les épouse, parce qu'ils restent fondateurs au sens où les mécanismes victimaires restent fondateurs de toute mythologie.

J.-M. O. : Si nous vivions sous un régime vraiment scientifique, dans les sciences de l'homme, une critique radicale serait bienvenue. Si elle ne l'est pas, si la psychanalyse juge toute remise en cause de ses principes fondamentaux comme une espèce de sacrilège, c'est parce que nous restons encombrés de restes de sacré.

R. G. : C'est pourquoi, au sein de la mythologie freudienne, le retour à la mythologie grecque, c'est-à-dire à la vraie mythologie, celle de la violence souveraine, a quelque chose de saisissant. La psychanalyse, comme toutes les pseudo-sciences modernes, croit lutter contre le sacré en s'opposant de toutes ses forces au judéo-chrétien. Et cette lutte n'est pas entièrement fausse ; les éléments sacrificiels dans l'interprétation traditionnelle du judéo-chrétien en justifient certains aspects. Il y a malgré tout un mécanisme de méconnaissance aggravée dans la croyance que la libération complète à l'égard du sacré ne peut consister qu'en un arrachement définitif au texte judéo-chrétien.

En réalité, les raisons qui imposent à Freud le retour non critique à la mythologie ne diffèrent pas, dans leur essence, des raisons qui ont toujours maintenu les hommes au sein du mythologique, l'impuissance à repérer les mécanismes mimétiques.

Loin de constituer une doctrine et même une œuvre achevées, la pensée de Freud ouvre dans les méconnaissances dont nous sommes les jouets certaines brèches, aussitôt colmatées par des moyens mythologiques d'autant plus grossiers que ces brèches sont plus inquiétantes pour l'esprit moderne. Il ne faut donc pas s'étonner de voir Freud juxtaposer certaines déconstructions radicales aux régressions mythologiques les plus archaïques. L'union des deux choses est particulièrement sensible dans des textes comme l'essai sur «l'inquiétante étrangeté», *Das Unheimlich*. Il faudrait avoir le temps de lire de près ce que, dans cet essai par exemple, Freud écrit sur le *double*. Des intuitions réelles parsèment ces quelques pages. Freud constate que le problème des doubles et celui de la répétition sont liés, et il fait même à ce sujet, peut-être, une allusion — ô combien pertinente — à *l'Éternel Retour* de Nietzsche. Mais tout ceci reste prisonnier d'une impuissance fondamentale à reconnaître la structure des doubles partout autour de lui, dans tout ce dont il parle. À la suite de Rank, Freud parle du double comme d'un phénomène lié à un passé mythologique révolu et à ce qu'il appelle le narcissisme primaire. Il y voit essentiellement une image, un fantôme, et non pas un Autre réel, un adversaire mimétique [112]. Il n'échappe pas aux contraintes de la pensée mythique, et c'est ce qui rend manifeste, comme vous le notiez tout à l'heure, sa lecture du mythe de Narcisse.

G. LES MÉTAPHORES DU DÉSIR

R. G. : Si on examine les métaphores du «narcissisme intact», on s'aperçoit qu'elles tendent toutes dans la même direction, celle d'une conscience de soi diminuée, absente ou pas encore présente, ce qui revient au même.

Freud compare ce qu'il appelle le *Reiz* du narcissisme intact — son piquant, son stimulant, ce qu'il a de provoquant, d'irritant — au *Reiz* du petit enfant dont les besoins sont satisfaits et à celui de la bête sauvage bien lustrée. Il fait aussi allusion au grand criminel et à l'humoriste en qui il voit des individus au Moi particulièrement blindé.

Il faut constater, je pense, que ces métaphores déshumanisent leur objet. Elles commencent par le féminiser (en un sens qui, dans la perspective de Freud, est péjoratif) et ensuite elles l'infantilisent, elles l'animalisent et elles le mêlent à la violence qui expulse, celle du crime, ou celle du rire.

Ces métaphores ne sont pas spécifiquement freudiennes. Elles ne seraient pas «bonnes» sous le rapport littéraire si elles étaient originales. On montre aisément qu'elles ne le sont pas. On les retrouve chez tous les grands écrivains du désir, dans les descriptions de l'objet désiré, dans la transfiguration de cet objet par le désir, dans ce que Freud appelle lui-même la *surestimation* sans s'apercevoir que son propre texte constitue un excellent exemple de ce phénomène. S'il s'en apercevait, il ne pourrait pas croire aussi fermement qu'il le fait en la réalité objective de ce qu'il nomme narcissisme.

J.-M. O. : Je pense d'ailleurs que ces métaphores ne constituent pas un monopole littéraire. Elles me paraissent universelles et on doit pouvoir les retrouver dans des langues et cultures très diverses. À titre d'exemple, il existe une expression arabe, jadis utilisée sur les plages élégantes de Beyrouth : pour décrire le comportement d'un jeune éphèbe se promenant sur la jetée, mettant en valeur sa musculature, apparemment indifférent aux regards posés sur lui, on disait : «Il est en train de *tigrer* !» Cette expression constitue une nouvelle variante de la métaphore freudienne.

R. G. : Vous avez absolument raison. Les métaphores en question ne dépendent ni des caprices, ni du talent de ceux qui les utilisent. On les retrouve dans le symbolisme du roi africain, dans l'héraldisme médiéval et, d'une façon générale, dans tout le langage du vieux sacré.

Grâce aux métaphores, on voit bien la façon contradictoire dont le sujet conçoit l'objet de son désir. Le narcissisme, c'est l'auto-suffisance bienheureuse ; c'est donc la conscience de soi car sans cette conscience, l'auto-suffisance ne pourrait pas s'éprouver et se connaître comme bienheureuse. Et en même temps, je vois la preuve que cette conscience bienheureuse de soi n'existe nulle part dans le fait que, pour la décrire concrètement, Freud recourt à des êtres encore vivants, certes, mais à qui la conscience de soi fait défaut, la bête sauvage et le petit enfant.

Mais votre expression libanaise me fait songer à un texte de Proust qui n'en est qu'une énorme amplification. Je voudrais lire un peu ce texte avec vous et vous montrer qu'on y retrouve toutes les métaphores de Freud dans le texte sur le narcissisme, savamment disposées autour de l'objet désiré, présenté là aussi comme auto-suffisance inaccessible. La différence entre Proust et Freud n'est pas dans l'élément proprement littéraire des deux textes. Il y a pourtant une différence, et elle réside dans le fait que Proust, lui, sait parfaitement qu'il parle de son désir et de rien d'autre ; il ne s'imagine pas qu'il fait de la science et c'est bien parce qu'il ne se fait pas d'illusions à ce sujet qu'en dernière analyse il faut le dire plus scientifique que Freud ; il nous révèle admirablement l'unité mimétique de tous les désirs que Freud s'efforce de répartir entre ces catégories menteuses que sont le désir objectal et le désir narcissique. Proust sait qu'il n'existe qu'un seul désir et qu'il est le même chez tous les hommes, même s'il porte sur des objets différents, même s'il peut se présenter sous des formes moins exaspérées que le sien propre.

Si je choisis ce texte, c'est que j'y retrouve tout ce que je cherche dans un espace fort restreint mais il est loin d'être exceptionnel. C'est le texte fondamental du désir dans *À la recherche du temps perdu* et on pourrait donner des dizaines et même des centaines d'exemples de ce qu'il nous apporte :

[...] je vis s'avancer cinq ou six fillettes, aussi différentes, par l'aspect et les façons, de toutes les personnes auxquelles on était accoutumé à Balbec, qu'aurait pu l'être, débarquée on ne sait d'où, une bande de mouettes qui exécute à pas comptés sur la plage — les retardataires rattrapant les autres en voletant — une promenade dont le but semble aussi obscur aux baigneurs qu'elles ne paraissent pas voir, que clairement déterminé pour leur esprit d'oiseaux[113].

Nous commençons, vous le voyez, par une métaphore animale dont Proust nous explique la fonction à mesure

qu'il la développe. Les évolutions des mouettes paraissent obscures aux baigneurs ; les mouettes en retour
paraissent ne pas voir ceux-ci. Entre le désirable et
celui qui désire aucune communication n'est possible.

Le groupe des « fillettes » donne au narrateur l'impression de ne pas appartenir à la foule qui l'environne. Mais
ce n'est pas la foule qui exclut la « petite bande », c'est la
petite bande qui exclut la foule. Toute la description vise
à créer le mirage d'une auto-suffisance extraordinaire :

[...] la réplique que se donnaient les uns aux autres leurs
regards animés de suffisance et d'esprit de camaraderie et
dans lesquels se rallumaient d'instant en instant tantôt l'intérêt, tantôt l'insolente indifférence dont brillait chacune, selon
qu'il s'agissait de ses amies ou des passants, cette conscience
aussi de se connaître entre elles assez intimement pour se
promener toujours ensemble, en faisant « bande à part », met-
taient entre leurs corps indépendants et séparés, tandis qu'ils
s'avançaient lentement, une liaison invisible, mais harmo-
nieuse comme une même ombre chaude, une même atmosphère, faisant d'eux un tout aussi homogène en ses parties
qu'il était différent de la foule au milieu de laquelle se dérou-
lait lentement leur cortège (p. 793).

La fermeture de la petite bande, on est tenté de dire
sa « clôture métaphysique », paraît si réelle qu'elle en
devient comme visible aux regards ; elle tend à se maté-
rialiser, comme la ligne de l'interdit dans une culture
encore fortement religieuse.

Les « fillettes » donnent une impression d'extrême jeunesse, mais aussi de force, d'agilité et de ruse. Leurs
yeux nous sont décrits comme « durs, butés et rieurs ».
Elles constituent pour le narrateur l'obstacle fascinant parce qu'impénétrable, et le mot revient sans cesse
dans la description. Pour elles, par contre, les obstacles
n'existent pas ; elles franchissent en se jouant tout ce qui
fait figure d'obstacle ; tout s'écarte sur leur passage :

Telles que si, du sein de leur bande qui progressait le long
de la digue comme une lumineuse comète, elles eussent jugé
que la foule environnante était composée d'êtres d'une autre
race et dont la souffrance même n'eût pu éveiller en elles un

sentiment de solidarité, elles ne paraissaient pas la voir, for-
çaient les personnes arrêtées à s'écarter ainsi que sur le passage d'une machine qui eût été lâchée et dont il ne fallait pas
attendre qu'elle évitât les piétons, et se contentaient tout au
plus, si quelque vieux monsieur dont elles n'admettaient pas
l'existence et dont elles repoussaient le contact s'était enfui
avec des mouvements craintifs ou furieux, mais précipités et
risibles, de se regarder entre elles en riant. Elles n'avaient à
l'égard de ce qui n'était pas de leur groupe aucune affectation
de mépris, leur mépris sincère suffisait. Mais elles ne pouvaient voir un obstacle sans s'amuser à le franchir en prenant
leur élan ou à pieds joints (p. 791).

La psychanalyse, ici, mettrait l'accent sur le symbolisme sexuel, elle parlerait, en outre, du masochisme
d'un désir qui va toujours se fourrer, de toute évidence,
sous les pieds de l'autre le plus cruel, le plus « sincèrement » méprisant. Mais la psychanalyse ne verrait pas
l'unité absolue de la structure dans un jeu mimétique
qui ne se joue plus ici qu'au niveau de l'expulsion elle-
même. Le sujet désirant se voit toujours en position
d'expulsé ; c'est lui qui occupe le lieu de la victime, non
pas par refus de la violence, non pas au sens où l'occupe
celui qui parle dans l'Ancien et surtout le Nouveau Testament, mais *parce qu'il la désire*. La psychanalyse parlerait ici de masochisme parce qu'elle ne comprend pas
le sens de ce désir qui n'est pas du tout d'être expulsé,
mais d'être avec ceux qui expulsent, de s'insinuer dans
la petite bande et de faire « bande à part » avec elle.
Comme dans le narcissisme de Freud, la petite bande
incarne à la fois la conscience absolue et la conscience
diminuée, presque l'absence de conscience. Des images
animales il faut rapprocher le côté « sportif » et « anti-
intellectuel » des jeunes filles qui permet au narrateur, Marcel, de supposer qu'il appartient lui-même au
« genre antipathique », chétif, malingre et intellectuel
que celles-ci se refusent catégoriquement à fréquenter :

Ce n'était peut-être pas, dans la vie, le hasard seul qui, pour
réunir ces amies, les avait toutes choisies si belles ; peut-être
ces filles (dont l'attitude suffisait à révéler la nature hardie,
frivole et dure), extrêmement sensibles à tout ridicule et à

toute laideur, incapables de subir un attrait d'ordre intellectuel ou moral, s'étaient-elles naturellement trouvées, parmi
les camarades de leur âge, éprouver de la répulsion pour
toutes celles chez qui des dispositions pensives ou sensibles se
trahissaient par de la timidité, de la gêne, de la gaucherie, par
ce qu'elles devaient appeler un « genre antipathique », et les
avaient-elles tenues à l'écart… (p. 790).

Dans ce dernier passage s'affirme à nouveau un trait
qui figurait déjà dans les citations antérieures, la tendance de ces filles à la moquerie la plus cruelle. Elles
sont toujours en train de rire de tout ce qui n'est pas
elles. Cette tendance nous permet de comprendre
pourquoi Freud attribue un narcissisme formidable à
l'humoriste. Il conçoit l'humour professionnel comme
une moquerie dont le public ferait les frais, comme une
expulsion de ce public. En réalité, c'est le contraire qui
se produit ; si l'humoriste se conduisait comme la petite
bande, il ne ferait pas rire son public. La petite bande
n'a rien de risible pour le narrateur ; elle est fascinante,
terrifiante, mais certainement pas risible. Pour faire
rire les autres, il faut les faire rire à ses propres dépens,
et c'est Proust, bien sûr, qui a raison, de même que Baudelaire a raison au sujet du rire[114]… Pour partager le
type de rire dont il est question ici, pour se mettre du
côté des ricurs, il faut s'associer à leur violence et non
la subir. Pour faire rire les autres, il faut se trouver, ou
se mettre volontairement, en position de victime…

J.-M. O. : Voilà donc une autre métaphore du pseudo-
narcissisme intact que nous venons de retrouver dans le
texte de Proust. Vous n'allez pas me dire, pourtant, que
nous allons retrouver aussi le « grand criminel » ?

R. G. : Pas tout à fait, mais Marcel attribue tout de
même à ces « fillettes » une tendance irrésistible à la
délinquance. Cette tendance, peut-être imaginaire, fait
partie intégrante de la fascination. Les jeunes filles ne
sont pas criminelles mais il n'y a pas de loi pour elles, de
même que pour ces animaux agiles et rusés auxquels

elles ressemblent. Regardez le texte de près ; on en est déjà au stade des « blue-jeans » et du faux négligé contemporain :

[...] cette jeune fille devait avoir des parents assez brillants et plaçant leur amour-propre assez au-dessus des baigneurs de Balbec et de l'élégance vestimentaire de leurs propres enfants pour qu'il leur fût absolument égal de la laisser se promener sur la digue dans une tenue que de petites gens eussent jugée trop modeste... En tout cas, dans aucune de mes suppositions, ne figurait celle qu'elles eussent pu être vertueuses. À première vue — dans la manière dont elles se regardaient en riant, dans le regard insistant de celle aux joues mates — j'avais compris qu'elles ne l'étaient pas. D'ailleurs, ma grand-mère avait toujours veillé sur moi avec une délicatesse trop timorée pour que je ne crusse pas que l'ensemble des choses qu'on ne doit pas faire est indivisible et que des jeunes filles qui manquent de respect à la vieillesse fussent tout d'un coup arrêtées par des scrupules quand il s'agit de plaisirs plus tentants que de sauter par-dessus un octogénaire (pp. 792-793).

La preuve de la contradiction essentielle qui habite le désir, c'est que l'une des jeunes filles, qui paraît s'apercevoir de l'existence de Marcel, perd aussitôt, à ses yeux, une partie du prestige dont continuent à jouir toutes les autres, parce qu'elles n'ont pas pour lui le moindre regard. Mais le narrateur conçoit aussitôt l'idée qu'il pourrait faire la connaissance de la fille la plus accessible et qu'elle pourrait lui servir d'intermédiaire auprès des plus inaccessibles, les seules qui l'intéressent vraiment, et qui cesseraient, bien entendu, de l'intéresser s'il arrivait jusqu'à elles :

Et de la même façon ne pouvais-je me réjouir d'avoir vu cette brune me regarder (ce qui me faisait espérer qu'il me serait plus facile d'entrer en relations avec elle d'abord), car elle me présenterait à l'impitoyable qui avait sauté par-dessus le vieillard, à la cruelle qui avait dit : « Il me fait de la peine ce pauvre vieux », à toutes successivement, desquelles elle avait d'ailleurs le prestige d'être l'inséparable compagne (p. 795).

Voici maintenant qu'apparaît, au terme de la description, le thème religieux, la sacralisation du modèle-obstacle, qui s'effectue par l'intermédiaire d'une métaphore historique et esthétique que le lecteur superficiel pourrait croire anecdotique. Il est impossible, en réalité, de se méprendre car Proust, comme toujours, n'écrit jamais rien sans nous expliquer pourquoi il l'écrit, et il résume dans les quelques lignes qui suivent les significations essentielles de tout le passage. Ce qui fait le désir, c'est l'apparence d'incompatibilité absolue entre le sujet désirant et l'objet désiré lequel n'est pas du tout un objet, ici, bien entendu — il n'est pas nécessaire de le souligner — mais le modèle-obstacle lui-même. L'homosexualité proustienne n'a pas d'objet à proprement parler ; elle porte toujours sur le modèle et ce modèle est choisi en tant que tel parce qu'il est hors de portée, parce qu'il est obstacle et rival, en somme, avant même d'être modèle, dans une transcendance quasi religieuse et qui ne paraît réelle, bien sûr, que pour autant qu'elle continue à se dérober :

Et cependant, la supposition que je pourrais un jour être l'ami de telle ou telle de ces jeunes filles, que ces yeux, dont les regards inconnus me frappaient parfois en jouant sur moi sans le savoir comme un effet de soleil sur un mur, pourraient jamais par une alchimie miraculeuse laisser transpénétrer entre leurs parcelles ineffables l'idée de mon existence, quelque amitié pour ma personne, que moi-même je pourrais un jour prendre place entre elles, dans la théorie qu'elles déroulaient le long de la mer, — cette supposition me paraissait enfermer en elle une contradiction aussi insoluble que si, devant quelque frise attique ou quelque fresque figurant un cortège, j'avais cru possible, moi spectateur, de prendre place, aimé d'elles, entre les divines processionnaires (p. 795).

Nous avons donc retrouvé chez Proust toutes les métaphores du texte sur le narcissisme ou des variantes de celles-ci, l'enfant, l'animal, le criminel, l'humoriste. Non seulement l'explication de ces métaphores est poussée beaucoup plus loin que chez Freud, mais Proust, on ne le répétera jamais assez, sait que l'auto-suffisance dont son désir auréole la petite bande n'est absolument pas réelle; elle n'a rien à voir avec une quelconque régression vers le narcissisme intact au moment de la puberté. Proust ne pontifie pas sur ce qui a pu arriver à ce moment-là aux *Sexualorgane* de toutes ces fillettes. Une fois qu'il a lié connaissance avec les jeunes filles, leur transcendance et leur auto-suffisance se révèlent illusoires. Le désir pour Albertine ne se réveille que dans la mesure où celle-ci paraît infidèle et fait vibrer chez le narrateur la corde de la «jalousie pathologique», par un réflexe quasi mécanique qui ne comporte même plus de véritable transfiguration.

J.-M. O. : Heureusement pour *À la recherche du temps perdu*, Proust n'a pas été contaminé par la thèse psychanalytique du narcissisme réel. S'il avait cru à la réalité du narcissisme, il serait resté le jouet des illusions suscitées par le désir, et il n'aurait pas pu décrire celui-ci aussi puissamment qu'il l'a fait. Il se serait immobilisé à un stade encore inférieur qui est celui, à mon sens, de *Zur Einführung des Narzissmus*.

R. G. : Ce n'est pas pour «faire des paradoxes» et surenchérir encore sur la préciosité actuelle de la critique littéraire qu'il faut affirmer la supériorité du *savoir* proustien. C'est parce qu'il en est ainsi et pas autrement. Proust va plus loin que Freud dans l'analyse du désir; il ne commet jamais l'erreur, par exemple, de supposer à côté du désir objectal, qui constituerait un appauvrissement de la libido, un désir narcissique orienté vers *le même* plutôt que vers l'altérité absolue et visant ce qui ressemble le plus au sujet narcissique lui-même. Proust sait parfaitement qu'il n'y a de désir que de la Différence absolue et que le sujet manque toujours absolument de cette Différence :

Et, sans doute, qu'il n'y eût entre nous aucune habitude — comme aucune idée — communes, devait me rendre plus difficile de me lier avec elles et de leur plaire. Mais peut-être aussi c'était grâce à ces différences, à la conscience qu'il n'entrait pas, dans la composition de la nature et des actions de ces jeunes filles, un seul élément que je connusse ou possédasse, que venait en moi de succéder à la satiété, la soif — pareille à celle dont brûle une terre altérée — d'une vie que mon âme, parce qu'elle n'en avait jamais reçu jusqu'ici une seule goutte, absorberait d'autant plus avidement, à longs traits, dans une plus parfaite imbibition (pp. 794-795).

J.-M. O. : Dans une perspective classiquement freudienne, le désir auquel on a affaire ici devrait être éminemment narcissique puisque c'est un désir homosexuel. Dans l'homosexualité, comme nous l'avons dit avant-hier, la séduction repose, comme partout, sur l'apparence d'altérité absolue que donne le partenaire potentiel, et cette apparence provient, bien entendu, du fait que ce partenaire est en position de modèle-rival plutôt que d'objet. Il en va de même, vous l'avez dit, dans l'hétérosexualité de rivalité. C'est pourquoi Proust a raison de ne pas hésiter à transposer le sexe de ses personnages. Si on réfléchit au type de description qu'il nous propose, on s'aperçoit que les menues invraisemblances qu'on pouvait encore lui reprocher à l'époque où il écrivait son roman, se sont beaucoup atténuées depuis, ou même ont disparu complètement, en raison de la différence toujours diminuée entre le comportement masculin et le comportement féminin au cours des années qui nous séparent de ce roman. Ceci signifie, entre autres choses, que tout devient de plus en plus conforme à la logique indifférenciatrice du désir mimétique. Ce qui n'empêche nullement les doubles, bien entendu, de méconnaître cette indifférenciation et de se prendre, le cas échéant, pour la Différence absolue... La description proustienne dénonce le caractère mythique du narcissisme.

R. G. : C'est ce caractère mythique, d'ailleurs, qui a permis au terme de narcissisme de s'imposer partout, de tomber très rapidement dans la banalité quotidienne, comme tant d'autres notions psychanalytiques. Et c'est à tort, à mon avis, qu'on accuse le *vulgum pecus* de défigurer et de simplifier les concepts tous uniformément géniaux que nous aurait laissés le Maître de Vienne. Si on observe la façon dont le mot narcissisme est employé autour de nous — c'est particulièrement vrai aux États-Unis — on s'aperçoit que c'est exactement la façon dont Freud lui-même l'entend, dans ce texte qu'après tout il est impossible de supprimer, *Zur Einführund des Narzissmus*.

G. L. : L'accusation de narcissisme est toujours là, à la disposition de n'importe qui, pour insuffler le prestige du diagnostic psychanalytique aux frustrations que nous fait subir l'indifférence des autres, au désir, peut-être, que cette même indifférence polarise. Il n'est de narcissisme que de l'Autre ; jamais personne ne pense vraiment : je suis le narcissisme intact. Beaucoup de gens le disent, certes, ou le suggèrent, mais cela fait partie du jeu mimétique, de cette stratégie perpétuelle qui caractérise dans notre monde les rapports interindividuels et dont nous n'assumons jamais mieux les exigences que lorsque nous en sommes nous-mêmes un peu les dupes. Je crois pourtant qu'en ce domaine, nous ne sommes jamais les dupes jusqu'au bout, à moins de délirer...

R. G. : Nous accusons volontiers les autres de « narcissisme », et surtout ceux que nous désirons, pour nous rassurer nous-mêmes, pour rapporter l'indifférence de ces autres, non au peu d'intérêt que nous présentons à leurs yeux, ou peut-être même dans l'absolu — crainte lancinante qui figure toujours à l'horizon de toute psychanalyse sauvage —, mais à une quasi-infirmité dont ces autres seraient affligés, à la concentration excessive et pathologique sur eux-mêmes qui caractériserait ces autres, à une espèce de maladie dont ils seraient plus malades que nous-mêmes et qui les empêcherait de sortir d'un Moi trop chéri pour venir, comme ils le devraient, à notre rencontre. Accuser l'objet désirable de narcissisme, à notre époque, c'est la même chose que d'accuser une femme d'égoïsme et de coquetterie à l'époque de Freud. Si Freud a changé notre vocabulaire, ce n'est pas parce qu'en ce domaine il a apporté quelque chose de vraiment neuf, c'est pour la raison inverse. Il s'est contenté de rajeunir des vieilleries suscitées par le désir lui-même et de les relancer dans la circulation culturelle, en donnant aux hommes, pendant au moins quelques années, l'impression de dire et de voir des choses que personne n'avait jamais vues auparavant.

Ce que nous avons dit plus haut de la volonté démystificatrice comme désir ne s'applique pas au désir proustien. Ou plutôt le désir proustien nous révèle une variante du même désir, une autre forme, inverse, de ce désir. Ce qui fascine le narrateur, ici, ce n'est pas le type de stabilité que confèrent au modèle ses attaches non rompues avec les méconnaissances sacrificielles, c'est le contraire ; le narrateur attribue au désirable un degré de démystification plus radical que le sien propre, un cynisme insolent à l'égard de toutes les valeurs qu'il n'a pas cessé lui-même de respecter, une manipulation experte et imperturbable de tous les prestiges de la violence. Il faut surtout comprendre que le désir n'aspire jamais à rien d'autre qu'à la différence et que celle-ci le fascine toujours, qu'il la découvre dans un sens ou dans l'autre, en arrière ou en avant de lui-même, dans ce qui se rattache au passé, ou dans ce qui lui paraît séjourner plus bas que lui dans la désagrégation mimétique de toutes les différences. C'est d'ailleurs cette fascination vers le « bas », vers l'indifférencié — vous saisissez, bien sûr, le caractère relatif de ces symboles — qui domine toute l'évolution, quel que soit le rapport sous lequel on l'envisage.

J.-M. O. : L'essentiel, ici, c'est de bien voir que Freud réifie et immobilise des positions qui n'existent qu'en fonction les unes des autres, et en dernière analyse, bien sûr, du mimétisme de l'obstacle. Si nous voyons, aujourd'hui, la fausseté de ce narcissisme en soi qui nous est proposé par *Zur Einführung des Narzissmus*, c'est parce que l'exaspération même du mimétisme autour de nous rend certaines choses évidentes.

Ce qui appauvrit le Moi, en dernière analyse, c'est le désir même d'être ce Moi, c'est le désir de ce narcissisme qui n'est jamais à nous mais que nous voyons briller sur cet Autre dont nous nous rendons esclaves. Il faut ce fétichisme du Moi, ou le fétichisme contemporain de la différence, qui s'est substitué à une affirmation individualiste dont l'échec est devenu trop patent, pour susciter le toujours plus d'indifférenciation, le toujours moins de différence concrète qui fait avancer notre histoire vers son aboutissement inéluctable.

R. G. : Si nous revenons une dernière fois aux deux textes que nous avons comparés, celui de Freud et celui de Proust, nous voyons bien que la supériorité de Proust sur Freud relève d'une plus grande lucidité à l'égard de ce qui constitue son propre désir, mais cette lucidité a quelque chose d'ambigu dans la mesure où elle n'est pas complètement séparable d'un progrès du désir mimétique lui-même, de tout ce qui vire au noir entre les frou-frous viennois de la Belle Époque et l'atmosphère de la Première Guerre mondiale.

CHAPITRE V

AU-DELÀ DU SCANDALE

A. LA CONVERSION PROUSTIENNE

R. G. : S'il y a une œuvre, chez Proust, qui correspond à la thèse freudienne du narcissisme, et qui en un sens l'illustre, ce n'est pas le roman définitif, *À la recherche du temps perdu*, c'est sa première ébauche, ce *Jean Santeuil* que le romancier n'a jamais jugé bon de publier parce qu'il a compris qu'il n'avait pas atteint, dans cette œuvre, la vérité de son désir[115].

C'est par rapport à la *Recherche* que *Jean Santeuil* est une œuvre médiocre, nullement par rapport à la production littéraire prise dans son ensemble. C'est une œuvre supérieure, en vérité, à certaines des œuvres littéraires dont Freud, à en juger par les exemples qu'il nous donne dans ses écrits, faisait sa pâture habituelle.

Si vous examinez le héros, Jean Santeuil, vous verrez que tout en disant «je», il ressemble à ce que Freud décrit comme «narcissisme intact». Si vous regardez ce personnage de près, vous constaterez vite qu'à la lumière de la *Recherche*, il constitue de toute évidence un mensonge perpétuel, mensonge peut-être encore invisible, mais qui n'en est que plus mensonger pour être vécu avec tant de «sincérité».

Jean Santeuil s'intéresse énormément à lui-même, à l'effet qu'il produit sur les Autres ; et c'est toujours le meilleur effet du monde... À l'exception de quelques esprits snobs et chagrins que ses succès mondains rendent verts de jalousie. Jean Santeuil fait l'expérience du désir — ce n'est pas une expérience dont un jeune homme aussi brillant voudrait se dispenser — mais son désir n'échappe jamais au cercle enchanté dont il est lui-même le centre. La jeune fille dont il tombe amoureux appartient au même milieu que lui ; elle a les mêmes goûts raffinés, les mêmes aspirations idéalistes.

Jean fréquente les milieux les plus aristocratiques mais ce n'est pas par snobisme car il déteste les snobs, c'est par une attirance naturelle pour certains êtres dont il partage les idées, les préférences intellectuelles et esthétiques, etc., certains êtres auxquels il ressemble trop, en somme, pour ne pas sympathiser avec eux spontanément.

Dans *Jean Santeuil*, visiblement, figure au centre du roman un type de Moi qui fonctionne selon les lois du narcissisme freudien, en particulier du narcissisme attribué à l'artiste. Le Moi individuel nous est présenté comme la source véritable de toute richesse spirituelle et poétique : ce Moi transfigure toutes choses en leur communiquant une beauté éphémère qui, en réalité, n'émane que de lui et n'appartient qu'à lui.

Jean Santeuil ressemble à la théorie du narcissisme mise en application. Et ce n'est pas étonnant : ce roman est tout à fait conforme à l'esthétique encore dominante à l'époque où Proust l'a écrit, les premières années du XXe siècle. C'est l'esthétique romantique et symboliste la plus banale, celle qui célèbre la supériorité du Moi sur le monde et qui fait de ce Moi l'origine et le fondement de toute poésie ; c'est par une espèce d'erreur généreuse que le poète s'éprendrait d'êtres et de choses qui lui sont extérieurs. En réalité, tout reposerait sur la puissance transfiguratrice de son Moi, le seul Être véritable, la seule divinité qui vaille la peine d'être adorée. Quand le poète est désenchanté par le monde, il retourne à ce Moi qui le console de tous ses déboires.

C'est cette esthétique dominante qu'on retrouve dans les propos, souvent pas très originaux, que tient Freud quand il croit décrire ce qu'il appelle « le tempérament artistique ». Comme beaucoup de gens de son époque, Freud fait trop confiance, peut-être, à ce que de nombreux artistes, mais pas toujours les meilleurs, répètent sur eux-mêmes et sur leur « tempérament » depuis le début du XIXe siècle. Il prend trop au sérieux ce qu'on pourrait nommer la revendication narcissique de ces « tempéraments artistiques ». Freud fait droit à cette revendication ; il se contente de lui donner une connotation négative du haut de son fameux renoncement au narcissisme intact. Jamais, répétons-le, il ne soupçonne que la revendication narcissique pourrait faire partie de ces stratégies auxquelles recourt le désir mimétique pour dissimuler la fascination que le modèle-obstacle exerce sur lui. Prétendre comme le fait le « tempérament artistique » à un Moi d'une richesse inépuisable, et qui ne cesse de s'enrichir, c'est inviter les Autres à le désirer en leur suggérant qu'on est trop auto-suffisant pour les désirer soi-même, trop certain d'incarner la « belle totalité » qui n'a besoin de rien, la *Selbstgenügsamkeit* du narcissisme freudien.

G. L. : Nous avons déjà observé que Freud ne se sent pas très à l'aise avec les œuvres littéraires vraiment grandes. Au milieu de l'essai sur Dostoïevski, par exemple, il tourne le dos à cet écrivain et les dernières pages sont consacrées à une histoire de Stefan Zweig qui est loin de valoir, je le crains, *l'Éternel Mari*, même et surtout sous les rapports qui intéressent le plus Freud [116].

R. G. : À comparer les deux romans de Proust avec *Zur Einführung des Narzissmus* on voit très bien pourquoi le plus médiocre des deux, c'est-à-dire *Jean Santeuil*, ferait mieux l'affaire de Freud que l'œuvre géniale. Le psychanalyste aurait retrouvé là, sur le tempérament artistique et le désir narcissique, les banalités que le premier Proust partage encore avec lui. Le dernier Proust, en revanche, celui de la *Recherche*, ne reste fidèle à ces banalités que dans quelques déclarations purement théoriques sur la nature du désir. Séparées de la matière proprement romanesque, les réflexions théoriques sur le désir ne parviennent jamais, chez cet écrivain comme chez tant d'autres, à se hausser au niveau de la pratique proprement littéraire, laquelle passe pour purement imaginaire, bien entendu, alors que seule elle a cessé de l'être, seule elle correspond à ce que nous appelons la psychologie interdividuelle.

L'analyse la plus rigoureuse et la plus féroce de *Jean Santeuil* est celle que nous n'avons pas même besoin de faire car elle se fait dans la *Recherche*. Le « tempérament artistique » de Jean Santeuil, par exemple, se retrouve dans le personnage de Legrandin, avec sa lavallière qui flotte au vent, ses lieux communs sur la nature et l'idéal, et cette préférence pour la solitude qu'il s'attribue toujours, avec une pointe, même, de sauvagerie. En réalité, Legrandin est le plus épouvantable des snobs, perpétuellement rongé de souffrances à la pensée qu'il n'est pas « reçu » chez les aristocrates des environs, prêt à toutes les platitudes et à toutes les humiliations pour s'insinuer dans les bonnes grâces du moindre hobereau [117].

Marcel Proust, très consciemment, je pense, fait parler Legrandin dans le style qu'il pratiquait lui-même à l'époque de *Jean Santeuil*. C'est pourquoi, sans doute, à la parution de *Jean Santeuil*, nombreux furent les critiques qui acclamèrent l'heureuse surprise d'un Proust beaucoup plus «sain», «naturel» et «spontané» que celui de la *Recherche*, un Proust auquel tout le monde, ou presque, pourrait s'identifier.

Une étude comparée révélerait très vite que toutes les attitudes présentées dans *Jean Santeuil* comme la vérité du héros, l'expression authentique de sa subjectivité «narcissique» tendent à s'inscrire, dans la *Recherche*, parmi les *stratégies* du désir amoureux et mondain. La médiocrité de *Jean Santeuil* vient de ce que cette œuvre reflète encore l'image de lui-même que Proust, l'homme et l'écrivain, voulait suggérer aux autres hommes. La *Recherche*, au contraire, révèle cette image et s'attache au pourquoi et au comment de cette stratégie.

Entre *Jean Santeuil* et la *Recherche*, une révolution a bien dû s'effectuer dans la façon dont Proust se regarde lui-même et regarde son désir. C'est bien d'une telle révolution que parle Proust dans le dernier volume du grand roman, *le Temps retrouvé*, qui prétend décrire une expérience du genre requis par la différence entre les deux œuvres ; et c'est à cette expérience, effectivement, qu'il attribue une aptitude qui jusqu'alors lui avait fait défaut, celle d'écrire *À la recherche du temps perdu*.

J.-M. O. : Dans *Mensonge romantique et vérité romanesque*, vous affirmez que Proust rend plus explicite que d'autres grands romanciers, ses prédécesseurs, la précondition essentielle de toute œuvre qui révèle le désir mimétique, à savoir une expérience du type qu'il attribue au narrateur de la *Recherche* et qu'il s'attribue à lui-même dans des textes plus directement autobiographiques, ainsi que dans certaines lettres. Vous avez dit que cette expérience s'inscrit en règle générale dans la conclusion de l'œuvre. Le héros reflète l'aveuglement passé du romancier lui-même, aveuglement à son propre désir mimétique et, au terme de sa course, qui se trouve être dans bien des cas le moment de la mort, il connaît comme il ne l'a jamais connu auparavant la vanité de ce désir; il fait, en somme, l'expérience qui permettra au romancier d'écrire non pas un *Jean Santeuil* de plus, mais une *Recherche du temps perdu*. Vous affirmez que ce symbolisme est toujours un symbolisme de la conversion religieuse[118]. Même des gens qui ont apprécié les analyses de ce livre vous ont beaucoup reproché cette constatation. Ils y voient une faiblesse coupable, une tendance à retomber dans le sentimentalisme religieux, c'est-à-dire dans les illusions mêmes que vous condamnez.

R. G. : On peut montrer, je pense, que la supériorité indéniable de la *Recherche* dans le domaine du désir, son aptitude à nous transmettre l'expérience vécue du désir, à nous communiquer l'angoisse qui accompagne cette expérience, repose sur des changements de structure très faciles à déceler quand on compare cette œuvre à *Jean Santeuil*.

Dans les deux œuvres, par exemple, nous avons des scènes de théâtre, très différentes en apparence par le ton, le style et même le contenu mais entre lesquelles des correspondances existent malgré tout, qu'un examen attentif révélera sans peine. À la lumière de ces correspondances, la nature du bouleversement qui s'effectue entre les deux œuvres devient elle aussi manifeste. Ce bouleversement porte sur la position structurale du désir lui-même, associée à celle du narrateur dans l'un et l'autre roman.

Dans les deux scènes auxquelles je songe, le véritable centre d'intérêt n'est pas la scène du théâtre, mais la loge où se tiennent les personnages les plus séduisants et les plus aristocratiques, le *nec plus ultra* de la société parisienne et internationale, dans un roman comme dans l'autre.

Dans *Jean Santeuil*, le héros se trouve lui-même dans la loge, centre unique de l'attention générale, flatté et même adulé par tous les personnages les plus glorieux. Un ex-roi du Portugal pousse l'amabilité jusqu'à lui arranger sa cravate. Par sa vulgarité même, la scène fait songer à la publicité contemporaine. Utilisez les produits de beauté X ou Y et vous déchaînerez partout des passions irrésistibles; des foules d'adoratrices ou d'adorateurs convergeront sur vous.

Pour compléter la chose, les ennemis du héros, ceux qui correspondent dans *Jean Santeuil* au couple Verdurin de la *Recherche*, assistent à son triomphe de fort loin, mêlés à la foule indistincte de l'orchestre, crevant de dépit au spectacle de ce prodige.

Dans la *Recherche*, c'est le narrateur qui est perdu dans la foule et qui contemple avidement le spectacle quasi surnaturel à ses yeux que constitue la loge aristocratique. Nulle part dans cette œuvre ne figure l'équivalent de la scène de *Jean Santeuil* que je viens de résumer; nulle part on ne trouve cette économie parfaitement circulaire d'un désir qui, se nourrissant de lui-même et se réingurgitant pour ainsi dire, ne subirait jamais, de ce fait, aucune «déperdition» et correspondrait parfaitement à la définition freudienne du narcissisme intact.

Ou plutôt si. On trouve bien cette chose mais en tant qu'elle constitue le mirage par excellence du désir. L'autonomie bienheureuse dont parle Freud, la position libidinale inexpugnable, c'est une fois de plus la transcendance métaphysique du modèle-obstacle, dont la fermeture et la circularité de la loge nous proposent une figuration symbolique, et c'est au modèle-obstacle que l'art supérieur de la *Recherche* réserve tout cela, c'est-à-dire aux Autres seulement, en tant qu'ils sont transfigurés par le désir. Dans la scène de Balbec, tout cela est attribué à la petite bande et dans la scène du théâtre, tout cela appartient provisoirement aux aristocrates du faubourg Saint-Germain dans la mesure où ceux-ci se refusent encore à «recevoir» le narrateur et constituent toujours pour lui l'obstacle fascinant. Dès que le narrateur réussit à se faire inviter chez les Guermantes, dès que cet obstacle n'en est plus un pour lui, le désir s'évanouit [119].

Pour faciliter les choses, je choisis ici un exemple un peu outré et je le simplifie en vous le présentant. Mais

on n'en voit que mieux, je pense, la nature du changement structural entre les deux romans. Même s'il réussit de temps à autre à se voir dans la situation glorieuse
de Jean Santeuil, le désir occupe fondamentalement la
position dépressive, non pas parce qu'il est persécuté
par les autres ou par la société, mais parce qu'il élabore
tout cela lui-même, en projetant sur l'obstacle le plus
résistant, c'est-à-dire sur le mépris ou la vulgaire indifférence, le mirage de cette auto-suffisance à la conquête
de laquelle il consacre toutes ses forces.

Le premier Proust s'imagine que cette auto-suffisance
existe quelque part, et qu'il va bientôt s'en emparer, il
ne cesse de rêver le moment de cette conquête et de se
la représenter lui-même comme si elle était déjà effective. Le désir vend la peau de l'ours sacrificiel avant de
l'avoir tué !

B. SACRIFICE ET PSYCHOTHÉRAPIE

R. G. : Le dernier Proust sait que le narcissisme *pour
soi* n'existe pas ; il sait que pour représenter le désir de
façon convaincante, il faut le représenter en dehors de la
loge des Guermantes et incapable d'y pénétrer. Le désir
ne doit pas essayer de nous faire croire qu'il domine la
situation. Seules l'intéressent les situations dans lesquelles il est dominé. Il ne s'agit pas, je le répète, d'une
situation objective, mais du type de situation dans
laquelle le désir s'arrange toujours pour s'installer lui-
même.

Rien n'est plus facile, bien sûr, que de reconnaître
l'exactitude de ce que je dis dans l'abstrait, c'est-à-dire
d'en faire l'application aux autres. C'est beaucoup plus
difficile, en revanche, de repérer les domaines dans lesquels chacun de nous fonctionne un peu comme Jean
Santeuil, de démystifier nos ressentiments à nous et non
plus ceux des autres seulement, de repérer ce que dissimule notre passion démystificatrice.

Accéder à ce niveau-là, même de façon très partielle
et limitée, n'est pas chose commune. Et ce n'est certai-

nement pas une chose réservée aux seuls grands écrivains. J'ai même l'impression que cela se produit moins souvent chez les écrivains que chez les autres hommes. Je ne cède nullement au fétichisme de l'œuvre littéraire. Je dis seulement que les hommes qui font cette expérience doivent être rares, à en juger par la façon dont va le monde, ou, si les écrivains la font plus fréquemment qu'il ne paraît, peut-être la font-ils trop tard, en règle générale, pour en tirer parti sur le plan proprement littéraire. Dans certains cas, d'autre part, au lieu de déboucher sur une forme supérieure de littérature, cette expérience détourne les hommes, purement et simplement, de l'œuvre littéraire ; elle est généralement liée aux épreuves que le désir nous fait subir, mais la dureté des épreuves ne garantit nullement à elle seule que cette expérience se produira.

G. L. : À l'idée qu'une telle expérience existe réellement et qu'elle ressemble à ce qu'on a toujours appelé l'expérience religieuse, la plupart de nos contemporains voient rouge. Il y a là quelque chose dont la pensée est intolérable, quelque chose de lié, bien entendu, à l'hostilité quasi universelle dont le judéo-chrétien fait depuis longtemps l'objet.

R. G. : Je comprends cette hostilité, non seulement parce que l'expérience en question peut faire l'objet de maquillages éhontés, mais parce que le principe du déplacement structural que je viens de décrire peut reparaître dans des circonstances extrêmement diverses et se situer à des niveaux très différents. Ce qui dresse la conscience moderne contre toute forme d'initiation et de conversion, c'est le refus de toutes les distinctions, désormais *hypocrites* — au sens évangélique — entre violence légitime et violence illégitime. Ce refus est en lui-même légitime, louable, mais il reste sacrificiel parce qu'il ne tient pas compte de l'histoire. C'est le sacrifice désormais qu'on sacrifie ; c'est la culture tout entière et en particulier la nôtre, le christianisme historique, qui joue le rôle de victime émissaire. Nous cherchons à nous laver de toute complicité avec la violence dont nous sommes issus. Et cet effort lui-même perpétue la complicité. Nous disons tous : « Si nous avions vécu du temps de nos pères, nous ne nous serions pas joints à eux pour verser le sang des artistes et des philosophes. »

Le sacrifice se perpétue, désormais, dans les gestes mêmes qui visent à l'abolir, dans cette indignation dont tous les hommes débordent à l'égard de ce qui continue à expulser, à opprimer et à persécuter, surtout si c'est très près d'eux-mêmes et *au nom du judéo-chrétien* que le scandale se perpétue. C'est le dynamisme de la révélation judéo-chrétienne qui s'accomplit. Mais il s'accomplit fréquemment dans un esprit de haine et de violence qui constitue en lui-même une dernière errance. La preuve, c'est qu'il méconnaît le texte judéo-chrétien ; il s'efforce de l'effacer de toutes les mémoires et il se réjouit, en ces temps-ci, à l'idée que c'est chose à peu près faite.

En réalité, aucune démarche seulement intellectuelle, aucune expérience de type philosophique ne pourra jamais procurer à un individu la moindre victoire sur le désir mimétique et la passion victimaire ; il ne se produira jamais que des déplacements et des phénomènes de substitution qui donneront peut-être aux individus l'impression d'une telle victoire. Pour qu'il y ait progrès, même minime, il faut triompher de la méconnaissance victimaire dans l'expérience intime et ce triomphe, pour ne pas rester lettre morte, doit entraîner l'effondrement ou tout au moins l'ébranlement de tout ce qui est fondé sur cette méconnaissance de nos rapports interdividuels, et par conséquent, de tout ce que nous pouvons nommer notre « Moi », notre « personnalité », notre « tempérament », etc. Les grandes œuvres, en conséquence, sont rares. Bien que toutes secrètement parentes, au moins en littérature et dans les « sciences de l'homme », il leur faut du temps, en règle générale, pour se faire accepter, le temps nécessaire à l'épuisement des variantes mythologiques qui dominent le moment de leur création, tout ce qu'elles paraissent méconnaître, en somme, et que leurs contemporains tiennent pour précieuse conquête arrachée à l'erreur ancestrale par des maîtres incontestables, l'«acquis définitif» de leur époque, bien vite évanoui.

C'est dire que cette expérience, si déterminé qu'en soit le contenu, aura toujours la forme des grandes expériences religieuses qui se révèlent toutes analogues, en dernière analyse, quelle que soit la religion qui leur fournit leur cadre. Cette expérience peut s'inscrire dans le cadre sacrificiel des institutions religieuses primitives, auquel cas elle constitue ce qu'on appelle une initiation. Il s'agit toujours de sortir du désir mimétique et de ses crises perpétuelles, il s'agit d'échapper à la violence des doubles et à l'exaspération illusoire de la différence subjective pour accéder, grâce à une certaine identification à la divinité et à son intercession surtout, à un univers de statut réglé qui se définira toujours par une moindre violence, même s'il comporte toujours, à ce stade, certaines formes de violence sacrificielle.

Dans les grandes religions orientales, on retrouve cette expérience mais c'est à faire échapper complètement l'individu au monde et aux cycles de la violence qu'elle aspire, en un renoncement absolu à toutes les entreprises mondaines, une espèce de mort vivante.

J.-M. O. : Il ne peut y avoir, si je vous ai bien compris, de connaissance réelle du désir mimétique et des mécanismes victimaires, à notre époque, sans un ébranlement, au moins, de ce qui reste structuré en chacun de nous ou cherche toujours à se restructurer en fonction de ce même désir et de ces mêmes mécanismes. C'est dire que le savoir dont nous parlons depuis le début de ces entretiens, même s'il n'est pas question de renoncer pour lui au qualificatif de scientifique, ne devient vraiment accessible que par une expérience comparable à ce qu'on a toujours appelé la *conversion* religieuse.

R. G. : Ceci est moins étrange, peut-être, qu'il ne semble. Même dans le domaine de la nature qui n'oppose pas aux progrès du savoir les mêmes obstacles que l'homme, il y a toujours, chez ceux qui assurent les métamorphoses décisives, le passage d'un univers mental à un autre, un élément que les observateurs ultérieurs, faute d'en comprendre la nature et la nécessité, qualifient régulièrement de «mystique».

Le plus étonnant c'est que, dans l'univers où nous vivons et du fait même que le texte judéo-chrétien dévoile les mécanismes fondamentaux de tout ordre culturel, le processus de conversion, tout en restant analogue dans sa forme et dans certains éléments de son symbolisme à celui de toutes les religions antérieures, va forcément entraîner des conséquences toujours plus radicales sous le rapport du savoir, de la nature d'abord et ensuite de la culture.

J.-M. O. : Chez tous ceux qui y ont puissamment contribué, la conquête du savoir moderne a presque toujours eu un caractère fortement religieux — ou anti-religieux, ce qui revient au même, nous le savons, au sein du malentendu sacrificiel.

Toutes les expériences vraiment fécondes, en somme, dans notre société, toutes les découvertes majeures dans tous les domaines : sciences de la nature, littérature, sciences de l'homme, épouseront toujours la forme immuable de toute mutation radicale, celle de la conversion religieuse parce qu'elles auront toujours pour précondition une certaine délivrance à l'égard du désir mimétique et des illusions qu'il nous impose.

R. G. : Le paradoxe, ici, c'est que, dans l'univers secrètement gouverné par la révolution évangélique et en raison du caractère prodigieusement concret de cette révolution, en raison de la désacralisation qu'elle opère et de la voie qu'elle ouvre vers les mécanismes les plus cachés de la culture humaine, l'expérience dont vous parlez, tout en reproduisant une fois de plus le processus immémorial de la conversion religieuse, pourra pour la première fois se dérouler sans se réclamer jamais de la moindre divinité ; cette référence paraîtra même d'autant moins nécessaire qu'il y aura assez de résultats concrets — littéraires dans le cas de Proust, non littéraires ailleurs — pour que toute référence à une transcendance autre que celle du savoir en train de se faire paraisse superflue, ou même contraire à la vérité de ce savoir.

G. L. : Ce que vous suggérez, en somme, c'est que la rupture absolue entre les dieux sacrificiels et le Dieu non sacrificiel, ce Père encore inconnu de tous les hommes que seul le Christ nous fait connaître, n'exclut absolument pas, du côté de l'homme, une certaine continuité entre les religions sacrificielles et ce renoncement universel à la violence auquel l'humanité entière est conviée.

R. G. : La séparation absolue entre la seule divinité vraie et toutes les divinités de la violence, radicalement démystifiées par les Évangiles et par eux seuls, ne doit pas nous empêcher de reconnaître, dans les religions de la violence, toujours déjà orientées vers la paix, des moyens qui ont servi à l'humanité pour sortir d'abord de l'animalité et s'élever ensuite jusqu'aux possibilités proprement inouïes qui s'offrent à elle désormais, mêlées certes aux périls les plus extrêmes.

À chacune de ces étapes, et en particulier aux plus avancées comme les nôtres, les hommes pourraient choisir d'autres moyens que la violence et le refus pour arriver au dieu de non-violence, mais si c'est la violence qu'ils élisent, peu importe en définitive ; c'est toujours dans la même direction qu'ils avancent, volontairement ou malgré eux, c'est toujours vers le même but que tout converge.

C'est un des mystères, bien sûr, et non le moindre, que cette continuité relative soit présente, entre le Logos de la violence et le Logos johannique, au bénéfice de l'humanité. Loin de contredire la séparation complète entre l'un et l'autre Logos, cette continuité ne devient possible, en vérité, que grâce à cette absence totale de complicité.

G. L. : Avant de parler de l'instinct de mort, et de peur d'oublier, je voudrais vous interroger sur les rapports entre votre perspective et celle de Jacques Lacan.

R. G. : Il me semble que vous avez déjà dit l'essentiel, tous les deux, dans vos remarques sur la psychose. Nous pouvons accepter, je pense, la définition lacanienne de cet inconscient qui est « structuré comme un langage ». Cet inconscient-là existe au sens où les structurations lévi-straussiennes existent ; il est vrai que nous sommes enfermés dans le langage, mais tout cela n'est peut-être pas aussi essentiel qu'on l'a d'abord imaginé.

Ce que le structuralisme n'arrivera jamais à penser, c'est la dépendance réciproque du différentiel et des symétries indifférenciables dans le rapport de doubles, votre degré zéro de la structure. Il est impossible d'articuler les choses, bien entendu, sans le mécanisme victimaire. La séparation du désir objectal et du narcissisme, chez Freud, résulte déjà de cette impuissance à dégager le mécanisme de structuration. C'est la même impuissance chez Lacan et c'est la même séparation trop absolue entre les structurations symboliques qui relèvent d'un Œdipe réinterprété et les rapports dits duels qui relèvent d'un narcissisme réinterprété, le stade du miroir. L'impuissance à penser les deux choses dans leur dépendance réciproque, se traduit par le caractère absolument statique du système, comme chez Lévi-Strauss, par l'absence de toute dimension temporelle ; cette impuissance devient manifeste dans la définition de la psychose comme « forclusion » pure et simple du symbolique [120].

Nous savons nous-mêmes que si la dimension symbolique est de plus en plus soustraite en tant qu'elle stabilise toutes choses, dans la psychose, c'est parce qu'elle constitue de plus en plus l'*enjeu* même de la rivalité mimétique. On ne peut donc pas traiter cette dimension simplement comme si elle n'était pas là. La définition lacanienne rend parfaitement inexplicable une constatation pourtant évidente. Depuis un siècle et davantage, les grandes intuitions au sujet de la culture et de sa dimension symbolique sont le fait d'individus qui, fréquemment eux-mêmes, finissent par basculer dans la psychose ou sont menacés par elle. On ne voit pas comment cela pourrait être, dans une thèse qui traite la psychose comme un manque pur et simple de l'élément stabilisateur. En réalité, le psychotique est celui qui va le plus loin dans l'objectivation de ce que les hommes n'ont jamais été capables d'objectiver, puisqu'il s'efforce, dans son «hubris métaphysique», d'incarner lui-même cet élément stabilisateur. Et c'est bien parce qu'il ne peut pas réussir et que malgré tout il ne renonce jamais, qu'il voit cet élément incarné par l'Autre, le Double. Hölderlin voit le dieu de la Poésie se poser sur Schiller. Nietzsche ne peut s'empêcher de découvrir en Wagner la «véritable» incarnation de Dionysos. Si nous regardions les luttes intellectuelles qui se déroulent parmi nous, nous verrions sans peine que c'est toujours de cela qu'il s'agit. Dans le lacanisme en particulier, le jeu consiste immanquablement à observer l'impuissance des autres à accéder à la dimension symbolique, à bien apprécier la finesse des paradoxes lacaniens au sujet du «symbolique».

Il y a une véritable initiation lacanienne, en somme, et comme toutes les initiations elle établit une hiérarchie du savoir. La découverte de la victime émissaire n'est pas une initiation. Ce n'est jamais nous qui découvrons; il ne s'agit jamais que d'une redécouverte et il n'y a aucun mérite à la faire, l'histoire s'en charge pour nous.

J.-M. O. : Chez Lacan, la séparation de l'objectal et du narcissique reparaît pour expliquer les conflits des doubles et les phénomènes associés dont il voit mieux la symétrie que ne le faisait Freud mais dont il ne tire pas au sujet de la psychanalyse tout entière et du structuralisme les conclusions radicales que tout cela entraîne.

Au lieu de rapporter cette symétrie au mimétisme réciproque, Lacan y voit ce qu'il appelle la «capture par l'imaginaire», enracinée dans un postulat à lui, défini comme «stade du miroir».

R. G. : Toute cette imagerie des miroirs et de l'imaginaire repose, comme la thèse freudienne elle-même, sur le mythe de Narcisse qui se regarde dans le miroir des eaux et se laisse captiver par sa propre image, de même qu'auparavant par le son de sa propre voix dans l'épisode d'Écho. Nous savons ce qu'il faut penser de ces thèmes. Ce sont toujours des métaphores qui dissimulent les doubles; en leur conférant une valeur explicative, on persévère dans le sens de la mythologie.

Lacan retombe dans l'erreur, commune à toute l'école psychanalytique, de cette capture par l'imaginaire ou de ce désir qui, parce qu'il ne s'inscrit pas dans le système des différences culturelles, ne serait pas désir de la Différence et porterait sur quelque chose comme le même, l'identique, l'image de mon propre Moi, etc. Il faut opposer à tout ceci le texte de Proust qui décrit tout désir, même le plus «narcissique», comme soif de la Différence la plus extrême.

Toutes les grandes œuvres littéraires s'inscrivent en faux contre une conception qui, une fois de plus, minimise le rôle de la violence et des conflits aussi bien dans les désordres que dans les ordres individuels et collectifs. Un des grands textes de l'école, c'est *Au-delà du principe de plaisir*. On en extrait, pour appuyer la thèse de l'entrée dans le langage et la dimension symbolique, la description du petit enfant qui s'amuse à faire disparaître et reparaître, attachée à un fil, une bobine dont Freud dit qu'elle représente la mère tantôt absente tantôt présente. Lacan se plaît à découvrir là la première manipulation significative, l'apprentissage par l'enfant du signifiant.

Dans une note, nous voyons l'enfant jouer au *Fort/Da* avec sa propre image dans un miroir et il y a là tout ce qu'il faut, en quelques lignes, pour suggérer les deux grandes thèses de Lacan.

Jenseits des Lustprinzips est effectivement à mes yeux un des textes essentiels de son auteur. Ce qui me frappe dans ce texte, c'est que le jeu du *Fort/Da* est présenté dans une perspective mimétique et sacrificielle, qui mérite d'être dégagée. Freud transforme le moment où l'enfant jette la bobine loin de lui en une véritable expulsion sacrificielle motivée par une impulsion vengeresse à l'encontre de la mère, parce qu'il lui arrive de s'absenter.

> *Das Wegwerfen des Gegenstandes, so dass er fort ist, könnte die Befriedigung eines im Leben unterdrückten Racheimpulses gegen die Mutter sein, weil sie vom Kinde fortgegangen ist* [121].

L'enfant, nous dit Freud, met en scène, dans ses jeux, toutes ses expériences les plus désagréables et il les transforme, ce faisant, en expériences agréables parce qu'il réussit à s'en rendre maître. Freud a déjà noté que dans l'exemple observé par lui, le sujet ne laissait paraître aucun trouble quand la mère s'éloignait de lui.

Freud nous affirme qu'il ne s'agit pas là d'un exemple unique. On sait, écrit-il, que d'autres enfants peuvent ventiler leurs sentiments hostiles en jetant au loin des objets à la place des individus réellement visés.

> *Wir wissen auch von anderen Kindern, dass sie ähnliche feindselige Regungen durch das Wegschleudern von Gegenständen an Stelle der Personen auszudrücken vermögen [...]*
> *[...] Man sieht, dass die Kinder alles im Spiele wiederholen, was ihnen im Leben grossen Eindruck gemacht hat, dass sie dabei die Stärke des Eindruckes abreagieren und sich sozusagen zu Herren der Situation machen. Aber anderseits ist es klar genug, dass all ihr Spielen unter dem Einfluss des Wunsches steht, der diese ihre Zeit dominiert, des Wunsches : gross zu sein und so tun zu können wie die Grossen* (pp. 14-15).

Parmi les scènes les plus pénibles que les enfants ne manquent jamais de rejouer figure, nous dit Freud, l'expérience particulièrement terrifiante d'une intervention chirurgicale. La mise en scène comporte un élément de plaisir car l'enfant distribue les rôles parmi ses compagnons de jeu de façon à se venger sur celui qui est substitué à l'auteur de l'expérience désagréable, et qui représente cet auteur : « ... und rächt sich so an der Person dieses Stellvertreters » (p. 15).

En somme, c'est tout le problème des conduites rituelles que pose Freud, dans une espèce de clair-obscur, au niveau de l'individu. La chose est confirmée dans le même paragraphe par la référence à l'art dramatique et imitatif des adultes qui n'épargne pas aux spectateurs même les impressions les plus pénibles, par exemple dans la tragédie, et qui en fait une source de plaisir. Nous voilà donc de retour à la *catharsis* aristotélicienne et à ses expulsions post-rituelles :

Schliessen wir noch die Mahnungen an, dass das künst-lerische Spielen und Nachahmen der Erwachsenen, das zum Unterschied vom Verhalten des Kindes auf die Person des Zuschauers zielt, diesem die schmerzlichsten Eindrücke zum Beispiel in der Tragödie nicht erspart und doch von ihm als hoher Genuss empfunden werden kann (p. 15).

C'est vraiment là une page extraordinaire car, liés à l'apparition du langage et des systèmes de signes, ce ne sont pas les jeux purement intellectuels dont parle le structuralisme que nous trouvons, mais une soif de « vengeance » qui devient « constructive » sous le rapport culturel parce qu'elle se dépense sur un *Stellvertreter*, un substitut sacrificiel. Et tout cela se produit dans un cadre trop large pour l'Œdipe.

Il faudrait observer de très près tout ce qui, dans ces quelques pages, se rapporte à l'imitatif et à l'imitation : *Nachahmung, nachähmlich*. C'est considérable en dépit d'une certaine gêne qui paraît se manifester chez Freud, et d'une tendance, déjà, à réprimer le thème, tendance que le structuralisme contemporain pousse jusqu'à l'escamotage radical.

Freud comprend, semble-t-il, que le *Fort/Da* n'est jamais que la reprise imitative d'un jeu proposé par les adultes. Si la mère perçoit sans peine que le « o-o-o-o-o » de l'enfant signifie *fort*, c'est parce qu'elle a servi de modèle à l'enfant ; c'est elle, en somme, qui lui a appris ce jeu, lequel dans le monde francophone s'accompagne immanquablement des paroles : « coucou, le voilà ». Freud ajoute que c'est sans importance, *pour la valeur affective du jeu*, si celui-ci est inventé de toutes pièces par l'enfant ou s'il est adopté à la suite d'une suggestion extérieure.

Für die affektive Einschätzung dieses Spieles ist es natürlich gleichgültig, ob das Kind es selbst erfunden oder sich infolge einer Anregung zu eigen gemacht hatte (p. 13).

Il n'est pas sans importance pour nous, évidemment, que le processus de genèse symbolique relève d'une imitation. On peut constater très aisément que l'imitation joue un rôle essentiel, en conjonction avec la substitution, à tous les stades de l'opération quasi rituelle décrite par Freud. La substitution n'est pas première, mais seconde, car elle n'est elle-même que l'imitation d'une substitution inhérente à tous les procédés victimaires, à toutes les impulsions violentes, qui tendent irrésistiblement à passer d'objet en objet... C'est dire que, même s'il ne dispose pas du mécanisme victimaire, Freud s'approche très près de lui en constatant, dans ce texte, qu'il existe entre la vengeance et les procédés de substitution une affinité réciproque.

Freud comprend tellement l'importance de l'imitation dans tout ce qui se dessine là qu'il juge nécessaire de justifier l'absence de toute réflexion explicite à son sujet. Il est superflu, écrit-il, d'assumer un instinct particulier d'imitation comme motif du jeu de *Fort/da* :

Aus diesen Erörterungen geht immerhin hervor, dass die Annahme eines besonderen Nachahmungsstriebes als Motiv des Spielens überflüssig ist (p. 15).

L'accent ici est sur le mot « besonderen » et il n'est pas question pour Freud de refuser tout rôle à l'imitation. Si Freud avait réfléchi encore, il aurait compris que la possibilité d'une *invention* pure n'est pas tenable : ou bien l'enfant imite une conduite déjà symbolisée par les adultes, ou bien c'est l'esprit de violence et de vengeance qui suggère la symbolisation en proposant des substituts à l'impuissance où l'on est de se venger réellement. Freud ne parvient jamais à démêler complètement ces deux imitations l'une de l'autre, et elles sont toutes deux présentes, une fois de plus, de toute évidence, dans la phrase suivante, celle qui évoque les arts imitatifs de l'humanité et en particulier la forme la plus vengeresse de toutes, la tragédie. Tout cela est présenté comme un *Nachahmen* des adultes, très analogue au *Nachahmen* des enfants : « *Schliessen wir noch die Mahnungen an, dass das künstlerische Spielen und Nachahmen der Erwachsenen [...]* » (p. 15).

La version structuraliste fait ressortir certaines intuitions de Freud en direction toujours de l'ordre différentiel, et ce n'est pas sans intérêt, mais ce gain s'effectue aux dépens de quelque chose de beaucoup plus essentiel qui n'arrive d'ailleurs pas à se formuler complètement, même dans les meilleurs textes freudiens, et c'est le jeu mimétique, bien entendu, qui va des formes les plus élémentaires de l'imitation aux paradoxes des doubles et à la victime émissaire. Tout ce qui se dirige chez Freud vers cet essentiel — et dans le texte que nous sommes en train de lire et dans les textes que nous avons déjà lus, la double genèse œdipienne, par exemple, et *Zur Einführung des Narzissmus* — non seulement n'est pas développé par la lecture structuraliste mais est complètement passé sous silence, éliminé, ratiboisé, *sacrifié* à la toute-puissance de l'ordre différentiel et structurel.

On peut penser, en vérité, qu'après Freud et au-delà de lui deux routes se présentent : l'une qui maintiendra le sacré de la Différence et qui ne pourra plus le faire qu'au niveau du langage, l'autre qui s'attachera, chez Freud, à ce qui ébranle et subvertit secrètement cette différence. La première peut se définir encore au sein du cadre psychanalytique et, dans sa version la plus brillante, elle met l'accent sur tout ce qui se rapporte à la différence linguistique chez Freud ; elle sacralise le langage au niveau du *jeu de mots* et constitue quelque chose d'un peu semblable, sous bien des rapports, au passage de Molière à Marivaux.

La seconde ne peut progresser qu'en découvrant la mimésis d'appropriation, c'est-à-dire la nature conflictuelle de l'imitation et si on en poursuit les conséquences jusqu'au bout, cette découverte fait inévitablement sauter les grands mythes freudiens d'Œdipe et de Narcisse. Elle ne peut donc pas se définir au sein du cadre psychanalytique. Elle ne doit pas plus se réclamer de Freud, en dernière analyse, qu'elle ne se réclame des autres maîtres modernes du soupçon. Ceux-ci avancent tous, assurément, vers la victime émissaire et la révélation évangélique mais à reculons, si l'on peut dire, et en tournant toujours le dos au but, un peu comme l'Œdipe de Sophocle qui constitue le symbole parfait de ce qui est en train de se produire parmi nous ; non pas, certes, en tant qu'il se découvre réellement l'auteur des crimes à dormir debout dont l'accusent ses concitoyens mais en tant qu'il s'est jeté tête baissée dans la recherche des causes et des responsabilités, dans l'enquête qui doit déterminer le coupable du meurtre fondateur.

J.-M. O. : La seconde route aborde tous les problèmes en fonction des doubles, de la victime émissaire et du jeu mimétique dans son ensemble. Elle résout effectivement les problèmes laissés en suspens ou escamotés par le structuralisme. Les réseaux arachnéens de différences, et les acrobaties étourdissantes qui ont tant fasciné les intellectuels depuis une quinzaine d'années, servent surtout à dissimuler l'absence de solution à toutes les questions essentielles.

Peut-être ces jeux commencent-ils à lasser. Il faut l'espérer pour une thèse qui ne pourra s'imposer qu'à partir du moment où se réaffirmeront les grandes règles de la pensée scientifique, les grands principes d'efficacité, d'économie des moyens et de simplicité.

R. G. : Il faut sans doute emprunter ces deux routes successivement, en commençant par la première, pour comprendre que seule la seconde est vraiment féconde : elle peut s'incorporer les résultats valables de la première alors que la réciproque n'est pas vraie.

Si nous faisons la part des choses, ou du feu, c'est-à-dire, comme toujours, du sacrifice, nous dirons qu'il en est de ces deux routes comme de ces peuples qui s'enferment dans une impasse ou s'engagent, au contraire, dans une voie pleine d'avenir, suivant qu'ils choisissent pour leurs immolations rituelles telle espèce plutôt que telle autre. C'est une question de chance plutôt que de talent. Certains peuples ont choisi de sacrifier les animaux qui sont devenus des vaches et des brebis tandis que les Aïnous choisissaient les ours. J'ai l'impression que nous tenons ici l'équivalent des vaches et des brebis. Nous retirons de ce choix des bénéfices considérables et parfaitement immérités, sans fatigues excessives. Quelle patience, en revanche, et quelle virtuosité ne faut-il pas au montreur d'ours pour enseigner à cet animal ses tours les plus subtils, pour le rendre capable de s'exhiber à son avantage dans les milieux cultivés ? Et tout cela sans jamais obtenir de l'ours le quart des services que peut rendre au paysan le plus obtus l'animal domestique le plus plat.

J.-M. O. : Pour bien montrer que toutes vos lectures se rapportent les unes aux autres et qu'elles sont également efficaces sur tous les plans, il faut souligner ici le parallélisme de l'erreur lévi-straussienne dans la lecture des mythes ojibwa et tikopia du *Totémisme aujourd'hui* et l'erreur lacanienne dans la lecture du *Fort/Da*. De même que Lévi-Strauss ne voit qu'une «immaculée conception» de la pensée humaine dans l'«élimination radicale» et la «connotation négative» du «fragment éliminé», de même le structuralisme, en psychanalyse, met l'accent sur l'aspect purement logique dans l'opération du *Fort/Da* sans voir que Freud, lui, même s'il ne va pas jusqu'au bout, mêle à tout cela l'esprit de vengeance et la catharsis sacrificielle. Une fois de plus, Freud ouvre une direction que le structuralisme referme temporairement, mais cette fermeture elle-même n'est pas inutile ; elle accomplit un type d'analyse synchronique qui va donner une vigueur nouvelle à la reprise de l'aventure essentielle.

D. Instinct de mort et culture moderne

J.-M. O. : D'après vos analyses récentes, je constate :
1) que contrairement à Freud, le désir pour vous est
totalement décroché du plaisir. D'une certaine façon,
c'est au contraire le plaisir qui est à la remorque du
désir. 2) Vous arrivez à montrer le mécanisme de reproduction des «complexes» psychologiques qui sont déjà
intervenus dans l'histoire du sujet. Et vous expliquez
également par quel mécanisme ces «complexes» ou ces
constellations de circonstances se répètent ou s'aggravent. 3) Si je vous suis bien, vous devez, par conséquent,
pouvoir «déconstruire» le fameux «instinct de mort».

R. G. : Il nous faut aborder maintenant, en effet, ce qui
nous intéresse le plus dans *Au-delà du principe de plaisir*,
le problème de la répétition. Freud distingue deux types
de répétition, celui dont nous avons déjà parlé, et qui lui
paraît explicable, car il se ramène, en définitive, au
mécanisme du *Fort/Da* ou du jeu rituel, destiné à assurer
la maîtrise d'une expérience déplaisante. Ce premier
groupe comprend les névroses traumatiques et il se
laisse concevoir sur le modèle freudien de l'empreinte,
du tampon qui à chaque coup se désencre et produit un
exemplaire moins net. Dans le cas de la névrose trauma-
tique, cette moindre netteté ne fait qu'un avec la maîtrise
grandissante de l'expérience traumatisante.

Du second groupe de répétition, Freud avoue honnêtement qu'il n'y a rien, encore, dans la psychanalyse, qui
permette de l'expliquer. Ce type de répétition n'apporte
que des souffrances et il peut se produire même chez des
individus «normaux» puisqu'ils ne manifestent aucun
symptôme décelable et se présentent essentiellement
comme des victimes passives. C'est pour ce type de répétition que Freud va inventer la fable d'un instinct de
mort, fondé sur la tendance des corps vivants à revenir à
un état tout à fait primordial qui serait l'absence de vie.
Rien n'est plus significatif que la façon dont Freud
amène ce problème insoluble de la répétition qui va vers
l'aggravation et la mort. Le sujet est incapable de faire ce

que souhaite son psychanalyste : reconnaître dans l'expérience actuelle un fragment de sa petite enfance, sa propre genèse œdipienne, en d'autres termes, et se convaincre, de ce fait, que les conclusions de ce psychanalyste sont correctes, il s'obstine à répéter cette expérience et à la rejouer, cette fois, avec le psychanalyste lui-même. Au lieu d'une psychanalyse efficace, on n'a jamais qu'une « névrose de transfert ».

La psychanalyse y perd son latin. Avec qui cet échec déplorable peut-il donc se produire ? Avec n'importe qui, à en juger par ce qui suit. En quelques lignes, Freud décrit les effets du désir mimétique, sans les rapporter à celui-ci bien entendu, puisque son principe lui échappe, mais de telle façon qu'on ne peut pas ne pas reconnaître la dynamique déroulée par nous ces derniers jours, dynamique dont Freud admet ici, avec son honnêteté habituelle, qu'elle échappe complètement à la psychanalyse :

Ce que la psychanalyse découvre par l'étude des phénomènes de transfert chez les névrotiques se retrouve également dans la vie de personnes non névrotiques. Certaines personnes donnent, en effet, l'impression d'être poursuivies par le sort, on dirait qu'il y a quelque chose de démoniaque dans tout ce qui leur arrive, et la psychanalyse a depuis longtemps formulé l'opinion qu'une pareille destinée s'établissait indépendamment des événements extérieurs et se laissait ramener à des influences subies par les sujets au cours de la première enfance. L'obsession qui se manifeste en cette occasion ne diffère guère de celle qui pousse le névrotique à reproduire les événements et la situation affective de son enfance, bien que les personnes dont il s'agit ne présentent pas les signes d'un conflit névrotique ayant abouti à la formation de symptômes. C'est ainsi qu'on connaît des personnes dont toutes les relations avec leurs prochains se terminent de la même façon : tantôt ce sont des bienfaiteurs qui se voient, au bout de quelque temps, abandonnés par ceux qu'ils avaient comblés de bienfaits et qui, loin de leur en être reconnaissants, se montrent pleins de rancune, pleins de noire ingratitude, comme s'ils s'étaient entendus à faire boire à celui à qui ils devaient tant, la coupe d'amertume jusqu'au bout, tantôt ce sont des hommes dont toutes les amitiés se terminent par la trahison des amis ; *d'autres encore passent leur vie à hisser sur un piédestal, soit pour eux-mêmes, soit pour le monde entier, telle ou telle personne pour, aussitôt, renier son autorité, la précipiter de la roche tarpéienne et la remplacer par une nouvelle idole* ; on connaît enfin des amoureux dont l'attitude sentimentale à l'égard des femmes traverse toujours les mêmes phases et aboutit toujours au même résultat. Ce « retour éternel du même » ne nous étonne que peu, lorsqu'il s'agit d'une attitude active et lorsque ayant découvert le trait de caractère permanent, l'essence même de la personne intéressée, nous nous disons que ce trait de caractère, cette essence ne peut se manifester que par la répétition des mêmes expériences psychiques. Mais nous sommes davantage frappés en présence d'événements qui se reproduisent et se répètent dans la vie d'une personne, alors que celle-ci se comporte passivement à l'égard de ce qui lui arrive, sans y intervenir d'une façon quelconque [122].

C'est par l'instinct de mort que Freud va répondre à cet aveu d'impuissance dont l'honnêteté nous laisse muets d'admiration et d'enthousiasme. Que tout ceci fasse merveilleusement notre affaire, comment en douter quand nous lisons en particulier les lignes que je viens de souligner ; ces lignes passent aussi près du processus mimétique qu'il est possible de le faire sans arriver malgré tout à l'appréhender complètement. Tous les phénomènes décrits par Freud, y compris ceux qui se trouvent en dehors du passage cité par nous, peuvent se ramener au processus défini dans les lignes soulignées, c'est-à-dire au processus de la rivalité mimétique et du modèle-obstacle métamorphosé d'abord en idole, ensuite en persécuteur abominable. Il faut aussi observer, et c'est plus essentiel encore, que le complexe d'Œdipe ne peut pas rendre compte de ces phénomènes, pourtant si analogues à ceux que Freud lui attribue, et c'est bien parce qu'ici Freud ne l'invoque pas qu'il est si proche de notre langage. Freud reconnaît de façon explicite qu'on ne peut pas repérer dans l'enfance du patient ce qui provoque ce type de répétition ; il n'y a rien là qui ressemble et qui ne ressemble pas aux symptômes reconnus par la psychanalyse.

Si Freud disposait d'un principe d'explication unique

pour les phénomènes qu'il rapporte à l'Œdipe et pour les phénomènes dont il nous parle ici, il n'y a pas de doute qu'il l'adopterait. On ne peut pas se tenir pour satisfait tant qu'on est obligé de rapporter à deux explications opposées des données qui ne se distinguent en rien sur le plan phénoménal. Freud lui-même qualifie de spéculative la fantasmagorie pseudo-scientifique qui l'amène alors à postuler son «instinct de mort».

L'hypothèse du désir mimétique résout sans effort les difficultés sur lesquelles Freud lui-même met le doigt. Dans notre discussion de la double genèse œdipienne nous avons montré qu'aucune reproduction ou répétition n'est concevable à partir de celle-ci et cette impossibilité, à elle seule, devrait suffire à disqualifier l'hypothèse œdipienne. Si on examine les deux types de répétition distingués dans *Au-delà du principe de plaisir*, on s'aperçoit que le texte est écrit d'un bout à l'autre dans la perspective de cette disqualification, même si Freud réserve, de façon purement nominale, un domaine où l'Œdipe continuerait à fonctionner et à expliquer certaines choses. Freud est loin d'envisager explicitement, bien sûr, la possibilité que nous essayons de développer et il ne peut pas le faire, puisqu'il n'arrive pas à repérer le principe de la rivalité mimétique. Dans *Au-delà du principe de plaisir*, toutefois, il soumet ses propres thèses à une critique implicite qui prend toute sa signification à la lumière de l'hypothèse mimétique.

En plus des avantages déjà soulignés le principe mimétique présente celui de rendre la répétition intelligible et même nécessaire ; il restitue le style même de cette répétition et sa tendance à l'aggravation constante, laquelle peut mener à la folie et à la mort ; c'est-à-dire à un terme qui apparaît forcément, à l'observateur incapable de repérer le jeu mimétique, comme une visée existentielle directe. En postulant son instinct de mort, Freud refait une fois de plus ce que nous l'avons vu faire à toutes les étapes de sa démarche, c'est-à-dire à tous les stades du processus mimétique. Il en voit assez pour reconnaître que la «compulsion de répétition», chaque fois qu'elle n'a pas un caractère rituel ou para-rituel, se dirige vers la mort ; il n'en voit pas assez pour repérer le principe capable de tout unifier et d'assurer une explication satisfaisante pour tous les phénomènes sans exception.

La preuve que l'instinct de mort ne constitue qu'une solution fantaisiste, c'est qu'il est aussi incapable que le complexe d'Œdipe de servir de moteur aux répétitions dans le style de *l'Éternel Mari*. La répétition d'une situation qui s'est déjà produite doit bien s'effectuer par l'*imitation*, sinon de la situation entière, comme se l'imagine Freud dans le cas de l'Œdipe, du moins d'un certain élément de cette situation, à savoir le désir de l'autre, le modèle-obstacle.

Il faut redire ici ce qu'on a dit tout à l'heure. Pas plus qu'on ne peut « reproduire » un triangle en se servant du triangle œdipien comme modèle[123], on ne peut reproduire ce même triangle ou toute autre situation désastreuse, sous l'effet de quelque chose comme un « instinct de mort ». Si l'instinct de mort existait réellement, il passerait forcément, lui aussi, par l'imitation d'un élément de la scène répétée. À moins, bien entendu, de suggérer directement au malade de se jeter par la fenêtre ou sous les roues d'une automobile. Puisque ce n'est pas le cas, l'instinct de mort, comme le complexe d'Œdipe, ne peut opérer qu'indirectement et par l'intermédiaire de cette *Nachahmung* qui figurait partout dans le texte avant qu'on en arrive à ce dernier instinct mais qui disparaît pour de bon, cette fois, dans la fantasmagorie pseudo-scientifique.

Dans un cas comme dans l'autre, il suffit de concevoir la *Nachahmung*, l'imitation, sur le mode non platonicien pour résoudre toutes les difficultés et rendre tous les postulats de Freud inutiles.

Répétons donc une fois de plus, en nous excusant, le mécanisme de la répétition mimétique. Le sujet qui ne peut pas décider par lui-même de l'objet qu'il doit désirer s'appuie sur le désir d'un autre. Et il transforme automatiquement le désir modèle en un désir qui contrecarre le sien. Parce qu'il ne comprend pas le caractère automatique de la rivalité, l'imitateur fait bientôt du fait même d'être contrecarré, repoussé et rejeté, l'excitant majeur de son désir. Sous une forme ou sous une autre, il va incorporer toujours plus de violence à son désir. Reconnaître cette tendance, c'est reconnaître que le désir, à la limite, tend vers la mort, celle de l'autre, du modèle-obstacle, et celle du sujet lui-même.

Ce mouvement du désir mimétique ne se laisse pas seulement repérer chez les malades, chez ceux qui poussent le processus mimétique trop loin pour *fonctionner* normalement mais aussi, comme le disait Freud, chez les gens dits « normaux ».

G. L. : S'aliéner à l'obstacle mimétique, c'est errer parmi les tombes à la recherche des cadavres. C'est se vouer soi-même à la mort.

R. G. : Cette tendance est à l'œuvre dans les aspects majeurs de la culture contemporaine, de façon plus visible qu'à l'époque de Freud. C'est elle qui se concrétise de façon particulièrement spectaculaire dans la rivalité nucléaire. Dans un essai remarquable, intitulé *la Thanatocratie*, Michel Serres a montré que l'entreprise scientifique et technologique moderne est centrée sur la mort ; tout est organisé pour elle et autour d'elle [124].

Tout converge sur la mort, y compris les pensées qui notent cette convergence, comme celle de Freud, ou celle des éthologistes, qui croient, eux aussi, reconnaître là quelque chose comme un instinct, ou peut-être cette fameuse tendance à l'entropie qui caractériserait l'évolution de l'univers dans son ensemble.

Si les menaces qui pèsent sur nous sont le fait d'un instinct, si tous les avatars de notre histoire ne sont qu'un aspect particulier d'une loi scientifique inexorable, il n'y a qu'à s'abandonner au mouvement qui nous emporte ; c'est à un destin immaîtrisable que nous avons affaire.

Imaginer une fois de plus un nouvel instinct, indépendant de tous les autres et qui les chapeauterait tous, comme le fait Freud, c'est ne pas voir que le dynamisme du désir mimétique est orienté vers la folie et vers la mort *depuis toujours*.

Freud ne voit pas que les métaphores utilisées par lui dans le texte sur le narcissisme, les métaphores, souvenez-vous, qui révèlent son désir à lui, les métaphores qui infantilisent, animalisent et criminalisent l'objet désiré sont assez avancées déjà sur la route qui conduit le désir à la mort [125]. Préférer l'objet qui semble pourvu de ce que Freud appelle un narcissisme intact, c'est prendre l'obstacle mimétique pour ce qu'il y a de plus vivant alors qu'en réalité il nous entraîne vers la souffrance et l'échec. Cette préférence ne fait qu'un avec ce que Freud appellera ailleurs masochisme et avec ce qu'il appelle ici instinct de mort. Il ne voit pas qu'il s'agit partout de la même chose. La séduction exercée par le pseudo-narcissisme intact sur le malheureux désir objectal peut s'interpréter aussi bien par le principe de plaisir que par l'instinct de mort. C'est bien le plus de vie ou plus de plaisir que fait miroiter la jolie coquette aux yeux de Freud et de son désir. Mais c'est toujours le contraire qu'elle apporte. C'est toujours à un «appauvrissement libidinal», donc, au dire de Freud lui-même, à une diminution de force vitale, qu'aboutit le désir objectal.

Freud sépare ce qu'il faudrait unir parce qu'il ne reconnaît pas dans son principe de plaisir et son principe de mort deux effets partiels et mal compris d'une seule et même cause, le désir mimétique. Le désir mimétique croit choisir la voie la plus facile et la plus vivante alors qu'en réalité, c'est vers l'obstacle, la stérilité et la mort qu'il se dirige de plus en plus. Seul l'hermétiquement fermé l'intéresse, seules les portes qui ne s'ouvrent pas quand on frappe. C'est pourquoi il frappe là où il n'y a plus personne pour ouvrir et il en arrive même à prendre pour des portes les murs les plus épais.

Il faut replacer les textes de Freud et de Proust que nous avons lus dans le mouvement général de la culture et de la littérature contemporaines. Dans le domaine de la métaphore en particulier, ils s'inscrivent sur une trajectoire dont la signification d'ensemble n'est pas douteuse ; elle correspond à l'obsession grandissante, et par conséquent au «durcissement», de l'obstacle mimétique.

L'«auto suffisance bienheureuse», le divin, en somme, tend à se réfugier dans les formes d'existence les plus éloignées de la nôtre, finalement dans l'inorganique lui-même, dans la substance impénétrable des matières les plus résistantes, comme la pierre ou le métal. Le désir débouche enfin sur la froideur vide des espaces de la science-fiction, sur ces trous noirs dont parlent aujourd'hui les astronomes, d'une densité si effroyable qu'elle attire à elle toute matière dans un rayon de plus en plus vaste et, de ce fait même, sa puissance d'attraction ne cesse d'augmenter.

J.-M. O. : C'est toujours la séduction du «narcissisme intact» ou celle du *mana* polynésien mais sous une forme de moins en moins humaine.

R. G. : C'est aussi le discours culturel que dénonce Jean-Marie Domenach dans *le Sauvage et l'ordinateur*, de plus en plus «dévergondé» et de plus en plus triste, de plus en plus funèbre dans son dévergondage[126]. Ces Messieurs de la famille sont tous là derrière le corbillard qui nous entraîne vers les lieux que décrit le prophète Jérémie, ceux que le désir idolâtre suscite autour de lui. Voici donc une définition prophétique du désir mimétique et de ses conséquences :

> Ainsi parle Yahvé :
> Malheur à l'homme qui se confie en l'homme,
> et qui fait d'une chair son appui
> et dont le cœur s'écarte de Yahvé.
> Il ressemble à un chardon dans la steppe :
> il ne sent rien quand arrive le bonheur,
> il se fixe aux lieux brûlés du désert,
> terre salée où nul n'habite (Jr 17, 5-6).

E. Le skandalon

J.-M. O. : Puisque nous reparlons de l'Écriture judéo-chrétienne, n'est-ce pas le moment pour vous de l'envisager sous le rapport du désir et de la psychologie ?

Dans les discussions consacrées à l'Écriture, il a été question de sa puissance révélatrice sous le rapport anthropologique. Cela suppose, sans doute, que cette puissance révélatrice s'exerce aussi dans les domaines dont nous venons de parler, mais si c'est vrai, il devrait être possible de rendre la chose plus concrète, de mettre le doigt sur les notions, les concepts et les processus qui correspondent à ce dont vous venez vous-même de parler. Tout le monde est à peu près d'accord aujourd'hui pour reléguer les Évangiles dans les oubliettes de la pensée magique et primitive. Nos Écritures sont les seuls textes à ne pas bénéficier de la réaction contemporaine contre la condescendance de naguère à l'égard de la pensée dite sauvage. Cette vision est d'une partialité et d'une injustice flagrantes. Mais ne risquons-nous pas l'erreur inverse si nous exigeons du texte évangélique qu'il éclaire d'une lumière supérieure à la nôtre un domaine aussi moderne que la psychologie ?

R. G. : Je crois qu'on peut relever le défi et démontrer que les Évangiles, dans les derniers domaines que nous venons de traiter, font preuve de la même supériorité que partout ailleurs. L'effort pour montrer que la psychologie interdividuelle n'est pas absente des Évangiles consistera surtout en une réflexion sur le mot *skandalon* dont les exégètes ne parlent presque jamais.

Skandalon est généralement traduit par scandale, obstacle, pierre d'achoppement, piège placé sur le chemin. Le mot et son dérivé *skandalidzo*, causer du scandale, viennent de la racine *skadzo*, qui signifie «je boite».

Nous avons tout un groupe de textes, dans les Évangiles, directement centré sur la notion de scandale, et d'autres où cette notion intervient de façon significative. Si on rassemble tous les usages, en apparence trop hétérogènes pour être ramenés à l'unité, on ne peut pas ne pas conclure que le *skandalon*, c'est l'obstacle de la rivalité mimétique, c'est le modèle en tant qu'il contrecarre les entreprises de son disciple et qu'il devient pour lui une source inépuisable de fascination morbide.

σκανδαλον = MD (obst. & love)

Dans les Évangiles, le *skandalon* n'est jamais un objet matériel, c'est toujours autrui, ou c'est moi-même en tant que je suis aliéné à l'autre. Si les traducteurs ne faisaient pas tout leur possible, dans la plupart des cas, pour substituer au mot *skandalon* des termes qui leur paraissent plus intelligibles, nous verrions mieux que le scandale, c'est toujours l'obstacle obsédant que suscite sous nos pas le désir mimétique avec toutes ses ambitions vaines et ses ressentiments absurdes. Ce n'est pas un obstacle simplement posé là et qu'il suffit d'écarter, c'est la tentation par excellence du modèle qui attire en tant qu'il fait obstacle et fait obstacle en tant qu'il attire.

Le *skandalon*, c'est le désir lui-même, toujours plus obsédé par les obstacles qu'il suscite et les multipliant autour de lui. Il faut donc que ce soit le contraire de l'amour au sens chrétien :

Celui qui aime son frère demeure dans la lumière et il n'y a en lui aucun *skandalon*. Mais celui qui hait son frère est dans les ténèbres, il marche dans les ténèbres, il ne sait pas où il va car les ténèbres ont aveuglé ses yeux (1 Jn 2, 10-11).

L'enfance est particulièrement vulnérable aux effets des interférences mimétiques. Son imitation confiante risque à chaque instant de se porter sur les désirs des adultes et de transformer ses modèles en obstacles fascinants. L'enfance, par conséquent, est d'autant plus aisément et plus durablement scandalisée qu'elle est plus naïvement ouverte aux impressions qui viennent des adultes. La mise en garde solennelle au sujet de l'enfance signifie que le scandale est un processus auquel il est aussi difficile de se soustraire qu'il est facile de s'y abandonner. L'adulte qui scandalise un enfant risque de l'enfermer à jamais dans le cercle toujours plus étroit du modèle et de l'obstacle mimétique. L'obstacle c'est la fermeture et elle s'oppose à l'ouverture de l'*accueil* :

Quiconque accueille un petit enfant... à cause de mon Nom, c'est moi qu'il accueille. Mais si quelqu'un doit scandaliser l'un de ces petits qui croient en moi, il serait préférable pour lui de se voir suspendre autour du cou une de ces meules que tournent les ânes et d'être englouti en pleine mer. Malheur au monde à cause des scandales! Il est fatal, certes, que le scandale arrive, mais malheur à l'homme par qui le scandale arrive!

Si ta main ou ton pied sont pour toi un scandale, coupe-les et jette-les loin de toi : mieux vaut pour toi entrer dans la Vie manchot ou estropié que d'être jeté avec tes deux pieds ou tes deux mains dans le feu éternel. Et si ton œil est pour toi un scandale, arrache-le et jette-le loin de toi : mieux vaut pour toi entrer borgne dans la Vie que d'être jeté avec tes deux yeux dans la géhenne de feu (Mt 18, 5-9).

Notez la métaphore de la meule que font tourner les ânes! Dans ce passage, il y a le meilleur de la psychanalyse et il n'y a pas ce qu'il y a chez Freud de scandaleux et de scandalisé, à savoir l'enracinement de l'être individuel dans le scandale lui-même, la thèse absurde et mythique d'un désir parricide et incestueux qui conditionnerait l'apparition de toute conscience.

La seconde partie du texte que je viens de citer constitue un *locus classicus* pour la noble indignation des humanistes fulminants. Certains vont jusqu'à suggérer qu'elle recommande aux hommes l'automutilation pour leur éviter de succomber à un péché qui, selon eux, ne saurait être que le « péché contre la chair ».

On cherche la clef de tous ces textes dans la castration freudienne et dans tout un bric-à-brac prétentieux qui n'éclaire en rien la portée véritable d'une notion comme celle du *skandalon*. Ce que le texte affirme, c'est que notre intégrité physique est peu de chose à côté des ravages dont le scandale est capable; c'est bien là ce que nous n'avons cessé de constater.

Le fait que l'enfer et Satan soient associés au scandale confirme l'identification de ce dernier au processus mimétique dans son ensemble. Satan n'est pas seulement le prince de ce monde, le principe de tout ordre mondain; il est également le principe de tout désordre, c'est-à-dire le scandale lui-même. Il se met toujours en travers de notre route pour faire obstacle, au sens mimétique et évangélique.

Rien de plus significatif, sous ce rapport, que la position structurale de Simon-Pierre lors de sa réaction scandalisée à la première annonce, par le Christ, de sa passion prochaine :

> Pierre, le tirant à lui, se mit à le morigéner en disant : «Dieu t'en préserve, Seigneur ! Non, cela ne t'arrivera point !» Mais lui, se retournant, dit à Pierre : «Passe derrière moi, Satan ! tu me fais obstacle, car tes pensées ne sont pas celles de Dieu, mais celles des hommes.» (Mt 16, 23.)

Le grec dit : *skandalon ei emou*, et la Vulgate : *scandalum es mihi*. Dans ce passage, la réalité physique de l'obstacle est parfaitement intégrée à sa signification mimétique. Pour tous les hommes qui ont des pensées humaines plutôt que divines, la passion, effectivement, ne peut guère constituer qu'un scandale. C'est bien pourquoi le Christ juge nécessaire de prévenir ses disciples, dans les quatre Évangiles, et il les prévient un grand nombre de fois mais sans le moindre succès. «Je vous ai dit cela pour vous préserver du scandale» (Jn 16, 1).

Si Jésus lui-même risque d'être scandalisé par Pierre, c'est parce que Pierre est en état de scandale. Le scandale est un rapport aussi néfaste pour celui qui le provoque que pour celui qui le subit. Le scandale est toujours double et la distinction entre l'être scandaleux et l'être scandalisé tend toujours à s'abolir ; c'est le scandalisé qui répand le scandale autour de lui. C'est bien pourquoi le Christ dit «malheur à celui par qui le scandale arrive», car sa responsabilité peut s'étendre à l'infini.

il y a quelque chose d'idolâtre et de scandalisé dans l'emprise qu'exerce Jésus sur les disciples avant la passion. C'est pourquoi ils ne comprennent jamais ce dont il est question. Ils attribuent encore à Jésus le prestige mondain du grand chef, de l'«entraîneur d'hommes», ou du «maître à penser».

Les disciples voient en Jésus quelqu'un d'invulnérable, c'est-à-dire le maître d'une violence supérieure. Et s'ils le suivent, c'est pour participer à cette invulnérabilité, c'est pour se diviniser au sens de la violence. Il est donc inévitable qu'ils soient scandalisés. On le voit bien un peu plus tard, lors de la seconde annonce par Jésus de la mort qui l'attend et du scandale qu'il va causer à ses amis. Pierre, une fois de plus, se récrie : « Si tous sont scandalisés à ton sujet, moi je ne le serai jamais. » Le Christ annonce alors à Pierre son triple reniement, c'est-à-dire la nouvelle contagion mimétique et violente à laquelle Pierre ne peut manquer de succomber au moment où l'opinion publique va se retourner contre Jésus. Se rêver invulnérable au scandale, c'est prétendre à l'auto-suffisance de la divinité violente, c'est donc s'exposer à une chute prochaine.

Le fait que Pierre soit nommé Satan, dans les paroles attribuées au Christ, confirme à nouveau que Satan ne fait qu'un avec le modèle-obstacle mimétique. Toute l'imagerie traditionnelle de Satan correspond à une vision très peu mythifiée du jeu mimétique. Dans les Évangiles on trouve et le type de texte que nous venons de citer, qui « déconstruit » complètement Satan en l'assimilant au principe mimétique, et un autre type de texte, dans lequel Satan continue à jouer un rôle personnel, mais qui fait intervenir les mêmes données très exactement. C'est le cas de la Tentation au désert. En dépit du décor mythologique, Satan apparaît ici, en dernière analyse, comme l'obstacle-modèle mimétique, principe violent de toute domination terrestre comme de toute idolâtrie, puisqu'il cherche à détourner vers lui l'adoration due à la seule divinité.

Alors le diable l'emmène sur une très haute montagne, lui montre tous les royaumes du monde avec leur gloire et lui dit : « Tout cela, je te le donnerai, si tu tombes à mes pieds et m'adores. » Alors Jésus lui dit : « Retire-toi, Satan, car il est écrit :
C'est le Seigneur ton Dieu que tu adoreras,
c'est à lui seul que tu rendras un culte. » (Mt 4, 8-10.)

J.-M. O. : Les Évangiles sont écrits en grec, mais c'est dans l'Ancien Testament et non chez les Grecs qu'il faut chercher les antécédents du mot *skandalon*, comme du mot *Logos*, comme de toutes les grandes notions évangéliques. *Skandalon* est d'abord la traduction, dans la Bible grecque des Septante, d'un terme hébreu qui signifie la même chose, obstacle, piège, pierre d'achoppement [127].

R. G. : Dans l'Ancien Testament le terme peut s'employer à propos d'obstacles matériels, ceux, par exemple, qu'on dispose pour empêcher le passage d'une armée (Jdt 5, 1). Dans un passage fort curieux du Lévitique, il est interdit aux Juifs de placer sous les pas d'un aveugle l'équivalent hébraïque du *skandalon* :

Tu ne maudiras pas un muet et tu ne mettras pas d'obstacle devant un aveugle, mais tu craindras ton Dieu. Je suis Yahvé (Lv 19, 14).

Cette phrase se trouve placée au milieu d'une série de prescriptions se rapportant au prochain et destinées à maintenir la bonne entente dans la communauté, juste avant la phrase : « Tu aimeras ton prochain comme toi-même » (Lv 19, 18).

Dans l'Ancien Testament de la collection Pléiade, une note suggère que la phrase sur les muets et les aveugles ordonne aux fidèles de « ne pas abuser des infirmités du prochain ». Dans une note également, la Bible de Jérusalem commente comme suit la prescription au sujet du muet : « Il ne peut répondre en maudissant à son tour. » Il est incapable de représailles, en d'autres termes [128]. Mais, chose étrange, toutes les prescriptions qui suivent ou précèdent ces deux-ci visent à empêcher ce qui peut susciter les représailles, et déclencher la vengeance interminable :

[...] Tu n'iras pas diffamer les tiens et tu ne mettras pas en cause le sang de ton prochain. Je suis Yahvé. Tu n'auras pas dans ton cœur de haine pour ton frère. Tu dois réprimander ton compatriote et ainsi tu n'auras pas la charge d'un péché. Tu ne te vengeras pas et tu ne garderas pas de rancune envers les enfants d'Israël. Tu aimeras ton prochain comme toi-même (Lv 19, 16-18).

Ce dont le texte parle, en somme, c'est autant des violences contre ceux qui sont capables de répondre et de diffuser la violence au sein de la communauté, que des violences contre ceux qui sont incapables de répondre, les infirmes en particulier sur lesquels, nous l'avons vu, la violence qui cherche un exutoire a tendance à se polariser. C'est le refus de tout ce qui ressemble au *pharmakos* grec et autres rites de boucs émissaires *humains*. Interdire les violences contre ceux qui sont capables de représailles, c'est rendre plus probables que jamais les violences contre ceux qui en sont incapables et qui risquent fort, de ce fait, de servir de victimes émissaires. Il est bien dans l'esprit de l'Ancien Testament de repérer le rapport entre les deux types de violence, la façon dont elles s'articulent l'une sur l'autre et de les refuser toutes simultanément. Mais les refuser toutes, c'est déjà engager la communauté sur la voie de la surhumanité, c'est substituer, en dernière analyse, à toutes les prescriptions négatives et formelles le formidable : «Tu aimeras ton prochain comme toi-même», et c'est sur cette formule en effet que débouche le passage. Nous sommes sur le même terrain, une fois de plus, que les mythes ojibwa et tikopia mais la différence dans le traitement des infirmes est frappante[129] !

La pierre de scandale est implicitement associée à l'infirme et à la victime émissaire. Et le scandale par excellence, dans l'Ancien Testament, c'est l'idolâtrie, c'est-à-dire la victime émissaire sacralisée sous la forme d'un objet matériel et solide, de l'obstacle divinisé. L'idolâtrie, c'est la pierre d'achoppement par excellence, le piège toujours tendu au peuple hébreu ; c'est tout ce qui tend à détourner le peuple de la voie où l'engage Yahvé.

Par un paradoxe étonnant mais explicable, le Dieu qui cherche à libérer les hommes de l'obstacle et de la sacralisation de cet obstacle apparaît, lui aussi, comme celui qui sème les obstacles, celui qui multiplie les traquenards sous les pas de ses fidèles. Le scandale divin est lié au refus du culte sacrificiel :

Vos holocaustes ne me plaisent pas,
vos sacrifices ne m'agréent point.
C'est pourquoi, ainsi parle Yahvé :
Voici, je vais dresser pour ce peuple
des obstacles où ils trébucheront,
pères et fils, tous ensemble,
voisins et amis vont périr (Jr 6, 20-21).

Il y a bien là de quoi émouvoir les bons apôtres de l'humanisme moderne, les belles âmes qui compatissent aux malheurs d'un judaïsme perpétuellement obsédé, nous affirme-t-on, par le plus féroce de tous les «pères» sacralisés.

Le Dieu de la Bible est à la fois le rocher inaltérable, le refuge qui ne fait jamais défaut, et, pour ceux qui s'accrochent à l'idolâtrie, l'obstacle par excellence, du fait même qu'il prive les idolâtres de ces autels qui leur servent d'appui et qui assurent l'équilibre précaire de leurs communautés. Il apparaît donc comme le responsable de la crise intérieure des deux royaumes. Aux yeux des prophètes, ces déchaînements symétriques où fondent les différences, sans qu'une véritable solidarité se substitue à l'ordre ancien, constituent la cause véritable de la décadence, puis de la chute de ces deux Royaumes, bien plus que les ennemis extérieurs dont le rôle se limite, en somme, à parachever la désagrégation interne d'un peuple peu à peu disloqué sur l'obstacle que chacun représente pour l'autre :

Il est le sanctuaire et la pierre d'achoppement
et le rocher qui fait tomber
les deux maisons d'Israël ;
une trappe, un piège
pour les habitants de Jérusalem.
Beaucoup y tomberont,
ils s'écrouleront, se briseront,
ils seront pris au piège et capturés (Is 8, 14).

Dans beaucoup de passages, le jeu de l'obstacle fascinant, à la fois humain et divin, apparaît comme une espèce de concasseur, une véritable machine à broyer qui passe pour fonctionner sous la supervision de Yahvé mais qui se ramène très visiblement au jeu des interférences mimétiques et des rapports interdividuels.

La pensée prophétique ne démêle jamais complètement la loi qui sépare les antagonistes potentiels et le désir mimétique qui, après avoir rongé cette loi, devient toujours plus conflictuel du fait même que celle-ci n'est plus là. Bien qu'elle révèle de plus en plus clairement le jeu du mimétisme, cette pensée tend à impliquer Dieu dans tout le processus, à voir en lui d'abord celui qui pose la loi et ensuite celui qui, en la retirant lentement aux hommes, les induit en tentation, tout en leur proposant une morale plus haute. Les hommes succombent à cette tentation ; ils ne comprennent pas cette morale plus haute, et c'est le même Dieu, toujours, qui les châtie en « déversant sur eux leur méchanceté », c'est-à-dire en les abandonnant à la violence réciproque.

L'impuissance de la pensée moderne à reconnaître le caractère foncièrement inerte et protecteur de la loi, la confusion permanente de la loi et de l'obstacle mimétique perpétuent, jusqu'à un certain point, l'impuissance vétéro-testamentaire à reconnaître le caractère strictement humain du jeu mimétique et de l'escalade violente qui en résulte.

La pensée moderne sur le désir, de Hegel à Freud, de Heidegger à Sartre et à tous les néo-freudismes, reichien, lacanien, marcusien, etc., sans oublier les psycho-pathologies les plus diverses, avec leurs classifications rigides, a tout entière un caractère proprement « vétéro-testamentaire », face à la genèse purement mimétique de l'ordre et du désordre qui correspond à la notion néo-testamentaire du *skandalon*. Il y a toujours des restes d'idolâtrie violente, ici dans la conception de la loi, de la transgression et du langage, là dans l'idée jamais complètement abandonnée que Yahvé « se réserve la vengeance ». C'est bien pourquoi toutes les pensées modernes, dans leur antithéisme crispé, s'attachent obstinément à la lecture sacrificielle du texte évangélique, autrement dit à une lecture toujours vétéro-testamentaire du Nouveau Testament. Partout et toujours c'est la même impuissance à déconstruire jusqu'au bout la Différence sacralisée.

Il n'y a pas de Dieu, bien entendu, pour placer des obstacles fascinants sous les pas des fidèles, mais il n'y a pas non plus de Loi pour se substituer à Dieu dans ce rôle, comme se l'imaginent les fausses sagesses dont notre culture est entichée. Les textes du Lévitique que nous avons lus sont bien plus importants que la recommandation de ne pas manger les chevreaux dans le lait de leur mère et pourtant jamais personne ne parle d'eux. Pourquoi ? Parce qu'ils montrent à l'évidence que, loin de constituer un obstacle et une tentation pour les hommes, la loi s'efforce, la première, d'écarter les obstacles et de prévenir les occasions de chute.

Ce sont les pères et les fils, ce sont les voisins et les amis qui deviennent des obstacles les uns pour les autres. L'Ancien Testament est proche de cette vérité, mais jamais il ne l'explicite jusqu'au bout ; jamais il n'en prend vraiment possession. Sur sa divinité donc, de même que sur celle du christianisme sacrificiel, il y a des restes de sacralisation violente ; il y a toute une violence qui reste attribuée à la victime émissaire divine et qui, par conséquent, n'est pas encore entièrement retombée sur la *génération* exposée au message évangélique.

À mesure que les barrières entre les hommes disparaissent, les antagonismes mimétiques se multiplient, les hommes deviennent les uns pour les autres cette pierre d'achoppement que l'Ancien Testament présente comme posée par Yahvé lui-même sous les pas de l'un comme de l'autre. De même, la pensée moderne, de plus en plus ridiculement, assimile cette même pierre à une loi en réalité toujours plus défaillante. Arriver à la systématisation évangélique, c'est supprimer toute victime émissaire divine ou légale, c'est aller jusqu'au bout du processus, c'est reconnaître que, dans un monde où il y a de moins en moins de barrières fixées et institutionnalisées, il y a de plus en plus de chances pour que les hommes deviennent l'un pour l'autre l'obstacle fascinant, pour qu'ils se scandalisent réciproquement.

Malheureux le monde à cause des scandales! Certes il est nécessaire qu'il y ait des scandales, mais malheureux l'homme par qui le scandale arrive! Étant donné que les hommes ne veulent pas se comporter comme il le faudrait pour transformer sans souffrances ni périls le Royaume de la violence en Royaume de Dieu, il est inévitable qu'il y ait des scandales. Il y a là un processus historique inéluctable mais qui n'a rien à voir avec la divinité. C'est toujours par l'homme qu'arrive le scandale et il n'arrive jamais qu'à d'autres hommes, en un processus circulaire qui est celui des doubles et de tous les avatars du désir mimétique dont nous avons parlé ces jours derniers.

Pour comprendre jusqu'au bout la parenté étroite entre l'erreur sacrificielle, dans l'exégèse proprement religieuse, et l'erreur des pensées qui croient échapper au «christianisme» sous prétexte qu'elles font de la lecture sacrificielle elle-même, confondue avec le texte, une nouvelle victime émissaire — ce qui se ramène, répétons-le, à la perpétuer — il faut noter la tendance du puritanisme religieux, depuis Origène jusqu'à nos contemporains, à donner une interprétation purement sexuelle de cette notion de scandale dont la portée, nous le voyons, est infiniment plus vaste. Cette polarisation sur la sexualité correspond très exactement au pansexualisme de la psychanalyse, lequel n'est, au fond, qu'un fétichisme de ce même obstacle interprété de façon trop unilatéralement sexuelle une dernière fois.

G. L. : Pour confirmer ce que vous êtes en train de dire, il faudra ajouter en appendice à la seconde édition de l'ouvrage que nous allons rédiger tous les comptes rendus de la première qui vous accuseront de méconnaître le caractère phallique et castrateur de cette notion biblique d'obstacle et de scandale, permettant ainsi à leurs auteurs de se rassurer aussi bien sur leur supérieure perspicacité que sur la puissance initiatrice sans rivale de la sacro-sainte psychanalyse.

R. G. : J'espère que vous n'y manquerez pas... Il faut attendre les Évangiles, en somme, pour que la pierre de scandale soit complètement démythologisée. Suivre la notion d'obstacle dans son évolution historique, c'est suivre la Bible dans son immense effort pour se dégager des mythes sacrificiels et déboucher sur la révélation évangélique. Si nous ne comprenons pas le *skandalon* néo-testamentaire, ce n'est pas à cause de cette notion elle-même, qui n'a rien d'obscur, c'est parce que notre propre pensée reste mythologique et sacrificielle, alors que celle des Évangiles ne l'est pas. Nous ne comprenons pas la conception purement mimétique et structurale que les Évangiles mettent en avant car nous en restons, comme toujours, à des pensées moins avancées. Nous croyons démonter les ressorts de la pensée la plus forte en nous aidant de la plus faible, un peu comme celui qui s'efforcerait de tailler le diamant avec moins dur que lui :

> Voici que je pose à Sion
> une pierre témoin,
> angulaire, précieuse, fondamentale.
> Celui qui croit ne bronchera pas.
> Et je prendrai le droit comme mesure
> et la justice comme niveau (Is 28, 16-17).

J.-M. O. : Dans les perspectives chrétiennes traditionnelles, qui sont toujours trop influencées par la philosophie, faute de parvenir à la logique proprement évangélique, le passage du vétéro-testamentaire au néo-testamentaire est défini comme une «spiritualisation» et une «idéalisation». Nous voyons bien ici, dans le cas du *skandalon*, que ce passage doit se définir différemment.

Pour passer du vétéro-testamentaire au néo-testamentaire, il ne s'agit pas de dématérialiser l'obstacle, et d'en faire une espèce de fantôme métaphysique ; c'est tout le contraire. Dans l'Ancien Testament, l'obstacle garde un caractère à la fois trop chosiste et trop métaphysique. Dans les Évangiles, l'obstacle, c'est toujours l'autre de la fascination métaphysique, le modèle et le rival mimétique.

R. G. : C'est pourquoi la notion a une portée considérable. D'une part, elle est tout entière enracinée dans l'Ancien Testament, et cet enracinement nous interdit d'oublier la structure fondamentale de l'interférence fascinante, qui n'a aucune place dans les pensées modernes du désir et qui constitue, de toute évidence, la raison essentielle de leur faillite. D'autre part, la notion évangélique de *skandalon* élimine tout ce qui subsiste encore de «chosiste» et de «réifié», aussi bien que de sacralisé dans la notion vétéro-testamentaire. C'est dire que ce texte évite tous les écueils symétriques, les obstacles dans lesquels la pensée philosophique, des Grecs jusqu'à nous, n'a pas cessé de tomber, l'empirisme et le positivisme d'un côté, et de l'autre la subjectivisation, l'idéalisation et la déréalisation de toute chose.

Les Évangiles nous disent qu'il ne faut pas chercher le Christ dans les faux extrémismes et les fausses oppositions suscitées par les surenchères des doubles. La révélation, lorsqu'elle viendra, sera éclatante :

Si donc on vous dit : «Le voici au désert», n'y allez pas ; «Le voici dans les cachettes», n'en croyez rien. Comme l'éclair, en effet, part du levant et brille jusqu'au couchant, ainsi en sera-t-il à l'avènement du Fils de l'Homme. Où que soit le cadavre, là se rassembleront les vautours (Mt 24, 26-28).

Même dans son acception moderne, qui fait du scandale une simple représentation, le scandaleux ne peut jamais se définir de façon univoque. En lui, le désir et l'indignation se renforcent réciproquement par un *feedback* qui ne peut se ramener à rien d'autre ici qu'au jeu des interférences mimétiques ; le scandaleux ne serait pas scandaleux s'il ne se constituait pas en exemple irrésistible et impossible offert à l'imitation des hommes, modèle et antimodèle tout à la fois.

C'est dire que le scandaleux implique tout ce que peut impliquer de conforme au jeu mimétique une notion comme celle du ressentiment chez Nietzsche. Mais le *skandalon* met l'accent là où il faut le mettre, sur le rapport modèle/disciple, sur la psychologie *interdividuelle* et non sur la psychologie individuelle comme l'exige encore chez Nietzsche la distinction — sacrificielle et victimaire — d'un «bon» désir qui serait la «volonté de puissance» et d'un «mauvais» qui serait le «ressentiment»[130].

L'indignation scandalisée est toujours désir fébrile de différencier le coupable et l'innocent, d'assigner les responsabilités, de dévoiler l'ignominie jusqu'au bout et de la châtier comme elle le mérite. Le scandalisé veut tirer l'affaire au clair; il y a en lui une passion brûlante d'amener le scandale au jour et de le clouer au pilori. Cet élément de curiosité avide et morbide rejoint, bien sûr, la passion démystificatrice dont nous avons parlé plus haut. C'est toujours le scandale qui appelle la démystification et la démystification, loin de mettre fin au scandale, le propage partout et l'universalise. La culture contemporaine tout entière n'est plus rien d'autre. Il faut du scandale à démystifier et la démystification renforce le scandale qu'elle prétend combattre. Plus les passions s'exaspèrent, plus la différence entre les adversaires s'abolit.

C'est le processus même de la crise mimétique, en somme, mais poussé jusqu'à un paradoxe inouï. Le scandale, en effet, c'est la violence elle-même et le savoir violent de la violence, parfois sous des formes plus sanglantes et explicites que jamais, les grandes persécutions et les continents entiers sous le poids de l'oppression la plus grotesque, mais ce sont aussi les formes subtiles et cachées qui se présentent dans le langage de la non-violence et de la sollicitude à l'égard de tous les malheureux.

Si on examine le texte évangélique, on s'aperçoit que même là où il n'est pas fait mention du *skandalon*, c'est au même type de rapports interdividuels qu'on a affaire; c'est toujours le jeu du scandale et de la démystification réciproque qui est dénoncé dans des textes à la perfection desquels on ne peut rien ajouter ni retrancher:

Ne jugez pas, pour n'être pas jugés ; car, du jugement dont vous jugez, on vous jugera, et de la mesure dont vous mesurez on usera pour vous. Qu'as-tu à regarder la paille qui est dans l'œil de ton frère ? Et la poutre qui est dans ton œil à toi, tu ne la remarques pas ! Ou bien comment vas-tu dire à ton frère : «Attends, que j'enlève d'abord la paille de ton œil», alors qu'il y a une poutre dans le tien ? Hypocrite, enlève d'abord la poutre de ton œil, et alors tu y verras clair pour enlever la paille de l'œil de ton frère (Mt 7, 1-5).

La paille, c'est un jugement téméraire dont mon frère se rend coupable à l'égard d'autrui. C'est toujours déjà l'hypocrisie qui croit tirer son épingle du jeu en dénonçant l'hypocrisie de l'autre.

Ce n'est pas le hasard qui loge la poutre dans l'œil habile à repérer la paille. La perspicacité du critique est réelle. La paille est bien là dans l'œil de ce frère que je condamne. Mais je ne vois pas que ma propre condamnation re-produit les traits structurels de l'acte condamnable, sous une forme soulignée par l'impuissance même de cette perspicacité à se retourner contre elle-même. À chaque niveau de cette spirale, le juge s'imagine qu'il échappe au jugement qu'il porte sur les autres. Il se croit toujours de l'autre côté de quelque «coupure épistémologique» infranchissable, dans quelque «type logique» ou dans quelque «métalangage» qui le met à l'abri de la circularité qu'il constate avec tant de brio à tous les niveaux placés au-dessous de lui.

Dans la métaphore évangélique, la série paille/poutre reste ouverte ; rien ne vient interrompre la circularité du jugement. Il n'y a pas de lieu d'où la vérité puisse parler, sauf celui d'où parle le Christ lui-même, celui de la victime parfaitement innocente et non violente, qu'il est seul à occuper.

Dans l'Épître aux Romains figure une autre expression de la même symétrie entre les doubles, du jugement qui cherche toujours à régler son compte à l'autre sans jamais y parvenir. C'est ici le commentaire parfait de la paille et de la poutre :

Tu es donc inexcusable, toi, qui que tu sois, qui juges ; car en jugeant autrui, tu te condamnes toi-même, puisque tu en fais autant, toi qui juges (Rm 2, 1).

À la lumière de ce qui précède, on conçoit pourquoi le Christ met les disciples en garde contre le *skandalon* que lui-même peut constituer, pour eux. Il prive les hommes des dernières béquilles sacrificielles et il se dérobe chaque fois que ceux-ci veulent le substituer, lui, à ce dont il les prive, en faisant de lui un chef ou un législateur. Il achève de ruiner les formes mythiques et rituelles qui modèrent le scandale mais en pure perte, semble-t-il, puisqu'il finit par s'abîmer dans le scandale irrémissible de la croix.

Ce qui scandalise les croyants et passe pour simplement absurde aux yeux des incroyants, c'est que la croix puisse être présentée comme une victoire. Ils ne comprennent pas en quoi pourrait bien consister cette victoire. Si nous revenons une dernière fois à l'ensemble constitué par la « parabole des vignerons homicides » et les commentaires dont elle fait l'objet, nous verrons que le scandale y figure et en position significative.

Les exégètes ne savent pas pourquoi, à la suite de cette parabole, qui révèle une fois de plus le meurtre fondateur, le Christ se présente lui-même comme l'auteur de cette révélation et comme celui qui bouleverse l'ordre entier de la culture humaine, pour occuper de façon visible et explicite désormais la position de la victime fondatrice. Dans le texte de Luc, à cette première addition qui paraît déjà déroutante ou superflue à beaucoup, s'ajoute le scandale qui paraît plus mal venu encore et qu'ils disent résulter d'une pure et simple « contamination verbale », ou métonymique. C'est le symbolisme de la *pierre* de faîte, en d'autres termes, qui appellerait la *pierre* de scandale, mais le rapprochement, en dernière analyse, n'aurait ni queue ni tête. Voici le passage en question :

[...] fixant sur eux son regard, il leur dit : « Que signifie donc ce qui est écrit :

La pierre qu'avaient rejetée les bâtisseurs, c'est elle qui est devenue pierre de faîte?

Quiconque tombera sur cette pierre s'y fracassera et celui sur qui elle tombera, elle l'écrasera» (Lc 20, 17-18).

Certains commentateurs, comme toujours, se désolent d'une méchanceté qui porterait tort au message évangélique, surtout dans le texte de Luc, toujours considéré comme le plus bienveillant. Ils se consolent à l'idée que la phrase menaçante n'a pas vraiment sa place dans le texte, qu'elle s'y est glissée en vertu d'une association purement homonymique.

En réalité, il y a autre chose ici qu'une question de mots. Si nous ne le comprenons pas au point où nous sommes maintenant parvenus, nous avons vraiment des yeux pour ne pas voir et des oreilles pour ne pas entendre. Le scandale par excellence, c'est la victime fondatrice enfin révélée et c'est le rôle que joue le Christ dans cette révélation. C'est bien là ce que nous dit le psaume cité par le Christ. Tout l'édifice culturel repose sur cette clef de voûte qu'est la pierre rejetée par les bâtisseurs. Et le Christ est bien cette pierre devenue visible. C'est pourquoi il n'y a pas de victime qui ne soit lui, et on ne peut pas venir en aide à une victime quelconque sans lui venir en aide à lui. L'inintelligence et l'incroyance des hommes reposent certainement ici sur leur impuissance à reconnaître le rôle que joue la victime fondatrice dans l'anthropologie fondamentale.

La preuve que l'association entre la pierre de faîte et la pierre de scandale n'est pas fortuite, c'est d'abord tout l'Ancien Testament, bien sûr, où elle est déjà présente, mais sous une forme moins explicite et surtout moins rationnelle. C'est aussi un autre texte du Nouveau Testament, où cette association se retrouve, la première Épître de Pierre :

À vous donc, les croyants, l'honneur, mais pour les incrédules la pierre qu'ont rejetée les constructeurs, celle-là est devenue la tête de l'angle, une pierre d'achoppement et un rocher *qui fait tomber*. Ils s'y heurtent parce qu'ils ne croient pas à la Parole ; c'est bien à cela qu'ils ont été destinés (2, 7-8).

La croix est le scandale suprême non pas simplement au sens de la majesté divine qui succombe au supplice le plus ignoble ; des choses analogues se retrouvent, en effet, dans la plupart des religions, mais au sens plus radical d'une révélation, par les Évangiles, du mécanisme fondateur de tout prestige mondain, de toute sacralisation, de toute signification culturelle. L'opération évangélique est presque homologue, il semble, à toutes les opérations religieuses antérieures. C'est bien pourquoi tous nos penseurs n'y voient pas la moindre différence. En réalité, au sein de cette ressemblance apparente, une autre opération se déroule, proprement inouïe, qui discrédite et déconstruit tous les dieux de la violence, parce qu'elle révèle le vrai Dieu qui n'a pas en lui la moindre violence. L'humanité post-évangélique tout entière s'est toujours cassée et se casse toujours les dents sur ce mystère. Ce n'est donc pas une vaine menace, ce n'est pas une méchanceté gratuite qui fait dire au Texte par excellence ce qui n'a pas cessé de se produire depuis et ce qui va continuer à se produire, en dépit des circonstances actuelles qui rendent cette révélation toujours plus manifeste. Comme pour les premiers auditeurs de l'Évangile, la pierre rejetée par les bâtisseurs constitue pour nous la pierre d'achoppement permanente. En refusant d'entendre ce qui nous est dit, nous nous forgeons le destin le plus redoutable. Et personne, en dehors de nous-mêmes, n'est responsable de cela.

C'est pour tous ceux qui se ferment à l'intelligence du texte et qui réagissent en scandalisés que le Christ joue ce rôle scandaleux. Ce rôle est explicable, mais paradoxal, car le Christ n'offre pas la moindre prise à la rivalité et aux interférences mimétiques. Il n'y a pas en lui de désir d'appropriation. Toute volonté vraiment orientée vers Jésus, par conséquent, ne se heurtera jamais au moindre obstacle. Son joug est facile et son fardeau léger. Nous ne risquons pas de nous prendre à l'opposition maligne des doubles.

Les Évangiles et le Nouveau Testament ne prêchent

pas une morale de la spontanéité. Ils ne prétendent pas que l'homme doive renoncer à l'imitation ; ils recommandent d'imiter le seul modèle qui ne risque pas, si nous l'imitons vraiment comme les enfants imitent, de se transformer pour nous en rival fascinant :

Celui qui prétend demeurer en Lui doit se conduire lui aussi comme celui-là s'est conduit (1 Jn 2, 6).

Aux prisonniers de l'imitation violente qui vont toujours vers la fermeture s'opposent les fidèles de l'imitation non violente, qui ne peuvent rencontrer aucun obstacle. Les victimes du désir mimétique, on l'a vu, sont ceux qui frappent à toutes les portes obstinément fermées, et qui ne cherchent que là où il n'y a rien à trouver. Au pari toujours perdu qui vise l'Être dans la résistance la plus obstinée s'oppose la route du Royaume, aride en apparence, mais en réalité seule féconde et en vérité facile car même si des oppositions fort réelles nous attendent, elles ne sont rien à côté des obstacles suscités par le désir métaphysique :

Demandez et l'on vous donnera ; cherchez et vous trouverez ; frappez et l'on vous ouvrira. En effet quiconque demande reçoit ; qui cherche trouve, et à qui frappe on ouvrira (Mt 7, 7-8).

Suivre le Christ, c'est renoncer au désir mimétique, c'est donc aboutir à ce résultat-ci. Un examen attentif du texte évangélique révélera la présence, un peu partout, d'un thème de l'obstacle redouté par le fidèle, et levé au dernier moment, à l'instant même où celui-ci croit se heurter à lui. L'exemple le plus frappant est celui des femmes au matin de la Résurrection. Elles n'ont dans la tête que des histoires de cadavres, d'embaumement et de tombeau. Elles s'angoissent à l'idée de la pierre qui ferme le tombeau et qui devrait les empêcher d'arriver au but de leurs efforts lequel n'est, bien entendu, que le cadavre de Jésus. Derrière les obstacles, il n'y a jamais que des cadavres ; tous les obstacles sont des espèces de tombeaux. Lorsqu'elles arrivent, rien de ce qu'elles attendaient n'est plus là ; il n'y a plus ni obstacle ni cadavre :

Quand le sabbat fut passé, Marie de Magdala, Marie, mère de Jacques, et Salomé achetèrent des aromates pour aller l'embaumer. Et de grand matin, le premier jour de la semaine, elles vont à la tombe, le soleil étant levé. Elles se disaient entre elles : « Qui nous roulera la pierre de l'entrée du tombeau ? » Et levant les yeux, elles voient que la pierre est roulée ; or, elle était très grande (Mc 16, 1-4).

POUR CONCLURE...

G. L. : Quand vous parlez d'un sens irrécusable, vous devez vous attendre à ce qu'on vous pose la fameuse question «d'où parlez-vous?» toujours polémique et rhétorique assurément, puisqu'il s'agit de montrer qu'à l'intérieur du langage, il n'existe aucun lieu privilégié d'où quelque vérité absolue pourrait se découvrir.

R. G. : Je suis bien d'accord qu'un tel lieu n'existe pas; c'est bien pourquoi, on l'a déjà vu, la Parole qui s'affirme absolument vraie ne parle jamais qu'en position de victime en train de se faire expulser. Sa présence parmi nous n'est pas humainement explicable.

La preuve qu'il ne s'agit pas là d'une formule de rhétorique, c'est que pendant deux mille ans, cette parole est restée méconnue au sein même de l'énorme publicité qu'elle recevait. Si cette méconnaissance, aujourd'hui, est en train de s'effondrer, c'est pour des raisons historiques majeures dont nous avons parlé et c'est pour tous les hommes *en même temps*.

Dans le contexte purement ethnologique de nos premières discussions, la victime fondatrice apparaissait seulement comme la première hypothèse cohérente dans les sciences de l'homme. À la question «d'où parlez-vous?», je répondais donc: «Je n'en sais rien et peu m'importe. Comparons vos résultats avec les miens.» Malheureusement ceux qui posent la question «d'où parlez-vous?» ne s'intéressent guère aux résultats concrets. Ils parlent beaucoup des textes, ils ne font jamais beaucoup parler les textes. Quand on tient une hypothèse aussi efficace que la nôtre, on a autre chose à faire qu'à répondre à la question «d'où parlez-vous?». On ne sait jamais d'où parle une hypothèse et cela n'a absolument aucune importance.

Dans le contexte de la révélation évangélique, la situation se présente un peu différemment. Je ne peux plus croire que l'hypothèse s'est présentée à moi le premier. Il ne s'agit que d'une re-découverte et elle s'inscrit dans le processus historique où s'inscrivent aussi les efforts antérieurs pour systématiser l'anthropologie et le désir. Je vois bien que tout est gouverné, en dernière analyse, par le texte évangélique lui-même, dans l'au-delà de l'inévitable lecture encore sacrificielle qui jaillit nécessairement de lui et de la crise mimétique subséquente.

Notre propre repérage de la victime fondatrice est entièrement déterminé par le repérage préalable et seul essentiel qu'opère le texte évangélique. Il y a lieu de penser que des aspects très importants nous échappent qui seront un jour révélés. Tout repérage de la vérité reste soumis au texte évangélique. Et le repérage actuel n'a pas à reposer sur un rapport privilégié à ce texte, ou même sur une puissance de lecture particulièrement remarquable. C'est par l'intermédiaire de l'histoire, indirectement déclenchée par lui, c'est grâce à la lente décomposition du christianisme sacrificiel que la lecture authentique du texte évangélique s'impose de plus en plus. Sous la pression des circonstances que nous avons nous-mêmes forgées, nous sommes irrésistiblement contraints de corriger l'erreur de la lecture sacrificielle. Comme nous avons refusé de prendre au sérieux les avertissements que ce texte nous adresse à propos de la violence, c'est sous l'aspect d'une violence désormais sans mesure, très logiquement, que la vérité de ce texte doit s'annoncer à nous. Cette violence sans mesure, en effet, apparaît pour la première fois comme purement humaine et non plus divine, sans que des conséquences irrémédiables en résultent aussitôt pour l'humanité démythologisée.

Toutes les données de l'anthropologie fondamentale dans son rapport à l'Écriture judéo-chrétienne sont désormais à la disposition de tous les hommes. Il n'y a plus qu'à rapprocher les uns des autres tous les textes, évangélique, ethnologique et historique, il n'y a qu'un ultime coup de pouce à donner, et tout bascule dans le sens non sacrificiel. Comme le coup de pouce se situe dans le prolongement de toutes les pensées critiques du XIXe et du XXe siècle, il fallait bien que quelqu'un finît par le donner.

La preuve que nous nous situons dans la même trajectoire historique que tous les gens dont nous avons parlé, c'est que nous les traitons avec le même esprit polémique et la même injustice allègre dont ils font preuve eux-mêmes envers leurs prédécesseurs. Comme eux, nous sommes mus par l'ambition mondaine de réfuter les pensées dominantes et de les supplanter. Notre seul avantage sur eux, c'est que nous nous trouvons en un point plus avancé sur une seule et même lancée historique qui s'accélère de plus en plus et qui mène à toujours plus de vérité.

J.-M. O. : Votre réponse à la question «d'où parlez-vous ?» ne peut pas satisfaire ceux qui toujours la posent. Elle repose sur une notion de l'histoire que le structuralisme et ses suites ne peuvent pas accepter. Ils n'y verront jamais qu'une régression subreptice vers une forme ou une autre d'hégélianisme.

R. G. : J'en ai bien peur. Et pourtant cette notion de l'histoire ne nous oblige pas à modifier ce que nous avons dit de l'hypothèse et de son caractère scientifique. L'hypothèse a un caractère scientifique parce qu'elle n'est pas directement accessible à l'intuition empirique ou phénoménologique. Pour l'esprit philosophique qui domine encore les méthodologies des sciences de l'homme, la notion même d'hypothèse est inconcevable. Tout reste soumis à un idéal de maîtrise immédiate, de contact direct avec les données qui constitue peut-être un aspect de ce qu'on appelle à notre époque «métaphysique de la présence». Une discipline ne devient vraiment scientifique qu'à partir du moment où elle renonce à cet idéal de maîtrise directe et où elle considère les données avec assez de détachement pour se demander si le principe à partir duquel elles deviendraient réellement systématisables n'est pas inaccessible à l'intuition directe.

L'esprit scientifique, en somme, c'est une espèce d'*humilitas* rusée qui accepte de s'écarter des données et de chercher au loin ce qu'il n'a pas été possible de découvrir au plus près. Pour l'esprit philosophique, s'écarter ainsi des données, c'est renoncer au seul savoir concevable qui est prise immédiate, saisie sans intermédiaire. L'écart qui supprime une certitude, en réalité trompeuse, assure au contraire la seule possibilité de vérification qui intéresse la science. Si l'hypothèse est assez éloignée des données pour rester séparée d'elles, il sera possible d'effectuer les confrontations, auparavant impossibles, qui peuvent seules nous apprendre si cette hypothèse est adéquate ou inadéquate.

G. L. : Il est intéressant d'observer que Lévi-Strauss, dans *la Pensée sauvage*, se livre à des considérations sur la pensée scientifique où la notion d'hypothèse ne joue aucun rôle. La pensée scientifique est définie comme pensée des ingénieurs[131]. En réalité, la vraie pensée scientifique est celle de la recherche pure qui formule des hypothèses, à partir desquelles certaines applications deviennent possibles. Les ingénieurs n'opèrent jamais qu'au niveau de ces applications.

R. G. : La critique des sciences de l'homme, dans *les Mots et les Choses* de Michel Foucault, s'appuie sur la notion de *doublet empirico-transcendantal*[132]. Ceci revient à dire que l'homme est à la fois l'objet et le sujet du savoir. C'est là une critique philosophique des méthodologies philosophiques dans les sciences de l'homme. C'est le vieil argument de l'œil qui ne peut pas se regarder lui-même, etc.

Cet argument, la science n'en a cure. Il ne tient aucun compte d'une possibilité jamais réalisée, certes, dans les sciences de l'homme mais nullement impensable, la possibilité d'un savoir hypothétique, au sens où la thèse de Darwin est hypothétique.

Il est impossible, certes, d'affirmer à l'avance qu'une hypothèse satisfaisante peut être découverte, ou même qu'elle existe. Si nous nous mettons en quête, c'est parce que les données religieuses et ethnologiques *paraissent* systématisables. Personne ne peut affirmer qu'elles le sont *avant qu'elles ne soient effectivement systématisées*.

L'esprit scientifique est expectative absolue. La preuve que cet esprit fait encore défaut dans les sciences de l'homme, c'est que personne ou presque, devant mon hypothèse, ne se demande : « Est-ce que ça marche ? » On m'oppose des objections théoriques et dogmatiques. La plupart des esprits restent dominés par la « métaphysique de la présence ».

J.-M. O. : Il faut pourtant que cette métaphysique soit ébranlée, si je suis votre raisonnement, pour que votre hypothèse devienne formulable, et soit ici même formulée. Tant que la philosophie reste puissante, toute pensée de l'hypothèse reste inconcevable. Pour que les sciences de l'homme accèdent au stade scientifique, il leur faut devenir hypothétiques et elles ne peuvent pas devenir hypothétiques tant que les méthodologies dogmatiques continuent à faire illusion.

R. G. : La fin des illusions quant à l'efficacité de ces méthodologies ne fait qu'un avec la fin de l'illusion métaphysique et philosophique. Je prends au sérieux, je l'ai déjà dit, l'idée que la philosophie a épuisé ses ressources. En réalité, il y a déjà longtemps que cet événement s'est produit, si c'en est un. La crise de la philosophie ne fait qu'un avec la crise de toutes les différences culturelles, mais ses effets sont longuement différés et les philosophes qui parlent toujours de la philosophie comme finie affirment en même temps qu'on ne peut pas penser en dehors d'elle. Je crois au contraire que la fin de la philosophie, c'est la possibilité, enfin, d'une pensée scientifique dans le domaine de l'homme, et en même temps, si étrange que cela paraisse, c'est le retour du religieux ;

c'est le retour du texte chrétien dans une lumière renou-
velée, non par une science qui lui serait extérieure mais
par le fait qu'il est lui-même cette science en train d'advenir dans notre monde.

Non seulement il est cette science mais il est aussi la
science de sa propre action à retardement, en vertu
d'une lecture fautive de lui-même, lecture dont on peut
voir qu'elle est prévue par lui, avec tous les effets de
différence qui en découlent. Il n'y a aucune contradiction 1) à présenter l'hypothèse de la victime émissaire
comme une hypothèse scientifique analogue à toutes les
autres, et 2) à affirmer en même temps que le surgissement de cette hypothèse est le fait d'une histoire gouvernée par le texte où figure l'hypothèse elle-même dans
sa formulation originelle, parfaitement explicite bien
que jamais repérée, paradoxalement, par les innombrables lecteurs de ce même texte.

G. L: On va vous dire, bien sûr, que c'est vous qui
vous perdez dans la métaphysique la plus irrationnelle.
Vous répondrez, je pense, que cette hypothèse totale,
c'est d'abord le moyen de rendre intelligibles non seulement les textes de l'ethnologie religieuse, mais le texte
du monde occidental et moderne, et en particulier d'expliquer l'apparition dans ce monde du «texte de persécution», et de ce qui en découle...

R. G. : Tout désormais est subordonné à l'hypothèse et
au texte qui la formule car tout devient lisible à leur
lumière.

Il y a des gens qui ne comprennent pas qu'on soit
amené à violer certains tabous de la pensée actuelle ; ils
ne comprennent pas que dans la recherche tout doit
être subordonné aux résultats. Ils transforment en idéologie des principes méthodologiques qui sont imposés
par un certain état du savoir et qui ne doivent pas
constituer des barrières aux progrès ultérieurs.

Les épigones mettent d'autant plus volontiers l'accent
sur les tabous méthodologiques du présent qu'ils se
situent eux-mêmes à l'arrière-garde du mouvement

qu'ils épousent et ils ne peuvent concevoir ce qui menace celui-ci que sous la forme d'une régression vers un passé dont ils sont encore mal dégagés. Interprétant le moment dont ils sont les témoins de façon trop absolue, ils ne voient pas qu'une nouvelle percée, rendue possible peut-être par cela même qu'ils embrassent de façon trop exclusive, va brusquement ramener dans le champ théorique tout ce que leur propre schéma paraissait définitivement éliminer. Pendant quelque temps, par exemple, on s'est imaginé, au moins en France, que toute perspective évolutionniste, toute dimension temporelle, était plus ou moins éliminée des sciences de l'homme par le synchronisme structuraliste. Demain, personne ne parlera plus de tout cela.

Depuis deux siècles environ, les seules pensées vigoureuses sont exclusivement critiques et destructrices. Elles accomplissent, je pense, mais jamais jusqu'au bout, contre le sens mythologique, une certaine lutte dont le premier et le plus essentiel témoignage, dans notre monde, reste ce que nous avons appelé « le texte de persécution »[133]. Ces pensées sont donc inséparables de la domination qu'exerce sur notre univers le texte judéo-chrétien. Ces pensées se dirigent toutes vers la révélation du mécanisme fondateur; elles tendent toutes, mais sans le savoir, à rejoindre ce qui est déjà formulé dans ce texte et à le rendre manifeste. Tout cela s'effectue par l'intermédiaire, encore, du désir mimétique et des impulsions sacrificielles. Toutes ces pensées dénoncent des formes de persécution particulières et elles les dénoncent aux dépens d'autres formes qui restent dans l'ombre et qui se perpétuent ou même qui s'aggravent.

Aussi bien dans les discours privés du délire et de la psychose que dans les discours politiques et sociologiques, la déconstruction du sens est inséparable de l'exhibition, encore unilatérale et vengeresse, de certaines victimes plutôt que de toutes. Le principe victimaire en tant qu'universel reste caché.

Ce qui caractérise nos discours, même les plus enjoués et les plus bienveillants en apparence, même ceux qui se veulent les plus insignifiants, c'est leur nature radicalement polémique. Les victimes sont toujours là et ce sont toujours des armes que chacun aiguise contre le voisin dans un effort désespéré pour se ménager, quelque part, serait-ce dans un avenir utopique indéterminé, une zone d'innocence qu'il habitera seul ou en compagnie d'une humanité régénérée. Ainsi, par un paradoxe bizarre mais logique, le sacrifice lui-même est l'enjeu de la lutte entre les doubles, chacun accusant les autres de s'y abandonner, chacun essayant de régler son compte au sacrifice par un dernier sacrifice qui expulserait le mal à jamais. « Jusqu'à Jean ce furent la Loi et les Prophètes ; depuis lors le Royaume de Dieu est annoncé et tous s'efforcent d'y entrer par violence » (Lc 16, 16).

Il fallait bien que cela arrive, puisque les hommes ne veulent pas renoncer au sacrifiel d'un commun accord, et tous ensemble. Mais toutes ces pensées ont accompli leur œuvre négative. Elles dépeçaient et dévoraient les formes sacrificielles qui les précédaient et il ne leur reste rien, désormais, à se mettre sous la dent ; elles ne peuvent plus que s'entre-détruire ; elles sont aussi mortes, désormais, que leurs victimes. Elles ressemblent à ces parasites qui finissent par périr, faute d'aliments, sur la carcasse des animaux qu'ils ont tués.

Cette faillite ne passe plus inaperçue, pas plus que la façon dont elle se produit, dans cette prodigieuse circularité du jugement qui, dans notre monde, se retourne infailliblement contre son auteur : « Tu ne jugeras pas, ô homme, car toi qui juges, tu fais la même chose. » Nous en avons sous les yeux un exemple colossal dont seuls les intellectuels les plus courageux commencent à prendre la mesure [134]. Des légions d'intellectuels, des générations entières se sont consacrées à dénoncer la complicité, souvent réelle, de leurs contemporains avec des formes sociales oppressives et tyranniques. Or, voici qu'ils se retrouvent eux-mêmes convaincus de complicité avec la plus épouvantable oppression, la plus formidable tyrannie qu'ait jamais enfantée la cruelle histoire des hommes.

À ce spectacle, nous sommes tentés de conclure que la pensée critique n'est jamais qu'une entreprise de justification personnelle et qu'il faut renoncer à elle car elle ne fait que dresser les hommes les uns contre les autres. Nous fuyons l'universel, nous souhaitons nous réfugier dans quelque régionalisme intellectuel, peut-être abjurer la pensée elle-même.

G. L. : La faillite de la modernité ne fait que se prolonger et s'amplifier dans l'immense vague de scepticisme qui lui succède.

R. G. : On nous dit qu'il n'y a pas de langage digne de foi en dehors des équations mortifères de la science d'une part et de l'autre une parole qui reconnaît sa propre futilité et se refuse ascétiquement à l'universel. Sur les conjonctions inouïes dont nous sommes les témoins, sur le rassemblement, toujours plus effectif, de l'humanité entière en une seule société, il n'y aurait rien à dire de décisif, rien même de pertinent. Tout cela n'aurait aucun intérêt. Il faudrait s'incliner devant les systèmes de l'infiniment grand et de l'infiniment petit, parce qu'ils font la preuve de leur puissance... explosive, mais il n'y aurait de place pour aucune pensée à hauteur d'homme, aucune réflexion qui aborderait de front l'énigme d'une situation historique sans précédent, la mort de toutes les cultures.

Vouer les hommes au non-sens et au néant au moment même où ils se donnent les moyens de tout anéantir en un clin d'œil; confier l'avenir du milieu humain à des individus qui n'ont d'autres guides désormais que leurs désirs et leurs «instincts de mort», voilà qui n'est pas rassurant, voilà qui en dit long sur l'impuissance de la science et des idéologies modernes à maîtriser les forces qu'elles ont mises à notre disposition.

Et ce scepticisme absolu, ce nihilisme de la connaissance se présente souvent de façon tout aussi dogmatique que les dogmatismes qui le précèdent. On refuse désormais toute assurance et toute autorité mais c'est sur un ton plus assuré et plus autoritaire que jamais.

On ne se défait d'un puritanisme, dans le monde

moderne, que pour tomber dans un autre. Ce n'est plus de sexualité qu'on veut priver les hommes, mais de quelque chose dont ils ont plus besoin encore, le sens. L'homme ne vit pas seulement de pain et de sexualité. La pensée actuelle, c'est la castration suprême, puisque c'est la castration du signifié. Tout le monde est là à surveiller son voisin pour le surprendre en flagrant délit de croyance en quoi que ce soit ; nous n'avons lutté contre les puritanismes de nos pères que pour tomber dans un puritanisme bien pire que le leur, le puritanisme de la signification qui tue tout ce qu'il touche autour de lui ; il dessèche tous les textes, il répand partout l'ennui le plus morne au sein même de l'inouï. Derrière son apparence faussement sereine et désinvolte, c'est le désert qu'il propage autour de lui.

J.-M. O. : Mais les retrouvailles avec le sens ne peuvent pas se faire sur la base mensongère du passé. La pensée critique que nous avons absorbée s'y oppose, et plus encore les catastrophes historiques du XXe siècle : la faillite des idéologies, les grands massacres totalitaires, et la paix actuelle exclusivement fondée sur la terreur unanime de l'atome. Tout cela rend à jamais caduques non seulement les illusions de Rousseau et de Marx mais tout ce qu'on pourra inventer encore dans le genre.

R. G. : Il importe énormément de retrouver un sens invincible et inexpugnable mais sans tricher ni avec les exigences qui viennent du monde terrible où nous vivons, ni avec celles qui s'imposent aux recherches les plus rigoureuses, le refus de tout ethnocentrisme par exemple, et même de tout anthropocentrisme...
Quelle est la pensée qui peut satisfaire à ces exigences ? Ce ne sera pas une pensée dérivée des maîtres du XIXe siècle, Hegel, Marx, Nietzsche et Freud. Il ne faut pas chercher non plus du côté des restes chétifs qui se réclament encore du christianisme, soit dans sa version directement sacrificielle, soit dans la version « progressiste » qui croit répudier le sacrifice mais qui en réalité en reste plus que jamais tributaire puisqu'elle

immole une grande partie de ce texte à un idéal dont elle ne voit pas, ô ironie, que ce texte est seul à l'atteindre. Le christianisme sacrificiel continue à brandir des foudres divines de plus en plus dérisoires tandis que son *double* progressiste étouffe complètement la dimension apocalyptique, se privant ainsi de l'atout majeur qu'il tient entre les mains, sous prétexte qu'il importe d'abord de *rassurer*... Il vaut mieux ne rien dire, je pense, de ceux qui, prenant l'Écriture judéo-chrétienne pour un cadavre, s'efforcent d'en ralentir la corruption par des injections massives de chloroforme freudo-marxiste structuralisé...

Nous essayons d'assumer les exigences du moment que nous vivons. Nous allons plus loin que nos prédécesseurs dans le refus de l'anthropocentrisme puisque nous enracinons notre anthropologie dans la vie animale.

Et c'est dans le prolongement de toutes les pensées critiques du XIXᵉ siècle et du XXᵉ siècle, et c'est en poussant plus loin encore qu'elles ne l'ont fait la surenchère iconoclaste du moderne que nous avons débouché non plus cette fois sur une modalité quelconque du principe victimaire, qui s'opposerait encore à d'autres modalités, mais sur la reconnaissance de ce principe lui-même, seul vraiment central et universel. La thèse de la victime fondatrice constitue l'aboutissement logique des grandes pensées athées du XIXᵉ siècle. Elle déconstruit entièrement le sacré de la violence ainsi que tous ses succédanés philosophiques et psychanalytiques.

Et c'est dans la même lancée que resurgit alors le texte judéo-chrétien qui paraissait de plus en plus semblable à tous les autres tant que la victime fondatrice n'était pas révélée. Il apparaît d'un seul coup comme radicalement autre du fait même que cette révélation s'est d'abord effectuée en lui, et que nous n'avons pas su la reconnaître ni l'assimiler, ainsi d'ailleurs qu'il l'a lui-même annoncé.

Ceux qui se déclarent partisans d'une intertextualité sans frontières arriveraient au même résultat s'ils suivaient jusqu'au bout le principe dont ils se réclament et s'ils incorporaient à leurs analyses le texte ethnologique, le texte religieux et le texte de persécution. Ils verraient bien alors que tout se systématise en fonction de la victime émissaire, mais qu'une nouvelle et unique différence jamais encore repérée ne peut manquer de surgir, entre les textes qui reflètent la méconnaissance du principe victimaire, tous mythiques ou dérivés de la mythologie, et la seule Écriture judéo-chrétienne qui révèle cette même méconnaissance.

On ne peut pas séparer de cette révélation, bien entendu, le dynamisme antisacrificiel dont l'Écriture judéo-chrétienne tout entière, en fin de compte, est animée. Nous avons pu distinguer dans la Bible une série d'étapes toujours orientées vers l'atténuation, puis vers la disparition complète des sacrifices. Ceux-ci doivent donc apparaître dans la lumière où les saisissait déjà, au moins dans sa jeunesse, le grand penseur biblique Moïse Maïmonide : ce ne sont pas des institutions éternelles et vraiment voulues par Dieu, mais des béquilles temporaires rendues nécessaires par la faiblesse de l'humanité. Ce sont des moyens imparfaits dont les hommes doivent finir par se défaire[135].

Thèse admirable et qui ne constitue qu'un témoignage parmi d'autres de l'inspiration non sacrificielle toujours perpétuée dans le judaïsme médiéval et moderne. Je ne peux m'empêcher de mentionner ici un principe talmudique fréquemment cité par les exégètes d'inspiration judaïque tels qu'Emmanuel Levinas ou André Neher et toujours qualifié par eux de «bien connu». D'après ce principe, tout accusé qui fait contre lui l'unanimité de ses juges doit être immédiatement relâché. L'unanimité accusatrice est suspecte en tant que telle ! Elle suggère l'innocence de l'accusé[136].

Ce principe mérite d'être mieux connu encore. Nos sciences humaines et, au premier chef, l'ethnologie ont bien besoin d'un peu plus de sensibilité aux vertus contagieuses, sacrificielles et mythologisantes de la suggestion mimétique…

Je reviens à mon thème principal et je constate qu'à partir de nos analyses, ce n'est pas le seul Ancien Testament, ce sont toutes les religions de l'humanité qui apparaissent comme des étapes intermédiaires entre l'animalité et l'enjeu de la crise actuelle, à savoir notre disparition définitive ou notre accession à des formes de conscience et de liberté que nous soupçonnons à peine, tout emmaillotés de mythes que nous sommes, mythes de la démystification désormais, que nous croyons mener à bien par nos propres moyens et qui nous entraînent droit vers la mort dès qu'il ne reste plus d'Autres à démystifier, dès que la vantardise et la vanité naïves font place à la terreur d'une violence entièrement démasquée.

Dans la perspective de l'humanité, donc, il y a continuité entre les expériences passées et l'expérience actuelle. Dans toutes les grandes crises il s'est toujours agi, en effet, de chasser la violence hors de la communauté, mais dans les religions et dans les humanismes de jadis, cette expulsion de la violence n'a jamais pu s'effectuer qu'en lui faisant sa part, c'est-à-dire aux dépens de victimes et d'un dehors humain de toute société humaine. Aujourd'hui il s'agit de quelque chose de très analogue et de très différent. Il s'agit toujours de rejeter la violence et de réconcilier les hommes, mais sans aucune violence cette fois et sans qu'il y ait de «dehors». C'est bien pourquoi la continuité entre toutes les religions, dans la perspective de l'homme, n'empêche nullement l'absence de tout contact, de toute compatibilité et de toute complicité entre le Logos aujourd'hui définitivement ruiné, celui de la violence sacrificatrice, et le Logos toujours sacrifié dont la pression sur nous augmente de jour en jour.

C'est là, il me semble, ce qu'il y a de plus merveilleux, cette rupture absolue d'une part, et de l'autre cette continuité qui peut nous réconcilier avec le passé humain dans son ensemble, et surtout avec le présent, avec notre propre culture, laquelle ne mérite ni l'idolâtrie qu'on lui réservait naguère ni les malédictions dont on l'accable aujourd'hui. N'est-il pas extraordinaire que la perspective la plus radicale sur notre histoire culturelle soit en fin de compte la seule tolérante, la seule bienveillante, la plus étrangère qui soit à cette politique idiote de la terre brûlée que pratiquent les intellectuels occidentaux depuis plus d'un siècle, ces enfants gâtés de la culture ? Je vois là le comble de la bonté et aussi, d'une certaine façon, le comble de l'humour.

Les penseurs chrétiens traditionnels ne reconnaissaient que la rupture entre le christianisme et tout le reste mais ils n'avaient pas les moyens de démontrer son existence. Les penseurs antichrétiens ne reconnaissent que la continuité mais sans comprendre sa véritable nature. Parmi les contemporains, je ne vois guère que Paul Ricœur à soutenir obstinément et à montrer que l'une et l'autre sont nécessaires, en particulier dans son beau travail sur *la Symbolique du mal*.

La lecture non sacrificielle de l'Écriture judéo-chrétienne et la pensée de la victime émissaire peuvent assumer la dimension apocalyptique du présent sans retomber dans les tremblements hystériques de la « fin du monde ». Elle nous fait voir que la crise actuelle n'est pas une impasse absurde où nous nous serions jetés sans raison, par une simple erreur de calcul scientifique. Au lieu de conférer des significations périmées à la situation nouvelle de l'humanité, ou de tout faire pour l'empêcher de signifier, cette lecture renonce aux échappatoires. Si nous nous sommes forgé nous-mêmes un destin aussi étrange, c'est pour rendre visibles simultanément ce qu'il en a toujours été de la culture humaine et la seule voie qui désormais nous reste ouverte, celle d'une réconciliation qui n'exclura personne et ne devra plus rien à la violence.

À la lumière de la lecture non sacrificielle, la crise actuelle n'est pas moins redoutable mais elle acquiert une dimension d'avenir, c'est-à-dire un sens réellement humain. Une humanité nouvelle est en gestation, à la fois très semblable et très différente de celle dont nos utopies agonisantes ont rêvé. Nous ne comprenions pas du tout et longtemps encore nous comprendrons mal ce dont l'humanité souffre et ce qu'il faut pour la libérer. Nous voyons déjà que rien ne sert de nous condamner les uns les autres ou de maudire notre passé.

J.-M. O. : Ce qui me frappe ici, c'est le refus des extrémismes jumeaux auquel aboutit partout et toujours la thèse du jeu mimétique et de la victime fondatrice; peut-être parce qu'étant seule radicalement révolutionnaire, elle nous libère de toutes les fausses oppositions dont les pensées actuelles ne peuvent se débarrasser. Sur le plan du désir, par exemple, la thèse nous délivre de cette terreur mystique, de cette sacralisation purement maléfique qui a dominé les siècles puritains pour être suivie, depuis la fin du XIXe siècle, par une sacralisation bénéfique, du surréalisme d'abord et d'un certain freudisme, prolongés de nos jours par d'innombrables épigones.

R. G. : Il faut voir, surtout, qu'il n'y a pas de *recettes*; il n'y a plus de *pharmakon*, même marxiste ou psychanalytique. Ce n'est pas de recettes, d'ailleurs, que nous avons besoin, ce n'est pas non plus d'être rassurés, c'est d'échapper à l'insensé. Si grande que soit en elles la part du «bruit et de la fureur qui ne signifient rien», les souffrances publiques et privées, les angoisses des malades mentaux, les luttes politiques, ne sont pas privées de sens. Ne serait-ce que parce qu'à chaque instant elles s'exposent à ce retournement ironique du jugement contre le juge qui rappelle l'implacable fonctionnement de la loi évangélique dans notre univers. Il faut apprendre à aimer cette justice dont nous sommes tous les victimes et les exécuteurs. La paix qui surpasse l'entendement humain ne peut surgir qu'au-delà de cette passion de «la justice et du jugement» que nous n'avons jamais fini de vivre, malheureusement, mais que nous confondons de moins en moins avec la totalité de l'Être.

Je crois que la vérité n'est pas un vain mot, ou un simple «effet» comme on dit aujourd'hui. Je pense que tout ce qui peut nous détourner de la folie et de la mort, désormais, a partie liée avec cette vérité. Mais je ne sais pas comment parler de ces choses-là. Seuls les textes et les institutions me paraissent abordables, et leur rapprochement me paraît lumineux sous tous les rapports.

Je reconnais sans gêne qu'il existe pour moi une dimension éthique et religieuse, mais c'est là un résultat de ma pensée, ce n'est pas une arrière-pensée qui gouverne la recherche du dehors. Il me semble toujours que si j'arrivais à communiquer l'évidence de certaines lectures, les conclusions qui s'imposent à moi s'imposeraient aussi autour de moi.

J'ai commencé à revivre en découvrant non pas la vanité totale mais l'insuffisance de la critique littéraire et ethnologique face aux textes littéraires et culturels qu'elle s'imagine dominer. C'était avant d'en arriver à l'Écriture judéo-chrétienne. Jamais je n'ai pensé que ces textes étaient là pour être contemplés passivement, comme des beautés naturelles, les arbres d'un paysage, par exemple, ou les montagnes dans le lointain. J'ai toujours espéré que le sens ne faisait qu'un avec la vie. La pensée actuelle nous entraîne vers la vallée des morts dont elle catalogue un à un les ossements. Nous sommes tous dans cette vallée mais il ne tient qu'à nous de ressusciter le sens en rapprochant les uns des autres tous les textes sans exception plutôt que certains d'entre eux seulement. Toute question de « santé psychologique » me paraît subordonnée à celle, plus vaste, du sens partout perdu ou menacé, mais qui n'attend pour renaître que le souffle de l'Esprit. Il ne s'en faut que de ce souffle désormais, pour susciter de proche en proche l'expérience d'Ézéchiel dans la vallée des morts :

La main de Yahvé fut sur moi, et il m'emmena par l'esprit de Yahvé et il me déposa au milieu de la vallée, une vallée pleine d'ossements. Il me la fit parcourir parmi eux en tous sens. Or les ossements étaient très nombreux sur le sol de la vallée et ils étaient complètement desséchés. Il me dit : « Fils d'homme, ces ossements vivront-ils ? » Je dis : « Seigneur Yahvé, tu le sais. » Il me dit : « Prophétise sur ces ossements. Tu leur diras : Ossements desséchés, écoutez la parole de Yahvé » Je prophétisai comme j'en avais reçu l'ordre. Or il se fit un bruit au moment où je prophétisais ; il y eut un frémissement et les os se rapprochèrent l'un de l'autre. Je regardai : ils étaient recouverts de nerfs, la chair poussait et la peau se tendait par-dessus, mais il n'y avait pas d'esprit en eux. Et il me dit : « Prophétise à l'esprit, prophétise, fils d'homme. Tu diras à l'esprit : Ainsi parle le Seigneur Yahvé. Viens des quatre vents, esprit, souffle sur ces morts, et qu'ils vivent. » Je prophétisai comme il m'en avait donné l'ordre, et l'esprit vint en eux, et ils reprirent vie et se mirent debout sur leurs pieds : grande, immense armée (Éz 37, 1-10).

chose existe qui, par sa hauteur, sa transcendance, est en droit

NOTES

LIVRE PREMIER

1. Traduction française : *la Religion des primitifs*, 119-121. Sur l'inutilité des théories générales, voir aussi la Préface de Georges Dumézil à Mircea Eliade, *Traité d'histoire des religions*, 5-9. Les observations analogues abondent, également, dans l'œuvre de Claude Lévi-Strauss.

2. *Les Lois de l'imitation*.

3. Le potlatch est «le système des dons échangés dans le nord-ouest américain». Marcel Mauss, *Essai sur le don. Sociologie et Anthropologie*, 194-227.

4. *La Violence et le Sacré*, 27-47.

5. *Ibid.*, 86-101.

6. Sur le rapport de doubles, voir III, chap. II, A.

7. «Typographie», dans *Mimesis*, 231-250. Sur l'incohérence irréductible de la mimésis chez Platon, il faut lire la note 8 de «la Double Séance», dans Jacques Derrida, *l'Écriture et la différence*, 211-213.

8. Thomas Rymer, «Against Othello» in *Four Centuries of Shakespearian Criticism*, 461-469. Sur Cervantès, voir Cesareo Bandera, *Mimesis conflíctiva*.

9. Claude Lévi-Strauss, *l'Homme nu*, 559-621.

10. Pierre Marient, *Contrepoint* 14, 1974, 169 : «Une fois la mise à mort accomplie, il n'y a aucune raison pour que la violence ne recommence pas *immédiatement*. Les hommes ne peuvent connaître la paix que par la connaissance d'un monde commun : la théorie de René Girard laisse les hommes entre eux après le meurtre : seulement il en manque un. Les hommes ne peuvent connaître de paix que si en dehors d'eux quelque chose existe qui, par sa hauteur, sa transcendance, est en droit

de requérir leur obéissance, en dignité d'appeler leurs désirs.»
La citation résume bien le malentendu au sujet du meurtre fondateur qui est compris comme une *idée* et non comme le seul
mécanisme capable justement de structurer pour tous ses héritiers culturels un monde commun et une «transcendance» qui
passe pour «requérir leur obéissance».

11. Lv 16, 5-10.

12. Claude Lévi-Strauss, *l'Homme nu*, 600-610.

13. Voir I, chap. IV.

14. *Les Formes élémentaires de la vie religieuse*, 49-58.

15. 150-166; 419-425.

16. *The Golden Bough*, 662-664.

17. Luc de Heusch, *Essais sur le symbolisme de l'inceste
royal en Afrique*, 61-62.

18. Claude Lévi-Strauss, *l'Homme nu*, 600-610.

19. *Mimesis*.

20. *Gesammelte Werke* XVI, 195.

21. Evans-Pritchard, «The Divine Kingship of the Shilluk of
the Nilotic Sudan», *Social Anthropology and other Essays*, 205.

22. 170-179; 389-394.

23. N.G. Munro, *Ainu Creed and Cult*; Carleton S. Coon,
The Hunting People, 340-344.

24. Alfred Métraux, «l'Anthropophagie rituelle des Tupinamba», *Religions et magies indiennes d'Amérique du Sud*,
45-78; *la Violence et le Sacré*, 379-388.

25. Sur la chasse et l'hominisation, voir Serge Moscovici, *la
Société contre nature*.

26. 39.

27. *Totem und Tabu, Gesammelte Werke* IX, 5-25.

28. Lévi-Strauss voit parfaitement qu'il en est des femmes
comme des aliments et des autres biens échangés mais il assimile aussitôt tous ces «objets» à des commodités au sens
moderne. Comme toujours, il élimine ou minimise le rôle du
religieux dans la genèse des institutions humaines. *Les Structures élémentaires de la parenté*, 40-51.

29. A.M. Hocart, *Kings and Councillors*, 262 *sq.*

30. Voir I, chap. IV, A.

31. *Sociologie et Anthropologie*, 152 *sq.*

32. Francis Huxley, *Affable Savages*, 242.

33. Voir II, chap. I, C 2.

34. Pour un panorama récent des sujets abordés ici, le
lecteur peut recourir aux essais rassemblés dans *l'Unité de
l'homme*, ainsi qu'à l'ouvrage très vivant d'Edgar Morin, *le
Paradigme perdu: la nature humaine*. Il trouvera dans ces deux
ouvrages des indications bibliographiques.

35. «Tools and Human Evolution», *Culture and the Evolution of Man*, 13-19.

36. «Ecology and the Protohominids», *Culture and the Evolution of Man*, 29.

37. Weston La Barre, *the Human Animal*, 104.

38. Edgar Morin, *le Paradigme perdu*, 213 *sq*.

39. 194.

40. Konrad Lorenz, *Das sogennante Böse: Zur Naturgeschichte der Aggression*, chap. XI.

41. 34; 58-59.

42. 27-37. Dans *le Totémisme aujourd'hui*, l'analyse des mythes est subordonnée au dessein principal de l'ouvrage qui est de discréditer la notion de «totémisme». Elle n'en est pas moins typique de la méthode de Lévi-Strauss et la preuve, c'est qu'on en retrouve de très semblables dans *Mythologiques*, notamment celles dont je vais faire état dans ma propre analyse. Lévi-Strauss lui-même fait le rapprochement avec les deux mythes ojibwa et tikopia; c'est à la même conclusion qu'il aboutit dans les deux cas (*le Cru et le Cuit*, 58-63).

43. 230.

44. *Le Cru et le Cuit*, 60-61.

45. Voir I, chap. II, E.

46. Theodor Koch-Grünberg, *Zwei Jahren unter den Indianen...*, 292-293.

47. *The Evil Eye, passim*.

48. *Le Cru et le Cuit*, 61.

49. Johannes Nohl, *The Black Death*; Philip Ziegler, *The Black Death*, 96-109; Michael Dols, *The Black Death in the Middle East*; Ernest Wickersheimer, «Les accusations d'empoisonnement portées pendant la première moitié du XIVᵉ siècle contre les lépreux et les juifs; leur relation avec les épidémies de peste», *Comptes rendus du IVᵉ congrès international d'histoire de la médecine*, 76-83.

50. *Dictionnaire Littré*, article «émissaire».

51. *The Golden Bough*, 625. Trad. franç. *le Bouc émissaire*, 1.

52. «La Structure mythico-théâtrale de la royauté japonaise», *Esprit*, février 1973, 315-342.

53. 19-22, 86 ; 475-476 ; 492-495. Il faut rapprocher, bien entendu, les thèses de Max Weber de celle de Nietzsche dans *l'Antéchrist* et ailleurs.

54. 54-72. La critique du culte sacrificiel par le prophétisme pré-exilique est minimisée par la plupart des exégètes, qu'ils soient d'inspiration religieuse ou antireligieuse, judaïque ou chrétienne, protestante ou catholique. On cherche à montrer que les prophètes ne s'opposent qu'à un «syncrétisme culturel» jugé par eux hétérodoxe et que leur but principal est de centraliser le culte à Jérusalem. En réalité, les textes sont trop nombreux et trop explicites pour permettre le moindre doute. Voir par exemple Is 1, 11-16 ; Jr 6, 20 ; Os 5, 6 ; 6, 6 ; 9, 11-13 ; Am 5, 21-25 ; Mi 6, 7-8.

Contre les sacrifices, ces prophètes recourent à des arguments historiques ; ils opposent à la profusion sacrificielle de leur époque décadente l'époque idéale des rapports entre Yahvé et son peuple, celle de la vie au désert pendant laquelle l'absence du bétail rendait les sacrifices impossibles (Am 6, 25 ; Os 2, 16-17 ; 9, 10 ; Jr 2, 2-3). C'est donc le principe même du sacrifice qu'ils refusent. Et la raison profonde de ce refus apparaît dans le rapprochement entre le sacrifice animal et le sacrifice des enfants, chez Michée, par exemple, qui perçoit derrière l'inflation sacrificielle une surenchère qui, en dernière analyse, est toujours celle de la violence réciproque et du désir mimétique :

> — Avec quoi me présenterai-je devant Yahvé,
> me prosternerai-je devant le Dieu de là-haut ?
> Me présenterai-je avec des holocaustes,
> avec des veaux d'un an ?
> Prendra-t-il plaisir à des milliers de béliers,
> à des libations d'huile par torrents ?
> Faudra-t-il que j'offre mon aîné pour prix de mon forfait,
> le fruit de mes entrailles pour mon propre péché ?
> — On t'a fait savoir, homme, ce qui est bien,
> ce que Yahvé réclame de toi :
> rien d'autre que d'accomplir la justice,
> d'aimer avec tendresse
> et de marcher humblement avec ton Dieu (Mi 6, 6-8).

À la grotesque et menaçante surenchère des immolations, le prophète oppose la quintessence de la loi, l'amour du prochain.

Si Ézéchiel est à nouveau sacrificiel, c'est parce qu'à son époque, de toute évidence, les sacrifices n'avaient pas plus qu'une valeur cérémonielle et archéologique. La crise mimétique reste «sacrificielle» au sens large; elle n'est plus sacrificielle au sens strict, celui des immolations rituelles.

55. «Der Erstgeborene Satans und der Vater des Teufels», *Apophoreta*, 70-84.

56. Voir I, chap. II, F.

57. P. Wendland, «Jesus als Saturnalien-König», *Hermes* XXXIII, 175-179.

58. Frazer, *le Bouc émissaire*, 366.

59. *The Acts of the Apostles*, 69 (Anchor Bible).

60. *Ephesians*, I, 170-183 (Anchor Bible).

61. Jean Daniélou, *Origène*, 265.

62. *The Quest of the Historical Jesus*, 330-403 et *passim*.

63. 69.

64. *Eros et Agape*.

65. 55.

66. *Theology of Culture*, 66.

67. Au sujet de la violence collective dans les psaumes et dans les autres livres de la Bible, il faut consulter les excellentes analyses de Raymund Schwager dans un ouvrage à paraître: *Jesus, der Sohn Gottes als Sündenbock der Welt*.

68. Dans certains écrits patristiques on constate des résistances à la lecture sacrificielle. Voici par exemple un passage caractéristique de Grégoire de Naziance:

Pourquoi le sang du Fils unique serait-il agréable au Père qui n'a pas voulu accepter Isaac offert en holocauste par Abraham, mais remplaça ce sacrifice humain par celui d'un bélier? N'est-il pas évident que le Père accepte le sacrifice non parce qu'il l'exige ou en éprouve quelque besoin, mais pour réaliser son dessein: il fallait que l'homme fût sanctifié par l'humanité de Dieu, il fallait que lui-même nous libérât en triomphant du tyran par sa force, qu'il nous rappelât vers lui par son Fils... Que le reste soit vénéré par le silence.

Cité par Olivier Clément, «Dionysos et le ressuscité», *Évangile et révolution*, 93. Texte dans *Patrologiae Graecae* XXXVI, Oratio XLV, 22, 654.

À l'article «sacrifice» le *Dictionnaire de théologie catholique* de Vacant et Mangenot reconnaît que le texte évangélique, au sujet du sacrifice «... est très sobre: le mot sacrifice n'y est pas prononcé». L'auteur conclut pourtant au sacrifice sur la foi du «don total de soi-même» par le Christ. C'est ce don total de soi-même justement qu'il faut interpréter dans un sens non sacrificiel. Ou si on tient absolument au mot «sacrifice», il faudrait pouvoir y renoncer pour tous les sacrifices, sauf pour la passion, ce qui est évidemment impossible.

69. 131.

70. *La Source grecque*, 57-64 et *passim* dans plusieurs autres ouvrages.

71. C'est un aveuglement fondamental au texte évangélique comme lieu de la révélation victimaire que les présentes réflexions s'efforcent de dégager, aveuglement commun, d'ailleurs, à la méthode sémiotique et à toutes les autres méthodes d'exégèse. Dans cette perspective, la deuxième partie intitulée «Sémiotique du traître», 97-199, dans l'ouvrage de Louis Marin *Sémiotique de la passion*, acquiert une importance particulière. Les présentes réflexions sont également influencées par des conversations avec Gérard Bucher de l'Université de New York à Buffalo. Le fait qu'elles se limitent à leur objectif principal leur fait négliger les aspects positifs non seulement de l'ouvrage directement mis en cause mais, implicitement aussi, des autres essais qui se réclament de la même méthode ou de méthodes analogues. Leur auteur tient à souligner que ces aspects ne lui échappent pas. Il est sensible à l'effet de rigueur et de mise en ordre générale produit par ces méthodes ainsi qu'aux intuitions remarquables des chercheurs qui les utilisent, de façon toujours très personnelle.

Ces remarques valent non seulement pour la *Sémiotique de la passion* mais pour *le Récit évangélique* de Claude Chabrol et Louis Marin. Il y a aussi beaucoup de choses à retenir dans les essais d'*Analyse structurale et exégèse biblique*, notamment dans les deux belles études de Roland Barthes, «la Lutte avec l'ange», 27-39, et de Jean Starobinski, «le Démoniaque de Gérasa», 63-94. (R. G.)

72. Vladimir Propp, *Morphologie du conte populaire russe*.

73. Joseph Klausner, *Jesus of Nazareth*.

74. Sur les questions qui se posent ici, la réflexion technique, politique et sociologique est très abondante, mais les interprétations philosophiques et religieuses sont à peu près inexistantes. Les allusions sont innombrables mais elles se limitent généralement à quelques phrases banalement éplorées. Il faut lire les ouvrages de Hannah Arendt et aussi de Karl Jaspers, *la Bombe atomique et l'avenir de l'homme*. Voir surtout Michel Serres, *la Traduction*, pp. 73-104.

75. *Foi et Compréhension*. Voir en particulier l'essai sur «Histoire et eschatologie dans le Nouveau Testament», 112-127. Sur les mêmes problèmes mais dans un esprit souvent fort différent, voir les essais réunis dans *Herméneutique et Eschatologie*, éd. par Enrico Castelli. Voir aussi Joseph Pieper, *la Fin des temps*.

76. Sur tous ces thèmes, il faut lire les réflexions de Jean-Marie Domenach dans *le Retour du tragique*.

77. Jean Brun, *le Retour de Dionysos*.

78. Martin Heidegger, *Introduction à la métaphysique*, 135.

79. *Ibid.*, 142.

80. *Ibid.*, 128-144; «Logos», *Essais et Conférences*, 249-278.

81. *From Stone Age to Christianity*, 371.

82. Raymond Brown, *the Gospel According to John*, I, 4 (Anchor Bible).

83. Henri de Lubac, *Exégèse médiévale*; Paul Claudel, *Introduction au livre de Ruth*, 19-121. Voir aussi le remarquable essai de Erich Auerbach, «Figura», *Scenes of European Literature*, 11-76.

84. *Éros et Agape*.

85. 35.

LIVRE III

86. Gregory Bateson, «Toward a Theory of Schizophrenia», dans *Steps to an Ecology of Mind*, 201-227. Voir aussi les autres articles de cet ouvrage, notamment «Minimal Requirements for a Theory of Schizophrenia», 244-270, et «Double Bind, 1969», 271-278.

87. *Naven*, 175-197.

88. Paul Watzlavick *et al.*, *Pragmatics of Human Communication*, 73-230.

Anthony Wilden se livre à une tentative intéressante de critique réciproque et de conciliation entre la *Communication Theory* et les travaux de l'école structuraliste française, notamment Jacques Lacan. La plupart de ces essais sont réunis dans *System and Structure*.

89. C'est pourquoi Lévi-Strauss avait raison jusqu'ici d'affirmer qu'une démarche scientifique, en anthropologie, ne pouvait pas tenir compte du désir.

90. *À l'ombre des jeunes filles en fleurs*, *À la recherche du temps perdu* I, 788-789.

91. Émile Benveniste, *le Vocabulaire des institutions indo-européennes*, II, 57-69. *La Violence et le Sacré*, 212-215.

92. *Le Paradigme perdu*, 109-127.

93. *The Devils of Loudun*.

94. Parmi les nombreux travaux de Charles Pidoux, voir

notamment : *les États de possession rituelle chez les mélano-africains*, l'Évolution psychiatrique, 1955, 11, 271-283.

95. On consultera avec profit l'ouvrage magistral de Henri F. Ellenberger, *The Discovery of the Unconscious*, New York : Basic Books, 1970 ; ainsi que l'intéressante étude de Dominique Barrucand, *Histoire de l'hypnose en France*, P.U.F., 1967.

96. Pierre Janet, *Névroses et Idées fixes*, 427-429.

97. Lire sur ce point l'excellente étude de Claude M. Prévost, *Janet, Freud et la Psychologie clinique*, Payot, 1973.

98. Les premiers travaux d'Henri Faure sur ce sujet sont résumés dans son ouvrage : *Cure de sommeil collective et psychothérapie de groupe*, Masson, 1958. Depuis, de nombreuses recherches se sont poursuivies sous sa direction dans le service de psychiatrie infanto-juvénile de Bonneval, et n'ont pas encore été publiées.

99. I.M. Lewis, *Ecstatic Religion*, 73-75. Michel Leiris, *la Possession et ses aspects théâtraux chez les Éthiopiens de Gondar*. Il faut lire également le chapitre VIII de *Psychologie collective et analyse du moi* sur les rapports entre la passion amoureuse et l'hypnose : « Verliebtheit und Hypnose », *Gesammelte Werke* XIII, 122-128. Les premiers écrits de Freud sur l'hypnose sont réunis dans le volume I de la *Standard Edition*.

100. R.A. Hinde, « la Ritualisation et la communication sociale chez les singes Rhésus », *le Comportement rituel chez l'homme et l'animal*, 69, Konrad Lorenz, *On Aggression*, 130-131.

101. Mircea Eliade, *Rites and Symbols of Initiation*, 68-72.

102. « Dostojewski und die Vatertötung », *Gesammelte Werke* XIV, 397-418.

103. *Gesammelte Werke* XIV, 407-408.

104. *Mensonge romantique et vérité romanesque*, 50-52.

105. *Œuvres* II, 810.

106. *Gesammelte Werke* X, 154.

107. *Gesammelte Werke* XIII, 75-161 (*Massenpsychologie und Ich-Analyse*) ; 237-289 (*Das Ich und das Es*). *La Violence et le Sacré*, 235-264.

108. *L'Anti-Œdipe* ; R. Girard, « Système du délire ».

109. *Gesammelte Werke* X, 154.

110. *Gesammelte Werke* X, 155-156.

111. Sigmund Freud et Lou Andreas-Salomé, *Briefwechsel*. Paul Roazen, *Brother Animal, The Story of Freud and Tausk*, ouvre la voie à une exploration plus complète des rapports interdividuels au sein du groupe de Freud. Il y a beaucoup de remarques suggestives de ces rapports dans Marthe Robert, *la*

Révolution psychanalytique. Sur le narcissisme, les contributions d'André Green, Guy Rosolato, Hubert Damisch et bien d'autres, dans *Narcisses, Nouvelle revue de psychanalyse 13* me paraissent fourmiller d'intuitions parfois saisissantes mais à l'intérieur d'un cadre qui ne peut manquer de restreindre leur portée car il reste celui que nous sommes en train de critiquer. Voir aussi François Roustang, *Un destin si funeste.*

112. *Gesammelte Werke* XII.

113. *À l'ombre des jeunes filles en fleurs*, *À la recherche du temps perdu* I, 788-795.

114. R. Girard. *Perilous Balance*: *A Comic Hypothesis*. Sur les éléments de «révélation sacrificielle» dans la pensée de Baudelaire, voir: Pierre Pachet, *le Premier Venu.*

115. Gallimard, 1952. 3 vol.

116. *Gesammelte Werke* XIV, 415, 418.

117. *Du côté de chez Swann*, *À la recherche du temps perdu* I, 67-68; 119-133.

118. *Mensonge romantique et vérité romanesque*, 289-312.

119. *Jean Santeuil* III, 66-73; *Du côté de Guermantes*, *À la recherche du temps perdu* II, 37-44.

120. Jacques Lacan, *Écrits.*

121. *Gesammelte Werke* XIII, 14.

122. *Essais de psychanalyse*, 26-27; *Gesammelte Werke* XIII, 20-21.

123. Voir III, chap. IV, B.

124. Michel Serres, *la Traduction*, 73-104.

125. Voir III, chap. IV, G.

126. Voir notamment «le Requiem structuraliste», 75-89.

127. Francisco Zorell, *Lexicon Graecum Novi Testamenti*, 1206-1207.

128. *Ancien Testament* I, 348; *Bible de Jérusalem*, 125.

129. Voir I, chap. IV.

130. R. Girard, «Superman in the Underground», *M.L.N.*, Decembre 1976, 1169-1185.

131. *La Pensée sauvage*, 25-35.

132. 329-333.

133. Voir I, chap. V, B.

134. André Glucksmann, *les Maîtres penseurs*; Bernard-Henry Lévy, *la Barbarie à visage humain.*

135. *The Guide for the Perplexed*, XXXII, 322-327.

136. Plus extraordinaire encore, faut-il le souligner, est «le célèbre apophtegme talmudique», cité lui aussi par Emmanuel Levinas dans *Difficile Liberté*, 119: «Le jour où on répétera la vérité sans dissimuler le nom de celui qui l'a énoncée le premier, le Messie viendra.»

BIBLIOGRAPHIE

Albright William Foxwell, *From Stone Age to Christianity*, New York: Doubleday, 1957.

Arendt Hannah, *The Origins of Totalitarism*, New York Harcourt, 1966.
— *On Violence*, New York: Harcourt, 1970.

Auerbach Eric, *Scenes of European Literature*, New York: Meridian Books, 1959.

Balandier Georges, *Anthropologie politique*, Presses universitaires de France, 1967.
— *Sens et Puissance*, Presses universitaires de France, 1971.

Bandera Cesareo, *Mimesis conflíctiva*, Madrid, Gredos, 1975.

Barth Karl, *Das Wort Gottes und die Theologie*, Munich: Kaiser, 1925.

Barth Markus, *Ephesians*, Anchor Bible, New York: Doubleday, 1974. 2 vol.

Barthes Roland, « La lutte avec l'ange », *Analyse structurale et exégèse biblique*, Neuchâtel: Delachaux et Niestlé, 1971. 27-39.

Bartholomew Jr., George A., et Joseph Birdsell, « Ecology and the Protohominids », *Culture and the Evolution of Man*, New York: Oxford University Press, 1962. 20-37.

Bateson Gregory, *Steps to an Ecology of the Mind*, New York: Ballantine Books, 1972.
— *Naven*, Stanford University Press, 1972.

Benveniste Émile, *Le Vocabulaire des institutions indo-européennes*, Minuit, 1969. 2 vol.

591

Bernheim Henri, *Hypnotisme et suggestion*, Doin, 1910.

Brown Raymond, *The Gospel according to John*, Anchor *Bible*, New York : Doubleday, 1966-1970. 2 vol.

Brun Jean, *Le Retour de Dionysos*, Desclée, 1969.

Bultmann Rudolf, *Foi et Compréhension*, Seuil, 1969.
— *Primitive Christianity*, New York : Meridian Books, 1956.

Burkert Walter, *Homo Necans : Interpretationen altgrie-chischen Opferriten und Mythen*, Berlin, New York : De Gruyter, 1972.

Caillois Roger, *L'Homme et le Sacré*, Gallimard, 1950.
— *Les Jeux et les Hommes*, Gallimard, 1958.
— *La Dissymétrie*, Gallimard, 1973.

Camus Albert, *La Chute*, Gallimard, 1956.

Caplow Theodore, *Two against One, Coalitions in Triads*, Englewood Cliffs, New Jersey : Prentice-Hall, 1968.

Castelli Enrico, éd., *Herméneutique et eschatologie*, Aubier, 1971.

Chabrol Claude et Louis Marin, *Le Récit évangélique*, Aubier, 1974.

Charcot J.-M., *Leçons du Mardi à la Salpêtrière*, Progrès médical, 1892.

Claudel Paul, « Du sens figuré de l'Écriture », *Introduction au livre de Ruth*, Gallimard, 1952. 19-121.

Clément Olivier, « Dionysos et le ressuscité », *Évangile et Révolution*, Centurion, 1968.

Coon Carleton S., *The Hunting People*, Boston : Little, Brown, 1971.

Cullmann Oscar, *Christologie du Nouveau Testament*, Neuchâtel : Delachaux et Niestlé, 1968.

Dahl N.A., « Der Erstgeborene Satans und der Vater des Teufels », *Apophoreta* (Maenchen Festschrift), Berlin : Töpelmann, 1964. 70-84.

Damisch Hubert, « D'un Narcisse à l'autre », *Nouvelle revue de psychanalyse 13*, Gallimard, 1976. 109-146.

Daniélou Jean, *Origène*, Table ronde, 1948.

Darwin Charles, *The Origin of Species*, Sixth Edition, London : John Murray, 1888.

— *The Expression of the Emotions in Man and Animals*, The University of Chicago Press, 1965.

Deleuze Gilles et Félix Guattari, *L'Anti-Œdipe*, Minuit, 1972.

Derrida Jacques, *La Dissémination*, Seuil, 1972.

Dodd C.H., *The Interpretation of the Fourth Gospel*, London : Cambridge University Press, 1953.

Dols Michael W., *The Black Death in the Middle East*, Princeton University Press, 1977.

Domenach Jean-Marie, *Le Retour du tragique*, Seuil, 1967.

— *Le Sauvage et l'Ordinateur*, Seuil, 1976.

Dostoïevski Fiodor, *L'Éternel Mari*, dans *l'Adolescent*, Gallimard, Bibliothèque de la Pléiade, 1956. 949-1097. Trad. fr. par Boris de Schloezer.

Douglas Mary, *Purity and Danger*, Baltimore : Penguin Books, 1970.

Durkheim Émile, *Les Formes élémentaires de la vie religieuse*, Presses universitaires de France, 1968.

Eliade Mircea, *Rites and Symbols of Initiation*, New York : Harper, 1965.

— *Traité d'histoire des religions*, Payot, 1970.

Evans-Pritchard E. E., *Social Anthropology and Other Essays*, New York : Free Press, 1964.

— *Theories of Primitive Religion*, New York : Oxford Press, 1965. Trad. fr. *La Religion des primitifs*, Payot, n.d.

Faure Henri, *Hallucinations et Réalité perceptive*, P.U.F., 1969.

— *Les Appartenances du délirant*, P.U.F., 1966.

Firth Raymond, *We, the Tikopia*, Boston : Beacon Press, 1936.

— *Tikopia Ritual and Belief*, Boston : Beacon Press, 1967.

Flaubert Gustave, *Œuvres*, Gallimard, Bibliothèque de la Pléiade, 1952. 2 vol.

Foucault Michel, *Les Mots et les Choses*, Gallimard, 1966.

Frazer James George, *The Golden Bough*, London : Macmillan, 1911-1915. 12 vol. La pagination dans les notes est celle de *The Golden Bough*, one vol. édition, New York: Macmillan, 1963.

— *Le Bouc émissaire*, traduit par Pierre Sayn, Paul Geuihner, 1925. (Traduction de certains chapitres de *The Golden Bough*.)

— *Folklore in the Old Testament*, New York: Hart, 1975.

Freud Sigmund, *Gesammelte Werke*, London: Imago, 1940-1952. 17 vol.

— *The Standard Edition of the Complete Psychological Works*, ed. et trad. par James Strachey, London: Hogarth, 1953-1966. 24 vol.

— *Essais de psychanalyse*, trad. par S. Jankélévitch, Payot, 1963.

Freud Sigmund et Lou Andreas-Salomé, *Briefwechsel*, Frankfurt: Fischer, 1966.

Girard René, *Mensonge romantique et vérité romanesque*, Grasset, 1961.

— *La Violence et le Sacré*, Grasset, 1972.

— *Critique dans un souterrain*, Lausanne: L'Âge d'homme, 1976.

— «Myth and Ritual in a Midsummer Night's Dream», *The Harry F. Camp Memorial Lecture*, Stanford University, 1972.

— «Perilous Balance: a Comic Hypothesis», *M.L.N.*, 1972, 811-826.

— «Vers une définition systématique du sacré», *Liberté*, Montréal, 1973, 58-74.

— «Discussion avec René Girard», *Esprit* 429: novembre 1973, 528-563.

— «The Plague in Literature and Myth», *Texas Studies XV* (5), 1974, 833-850.

— «Les Malédictions contre les Pharisiens et l'interprétation évangélique», *Bulletin du centre protestant d'études*, Genève, 1975.

— «Differentiation and Undifferentiation in Lévi-Strauss and Current Critical Theory», *Contemporary Literature XVII*, 1976, 404-429.

— «Superman in the Underground: Strategies of

Madness — Nietzsche, Wagner and Dostoevsky», *M.L.N.*, 1976, 1161-1185.

Glucksmann André, *Les Maîtres Penseurs*, Grasset, 1977.

Green André, « Un, autre, neutre : valeurs narcissiques du même », *Nouvelle revue de psychanalyse 13*, Gallimard, 1976, 37-79.

Grégoire de Naziance, Oratio XLV, « In Sanctum Pascha », *Patrologiae Graecae* XXXVI, éd. par J. P. Migne, Garnier, 1886.

Hastings James, *Encyclopaedia of Religion and Ethics*, New York : Scribner's.

Heidegger Martin, *Essais et Conférences*, Gallimard, 1958.

— *Introduction à la métaphysique*, Gallimard, 1958.

Heusch Luc de, *Essai sur le symbolisme de l'inceste royal en Afrique*, Bruxelles : Université libre, 1958.

Hinde R. A., « La ritualisation et la communication sociale chez les singes Rhésus », *Le Comportement rituel chez l'homme et l'animal*, éd. par Julian Huxley, Gallimard, 1971, 63-75.

Hocart A. M., *Kings and Councillors*, University of Chicago Press, 1970.

Huxley Aldous, *The Devils of Loudun*, New York : Harper, 1952.

Huxley Francis, *Affable Savages*, New York : Capricorn, 1966.

Huxley Julian, éd., *Le Comportement rituel chez l'homme et l'animal*, Gallimard, 1971.

Janet Pierre, *Névroses et Idées fixes*, Alcan, 1898. 2 vol.

Jaspers Karl, *La Bombe atomique et l'Avenir de l'homme*, Buchet Chastel, 1963.

Kermode Frank, ed., *Four Centuries of Shakespearean Criticism*, New York : Avon, 1965.

Klausner Joseph, *Jesus of Nazareth*, traduit de l'hébreu par Herbert Dandy, Boston : Beacon Press, 1964.

Koch-Grünberg Theodor, *Zwei Jahren unter den Indianen : Reisen in Nordwest-Brasilien 1903-1905*, Berlin : Ernst Wasmuch, 1910.

Kourilsky Raoul, André Soulairac et Pierre Grapin,

Adaptation et Agressivité, Presses universitaires de France, 1965.

Kraüpl Taylor F. et J.-H. Rey., «The Scapegoat Motif in society and its Manifestations in a Therapeutic Group», *International Journal of Psychoanalysis* XXXIV, 1953, 253-264.

La Barre Weston, *The Human Animal*, University of Chicago Press, 1954.

Lacan Jacques, *Écrits*, Seuil, 1966.

Jacoue-Labarthe Philippe, «Typographie», *Mimésis des articulations*, Aubier-Flammarion, 1975, 167-270.

Laplanche J. et J.-B. Pontalis, *Vocabulaire de la psychanalyse*, Presses universitaires de France, 1967.

Van der Leeuw G., *La Religion dans son essence et ses manifestations*, Payot, 1970.

Leiris Michel, *La Possession et ses aspects théâtraux chez les Éthiopiens de Gondar*, (L'Homme : Cahiers d'ethnologie, de géographie et de linguistique), Plon, 1958.

Leroi-Gourhan André, *Le Geste et la Parole*, Albin-Michel, 1964. 2 vol.

Lévi-Strauss Claude, *Les Structures élémentaires de la parenté*, Presses universitaires de France, 1949.
— *Le Totémisme aujourd'hui*, Presses universitaires de France, 1962.
— *La Pensée sauvage*, Plon, 1962.
— *Le Cru et le Cuit*, Plon, 1964.
— *L'Homme nu*, Plon, 1971.

Levinas Emmanuel, *Difficile Liberté*, Albin-Michel, 1963.
— *Quatre Lectures talmudiques*, Minuit, 1968.

Lévy Bernard-Henri, *La Barbarie à visage humain*, Grasset, 1977.

Lewis I. M., *Ecstatic Religion*, Baltimore : Penguin Books, 1971.

Lorenz Konrad, *Das sogenannte Böse : zur Naturgeschichte der Aggression*, Vienne : Borotha-Schoeler, 1963. Trad. anglaise : *On Aggression*, New York : Bantam Books, 1967.

Lubac Henri de, *Exégèse médiévale : les quatre sens de l'Écriture*, Aubier, 1959-1964. 4 vol.

Maïmonide Moïse, *The Guide for the Perplexed*, New York: Dover, 1956.

Maloney Clarence, ed., *The Evil Eye*. New York: Columbia University Press, 1976.

Manent Pierre, «R. Girard, *La Violence et le Sacré*». *Contrepoint 14*, 1974, 157-170.

Marin Louis, *Sémiotique de la passion*, Aubier, 1971.

Mauss Marcel, *Sociologie et anthropologie*, Presses universitaires de France, 1968.

Métraux Alfred, *Religions et magies indiennes d'Amérique du Sud*, Gallimard, 1967.

Monod Jacques, *Le Hasard et la Nécessité*, Seuil, 1970.

Montagu M. F. Ashley, ed., *Culture and the Evolution of Man*, New York: Oxford University Press, 1962.

— *Man and Aggression*, New York: Oxford University Press, 1973.

Morin Edgar, *Le Paradigme perdu: La nature humaine*, Seuil, 1973.

— et Massimo Piatelli-Palmarini éd., *L'Unité de l'homme*, (Centre Royaumont pour une science de l'homme), Seuil, 1974.

Moscovici Serge, *La Société contre nature*, Union générale d'éditions, 1972.

— *Hommes domestiques et hommes sauvages*, Union générale d'éditions, 1974.

Müller Jean-Claude, «La Royauté divine chez les Rukuba», *L'Homme*, janvier-mars 1975, 5-25.

Munck Johannes, *The Acts of the Apostles*, *The Anchor Bible*, New York: Doubleday, 1967.

Munro N. G., *Ainu Creed and Cult*, New York: Columbia University press, 1963.

Narcisses, *Nouvelle revue de psychanalyse 13*, Gallimard, 1976.

Neher André, *L'Existence juive*, Seuil, 1962.

Nietzsche Friedrich, *L'Antéchrist*, Union générale d'éditions, 1974.

— *Œuvres philosophiques complètes*, Gallimard, 1974-1977, vol. I et vol. VIII.

Nohl Johannes, *The Black Death*, London: Allen and Unwing, 1926.

Nygren Ander, *Eros et Agape*, Aubier, 1958. 3 vol.

Otto Rudolf, *Le Sacré*, Payot, 1968.

Oughourlian Jean-Michel, *La Personne du toxicomane*, Toulouse : Privat, 1974.

Pachet Pierre, *Le Premier Venu*; *essai sur la politique baudelairienne*, Denoël, 1976.

Pieper Joseph, *La Fin des temps*, Desclée, 1953.

Propp Vladimir, *Morphologie du conte populaire russe*, Seuil, 1965.

Proust Marcel, *Jean Santeuil*, Gallimard, 1952. 3 vol.
— *À la recherche du temps perdu*, Gallimard, Bibliothèque de la Pléiade, 1954. 3 vol.

Ricœur Paul, *La Philosophie de la volonté* : t. 2, *La Symbolique du mal*, Aubier, 1976.
— *De l'Interprétation* : *Essai sur Freud*, Seuil, 1965.
— *Le Conflit des interprétations*, Seuil, 1969.
— *La Métaphore vive*, Seuil, 1976.

Roazen Paul, *Brother Animal* : *The Study of Freud and Tausk*, New York : Random House, 1969.

Robert Marthe, *La Révolution psychanalytique*, Payot, 1964. 2 vol.

Rosolato Guy, « Le Narcissisme », *Nouvelle revue de psychanalyse 13*, Gallimard, 1976, 7-36.

Roustang François, *Un destin si funeste*, Minuit, 1977.

Rymer Thomas, *A Short View of Tragedy*, London : R. Baldwin, 1963.

Schwager Raymund, *Glaube, der die Welt verwandelt*, Mayence : Matthias-Grünewald, 1976.

Schweitzer Albert, *The Quest of the Historical Jesus*, New York : Macmillan, 1961, Trad. anglaise de *Von Reimarus zu Wrede*.

Serres Michel, *La Traduction* (Hermès III), Minuit, 1974.

Shoham Shlomo, « Points of no Return : some Situational Aspects of Violence », *The Emotional Stress of War, Violence and Peace*, Pittsburgh : Stanwix House, 1972.

Sow I., *Psychiatrie dynamique africaine*, Payot, 1977.

Spicq C., *L'Épître aux Hébreux*, Gabalda, 1952. Vol. I : Introduction.

Starobinski Jean, « Le Démoniaque de Gerasa : Analyse littéraire de Marc 5, 1-20 », *Analyse structurale et exégèse biblique*, Neuchâtel : Delachaux et Niestlé, 1971, 63-94.

Tarde Gabriel, *Les Lois de l'imitation*, Alcan, 1895.

Tiger Lionel, *Men in Groups*, New York : Random House, 1969.

Tiger Lionel et Robert Fox, *The Imperial Animal*, New York Holt, Rinehart and Winston, 1971.

Tillich Paul, *Theology of Culture*, New York : Oxford Press, 1964.

Vacant A. et E. Mangenot, *Dictionnaire de théologie catholique*, Letouzey, 1935-1972.

Walsh Maurice N., ed., *War and the Human Race*, Amsterdam Elsevier, 1971.

Washburn Sherwood L., « Tools and Human Evolution », *Culture and the Evolution of Man*, ed. par Ashley Montagu, New York : Oxford University Press, 1962. 13-19.

Watzlavick Paul, Janet Beavin, Don Jackson, *Pragmatics of Human Communication*, New York : Norton, 1967. Trad. franç. *Une logique de la communication*, Seuil, 1972.

Weber Max, *Le Judaïsme antique*, Plon, 1970.

Weil Simone, *La Source grecque*, Gallimard, 1953.

Wendland P., « Jesus als Saturnalien-König », *Hermes* XXXII (1898), 175-179.

Wickersheimer Ernest, « Les Accusations d'empoisonnement portées pendant la première moitié du XIVe siècle contre les lépreux et les juifs : leur relation avec les épidémies de la peste », *Comptes rendus du quatrième congrès international d'histoire de la médecine*, éd. par Tricot-Royer et Laignel-Lavastine, Anvers, 1927, 76-83.

Wilden Anthony, *System and Structure*, London : Tavistock, 1972.

Yamaguchi Masao, « La Structure mythico-théâtrale de la royauté japonaise », *Esprit*, février 1973, 315-342.

Ziegler Philip, *The Black Death*, New York : John Day, 1965.

The Anchor Bible, ed. par W. F. Albright et D. N. Freedman, New York : Doubleday, 59 vol. à paraître.

La Bible : L'Ancien Testament, éd. par Édouard Dhorme *et alia*, Gallimard, Bibliothèque de la Pléiade, 1956-1959, 2 vol.

The Holy Bible, commonly known as the King James Version, New York : American Bible Society, n.d.

Nouveau Testament, Traduction œcuménique de la Bible, Cerf, 1972.

Novum Testamentum Graece et Latine, ed. par Eberhard Nestle, Ewin Nestle et Kurt Aland, Stuttgart : Würtembergische Bibelanstalt, 1964.

La Sainte Bible traduite en français sous la direction de l'École Biblique de Jérusalem, Cerf, 1956.

Peake's Commentary on the Bible, ed. par Matthew Back et H. H. Rowley, London : Thomas Nelson, 1962.

Zorell Francisco, *Lexicon Graecum Novi Testamenti*, Lethielleux, 1961.

Les citations bibliques sont empruntées, en règle générale, à la *Bible de Jérusalem* avec quelques modifications pour le Nouveau Testament, parfois inspirées par la traduction œcuménique du *Nouveau Testament*. Les abréviations sont celles de la *Bible de Jérusalem*.

TABLE

194 sq. Growth in U of V
  weakens sacrificial mech.
  ∴ raises risk of V

266   287
           293   int. of
884 N-V God   punishing God
                              550
              307 sq
324 Abraham   321 sac.
              maso of sac

           422 434
404 desire knows self 408 manic —
410 destabilizing effects of U   depression —
                                 desire recog.
411 idea c sac. 413 model c obj's   NB we can't
418 split of ego x   explain all by obj's — but we need
                     obj's
425 ≠ Hegel 431   484 'narcissism'
                              507 [s-1]
      537-8   506-7 D is forditiee
      summary of us   511 fetishism of ego
  565 method   554-5

Composition réalisée par INTERLIGNE

IMPRIMÉ EN ALLEMAGNE PAR ELSNERDRUCK
Librairie Générale Française - 43, quai de Grenelle - 75015 Paris.
Dépôt légal Édit.: 8541-01/ 2001

ISBN: 2-253-03244-1   ◈ 42/4001/6